船舶登记法律制度

建构、冲突与变革

LEGAL SYSTEM OF SHIP REGISTRATION

construct, conflict and change

叶洋恋 著

上海人民出版社

本著作受上海海事大学法学院海事特色著作出版资助。

序　言

《船舶登记法律制度：建构、冲突与变革》一书是叶洋恋老师在上海海事大学法学院任教十年来，一直跟踪研究船舶登记法律制度的学术成果，内容涵盖船舶登记法律制度的结构、功能及与航运产业发展的关系，船舶登记地选择引发的国际法调整困境、船舶登记法律制度的发展和中国船舶登记法律制度的革新等。

船舶登记是一国对其船舶进行管理的基础。各国根据自身的经济、政治和社会等方面的发展状况，有权自主确定符合本国国情的船舶登记法律制度。登记国通过办理船舶登记，要求登记方提供一系列有关船舶的技术证书。而为了取得该类技术证书，则需要满足相关国际公约和船舶检验机构规定的技术条件和标准。这就有力地促进了船舶航行安全和海洋环境的保护。

船舶登记在法律上具有重要意义。船舶经依法登记，取得一国国籍，才有权悬挂该国旗帜在海上航行，并受该国法律保护。一国船舶登记法律制度通常会明确取得该国国籍的具体条件。就民事法律关系而言，船舶登记直接关系到有关当事人在船舶所有权、船舶抵押权和光船租赁等方面的权益。因此，健全与完善船舶登记法律制度，无论是对我国航运业进一步的发展壮大，还是对航运的经营者、投资方或其他利益相关方，都是至关重要的。

国务院1994年颁布的《船舶登记条例》，是我国现行有效的关于船舶登记法律制度的行政法规。《海商法》《海上交通安全法》和《民法典》均有若干与船舶登记相关的法律规定。但是，上述法律法规，已不能满足随着我国航运业的发展而对船舶登记法律制度提出的新要求，也难以应对当前数字化浪潮下对船舶登记法律制度提出的新挑战。

为了加快我国航运强国建设，促进“一带一路”高质量发展，健全与完善包括船舶登记法律制度在内的我国航运法律体系已经提上议事日程。作者在书中注重理论联系实际，在广泛搜集国内外相关资料的基础上，运用比较研究的方法，对如何健全与完善我国船舶登记法律制度作了深入思考，并就此提出了自己的意见和建议。这虽然是作者的一家之言，难免存在不当之处，但是，这将引起人们更多地关注和加快我国船舶登记法律制度的健全与完善。这正是本书出版的意义之所在。

上海海事大学教授、博士生导师
於世成

关键航运术语

船舶（ship）：通常指称在通航水域有运输能力的构造物。各国法律对于船舶的界定及其包含的具体要件存在差异，中国海商法规定的船舶是海船和海上移动式装置，但排除适用军事船、政府公务船和 20 总吨以下小型船艇。

船舶登记（ship registration）：将船舶登录于法定的船舶登记机构，记录包含船舶的常规项目及细节，船舶据此取得国籍的登记方式。

船籍（ship nationality）：船舶国籍是指船舶隶属于某一个国家的法律资格，彰显船舶同特定国家之间的法律联系，也是国家对船舶行使管辖权的依据。

船旗（flag of ship）：是指船舶悬挂的所属国国旗，是彰显船舶国籍的标志。根据国际法规定，航行船舶均需悬挂所属国国旗。

船舶文书（ship document）：船舶登记机构签发的证明船舶国籍的书面文件。（此处仅作狭义解释，广义船舶文书泛指船舶主管机构或主管机构委托机构出具的船舶技术规格、安全、权利义务等方面的证明文件。）

船舶管理人（ship manager）：在船舶所有人、承租人等的委托下为船舶提供技术服务、船员配备、商务运营、合规等经营性服务的人。

船舶修理（ship repair）：对船舶残损或破坏的部分进行恢复和修补，使其能够继续使用。

船舶建造（ship building/construction）：对船体及其上层建筑进行制造的工艺应用重工业部门。包括造船厂、设计部门以及科技组织等具体部门。

拆船（ship recycling/scrapping）：是指对已退役船舶进行拆解，并以某种方式回收船上材料和部件的过程。

船舶融资（ship finance）：为建造、买卖、租赁、使用、运营船舶需求而与银行、杠杆或债务、信贷、资本市场、货币和投资相关的资金管理和获得所需资金的过程。

船舶检验（ship survey）：指政府监管部门或船级社为了船舶安全而对船舶、船上设备以及附属工具等进行法定检验。

船舶保险（ship/vessel insurance）：将船舶及船舶属具作为保险标的的保险业务，可根据不同业务范畴划分为船舶建造险、船舶运营险、船舶再保险等子业务，也可根据风险的不同划分为基本险、附加险和特殊险。

航运业（shipping industry）：从事或者提供航运运输货物或服务的商业交易行业。

商船队（Merchant fleet）：与军舰舰队相对应的概念，指的是用于货物贸易及提供运输服务并获取利润的船队。

船旗国（flag state）：船舶的国籍国，船舶悬挂该国国旗并受到船旗国管辖。

港口国（port state）：船舶到访或在其管辖范围内作业的港口当局所在国。

方便旗（flag of convenience）：船舶登记在一些不是船舶所有人国籍国的国家，这些国家具有低税收、低船员及安全等方面要求的特点。登记并悬挂此类国家船旗的船舶被称之为挂方便旗，此类开放本国船舶登记给外国船舶的国家被称之为方便旗船国家。

第二船籍登记（secondary ship registry）：一些传统海运国家为了应对方便旗对本国船舶和航运业的冲击而在本国或其海外离岛或与本国有经济政治联系的地域设立有别于本国传统船舶登记制度的、在税收及劳动力等方面可以享受优惠的新型船舶登记制度。

国际船舶登记（international ship registry）：第二船籍登记制度中的一种形式，主要表现为实施传统船舶登记制度的国家在本国设立一种专门针对国际航行船舶的登记模式，此类模式登记条件较为宽松且可以享有一般船舶登记模式没有的优惠举措。

光租登记（bareboat charter registry）：是指船舶以光船租赁的形式租进或租出时，经当事人申请办理船舶光船租赁登记，并临时注销原船舶证书的占有状态确认登记行政行为。

船舶物权登记（ship rights registration）：是指对船舶所有权、抵押权等财产性权益予以确认的登记行政行为。

吨位税（tonnage tax）：是船舶企业所得税的一种替代税制，税基按照船舶的吨位而非船舶的经营利润计算，使用特定吨位的推定利润乘以所得税税率来计算应缴税额。

航运政策（shipping policy）：是指各国政府为了实现其航运施政目标而对航运经济、航运产业以及航运活动制定的指导目标、行为准则和具体措施。

ABBREVIATIONS

ANTI-FOULING International Convention Harmful Anti-fouling Systems Ships

ATC Annual Tonnage Charge

BALLASTWATER The International Convention for The Control and Management of Ships Ballast Water Ballast Water and Sediments

BUNKER International Convention on Civil Liability for Bunker Oil Pollution Damage

CLC International Convention on Civil Liability for Oil Pollution Damage

COLREG Convention on the International Regulations for Preventing Collisions at Sea

CSRR Chinese Ship Registration Regulation

DIS Danish International Ship Register

EC European Community

EC Treaty Treaty Establishing the European Community

ECJ European Court of Justice

EEA European Economic Area

EU European Union

FIS Register International Française

FOCs Flags of Convenience

FSC Flag State Control

FSQC The Flag State Quality Control System

GCHS Geneva Convention on the High Seas

GIS German International Shipping Register

HKIAC Hong Kong International Arbitration Center

HNS Hazardous and Noxious Substances by Sea Convention

HONGKONG Hong Kong International Convention for the Safe and Environmentally Sound Recycling of Ships

IACS International Association of Classification Societies

ICC International Chamber of Commerce

IIS Italian International Shipping Register

ITF International Transport Workers Federation

IMO International Maritime Organization

IUMI International Union of Marine Insurance

LDC Convention on the Prevention of Marine Pollution by Dumping of Wastes and Other Matter

LL International Convention on Load Lines

MARPOL International Convention for the Prevention of Pollution from Ships

MCA Maritime and Coastguard Agency

MSA The Merchant Shipping Act

MSR The Merchant Shipping Regulations

MPA Singapore Maritime and Port Authority of Singapore

NAIROBI WRC Nairobi International Convention on the Removal of Wrecks

NATO North Atlantic Treaty Organization

NIS Norwegian International Ship Register

NMCs The New Maritime Countries

OPRC International Convention on Oil Pollution Preparedness, Response and Co-operation

PRQC Pre-Registration Quality Control System

PSC Port State Control

SMA Swedish Maritime Administration

SMC Swedish Maritime Code

SMD the minimum safe manning document

SOLAS International Convention for the Safety of Life at Sea

STCW International Convention on Standards of Training, Certification and Watchkeeping for Seafarers

SUA the Convention for the Suppression of Unlawful Acts Against the Safety of Maritime Navigation

TMCs The Traditional Maritime Countries

VCLT Vienna Convention on the Law of Treaties

UK The United Kingdom of Great Britain and Northern Ireland

UNCCRS United Nations Convention on Conditions for Registration of Ships

UNCLOS United Nations Convention on the Law of the Sea

UNICMLM United Nations International Convention on Maritime Liens and Mortgages

USCG United States Costal Guard

目录

导 论

一、研究目的和概念界定

通常而言，船舶悬挂哪国船旗，即表明其属于哪个国家。船舶的国籍由其所有人申请登记，从管理和使用角度考虑，将船舶登记在船舶所有人所属国比较符合商业贸易和交易往来的一般做法①。然而航运企业或船舶所有人往往只将少量船舶登记在本人或本公司所属国，更有甚者将其名下所有船舶登记至外国船舶登记处。大型航运企业的船舶可以分散登记至世界各地。有好奇之人询问之，则曰航运惯例。将船舶登记到国外②的确是航运界的惯常做法，但其所彰显的并非仅仅是航运的特殊性，还展现出船舶这一特殊财产在海上贸易中具备的独特价值和功能，以及航运企业经营策略背后所折射出的产业、国家乃至国际社会对船舶及其附加值的认识和定位。

尽管与不动产有相似之处，但船舶毕竟属于动产。可以在全球范围内自由航行的特点使得船舶可能会受到不同国家和地区的管辖。为了预防航行过程中发生不法行为，目前国际社会已将船旗国作为船舶的主要管辖国并将船旗国管辖权写入国际公约。尽管如此，选择哪个国家作为登记国是船舶所有人的权利，无论是个人还是企业，各个国家、地区甚至国际社会虽可引导促进但无权强制干预其选择自由。而各国的此类引导在法律上通常表现为通过设置法律规定为

① 早期法律实践中，国内立法明确规定船舶必须在所有人所属国进行登记，但现代船舶登记法律法规对此已不作限制。为预防管辖真空范围出现，国际法律规范要求所有船舶必须具有国籍，但不强制限制船舶国籍登记地。

② 台湾地区学者将船舶登记至国外的行为称为“移籍”，将国家登记处接收船舶国籍登记的行为称为“入籍”，名称不同但与“出籍”“船舶登记”“船舶注册”等常用语表述的是同一登记行为模式。

船舶登记设定行为规范，这便是船舶登记法律制度。

“制度”是指为执行特定的社会任务而做的结构性安排，有正式规则与非正式规则之分，制度安排因国家而异。法律属于正式规则，是大多数人的行为准则。“广义的法律制度是指法律上层建筑，它主要包括三大要素：法律规范、法律机构和法律设施。”具体而言，还可以细分为：司法体制与法律体系、审判机构与审判方法、司法人员等。简而言之，“法律制度”即法律规范本身及其配套实施机制。其中，法律规范既包括直接调整特定社会关系的规范也包括间接调整规范，配套实施机制既包括实施机构也包括实施措施。

事实上，“每个法律制度调整一种特定的法律关系……法律制度就是要通过权利和义务规范分别为社会角色设定明确的行为模式……（人们）必须按照法律制度设定的行为模式去行动”。①船舶登记法律制度调整与船舶及其运行相关的社会关系，涉及船舶登记法律规范、船舶登记法律实施机构以及相关法律设施等要素，涵盖国际国内船舶登记法律实践，是深入理解船舶登记行为及其所反映的社会关系的破题点及关键。

需要指出的是，此前及随后所讨论的“船舶登记”并非仅指称一般意义上的政府国籍政策执行措施。②因日常而言，船舶登记通常是一种公务工作者所实施的行政措施和采用的一种船舶国籍管理方式。除此之外，船舶登记还包含与国际及国内法律制度具有密切联系的管辖及市场秩序规则，即体现航运政策的、需要法律固化以及规定条件与要求的行政措施，包含在广义的法律制度层面之中。因此，研究所指的船舶登记是将国家航运政策转换为法律并表征于船舶登记模式及其具体内容之中的规则和机制，而不仅仅是政府船舶管理政策的执行措施。各国的船舶登记法律规则及其具体模式无一不体现出各国航运政策的要义。因而在涉及船舶登记法律规则及其实施方式的讨论过程中，将不可避免地考虑到航运政策的执行问题。

---

① 黄文艺：《论法律制度的三种意义》，载《政治与法律》2002年第5期，第13—14页。

② 此处讨论的船舶登记是狭义的船舶登记，不涉及财产层面物权登记，仅讨论确立船籍港和船舶隶属关系的船舶登记，附带讨论登记事项涉及财产时的附属问题但并不对船舶物权登记作专门讨论。因有的国家对船舶国籍登记与船舶物权登记有严格区分，而有的国家则采取混合管理，国籍登记与物权登记统一办理，本书便统一以“船舶登记”指称探讨范围而不再作国籍登记和物权登记之分。

据此，前文及后续章节所论述的“船舶登记法律制度”这一概念，表示两种本质上不同但相互间存在关联的法律规范：

其一，设置船舶登记条件的，明确登记具体要求的法律规范以及规定登记效力等其他相关规定和实施机制的法律制度。

其二，将航运政策转化并配合船舶登记有效实施的配套法律规范，基于各国的具体国情，这些法律规范配合船舶登记具体法律制度，对推动船舶登记、船队建设以及航运经济的发展起着重要的作用。

本书围绕上述两个领域法律制度的建设和完善展开讨论，探讨如何理解获得行业认可的船舶登记法律制度及其历史意义，以及如何恰当地审视这些制度或规则同我们当下生活的相关性①。并且，船舶登记法律制度的建立、发展和创新不仅仅需要审视和回答如何对待我们过去所一直坚持的船舶管理理念，还包括反思和检讨如何认识一些受到指责的外国船舶登记法律制度，特别是那些不被我们重视和研究的、区别于传统航运强国的方便旗登记国家的船舶登记法律制度，当然最重要的仍归结于一点，即需要关注和思考我们应当如何在当前的情境下完善船舶登记制度。

总体上，现代法律工作者的思维首先对准的是制定法，因而通常的思考都是围绕着制定法展开，它的范围、它的界限、它的漏洞和它的错误等。②此研究亦将制定法作为讨论对象，但船舶登记法律制度也会受到特定地区、特定环境以及特定社会情境的影响，因而也应当注意到理解任何法律制度都需要结合其所处的具体情景和社会状况，而不单单是对法律和规则的解读、搬用和塑造。为了摆脱视角的局限，研究在论述过程中尝试借助一定的社会学、经济学、贸易学思维，尝试寻找法律背后的“看不见的法”，希望能够从更宏观的视角看待法律在社会中的作用。

作为法律制度变革意见的提出者，本书主张应当根据船队规模和航运产业发展状况来评估现有船舶登记法律制度，并且这种评估应当立足于行业信息并判断现有法律规定是否能够满足目前航运经济的发展要求。分析国际范围内船

---

① 苏力：《语境论——一种法律制度研究的进路和方法》，载《中外法学》2000年第1期，第40页。

② ［德］恩吉斯：《法律思维导论》，郑永流译，法律出版社2004年版，第227页。

舶登记模式及法律规范的发展变化，论证船舶登记法律制度变革的必要性、趋势和方向，并探究和分析推动船舶登记法律制度发展的要素和信息。

二、研究对象和研究范围

本书以船舶登记作为研究对象，尝试从理论视角探讨船舶登记法律制度在航运产业中的位置和作用，分析其法律属性、社会效果及实施特点；探讨世界范围内船舶登记领域的法律冲突以及国际法层面尝试调整该冲突失败的原因，力求较为全面地展示船舶登记法律制度难以在国际层面达成统一最低标准的历史和现实因素；解读国家从本国法律层面着手为吸引船舶登记而作出的努力，试图说明符合定位及需求的船舶登记法律制度变革能够对产业的发展和繁荣产生重要影响。基于以上前提，本书尝试探索一种可能不尽完善的船舶登记法律制度变革思考，希望将其作为一种研究的路径或方法，为实践中的船舶登记改革提供一种思路，并展示其与理解国内外（或地区）船舶登记制度以及目前航运业改革的关联性。

同其他论述船舶登记所涉法律问题的论著一样，本文阐述与船舶登记相关的立法政策和法律规定，特别是船舶登记法律制度所涉规范。同其他论著论述的视角不同的是，其他论著通常意识到了船舶登记对于航运产业发展带来的推动作用，然而研究范围限于船舶登记本身所包含的特点、类型、具体措施以及相应的执行规定，目前尚缺少从一个宏观的视角来说明这种作用以及应当如何利用法律制度有效地将这种作用予以发挥的论述。本书则将视角放在了一个更为宏观的层面，并在此基础上说明船舶登记的社会功能以及应当如何运用法律制度有效地将这种作用予以发挥。具体来讲，本书区别于其他论著的特点体现在以下几个路径展开方向：

第一，基于宏观视角，从广义上界定船舶登记法律制度的内涵。在此基础上注重研究船舶登记法律制度的整体性及其社会功能属性。本书认为船舶登记法律制度首先是一国政府所制定的航运政策在社会中推广和实施的手段，在此基础上赋予登记行为以法律上的权利义务关系，促使航运政策通过法律发挥其调整社会关系的作用。不同国家的船舶登记模式是由不同的船舶登记法律制度塑造的，并进而影响着船舶所有人对登记地的选择。本书总结这些理论依据后得出下列思考方法：在船舶登记法律制度的变革问题上，立法者需要综合考量的因素包括政策如何得到有效贯彻、法律效果如何实现、具体登记模式如何塑造。

第二，区别于其他论著从水平视角横向论证登记地选择对一国航运业产生的正面及负面影响，本书从纵向层面指出导致登记地选择产生的法律原因在于船舶登记领域的法律冲突问题。由于政治经济目的的不同，各国船舶登记法律规定必然有所区别，正是这种区别使得船舶可以通过选择登记地而选择管辖地和适用法律。国际公约使得各国在航行权问题上达成了一致，承认他国船舶在公海、领海及本国内水的航行权并主张船舶登记国的权利义务应当为国际社会所共同承认和接受①。公约打破了海洋航行限制的同时也确立了船旗国管辖的主导地位，从而加速了登记地选择行为在全球的蔓延。本书发现这一问题后尝试提出下列论断：法律制度能够促进航运产业资源整合的前提是，法律冲突的出现使得航运从业者可以通过选择登记地来选择管辖法律，从而使得世界范围内船舶这一财产及资源因登记而实现了再分配。

第三，本书认为国际社会为消除船舶登记领域法律冲突带来的负面影响而作出的一系列努力效果欠佳，这一事实证明从国际层面消除法律冲突这一目标目前暂时无法实现。批评者认为一些国家对本国船舶监管不力导致海上事故频发，本书发现该问题本质上还是船舶登记领域法律冲突在船舶营运中的延伸。国际社会曾经试图建立一套统一的登记标准来消除此类法律冲突，但仍以失败告终，只好转而要求船旗国与港口国加大监管力度并对船舶予以约束，制定严格的监管标准来控制船舶的合规性和安全性。实践表明针对船舶监管所作的努力对提升船舶质量起到了很大的作用，但登记地选择行为并没有因此消除，反而日渐成为目前船舶管理和船队经营的一种策略和趋势。据此本书指出：无论是尝试直接对船舶登记条件予以限制还是将视线转向了对船舶的监管，国际法层面试图通过直接调整办法来解决船舶登记领域法律冲突的想法目前而言显得不现实，通过国际法调节船舶登记领域的法律冲突是困难的。

第四，本书指出船舶登记领域法律冲突的存在使得登记地选择成了一个既

① 关于船舶航行权和船旗国的权利义务的具体规定及详细分析参见第二章第二节内容。

存事实，由于国际法无法很好地平衡这种法律冲突，各国国内法仍然得面对法律规定不一致带来的问题：船队资源在世界范围内流动。面对国际层面现阶段无法协调法律冲突的现状，各国纷纷制定或变革本国的船舶登记法律制度以适应产业环境的发展变化，试图巩固及扩大本国的船队运力。方便旗登记国是最早采取降低成本法律措施吸引船舶资源的国家。为了与方便旗登记相抗衡，传统航运国家通过改革本国船舶登记法律制度推出了国际船舶登记和离岸船舶登记。新兴发展地区又出现了吸收方便旗登记和传统内国登记优点的混合型船舶登记法律制度。这些改革举措再一次印证和强调了研究的起始论点：船舶登记法律制度的制定和变革能够促进一国航运产业的发展。

第五，有别于其他论著提出改革船舶登记制度的一些具体建议，本书从宏观上提炼了国际船舶登记法律冲突和各国的船舶登记法律制度变革从实践中给予我们的一个重要启示：航运产业的有效发展需要法律制度的推动，从本质上说需要建立一个符合实践要求的登记法律体系。这就要求适当的法律政策通过合理的法律规则来运行，而这些法律规则的制定必须是谨慎的，而且应当具有清晰的程序规范。为了使航运从业者能够有效遵守这些规则，监管者事实上必须使得规则具有可实践性。在此基础上回归建立和发展船舶登记法律制度的具体对策，指出对于中国而言船舶登记法律制度改革应当树立一个首要目标（提高本国船队质量）和一个最高目标（促进航运产业结构）。以这两个目标为指导，制定符合中国国情的法律规则，对如何调整《船舶登记条例》的体系结构，如何确定船舶登记的内部法律规范予以明确。此外，广义的船舶登记法律制度还讨论了如何通过法律规定建立符合中国国情的外部配套规范使之更具吸引力。对于国际船舶登记制度的建设，在建立第二船籍登记制度方面要进行深入的论证，为优惠的、区别于一般登记的船舶登记制度设立一个明确且行之有效的基准。

三、研究方法

具体而言，文章在论证和写作过程中采用了下述研究方法：

第一，法释义学理论上的概念体系研究方法。法释义学是 Rechtsdogmatik 的翻译，又译为法教义学、法教条学，其是指固有意义的法学，主要活动包括对现行有效法律的描述、对现行有效法律从事概念体系的研究，以及提出解决疑难问题的建议。①文章希望借由体系化研究方式，将船舶登记法律制度视作一个概念体系，包含其所属分概念、子概念，研究其体系化构成。

第二，历史研究方法。本书所考察的船舶登记相关法律，从立法到实施均具有其产生、发展和演变的历史。对这些问题进行梳理，可以看到船舶登记法律制度的发展和变迁过程，以及与之相对应的历史背景和政策背景。分析不同时期的船舶登记法律制度能够发现，近现代各类型船舶登记法律制度的模式和特点均与特定的历史时期有相当关系，检视其发展历程有助于更好地理解各类船舶登记制度的设计目的及实施状况。

第三，统计资料分析方法。文章通过对船舶登记的数量、种类、国籍、实践经验和实施状况予以分析和讨论，判断过去和现阶段不同船舶登记法律制度的规范和约束效果，形成对研究对象的一般印象并了解研究全貌，对文献资料进行编码、整理和研究。

第四，比较研究方法和跨文化归纳②方法。比较研究在社会学科中是一种重要的研究方法，文章尝试通过整体比较（如大陆法和欧美法）与个别比较（如船舶登记适用主体、船舶登记法定条件、船舶登记适用法律依据等）、立法比较与案例比较的方法从功能角度出发提出问题，寻找各国船舶登记法律制度在某个领域的异同，并在此基础上进一步分析与说明相关具体法律规定的制定和实施。

第五，横向研究和纵向研究相结合的方法。基于一定时间断面研究资料，探讨船舶登记法律制度在特定时间点特定国家或地区之间的状况并探讨在某一特定时间节点上所涉各个变量之间的关系。研究也关注在较长的时间内若干不同时间点上的船舶登记问题，解释法律规定同社会现象之间的关系，分析登记地选择产生的历史背景和社会条件，探讨该现象与方便旗制度以及船舶登记制度改革之间的相互关系，力图揭示船舶登记法律制度发展变化的趋势。

---

① 王泽鉴：《法释义学、比较法与案例研究》，华东政法大学演讲文稿（上海），2013 年 5 月，第 3 页。

② 全称为 Cross-cultural generalization。

四、拟解决的关键问题和研究架构

“船舶登记法律制度”研究的基本观点是：船舶登记法律制度的变革能够对一国航运业的发展起到积极推动作用。研究围绕论点展开，主要论述以下几个方面的问题：其一，船舶登记法律制度应当具备的社会功能；其二，国家在确定本国船舶登记法律制度时通常考虑的因素；其三，国家间船舶登记法律制度的冲突以及国际社会调整冲突所作的努力；其四，各国为解决这种冲突而采取的措施及其实施效果；其五，发展船舶登记法律制度的综合规划及具体落实方案。本书尝试证明顺应实践发展趋势和整体航运环境的船舶登记法律制度方是具有生命力的法律制度。在此基础上，重点论述下列几个问题：

1. 船舶登记法律制度的社会功能和定位；

2. 影响一国船舶登记法律制度构建的因素；

3. 国际公约在船舶登记领域发挥的作用；

4. 船舶登记法律制度的构成及各部分之间的协调；

5. 变革船舶登记法律制度的具体措施。

具体而言，本书围绕船舶登记法律制度以四个模块八个章节展开：

模块一：构建船舶登记法律制度的理论基础

第一章为整个研究的逻辑起点。介绍了研究的基本论点并分析了船舶登记在航运产业中所处的位置以及作用。这章还阐释了研究提出的核心观点之一：船舶登记法律制度对航运从业者行为模式的影响。说明了为什么需要建设和改革船舶登记法律制度。

第二章探讨船舶登记法律制度的构成要素、社会功能、法律效果以及外在表现形式。指出船舶登记法律制度由内部规范和外部规则构成，且具有其独特的组织和运行机制。以英国的船舶登记立法变迁为例，探讨了船舶登记法律制度与航运政策之间的关系。分析了英国历史上不同时期航运政策对船舶登记立法的影响，并且注意到由于船舶登记具有双重法律属性的特点，在将航运政策转化为船舶登记法律制度时，需要兼顾到该制度所特有的两种法律属性。此外，船舶登记行为会引起一系列法律效果。经过登记，船舶可以取得船级并悬挂船旗，并成为国内法上的权利主体，登记文书也可以在程序法上作为具有证明力的文件。而船舶登记模式的选择会影响船舶登记法律制度的内容。现存船舶登记模式的特点以及登记地选择所考量的因素决定了一国船舶登记法律制度的整体框架。

模块二：剖析船舶登记领域的法律冲突及国际层面在该问题上所作的努力

第三章讨论船舶登记法律的国际冲突问题。从理论上分析了船舶登记法律冲突产生的原因，解释了为什么各国的船舶登记法律制度会存在差异，研究此处提出核心观点之二：航运从业者在法律上有选择登记地的可能性。本章还探讨为什么航运从业者选择某个登记地而不是另一个，以及登记地选择现象所引发的质疑。本章分析这些质疑，并对国际层面为解决这个问题提出的方案和办法的实施效果予以探讨。

第四章分析国际公约在船舶登记条件设置上面临的困境。阐释 1986 年《联合国船舶登记条件公约》为解决登记地选择带来的负面效应所作的尝试，以及该公约未生效的原因，并讨论公约面临的阻碍。分析为何国际社会无法在国际法层面制定一个专门针对船舶登记的共同文件，以致船舶登记地选择触发了商船队运力稀释以及责任规避问题。

模块三：分析各国为消除登记地选择的负面影响所采取的措施

第五章对不同国家的船舶登记法律改革道路进行分析评估。有别于从外部关系讨论船舶登记法律制度的社会效果、管辖冲突以及调整困境，本章从内部视角探索不同国家的船舶登记法律制度。就几类常见登记模式选取代表性国家，从立法意旨、法律规定、法律的配套措施以及法律实施效果等几个方面考察不同国家船舶登记法律制度的特点和内部构成。

第六章为研究的落脚点，集中回答一个问题：如何推进船舶登记法律制度建设。讨论船舶登记法律制度的定位，明确船舶登记法律与政策选择之间的关系。探讨船舶登记法律制度与船队建设的平衡，强调产业结构视角在船舶登记法律制度变革中的重要性。提出一套推进船舶登记法律制度的变革方案，期望能够实现中国船舶登记法律功能的优化，进而影响社会行为。

模块四：提出中国道路下船舶登记法律制度的推进及改革路径

第七章是对第六章提出建议的回应与反馈，探讨中国船舶登记法律制度的体例和框架、内部规范与外部配套措施。从登记条件、登记程序和登记机构等维度解释船舶登记法律规范，从船舶登记法律规范与其他法律规范、其他社会规范之间的互动，协调船舶登记法律制度的实施与运行。

第八章则回答中国目前正在实施的国际船舶登记模式应当如何通过法律化、制度化进一步推进和改革的问题。分析已出台政策方案和法律规范的实施现状、规划方向以及存在问题。提出国际船舶登记法律制度建设的政策导向、立法模式以及建设方案。在此基础上，从内部规范和外部配套措施两个维度细化落实方案，提出国际船舶登记法律制度在凸显特色的同时也强调同本国所处社会环境的融合性。

第一章　船舶登记法律制度与航运产业

航运产业在一国的外贸经济中发挥着重要的作用。海上运输是全球化的支柱，是支撑物流供应链、使得国际贸易成为可能的跨境运输中心节点①。世界经济发展自2008年以来进入了一个滞留期，航运业受到国际贸易减速的冲击，增长速度屡创新低。近年来随着贸易回暖，航运业正在渐渐走出阴霾，但繁荣期积累的过剩运力，市场仍然需要时间逐步消化。2020年以后疫情的扩散以及复杂的国际政治经济环境，使得全球经济增长趋势明显放缓软着陆的良好愿望可能难以实现。②航运产业未来发展仍面临极大的不确定性，各国以及业界均在采取积极措施适应市场的波动和时局的变化。

登记作为一种船舶监管方式，对商船队的结构和规模、航运运力的分布乃至航运贸易的发展均具有指标性意义。经由法律固化，船舶登记调整和引导航运运力以及商船规模，并对航运业产生深远影响，进而形成了一套独特的法律制度并引导和促进运输与贸易的发展。

本章概括和阐述研究的理论基础，分析航运产业在创造财富和便利贸易过程中发挥的作用以及船舶登记法律制度在航运经济中的功能。阐述困扰航运产业和船队规模的阻碍，解释为什么需要法律制度来规范航运业和船队，并论述船舶登记法律规范对从业人员的约束以及法律制度在航运产业变革过程中所发挥的作用。

---

① 联合国贸发会（UNCTAD）:《2016年贸易和发展报告》（TDR），第5页。

② 联合国贸发会（UNCTAD）:《2022年贸易和发展报告》（TDR）。

第一节　船舶登记法律制度与航运经济

现代社会，船舶登记是需要国家法律予以固化的行为，法律赋予船舶登记以强制力和权威性。经由登记国家赋予船舶身份和权利义务关系，使得登记数据和资料能够反映航运运力状况，船舶登记数据也成为航运经济发展变化的重要指标之一。航运是连接国际贸易的主要运输方式，一国商船队的规模往往体现该国海上贸易和航运经济的实力。为了在全球竞争中占据有利地位，各国往往利用船舶登记优势吸引商船到本国进行登记，并以此为契机促进船舶及其周边产业的发展。相关法律规定较为集中地展现了各国船舶登记的多层次功能和作用。据此，本节叙述船舶登记在航运产业中的地位和作用，指出法律制度能够固化船舶登记对航运及产业经济的影响，从宏观视角思考船舶登记法律制度与商船队及航运运力之间的关系。

一、航运贸易与全球经济

关于航运在世界经济发展中的作用，亚当·斯密在其名著《国富论》中指出，“水运开拓了比陆运大得多的市场，所以各种产业的分工改良，自然而然地都开始于沿海一带……才慢慢普及到内地”。早期商品经济中，航运的效率也是大大高于陆运的。为此亚当·斯密在书中举例谈道，“以御者二人马八匹，驾广辐四轮运货车一辆，载重约四吨货物，往返伦敦和爱丁堡间，计需六星期日程。然而，由六人或八人驾驶船一艘，载重二百吨货物，往返伦敦和利斯间，也只需同样日程”。①以当时的数据计算，航运与陆运相比载运量高 15 倍，而人工和交通工具维持成本却远远低于陆运。尽管时空从 15 世纪转换到今天，高速列车和高速道路蓬勃发展，飞行速度更是一日千里，但航运的运力和速度同样得到了质的提升，依然是世界贸易中成本最低运量最大的重要运输方式。一个世纪以来，航运虽然古老但在经济发展中的作用从商业视角而言几乎并无改变②。

---

① ［英］亚当·斯密：《国富论》，郭大力、王亚南译，商务印书馆 2014 年版，第 7 页。

② Martin Stopford，*Maritime Economics*（3rd *Edition*），London and New York，Routledge，2009，p.5.

航运的特殊属性，使得其必然与国际商业贸易紧密联系。

航运贸易是世界经济可持续发展的基础，航运市场和航运产业是世界商业贸易的关键指标①。一些观察家认为，航运贸易的价值份额占国际贸易的 55% 左右或商业贸易价值的 2/3 左右②。截至 2022 年，世界航运贸易总量约占全球商业贸易总量的 2/3。自 1975 年以来，基本保持着这样一个比例。③在一些年份，航运贸易所占份额甚至还要更高。

新冠疫情暴发之前 2019 年全球商业贸易总量较上一年增长了 2.3%。与 2017 年和 2018 年 3% 的增长相比，世界贸易总趋势上呈现增长放缓的状态。④据 UNCTAD 统计数据显示，疫情之前，2019 年世界海运贸易总量为110.071 亿吨，2018 年世界海运贸易总量超过 110.019 亿吨。2018 年的世界海运贸易总量据估算比 2017 年增加了 2.7%，而 2017 年这个数字是 4.1%。2019 年世界海运贸易的增长率约为 2.6%，当年预估到 2024 年年均增长率可以达到3.4% 左右。

2020 年由于疫情冲击，世界经济增长率下降到 –3.5%，全球商业贸易总量减少了 5.4%。当年世界海运贸易总量回落到 106.45 亿总吨，增长率为 –3.8%。2021 年回升至 3.2%，但仍未达到疫情之前的水平。2022 年在此基础上又有所增长，较上一年回调了 1.4%（图 1.1）。疫情叠加国际局势、通胀、成本增加以

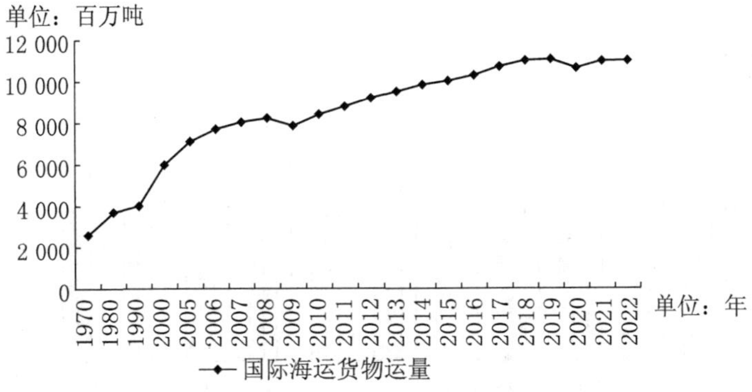

图 1.1　1970 年—2022 年国际航运货物总运量变化

（数据来源：UNCTAD Statistics）

---

① 联合国贸发会（UNCTAD）：《2016 年海运综述》，第Ⅺ页。

② 数据来源：Lloyd’s List Intelligence，IHS Markit。

③ 联合国贸发会（UNCTAD）：《2022 年海运综述》（RMT），第ⅩⅦ页。

④ 数据来源：UNCTAD Statistics，作为对比，2012 年世界商业贸易总量的增速为 5.9%。

及消费放缓等因素促使国际海运贸易降速。尽管增速放缓，但世界贸易的进出口总量依然呈连年增长态势。保守估计到2027年海运贸易的年增速将至2.1%。

中国作为世界最大的进口国，疫情政策放开之后的影响尚有待观察，俄乌冲突使得粮食和原材料运输受阻，世界范围内的产业调整和罢工频发，各类极端天气的出现都给世界海运贸易带来了更多的麻烦和不确定性。①航运增长速度放缓是一个长期的趋势，表明世界范围内的消费品需求下降、主要经济体工业生产的下降和部分能源贸易需求的减少，这些因素均影响到整个航运产业。同时也反映出世界经济面临的危机和困境，人们担心世界经济将会自此进入长期衰退和滞涨之中。

此外，航运贸易中的具体货物运输种类也反映世界消费品、原材料和制造业的此类趋势。原材料方面，石油作为主要的燃料，世界能源的1/3由石油提供。2018年航运运油量增加了1.5%，而2015年航运运油量增长率为9.3%②，2020年回落了7.7%，2021年又上升至1.2%。就2011—2021年的数据来看，高油储和疫情造成的减产使得航运油运量呈现出一个非常缓慢的增长态势（图1.2），反映了石油的进口需求减少及供应端口的市场不稳定状况。消费品和制造业方面，大宗件杂货进口需求受到中国需求的影响在2020年少量回落后运量依然

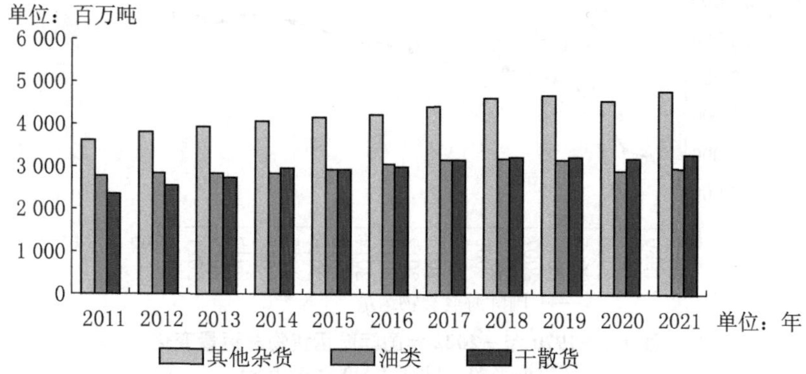

图1.2　世界航运主要货物运量分布

（数据来源：Clarkson，UNCTAD Statistics）

① 数据来源：联合国贸发会（UNCTAD）：《海运综述》（RMT）。

② 数据来源：Clarkson。

保持着增长态势。干散货、集装箱以及件杂货运量则常年占据着市场的第一、第三大份额（图 1.3），受供需结构及运费下行压力的影响，大多数航运部门都面临着运输成本的压力，迫使企业需要寻求新的发展策略。液化气和化学品运输市场则逆市而动，自 2019 年以后迎来了一个高速发展期。可以反映出环境保护议题和清洁能源需求对海运带来的影响。

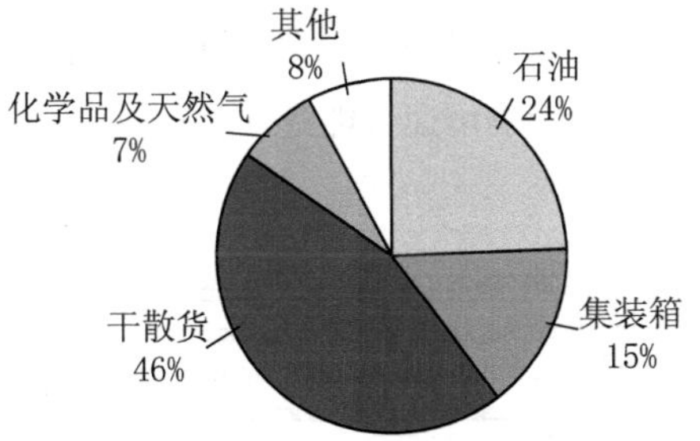

图 1.3　2022 年世界航运货物运输份额
（数据来源：Clarkson，UNCTAD Statistics）

从地域来看，透过集装箱运输货物流向，可以很清晰地观察到跨太平洋市场和欧亚市场的份额在世界货运市场中的比重较大（图 1.4），且集装箱货物的

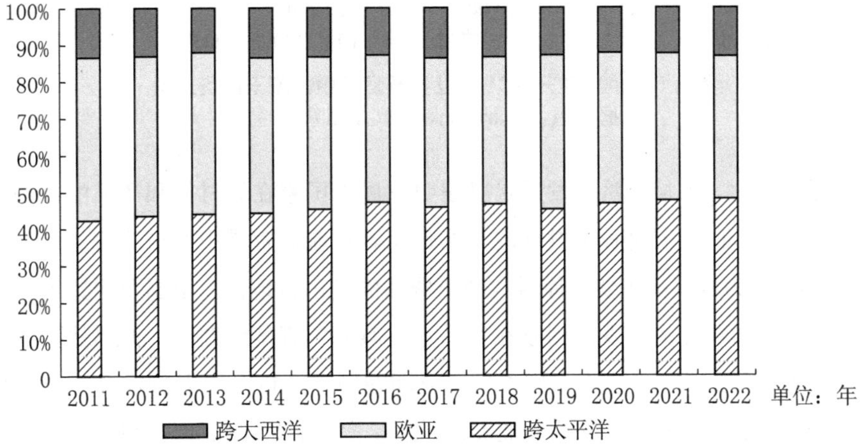

图 1.4　2011 年—2022 年世界主要贸易航线集装箱货物流向
（数据来源：Clarkson，UNCTAD Statistics）

供需市场呈现出较为明显的东移趋势。自2008年以来的数据表明，受到发展中国家进口需求的影响，干散货运量获得了大幅的提升（图1.5）。[①]当然2021年疫情引起的集装箱延滞和货物装卸效率降低等问题使得国际贸易受到运输及供应链方面的极大阻碍，人们发现疫情以来的消费需求并不能掩盖一些国家的港口拥堵和全球供应链脆弱方面的问题。2022年叠加了俄乌冲突的影响以及通胀压力，能源、原材料以及粮食价格上涨，运费随之上涨。俄乌货物进出口的港口、运输路线也受到影响。全球制造业受到一定程度冲击，世界贸易面临更多危机和压力，航运贸易受此影响增速可能进一步放缓。

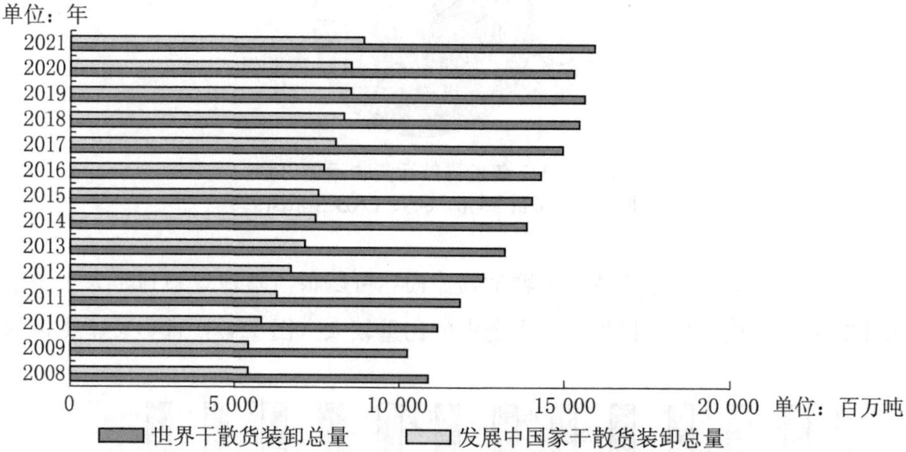

图1.5　2008年—2021年世界及发展中国家干散货运量

（数据来源：Clarkson，UNCTAD Statistics）

尽管如此，区域经济的发展状况表明发展中国家在原材料和产品的供需方面在世界经济的发展过程中发挥着重要作用，在航运贸易中的市场份额已经达到61%，成为世界上主要的原材料和消费品的进出口地区。中国及周边地区在其中发挥了重要作用。发达国家在贸易量上有一定程度的萎缩，但仍然占据世界航运市场份额的1/3左右（图1.6）。亚洲在制造业以及工业制成品的国际贸易中仍然起着主导和推动作用。亚洲同时也是海运装货量与卸货量最大的地区，分别占世界份额的41%和61%。非洲、美洲和大洋洲的货运总量则有所减少，

① 数据来源：LLMIU。

这反映出这些地区在基础设施和工业化方面仍存在差距（图 1.7）。

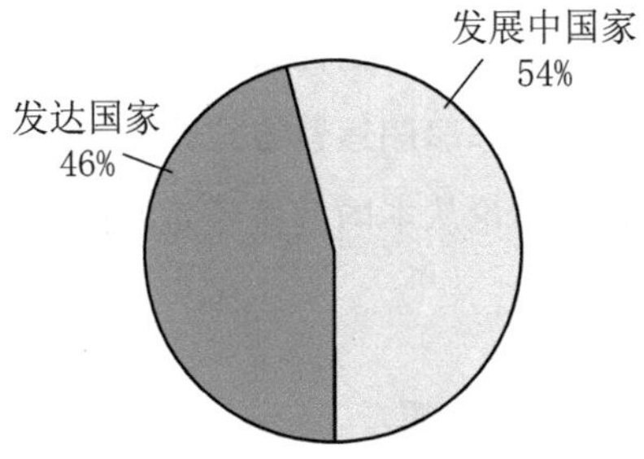

图 1.6　2022 年世界航运货物装卸总量市场占比

（数据来源：UNCTAD Statistics）

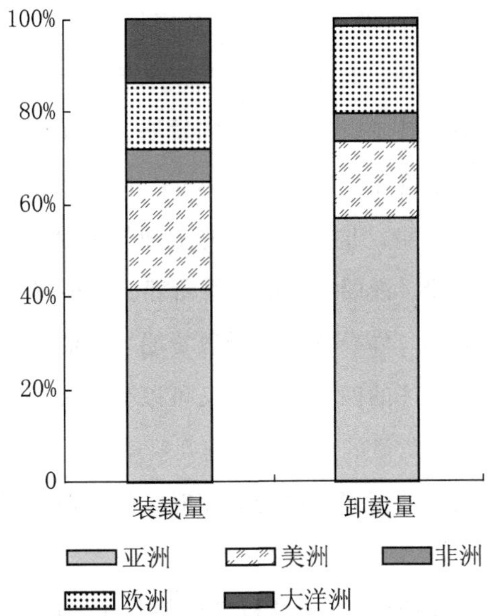

图 1.7　2021 年各大洲航运装载量百分比对比图

（数据来源：RMT）

可以说，航运贸易是世界经济的纽带和对外贸易发展的助推器。一个国家及地区的航运发展水平和运输效率会直接影响到其在国际贸易中的份额和竞争优势，此外由航运所促进和带动的相关产业和经济带对国家的经济贡献也相当可观。全球航运运输数据反映了世界整体经济形势和贸易环境。透过航运可以观察到全球经济和贸易的发展、变化和变革趋势。近年来，能源转型和绿色排放要求使得航运运输需求以及商船队的构成、规模和使用燃料面临转型。国际地缘政治经济冲突使得供应链安全和韧性成为各国关注的话题。智慧航运和电子化进程使得传统的运输模式和船舶运营方式开始转型和变化。全球经济发展繁荣需要航运贸易的支撑。不论从本国利益还是共同利益出发，不断推动航运产业发展都是国际社会的共识。

二、商船队在航运产业中的位置

船舶是海上运输体系中的关键和核心要素，海上运输的具体操作和经营都需要围绕船舶这一海上交通工具而展开。船公司以及国家的商船队在世界各地港口之间往来载运货物并提供运输服务，共同构成了世界上最重要的运输方式——航运的有机组成部分。商船是海上（或水上）货物运输的主要工具。随着产业分工的细化和航行技术、造船科技的发展，船舶的种类和用途正在日益精细化、专业化。按照运输和使用方式的不同，目前世界上的商船队可以划分为三个大类（图 1.8）：货船、非货运船和海上油气平台。非货运船根据用途可分为五类，拖轮、挖泥船、渔船、客船、科研船。货船又可根据船舶建造方式的不同分为四个主要类别，件杂货船、干散货船、石油化工船和液化气船。根据所载运货物的不同，前述的四个主类别又可以分别细化为七类、六类、四类和两类。商船的种类及载货量的差异会影响到船舶的设计、融资、运营、买卖、市场以及拆解等方方面面的因素，也会对商船队的规模、配置以及经营模式产生影响。

从整体来看，世界商船队的规模和总量随着船舶的大型化、专业化呈逐年增长趋势。观察 1980 年至 2022 年世界商船队总量的变化趋势（图 1.9）可以看到，从 1980 年至今，世界商船数量总的来讲呈递增态势，尽管少数年份有小幅波动，但自 2000 年之后呈大幅度上升态势。虽然从 2014 年以来增速有所下降，但整体数量方面依然保持着上升趋势。截至 2022 年，世界的商船队总量为 102 899 艘，总计约 21.9 亿载重吨。与 2021 年相比运力增长了 2.95%。

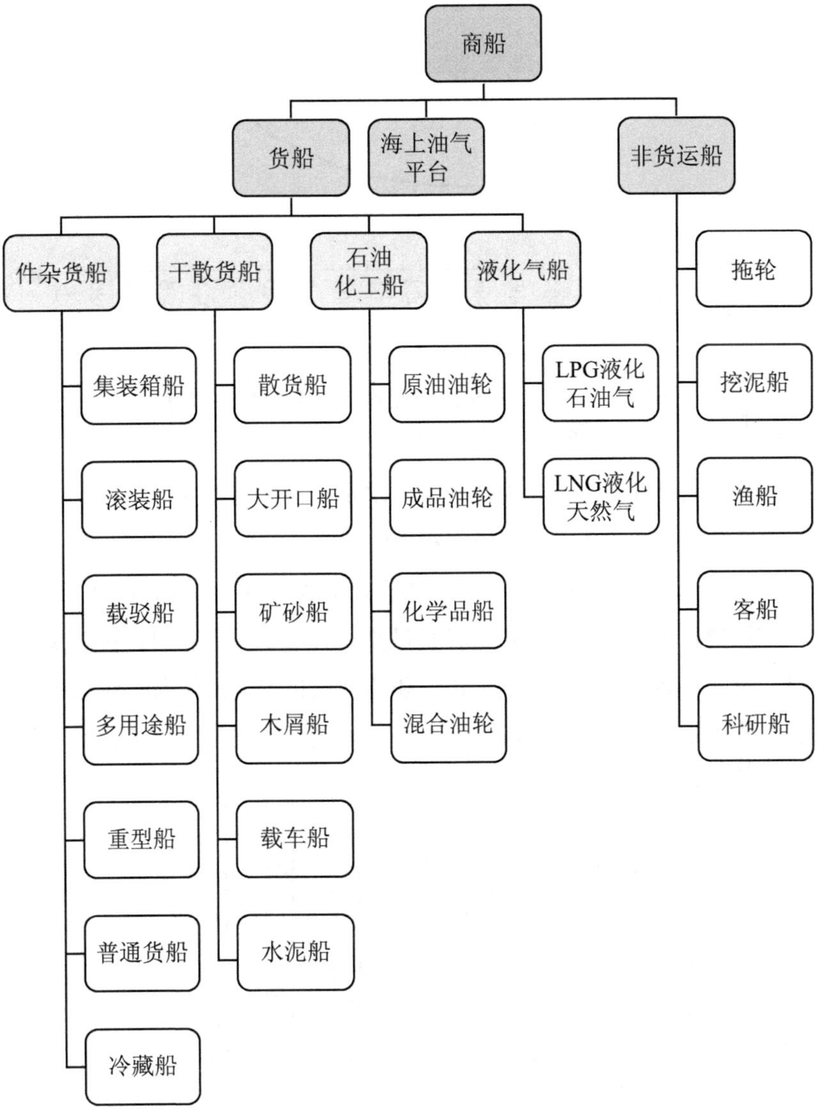

图 1.8　海上商船类别

（来源：Stopford 2009）

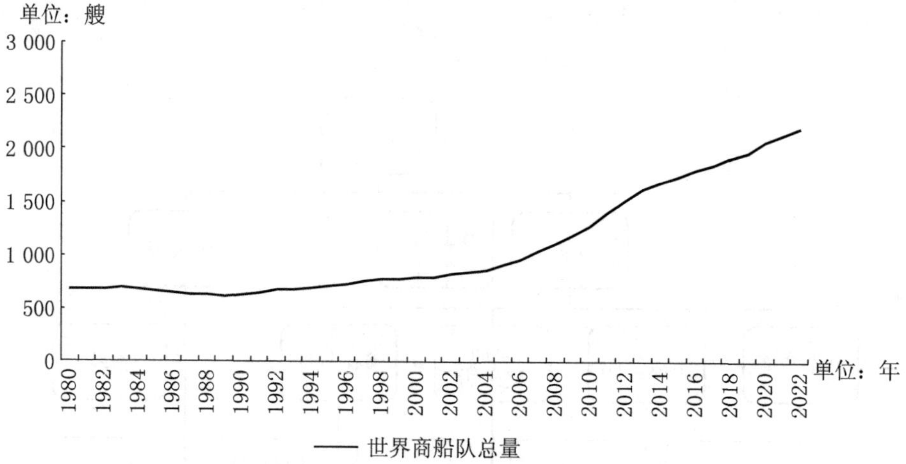

图 1.9　1980 年—2022 年世界商船队总量变化趋势
（数据来源：UNCTAD Statistics，单位：千载重吨）

商船队的船型规模由于货物和外贸需求也在发生着变化，不同类型船舶所占世界商船队比率受市场影响处于不断变化之中（图 1.10）。可以看到，各类船型中干散货船和油轮仍然是份额比重最大的两类船型，分别为 43.02% 和 28.6%。①从增长量来看，油气船增长量最高，其次是集装箱船，接下来则是干散货船，最后是其他船型。受益于技术和船型的进步，油轮和气体船有了长足的发展，替代能源及油气新市场的发展使得油轮份额在逐年下降。干散货船的

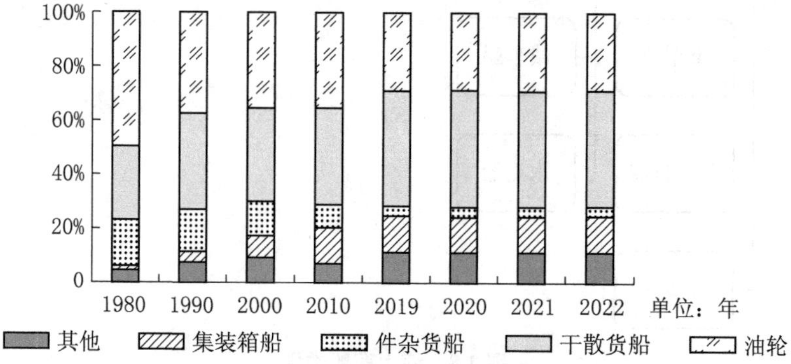

图 1.10　主要年份世界商船队船型比例变化
（来源：UNCTAD RMT）

---

① 联合国贸发会（UNCTAD）：《2022 年海运综述》（RMT），第 33 页。

市场份额呈现出逐年递增的态势，截至 2022 年已经快要接近商船队总体规模的一半。这是发展中国家特别是中国原材料需求状况在航运市场上的直接反映。但需要特别指出的是，货物运输和船舶需求在推高船价的同时也会使得船舶所有人的议价能力增强。如果航运运力与市场需求无法匹配，货主便需要向船舶市场寻求更加高额的运输工具。

因而，商船队是判断航运供需关系的起点。对船舶需求影响最大的毫无疑问是世界贸易和经济发展形势，短期的经济衰退或增长会对船舶需求造成波动。所运输商品的供求关系则会对船队规模带来长期影响。此外，随机性的冲击如战争、气候、新资源以及商品价格等因素都会对船舶的供需造成影响。①透过 1995 年—2022 年世界年出口平均增长率和世界船舶年增长率变化的趋势变化（图 1.11）可以看到，世界船舶年增长率同世界贸易年出口平均增长率之间基本呈现正相关，即出口增长率增加时，船舶年增长率相应增加；出口增长率减少时，船舶年增长率相应减少。需要特别指出的是，二者的变化并非同频。贸易出口的变化反映到船舶市场时有一个明显的滞后效应。在一些年份中出口率出现明显波动时，船舶增长率在次年或再次年才会作出相应反应。举例而言，2008 年到 2009 年间的经济危机使得出口率大幅下跌，而船舶增长率则在 2009 年到 2010 年才下挫至低点。另外，在一些年份出口率已经呈降低态势，船舶增长率依然在大幅上升。如 2012 年出口受到欧洲债务危机、美国经济复苏放缓以及新兴市场国家经济增速放缓等多方面因素的影响，世界平均出口增长率呈负增长态势，出现了大幅下降。而同年的船舶增长率则出现了大幅上涨，达到历史新高。这是由于 2011 年市场的乐观使得造船市场订单增加并在 2012 年集中交船所导致的局面。2020 年受疫情影响世界出口平均增长率继 2019 年之后进一步下降，但世界船舶年平均增长率却出现了近几年少有的增长。这一方面是因为船舶市场反应滞后于出口数据，另一方面是因为船舶供给数量还受到航运企业决策及其市场预测能力的影响。

---

① Martin Stopford, *Maritime Economics*（*3rd Edition*）, London and New York, Routledge, 2009, pp.141 - 147.

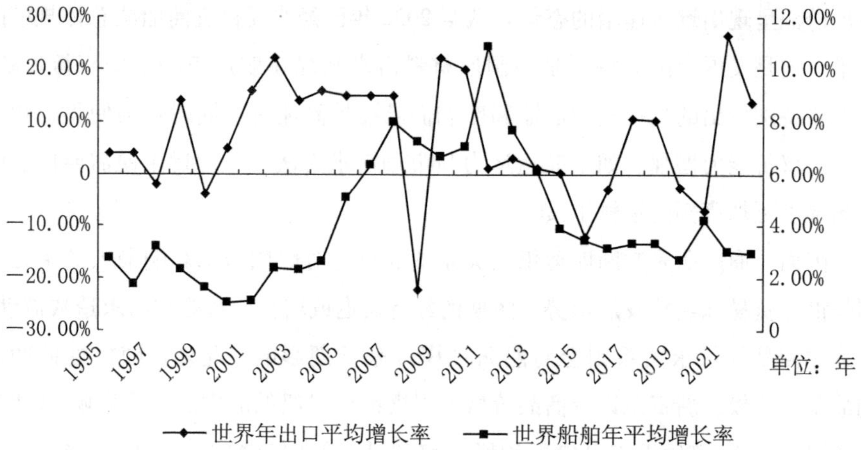

图 1.11　1995 年—2022 年世界年出口平均增长率与船舶总量年增长率对比图

（数据来源：UNCTAD Statistics & UN Comtrade）

此外，航运企业的船舶拥有量还是衡量其规模和运营状况的主要指标。如何配置自有船队的种类、大小、规模等对于航运企业而言是一个投资上的大问题。从经济学角度而言，商船队的数量即代表着商船队的生产力，象征着商船队的运输能力存量。倘若贸易需求低于船队运力时，意味着一些船舶就得停运或作为储备。建造新船可以增加船队规模，拆解则减少船舶。船队的运输能力还取决于船舶运营的物流效率，如船速和等待时间等因素。①而商船船龄（表 1.1）的新旧一定程度上折射了新造船和拆船市场的活跃度，也反映船舶规模的变化。不同船型的船舶其平均船龄不一，因而投入船舶市场的年限也不一。件杂货船船龄远远高于其他类型，其次是剩余船型，这两个类型的货物近年来运输总量呈下降趋势，加之造价因素，新造船和拆船市场均不活跃。如今世界上最大的货船通常是集装箱船。由于船舶专业化和大型化发展趋势，集装箱船舶的运载能力得以大大提升，新造船订单和拆解率相应增加，几年前平均船龄为 15—19 年，近几年船龄减少至 10—14 年。干散货船受到货物市场萧条以及运力过剩的影响，新造船订单尚未消化而拆解率却大大提升，有的船舶甚至刚造好不久便直接进行了拆解，因而船龄普遍偏低。但是，受主要进口国特别是中国、美国、

① Martin Stopford, *Maritime Economics*（*3rd Edition*）, London and New York, Routledge, 2009, p.138.

日本等国以及新兴市场需求的影响，近年来干散货船市场总体回暖，船舶更新程度较高。新交付船舶船型最大占比也是干散货船、油轮和集装箱船。这三类船型的船龄也相较其他更低，这无疑也是市场需求的反映。2022 年世界商船队的平均船龄为 21.9 年，而 2015 年这一数字是 19.92 年。船龄变老的原因部分在于船舶所有人和经营人对于燃料、碳交易以及相关法律法规和技术的发展感到不确定，因而延缓投资保有旧船。①

表 1.1　2015 年—2022 年不同船型世界商船队平均船龄（按船舶）

船　型	2015 年	2016 年	2017 年	2018 年	2019 年	2020 年	2021 年	2022 年
干散货船	9.04	8.83	8.77	9.07	9.72	10.2	11	11.1
集装箱船	10.86	11.21	11.53	11.89	12.34	12.7	13	13.7
件杂货船	23.99	24.72	25.10	25.64	26.39	26.3	27	27.1
油　轮	18.02	18.49	18.73	18.53	18.87	19	19	19.7
其　他	22.12	22.52	22.32	22.39	22.85	23	23	23.8
所有船型	19.92	20.31	20.34	20.48	20.98	21.1	21	21.9

（数据来源：UNCTAD RMT）

从国家视角看，一国的商船队规模是其航运运力、航运产业乃至国家竞争力的体现。根据国籍的不同，业界将船舶分为本国籍船舶和外国籍船舶，所有本国籍船舶加在一起构成一国的商船队，而本国所有人所拥有的外国籍船舶同本国籍船舶加在一起统称为该国的实际商船队。世界商船队资源分布十分集中，2022 年世界排名前十船东国家（地区）的商船队规模占据世界商船队总量约 70%（图 1.12）。其中，希腊、中国和日本属于第一梯队，三个国家的商船队占世界总量的 42%；新加坡、中国香港地区、韩国和德国商船队占世界总量的 19%，属第二梯队；百慕大、挪威和英国属第三梯队，占总量的 9%。

世界商船队的另一大特点是，各国（地区）船东实际拥有的船舶外籍比例普遍高于本国籍船舶（图 1.13）。这反映了各国（地区）商船队同其本国（地区）真实拥有的船舶数量存在较大差异这一事实，也反映了船舶出籍至国外已

① 联合国贸发会（UNCTAD）：《2022 年海运综述》（RMT），第 33 页。

经成为航运业的一个普遍现象。除新加坡和中国香港地区之外，其他八个船东国家（地区）的外籍船舶比例均高于 50%，德国和百慕大更是高达 91.23% 和 99.96%。而除中国（包括香港地区）、新加坡和挪威，剩下的外籍船比率均高于 80%。其中方便旗典型代表国百慕大的船队规模跻身前十，显示出开放登记对于增加一国商船队规模的积极效益。

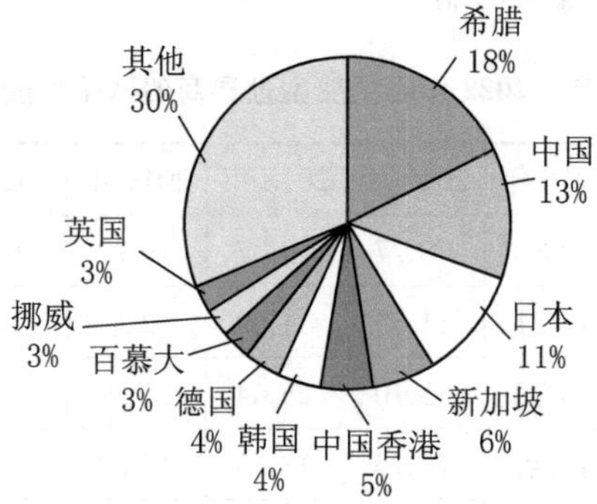

图 1.12　2022 年世界十大船东国家（地区）船队（按吨位）规模占世界百分比
（数据来源：UNCTAD Statistics）

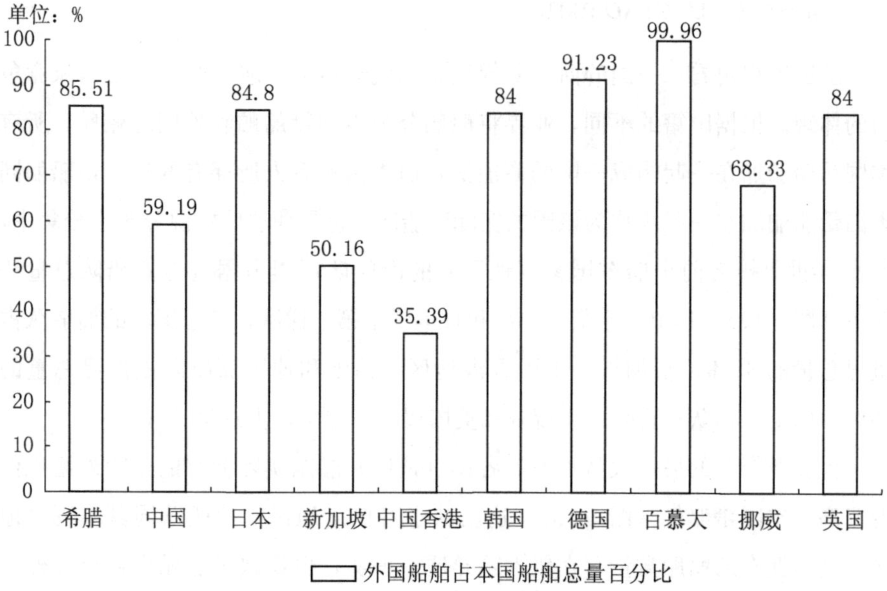

图 1.13　2022 年世界十大船东国（地区）外国船舶占本国商船队总量百分比
（数据来源：UNCTAD Statistics）

而商船队不仅仅联通货物运输和对外贸易，还意味着就业机会的增加、港口物流产业的发展、税收收入增加以及海洋国力的强大。除其本身自带功能之外，商船队给周边产业带来的聚集效应也十分明显。围绕船舶建立起来的相关产业众多，下属部门又可以作细分。常见的有船舶管理、船舶修理、船舶建造、船舶设备生产、拆船等，都依托船舶和商船队而存在。在此基础上，提供支持业务的其他衍生部门也应运而生，常见的有船舶融资、法律诉讼、船舶检验、船舶保险、航运信息提供商，等等。

整个20世纪的大多数时间，航运贸易多集中于发达国家之间，各国的商船队通常在本国建造、为本国所有、悬挂本国船旗、由本国经营并且雇佣本国船员。如今则很少有国家可以仅在本国完成所有航运业务，现代国家的经营策略是选择在特定的航运部门进行深入研究发展比较优势。专业化趋势给所有国家，包括发展中国家提供了参与航运贸易的机会。[①]据此，国家往往根据其自身特点及比较优势投身至不同的产业部门之中，围绕船舶及运输采用不同策略集中发展本国产业，期望从航运贸易中发展外贸、获得收益并增加就业机会。而这一切都需要围绕船舶这一中心要素展开。

三、船舶登记展现航运运力的分布、变化和发展趋势

船舶的登记状况可以反映世界范围内商船队和航运运力的规模、分布和发展趋势。无论基于企业抑或国家视角，商船队在国际贸易以及航运业务中均是重要的交通工具和商业资产。从法律视角而言，(商船的) 所有权不仅仅是一个法律术语，在航运产业中它还涉及一个非常重要的商业问题。(个人或公司所有的) 商船必须登记并悬挂一国船旗，这就决定了船舶营运过程中的法律管辖权。[②]拥有一国国籍并悬挂该国船旗是商船能够在海上航行以及进行贸易活动的前提，而登记则是各国法律规定的船舶取得国籍的法定条件。一方面，个人或企业的船舶通过登记获得登记国的庇护并取得航行权，另一方面，登记国通过国籍的取得对船舶实施管辖。

① 联合国贸发会（UNCTAD）:《2016年海运综述》(RMT)，第33页。

② Martin Stopford, *Maritime Economics* (*3rd Edition*), London and New York, Routledge, 2009, p.71.

此类管辖的具体表现之一便是船舶登记记录及相关数据所反映的国家（地区）的企业或个人在一定时间内所拥有的船队规模，以及世界范围内整个船舶产业的航运运力分布。为说明这个问题，此处以希腊为例，2022年希腊成为船舶所有人最多的国家①，但这些船东的船舶有85.51%登记在国外，并且大量登记在利比里亚、马绍尔群岛、巴拿马、马耳他等开放登记国家（地区）。而世界登记总吨位排名第一的巴拿马，其本国船舶数量极少。该国登记船舶的实际所有人主要来源于日本、韩国、希腊、中国、中国香港地区和新加坡等国家（地区），并非源自本国。世界排名前二十大船旗国（地区）名单里，一半是采用开放登记制度的国家（地区）（表1.2）。数据及事实均表明，开放登记已经成为航运产业的一种趋势和现象，在航运贸易中许多船舶的实际所有人会选择将船舶登记至条件优惠的其他国家（地区）。而全球的商船队资源分布整体相对集中，世界排名前二十的船旗国（地区）名下登记有全球88.2%的商船。

表1.2　2022年世界排名前二十大船旗国（地区）（按吨位）

排序	船旗国（地区）	艘	登记吨	在世界范围内登记吨所占份额
1	巴拿马	8 025	350 401	15.9%
2	利比里亚	4 311	335 114	15.2%
3	马绍尔群岛	4 042	289 781	13.2%
4	中国香港地区	2 661	207 816	9.5%
5	新加坡	3 227	131 369	6%
6	中　国	7 309	114 952	5.2%
7	马耳他	2 047	114 910	5.2%
8	巴哈马	1 307	72 998	3.3%
9	希　腊	1 234	61 817	2.8%
10	日　本	5 590	40 263	1.8%
11	塞浦路斯	1 030	33 461	1.5%
12	印度尼西亚	11 015	29 332	1.3%

① 数据来源：UNCTAD Statistics。

续表

排序	船旗国（地区）	艘	登记吨	在世界范围内登记吨所占份额
13	丹麦国际登记	612	26 061	1.2%
14	马德里	672	25 863	1.2%
15	挪威国际登记	695	21 300	1.0%
16	马恩岛	291	20 661	0.9%
17	伊　朗	942	20 195	0.9%
18	印　度	1 810	16 934	0.8%
19	韩　国	2 063	15 635	0.7%
20	沙　特	413	13 887	0.6%
总　计		59 296	1 942 750	88.2%
全球总计		102 899	2 199 107	100%

（数据来源：UNCTAD Statistics）

部分国家依靠船舶登记发展航运经济已经成为国际社会中的一种趋势和现象。截至 2022 年 1 月，世界排名前五的船舶登记经济体是巴拿马、利比里亚、马绍尔群岛、中国香港地区和新加坡。开放登记船舶数量仍然居高不下，全球范围内登记在所有人本国（地区）之外（即船舶所有人和船舶的船旗国籍不同）的船舶高达 71.08%。此外，船舶登记市场份额也呈现出一种聚集现象。主要的船舶登记国运力总量目前仍在不断增长之中，绝大多数集中于发展中国家（地区），其中巴拿马、利比里亚以及马绍尔群岛是世界排名前三的船舶登记地，加起来占世界船舶总吨位的 44.3%。①

正是由于开放登记使得船舶所有人和船舶国籍出现了分离，一个国家实际拥有的船队规模同其登记所有的船队规模之间存在差别，从而造成了船队资源在世界范围内的自由流动。专业化和产业分工使得原有的航运产业格局有所变动和分化，这无疑给发展中国家（地区）带来了机遇。典型的例子是，在世界排名前三十的登记地中，利比里亚、马绍尔群岛以及阿曼、安提瓜和巴布达的船队几乎均为外国船东所有。巴拿马、马耳他、巴哈马以及马恩岛的船队中，

① 数据来源：《2022 年海运综述》（RMT），第 42 页。

大部分船舶所有人是外国人，但也有小部分的船舶为本国国民所有。剩余的国家（地区）中，塞浦路斯、英国、菲律宾、中国香港地区、新加坡、百慕大以及法国的船队，50%以上的船舶由外国船东所有。在荷兰和美国，2/5 的船东为外国人。比利时、印度、丹麦、日本和德国的船队则几乎为本国国民所有。① 在发展中国家登记的商船，大多数为外国企业或个人所有，航运发达国家则相反。船队的流动给发展中国家（地区）创造了新的发展空间。近年来发展中国家（地区）市场对于原材料的需求量，亚洲、非洲以及大洋洲等地区登记份额的增长也证实了这一现象。

另外，在 2022 年世界十大船东国（地区）中，希腊、日本、德国、百慕大、英国和韩国船舶的海外登记数量远远高于本国登记数量。中国、新加坡和中国香港（地区）比例相对低，分别为 59.19%、50.16%和 35.39%。从开放登记地的选择来看，希腊船东的选择较为平均，在各开放登记国（地区）均有一定数量的船舶进行登记。日本和韩国船东的登记地大多选在巴拿马，美国船东则主要选择马绍尔群岛。②不同登记国（地区）所吸引的主要船型也有所区别。安提瓜和百慕大在散货船和多用途船方面占据较大份额，利比里亚则是集装箱船的主要登记国，马绍尔群岛吸引的油轮较多，巴拿马侧重于干散货轮。③这种类型化差异的背后体现的是登记国（地区）与船东所在国之间的贸易联系、历史渊源以及双边互惠协议安排等原因。对于渴望吸引船舶到本国进行登记的国家（地区）而言，其所采取的策略和比较优势是有所区别的。此外，近年来的船舶登记统计数据表明，除希腊继续位居榜首以及中国取代日本成为世界第二大船舶登记国之外，自 2014—2022 年排名前十二的国家（地区）几乎没有变化。这表明航运运力的集聚效应以及商船队分布的规律性和持续性。

市场的饱和度对船舶运价、船舶需求以及船舶运力分配也会产生影响。2021 年航运市场的繁荣助推船价上涨，二手船市场也因为世界贸易被扰乱、新造货轮的短缺和乌克兰战争而需求大涨。④体现在各类型船舶中，液化气船的增

①② 数据来源：UNCTAD Statistics。

③ 联合国贸发会（UNCTAD）：《2016 年海运综述》（RMT），第 44 页。

④ 联合国贸发会（UNCTAD）：《2022 年海运综述》（RMT），第 39 页。

速最快，达到 8.15%；第二是集装箱船，年增长率为 4.11%；第三则为散货船，增速达到 3.61%。但从市场占有率来看，干散货船和油轮尽管增速放缓，但仍然占 43.02%和 28.60%的份额，两者相加占世界商船队总量的 71.62%之多。越造越大的集装箱船占据市场份额 13.34%。三者仍是世界商船队中最主要的船型（图 1.14），尽管 2022 年全世界的商船总量增加了 2.95%，但与油气船爆发性增长不一致的是，这是自 2005 年以来第二低的全球商船增长率。①

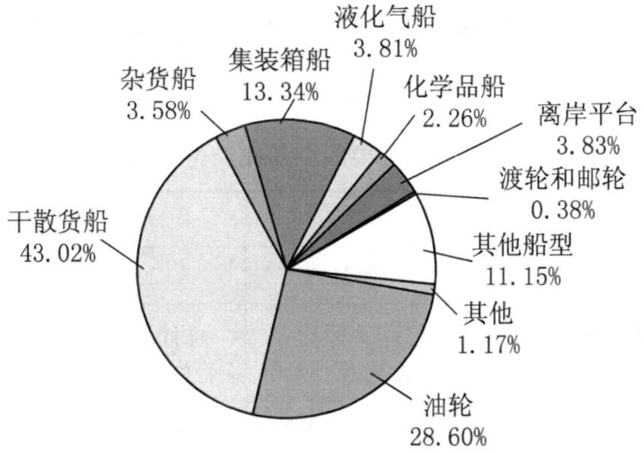

图 1.14　2022 年世界主要船型市场占有率
（数据来源：UNCTAD Statistics）

从船舶市场的运力投入和拆解状况来看，受新冠疫情的影响，虽然 2021 年新造船交付量增长 5.2%，但整体仍然低于 2019 年之前的水平。中国、日本和韩国是世界主要的船舶建造国，2022 年三国加起来的建造总吨位占世界份额的 94%以上。其中中国的造船量增长了 15.5%，韩国和日本分别增长 8.3%和 16.4%。建造市场上的主要船型仍然是散货船 35%、油轮 22%、集装箱船 18%和气化船 13%，但增长最快的船型是离岸船（去年增长率达到 142%）。液化气船、集装箱船市场大幅上涨，油轮和散货船订单则创市场新低。2021 年船舶的拆解市场则主要分布在孟加拉、巴基斯坦、印度和土耳其，几国加起来的份额占报废总吨位的 96%。但拆解总量比上一年减少了 11%。其中油轮和液化气船相比上一年分别上涨了 331%和 143%，集装箱船和干散货船的拆解则分别下降

---

① 联合国贸发会（UNCTAD）：《2022 年海运综述》（RMT），第 33 页。

了92%和70%。

对比2021年（疫情中期）与2019年（疫情初期）新造船的交付总量和老旧船的拆解总量（表1.3）可以看到，2021年新造船市场整体较为疲软。除干散货轮和液化气船外，其他船型新造船交付总量及市占率均不及2019年。拆解市场上，干散货轮、件杂货轮、化学品船、离岸设备、渡轮邮轮的拆解率均有所增长，油轮、集装箱船和液化气船进入拆解市场的则较少。干散货、集装箱、液化气船的船舶供给率大于拆解率，而油轮、件杂货、化学品、离岸设备、渡轮和邮轮船舶市场所投入的运力则小于拆解掉的船舶总量。体现了船舶所有人目前对持有船舶以维持市场盈利的想法。①

表1.3　2019年与2021年世界主要船型船舶交付和拆解总吨及其市场占比

	交　付				拆　解			
	2019		2021		2019		2021	
	总计（千总吨）	比率（%）	总计（千总吨）	比率（%）	总计（千总吨）	比率（%）	总计（千总吨）	比率（%）
油　　轮	14 524	25.0	13 589	22.0	10 884	59.5	8 213	53.6
干散货轮	15 505	26.7	21 151	35.0	2 495	13.6	2 815	18.4
件杂货轮	884	1.5	1 552	3.0	405	2.2	489	3.2
集装箱船	13 614	23.5	10 929	18.0	1 284	7.0	170	1.1
液化气船	7 302	12.6	8 138	13.0	951	5.2	751	4.9
化学品船	1 452	2.5	1 047	2.0	268	1.5	604	3.9
离岸设备	1 718	3.0	1 370	2.0	1 156	6.3	1 182	7.7
渡轮邮轮	1 860	3.2	2 110	3.0	185	1.0	748	4.9
其　　他	1 186	2.0	892	1.0	673	3.0	356	2.3
总　　计	58 045	100	60 780	100	18 300.9	100	15 329	100

（数据来源：UNCTAD Statistics）

总体而言，世界范围内船舶登记总量、单个国家或地区的登记状况、不同种类船型在不同时间和区域的登记变化表明，船舶和航运市场正日趋专业化，

① 联合国贸发会（UNCTAD）：《2022海运综述》（RMT），第46—48页。

工种正不断细化。传统的产业协同模式仍然存在，船舶所有人可以在船上悬挂本国旗帜，雇佣本国船员。船只可以挂靠本国港口，在本国船厂造船和修船，并在本国船级社进行登记①。与此同时，全球跨产业的分化和整合已经十分明显，航运业同其他产业之间的联系正在不断加强。新的生产和经营方式、环保方面的新要求以及燃料及技术的发展、世界政治经济环境的变化等因素使得船舶船龄、船队规模、登记地选择以及各类船型的市占率等领域都出现了一定的变化和发展。

然而，国际贸易和航运之间的深度依存关系使得航运市场和运输网络正面临越来越大的不确定性。典型的例子是，世界排名靠前的登记国或地区往往是离岸金融、公司、保险以及法律业务等产业辐射较为便利和发达的地区。而航运产业内部分化亦较为明显，基于税收和成本的考虑，发达国家的船舶所有人在实践中倾向于将船舶的建造、登记、人员配备以及拆解等事项转移至其他国家或地区，这无疑使得一些传统的航运相关产业在国家间发生了流动和转移。船舶登记行为成为航运全球化背景下企业优化成本和国家建立比较优势的一个有力的工具和手段。但地缘政治、地区冲突、贸易战、产业链、排放规则、智能化的变化对各国政府、船舶所有人、船舶经营人以及承运人重新思考和布局商船队运营模式及资产的储备方式提出了新的议题和挑战。

四、法律固化船舶登记行为对航运经济的引导

法律能够在国家治理和社会秩序维护方面发挥作用，是由其特点和功能决定的。在人类社会中，人与人之间相互交往的准则是社会秩序，它是将人们维系在一起的相互关系和联系。整个社会之中，只有以某种公认的准则约束的行为才能具有社会秩序。而社会秩序上升为法律需要强制性保障，制定法律是对一项社会秩序予以外部保障的措施。②法律的保障力源头在于，从最广泛的意义上讲，法律仅仅是反复出现的、个人或群体之间相互作用的模式……这种法律的概念包括两个方面，一个因素是行为的实际规则，另一个层次是正统性：权

① 联合国贸发会（UNCTAD）：《2016 海运综述》（RMT），第 48 页。

② ［德］马克斯·韦伯：《论经济与社会中的法律》，张乃根译，中国大百科全书出版社 1998 年版，第 5—8 页。

利与义务感。①

另外，经济活动中交换关系的发展是基于行为的确定性和后果的可预测性而建立起来的，这就需要法律和习惯发挥作用。在交易人员之间贸易往来得以良好运行，依靠的是权力的非人格化。超脱于个人而存在的权威在现代社会②之中便是法律秩序。“法律秩序应当被看作是某种中立的能够调和相互对立的利益的东西”。③而法律系统的作用则体现在，“设定社会关系模式，合理地安排资源，形成利益的互补和补足结构，使人们能够顺利地实现其利益”。④因而，法律是调节和适应经济发展和现实变化的体系与机制。⑤

法律与航运产业和经济贸易的发展存在密切关系，各国制定的海商法律规范对促进其本国海运经济发展起到了关键作用。海商法中充满各国国家利益冲突。⑥法律规则设定了船舶登记行为对航运经济的引导路径，典型表现是市场准入。如英国 1651 年《航海法》规定只有英国船舶才能够运输英国本土及其殖民地的货物。美国 1851 年《船舶所有人责任限制法》同样是为了给本国航运业者以特别待遇。历史上透过法律规定，英国和美国赋予了本国船舶及本国船舶所有人运输方面的特权和优惠，促进了本国商船的扩张以及对外贸易的发展，同时也推动了国家整体实力的提升。

船舶登记行为旨在确认船舶的财产权和确保其国籍属性，其本质是对船舶所有人财产权及贸易权的保障。法律制度的权威性和正统性为船舶及其附属利益提供了强制力和保障机制，比临时性的特权、利益和行政保障更具稳定性和不可替代性。而从航运从业者与行政管理者的视角来看，业界人士需要推动船舶开展业务不断盈利，而监管机构则希望在经济性事务中行使有效的管辖。船舶登记无疑是能兼顾双方利益的选择。通常来讲，船舶登记行为被视为一个政

---

① ［美］R.M.昂格尔：《现代社会中的法律》，吴玉章、周汉华译，译林出版社 2001 年版，第 46 页。

② 此处现代社会，指称的是有别于封建集权指令的法治社会。

③ ［美］R.M.昂格尔：《现代社会中的法律》，吴玉章、周汉华译，译林出版社 2001 年版，第 171 页。

④ 谢邦宇、黄建武：《行为与法律控制》，载《法学研究》1994 年第 3 期，第 25 页。

⑤ 陈永清、李卓：《法律与经济及金融发展相互关系理论述评》，载《国外社会科学》2007 年版第 4 期，第 2—7 页。

⑥ 郭瑜：《海商法的精神——中国的实践和理论》，北京大学出版社 2005 年版，第 7 页。

府行为（行政行为），而政府行为要保持权威性，必须首先赋予其合法性，因为合法即意味着典范和义务。就全球范围而言，无论是采用何种登记制度，各国几乎都会为本国的船舶登记制定一套专门的法律规则。究其原因，乃在于需要借助法律权威保障政府对经济的行政介入（船舶登记行为）得以在法律秩序之下有效运行。且登记过程中，必然涉及行政权力的行使，而法律对行政权力的约束功能使得其能够成为国家强制力监督行政行为的有力工具。这在登记活动中表现为，行政执法人员（船舶登记部门）只能在法律限定的界限内活动，目的是确保在法律限度内如何最有效地实现既定的政策目标①。

倘若将法律在政府登记行为与航运经济之间所起的作用予以归纳，从传统社会制度到现代社会制度的转变过程中，法律的“固化”功能可以表现为以下两个方面。传统地，法律是国家将登记行为常态化、制度化的行为规范，政府登记机构在此基础上对船舶进行统计、管理和控制，一方面保障本国运力为本国贸易服务促进本国航运经济的发展，另一方面引导世界航运贸易的走向和运输资源的分配。

就现代社会而言，工种的细化和产业资源在全球范围内的再分配促使开放登记出现，船舶登记由原来的行政管制行为演变成了开放登记国为船舶所有人提供的一项有偿服务。对登记服务质量以及船源数量的考虑，是这些国家必须通过法律将本国的登记条件、登记流程以及登记政策予以透明化的原因，目的在减少外国船东对本国政治经济环境的疑虑。如此一来，法律更演变成了产业服务中的一个重要组成部分。“法律制度有的时候促进合作，有的时候妨碍合作。在存在强有力的非法律规制机制的情况下，国家就忍不住要去引导它们。”②从航运从业者的视角而言，将自有船舶登记在哪个地方是其自主决定的事项，并且在实际操作中许多船舶的登记地并不在其所有人所在国境内。这就使得当事人可以选择其登记关系是否受制于法律干预以及受制于何种法律干预，此时船舶登记机构势必希望采取措施引导登记乃至航运经济的走向，法律无疑

① ［美］R.M.昂格尔：《现代社会中的法律》，吴玉章、周汉华译，译林出版社 2001 年版，第 171 页。

② 埃里克·A.波斯纳：《法律与社会规范》，沈明译，中国政法大学出版社 2004 年版，第 223 页。

在其中需要发挥关键性作用。

因而，一方面法律是约束船舶登记的行为规范，另一方面法律又是政府进行航运资源分配的手段。在国家间的竞争之中，它更发展成为航运产业中的一项重要产业服务业务。在现代社会中，法律是固化船舶登记行为并引导航运业中运力流向、运输资源分配以及登记盈利业务的行为规范。各国登记法律规定的不同，引发了世界范围内运力的再分配以及航运资源的再平衡，对整个航运业产生了深远的影响。

第二节　产业变革与船队规模间的困扰

没有解决本质问题的船舶登记法律规定的修订反映了一个比较广泛的问题：许多国家的政府在尝试解决航运产业的转型和变革问题时获得的效果往往不能让人满意。自 20 世纪中后期以来，一些传统的航运强国以及新兴的发展中国家都纷纷变革或修订了本国的船舶登记法律制度。有的国家制定了一种区别于原有登记制度的“国际船舶登记制度”，有的国家实行了“离岸船舶登记制度”，有的国家则进一步开放和推广本国的船舶登记市场，并在此基础上出台了新的船舶登记法律法规或修订了原有的船舶登记立法。可是，几乎很少的国家实现了他们的既定目标，即使得本国船舶登记法律制度的变革达到其预计的规划。本节分析变革过程中可能会存在的一个困扰，描述这样一个世界范围内普遍存在的问题：努力促进航运产业发展与维持一定规模的船队之间存在的矛盾关系。

一、合理的航运运力与产业发展危机

尽管传统的内国船舶登记制度面临着来自开放登记制度的强烈冲击，许多国家都在谋求创新并相继出台了一系列船舶登记制度变革和发展举措，然而总的来讲大多数航运发达国家试图吸引本国船舶回归的尝试常常效果平平，也很难在优惠措施上抵御开放登记国家和地区对船东的吸引力。世界范围内进行开放登记的船舶常年维持在一个较高的比率之上，船舶国籍与船舶所有人国籍分离的状况似乎已经成了航运业的一种常态。金融危机以来世界贸易增速明显放缓，航运产业链随即受到波及。但受到航运泡沫时期船舶订单井喷的影响，造

船市场的周期性使得经济衰退在航运市场上的反馈呈现一定时间上的延迟。众多的新船订单使得整个航运市场运力过剩，需要时间来消化这些运力。船舶运价波动的过程中，疫情、地区冲突、环境污染、技术革新等情况又使得船舶的运营成本逐年上升。自经济繁荣期金融资本大量进入航运领域后，真实的市场供求关系就被放大或被扭曲了。大量泡沫无疑给航运埋下了地雷，使得航运业者将在一个不确定的时间段里经历融资问题、运力消化问题、运费低迷问题以及高位入市的运营困境等诸多难题。

进入21世纪以来，航运遭遇的上述问题与产业发展缺乏动力这一现实相生相伴。一方面，航运业本身长期积压的问题使得整个行业前进动力不足；另一方面，行业发展脚步踟蹰又使得航运业面临的困境日益凸显。在大多数尝试发展航运经济的国家中，“航运产业的发展”是指航运产业能够不断自我进化，支撑整个贸易、运输、物流交易有效运行并实现对航运资源的合理配置。“航运业发展的动力”则是指能够激励航运产业不断进行技术革新、改善产业环境、提高效率以及完善服务的竞争意识。

谋求航运业发展是许多国家的愿望和愿景。21世纪是海洋的世纪，而从历史上看，航运运力强盛的国家通常能够在国际贸易中占得先机。所以，发展航运业是大多数沿海国家振兴本国经济的必然选择。过去许多国家都强调发展港口城市经济，打造对外贸易，与此同时拓展原材料需求及外贸商品，建设港口和船厂等基础设施，其中包括大型船厂、干坞、码头等的建设和相关配套措施的辅助建设，等等。滨水区的发展势必需要劳动力来支撑，其他相关产业如纺织、染色、光缆制作、酿造、研磨、钢铁和能源等，因便利和成本等因素也在滨水区蓬勃发展起来。然而，随着这些国家后工业时代转型期的到来，这些曾经产能优良的滨水区开始走向衰落。

20世纪80年代，一些发达国家的学者提出了“滨水区再发展”的概念①，集装箱运输在航运中的大规模应用使得港口的操作和运输物流成本得以大幅削减，早期修建的港口设施和相关工业产业不可避免地面临边缘化的窘境。许多

① Brain Hoyle, “Waterfront redevelopment and the cityport economy”, *Maritime Policy & Management*, vol.15, 1988, p.255.

国家政府都试图扭转这样的衰落局面，但摆在其面前的后工业化时代城市更新换代、港口功能的调整、基础设施的再建设等难题解决起来都并不容易。而发展中国家则受益于全球化、跨国公司以及产业转移等因素，在沿海城市的建设和水运经济的发展方面颇有后发先至的表现。与发达航运国家的振兴需求不一样的是，发展中国家更加注重保护本国尚不健全的产业。资金和技术的不成熟使得这些国家更加重视产业新技术的发展以及本国比较优势的运用。世界范围内，发展中国家呈现出两类不同的发展模式。一类利用本国的监管、劳工等成本优势大力发展发达国家相对弱势或已经替换和转移的产业，另一类则乘着航运业国际化及集装箱带来的产业变革东风，在基础设施、新技术的推广以及市场的开放方面成为后起之秀。与此同时，发展中国家的航运业又存在产业投资大、见效慢、市场状况恶化、行政监管不力、法治条件不健全等状况使得发展航运业的动力和具体举措都显得力有不足。

随着航运业近一波大繁荣的落幕，航运市场整体进入了一个调整期和恢复期。在这个阶段，发达航运国家所具备的优势，如运价、高品质货源、法律及仲裁话语权、海上保险及航运经纪等等依然是发展中国家所仰视的。不过，相较于迅速崛起的新兴经济体，发达航运国家脱虚向实使得其发展后继乏力。出于成本考虑，船队的出走和产业的转移使得本国运力规模和船队实力正在渐渐下行。但新兴经济体在航运贸易中的强劲表现则是以低附加值的原材料驱动的，这是不是昙花一现，其未来的持续性如何仍有待观察。

在此背景下，海上运输的发展通常会面临两个相对方的共同作用：政府机构的决策和航运商业主体的实践。并且以下几个因素共同塑造了航运业发展适宜的环境。依法行政：政府应当按照基于共同理性而构建的社会准则来规划和行动，不能够只是凭借直觉和非理性的判断。透明：这里的透明包含两方面的意涵。其一是信息流动的透明，航运相关的信息能够公开以便于航运从业者及时判断形势作出决策。其二是政府决策的透明，对于约束航运业的决策，可能受其影响的人应该有机会发表意见。良性竞争：航运从业人员应当能够将自身注意力集中到服务的优化、技术的革新以及专业性人才的储备，而不是受到政治约束和恶性竞争的排挤。管辖：船舶所有权归属的复杂性在于财产所在国、个人所在国、公司所在国、船舶所在国、公司分支机构所在国、合资一方所在国以及政府机构所属国都在不同层面牵涉其中。

海上运输还存在一个显著的特点，它的市场和规模总是流动着的。船舶的货物处理能力、成本以及效率等因素都会对其营运能力产生影响。船舶尺寸是衡量船舶营运能力的另一个重要指标，大船每单位的运营成本较低。技术同样重要，新造船舶和特种船舶的建造技术较一般船舶要求更高。环保等日益严格的监管要求也对船舶的建造和运营提出了新的课题。加上地缘政治、地区冲突、疫情、罢工、安全等传统和非传统因素的影响，如何将现代商船每一载重吨的单位产值提升到最为经济合理的状况就成为每一个企业乃至国家的题中之义。一方面要注意合理配置船队的新旧比率和淘汰率，另一方面又要在船舶规模、资本周转周期及技术交替之间作出平衡。产业的发展是政府与商业主体合力的结果，运力作为产业链的基础和组成部分，其发展及改革亦需两方合力作用方得实现。

此外，作为一项重要的海上资产，随着大型化趋势的到来船舶原有的可变成本正在逐渐转化成为固定成本，船舶企业面临着新技术、高资本、大型化以及智能化带来的技术硬件和管理软件的冲击。而对于国家而言，航运发达国家在市场、政策和产业结构方面有优势，但仍然面对产业升级及国际贸易趋势变化带来的国家船队结构调整问题。发展中国家则由于技术和资本差异，在拓展国际航运市场以及商业环境和政治博弈方面处于劣势，从而使得商船队结构和规模的壮大和优化受到限制。所以，无论是发达国家还是发展中国家，在促进其本国航运产业发展问题上，均需要考虑航运运力应当如何配置。其中心问题不是如何扩大运力，而是如何合理地通过法律长远规划和建设本国航运运力，依法行政，营造一个透明、公开的良性竞争环境，贯彻规划带动航运经济。解决这个问题无疑是航运业发展的重要挑战之一。

二、产业发展与船队规模之间的微妙关系

航运的可持续发展并不表现为某一些具体的事件，而是一个持续变革的过程。航运业的发展需要变革和转型，这个过程是产业自身进步的结果，也是政府优化不合理资源配置的结果。要实现资源的优化配置，政府就需要创造一个适宜航运发展的环境，以促进航运从业人员能够更加良好地使用相关资源。而

产业发展或变革，“归结于很多而不是一个原因，法律只是众多原因中的一个”。[1]政府创造环境的方法可以是多样的，一方面其可以直接要求下属机构和相关人员建立一套发展航运业的机制和体系，如相关部门给予船舶企业以贷款上的政策支持，建立发展港口基础设施和物流设施，设立专门的促进机构维护航运业的商业联系，经营政府所有的航运企业，等等；另一方面，它也可以命令政府官员组织相关企业及其负责人进行探讨，对行业状况进行调研和撰写报告，制定发展航运业的改革措施等改善航运市场的具体举措。

然而，在现代社会中为了使得政策能够得到有效地实施，政府必须将其所制定的政策转化为法律。因为只有法律能够保障政府决策的民主性和合理性，防止政策决策的武断，限制国家权力的滥用和沦为私利的工具，对政策实施过程能够做到权责明确和确保公权力的透明。所以，政府在产业发展过程中发挥作用的前提是必须通过法律实现实施效果的最大化。除非政府发起的航运变革能够切实地改善航运事务中面临的困境和不良环境，否则产业的可持续发展就是一句空话。航运产业所面临的不良环境，在某种程度上至少反映出政府航运立法和执法方面的困境。

产业发展与船队规模相生相伴。海上运输通常有三个主要的经济投入因素：船舶、燃料以及船员。二战后几十年生产力的提高以及世界原油供应企业联盟的出现，使得航运经济的成本投入出现了显著的变化。船舶变得更大也更快，燃油的价格与产出也日益变得高昂，而船员的规模和结构则由于劳动力价格以及科技的发展逐渐精细化。因而现代船舶最大成本支出是资本，其次是燃料，最后才是船员。由于船舶大型化之后船员的需求量并没有相应增长，此时资本与劳动力之间的比率使得航运业迅速转向资本密集型产业系统。从单位投入的产出比来看，大型船舶每单位资本的产出显得更多。因此，高昂的资本成本并不能阻碍资本密集型船舶的引进。[2]并且现代社会中船舶已经逐渐演变为一个国际性的财产。一艘商船包括材料在内，仅在本国建造并且只登记在本国名下的

---

① ［美］安·赛德曼、罗伯特·鲍迪·赛德曼、那林·阿比斯卡：《立法学——理论与实践》，刘国福、曹培等译，中国经济出版社 2008 年版，第 7 页。

② Elliot Schrier, Ernest Nadel and Bertram E. Rifas, “Forces Shaping International Maritime Transport”, *World Economy*, vol.7（1）, 1984, p.90.

情形已经较为少见了，即便如此有的国家还采用“混合式”的国籍主义，即允许船舶融资、所有权以及船员方面可以有外资加入。

那么船队规模与航运的可持续发展之间便会产生一定的关联性。换而言之，一个国家的国内船队和其海运部门之间存在外在性联系。航运产业为岸上业务提供了产出、收入和就业市场。这些联系的强弱必然因相关岸上产业部门而有所不同。因此某些领域的联系可能很弱，如通常只服务于所有船舶而并不考虑国籍的港口，但如海洋设备制造商一类的产业却强烈依赖其产品的广大国内市场。所以投资国内船舶产业可能会产生多重效果，给相邻产业带来广泛的经济利益。①所以，一国对其商船队的投资可能会对其整个海运及相关产业带来潜在的产能和效率。然而，船队规模当然是航运产业发达与否的一个重要指标，但船队规模大并不一定反映一个国家或地区真实的航运实力②。

回归到航运业发展与船队规模之间的关系可以发现，首先两者间存在正相关性，即航运业繁荣的国家，船队也会呈现相应的规模，这是一国航运实力的体现。其次，产业发展和船队规模之间也存在负相关性。也就是说当过度地关注船队的扩张时，往往会忽略扩张的合理性，造成运力过剩的同时也会使得本国航运业从根子上“生病”导致贸易放缓。

如何协调航运业发展和船队规模之间的关系是政府在改革和转型过程中必须思考的问题。而在法治环境下，政府所起的作用往往需要通过法律来实现。此研究的论述正是基于产业发展与船队规模之间的微妙关系而展开，船队规模对于产业发展同时存在正负两方面影响，这就要求一国政府在透过法律规划维护法律制度以支持本国航运业的发展过程中，应当注意到平衡船队资源及船队结构的调节。如果忽视这个环节，由于市场并非万能，很可能出现运力过剩或运力不足的状况，从而导致产业发展的不均衡，使得航运业繁荣的可能性降低。出现这种状况，某种程度即表明政府在法律政策的制定方面出现了偏差。更进一步地讲，在制定和实施运力分配、船舶规划等法律方面存在不足。

---

① Mark Brownrigg, Geoff Dawe, Mike Mann & Phillip Weston（2001）*Developments in UK shipping: the tonnage tax*, Maritime Policy & Management, 28: 3, 218.

② 众多方便旗登记国的船队规模在世界范围内数一数二，但却并未反映出该国整体海运实力的真实水平。关于方便旗登记的特点和其船队的构成，请参见第二章第三节“方便旗登记模式”。

三、法律与高质量的商船队

什么样的船队规模是适宜的船队规模，这个问题并不存在一个统一答案。一个国家的船队规模受到很多因素的影响，如市场上的运输需求、船舶所有人的商业规划、运价的走势、气候的变化、地理位置、自然灾难甚至政治局势和战争等情形。大规模船队并不一定就是良性的，小规模的船队也并非就存在恶性发展风险。同样地，影响航运市场发展变化的因素也很多，很难说船队规模大就能够促进航运市场发展，船队规模小也不一定会对航运市场造成潜在的危害。

如上一节所述，海上运输成本上的大头是船舶和燃油。大型及高技术等级的船舶，成本投入上全世界范围内差别不大，区别可能在于造船技术能力是否到达一定级别。但国际范围内船舶贸易市场基本是开放的，同类型船舶的价格不会出现巨大差异，世界范围内船价大体是趋于一致的。而燃油市场的价格特定时间段在世界范围内也基本是由国际市场决定的。所以航运市场之中国家与国家之间的差别更多地表现为人力、技术和营运因素。人力可分为两个方面，一是船员的雇佣成本，工资较低的国家会比高人工国家有优势。二是船舶及船公司的管理人员和管理水平在国家间有区别。技术则是指科技实力带来的差别，一方面促进了整个产业的发展变革，而另一方面也同时带来工作技能以及管理技能的提升。在人力和技术之间，当技术水平较为平均时，低人工成本国家的人力优势会显现得较为明显，而当技术水平有较大提高时，技术带来的优势会极大地带动国家产业的蓬勃发展。良好的营运水平则有可能进一步扩大和维持优势，树立行业规范。

大多数发展中国家商船队的竞争力弱在技术及管理水平方面，发达国家则有可能在人力资源和低成本原材料方面处于劣势。一些国家实行商船队保护政策，就是希望在一定时段内能够在技术、资金或人力等某个领域给予本国船舶一定空间培育竞争优势。商船队的建设是国家的关注重点之一，商船队的数量和规模是一国海上航行实力最直观的体现，也是海上运输产业和国防实力强大的象征。但数量和规模有时并不能完全反映航运实践中的真实状况，在航运业国际化的背景下，国与国之间的比较优势使得一部分寻求低成本运营的船舶必然流向发展中国家，而发达国家本身在资本、技术和管理方面的优势使得其在产业链的上游占据优势。但船舶本身作为一项重要的海上资产和产业中心环节，在任何国家重要性均是不言而喻的。

航运发达国家的烦恼在于受到产业转移的影响，本国商船队总体数量下降，船舶外流严重。方便旗国家在规模和产业上受益，但在监管方面受到责难。新兴发展中国家则处于转型期，资金和技术与发达国家有差距，人力优势同其他发展中国家相比差距也不大，但胜在市场崛起和革新力量大。尽管各自存在不同问题，但在通过立法贯彻建设和发展本国商船队这一政策方面各国政府似乎无言地一致。规模固然重要，然而一味地追求规模却并不是证明国家商船队实力的唯一标准。

因此，在保持商船队规模的同时还应重视提升其整体质量。此处所提出的“质量”不仅仅是指高技术、高性能、高成本及大尺寸船舶的集合，而是指船队整体船龄、类型、规模及结构的优化。就政府而言，对于船队规模的控制，只能寻求一个关键：找到质与量的平衡。这是一个很难解释的问题。船队质与量的平衡并非简单地通过计算公式就能得到，它是一个复杂的判断。政府要对本国的船队规模作出这样的判断，必须对整个航运业有一个清晰的了解，而这种了解需要对产业进行事前的大量行业调研和分析。

另外，法律法规在现代政府管理航运产业及贯彻其航运政策过程中起着重要作用。政府试图通过法律影响本国船舶及航运业发展的一个典型例子是沿海航行权①的制定，许多国家的政府将本国沿海货物运输规定为国内产业，只允许本国船舶经营该业务。不仅仅是国内运输，国际海上运输实践中各国政府也会基于保护本国经济及抑制垄断的考虑而立法，并对航运服务中的自由贸易予以干涉。授予本国商船以政策优惠的法律法规，有时会被视为典型的保护主义政策产物，受到不公平竞争的质疑，但其的确是一国政府促进和维护本国航运业发展的代表性手段。事实表明，这类法律法规制定之后这些国家的商船队得到发展的同时，也给交易的相对方或对外贸易的合作对象带来了便利。因为在

① 英文表述为 cabotage，又被称为“沿海航行权”。一些国家通过立法禁止外国船舶从事起点及终点均位于本国境内的海上货物运输，换言之仅允许本国船舶经营其沿海运输。

进出该国港口以及享受航运服务方面，该项政策会使得本国船舶的合作方享受相应的利益。[①]

通过法律规范商船队的运营和管理，是奉行自由主义航运政策和保护主义航运政策的政府都在采取的举措。而在具体的规制方式之中，船舶登记无疑是一个较好的切入口，连接着行政机构、商业运营主体以及商船。既能够对本国产业有所助力，也未曾跨越补贴和国营垄断的边界。规制船舶登记的好处在于，让政府对船队数量、类型以及所有权状况能够有一个准确的认识。并在此基础上对船舶行使有效的管辖和控制。基于船舶登记，政府可以把握本国登记船舶的状况并在此基础上有条件地制定相应措施发展本国产业。对于船舶所有人和经营人而言，则可以透过登记同国家建立法定联系，确保财产的稳定性和经营的安全性。

第三节　船舶登记法律制度与航运业和商船队的发展

法律是一个实用性的科学，但是当法律对社会问题的解决办法不能够使人满意时，就需要研究其基本理论究竟缘何而来。在人们讨论法律是否已经死亡之时，很明显法律在社会中已经出现了问题。这样的时代需要法律的社会理论。[②]有鉴于此，本节提出研究讨论的基础，即船舶登记法律制度是否能够对航运产业的发展、转型和船队规模的控制发挥作用。本节讨论变革、制度与行为规范之间的关系，就船舶登记行为与船队结构之间的关系问题进行分析，最后论述船舶登记法律制度与航运业变革的关系。

一、变革、制度与行为规范之间的关系

只有在不断发展和变革之中，航运业才能够创造良性的经济价值。政府在其间所发挥的良性作用就是创造一个能够促进航运业不断发展和变革的环境。

---

① Elliot Schrier，Ernest Nadel and Bertram E. Rifas，*Forces Shaping International Maritime Transport*，World Economy，vol.7（1），1984，p.99.

② David M. Trubek，Toward a Social Theory of Law：An Essay on the Study of Law and Development，82 *Yale L.J.* 1 1972－1973，p.1.

不过应当看到的是，国家可以通过制度对航运资源予以调配。不同国家的制度与国情不同，与此同时资源的拥有总量也各有不同。资源的拥有程度更多的与一国的地理位置、国土面积、人口、原材料、政治经济实力相关，而社会制度则决定了应当如何分配资源。资源不会自行分配，只有通过制度才能形成一个国家使用资源的方式，并以此决定该国的相关财富与收入水平①。从这个意义上讲，社会制度对航运业的变革和发展具有重要作用。航运发达国家在政治、经济制度方面具有优势，在应当如何运用资源以及如何遵守法律方面更加娴熟。因而可以通过适当的方式改变航运业中的相关制度，为产业创造一个良好的社会环境。

制度的变革是航运业可持续发展的关键。而制度不仅仅规范航运资源的分配，还是法律得以推行的基石。国家资源分配不恰当必然会使得国民财富受到影响，法律在该国社会中的贯彻程度也就可见一斑。通常所讲的经济、政治和社会的发展都建立在制度之上。推行连贯的、稳定的制度建设，就需要政府通过多种方式变革航运制度，为航运从业者创造一个可以发展创新的良好环境。而具体的制度，又是由其所规范的行为模式所形成的规则组成。改变制度的下一层次，就是改变制度所规范的行为。要变革航运制度，就需要改变航运制度所约束的具体航运从业人员的行为。

制度就是许多行为规范的总和，它要求行为在一定的规范下进行，或者说遵循一定的规则。政府将一定领域的行为规范整合在一起形成了制度。需要指出的是，制度的改革必须建立在法律之上，否则制度会出现体系性的混乱。现代社会的核心理念在于，法律这个系统性的规则是社会构建秩序的首要方式②。当然，构建制度的法律秩序也应当是不断发展变革的。所以，要改变一个制度，就必须改变构成制度的具体行为规则。法律制度范围内，政府或监管者还需要采取具体的措施实施和贯彻法律，这就是通常所称的监管法律行为。法律行为表现为决定、命令、规定等形式。而法律制度中起作用的不是原则或抽象的标

---

① ［美］安·赛德曼、罗伯特·鲍迪·赛德曼、那林·阿比斯卡：《立法学——理论与实践》，刘国福、曹培等译，中国经济出版社2008年版，第10页。

② David M. Trubek, Toward a Social Theory of Law: An Essay on the Study of Law and Development, 82 *Yale L.J.* 1 1972－1973, p.6.

准，而是实际的规则。人们可能并未见过规则，我们看到的通常是规则约束下的行为模式。①

然而，改变旧行为总是困难的，原有制度的体系性瓦解，原有稳定状态被打破，社会对原有行为的接受度等都是需要解决的问题。因此在改变制度之前，应当首先确保约束制度的法律是体系化、制度化的，并在此基础上逐步树立行为规范、完善制度建设。那么人们在何种情况下，会对法律规则作出反应或利用它维持社会关系？答案是当法律行为与某人的行为之间产生因果关系，它就有了影响。当行为以法律希望的方式实施并且当对象遵守时，法律行为便“有效”；人们不予理睬或违反命令时，便“无效”。②所以，要在航运领域推进和变革制度，从基础上讲就是要改变航运从业者以往的旧有行为模式，并且同时改变过去陈旧或阻碍发展的法律秩序对人们行为的影响。

二、船舶登记行为对船队结构的影响

船舶登记行为对船队规模产生的影响可以是直接的也可以是间接的。透过船舶登记，政府能够掌握现有船队的规模和构成状况，从而判断一定时间段内船舶市场和航运市场的结构是否健康。这是船舶登记行为对船队规模的直接影响。掌握船舶基础数据和状况以后，政府通过船舶登记行为来为什么样的船舶可以予以登记进行划界，进而调控商船队的规模、结构以及资本人员构成等可以影响市场走向的因素，这是船舶登记行为对船队规模的间接影响。

不良的船队结构有很多指标可以衡量：如船舶的平均船龄、船舶种类、船上设备状况以及船舶载重等。当这些因素单独或综合作用于船队之上时，势必会影响商船队的整体规模结构。一般而言，船队规模需要扩张还是需要减缩是一个需要基于船队结构状况予以调整的问题。从企业层面来看，一个企业的船队规模是否需要调整是由企业管理者的决策决定的。而从政府层面来看，一个国家的船队规模是否需要调整，需要通过政府决策来实现。政府决策的常态化

① ［美］劳伦斯·M.弗里德曼：《法律制度——从社会科学角度观察》，李琼英、林欣译，中国政法大学出版社2004年版，第30—48页。

② ［美］劳伦斯·M.弗里德曼：《法律制度——从社会科学角度观察》，李琼英、林欣译，中国政法大学出版社2004年版，第52页。

便形成政府行为，而政府行为的制度化则需要法律予以规范。

船舶登记使得行政机构能够获得船舶类型、登记数量等直接数据，并透过登记调配船舶运营、船舶资金运作以及船员雇佣等具体事项。一些国家以登记为手段来推进船舶自动化建设、改善船舶运营方式以及船员组合的搭配，结合航运政策实现了商船船员的有效配置和生产力的实质性增长。而另一些国家或地区的商船队却面临着高成本、低效率以及适得其反的立法带来的负面效果，使得本国船队在国际市场上的竞争力大受影响。高质量本国船舶的“出走”对于商船队的建设无疑具有负面影响，船队规模缩减之后国家税收、就业机会以及国防安全都会出现递减效应。

船舶登记作为登记制度下的一个分支，同其他登记模式一样具有赋税功能、管制功能和公示功能。特殊的是，在航运这个资本集中的市场，船舶作为一项重要的资产，是国际贸易中重要的交通工具，也是航运产业的中心环节，登记在哪个船籍港对该国家或地区而言具有十分重要的战略意义。在高度竞争的航运市场之中，选择将船舶登记到国外已经成为船舶所有人的一项重要经营策略，而吸引船舶到本国登记也已经成为了一些国家或地区的一项重要航运政策。为了增强本国商船队的竞争力，各国纷纷出台费用减免、税收优惠、人力合理规划以及从技术上提高船舶的设计和运营实力等措施改革本国船舶的营运成本和人员配备弊端。可见，船舶登记行为的背后事实上更多体现着各国的船舶政策以及调整和壮大本国商船队的企图。

开放登记国①选择最大限度地降低登记条件，对船舶管控较为松散，商船队规模呈明显上升趋势且船舶登记总量可达到惊人规模，但在船舶安全、船舶安保以及雇佣船员等方面遭受质疑。严格实施登记管控的国家则面临着船队总量减少、船队的运输功能萎缩、船员短缺等问题。这使得有的国家开始考虑放弃严格控制本国船队的资本构成、船员构成以及运输路线等传统贸易控制手段，逐渐放松登记限制，调整本国商船队结构。

---

① 开放登记，实践中又称方便旗登记，关于开放登记的特点和模式等问题，参见第二章第三节第三目的具体内容。

三、船舶登记法律制度在航运产业变革过程中的作用

对“法律”的定义有许多，从强制性和权威性来看，它是国家颁布并赋予执行力的社会行为规则。本文中的法律采广义概念，即除了狭义概念上的法律外，还包括法规、地方条例、部门条例等形式。“法律制度”是指法律的整个规范体系，不仅包括法律条文本身，还包括法律的制定、执行、实施和遵守等因素。正如哈特所说，法律制度是主要规则和次要规则的结合。主要规则是行为举止规范，次要规则是关于这种规范的规范，即如何判断它们是否有效、如何实施等①。

而政府需要将制定的政策转化为法律，通常是基于以下两个现实因素：

其一，法律是社会控制的主要手段。庞德指出：“在当前社会中，我们主要依靠的是政治组织社会的强力。我们力图通过有秩序地和系统地适用强力，来调整关系和安排行为。此刻人们最坚持的就是法律的这一方面，即法律对强力的依赖。”②除法律外，国家的社会控制手段还有许多，比较典型的如道德和宗教。在早期社会中，亲缘、独裁和宗教组织是社会管理的主体，因而其他的社会控制手段能够发挥较大作用。不过近代社会中，社会管理主体已经演变为了政治组织体，所有其他的社会控制手段都尽量从属于法律并受法律约束。目的是使权力不再是绝对的，而是有限制的。这是社会进步的表现。

其二，法律赋予政府行为以合理性。法律是具有拘束力的社会规范，约束的不仅仅是国民，也包括政府官员。因为其要求政府自身也要遵守自己制定的法律，这样一来法律就对国民更加具有说服力。它表明了法律的合理性，国民能够认可政府的相关行为，从而使得政策能够为社会所接受。

因此，法律能够使得政府规划行为得以有计划地发生。或许没有法律，期望中的行为也可能会发生，但这种发生是自发选择或偶然性的。对于政府而言，它希望政策能够通过其所制定的法律在管辖范围内得以有效实施。从这个角度

---

① ［英］H.L.A哈特：《法律的概念》（第二版），许家馨、李冠宜译，法律出版社2006年版，第90—91页。

② ［美］安·庞德：《通过法律的社会控制》，刘国福、曹培等译，商务印书馆2008年版，第10页。

来讲，法律制度在航运业的变革和引导航运从业人员的行为转变过程中扮演着重要的角色。一般而言，法律制度在社会中通常以下述途径发挥作用：社会利益相关者施加压力要求制定法律，而法律制度中的立法机构收获这些要求，使之具体化，变为规则、原则以及对行政人员和一般公众的指示。这样做，法律制度可以作为有秩序地变化和社会系统工程的工具。①立法者实际上是通过法律制度来有秩序地建立和引导社会变革。

前文提到，法律是政府调控社会行为的手段。因此，“当一个政府公开地提出了一项政策，并认真地着手执行这项政策时，政府官员（起草者）便迟早会将这项政策起草成为必须遵守的规则。这就是说，除法律外，政府没有什么方法实施政策”。②无论是象征性的还是实质性的，现代国家均需将相关政策制定为法律予以公开。在航运领域，对于航运监管者而言，其一方面希望航运产业能够持续繁荣为本国社会秩序的稳定和发展创造条件，另一方面又需要确保航运企业遵守同陆地上一样的安全标准和环保义务标准经营企业。③要实现这些目标，政策和规划便需要借助法律制度的帮助。因此“航运法律制度”不是指国家运用海上强权来维持的航运秩序，而是指其通过一些国家间共同承认的体系性规则，来促进本国航运业的繁荣并拉动国民经济增长。而这一系列国家间的规则和体系就是“法律制度”，不同的国家可能会存在不同的法律制度类型，并且国家通过法律制度促进航运业发展的过程也是一个刺激贸易发展的过程。

船舶登记作为一项能够贯彻政府资本政策、人力政策、贸易政策以及商业政策的行政行为，对船舶所牵涉的具体社会行为会产生一定的影响力。要改变航运从业人员重复性的社会行为模式，政府就需要制定法律来规范其所期待的目标行为以及规范行政官员的执法行为。当法律树立了政府预计目标作为新行为秩序时，船舶登记法律便可以平衡一国船队的运力，引导航运从业者改变行为模式，从而改变航运产业的生态环境。

---

① ［美］劳伦斯·M.弗里德曼：《法律制度——从社会科学角度观察》，李琼英、林欣译，中国政法大学出版社 2004 年版，第 21 页。

② ［美］安·赛德曼、罗伯特·鲍迪·赛德曼、那林·阿比斯卡：《立法学——理论与实践》，刘国福、曹培等译，中国经济出版社 2008 年版，第 13 页。

③ Martin Stopford, *Maritime Economics* (*3rd Edition*), London and New York, Routledge, 2009, p.655.

当每一类规范船舶登记具体行为的法律系统地整合在一起，就构成了船舶登记法律制度。透过船舶登记法律制度，各国的立法者串联起系统的行为模式，引导航运业发展和变革。过去国家希望发展某个领域的某些事务时，常常从零做起、从起草一部法律法规开始。在该特定时期国家仍在摸索阶段可能并没有制定出涉及该领域方方面面的法律。而在 21 世纪，起草者经常发现他们拟起草的某一领域的法律实际上已经存在。中心社会问题不再是起草新法律，而是切实有效地实施现行法律。解决这个问题已经成为主要挑战①。这无疑向船舶登记法律制度提出了一个挑战，如何才能引导航运从业者遵守并执行可能引发期待效果的具体法律规定。回答问题的答案藏在法律与变革的核心关联问题之中：为什么航运从业者面对各国的船舶登记法律制度时，会选择在特定国家或地区实施具体登记行为？

第四节　航运从业者根据船舶登记法律规范实施行为的原因

关于航运领域法律与变革的关系，本章已经提出：许多国家的航运业及商船队面临发展放缓或不均衡的问题，航运从业人员的行为模式影响商船队的质量和航运产业的发展变革，因而要系统性地影响航运从业者的行为模式，政府需要将提出的航运变革政策转化为法律制度。

要变革船舶登记领域的法律并使之能够实施并引导航运从业者的行为，需要解决的核心问题在于航运从业者为什么要根据某个船舶登记法律规定实施船舶登记及其关联行为。本节分析航运从业者面对法律规则及法律制度时的选择，影响其行为的因素，并探讨有效变革船舶登记法律制度的途径以及需要采取的措施和规范。

一、船舶登记法律规则与人们的行为边界

从整体上看，个人是社会共同体中的个体。个人的行为总是受到内部和外

① ［美］安·赛德曼、罗伯特·鲍迪·赛德曼、那林·阿比斯卡：《立法学——理论与实践》，刘国福、曹培等译，中国经济出版社 2008 年版，第 7 页。

部环境、资源以及条件的限制。个人和社会均会受到各种外部环境和内部环境的影响。其中既有自然环境也有社会环境，社会环境下又可细分为许多子概念，如政治环境、经济环境、文化环境，等等。可以看到在影响人们行为选择的因素之中，法律仅是一种因素。除法律外，还有许多其他的因素对人们如何选择实施某种行为予以规范。所以，法律只是其制定机构希望人们遵循的社会规范。

现实社会中，人们的行为既受到法律的约束，也受到其他因素的制约。航运从业者在选择实施某个具体行为时不仅会考虑法律对其行为的限制和约束，也会考虑其所处社会以及自然环境的限制与约束。法律和其他因素共同作用，从而影响人们的行为选择。法律法规影响行为的决定因素包括交易、社会作用以及人们的内在价值观（如道德、正当性等），这些因素与法律之间的关系不仅仅表现为直接影响，也表现为相互影响①。

虽然其他因素的改变也可能对人们的行为产生影响，但对于政府而言改变法律是能够影响人们行为的最优选择，也是政府可以最大限度控制的因素。当然，政府在制定一项变革性的法律时，有可能遭遇很多困难并且最终没能达到期望的实施效果。但是，如果不采用法律来推进社会的发展，政府政策在社会范围内的公信力和执行力就会大打折扣。因此，在面临推进改革和发展的政策需要落实时，法治政府一定需要把规划转变为法律。

现特举航运一例来说明法律与人们行为间的关系：船舶所有权对于国家和航运企业均是一个极其重要的问题，除去船舶本身的财产价值所引发的管辖争议之外，涉及众多复杂利益可能是另一个重要的原因。在航运实践中，一艘船可能涉及的各方利益人有：对船舶享有抵押权的借贷方、光租船舶的受益所有人②、光租船后又雇佣船员的光租承租人、航次租船中提供燃料的航次承租人。复杂的情况在于，各方当事人可能分别来自四个国家，货物又来自另一个国家，造船的资金来自船舶建造国，货物运输的收益又流入了对船舶享有财务或经营利益的国家。试图通过财务交易来确定哪些国家是船舶所有权的实际受益者无

---

① Lawrence M. Friedman，The Legal System：A Social Science Perspective，Russel Sage 1977，p.3.

② 英文中称作 beneficial owner，中文著作中有的翻译认为其与实际所有人 actual owner 为同一概念。

疑像解开死结一样困难。而货载保留①这种民族主义航运政策只能够影响到其中的一个环节——船舶登记地或者其经营者的国籍，而实际享有船舶财产权益的真实利益所有人则有可能归属于另外的国家②。对于各个利益相关方而言，将资金借贷给哪艘船、船舶租借给哪个运营人、光租至哪个国家、船员及船上供应的具体运营事项如何处理等各类具体行为要受到管辖地法律的约束，同时也要受到天气状况、风土人情、市场变化、交易习惯以及原料供应等因素的影响。想要改变既存的持续行为，政府只能透过可控制的法律来执行航运政策。由于航运利益相关方的多样性和地域复杂性，能够对航运从业者产生直接影响的船舶登记环节是可以通过立法贯彻政府政策、改变行为模式的突破口之一，也成为政府尝试改变管辖争议和维护本国航运利益的社会调控方式。

通常政府通过法律给人们的行为设置了一个边界，这个边界同其他影响人们行为的因素所涉的边界一起，构成了人们行为的限制因素。船舶登记法律制度事实上给航运从业者划定了一个边界。在这个边界里，航运从业者可以选择是否为登记行为以及以怎样的方式为登记行为。这个边界使得航运从业者的行为能够为政府所控制。倘若政府希望改变航运从业者原有的行为模式，便可以通过调整法律所设定的边界促使从业者们的选择改变。社会变革或许不会完全达到法律制定者的期望，但法律在社会变革中的作用却不能忽视。在法律的边界内最大限度地促进社会发展是本研究期望的结果。

需要特别说明的是，法律的稳定性是其能够获得广泛遵守的原因。除非必然需要改变现有的不良行为模式，否则法律的制定者应当做一个保守主义者，谨慎地划定边界。基于以上前提，研究认为在制定或变革船舶登记法律制度计划之时，政府应当思考的一个问题是，船舶登记法律中的相关规定是不是到了需要革新和发展的时候，并且作出此种判断应当基于对行业和法律规定的透彻了解。

---

① 货载保留是指政府通过立法形式规定特定种类或地区的进出口贸易货物必须全部或部分由本国船队承运或者优先承运的制度。它被认为是一种典型的保护主义海运政策下的产物。

② Elliot Schrier, Ernest Nadel and Bertram E. Rifas, “Forces Shaping International Maritime Transport”, *World Economy*, vol.7（1）, 1984, p.97.

二、有效的变革性船舶登记法律制度

船队规模的不当配置以及航运从业者的不良行为影响着商船队的结构、航运产业的发展以及航运经济的繁荣。国家基于其所积累的经验和理性的规划制定法律，总是期望能够避免一些常见的问题。对于立法者而言，构建法律制度的过程中需要注意到：其一，社会资源的不当配置不仅仅表现为个人的行为不当，也表现为行业的竞争力衰退，其间也反映了制度的某些薄弱问题；其二，普适性的解决办法是不存在的，因此每个国家及地区的法律制度构建者必须找到自己的方法解决本国的问题。制定某一特殊领域的法律，相关国家或政府机构需要理解该领域在本国适用的制度基础和存在问题。或许会存在争议，为大众所认可的普遍观点认为造成船队规模不当配置及航运从业者不良行为的重要原因，可能是现行法律没有能够有效规范商船队外流及航运从业者的法律规避行为。由于没有明确的限制和有效的举措，所以航运企业可以任意选择对自身最有利的规定，它们不仅能决定遵守怎样的法律规定，而且能决定在何种程度上遵守法律规定。

航运企业或运营者的登记地选择行为正悄无声息地对世界范围内的航运产业及商船队规模产生影响，使得一定时期内一定总量的商船队在世界范围内流动。登记地选择通常会以多种形式出现，其中最常见的形式有：1.方便旗登记。选取一个离岸国家，该国登记便捷且对外国资本的限制和监管较少，在当地设立单船公司或办事机构负责船舶的具体运营事务，船舶的实际拥有人通常不是该船的登记所有人。2.第二船籍登记。一些国家根据需要允许在自己的领土范围内或前殖民地将船舶登记在第二船籍名下，通常获得该船籍的法定要求会放宽，以吸引本国外流船舶的回归。3.光租登记。通常是对使用船舶的一种登记安排，通过光船租赁形式将船舶临时登记到租船人所在国家，在租期内原登记暂时中止新登记地对船舶实施有条件的监管。

而登记地选择也反映出一些地区的船舶登记法律制度比其他地区更容易带来负面影响。登记条件、登记程序、登记费用、税收、公司安排、政策扶植等规定为船舶登记提供了有利的选择条件，但同时在监管力度和监管能力方面也存在一定缺失。为了起草有效而详细的船舶登记立法措施，减少登记地选择的负面影响，法律制度改革者必须分析登记地选择产生的原因。从立法理论、立法方法和立法技术方面着手，创造起草环境所许可的有效的改革性法律，并且还需设计一个合适的执行法案措施的机构并保证法律能够得到充分实施和贯彻。具体而言，立法理论要解决的是指导立法者将法律的实质内容展现出来以及转化政策成为具有可实施性的具体规则，立法理论得以实现则有赖于立法方法的具体应用，而法律在日常生活中得以执行则需要在《宪法》及其他法律的限制下通过辅助手段予以解释和适用。

尽管任何手段都并非万能，由于法律能够限制人们的行为边界，所以在出现一些情形需要改变行为模式的时候，政府可以通过对相关法律规则予以优化并进一步完善控制行为模式的法律制度来尝试改变该种行为。事实上，法律制度除了要保证个人和团体间公正或恰当的分配以及成为解决争端方式之外，另一基本职能是社会控制，其实质是实施正确的行为规范。换言之，法律宣布规则和标准并惩罚越过了界限的人。①法律规则所构建的制度要产生影响，需要满足至少三个条件：第一，规则或准则必须传达给对象；第二，对象必须能够为，或根据情况不为某事；第三，对象必须有根据愿望、恐惧或其他动机为某事的意向。②有效变革船舶登记法律制度，要求航运从业人员的行为需通过规则运行。

也就是说，这些规则的制定需要传达给航运从业人员，使得其能够根据情况选择登记或不登记，其行事意愿应当是基于利益、惩罚等动机，而在执行法律的过程中登记机构应当确保其自由裁量权按规则进行决策，公开、可归责以及具备明晰的程序使得其能够得到问责并且政务公开。然而值得注意的是，惩罚性质的法律可以促使航运企业及登记组织为了私人利益而使登记地选择成为一种常态。但仅仅依靠惩罚，法律规定很难有效阻止登记地选择所带来的负面影响。前述注意事项赋予立法者几个关键责任。要求他们在变革和完善本国船舶登记法律制度时，必须始终重视：第一，限制航运从业者法律规避行为的负

① ［美］劳伦斯·M.弗里德曼：《法律制度——从社会科学角度观察》，李琼英、林欣译，中国政法大学出版社 2004 年版，第 18—22 页。

② ［美］劳伦斯·M.弗里德曼：《法律制度——从社会科学角度观察》，李琼英、林欣译，中国政法大学出版社 2004 年版，第 65 页。

面效果；第二，保证效率、便利以及明确且简洁的程序，尤其是针对重点发展的商船、航运企业和相关产业。

为了促进船舶登记法律制度的有效变革和发展，本章建议应当从以下方面着手解决问题：

其一，建议起草或修订限制行业行为负面效果的一般性法律规定，在安全、环保、监管、成本等方面限制登记地选择行为可能带来的负面影响，确保船舶登记的效率、透明及吸引力。船舶所有人在选择自有船舶的具体登记地时，基于利益及成本的行为模式往往会导致商业利益与公共利益的可能性冲突，实践中具体表现为只顾快速便利和不受限制而忽略了船舶的安全性维护、只考虑营运的盈利和船舶的快速流转而不重视船舶及其所载运货物对环境造成的危害、只选择船舶登记地提供便利服务而不承担相应监管义务、只以登记费用和成本作为选择标准而不全面考虑船舶运营的综合因素等现象。船舶登记法律规定需要在一定程度上维护船舶运输安全和环境保护等社会公益，强调登记主管当局的监管义务。

其二，建议立法者在考虑制定法律规范的形式和具体内容时，要注意考虑如何有效配置和管理商船队资源。虽然船舶登记较为特别，属于特定领域之中的一个专门规制范畴，但其对法律规范的制定要求依然不低。通过对比原有规定及他国做法，立法者或法律变革者需要时常注意其拟定或修改的法律规范，是否在内容、条款和遣词造句上充分反映了该国的航运法律政策，防范了登记选择行为可能带来的负面影响。

一些开放登记国家通过改革本国的公司法、贸易法及船舶登记法律规范以吸引船舶到本国进行登记。船舶的离籍行为集中反映了本书的中心思想：法律制度是完善和变革航运产业的核心方法及手段。徒好法不足以自行，但劣法却可能使得改革和发展受到阻碍。基于前述理论基础，研究尝试论证如何判断船舶登记法律制度是否需要改善。如果要改善和革新，应当如何在现有环境下进行才能够最大限度地发挥法律的作用，促进船队规模的良性发展以及航运业的可持续运行。具体实行过程中，变革船舶登记法律制度的每一个阶段都需要明确论证、规划法律，思考其如何能够得以有效实施、促进商船队的完善、航运产业的发展以及航运从业人员的职业行为和法律责任。

第五节　船舶登记法律问题所涉学说、争论与替代性理论

船舶登记法律制度的理论构建，离不开对船籍、船旗、船舶所有权、船员、管辖权、登记效力、法律选择等法律概念和理论问题的讨论。船舶登记地选择行为反映着更深层次的政治、经济和利益因素。围绕着航运实践中日益常态化的方便旗登记、离岸登记和光租登记，学者、行业代表、国际组织、政府部门等不同机构、组织、团体保持着多样化的态度。

针对方便旗登记制度的存废，抵制派和认同派从不同视角论证了方便旗登记的利弊、可能带来的影响以及应当如何对待这一实践现象。基于差异化视角认识登记现象的方法论，指导了实践中不同的法律政策和立法模式。有的法律规定反对方便旗登记和离岸登记，试图消除登记条件的差异或否定登记选择的合法性。有的法律则明确认同登记选择行为、降低登记条件及调整配套规范以适应实践发展。还有一些国家和地区则跳出所谓的界限桎梏，不囿于理论争议和实践冲突，在本国尝试普通登记与开放登记并行，通过立法借鉴方便旗登记以发展本国船队。

本节总结概括国际国内关于船舶登记以及船舶登记法律规定的争论、观点以及这些观点指导下的实践，分析与船舶登记相关的理论研究的方向、趋势和差异。探讨船舶登记行为的法律基础以及在此基础上产生的选择行为及其原因，研究登记地选择行为引起的不同观点所发展出的法律理论及其合理性，了解法律理论对实践提出的批判、建议和反思。尝试从不同视角理解各类法律理论之间的矛盾、冲突以及融合，检讨指导船舶登记法律制度变革的理论、思想和原则，梳理理论发展的脉络、走向以及规划愿景。

一、船舶登记涉及的法律概念及相关理论学说

登记同船舶国籍、船旗、资本、财产、管辖权等法律问题存在何种关联，国际法和国内法如何规范前述问题，是船舶登记基础理论研究关注的话题。

关于船舶登记的法律性质，N. P. Ready（1991）①提出了船舶登记制度的公

① N. P. Ready. Ship Registration. London：Lloyd's of London Press，1991.

法属性和私法属性，认为船舶登记是一种政府公共管理以及私人财产权利保护的公示手段。同时他也明确指出船舶取得船籍、悬挂船旗与登记文书和登记措施关联和缠绕在一起，但它们在法律上是不同概念。王秀芬、朱玉柱（2005）①认为船舶登记行为的法律性质需要区别对待，只有船舶国籍登记才属于行政许可行为，因为该行为创设了船舶航行权和确立了船旗国与船舶之间的管辖关系，而船舶所有权、抵押权和租赁权登记是行政确认行为，目的在于确认并公示船舶关系人的民事法律关系。针对不同行为，船舶登记机关所承担的法律责任并不相同。郑琳（2021）②则认为船舶登记是一种独立具体的行政行为，并提出由此产生的纠纷可通过行政诉讼解决。

Richard Coles & Edward Watt（2009）③延续和发展了 N. P. Ready 著述，指出各类同船舶登记关联在一起的概念在法律上的联系和区别：国际公约要求船舶必须具备国籍，而船旗国则依据国籍对船舶实施管辖。船旗是表明船舶国籍和身份的外在表现形式，而船舶国籍的取得则需要通过登记来实现，船舶登记证书则是船舶已经登记并取得船籍的证明。C. Wilfred Jenks（1937）④指出所有人公示法已经成为过去式，目前采用登记原则是船舶取得国籍最适当的方式。Mukherjee，P.K.、Brownrigg，M.（2013）进一步说明国际法的原则是船舶在公海上仅受到船旗国管辖，尽管船旗、船籍和船舶登记之间存在法律上的关联度，但登记是赋予船舶国籍的程序机制设计和先决条件。⑤

Anderson，H. Edwin III（1996）⑥认为船舶国籍存在的合理性在于各国国内

---

① 王秀芬、朱玉柱：《船舶登记行为的法律性质及双方主体的法律责任》，载《世界海运》2005 年第 3 期，第 34—36 页。

② 郑琳：《船舶登记行为的性质辨析、司法检视与法治完善》，载《大连海事大学学报（社会科学版）》2021 年第 3 期，第 1—8 页。

③ Richard Coles & Edward Watt. “Ship Registration：Law and Practice.” Informa Maritime & Transport，2009.

④ C. Wilfred Jenks，EsQ. “Nationality The Flag and Registration as Criteria for Demarcating the Scope of Maritime Conventions.” *19 J. Comp. Legis. & Int’l L. 3d ser. 245*（1937）：245 - 252.

⑤ Mukherjee，P.K.，Brownrigg，M.（2013）. Nationality and Registration of Ships：Concept and Practice. In：Farthing on International Shipping. *WMU Studies in Maritime Affairs*，vol 1. Springer，Berlin，Heidelberg.

⑥ Anderson，H. Edwin III. The Nationality of Ships and Flags of Convenience：Economics，Politics，and Alternatives. Tulane Maritime Law Journal，Vol.21，Issue 1（Winter 1996），pp.139 - 170.

法需要确保每艘船舶均受到法律体系或规范框架的约束。国际法也需要通过国家管辖延伸适用至拥有该国国籍的船舶之上。因此，船舶国籍是一个国家作为政治实体崛起的产物。船舶国籍制度设计需要通过船舶登记来确保国际法律规范得以遵循，这是造成许多不符合标准的船舶仍然在世界范围内存在和运营的原因，并指出只有协调一致的国际共同努力才能减少方便旗的存在。①JNK Mansell（2009）②也认同国际公约授权说，指出国际公约赋予国家授予船舶国籍、对船舶进行登记以及悬挂船旗的权利，并且也要求各国必须向悬挂其船旗的船舶签发证书以证明其效力。

此外，国际公约规定一艘船舶只能有一个船籍，但又默认临时国籍的存在。这就是所谓“双国籍”制度设计的源头，也是光租登记存在的基础。光租登记在实践中同方便旗登记之间存在着千丝万缕的联系，船舶企业在具体运营过程中常常混合使用两种模式。Ademuni-Odeke（1997）指出，光租登记是一种隐秘的开放登记模式③。光船租赁登记和方便旗登记之间的区别并不清晰，而这类界限的模糊可能会给船舶抵押人和船壳保险带来风险。④

另一方面，船舶通过登记取得国籍后，船旗国管辖权几乎涉及船舶在海上的所有事务，对船舶实施有效的管辖也是国家的一项必要义务。对于船旗国法这一古老原则在不断发展变化的社会中应当如何适用，学者存在不同观点。

一部分意见认为，随着时代的发展船旗国法作为一般原则在海上事务中的适用应当受到限制。David P. Currie（1963）⑤指出仅仅适用船旗国法原则处理船员法律争议可能会使得法院法官在不同的案件中排除外国籍船舶上的外国船员适用美国劳工法，这种做法并未考虑到那些悬挂方便旗但实际由美国船东控

---

① Anderson, H. Edwin III. The Nationality of Ships and Flags of Convenience: Economics, Politics, and Alternatives. Tulane Maritime Law Journal, Vol.21, Issue 1（Winter 1996）, pp.139－170.

② JNK Mansell. “Registration of Ships”. Flag State Responsibility. Springer, Berlin, Heidelberg, 2009.

③ Ademuni-Odeke. The national and international legal regime of bareboat charter registrations. *Ocean Development & International Law*. Volume 28, 1997-Issue 4: 329－367.

④ Ademuni-Odeke. *Bareboat Charter（Ship）Registration*. Kluwer Law International, 1998.

⑤ David P. Currie. “Flags of Convenience, American Labor, and the Conflict of Laws” *The Supreme Court Review*, Vol.1963（1963）: 34－100.

制的船舶。韩根生（1995）①认为以船旗国法作为准据法的相关学说具有其合理性，但国际上存在为了规避本应适用的一国法律而选择他国国籍的情形。田园（2001）②也认为船旗国法原则具有广泛的适用性但仍存在其局限性，方便旗船的盛行和光船租赁情形下船舶国籍的不确定性给船籍国法的适用带来挑战。Dong Hee Suh（2011）③同样指出船旗国法的管辖权几乎涉及航运的方方面面。然而开放登记或方便旗登记情形下，国家可能无法实现与其登记船舶之间的“真正联系”。

也有学者认为尽管存在一些特殊情形，但船旗国法仍然是迄今为止较为合理的冲突解决方法。William Tetley（1987）④认为尽管面临方便旗和光租登记的影响，船旗国法依然是解决船舶合同或侵权方面法律冲突的合理路径。但也应当看到船旗管辖不能解决所有问题，在选择适当的法律时，还是应当遵循逻辑性、连贯性的思维方式。除方便旗船舶船旗法的适用外，郑田卫（2004）⑤提出在船舶融资租赁业务中也会涉及船舶登记问题，而船舶登记适用的正是船旗国法律。在船舶融资租赁业务中适用船旗国法能够具有明确的指向性。

二、登记地选择及其成因

商船的运营同船舶登记密切相关，登记地的选择或者说船旗的选择是一个关键因素。为了规避法律适用，船舶所有人往往会选择将船舶登记至对自己更有利的地区。对于实践中广泛出现的登记地选择现象，学者基于不同视角进行了深入分析。

持多重因素决定论的观点认为，登记地选择是船舶所有人在各类因素综合作用下的决定。涉及经济因素、船员、船舶融资以及政治利益、方便旗制度和光租

---

① 韩根生：《船旗国法在海事国际私法中的地位》，载《水运管理》1995年第9期，第18—39页。

② 田园：《论海事冲突法中的船旗国法原则》，载《法商研究》2001年第6期，第111—117页。

③ Dong Hee Suh. “Argument for the Use of Nationality of a Ship as the Connecting Factor for Shipping Law”. *Korea Private International Law Journal*. No.17，2011.12，pp.387－408.

④ William Tetley. “The Law of the Flags，‘Flag Shopping，’ and Choice of Law.” *17 Tul. Mar. L. J. 139*（1992－1993）：140－184.

⑤ 郑田卫：《船舶融资租赁的法律研究》，载《中国律师2004年海商法研讨会论文集》，第226—255页。

登记的实践操作，影响船旗选择的因素以及船舶登记的相关程序性要求等方面的原因。Richard Coles & Edward Watt（2009）①认为站在船舶所有人视角，税收、船员成本、法律法规监管以及隐匿性等因素是其选择开放登记的原因。Mitroussi and Marlow（2010）②则提出战略管理决策和人力资源管理流程是影响船舶选择开放登记还是内国登记的最重要原因。Kyriaki Mitroussi，Michael G. Arghyrou（2016）③认为一个国家的税收、透明度以及制度是决定净出籍率的关键因素。

更为业界所接受的一类观点是成本决定论。G. N. Yannopoulos（1988）④分析了船舶登记与市场二元的关系，认为方便旗登记和一般船旗登记的差异在于船东的经营成本和实际工资支出，经济因素是船东选择方便旗的首要因素。Haralambides and Yang（2003）⑤运用模型和层次分析理论评估影响船舶选择登记地的主要因素，将经济、政治以及社会的因素综合分析后得出结果：船员费用是最重要的因素，第二船籍登记制度是船舶登记的最优选择。Llácer（2003）⑥从政治和经济的视角出发，指出希腊保护劳工和船员利益的立法是船东选择将船舶登记在国外的重要原因，以避免受到双重征税。Hwang and Chung et al.（2005）⑦使用分级评价方式讨论影响散货船公司登记的因素，结果表明降低运营成本是船公司最重要的目标。Chung et al.（2007）⑧使用层次分析框架讨论中

① Richard Coles & Edward Watt，Ship Registration：Law and Practice，Informa Maritime & Transport，2009.

② K. Mitroussi and P. Marlow，"The impact of choice of flag on ship management，" in The Handbook of Maritime Economics and Business，C. T. Grammenos，Ed.，Lloyd's List，London，UK，2010.

③ Kyriaki Mitroussi，Michael G. Arghyrou，"Institutional performance and ship registration"，*Transportation Research Part E：Logistics and Transportation Review*，Volume 85，2016，pp.90 - 106.

④ G. N. Yannopoulos. "The Economics of 'Flagging Out' ". *Journal of Transport Economics and Policy*. Vol.22，No.2（May 1988），pp.197 - 207.

⑤ H. E. Haralambides and J. Yang，"A fuzzy set theory approach to flagging out：towards a new Chinese shipping policy，" *Marine Policy*，vol.27，no.1，pp.13 - 22，2003.

⑥ F. J. M. Llácer，"Open registers：past，present and future，" *Marine Policy*，vol.27，no.6，pp.513 - 523，2003.

⑦ C. C. Hwang and C. C. Chung，"An analysis of key influence factors for bulk carrier registrations in Taiwan". Transportation Planning Journal，vol.34，no.1，pp.27 - 62，2005.

⑧ C. C. Chung，C. C. Hwang，and Y. L. Wong，"An analysis of key influence factors for containership registration in Taiwan，" Journal of the Eastern Asia Society for Transportation Studies，vol.7，pp.3060 - 3073，2007.

国台湾集装箱船舶登记要素，得出结论：经济和贸易限制是关键的因素。Celik et al.（2009）①使用模型分析了在土耳其、巴拿马和马耳他登记的船舶，指出经济因素是船舶登记选择的主导因素，但其他因素同样会影响船舶所有人的登记地决策。

尽管对什么样的因素是决定性因素存在争论，市场估值、保险、对国家效忠以及登记的质量等因素同样可能成为船舶选择在某一特定地区进行登记的原因。Cullianane and Robertshaw（1996）②研究马恩岛登记船舶的数据后认为经济因素是影响船舶所有人进行开放登记最主要的原因，而在选择哪个开放登记地时除纯粹的经济原因外，企业文化、民族自豪感、维持标准的意愿以及避免贸易限制等因素也发挥着一定的作用。Angela Bergantino & Peter Marlow（1998）③通过计量经济学的方法分析了英国船舶业的状况，发现船型和劳工成本是该国船舶不选择在本国进行登记的重要因素。而开放登记的优势就在于其能够降低船员成本、自由使用外国劳工、税收低并且在安全事务上具有优势。此外，银行的立场对于船东的选择也有至关重要的影响。Veenstra and Bergantino（2000）④则观察了荷兰1996年航运政策变化后船队船舶所有权变动状况，发现本国企业选择将船舶登记到国外有内因也有外因，而其中外因对航运公司的位置选择影响更大。Hinckley，Paul T.（2007）⑤认为开放登记很大程度是发达国家的航运企业创造和推广开来的。经营成本中的劳动力和营运支出，包括本国对船舶安全监管的加强，是造成美国船舶外流的原因。

---

① M. Celik，I. Deha Er，and A. F. Ozok，"Application of fuzzy extended AHP methodology on shipping registry selection：the case of Turkish maritime industry，" *Expert Systems with Applications*，vol.36，no.1，pp.190－198，2009.

② K. Cullianane and M. Robertshaw，"The influence of qualitative factors in Isle of Man ship registration decisions，" *Maritime Policy and Management*，vol.23，no.4，pp.321－336，1996.

③ Angela Bergantino & Peter Marlow. Factors influencing the choice of flag：empirical evidence. *Maritime Policy and Management*. 1998，25（2）：157－174.

④ A. W. Veenstra and A. S. Bergantino，"Changing ownership structures in the Dutch fleet，" *Maritime Policy and Management*，vol.27，no.2，pp.175－189，2000.

⑤ Hinckley，Paul T. Raising the Spector of Discrimination：The Case for Disregarding Flags of Convenience in the Application of U.S. Anti-Discrimination Laws to Cruise Ships. *Modern American*，Vol.3，Issue 2（Summer-Fall 2007），pp.75－82.

三、对方便旗登记制度的抵制和认同

方便旗登记以及光船租赁在航运实践中的发展使得如何重新认识船舶登记的性质和地位成了一个新的课题。方便旗国家通过实施开放登记制度实现了双赢。一方面本国税收增加并且商船队规模扩大，另一方面为船东提供了更加低廉的经营成本从而吸引了更多的船舶到本国登记。其负面效应也日益显现，一些国家或地区的船舶外流现象严重，船旗国对海上安全、环境、船员利益等问题监管不力受到国际社会诟病。

Boleslaw Adam Boczek（1962）①探讨了国际社会反对方便旗的原因，指出国家立法上的规定尚未完全排除外国船舶所有人在本国的登记。方便旗可能会给劳工法案和其他法律带来冲击，对国际法也会产生影响，指出船东、船旗国以及工会对待方便旗态度的不一致是导致矛盾存在的原因。N. P. Ready（1991）阐释了方便旗增长迅速的原因在于船东的选择和国家共同作用的结果，工会和其他组织为了阻止这种趋势而采取抵制措施，传统航运国家为了应对方便旗制度引发本国船舶出籍问题设立了离岸登记和光租登记制度。H. Edwin Anderson（1997）②认为国际船舶国籍立法体系通过船舶登记来确保国际法律规范得以遵循，这是造成许多不符合标准的船舶仍然在世界范围内存在和运营的原因，并指出只有国际社会协调一致的共同努力才能减少方便旗的存在。

Alderton and Winchester（2002）③测量了方便旗国家对悬挂其船旗的船舶保持和监管法律法规执行的能力，发现这些国家内部力量缺乏正式的监管能力并且也没有采取前述行动的意愿。Frawley Shayna（2005）④指出，方便旗登记

---

① Boleslaw Adam Boczek. *Flags of Convenience*：*An International Legal Study*. Harvard University Press，1962.

② H. Edwin Anderson. “The Nationality of Ships and Flags of Convenience：Economics，Politics，and Alternatives.” 21 Tul. Mar. L.J. 139（1996－1997）：140－170.

③ T. Alderton and N. Winchester，“Globalisation and de-regulation in the maritime industry，” Marine Policy，vol.26，no.1，pp.35－43，2002.

④ Frawley，Shayna. The Great Compromise：Labour Unions，Flags of Convenience and the Rights of Seafarers. 19 Windsor Rev. Legal & Soc. Issues 85（2005）. Vol.19，pp.85－104.

使得船上工作条件难以受到劳工法的有效约束，不利于雇员利益的保护。婉舒、靳匡宇（2009）①针对方便旗船舶监管方面的差距，提出对方便旗国家采取保压结合的平衡策略，加强对本国船舶悬挂方便旗的指导力度，营造充分有效的内外部竞争环境，加大国际规定在航运界中的执行力度。章太春（2009）②提出从源头上解决方便旗船问题，应当修改国家相关法规，贯彻真正联系原则。孙叶平（2010）③认为方便旗船舶也给国际犯罪提供了便利从而带来安全隐患，对船舶的登记和管理制度提出了反思，希望能够从国际与国内两个层面完善船舶登记制度，吸引国内方便旗船舶回归。

不同于主流观点的是，一些著作也认为方便旗的危害性被夸大了。它们认为一些现象并不是或并不单单是方便旗造成的，主张重新思考方便旗的性质。Richard J. Payne（1980）④认为事实上方便旗并不是事故发生的全部原因，建立一个统一的规则才是减少污染应有的目标。David F. Matlin（1991）⑤认为虽然过去方便旗被视为航运界的危害，但方便旗所带来的问题正在逐渐获得改善，一些传统的方便旗国家在这方面所作的努力值得赞赏。成如兴（2012）⑥回顾了方便旗船舶的发展史以及中国船舶悬挂方便旗的发展史，指出从船东视角出发有目的有选择地选用船舶登记处，可以为船舶营造一个相对安全和方便的运营环境，同时为船舶的日常管理及费用控制提供有利条件。

还有作者从本国视角思考方便旗制度，提出在现有国际法律框架下完善本国船舶登记制度，应对方便旗登记的负面影响。John H. Coghlin（1990）⑦建议

---

① 侯婉舒、靳匡宇：《方便旗船舶管理探析》，载《中国水运》2009 年第 11 期，第 60—61 页。

② 章太春：《试论“方便旗船”制度的利弊及应对之策》，载《中国律师 2009 年海商法国际研讨会论文和演讲稿汇编》，第 358—365 页。

③ 孙叶平：《21 世纪方便旗船制度的新反思》，载《中国海商法年刊》2010 年第 2 期，第 65—72 页。

④ Richard J. Payne. “Flags of Convenience and Oil Pollution：A Threat to National Security?”. *3 Hous. J.Int'l L. 67*（1980 - 1981）：67 - 99.

⑤ David F. Matlin：“Re-evaluating the Status of Flags of Convenience under International Law.” 23 Vand. J. Transnat'l L. 1017（1990 - 1991）：1017 - 1054.

⑥ 成如兴：《善用国际方便旗船舶注册》，载《中国远洋航务》2012 年第 7 期，第 70—72 页。

⑦ John H. Coghlin. “Common Maritime Transport Policy for the EEC：The Commission Does Battle with Flags of Convenience.” *13 B. C. Int'l & Comp. L. Rev. 447*（1990）：447 - 463.

应当在欧共体内部统一登记措施，降低登记条件。Maria J. Wing（2004）①认为由于方便旗的复杂性和国际属性，美国自身在国际范围内寻求解决方便旗问题的力量是不足的。美国需要改善其放任方便旗船舶的姿态，9・11 以后面临新的安保需求，方便旗船舶政策需要调整。Shayna Frawley（2005）②指出船员的待遇和人力成本在两类船舶之中存在较大差异，加拿大要吸引本国船舶的回归需要在船员人力成本方面作文章。张丽英、李永博（2012）在《析 ITF 对方便旗船的抵制问题》③研究了 ITF（International Transport Workers' Federation，国际运输工人联合会简称）对方便旗船的抵制态度，以及船东为应对 ITF 抵制所采取的措施，指出应当寻找新形势下的平衡点，改善中国国际航运的软环境。

国际层面上，1986 年《船舶登记条件国际公约》的出台，是船舶登记法律制定史上的一个重要事件，它是国际社会对开放登记造成的船舶监管问题进行的一次重要立法。H. W. Wefers Bettink（1987）④讨论了 1986 年联合国船舶登记公约制定的经济、法律和政治背景，以及促使公约提上议程的具体事件，明确指出公约倘若通过，便意味着方便旗登记的消亡。从结果上看，公约至今仍未能获得通过。随着实践的发展，危敬添（2010）⑤反思了公约至今尚未生效的原因在于利益冲突使得方便旗登记制度不可能消除，指出方便旗登记和开放登记的存在是一个既存事实，对方便旗船舶的监督和管理方为正确之道。

基于务实视角，国际社会另辟蹊径，通过引入港口国控制、国际公约监督等措施对整个国际航运系统实施监管。Ademuni-Odeke（1997）⑥分析了港口国控制的法理基础以及港口国控制措施。认为有效的港口国控制能够增强海上航

① Maria J. Wing. "Rethinking the Easy Way Out: Flags of Convenience in the Post-September 11th Era." *28 Tul. Mar. L. J. 173*（2003－2004）：173－190.

② Shayna Frawley. "The Great Compromise: Labour Unions, Flags of Convenience and the Rights of Seafarers." *19 Windsor Rev. Legal & Soc. Issues 85*（2005）：85－103.

③ 张丽英、李永博：《析 ITF 对方便旗船的抵制问题》，载《世界海运》2012 年第 5 期，第 50—53 页。

④ H. W. Wefers Bettink. "Open Registry, the Genuine Link and the 1986 Convention on Registration Conditions for Ships." *Netherlands Yearbook of International Law*, 18（1987）：69－119.

⑤ 危敬添：《〈联合国船舶登记条件公约〉与方便旗船舶》，载《中国海事》2010 年第 1 期，第 65 页。

⑥ Ademuni-Odeke. "Port State Control and UK Law". *28 J. Mar. L. & Com. 657*（1997）：658－665.

行安全以及阻止污染的发生，保障符合国际标准的船舶不受不合规船舶不正当竞争排挤。H. E. Anderson（1998）[①]认为在目前的市场条件下取消开放登记不具备可行性且并不可取，与国际环境有关的问题大部分可以通过国际努力，特别是IMO的强制性规定，来维持船舶安全和效率。金昱茜（2010）[②]认为船旗国监控由于方便旗的出现大打折扣，港口国监管制度由此而得到发展，但该制度本身也存在缺乏全面约束和一致性规定的缺点。

四、船舶登记的改革与第二船籍的推进

关于现阶段船舶登记的不足，黄菊（2002）[③]指出我国的船舶登记制度本身存在不足，容易在实践中引发老旧船重复使用、洗黑船、挂靠、污染以及船队资源流失等问题，建议应当完善相关法律、加强登记的可操作性以及放宽外资船舶限制。刘秀智、崔小辉（2015）[④]指出现行船舶登记规章中关于登记的公告程序、材料递交以及档案保存等方面存在法律风险。刘翠玉、邱杭州（2019）[⑤]认为船舶种类匹配、国籍证书同其他证书办理时的流程、登记材料的质量和提交等方面出现的登记工作问题需要改进。邵晨（2020）[⑥]指出行政审批过程中法律保障机制和行政审批程序有待进一步完善，电子技术应用和专业化队伍建设应当予以加强。

对于船舶登记的改革及立法的完善，王立志（2006）[⑦]认为我国的船舶登记立法现状与立法效益相冲突，船舶登记立法复杂化，分散立法的成本大于统一

---

① H. Edwin III Anderson, The Nationality of Ships and Flags of Convenience: Economics, Politics, and Alternatives, *21 Tul. Mar. L.J. 139*, 170 (1996).

② 金昱茜：《方便旗背景下港口国监控制度的发展》，载《中国海商法年刊》2010年第3期，第85—95页。

③ 黄菊：《现行船舶登记制度存在的不足及修改建议》，载《交通科技》2002年第4期，第91—93页。

④ 刘秀智、崔小辉：《〈船舶登记工作规程〉实施将面临的法律风险》，载《中国海事》2015年第9期，第36—37页。

⑤ 刘翠玉、邱杭州：《关于船舶登记工作的几点思考》，载《世界海运》2019年第12期，第20—22页。

⑥ 邵晨：《我国船舶登记行政审批研究》，大连海事大学硕士学位论文2020年。

⑦ 王立志：《船舶登记法律制度的经济分析》，载《甘肃政法学院学报》2006年第1期，第136—142页。

立法。指出从法律功能来看，船舶登记具体内容方面最有效率的办法是船舶登记机关定期公布已登记的船名，并提供查询的便利。陈继红、韩玲冰（2012）①提出改善船舶登记服务有利于加强在航运中的“话语权”，促进产业集聚和衍生服务发展。我国应当尽快完善中国洋山保税船舶登记制度的配套政策，并提高服务意识建立具有国际化服务理念的登记机构。

面对方便旗登记国带来的冲击以及本国船舶大量外流的现状，传统航运国家为了吸引本国船舶回归，扭转产业逐渐回落的态势，开始反思本国的船舶登记制度及相关立法。学者和理论界对此予以了关注，提供了不同的智慧和建议。

推崇第二登记制度的观点认为离岸登记制度及国际登记制度具有传统登记制度和方便旗登记都没有的特点和优势，Julie A. Perkins（1998）②指出第二登记制度所采取的措施中都会给予船舶一定程度的补贴和投资激励政策。Stephen Knudtzon et al.（1999）③指出税制改革和船员配备问题等配套措施与国际船舶登记具有密切联系。K. X. Li & J. Wonham（1999）④指出第二船籍登记和国际船舶登记在船员利益保护以及船东利润维护方面拥有一定优势，未来可以成为既同开放登记相抗衡又能维护海洋安全的制度。Sunghwa Park et al.（2022）⑤亦指出设立第二船籍有利于航运业和国民经济的发展。

中国国内学者近年来亦积极推崇第二船籍制度的改革，提出许多建设性意见。许源、李南（2003）⑥建议进行财税政策调整，创设国际船舶登记制度。

---

① 陈继红、韩玲冰：《改善上海国际航运中心船舶登记服务的对策研究》，载《科学发展》2012年第10期，第84—89页。

② Julie A. Perkins. “Ship Registers: An International Update.” *22 Tul. Mar. L.J. 197* (1997 - 1998): 197 - 199.

③ Stephen Knudtzon, Henning Naas, Sigrid Veflen Surlien & Ame Falkanger Thorsen. “Proposal for the Establishment of an Aland International Ship Register and Tonnage Tax Regime”. *1999 Scandinavian Inst. Mar. L. Y.B. 35* (1999): [v] - [xxvi].

④ K. X. Li; J. Wonham, New Developments in Ship Registration, 14 Int'l J. Marine & Coastal L. (1999): 137 - 154.

⑤ Sunghwa Park, Taeil Kim, Heeyoung Ryu, Hanna Kim, Janghan Kwon: “The Economic Effect and Policy Performance of Ship Registration—A Case of Korea.” *Marine Policy*, vol.144, 2022, pp.105 - 234.

⑥ 许源、李南：《我国船舶海外移籍的特点与船籍政策取向》，载《生产力研究》2003年第6期，第119页。

雷海（2007）①指出在我国保税港区建立国际船舶保税登记制度方案最具可行性。张文广（2008）②提出了上海第二船籍港试点改革模式的设想。此外，田征（2009）③论证了在我国施行第二船籍登记制度具有必要性和可行性。岑敏华（2009）④指出在建立国际船舶登记制度的同时，还应解决中国航运业本身存在的问题，提升服务水平、完善法律、金融服务，进一步推动航运中心软环境的建设。陆悦铭、陈俊、周弘文（2018）⑤指出船舶登记税制、经营地、船员国籍、船籍、船龄、登记服务方面的优势很重要。苗如霞⑥（2023）则认为国际船舶登记制度创新对促进航运服务业发展具有积极作用。李文焕（2023）⑦提出可以借鉴中国香港地区设立专门服务机构，实施电子政务，降低税费，提升登记人员服务意识。

同时，也有观点认为要辩证对待第二船籍制度。陈继红、真虹、宗蓓华（2009）⑧对第二船籍港政策的实施形式、配套措施和税收制度进行了改革可行性论证，提出应当慎重对待第二船籍登记制度。邹昱（2009）⑨指出当时实施第二船籍登记制度效果未必显著，实行第二船籍登记制度时机未必合适。陈继红、刘巽良、万征、何新华（2014）⑩也指出国际船舶登记制度不是我国改革船舶登

---

① 雷海：《中国实施第二船籍登记制方法与步骤的建议》，载《中国远洋航务》2007 年第 9 期，第 54—55 页。

② 张文广：《上海第二船籍港试点的改革模式设想——从上海与新加坡两种登记制度比较谈起》，载《交通与运输》2008 年第 1 期，第 15—17 页。

③ 田征：《解决我国船舶移籍海外问题的对策研究》，载《海大法律评论》2009 年版，第 295—312 页。

④ 岑敏华：《我国试行国际船舶登记制度研究》，载《物流与采购研究》2009 年第 10 期，第 68—69 页。

⑤ 陆悦铭、陈俊、周弘文、凌贵阳：《船舶在香港登记的优势和船籍港的正确书写》，载《航海技术》2018 年第 5 期，第 78—81 页。

⑥ 苗如霞：《深化前海国际船舶登记制度　促进航运服务业发展》，载《中国港口》2023 年第 2 期，第 52—55 页。

⑦ 李文焕：《第二船舶登记制度在中国的适用性研究》，《中国储运》2023 年第 1 期，第 181—183 页。

⑧ 陈继红、真虹、宗蓓华：《我国第二船籍港政策及其相关问题研究》，载《港口经济》2009 年第 1 期，第 28—30 页。

⑨ 邹昱：《目前我国第二船籍登记制度缺席的原因探讨》，载《港口经济》2009 年第 6 期，第 43—45 页。

⑩ 陈继红、刘巽良、万征、何新华：《中国实施国际船舶登记制度的制约因素及未来的对策》，载《未来与发展》2014 年第 2 期，第 31—35 页。

记制度的唯一途径，也非解决当前中资船舶船籍大量外移问题的不二选择。还有待于一系列政策和制度的突破。李天生、李佼阳（2017）①认为中国目前国际船舶登记试点项目仍存在不足，指出应当在法律体系、登记条件、税收优惠、服务意识等方面打造中国特色的船舶登记制度改革。

税收是船舶登记制度的最初设计动因，船舶登记事项也是税收的征收依据。Cynthia Blum（2002）②指出改革美国的国际航运税收制度存在较大困难，依据住所地征税可能会让合资公司逃离美国，而如果放弃合资公司的国外收入又可能导致航运产业所得税的流失。张锡桓（2009）③指出中国香港地区是一个自由港，不向船舶营运公司征收利得税，并且中国香港地区更与多国签订双重课税宽免安排，中国香港地区注册的船只到这些地方均不用再缴付利得税，而对方的船只到港亦免课税。这些措施无疑有利于吸引更多船东和船舶公司在中国香港地区注册船只和设立公司。

赵爽（2006）④认为高额税收引起的营运成本增加是我国船舶出籍的主要原因，因此我国的第二船籍制度应当重点关注税收政策，从船舶、所有人以及船员角度全方位降低船舶企业的税收。俞勤伟、张炜（2010）⑤建议在推进船舶特案免税登记时，优化流程与上海航运综合实验区实施对接、并且适时设立上海国际船舶登记中心。徐敏霞（2010）⑥提出中国特案登记免税政策应突破现行政策的限制，优化审批流程和船舶检验制度。张泽（2019）⑦提出特案免税登记的贯彻执行是自贸区建设的重点之一。

---

① 李天生、李佼阳：《第二船籍登记制度对比研究及对中国的启示》，载《大连海事大学学报（社会科学版）》2017年第3期，第1—8页。

② Cynthia Blum. "U.S. Taxation of Shipping：Anchored to a Flawed Policy". *33 J. Mar. L. & Com. 461*（2002）：461－518.

③ 张锡桓：《香港船舶注册登记制度及成功经验》，载《科学发展》2009年第6期，第59—66页。

④ 赵爽：《第二船舶登记制度比较研究及对我国之启示》，载《海事研究》2006年第11期，第31—34页。

⑤ 俞勤伟、张炜：《推进船舶特案免税建议》，载《水运管理》2010年第2期，第22—24页。

⑥ 徐敏霞：《“特案免税登记”政策优化建议》，载《水运管理》2010年第9期，第13—26页。

⑦ 张泽：《船舶融资租赁业税收政策对海南自由贸易区（港）的启示》，载《海南金融》2019年总363（02）期，第50—55页。

在船舶登记的改革方案及改革目标方面，蒋惠园、陈芳（2004）①建议对如下情形进行改革以促使本国船队回归：明确设定政策目标、大幅度减免有关赋税和费率、提供政策性优惠贷款、健全和完善船舶登记制度、建立符合中国国情的第二船舶登记制度。常富治、王婕丽、俞勤伟（2012）②提出希望能够建立一个中国国际航运企业与国外国际航运企业同等条件竞争的政策和制度。全贤淑（2014）③指出中国设立国际船舶登记制度是早日实现向航运强国转型的需要，有利于中国履行船旗国的义务。中国的国际船舶登记制度要在船舶所有权、船员配备、税制改革等方面有所创新，使之符合中国国情。王淑敏、杨欣、李瑞康（2015）④认为应当采取符合上海自由贸易区特点的国际船舶登记制度，具体包括对登记条件实行有条件地开放、解除单船融资租赁公司资本限制、完善配套法律法规、简化登记手续和降低船舶登记税费。Jingbo Yin，Lixian Fan，Kevin X. Li（2018）⑤指出第二船籍登记与开放登记具有相似性，是传统海运国家与开放登记国之间政策的衔接。建议中国调整海洋政策将中国香港地区作为其第二登记地，为航运企业提供有竞争力的经营环境，从而促进海运产业集群的发展。刘海玉、沈婷婷（2021）⑥认为应当坚持制度创新、对标国际规则和安全质量保障，在地区国际船舶登记制度建设之中创建高效的登记程序，构建开放的登记规则并优化航运服务产业布局。

除了前述主要领域外，一些学者也从其他视角对船舶登记问题进行研究。郑梅、金燕（2005）⑦关注了登记的审查形式问题，建议改变实质审查为形式审

---

① 蒋惠园、陈芳：《船舶登记制度对我国航运的影响》，载《世界海运》2004 年第 4 期，第 31 页。

② 常富治、王婕丽、俞勤伟：《中国洋山港：船舶登记制度的创新》，载《中国海事》2012 年第 5 期，第 37—40 页。

③ 全贤淑：《关于中国设立国际船舶登记制度的深层思考》，载《大连海事大学学报（社会科学版）》2014 年第 2 期，第 33—37 页。

④ 王淑敏、杨欣、李瑞康：《上海自由贸易区实施“国际船舶登记制度”的法律问题研究》，载《中国海商法研究》2015 年第 2 期，第 103—112 页。

⑤ Jingbo Yin，Lixian Fan，Kevin X. Li，*Secondshipregistry in flagchoicemechanism：Theimplications for China in promoting a maritime cluster policy*，Transportation Research Part A Policy and Practice January 2018.

⑥ 刘海玉、沈婷婷：《海南自由贸易港国际船舶登记的探讨》，载《中国海事》2021 年第 7 期，第 40—42 页。

⑦ 郑梅、金燕：《船舶登记审查形式的探讨》，载《中国海事》2005 年第 5 期，第 39—41 页。

查，并引入公证机构作为独立组织参与船舶登记的审查和认证工作。周才伟(2008)①指出我国在船舶登记管理方面的不足，建议我国应加快修改相关法律，加强船舶登记管理学习并实现联网操作。蔡存强、刘笑天（2011)②建议在我国尝试建立预登记制度和转移登记制度。指出在国际竞争十分激烈的现状下，我国应当出台一套针对航运金融的海事登记制度，使船东和融资人的成本和风险能够在制度层面上有所降低。

五、研究范围、层次和关注点

从研究范围来看，过往的船舶登记研究主要关注于下列事项：船舶登记与船籍、船旗、管辖权之间的法律关系，船舶所有人进行登记地选择时的考虑因素，方便旗登记制度的成因及优缺点，船舶登记制度的改革方向与具体措施等。相关研究呈现较为集中、热点突出且聚焦于特定领域的特点。自20世纪二三十年代至今，学者一直持续关注这个话题。特别是20世纪80年代末方便旗登记的崛起使得船舶登记相关研究进入一个高潮。随着各国改革实践的展开，对第二船籍登记的研究开始成为一个新的关注点。近年来航运业的发展加上自贸区的设立，使得船舶登记制度改革以及自贸区国际船舶登记制度的建立和发展成了国内理论界和实务界关注的重点话题之一，自2012年以后研究呈增长态势。

从研究层次来看，法学、管理学、经济学、政治学等社科领域，及运输工程、海洋工程等理工领域均有研究者关注船舶登记问题。在法律制定、航运中心和自贸区建设、登记管理体制、船旗国、方便旗、登记机构等方面存在学科间的渗透和跨学科研究交叉。有围绕本国实践及改革的展开，亦有国际法层面的讨论，还有学者采用比较法视角对比不同国家及地区间的船舶登记措施和法律规定，探讨船舶登记法律规范的制定、完善、实施、修订等具体问题，以及应对方便旗登记国际国内层面的措施和建议等。

观察相关研究可以看到，许多研究关注了船舶登记模式、方便旗登记对国际法的影响、选择登记地的原因及带来的不利影响等几个重点领域。船舶登记

---

① 周才伟：《对我国船舶登记制度的认识》，载《中国水运》2008年第6期，第14页。

② 蔡存强、刘笑天：《与船舶融资相关的海事登记问题探讨》，载《中国海事》2011年第10期，第16—19页。

法律制度的研究则更加关注于法律治理层面，具体涉及规定模式的选择、登记要求的改革、船员的开放、税收的改革、融资方式的改变等具体措施。无论从全球还是本国视角来看，船舶登记模式及其相应立法均处于一个变动和革新的时期。在这样的背景下，对船舶登记法律制度的研究具有现实意义及实践关怀价值。现阶段中国的船舶登记改革实践表明对于船舶登记法律规范，实践及理论界仍有深入研究的空间。

而从以往经验来看，单纯依靠修法论、借鉴论及优化管辖论①均很难突破目前船舶登记实践中面临的问题和困境。这些观点和理论均各有其优缺点，历史上也为许多国家和地区所采用。然而法律毕竟也并非万能，修法也并非那么容易，一项制度往往又同一个地区特定时期的政治经济文化状况紧密联系在一起。管辖权属于一国内政，除却本国政府以外他国很难作出干涉。法律制度需要谨慎合理地调整以适应社会关系，处于变革阶段的船舶登记法律需要反映并协调社会关系的变化。目前理论及实务界的提案、著作及论述对于船舶登记法律制度或概括地提出一些建议及设想，或就某一具体事项指出大致问题和改进措施。少有研究将船舶登记的演变发展同国际国内立法结合起来探讨船舶登记自体法及其周边辅助立法所组成的船舶登记法律制度，特别是有机地看待这些法律规定所展现的特定情境中社会政治、经济、环境、产业等各方面与其相辅相成的要素。

因此，研究将关注点放在国际法及国内法层面船舶登记法律制度的功能、政策背景、法定模式、国情差异、制度内设、推行方式等问题上，提出船舶登记法律理论应当适应航运市场、区域和全球产业趋势以及整体政商环境的变化，从宏观层面探讨船舶登记法律制度的体系和构成，分析船舶登记及其立法的演变及国际国内立法特点。在中观层面展示国家登记实践对船舶登记法律制度的影响，以及船舶登记制度的变革可能带来的潜在社会效应和法律效应。从微观层面分析船舶登记法律制度的内部要素，析出完善各要素及相关法律规范的具体措施和方法。从体系性、导向性和完备性出发论证船舶登记法律制度的产生、发展、冲突、变革过程，期望对推进船舶登记法律制度改革有所助益。

---

① 相关概念及代表著作参见第一章第五节中对文献的整理和分析。

本章小结

航运贸易是世界经济发展的重要因素之一，航运市场是世界贸易的指标，反映了世界经济发展的趋势以及不同商品的贸易特点。船舶是海上运输中的核心要素，不同型号、类型、数量的船舶加在一起组成了商船队。商船队是衡量供需关系的起点、衡量航运企业经营能力的指标，也是国家航运实力的体现。船舶的登记状况可以反映世界范围内各国和各地区之间商船队和航运运力的规模、分布、状况和发展趋势。法律是约束船舶登记的行为规范又是政府进行航运经济资源分配的手段，它更是航运产业中的一项重要业务。

无论是发达国家还是发展中国家，均面临促进其本国航运产业发展的问题，需要考虑如何配置本国航运运力。航运产业的发展与商船队的规模具有正相关性。商船队的数量和规模是一国海上航行实力最直观的体现，但过度地关注船队规模，往往会忽略扩张的合理性造成运力过剩，因此在保持商船队规模的同时还应重视提升其整体质量。通过法律规范商船队的运营和管理是现代国家贯彻和执行航运政策、发展本国航运业的方式和措施。

只有在不断的发展和变革之中，航运产业才能够创造良性的经济价值。制度变革是航运业可持续发展的关键因素。而改变制度就是需要改变制度所规范的社会行为。船舶登记行为对商船队的结构具有直接及间接的影响。国家通过调整船舶登记行为来变革商船队的规模和质量。法律是国家调控社会行为的手段，透过船舶登记法律制度，各国的立法者疏通航运从业者的行为模式，引导航运业发展和变革。

法律是政府影响和规范人们行为的有效途径，政府通过法律给人们的行为设置边界。船舶登记法律制度给航运从业者划定了一个边界，使得航运从业者可以选择是否为登记行为以及以怎样的方式为登记行为。登记地选择行为正悄无声息地对世界范围内的航运产业及商船队规模产生影响。建立有效改革应对变化的前提是判断船舶登记法律制度是否需要改善。重视发挥法律在改善和革新过程中的作用，促进船队规模的良性发展以及航运业的可持续运行。

过往的实践及研究经验对船舶登记与船籍、船旗、船舶财产权利之间的法律关系进行了梳理，探讨了世界范围内业界广泛进行登记地选择的原因。方便旗登记实践的不同观点导致了国际及国内层面不同的改革实践。在众多的倡议和改革路径建议之中，需要看到构建船舶登记法律制度的体系性、导向性和完备性对走符合自身特点及适应周边环境的改革道路而言是至关重要的。

第二章　船舶登记法律制度的结构及功能

对于航运政策制定者而言，对本国具有比较优势的部分进行规划和建设是布局未来迎接趋势的需要。在确定一定时间段内的航运政策后，相关的行政部门通常开始逐步制定详细的方案以确保该项政策的实施。而负责法律、法规起草工作的部门则开始了另外一项工作：将该政策的实施方案上升为法律规定以指导和调整相关社会活动。本书中的“船舶登记”就是指这种需要形成法律规范的、反映航运政策的实施措施。

船舶登记法律制度按其功能和内容可分为内部法律规范和外部配套规定，规范船舶登记的条件、监管、实施、实现程序和法律效果等事项。船舶登记法律制度的有效施行，除制定良法外，更是其自身实施机制和外部保障机制共同作用的结果。一国政府如何制定和运行本国船舶登记法律制度，决定了其在何种程度上贯彻和落实本国的航运政策，意欲达到何种法律效果以及希望采用何种船舶登记模式。

理想状态是，船舶登记法律制度的确立，如同所有其他法律制度的建立一样，应当是法律制定者深思熟虑的结果。但实践中这种理想化状态通常很难达到，受各类现实因素限制，只有少数立法者能够对公共利益以及法律可能带来的社会影响予以充分考虑。即使是在这些少数立法者内部，对于法律制定和实施的思考也有可能是浅层和象征性的。尽管船舶登记法律制度在一国航运产业中的作用和影响正日益受到重视，但是许多涉及船舶登记法律规定的研究普遍将目光放在了程序性问题上，而对船舶登记法律制度的实质内容讨论相对较少。即使有的作者关注到了实质内容，对这些内容的讨论仍然集中于一些重点领域和事项。因此，研究希望能够就船舶登记实质性及程序性法律问题进行全面深入挖掘，以多维度、全方位的视角探讨船舶登记法律制度。

本章论证船舶登记法律制度的组成、结构及社会功能。分析船舶登记法律制度的两大组成部分：内部法律规范与外部适用规定。探讨促使船舶登记法律制度有效运行的实施机制如何发挥效用，指出一方面船舶登记法律制度是政府所制定的航运政策得以转换为法律在社会中推行开来的手段，另一方面它是综合的、全方位的法律规范总和，赋予了船舶登记行为以法律效果，将权利与义务赋予登记行为的实施者和接受者。船舶登记法律制度塑造了一个国家的船舶登记模式，选择不同登记模式的国家或地区，其制定的船舶登记法律规定互相之间也存在共性和差异。正是这些差异使得世界范围内的船舶登记法律制度多样而生动。因而，船舶登记法律制度是一个有机的综合性法律运行体系。

第一节　船舶登记法律制度的构成要素及组成架构

船舶登记法律制度主要可以分为两个部分：规范船舶登记的内部法律规范和船舶登记实施与适用的外部法律规定。前者关涉船舶登记行为的规范以及登记结果的实现，涉及的是船舶登记过程中的具体事项、当事人及程序问题。后者则会影响船舶登记的选择和实现，涉及的是与船舶登记有牵连关系的法律和社会问题。内部规范和外部规定在不同层级、不同渊源层面整合构成了船舶登记法律制度的要素和架构。法律制度构建后，还需要在社会中得到有效的实施。内部实施机制的有效运行和外部保障机制的补充辅助是促使船舶登记法律规范能够实现良性规制的基础。

一、船舶登记内部法律规范所涉要素

船舶登记所涉事项，相当于完成船舶登记行为或结果的具体条件。所谓“条件”，是指制约或影响船舶是否进行登记以及如何进行登记的因素。规制船舶登记所涉事项的内部法律规范，便是指专门规范涉及船舶登记具体事项的法律规定的汇总。这些法律规定中既包括不同层级的船舶登记专门立法，也包含同一层级调整不同权利关系的船舶登记立法；既包含国内层面的船舶登记专门立法，又包含国际层面的船舶登记立法。此类涉及船舶登记的法律规定有一个

共同特征，即均就船舶登记的执行和贯彻提供具体条件、方法和指南。具体地，船舶登记内部法律规范包括但不限于下列事项：

第一项，船舶资格。什么样的船舶应当进行登记，包括船舶的种类、尺寸、所有权、船龄等限制。

第二项，主体资格。谁可以进行登记以及通过什么样的方法申请登记。登记船舶的份额以及所有人的数量要求，以及船上雇佣人员要求（国籍、数量、船员证书）、法人与自然人的不同要求，等等。

第三项，航区限制。登记为特定国籍的船舶，该国对登记船舶航行区域是否有航行区域限制要求。

第四项，材料要求。申请登记时需要提供的信息及证据。通常包括申请书、资格证明、公司证明、建造证明、所有权证明、检验证明、吨位证明、船舶注销证明、光租证明、船舶证书等。

第五项，文件要求。登记证书的法律地位，登记证书的签发、制作以及公示，船舶登记簿的公开和查阅事项，登记证书记载的具体事项等。

第六项，技术数据要求。船舶的名称、标识以及吨位，包括船舶使用的吨位丈量标准，船籍港的识别等等因素。

第七项，登记有效期间。一般登记的有效期，临时登记的有效期以及延展的具体情形和要求。登记的更新时间要求以及更新的具体程序。登记的延期、中止和终止等。

第八项，待登记船舶的检验和检查。国家许可的检验机构（船级社），申请登记时需要提交的检验证书及其具体项目，登记时是否需要进行登记检验。

第九项，登记的注销。基于何种情形船舶需要注销登记，注销的流程如何进行，原证书的处理，注销证书的签发等事项。

第十项，登记机构。具体负责登记事项的机构是哪个，其职责范围具体包括哪些，登记机构的权利义务有什么，登记机构的运行和管理等事项。

第十一项，登记费用。登记如何计费，具体费用如何缴纳，向何部门缴纳，是否有扣减等事项。

第十二项，登记的变更。登记地从一地转移至另一地的具体操作事宜，包括转移需要提交的材料和证据、转移船舶的适格性、所有权变更的通知、登记船舶规范的变更、名称船籍港标识的更换、原登记的注销等事项。

第十三项，违反登记事项的法律责任。主要规范登记证书签发过程中的假冒、隐瞒及伪造涂改等事项，不按照登记法律规定进行登记的船舶以及船舶登记机构工作人员的渎职行为等需要承担的法律责任。

第十四项，光租登记事项。是否允许船舶进行光租登记，租入和租出如何操作，登记的变更和证书应当如何处理。

第十五项，私法中涉及登记船舶以及所有人责任的规定。主要涉及登记船舶转让时国籍登记的处理，登记船舶抵押时国籍的公示、顺位、实现、保护、转让和解除事宜。

二、船舶登记实施和适用的外部法律规定

从宏观上讲，一个国家或地区有其特有的法律制度，此法律制度建构在该国家或地区的政治、经济、文化、自然环境等综合因素之上。而从微观上讲，国家或地区层面的法律制度又是由一个一个具体社会领域的法律规范以关联型架构搭建而来。每一个社会领域的法律规范调整的是一个具体的社会关系，越往上层调整的社会关系越复杂。在这样一个复合制度结构体之中，不同领域相互融合、相互影响使得各类法律规范之间相互依存、相互作用，共同塑造了国家或国际社会的整体法律制度。

基于法律制度建构原理，规范船舶登记社会关系的法律制度不仅仅包括前文中提及的内部法律规范，还包括同其他社会领域交叉、重叠的部分以及可能会间接影响到船舶登记事项的他领域立法。这些影响船舶登记实施和适用的外部法律规定包括但不限于以下规定：

一是公司设立方面的法律规定。登记船舶所有人是法人时，航运企业常常需要在船籍港设立具体负责船舶营运的公司管理船舶，此时公司法律制度的健全、便利以及透明等因素会对企业选择船籍登记地与否产生影响。通常企业关注的因素包括公司的设立依据、设立标准、股权要求、人员要求、收益要求、审计账目、登记方式等事项。

二是税收及费用方面的法律规定。船舶企业或所有人选择登记地时，必然需要考虑在当地经营和管理船舶需要缴纳的税收和公共费用。其中主要包括企

业在船舶登记国需要缴纳的营业税、个人需要缴纳的所得税、外国企业在登记国设立的分支机构或代理机构需要缴纳的贸易收入税等，推行吨位税制国家的船舶吨税征收标准，登记国同他国签订的双重征税协定，国际公约等问题。

三是劳工条件方面的法律规定。船员的劳动合同以及劳动待遇受到船旗国法律的极大约束。船员的薪资、福利、社会保障、工作环境、工作待遇以及工会组织等问题，是船舶营运和管理过程中的重要事项。一方面牵涉到船舶的营运成本，另一方面又关涉船员的个人利益。因此劳工立法是船舶所有人选择登记地时一个十分重要的考察因素。

四是融资方面的法律规定。船舶营运对资金的依赖度较大并且投资周期较长，又加上船舶的国际流动性，使得融资安排对船东而言在成本和费用方面意义重大。登记国融资方面的法律规范具体包括船舶以及船舶企业的合法融资渠道，抵押、按揭等借贷规定，股权市场和债券市场的开放度，融资市场的规模以及融资企业的活跃度，还有政府监管的严格性等事项。

五是政策性支持。为了鼓励和支持航运产业发展，一些国家会出台一定的航运激励政策，在不违反国际协定的基础上政府会就具体措施给予船舶、造船厂以及船舶企业一定的优惠和便利。

六是安全规范。船舶需要遵守的安全方面的国内法规和国外公约因国家和地区的不同而不同。一些监管严格的国家，如美国对船舶及船上人员的安保要求、检查要求、登船要求、抵港报告要求规定众多且程序烦琐。而一些方便旗国家则在这一方面相对宽松。选择不同登记地意味着船舶需要遵守的安全措施和安全标准可能会不一样。

三、船舶登记法律制度的组织与运行

“法立而不行，与无法等，世未有无法之国而能长安久治者也。”①记录在文本、报告中的法律制度要在社会中成为有生命力的法律运行系统，就必须具备良好的制定和实施机制。法律的运行是一个动态的、变化的系统工程，立法即法律的制定，只是起点和法律运行中的一环。除此之外，法律还需要实施，执

---

① 江国华、王一茗：《沈家本的司法观》，载《时代法学》2014年第2期，第68页。

法、司法和守法同样重要。船舶登记法律制度的组织和运行离不开登记当事人的守法、行政机构的执法和司法机构的监督。此外，船舶登记法律制度的实施，既需要其自身的实施机制发挥作用，又需要外部保障机制予以辅助。

因而船舶登记法律制度的实施机制，从内部而言是以登记申请人和船舶登记机构为核心的法律关系，属于一种依申请的登记模式。法律的严格性、执法的透明度、守法的便利性以及司法的效率性等因素均会影响申请人的登记申请意愿。实体内容中，申请人是否具备申请资格、船舶是否符合登记要求、申请登记需要提交的材料、登记之前需要进行的准备和检查以及是否需要移转登记或进行光租登记等等，这些事项一方面需要登记机构审核与查验，另一方面也需要登记申请人参与和配合。登记程序则贯穿于整个登记行为从开始到结束的流程和步骤之中，既规范登记申请人的行为模式，又约束船舶登记机构的权力和执法方式。司法机构在法律授权范围内行使司法权，规范登记申请人与船舶登记机构的行为和法律关系。国际法上船舶登记的法律效果体现在，自船舶取得国籍那一刻起船旗国便对船舶正式行使管辖权，船舶要受到船旗国法律约束，而船旗国则要受到缔结的国际公约约束。

船舶登记申请人可以是个人，也可以是法人，甚至可以是公益性组织。船舶登记法律实施机构通常为各国或各地区的船舶登记机构，中国负责机构主要是各登记港所在地海事局。管理船舶登记的司法机构一般而言应当是船籍港所在地法院，但由于受到诉讼和扣船制度的影响，法院地亦存在可变动因素。船旗国并非唯一可对船舶行使管辖权的国家①，却是与船舶具有最密切联系的国家。船旗国法律中关涉船舶公司设立、船舶融资、税收征缴、安全管理、船员待遇等问题的规定对船舶经营具有较大的影响。从这个角度上讲，国家和船舶所有人围绕船舶这一财产所建立起来的纵向社会关系是以登记作为起点的，国家权力对船舶所引起的横向社会关系的介入也以登记为切入口。因此，无论从国际法层面还是国内法层面，船舶登记法律制度的实施运行关系到船舶法律地位的确立。船舶登记法律制度内部实施机制的良好运行是船舶登记申请人和国家登记机构共同配合的结果。

① 关于船舶的管辖权可参照第三章第三节内容。

政策规定作为外部保障机制，有时也会引起船舶登记政治化的实施效果。这种模式下，法律的修改更多是对政治目标的转化，实现政治目标与法律规范的统一，然后推进法律规定实现政治目标。①这方面突出的例子是国家主导下推行的船舶登记制度改革，由于方便旗登记制度给国际船舶运力带来的变化和影响，一些国家出于保护本国产业及商船队的考虑，出台了一系列针对原有登记制度的改革措施并将其通过立法予以确认。整个过程通常是由于认知到社会实践发生了变化从而需要适时调整政治目标，然后通过启动立法或者修法程序将政治理念以法律形式规范化。

社会组织正日益成为船舶登记外部保障机制的重要组成部分。有些原本属于政府的社会管理职能，已不再由传统的国家机关来承担，而是由新的、被称之为独立机构的、拥有自身权力和权限的公共机构来承担②。这一趋势在船舶登记领域也有所体现，船级社作为一个民间社团组织，由于在船舶检验领域具有先进的技术和专业的人员配备，使得其在越来越多的事务中受到政府部门的授权和委托，参与到船舶检验和船舶安全等公共管理事务中去。此外，群体性的社会组织如工会、航运业自治组织等多元社会群体的诉求和倡议，极大地推动了船员社会保险福利、船舶生态环境保护、海上安全、自然灾害等社会问题的解决，也间接地影响到船舶登记法律制度的立法、实施和监督进程。

第二节　船舶登记行为的法律效力及规制意义

将船舶登记行为纳入法律框架予以规范，意味着围绕该行为产生了一个法律意义上的社会关系。法律行为发生后，便在行为实施者和接受者之间产生了相应的权利义务关系，并最终体现为该行为的法律效果。本节讨论船舶登记行为的法律效力，指出登记行为在使船舶获得船籍、取得悬挂船旗权利的同时也使得政府、船舶以及船舶所有人之间产生了法律上的权利义务关系。本节分析登记国对船舶进行登记并实施监管的法定条件，以及登记文书的证明力，并探

① 瞿国强：《中国宪法实施的双轨制》，载《法学研究》2014 年第 3 期，第 85—86 页。
② 郭道晖：《权力的多元化与社会化》，载《法学研究》2001 年第 1 期，第 5 页。

讨通过法律规范船舶登记行为的意义。

一、船舶通过登记取得船籍

1. 船舶国籍的法律意义

船舶通过登记取得登记地所属国的国籍已经成为国际社会的一项共识。通常国籍用以指称具有特定种族、文化、语言和意识等方面特性的特定族群，代表了个人同国家间的法律联系。在国内法上，一个人拥有国籍后便使得国籍国与国籍拥有者之间产生了权利义务关系。在国际法上，国籍则使得国籍国与他国间建立起了法律关系。而船舶国籍是法律将船舶拟人化的产物，它是船舶归属于特定国家的法律上的联系。由于船籍，船舶便与船籍国①产生了法律上的隶属关系。

船舶国籍的取得会引起许多法律上的“后果”。国内法上，船籍国需要对船舶予以管辖和保护。“船舶若无国家保护，则异常危险。就平时言，船舶需用饮料水及煤炭等，到处须有供给，若无保护，则所到之处，或禁止运水运煤，则船不能行。就战时言，如甲、乙两国交战，丙国之船行经其地，若无国力保护，必为甲、乙两国所虏。故 19 世纪以来，近海诸国，皆务扩张其海上势力，不然必不足以奖励航运，此船舶之国籍所以为必要也。”②船舶取得国籍后，需对国家履行一定的义务（如税费、征用等），也可享受国内法上的权利（公权）。如国旗揭扬权、寄泊于不开港场之权、征税免除权及沿海各港间之物品或旅客运送权③，等等。

国际法上，船舶国籍是一个实体法上的重要理论概念，是船舶的法律人格为世界其他国家所接受的独特特征。国际法规定船旗国，即授予船舶国籍的国家，在公海上对船舶享有排他管辖权。除此以外，船旗国还需要确保涉及海上污染、船舶建造、船舶维护以及船员雇佣等事项的国内法、国际法以及相关规定得以遵守。同样，船籍国对国际社会和其他国家也负有共同维护世界海洋秩

① 此处为与国籍概念相统一而使用船籍国一词，实践中船籍国即为船舶所悬挂的国旗国，因此更为常用的船旗国与船籍国指称的是同一概念。

② ［日］志田钾太郎口述，熊元楷、熊元襄、熊仕昌编，张登凯点校：《商法：有价证券　船舶》，上海人民出版社 2013 年版，第 86 页。

③ ［日］志田钾太郎口述，熊元楷、熊元襄、熊仕昌编，张登凯点校：《商法：有价证券　船舶》，上海人民出版社 2013 年版，第 88 页。

序的责任。而获得一国国籍的船舶在国际法上则能够享受所属国家之国际权利，如公海航行自由、非战争国船舶自由航行权、协定交通权以及在公海上的一些国权活动。①

因而船舶国籍的概念同主权联系在一起，国际法规定所有船舶都必须拥有国籍，以确保每艘船舶都能得到船旗国管辖、受船旗国法律约束。船舶无国籍就意味着其没有保护国和管辖国，从而可以被其他国家逮捕或扣押，因为该无国籍船舶不受国际法和国内法的保护，并且悬挂两国或两国以上旗帜航行且视方便更换旗帜的船舶可视同无国籍船舶②。

根据国际法原则第一个确立无国籍船舶不受保护原则的案件来自英国。在 Naim-Molvan v. Attorney-General for Palestine③ 一案中，一艘名为 ASYA 的船舶试图登陆巴勒斯坦的犹太人定居地，这种做法在 1948 年违反了巴勒斯坦的入境条例。这艘船舶被英国驱逐舰在公海上抓获，在驱逐舰接近时该船挂上了土耳其国旗，而当执法人员登船后，船旗变成了锡安④旗。船舶未能提供其合法的船旗，这在法律上构成无国籍船舶。巴勒斯坦法院判决没收了该船。案件上诉到英国后，枢密院反对将国际法上的公海自由原则延伸适用至无国籍船舶，并引用了《奥本海国际法》⑤ 中的一段话，"基于公海利益，没有悬挂国旗的船舶不能受到保护，公海上的航行自由是悬挂一国船旗的船舶所享有的自由。"因此，枢密院判决英国政府对该船的逮捕是合法的，并且对船舶予以没收也是正当的。

美国法律也规定⑥，受美国管辖的船舶包括无国籍船舶。美国的司法实践中，涉及无国籍船舶受到扣押和没收的典型案例是 United States v. Marino-Garcia⑦。在这个案件中，原告是一艘捕虾拖网渔船，在靠近古巴的公海水域被发现船上装载了数吨的大麻。而并没有证据表明该船将会到美国港口卸货。

---

① ［日］志田钾太郎口述，熊元楷、熊元襄、熊仕昌编，张登凯点校：《商法：有价证券　船舶》，上海人民出版社 2013 年版，第 86 页。

② 1958 年《公海公约》第 6 条、1982 年《联合国海洋法公约》第 91 条。

③ 1948 A. C. 351.

④ 犹太复国主义者。

⑤ 法官将出处标注为：Oppenheim's international Law，6th ed. Vol.1，p.546。

⑥ 46 U.S.C. app. § 1903（c）（1）（A）.

⑦ United States v. Marino-Garcia United States v. Marino-Garcia. 679 F.2d 1373，1985 AMC 1815（11th Cir. 1982）.

美国海岸队看到其没有悬挂任何国家的船旗，于是决定登船。海岸队的执法依据是无国籍船舶可以为美国所管辖，因此依据美国法对原告实施逮捕和起诉。法官支持了海岸警卫队，认为国际法允许任何国家对公海上的无国籍船舶行使管辖权。这样的管辖既不会违反国际法，也不会干涉另一主权国家的事务。船舶的无国籍状态使得所有国家执法人员都可以登临无国籍船舶，对船上的违法人员提起诉讼。值得指出的是，虽然存在前述国家实践，但国家对无国籍船舶行使普遍管辖权却并不是毫无限制的，必须要遵循国际法上严格的程序和要求。

因而船舶国籍的法律意义在于，它涉及国家的主权问题，所有船舶都必须具有国籍。船舶进行登记后悬挂登记国的船旗被认为是确保公海秩序的关键之所在。国际法要求船旗国将授予船舶国籍作为一项责任。①国家需要与船舶有一定的连接，以确保在一定情形下能够对船舶实施管辖。

2. 登记是船舶国籍的授予条件

登记法律法规实质上是赋予船舶国籍程序的一项实体法②，是船舶取得国籍以及获得国籍随之所附带权利的方式。这些权利包括但不限于所有权、抵押权等实体性权利，以及对物诉讼的程序性权利、要求船旗国履行义务的权利，以及赋予船舶从事贸易、航行等的便利。

了解船籍的法律意义后，一个需要进一步讨论的问题是：为什么登记会成为船舶国籍的法定授予条件？国际法并没有直接规定船舶国籍的授予条件，而是将这个问题交由各国自行决定。也就是说即使没有进行登记也没有悬挂船旗，船舶也可以有其他取得国籍的方法。对采用何种方式授予船舶以国籍，在早期确定的标准有很多。

早期船舶取得国籍的条件主要有：（1）建造地主义。有法律将船舶的建造地作为标准，如英国乔治三世时期颁布的1784年《航运法》规定每一艘英国船舶都必须由英国建造，法国1793年《航海法》针对法国船舶也出台了相同的规定。（2）船员国籍主义。有的法律将船员作为标准，在19世纪中期，英国船舶

---

① David Matlin，Note，Re-evaluating the Status of Flags of Convenience under International Law，*23 VAND. J. TRANSNAT'L L.*（1991）：1022.

② Mukherjee，P.K.（1993）. “Flagging Options：Legal and Other Considerations.” *Mariner*，no. January/March：31 - 37.

必须雇用英国船员①。这种极端的做法近年来有所改进，各国通常规定一定比例②的船员需为本国人。之所以要设置这样的限制，原因在于“一是养成船员，二是防止战时危险”③。1982 年联合国贸发会针对船舶登记条件所作的报告显示④，即使是到了 20 世纪末仍有 28 个国家要求本国船舶必须雇用本国船员，除此以外有 24 个国家还规定主要的管理人员或一定比例的船员需为本国人。(3) 船舶所有人国籍主义。除前述标准外，船东（自然人或法人）的国籍也常常作为决定船舶国籍的条件。

尽管存在不同的国籍取得方式，但实践中最普遍采用的还是以船舶登记来确定船舶的国籍。因为船舶登记作为一种行政监管措施，国家可以通过设立一定的准入（或称行政法上的许可）标准，将船舶所有权因素和雇佣船员因素纳入到登记的先决条件之中。此时，登记能够最为全面地满足一国关于本国籍船舶的要求，从而使得登记与船籍在国内法上连接起来。大多数国家更多地使用所有人因素连接登记条件，也有国家采混合主义如法国便兼采第二种和第三种办法。日本采用的也是所有人主义，两个地区的法律规定船舶取得国籍需满足四个条件⑤：（1）船舶归政府所有；（2）船舶归国民所有；（3）船舶归依据本国法律设立的公司所有；（4）船舶归依据本国法律设立的公司以外的法人所有。

英国 1894 年航运法也将船舶所有权作为识别英国船舶的标志。该法规定⑥：

> 1. 若一艘船舶全部由下述人（本法提到的符合英国船舶所有人资质的人）拥有，则其能够被视为英国船舶，即：
>
> a. 出生即拥有英国国籍；
>
> ……

---

① See David Matlin, *Op. cit*.

② 如法国规定 3/4 的船员需为本国船员，美国规定 2/3 须为本国船员。

③ ［日］志田钾太郎口述，熊元楷、熊元襄、熊仕昌编，张登凯点校：《商法：有价证券 船舶》，上海人民出版社 2013 年版，第 87 页。

④ TD/B/AC. 34/2，22 January 1982.

⑤ 参见日本《船舶法》第 1 条。其中条件 3 和条件 4 都不是绝对的所有人主义。如日本法律规定公司的法定代表及执行董事的 2/3 以上必须为日本国民，公司以外的法人则全部为日本人，船舶共有人须全部为日本国民。

⑥ Merchant Shipping Act 1894 c. 60（Regnal. 57 _ and _ 58 _ Vict）.

d. 根据女王陛下领地内法律设立的法人团体，并且其主要营业地位于女王陛下的领地之内。

国内法层面，英国的司法判例中，Chartered Mercantile Bank of India v. Netherlands Steam Navigation Co. Ltd[1]一案的判决显示英国早期涉及船舶国籍的判断时同样遵循了船舶所有人准则。这个案子中，两艘船舶在公海上发生了碰撞，两艘船均登记在荷兰但由英国公司在荷兰的子公司拥有和控制着。是否登记在荷兰并悬挂荷兰国旗就意味着船舶是荷兰船？对于这个问题，法院认为发生在公海上的碰撞应当由英国法而不是船旗国法管辖。Brett 法官认为仅仅因为船舶为了经营航线而登记在荷兰……并不意味着该船不能成为一艘英国船……如果它完全属于英国船东，不论是不是进行了登记，在它登记之前这艘船便已经是一艘英国船了[2]。早期的美国法院也认为当船舶没有恰当地进行登记时，船舶所有人的国籍便是船舶的国籍。在 The Chiquita.Hartwig v. United States[3]一案中，船舶被美国海岸警卫队扣押，所有人是德国人，船舶登记在英国。洪都拉斯临时国籍已经过期。法官称船旗是船舶国籍的初步证明，如果船舶没有正确登记，则船舶的国籍根据其所有人国籍认定。

中国的国籍取得亦采用船舶登记方式，根据《中华人民共和国船舶登记条例》（以下简称《船舶登记条例》）第 2、3 条，船舶取得中国籍的条件是经过依法登记，方可以悬挂中国船旗航行。关于登记条件，中国也对所有人有所要求[4]，对

---

① Chartered Mercantile Bank of India v. Netherlands Steam Navigation Co. Ltd.（1883）10 Q.B.D. 521.

② Richard Coles & Edward Watt. *Ship Registration*：*Law and Practice*. Informa Maritime & Transport，2009：4.

③ The Chiquita.Hartwig v. United States. 19 F.2d 417，1927 A.M.C. 1534.

④ 《中华人民共和国船舶登记条例》第 2 条 下列船舶应当依照本条例规定进行登记：

（一）在中华人民共和国境内有住所或者主要营业所的中国公民的船舶。

（二）依据中华人民共和国法律设立的主要营业所在中华人民共和国境内的企业法人的船舶。但是，在该法人的注册资本中有外商出资的，中方投资人的出资额不得低于百分之五十。

（三）中华人民共和国政府公务船舶和事业法人的船舶。

（四）中华人民共和国港务监督机构认为应当登记的其他船舶。

第 3 条 船舶经依法登记，取得中华人民共和国国籍，方可悬挂中华人民共和国国旗航行；未经登记的，不得悬挂中华人民共和国国旗航行。

船员国籍的要求则在2014年删去，仅保留了船员持有中国的适任证书的要求①。

从国际法层面来看，制定涉及船舶国籍的公约时，也普遍将登记视为船舶取得国籍的法定方式。在20世纪早期，海事公约的制定会议曾经讨论过是以国籍、船旗还是登记作为基准来划定公约的适用范围。讨论中对国籍、船旗和登记的评价和选择可以大致反映登记为什么能够成为授予船舶国籍的法律要件。国际劳工大会第二十一次会议的举行过程中曾经产生过一个有趣的讨论：为了公共利益而对船舶制定一定标准的国际公约，最适合划定该公约船舶适用范围基准的是船籍、船旗还是登记？会议最终讨论结果是，大会的协调委员会推荐登记为最合适的基准，并且此后该会议通过的五个重要公约②都采纳了这个推荐意见。

协调委员会在作出推荐决定之间，对早先的相关国际公约均进行了考察，船籍首先被排除在外。因为委员会认为，一方面之前的公约并没有采用船籍作为基准，另一方面船籍这一概念是模糊和抽象的，因为模糊所以会引起混淆。而就船旗和登记而言，尽管国际法通常都将船旗作为决定国家船上管辖权和立法权的基准，但登记却是确定船舶悬挂何国国旗的基准③。此外，委员会还引用了1896年国际法研究院通过的商船国旗使用规则和1931年该组织常设委员会发表的关于港口和航海行政意见的文件和技术委员会关于与国联通讯和交流的文件，认为在大多数情况下，采用船旗基准和登记基准都会产生同样的实践结果，但是从逻辑上讲登记是更好的基准，因为它是决定船旗的基准④。正由于此种逻辑先行性，从法律上来看，登记是确立国际公共利益的最佳方式。因此，后来的国际法均普遍采用登记作为判定船舶国籍和赋予船旗国义务的基准。

实践中，即使登记是授予国籍的法定方式，对于是否授予船舶国籍，各国

---

① 参见2014年7月29日《国务院关于修改部分行政法规的决定》。

② 这五个国际公约是：1936年《高级船员适任证书公约》；1936年《海员带薪年度假期公约》；1936年《船东在海员患病、受伤或死亡时的国际公约》；1936年《海员疾病保险公约》；1936年《工资、船上工作时间和配员公约》。

③ C. Wilfred Jenks. "Nationality, The Flag and Registration as Criteria for Demarcating the Scope of Maritime Conventions." *19 J. Comp. Legis. & Int'l L.* 3d ser. 245 (1937): 249.

④ See C. Wilfred Jenks, *Op. cit*, p.250.

的标准也是不一致的。除了一般意义的正式登记，临时登记也可授予船舶国籍。这种国籍被称为临时国籍，临时国籍登记的目的在于便利国外建造的船舶驶往本国或便利在本国承造的船舶驶往外国交付，或为便利未登记船舶航行之用①。

二、登记船舶有权悬挂船旗

1. 船旗的历史及法律意义

船舶所悬挂的船旗是船舶国籍的象征，具有识别国籍的功能。“船舶非享受国家之特殊保护，不能安全航行。享受此特殊保护之必要，及各海国各有奖励其航运之精神，而于船舶乃生国籍之观念，得籍国籍证书等之书类而证明之。而外观上之表示，则国旗也。”②

在古希腊的旗帜学中，今天悬挂的船旗来自一艘希腊船的船尾。维京人是欧洲第一个使用船旗的族群，往来于波罗的海和北海之间的商船桅顶上都挂了一个金属网格，象征着国王的保护。直到中世纪，旗标才慢慢地开始代表港口、所属国和国籍。12 世纪北欧船只的模型和绘画清楚地显示，有旗子悬挂在船头、船尾和桅顶。在汉萨同盟和地中海港口，通常采用一种纹章形象来象征船籍港的武器外观，标志船舶所有人或雇主。这些符号通常非常相似，不过由于当时的船舶并不能航行很远，因此不会产生困扰。15 世纪伟大探险家们③的船舶装饰的旗标，同西班牙无敌舰队一样，通常具有某种宗教意义。描绘这一时期英国战舰的绘画显示桅杆上挂了圣乔治十字。这是一种早期的国籍象征。船旗作为船籍的象征和证明与船舶登记制度的发展存在一定的联系。登记名称和登记港同船旗一样，都是国籍最明显的证据。④

英国 1894 年《商船法》第 73 条和第 74 条，正式将船旗写入法律，从而成了众多传统海事国家的模板，其影响力一直延续到 20 世纪。在这之前，1625

① 王穆衡、张世龙、陈一平：《船舶设籍制度之探讨》，（中国台湾地区）“交通部运输研究所” 2008 年 4 月，第 26 页。

② ［日］志田钾太郎口述，熊元楷、熊元襄、熊仕昌编，张登凯点校：《商法：有价证券　船舶》，上海人民出版社 2013 年版，第 85 页。

③ 麦哲伦、迪亚兹、达伽马和哥伦布。

④ John N.K. Mansell. *Flag State Responsibility：Historical Development and Contemporry Issues*. Springer，2009，pp.13 – 14.

年英国皇家海军使用了一种红色旗标来表示一个中队。1864年以前，这三种旗标一直用于标示先锋部队、中心部队和后方部队和各方的将领。1620年到1634年间，英国商船一直悬挂联合旗帜①，1634年5月5日一道命令规定只有海军船舶可以使用联合旗帜。此后，英国船悬挂圣乔治十字，而苏格兰船悬挂圣安德鲁十字。1674年颁布的命令进一步规定左上角表示了圣乔治十字的红旗作为象征英国商船的一种特殊旗帜。但并不要求强制悬挂，海军也可以使用这种旗帜。由于实践中使用旗帜的船舶不断增加，使得英国政府于1694年颁布了一道命令规定那些使用彩色旗帜的船舶都不能够视为"国王和皇后陛下的船"②。到了1707年圣安德鲁十字也加到了旗帜之上，1801年以后所有商船都必须悬挂红旗。同爱尔兰联邦合并后，圣帕特里克十字加入旗帜，形成了今天的英国商船旗③。1894年《商船法》④将英国船所应当悬挂的颜色明确定位为红色。这项某种颜色旗帜代表本国船舶的规定为以后许多国家的立法沿袭至今。

目前大多数国家均在国内法中规定用于代表国家和船舶的专属旗帜，以防止国旗被滥用。如新西兰1992年《船舶登记法》第58条第3款规定，除第(4)款另有规定外，每一悬挂或有权悬挂新西兰国旗的新西兰船舶在下列情形下，可以悬挂适当的国家代表色：

(a) 被新西兰武装力量征用的船舶；

(b) 白天停泊或抛锚，驶入或离开任何国外港口时；

(c) 白天停泊或抛锚，驶入或离开新西兰港口时。

因而船旗已经成为一种官方认可的国籍象征。一国通过船舶登记制度授予船舶以船旗，船旗便成为该国国籍的证据⑤。"国籍乃权利义务之包括……船舶之国籍以书类为凭证，国籍证书，乃书类中最重要者，因证书不便表示于外，

① 圣乔治和圣安德鲁十字一起挂在主桅杆上。

② Their Majesties'ship.

③ 此后 Red Ensign 成为英国商船旗的代名词。

④ Merchant Shipping Act 1894, section 73.

⑤ See John N.K. Mansell, *Op. cit*, p.15.

故又有国旗，以为标识。”①船舶有权悬挂其国籍国的船旗。②船舶经登记取得国籍，并经国籍国授权悬挂船旗。③没有悬挂船旗的船舶便被视为无国籍船舶。

2. 船旗国的权利与义务

海洋法上有一个与船旗有关的重要概念——“船旗国”。关于船旗国，1986年《联合国船舶登记条件国际公约》（以下简称《船舶登记条件公约》）第2条作了如下定义，“船旗国”指船舶悬挂其国旗并有权悬挂其国旗的国家。1982年《联合国海洋法公约》（以下简称《海洋法公约》）则在第91条认为船旗国是船舶在其领土内登记（的国家）。一个国家可能会因为地理位置、功能、主权、边界以及同另一个国家船舶间的关系而在法律上被赋予多重角色。《海洋法公约》因此将世界上的国家分为沿海国、船旗国、港口国和内陆国④。在海洋法上，国家地位的外部特征之一是由船旗国这一概念来体现的。

自13世纪开始，船舶登记、船旗和国籍之间就开始具有了密不可分的关系。登记取得国籍，有国籍方可悬挂船旗。国际法上船旗国法是维护公海管辖秩序的关键连接点。《公海公约》第6条和《海洋法公约》第92条将国际习惯法在公约中表达得很清楚：排除例外情形，船旗国在公海上对船舶享有排他性的专属管辖权。享受权利的同时，船旗国也需要承担一定义务。船旗国的法律义务早期来源于海军力量，一国海军保护悬挂其本国船旗的船舶，这一原则建立并发展至今，成了船旗国的义务。⑤根据《海洋法公约》第91条和第94条，国家同本国的商船之间需要建立“真正联系”，船旗国需对其商船队行使行政、技术及社会事务方面的管辖和控制。一般认为，船旗国的管辖权来源于两个主权原则：国籍和领土。在其领土、领水之内，船旗国的管辖权是基于属地原则（领土）。而在其领土之外的公海，船旗国的管辖权则基于属人原则（国籍）。

公海自由是海洋法的一项基本原则。基于公海自由原则，每个国家的船舶

---

① ［日］志田钾太郎口述，熊元楷、熊元襄、熊仕昌编，张登凯点校：《商法：有价证券　船舶》，上海人民出版社2013年版，第86页。

② 1958年《公海公约》第5条、1982年《联合国海洋法公约》第91条。

③ Restatement（Third）of the Foreign Relations Law of the United States § 501.

④ John N.K. Mansell. *Flag State Responsibility*：*Historical Development and Contemporry Issues*. Springer，2009：18.

⑤ Martin Stopford，*Maritime Economics*（*3rd Edition*），London and New York，Routledge，2009，p.663.

均有权悬挂本国船旗在公海上自由航行。①公海自由的概念来源于荷兰著名的法学家格劳秀斯。在其著作《公海自由论》中，格劳秀斯抨击了葡萄牙对东印度洋航线和贸易的垄断，指出公海是商业贸易的渠道，不应当被任何国家所划分。这项理论为国际社会所接受，并被逐步写入国际公约之中②。

在此后的法律实践中，船旗国对公海上航行的船舶享有管辖权这一理念由常设国际法院在“荷花号”③一案中作出阐述，该案所确立的原则为1958年《公海公约》和1982年《海洋法公约》所继承。“荷花号”案中，常设国际法院认为，除国际法明确规定的某些特殊情况外，船舶不受除船旗国外的其他任何国家管辖。根据公海自由原则，公海上没有任何领土主权，一个国家不能对其他外国船只行使管辖权……公海自由原则的必然结果是被船旗国领土所同化，船旗国行使主权就好像在自己的领土上一样，其他国家均无此项权利。凭借公海自由原则，船舶被视为具有同国家领土一样的地位。

具体而言，船旗国可以对船舶行使的管辖权通常包含以下内容④：

（1）船旗国可以对与船舶有关的事项予以规范；

（2）船旗国可以对船舶内的事项予以规范；

（3）船旗国可以对船舶实施行为；

（4）船旗国可以对船舶内实施行为。

船旗国可以规范船舶包括民事、刑事、行政在内的众多事项。因此，各船旗国需要制定关于海事犯罪行为以及船舶和船员管理的法规，而船舶须遵守本国的相关法规。另外，船旗国还可以根据本国法律对船舶实施包括扣押、拿捕、

① 1958年《公海公约》第4条：每个国家，不论是否是沿海国，悬挂其旗帜的船舶均有权在公海上行驶。1982年《联合国海洋法公约》第90条：每个国家，不论是沿海国或内陆国，均有权在公海上行驶悬挂其旗帜的船舶。

② 1958年《公海公约》第2条规定：公海对所有国家开放，任何国家不得有效地声称将公海的任何部分置于其主权之下。公海自由是在本公约和其他国际法规则所规定的条件下行使的。1982年《联合国海洋法公约》第87条：公海对所有国家开放，不论其为沿海国或内陆国。公海自由是在本公约和其他国际法规则所规定的条件下行使的。

③ The Case of The S.S. Lotus（France v. Turkey）. Permanent Court of International Justice. 1927 P.C.I.J.（ser.A）No.9.关于案情的具体介绍可参见第三章第二节之二“国家间船舶管辖权的协调”。

④ 王穆衡、张世龙、陈一平：《船舶设籍制度之探讨》，（中国台湾地区）“交通部运输研究所”2008年4月，第28页。

处罚、临检、搜查、调查等行为，但行为的实施主体必须是国家机关①。

另一方面，由于船舶处于船旗国的管辖之下，为了保护公共利益或实施某项与船舶有关的措施，国际法赋予了船旗国以特定的义务②。主要包括：

（1）有效管辖义务③；

（2）污染防治义务④；

（3）保护海底电缆和管道⑤；

（4）保障海上安全⑥；

（5）海上救助义务⑦。

---

① 王穆衡、张世龙、陈一平：《船舶设籍制度之探讨》，（中国台湾地区）“交通部运输研究所”2008 年 4 月，第 28 页。

② 王穆衡、张世龙、陈一平：《船舶设籍制度之探讨》，（中国台湾地区）“交通部运输研究所”2008 年 4 月，第 29—35 页。

③ 1982 年《联合国海洋法公约》第 94 条第 1 款规定，船旗国应对悬挂该国旗帜的船舶有效地行使行政、技术及社会事项上的管辖和控制。

④ 1958 年《公海公约》第 24 条要求各国应考虑现有有关条约规定，制定规则，以防止船舶或管道溢油，或因开发或勘探海床和其底土而对海洋造成污染。第 25 条要求：1.各国应考虑主管的国际组织可能制定的标准和规定，采取措施，防止因倾倒放射性废物对海洋的污染。2.在为防止与放射性物质或其他有害物质有关的活动造成的海洋或海洋上空的污染而采取措施方面，所有国家应与主管的国际组织合作。

⑤ 1958 年《公海公约》第 26 条第 1 款规定所有国家均有权在公海海床上铺设海底电缆和管道。第 3 款规定在铺设此种电缆或管道时，有关国家应充分注意海底已有的电缆或管道，特别是不得妨碍对现有电缆或管道进行修理的可能性。

⑥ 1982 年《海洋法公约》第 94 条第 3 款要求每个国家对悬挂该国旗帜的船舶，除其他外，应就下列各项采取为保证海上安全所必要的措施，(a) 船舶的构造、装备和适航条件；(b) 船舶的人员配备、船员的劳动条件和训练，同时考虑到适用的国际文件；(c) 信号的使用、通信的维持和碰撞的防止。第 4 款：这种措施应包括为确保下列事项所必要的措施：(a) 每艘船舶，在登记前及其后适当的间隔期间，受合格的船舶检验人的检查，并在船上备有船舶安全航行所需要的海图、航海出版物以及航行装备和仪器；(b) 每艘船舶都由具备适当资格、特别是具备航海术、航行、通信和海洋工程方面资格的船长和高级船员负责，而且船员的资格和人数与船舶种类、大小、机械和装备都是相称的；(c) 船长、高级船员和在适当范围内的船员，充分熟悉并须遵守关于海上生命安全，防止碰撞，防止、减少和控制海洋污染和维持无线电通信所适用的国际规章。

⑦ 1982 年《联合国海洋法公约》，第 98 条第 1 款：每个国家应责成悬挂该国旗帜航行的船舶的船长，在不严重危及其船舶、船员或乘客的情况下：(a) 救助在海上遇到的任何有生命危险的人；(b) 如果得悉有遇难者需要救助的情形，在可以合理地期待其采取救助行动时，尽速前往拯救；(c) 在碰撞后，对另一船舶、其船员和乘客给予救助，并在可能情况下，将自己船舶的名称、船籍港和将停泊的最近港口通知另一船舶。第 2 款：每个沿海国应促进有关海上和上空安全的足敷应用和有效的搜寻和救助服务的建立、经营和维持，并应在情况需要时为此目的通过相互的区域性安排与邻国合作。

3. 船旗国法是一项重要的冲突法规则

除国际法上的权利义务外，船舶登记还使得船旗国法成为冲突法中决定法律适用的一项重要规则。[①]在与船舶有关的案件中，因为船旗是船籍的象征和表面证据，法院基于国籍原则还是会在不同程度上将船旗国作为决定法律适用的一个决定因素。在考虑法律适用问题时，倾向于将船旗国法作为一项法律适用准据规则。

在 Lauritzen v. Larsen[②] 案件中，法官指出船旗国法是海商法最古老和最通用的规则。“船旗国法应当优先于属地原则而适用，即使是对船上人员的刑事管辖。因为，船舶被视为船旗国领土的一部分，并且当航行于另一主权国家时这种特性也依然存在。在这个原则下，我们也承认其他主权国家对于我国船上的犯罪一样享有管辖权……一些政府拒绝船舶是船旗国的浮动领土这一小说式的调皮学说，而将船旗法建立在务实的基础上：船上必须有法律予以约束，并且法律不能够在水域变化时不断地改变，船舶的国籍法无疑是最好的规则。在决定法律适用时，船旗国比其他连接事件所占权重比更大。”

法院之所以愿意选择船旗国法作为案件的法律适用法，原因在于“当发生诉讼时，船东可以通过选择法院来挑选当地劳工法对自己最有利的法院地进行诉讼。不过即使当事人通过合同选择了适用法，在大多数情形下法院要求合同和准据法之间还必须存在法律上的联系。这就要求当事人必须证明船舶和登记国之间并不仅仅是一个简单的联系，此其一。其二，如果当事人选择需要进行讨价还价和讨论双方的合意，而船旗国法此时便成为法院解决法律适用问题直接而有效的方法。”[③]

需要指出并不是所有司法实践均认同船旗国法作为涉船案件的准据法。在

---

① 在国内法中，英国、加拿大、美国、中国、澳大利亚、西班牙、希腊、法国、意大利等绝大多数国家都将船旗国法视为其冲突法规则之一；国际层面上，救助公约、碰撞公约和布斯塔曼特法典、扣船公约、雅典公约、公海公约、责任限制公约和海洋法公约、船舶登记条件公约等均将船旗国法作为准据法。（具体规定参见 William Tetley. “The Law of the Flags，‘Flag Shopping，’ and Choice of Law.” *17 Tul. Mar. L. J. 139*（1992－1993）：147－152。）

② See Lauritzen v. Larence，345 U.S. 573，1953 AMC 1211.后文“登记事项”中会有关于该案案情的进一步介绍。

③ H. Edwin Anderson. “The Nationality of Ships and Flags of Convenience：Economics，Politics and Alternatives.” *21 Tul. Mar. L. J. 139*（1996－1997）：148.

一些船员劳务合同案件中，船旗国法的适用存在一定争议。因为有案例表明按照一般惯例适用船旗国法可能会不如按照劳务合同处理纠纷恰当。在 The Saudi Independence① 一案中，菲律宾船员因罢工而违约。案件涉及下列法律适用法：作为合同签订地的菲律宾法、船东国籍国希腊法、作为法院地法的荷兰法以及作为船旗国的沙特阿拉伯法。法院最终判定菲律宾法是当事人约定管辖其劳务关系的法律，而沙特法与本案争议并无联系，因此应当适用菲律宾法。

然而尽管有适用例外，绝大多数案件法院依然倾向于使用船旗国法来处理船舶所涉争议，也正是由于船旗国法与船舶之间的这层天然联系，使得船东常常通过改变登记地的方式而进行法院地选择，从而找到一个对自己更有利的船旗国法律连接点。而这也是方便旗及开放登记发展起来的原因之一。

三、登记国法律确立船舶的登记及监管标准

1. 国内法决定船舶登记的条件

国际法规定允许各国国内法设置船舶登记和悬挂船旗的条件。这个原则最先由海牙法庭常设仲裁院在 The Muscat Dhows Case（Fr. v. Gr. Brit.）②案中予以确认。在这个案件中，法国政府授权马斯喀特苏丹（The Sultan of Muscat）的帆船可以悬挂法国国旗。英国认为法国授予船旗的做法要受到英法 1862 年声明的限制③，而船东的这种做法是为了掩盖其从事奴隶贸易的真实目的。最终仲裁院判定法国政府不能授予这些帆船以法国国籍，因为这种做法违反了法英之间在 1892 年签署的条约。但在裁定书中，法院并不同意英国政府的观点，认为一般来讲，每一个主权国家有权自行决定给予谁悬挂其船旗的权利，并且有权自行决定授予此项权利的具体规定。因此，在 1892 年条约签订之前，法国有权只根据本国法律和行政法规决定授予马斯喀特苏丹所拥有的船舶悬挂法国旗。仲裁院的推理显示出其并不太愿意将船舶的国籍与船舶所有权联系在一起。这

① 1984 Schip en Schade（“S&S”）25，1984 Rechtsprank van de Week（R.v.d.W.）21［Hoge Raad det Nederlanden，1983］.

② Muscat Dhows，［1916］Hague Ct. Rep.

③ 法国政府和英国政府曾于 1862 年 3 月 10 日发表了一份声明，称“相互尊重马斯喀特苏丹的独立”。

项推理与船舶独立人格的法律拟制相一致。因为在许多国家，可以针对船舶提起对物诉讼而不必考虑船舶的所有权。[①]而 Muscat Dhows 案的仲裁裁决做出后也为法院所支持。

在美国影响深远的 Lauritzen v. Larsen[②] 案中，除了论述船旗国法的作用外，美国法院也认同了国际法院常设仲裁院的裁判。这个案件中，一名丹麦水手在纽约的联邦地区法院，根据美国琼斯法案向丹麦船舶提起了人身伤害诉讼[③]。法院在判决中指出，根据国际法每一个国家都有权自行决定授予商船国籍的条件，因此国家在对船舶负有责任的同时也对其实施管辖。船上文件和船旗是船舶国籍的证明，所以美国法院认为登记的规则和有效性只能由登记国来质疑。

而 1930 年的《海牙国籍冲突公约》第 1 条亦规定，“应由每个国家自己的法律确定谁是本国公民，而该法律应该被其他国家所认可，符合国籍相关领域的国际公约、国际习惯以及普遍所接受的法律原则。”这无疑是对船舶国籍和登记关联性的又一佐证。

前述判决均确认和肯定了国内法决定谁有权悬挂本国船旗这一原则，嗣后的 1958 年《公海公约》和 1982 年《海洋法公约》也继承了此项原则的规定[④]。各国国内法也认可船舶经登记取得国籍，是否进行登记属于国家自主决定事项。

2. 法律设定船舶登记的模式和标准

登记作为贸易和航行中船舶监管的法律基础，同时也证明了船舶的权属状态。关于法定的船舶登记事项有哪些，各国规定不尽相同。有学者认为授予国籍和悬挂船旗影响了国内法设置船舶登记条件的标准，使得国内法可以：

1. (1) 决定有权载入国家登记册的船舶所有人类别；

   (2) 决定一个具体的船舶所有人是否符合前述类别；

2. (1) 决定有权载入国家登记册的船舶类别；

   (2) 决定一艘具体的船是否符合前述类别。

---

① H. Edwin Anderson. “The Nationality of Ships and Flags of Convenience: Economics, Politics and Alternatives.” *21 Tul. Mar. L. J. 139* (1996 - 1997): 145.

② 345 U.S. 571, 1953 AMC 1210 (1953).

③ 46 U.S.C. app. § 688.美国的《琼斯法》规定，船员可以就雇主的过失所导致的侵权行为提起诉讼。

④ 参见 1958 年《公海公约》第 5 条、1982 年《联合国海洋法公约》第 91 条。

就第一个决定事项来说，针对自然人还是法人，各国考察本国船舶的所有权方式有所不同。就自然人而言，许多国家均要求自然人必须是本国人，或者是本国居民或者定居在本国。举例来说，澳大利亚 1982 年《船舶登记法》第 8 条规定，澳大利亚船舶是指由澳大利亚国民所拥有的船舶；或者存在 3 个以上联名所有人的，多数人是澳大利亚国民；或者存在 2 个以上共同所有人的，船舶的一半以上股份为澳大利亚国民所持有。加拿大《航运法》第 2 条规定，能够申请登记的船舶所有人必须是加拿大公民或该国移民法项下的永久性居民。丹麦商船法第 1 条规定，丹麦船舶的所有人必须是丹麦人。

而倘若船舶所有人是法人团体，则各国通常要求该法律实体需要位于登记国境内。公司的注册办公地点便被视为该企业的法律实体。除此以外，一些国家会要求该公司一定比例的股权所有者为本国公民。如前述丹麦商船法要求有限责任公司的股东不少于 2/3 应为丹麦人，或者其他类型的公司参与者 2/3 应为丹麦人。还有一些则允许在外国注册的公司再在本国注册，以获取船舶所有人的资质。1982 年联合国贸发会针对船舶登记条件所作的报告显示，有 46 个国家对国民在船舶公司中的股权作了规定，其中 40 个要求大部分参与者为本国国民。报告还指出包括中国在内的 9 个国家要求本国国民 100%控股，并且报告强调，至少有 52 个国家推行这种对管理者国籍或经营地予以限制的规定。①中国《船舶登记条例》第 2 条亦规定，可以登记为中国国籍的船舶需要满足下列条件之一：1.在中华人民共和国境内有住所或者主要营业所的中国公民的船舶；2.依据中华人民共和国法律设立的主要营业所在中华人民共和国境内的企业法人的船舶。但是该法人的注册资本中有外商出资的，中方投资人的出资额不得低于百分之五十。

根据这些例子可以看到，国家通常对以登记取得本国国籍的船舶所有人予以限制，自然人多采用住所地原则而法人多采用营业地原则，此类型的国家被称为传统航运国家。早期限制船舶所有人的目的是限制贸易航线和确立海上运输优势。而随着开放登记国家的崛起，目前限制船舶所有人则更多是为了保持商船队规模和维持航运贸易实力。

---

① Note Richard Coles & Edward Watt：5.

除船舶所有人要素之外，船舶登记的另外一个法定条件是船舶类型，即什么样的船舶是国家认可应当予以登记的船舶。一般而言，各国船舶登记法律法规中通常规定“船舶所有人拥有的船舶”应当登记。而这些“所有人拥有的船舶”是什么样的船舶，则根据各国海商法、船舶法以及一些法院的判例来确定。《中华人民共和国海商法》（以下简称《海商法》）第3条规定，“本法所称船舶，是指海船和其他海上移动式装置，但是用于军事的、政府公务的船舶和20总吨以下的小型船艇除外。前款所称船舶，包括船舶属具。”日本《海商法》规定①，“本法所称之船舶，是以商行为为目的、供航行而使用的物体。以桨为动力的舟船排除适用。”

让我们回溯到船舶登记法的源头——1894年《商船法》，看看船舶定义的变化和发展。在这部法律中，将船舶定义为“并非由桨驱动的，用于航行的船只”。此后，许多案例发展和完善了船舶的定义，使其具体含义丰满起来。在Steadman v. Scofield② 案中，Sheen法官判定水上摩托艇并不在“船舶”的定义之中。他认为“船舶是运载货物和人员的一个中空的容器。一般来讲船舶这个词用来指称的是比划艇要大的船只，它包含任何可以在水上运输中使用的运输工具”。③对于“用于航行”（used in navigation）的定义，Sheen法官认为，航行是引导船舶从一个地点到另一个地点的航海艺术或航海科学。航海家必须能够（1）确定船舶的位置和（2）确定未来去向目的地的路线。航行也被用来描述水上的驾驶动作和船舶的移动。因此，“通航水域”是指船舶可以航行的水域。在法官看来，用于航行这个短语包含了通过水运将人员或财产送往目的地的概念。一艘渔船可以出海后再返回到它启航的港口，也可以驶往渔场后再返回。航行并不等同于在水上移动，航行是有计划和有顺序地从一个地方移动到另一个地方。

海上钻井平台和水上摩托艇这两个特殊事物能不能被视为“船舶”？海上钻井平台能够满足不用桨驱动这个条件，但并不用于航行。在Industrial Investment Corp. of India Limited v. Bombay Offshore Supplies & Services Limited④ 案中，迪拜

---

① 日本《商法典》第684条。

② Steadman v. Scofield. [1992] 2 Lloyds Rep.: 163.

③ *Op. cit*, p.166.

④ Dubai Court of Cassation No.331/1992. See Ahmed. “Dubai: Oil Rig not a Vessel.” [*1993*] *LMCLQ 482*.

最高法院判定半潜式钻井平台不是阿联酋法律项下的船舶，因此不能够扣押①。而在 Global Marine Drilling Company v. Triton Holdings Limited② 案中，苏格兰最高民事法院则将半潜式钻井平台认定为船舶并且可以扣押，其目的在于为伦敦仲裁寻找依据。法院认为能够自我推进和有能力行驶对于船舶这一概念而言都不是实质性的。可见，这个问题上各国的认识并不一致。就中国法来讲，《海商法》中的“船舶”在法律上包括“其他海上移动性装置”，因此钻井平台属于中国法下的船舶，理论上满足条件可以进行登记。关于水上摩托艇，在 Regina v. Goodwin③ 案中，Phillips 勋爵引用了 Steadman v. Scofield 案中的法院判决，认为“用于航行”这一用语排除了仅仅在水上娱乐的船只。

国际公约并没有就船舶给予统一的定义，事实上什么样的船舶能够予以登记，各国的规定并不一致。英国允许游船、半潜船和渔船进行登记④，挪威则允许潜水艇、气垫式运输船、钻井平台进行登记⑤。所以，如果对案例进行最广义的解读，登记船舶并没有什么类型限制。但倘若国内法律规定要求船舶必须“用于航行”或“航海”，则非商业用途的船舶就会被法院作限制解释⑥。

符合条件的船舶要能够登记在册，还需要满足一个条件：船舶的一系列物理特征得符合规范。在相关技术规范中，比较重要的因素是船舶的尺度、吨位和船龄，这三个因素常常关系到航行安全。因为船东有选择登记地的权利，所以法律通常通过这几个因素来限制船东的选择保障船舶安全。而船东可以对其财产予以登记，对贷款人而言其资产的安全利益也能够得到保障⑦。

在设置统一的国际标准以前，传统的船舶尺寸区分标准是总长 24 米以下的被称为“小型船舶”。1969 年《国际船舶吨位丈量公约》确立了一个国际范围

---

① 阿联酋不是 1952 年《扣船公约》的成员国。

② See Watt. “From Noah's Ark to mobile drilling units.” [2000] LMCLQ 299.

③ Regina v. Goodwin. [2005] EWCA Crim 3184. [2006] 1 W.L.R. 546.

④ The Merchant Shipping (Registration of Ships) Regulations 1993，section 1.另外 Regina v. Goodwin 案中登记官员曾出庭证明游船可以予以登记。

⑤ Act of 12 June 1987 No.48 relating to a Norwegian International Ship Register (NIS)，section 1.

⑥ Richard Coles & Edward Watt. *Ship Registration*：*Law and Practice*. Informa Maritime & Transport，2009：21.

⑦ *Op. cit*.

内丈量船舶的统一标准[①]。在标准以下的“小型船舶”，一些国家会对其单独规定一套登记规则。这么做是出于保护小型船舶借贷者利益的考虑。[②]

船龄是船舶航行安全最常提及的话题。它也是一些国家的船舶管理广受批评的原因之一。根据 UNCTAD[③] 的分析可以看到，发展中国家船舶的平均船龄要高于发达国家船舶的平均船龄。主要开放登记国家船舶的平均船龄高于世界船舶的平均船龄。不能说对于登记制度中船龄要求的降低绝对导致了船舶安全问题，但是船龄确实对船舶的性能和航行能力有影响。实践中，无论是开放登记国还是内国登记国（或称严格登记国）都很少会在其登记条件中对船舶船龄规定一个绝对的上限。多规定对于超过 20 年船龄的船舶要进行登记前检查，或者规定在登记的时候要求针对船龄提供符合要求的文件。[④]而对船舶的检验和需要提交的文件，现在则多交由权威机构船级社来进行[⑤]。船级社处于客观中立地位，在对船舶进行评估后提交老旧船舶是否予以接受的文件结论。

3. 对船舶信息予以登记记录

船舶登记是一种行政管理措施，此属性要求船舶披露相关信息并遵守相关法律规定[⑥]。尽管各国关于船舶登记事项的规定不尽相同，但一般来说以下内容通常需要登记并予以公示：

(1) 船舶条件。包括船型和船龄，即什么样的船型和船龄可以在本国进行登记。除此之外，还有一些技术性规定，如船体材料、造船地点、船舶的物理数据等。

(2) 所有权。区分为自然人和法人两种情形，根据不同的情形有不同的要求，各国间关于此项问题的规定是船舶登记的实质性法律问题之一，后文详述。

---

① 关于船舶的长度，公约第 2 条第 8 款规定，“长度”是指水线总长度的 96%，该水线位于自龙骨上面量得的最型深的 85%处；或者是指该水线从艏柱前面量到上舵杆中心的长度，两者取其较大者，如船舶设计具有倾斜龙骨，作为测量本长度的水线应平行于设计水线。

② See Richard Coles & Edward Watt. *Op. cit*.

③ UNCTAD *Review of Maritime Transport*.

④ Richard Coles & Edward Watt. *Ship Registration*: *Law and Practice*. Informa Maritime & Transport, 2009: 22.

⑤ 关于船级社与船舶登记之间的关系，将在后文第四章中详细论述。

⑥ Simon W. Tache. “The Nationality of Ships: The Definitional Controversy and Enforcement of Genuine Link.” *16 INT'L Law. 301* (1982), pp.302 - 303.

(3) 船员配备。包括船员国籍、安全配员的相关文件等。

(4) 检验检查要求。检查人员的指定、检查检验应当适用的规则等。

(5) 程序性规定。申请流程、提交文件类型、可以登记和拒绝登记的情形、登记证书的签发、登记信息的更新、船籍港的更改。

(6) 抵押登记。包括抵押登记的申请流程、抵押贷款证明、终止登记的情形、抵押解除后登记程序的处理、移除登记等。

(7) 渔船登记。由于渔船具有同商船不一样的特点，一般会就渔船的船舶特性和登记事项作特别规定。

(8) 转移登记。一般规定船舶转移至其他登记地或由其他登记地转移至本国的申请、规则、发证以及收费等情况。

(9) 临时登记。在设有临时登记制度的国家，还会就临时登记事项单独作规定，如什么情况可以适用临时登记、临时登记审查事项、临时登记期限、临时登记证书的发放等。

(10) 光租登记。只出现在允许光租登记的国家，有的国家只允许光租租进，有的国家则既允许租进又允许租出。主要规定光租登记的船舶资格和权利、适用条件、登记期间、变更通知以及登记的终止等内容。

这些事项一方面需要记录在登记证书中颁发给登记申请人，另一方面也需要登录在船舶登记机关的登记簿之中，作为船舶登记档案管理的一部分。登记信息的公示和保存能够从民事上确保船舶财产性权利的安全性，在行政层面也是监管船舶的依据和手段。

四、登记文书的公信力

承前所述，船舶登记需要递交或颁发相应的登记文件。它是登记概念在国内法和国际法上的进一步延伸。文书（Documentation）通常总是和登记联系在一起，登记后取得国籍的船舶需要以其所悬挂的船旗和登记机构颁发的文件作为证明。船旗国有义务向船舶颁发证明船籍的文件。①各国国内法均赋予登记文

① 1958 年《公海公约》第 5 条第 2 款和 1982 年《联合国海洋法公约》第 91 条第 2 款均规定：每个国家应向其给予悬挂该国旗帜权利的船舶颁发给予该权利的文件。

书以证据效力，中国将其归入公文书证一类。在 The Merritt① 案中，美国最高法院对登记取得文件的作用和功能有所阐述，指出船舶所携带的文件是其国籍的唯一证明。据此，登记文件是为国际社会所接受的、船舶能够悬挂一国船旗的证据。如果没有文件，船舶不能够在公海上和其他内国港口中得到认证。登记则是船舶可以悬挂一国船旗的前提条件。②登记文件可以作为证据的原因在于登记程序通过公权力介入……此种登记不仅保障登记状况之真实性，且因程序之慎重……均有登记推定力之适用。③

不过，在一些情况下登记文件并非船舶悬挂船旗的必要条件。一个典型的例子是巴拿马的登记程序中第一次申请登记的要求。在登记程序的第一阶段，巴拿马领事机构会向船舶签发一份文件，允许合格的船东在支付了税费后 6 个月内悬挂巴拿马旗。而不用提交船东财产权的证明和巴拿马公共登记机构的记录。④此时登记尚未完成，但船舶已经可以悬挂船旗了。但前提是需要政府机构出具另一份文件证明该国将会签发登记文件。

此外，船舶登记还同船舶所有权的认定以及船舶财产权利的保护和确认产生关联。船舶登记证书（Certificate of Registry）是船舶国籍和所有权的证明，以船旗国签发证书当日的记录为准。国外登记实践中，国籍登记证书并不对船舶上附着的抵押权和其他权利予以证明。登记证书通常只签发一次。另外，登记记录（Transcript of Registry）则是一份公开文件，上面记录了船旗国在特定时间登记的船舶所有人和船上所附权利。⑤通过这种方式，船舶的潜在买家不仅能够查询到船舶登记证书，还能够查询到船舶的权利属性。中国则将各类登记区分开来，分别颁发船舶国籍证书、所有权证书和抵押权证书，并由海事局制作船舶登记簿和船舶登记档案供船舶权利人和利害关系人查询⑥。

登记文件对船舶所附权利证明功能的重要性在 The Angel Bell⑦ 案中得到证明，此案中被告是一个巴拿马公司，想买船钱不够因此办理了抵押并将保险单

---

① The Merritt.（1873）84 U.S. 582.；586.

② See Richard Coles & Edward Watt. *Op. cit*. p.5.

③ 谢在全：《民法物权论》，中国政法大学出版社 2011 年版，第 82—83 页。

④⑤ See Richard Coles & Edward Watt. *Op. cit*. p.6.

⑥ 详情可参见《船舶登记办法》第 7 条及《船舶登记工作规程》第十章相关规定。

⑦ The Angel Bell（1979）2 Lloyd's Rep. 491.

转让给了抵押权人。抵押权设立以后，船舶临时登记在巴拿马，第二年所购船舶沉没。船舶的债权人即原告申请了玛瑞瓦禁令，并对船舶的保单提出了偿付要求。当船舶发生事故时，它只进行了临时登记而文件的签发还不完整。因为抵押权还没有进行登记，缺少有力的公文证明，这就给债权人带来了困难，使得其需要从抵押人那里经过烦琐的程序搜寻证明材料。

第三节　船舶登记法律制度对航运政策的反映：以英国法为例

英国船舶登记法律规定的演变历史表明，不同历史时期船舶登记立法的内容和形式，深受该国航运政策的影响。保护主义、自由主义以及混合主义在不同时期对英国的船舶登记立法产生过不同程度的影响，也促使船舶登记法律功能随实践发生转变。本节分析英国在不同时期采用的航运政策以及该政策对船舶登记法律制度制定和变革的影响，并指出船舶登记法律制度不仅仅受到一种政策的影响，它还可能是多种政策平衡的结果。除航运政策，船舶登记法律的制定还是一国政府在一定时期内宏观层面政治决策的综合体现。

一、贸易保护主义与船舶登记法律功能的转变

如果要对船舶登记法律制度有一个全面的了解和把握，便需要探寻它的历史基石。据考证，西方的船舶登记制度最早可以追溯至罗马法，盛行于中世纪的意大利城邦之间。在那个时候，船舶登记的内容主要涉及船名、船舶所有人、船舶吨位以及可能导致船舶被没收的欺诈事项。①早期的船舶登记制度，其目的主要在于辅助国家对船舶进行征税，作为船舶吨位丈量的附属措施，而并未表现出独立行政行为的特点。因此，这一时期的船舶登记，展现的是国家对船舶收取金钱并向船舶提供航行保护的权利，内容中尚未十分明显地体现出政府的外贸和航运政策。

英国最早规定船舶登记事项的法律源自 1302 年爱德华一世时期英格兰一项

① Richard Coles & Edward Watt. *Ship Registration*：*Law and Practice*. Informa Maritime & Transport，2009：3.

针对进口酒类的征税，以酒类的吨位或桶数作为单位。作为对阿基坦区交税酒商的回馈，政府给予酒商们一定的自由和特权，而当局则对每艘船上的酒征收两吨的税。其中一吨是未装船时的税金，另一吨为装船后的税金。当时战事频繁且海盗众多，从欧洲到英格兰的运酒船必须实行强制护航。这些护航船舰的花销便通过税收以“吨位税”（tunnage）形式予以弥补。于是，船舶征税以吨位作为基准的规则以此为源头建立起来。1421 年亨利五世时期，英国第一次在法律中确立了吨位税制，规定驶往纽卡斯尔的小型运煤船必须测量和标记吨位。随着时间的推移，吨位丈量方式演变为以 100 立法英尺吨为单位对船舶内部容积进行测量的方法。这种被称为总吨的丈量法，后来同净吨和登记吨一起，成为船舶登记记载事项中关涉船舶规范的重要指标。但在当时登记的作用仅限于将吨位记录下来以供船税征收机关查阅。

自 16 世纪末 17 世纪初，欧洲掀起了重商主义（Mercantilism）思潮。海外殖民地的开拓和大航海时代的来临给欧洲带来了广袤的市场和更多的贸易机会。“这一时期，英国对海外贸易进行了全面干预。对外贸实行特许制度，由国王向商人集团颁发特许状，成立海外贸易或殖民公司，垄断特定地区的贸易……这些公司借助国家的力量一方面向东北方向开拓了北海和波罗的海贸易路线，向东南方向开辟了地中海地区和远东地区的贸易路线。另一方面……建立殖民地，殖民地贸易在英国对外贸易中日益占有举足轻重的地位。”①

当时欧洲的海外贸易仍主要集中于西班牙和葡萄牙手中，荷兰也日益壮大成为海上强国。为了确保本国贸易公司和商船队在同他国的竞争中处于垄断地位，借助国家力量打击对手，英国政府不允许船舶登记外移，要进行国际贸易运输的船舶必须取得本国国籍，并且船舶的所有人和船员须为本国人，建造地必须在英国本土。据此制定了一系列航海法以实现这一目标，这些早期航海法的作用和功能在于防止外国船只通过悬挂英国国旗而获得英国本国船只才能享有的商业优势或商业特许，进而从中获益。一旦船舶登记在了一个国家，其便受到该国管辖，遵循该国法律规定。国家此时便以这一理由将权力渗透到了船舶登记领域。登记成为取得船舶国籍的前提条件。

① 李新宽：《论英国重商主义政策的阶段性演进》，载《世界历史》2008 年第 5 期，第 77 页。

在要求船舶进行吨位丈量以前，1381 年英国政府曾立法要求，只有英国船只可以运输货物往来于英国，由于英国船只当时数量并不多，这项法律并未能施行。①直到 1650 年，获得了北美洲和西印度殖民地后，英国开始立法规定禁止悬挂外国旗帜的船舶从事英国和其殖民地之间的贸易活动，并且要求船长和大部分船员都必须是英国人。1651 年英国正式颁布了著名的《航海条例》，规定禁止外国商人从事英国与殖民地之间的贸易，只允许英国商人及英国船只运输英国商品和从事殖民地商业活动。此后查尔斯二世时期颁布了 1660 年《航海法》，这个法案第一次规定英国本国的船舶必须进行登记，并且排除了那些在外国建造的船舶的登记权利，除非该船的船东能够证明他的国籍并且能够说明购买金额以及船舶的卖家。符合这些要求后，伦敦海关便签发证书，并将所有证书登记成册。②

这个阶段英国的航海法，凭借国货国运和国轮国造的方式，赋予登记以船舶国籍证明和公示的效力，引导了他国同英国及其殖民地之间的航运业务和贸易供给，帮助英国在贸易上占据优势的同时，也极大地促进了其本国的造船业和其他航运产业。

---

① 该法的失败印证了本书论证的一个观点，除非到了需要的时刻，否则法律不应当轻易变革。

② 中国并没有留存下如同英国船舶登记制度那样的标准化征税和管理措施。关于船舶税收征收的规定，有据可考的是黄仁宇先生在其《明代的漕运》一书中（九州出版社 2007 年版，第 121 页）提到影响明代漕河地区商业发展的商业税有四种。“商税是一种普遍征收的国内货物税，开始于明代早期。除了农用工具和教育材料不交税外，其他所有在市场出售的物品，都必须交税。纳税多少，相当于该物品售价的 1/30。船钞，或称船舶税，起源于商税。1423 年，一名都察院御史报告说，自北京成为全国的首都以来，漕河地区的贸易增长了 2 倍。他建议由中央政府在沿河城镇负责征收货物税。1429 年，明政府确立征收船钞。从南京到北京，明政府把漕河分为 5 段（从南京到淮安，从淮安到徐州，从徐州到济宁，从济宁到临清，从临清到通州）。运载能力为 100 石的船只，每过一段，就要按照政府票据缴纳 100 贯钱。根据当时通行的兑换率计算，这一数字大约相当于 1.25 两银子（1 两银子等于 8 贯铜钱）。这样，这种运载能力的船只如在京城和留都之间不停地航行，就要缴纳大约 6.25 两的货物税。对漕河沿线五大口岸的记录进行分析，就会被有力的数字进一步吸引。在 1599 年前，扬州和淮安的征收，加起来只有临清、河西务和崇文门的征收的一小部分。这反映了在明王朝统治早期，扬州和淮安这两个位于漕河入口处的口岸只征收船钞，而未征收货物税。即使在后期淮安开始征收货物税时，也仅仅是限于对货物清单上所列货物进行征税，而不同于坐落在华北的其他 3 个口岸对所有货物都要征收货物税。在这种征收政策下，我们几乎可以推想出当时的实际情况是：漕河上的商品运输，主要是向北，通常是一路运输到北京。”中国有自己的丈量标准，但没有发扬和继承下来，究其原因，中国的漕运多是为首都服务并且基于锁国政策，未能在世界上获得较大回响。而英国则凭借广袤的殖民地和规范化的管理将吨位和登记制度推行于世界。

二、贸易自由主义与船舶登记的形式和标准

17 世纪到 19 世纪，人类进入了科学革命时代，科学革命所带来的技术进步引发了工业革命。经济的发展需要制度的保障，光荣革命后英国确立了君主立宪政体，政府在向公共机构转变，同时宪法和法律强调了私有财产的不可侵犯性和市场的契约自治原则。以亚当·斯密为代表的自由主义经济思想取代了重商主义开始成为主流思潮。亚当·斯密认为独占是经营的敌人。良好的经营只有靠自由和普遍的竞争，才得到普遍的确立。自由和普遍的竞争，势必驱使各人为了自卫而采用良好的经营方法。[①]自由主义经济思潮主张国家应当退出经济领域，做“守夜人”，经济应当按“看不见的手”的引导自由发展。[②]

英国由运用国家权力对经济实施强力控制逐渐转变为依靠市场建立的秩序管理经济，政府的直接干预行为也开始转变为采用间接调控方式实施政策法规。社会领域的发展反映至船舶登记立法表现为，该时期法律规定出现了两大主要变化：一是废除了过去由航海法规范船舶登记事项的传统，转变为由商船法进行规定。商船法主要规范围绕船舶展开的民事权利义务关系，而航海法则涉及海上航行及海上贸易等更为广义的法律关系。这标志着英国放弃了过去的关税保护主义和贸易垄断，全面推行自由贸易政策。二是这些法律规定的关注点从贸易限制转向了船舶登记法律制度的内控和政府部门对船舶的管理方式调整。例如立法将船舶登记的范围和事项进行归纳整合，要求将登记记录以政府官方文件形式予以保存，行政方面设立了专门的船舶管理机构处理船舶登记事宜，此外改进了吨位计算方式和税收征收名录，设立载重线并形成了一套综合完整的船舶登记法律规范。

16 世纪末至 18 世纪中期颁布了许多涉及船舶登记事项的法令[③]，其中均对

---

① ［英］亚当·斯密：《国民财富的性质和原因的研究》（下卷），郭大力、王亚南译，商务印书馆 1994 年版，第 252 页。

② 王妍：《商事登记中公权定位与私权保护问题研究》，法律出版社 2011 年版，第 252 页。

③ 这些法令主要有：威廉三世时期的 1696 年防止种植园贸易中的《欺诈和监管滥用法案》、乔治三世时期的 1786 年《继续加强和鼓励运输与航海法令》和 1817 年《航海法》，乔治四世时期的 1823 年、1825 年《船舶登记法》，威廉四世时期的 1833 年《船舶登记法》和维多利亚时期的 1845 年《船舶登记法》。

船舶登记的事项及内容有所涉及，规定登记需要包含下列内容：所有权、船名标识、登记港、所有权转让、建造地证明、吨位、特性记录、船长更换以及刻在船舶龙骨上的唯一登记号，该登记号是船舶失事时识别船只毫无争议的证据。1835 年，官方吨位计算方法进行了修改，扣除了汽轮和机房的空间。值得注意的是，在这一时期船舶监管方式还经历了一个由民间组织向政府机构过渡的阶段。

在民间，18 世纪伦敦的保险业发展出了一套检查投保船舶是否符合其所述建造条件的检验规范。到了 19 世纪早期，著名的劳合社成为负责船级证书设立及颁发事宜的专门机构。19 世纪末，其他国家的船级社也纷纷建立起来，航运业的技术性监管规则已基本到位。①尽管 17 世纪中期左右便开始有船舶登记行为，但主要是由一些行业组织在操作，中央政府并没有对船舶登记予以官方记录。1786 年《商船法》明确将登记权力收归政府，规定超过 15 吨的所有英国船舶均需在其母港海关进行登记，而后登记中每个条目的副本均需送到伦敦或爱丁堡的海关大楼保存。所有这些要求都被 1850 年《商船法》整合在了一起，并且这部法令第一次设立了一个中央政府部门来负责包括船舶登记在内的所有船舶事务。

船舶登记作为海事法律规范的组成部分，其本质仍是一种管理手段，是“国家之手”监管船舶的方式。政府船舶监管方式的转变以英国 1854 年《商船航运法》（Merchant Shipping Act）②为标志，这一时期英国控制了全世界商船队总量的一半，使得世界上许多国家都开始使用英国法作为模板制定本国海事法律，也自此奠定了世界范围内现代船舶登记法律规范的基础。这部法律主要有两个特点。一是 1854 年《商船法》对英国海商法作了大修，这部法的突出变化在于其打破了航行壁垒，将可以登记为英国船的特权由英国本土船舶扩展至全世界的英国船和船员，并对新登记的船舶引入了官方正式编号。二是确立了以 100 立方英尺为标准的现代船舶吨位丈量方法，并且要求已经在英国登记的船

---

① Martin Stopford, *Maritime Economics*（*3rd Edition*）, London and New York, Routledge, 2009, pp.34－35.

② 该法案中规定的船舶登记事项奠定了现代船舶登记的基础，对英国的土地登记改革产生了重要影响，托伦斯登记制度便是由船舶登记制度借鉴而来。

舶设立抵押须以法定格式进行，视为法定抵押（legal mortgage），无需再转移船舶所有权①。

此后的二十年英国在船舶登记的规范和标准方面又进行了完善和发展。1857 年，英国第一本商船队名册公布，覆盖了所有在英国和英联邦登记的船舶。1872 年商船法对吨位丈量再次进行了改进，在此基础上推出了基于吨位而征收的海关关税、灯塔费、引航和港口使费。1873 年商船法将船名的永久标志、登记港、官方编号和吃水标志作为登记的必备条件。1875 年商船法吸收了普利姆索尔线，规定每一艘在英国登记的船舶均需永久标示载重线。

自此在自由放任思想影响下英国进入了一个海上自由通商阶段，船舶登记在这一时期成为英国官方登记事项，登记内容也通过立法日益规范化和法定化，这对后世的船舶登记立法影响深远。在这个时期，倘若有一艘船需要航行，则其需要办理好下列业务：首先需要到船舶所在母港的登记机关办理登记业务，并且以船舶名称、登记港、编号、吃水标志、所有人、船长、留置权及产权负担等内容为代表的事项必须记录在册，签发船舶登记证书并将登记内容作为官方文件予以保管。其次船舶会获得其正式的官方编号，登记册中所记载的吨位作为船舶征收税费的计算基础。最后登记后需要颁发证书给船舶所有人作为其所有权的证明。当需要转移所有权时，必须将证书交还给登记机关，由登记机关注销并封存前登记后，再颁发新的登记证书。

三、混合主义贸易政策与船舶登记法规的发展

19 世纪末以后，在经历了经济高速发展的维多利亚繁荣之后，受到 19 世纪 70 年代大萧条和 20 世纪初一战和二战的冲击，英国的航运和国际贸易实力开始削弱，国际市场大量被美国、日本等国占领。在变化的国际形势下，逐渐丧失对外贸易优势的英国，一方面继续延续经济自由主义政策放松对航运企业的行政管制，另一方面为了维护本国商船的竞争力又开始部分主张一定范围内

① 一般而言，英国的抵押可分为法定抵押和衡平抵押，前者需要转移所有权给抵押权人。1854 年商船法改革后，船舶无需再先转移所有权再抵押，只需要在官方按法定要求进行登记即可，其实质是通过登记的公信力给抵押背书。

的保护主义策略，在税收和社会保障等方面进行部分干预。

随着英国在世界经济市场上垄断地位的逐渐变化，政府希望维持自身经济实力和恢复市场均衡，在对外贸易方面听任市场力量主导的自由资源配置，对商船的监管呈现出较为放任的态度。1894 年英国《商船法》将以往的船舶登记法律规定作了大范围整合，将船舶的所有登记文书都统一为一册。该法突出的贡献在于将船舶登记由原来单一性质的贸易和航运限制工具发展为了一套综合的船舶监管法律规范，并将吨位的丈量方式连同其他要求一起列入了法律的实质性内容之中。此外，1894 年《商船法》还允许船只可以扩大至女王陛下的领地（即英国的属地）进行登记，但是实践中英属地立法则相反纷纷规定船舶需登记至英国①。此外，英国有一个划分登记标准的独特规定，将登记船舶分为 64 股，其中至少 33 股需由英国（包括属地）国民或者公司所有，公司的主要营业地需要位于英国或其属地范围内。②这部法律具有重要的历史地位被认为是所有现代海商法的基础，其中关于船舶登记的规定对后世影响深远。此后英国及其殖民地国家的船舶登记立法一直没有发生实质性变动，直到 1988 年《商船法》出台后作了新的改革。

20 世纪 30 年代经济危机爆发及战后，由于航运技术变革以及航空运输的冲击，海上特别是远洋旅客运输渐渐萎缩，干散货船包括集装箱船大幅发展，传统的不定期船业务受到压缩，英国船队规模逐渐缩水。这一阶段，船坞、码头、造船厂出现了大量失业人群，海员对就业前景忧心忡忡。政府开始重视失业问题，并将其同价格、对外贸易、利率以及帝国等情况综合考虑，开始对工人的社会福利提供预算和补助③。随着世界经济实力的转变和贸易重心的转移，英国船籍的优势开始稀释。在 1982 年英阿福岛战争之后航运业衰败明显，迫使英国政府在维持贸易自由和航运开放政策的同时，又不得不考虑给予英国籍船舶以政策及财政方面的扶持。为了吸引不断出籍的本国船舶，英国政府也不得不考虑对本国的船舶登记立法予以改革。

---

① 这从一个侧面反映了当时英国船旗的地位和优势。

② 该规定影响深远，许多前英属殖民地国家船舶登记法律规定中依然保留着此种划分方式。

③ 陈祖洲：《二十世纪英国经济政策的理论基础》，载《南京大学学报（哲社版）》1997 年第 3 期，第 99 页。

另外世界局势也在这一时期发生了变化。一些国家逐步放开对船舶登记和国籍的管制，走上了通过方便旗发展本国航运的道路，通过登记手段限制国际贸易已经成为明日黄花。船舶登记成为这些国家向船舶提供的一种公共产品，且只收取少量登记“服务费”，开放登记制度蓬勃发展起来。面对这种变化，传统航运国家和工会组织竭力呼吁对这些国家进行监管。于是，船舶登记被赋予了国际法上的意义①。国际法要求船舶必须进行登记，船旗国不仅仅需要承担国内法下的权利义务，还需要承担在国际范围内对船舶进行监管的义务。

20 世纪 80 年代，英国最大的无形资产收入（除旅游业外）来自航运。然而在几年之间，这一经济贡献缩减了 1/3。更糟糕的是，直至 1977 年航运业都是健康盈余，而在 1985 年居然出现全行业 11.57 亿（英镑）的亏损。在此背景下，1988 年《商船航运法》通过。该法案旨在促进英国航运业的复苏，提出了推行船舶登记、建立商船海员储备以及船员培训补贴等方面的改革措施。②单就船舶登记而言，1988 年《商船法》对两个地方作了修改。一是将英国船舶登记适用范围缩减为英国本土而不再包括前殖民地国家。二是不再对符合登记要求的船舶推行强制登记。因为此时，立法者已经意识到在全球化趋势下，英国船舶有权选择出籍，将船舶登记于其他国家对本国产业而言也是一种竞争优势。但同时该法仍然强调英国的海洋主权和海洋权益，规定只有英国籍渔船可以在英国领海捕鱼。

此外，尽管面临着国际公约的责任和压力，开放登记制度并未因此而消

---

① 第一部明确规定船舶登记事项的国际公约是 1958 年日内瓦《公海公约》。公约第 5 条第 1 款和第 2 款规定：1.每个国家应确定对船舶给予其国籍、船舶在其领土内登记以及船舶悬挂本国旗帜的权利的条件。船舶具有被授权悬挂其旗帜的国家的国籍。国家和船舶之间必须具有真正的联系，特别是，一国必须对悬挂其国旗的船舶有效地行使行政、技术和社会问题上的管辖和控制。2.每个国家应向给予悬挂本国旗帜权利的船舶颁发相应的文件。1982 年《联合国海洋法公约》延续了 1958 年《公海公约》的规定，第 91 条船舶的国籍第 1 款和第 2 款规定：1.每个国家应确定对船舶给予国籍。船舶在其领土内登记及船舶悬挂该国旗帜的权利的条件。船舶具有其有权悬挂的旗帜所属国家的国籍。国家和船舶之间必须有真正联系。2.每个国家应向其给予悬挂该国旗帜权利的船舶颁发给予该权利的文件。自此公约通过登记、船旗以及船舶国籍，赋予了登记国管辖和监管船舶之义务。

② 单德赛：《英国航运与海员政策回顾》，载《世界海运》2017 年第 7 期，第 4 页。

失。相反实践证明开放登记国对船舶监管不力的争议经过相关法律和行业规则约束后得以大幅改善，同时该制度显现出了极强的生命力。面对这样的状况，传统航运国家开始寻求改变，20 世纪末以来出现了一批改革本土船舶登记的国家和地区。无论是离岸登记还是国际登记，其本质都在于打开限制，通过开放寻求本国登记制度的转型。英国同样在寻求角色转变，虽然没有如挪威、法国等国那样在国内设立开放登记模式，但也逐步建立起了离岸登记和光租登记制度。

1988 年 7 月 7 日，英国与巴拿马签署协议，双方同意如果出现战争或危机英国在巴拿马登记的海外船舶能够获得征用。1993 年，新的商船登记法案及其配套商船登记条例通过①，突破了以往英国船舶登记的许多限制：允许英国海外领土及有联系地区，包括欧盟成员国的自然人或法人在英国设立航运企业和进行船舶登记，首次引入了光租登记制度，并废除了英国籍船舶高级船员国籍的限制。

1997 年英国交通运输部提出了重振英国航运计划，此后组织工作组调查起草了政府白皮书"英国航运：开拓新道路"，并逐步开始实施吨位税改革、帮助船员的 SMarT 计划以及保护船员福利政策②。在此基础上，1998 年出台的《商船登记条例》对 1993 年版的《商船登记条例》作了进一步修正：将有资格在英国进行船舶登记的人放宽至除英国籍、欧盟成员国籍之外的所有人，同时将可以递交申请书的方式扩大至网上申请，延长了重新登记的预申报期间及过渡期，对登记事项的更改及船舶吨位的准确记录作了更加严格的规定。法律变革的直接效果是，2019 年英国船舶保有量回升至接近 1980 年的数量和规模，达到44 962千净载重吨，英国商船队占世界商船队总量的 2.48%，排名第十二③。而这一数据在 20 世纪 90 年代已经下降至不足 10 000 千载重吨（图 2.1）。疫情后的三年，英国商船队数量受到经济和政治等多方面综合影响而下降至 31 653 千净载重吨，世界排名第二十三位。

---

① 1993 年《商船登记法》的主要内容后为 1995 年《商船法》所吸收，成为后者的一部分。

② 单德赛：《英国航运与海员政策回顾》，载《世界海运》2017 年第 7 期，第 6 页。

③ 数据来源：UNCTAD Statistics，Clarkson。

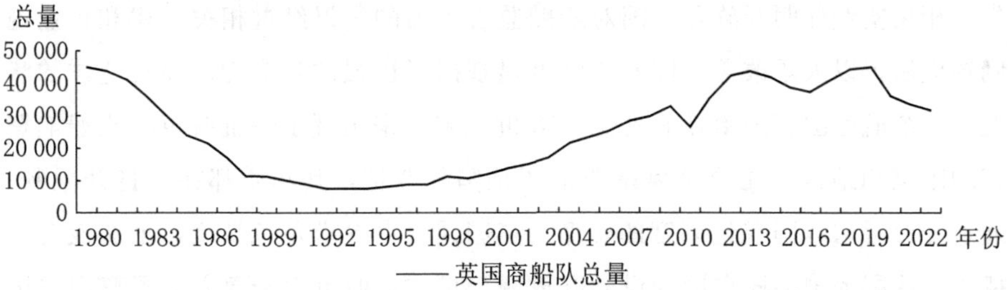

图 2.1　1980 年—2022 年英国商船队总量变化

（数据来源：UNCTAD Statistics，单位：千净载重吨）

2019 年英国政府公布了最新的“海事 2050：驶向未来”①航运政策，对英国航运产业的发展提出了规划，并指出海事法律是英国处于世界领先水平的竞争优势。据此提出将在未来五年对该国 1995 年《商船法》及下属二级立法进行修订，在管理体制、船舶登记、环境保护、技术应用、船员福利及雇佣等层面建立一个基于全球视野下的治理标准。尽管近年来围绕船舶登记进行了大范围的变革，英国的航运立法仍然较明显地强调对船舶和航运业的监管和支持两大干预机制，其目的无外乎是使英国一直维持其在世界范围内的航运优势和地位。为此，英国采取的策略是一方面全面放开外国籍船舶所有人在英船舶登记的限制，另一方面完善船舶登记内部措施，提供安全、高质量的航运服务以维护英国船舶登记的品质，通过技术含量和创新吸引船舶。

四、船舶登记的政策与法律属性

法律规定设置登记的标准和条件，政府政策在这个过程中得以贯彻执行。除了通过登记获得税收收入之外，传统航运国家进行船舶登记改革的目的还在于维持本国商船队的规模以确保当发生冲突事件时能够征用这些船舶。这些国家的政府通常都在法律中规定可以暂时征用本国商船以支持本国的军事行动。当战争发生时，一个国家如果没有可征用的商船队将处于十分不利的地位②。

英阿福岛战争中马尔维纳斯群岛的冲突证明了西方国家需要保持一定数量

---

① UK department for transportation. *Maritime 2050*：*navigating the future*. Policy paper file 773178.

② See H. Edwin Anderson，*Op*. *Cit*. p.144.

的商船队处于本国管辖之下，以确保本国能够拥有一支有足够海上运输能力的运输部队，能够到达遥远的战区。而海湾国家的危机证明华沙条约体系解体后这种需要依然存在，当时英国被迫在国际市场上租用船舶从德国运送部队和装备到中东，因为英国商船队中没有吨位和规格合适的船舶。就全球冲突和国家安全而言，一个国家如果缺乏商船队可能会带来严重的后果。①

国家政策与政治经济之间存在着密切关系，就这一点而言，英国历史所提供的证据也是非常确凿的。②英国的航运和船舶登记立法历史表明，航海条例、法令及其背后的国家政策对于该国航运业的发展起到了相当重要的推动作用。自航海条例实施以后，英国逐渐超越了葡萄牙、西班牙和荷兰，实现了英国执政者扩充本国实力、发展航运业务和制海权的目的。从这个意义上来讲，通过登记限制航海和自由贸易原则是相抵触的，但它对于航海和外贸起步阶段的国家发展、壮大本国商船队规模和发展对外贸易是有益的。

而当英国在工商业、航运业已经取得优势地位后，又及时改变了航运政策，将法律调整为以平等和自由经济为原则，以市场作为调节经济的主要手段。这一方面有利于英国在技术和商业方面的竞争和发展，另一方面又可以基于市场优势而推行自由主义。英国使全世界看到了运输的便利度对生产力的增长可以发生何种有力影响，从而促成国家财富、人口与政治力量的增长③。然而随着世界政治经济局势的变动和航运领域绝对优势的消解，一些国家的货物及沿海运输保留制度对英国船舶在世界范围的航行和贸易造成一定程度的阻碍，更严重的问题是方便旗船登记方式崛起后英国船舶大量外流，这种趋势发展迅速并且开放登记国家也在不断增加。

面对这样的现状，传统航运强国会陷入两难。一方面，商船队的流失对本国航运业和国民经济的影响巨大；另一方面，如果过度改革本国船舶登记制度又怕造成对高附加值高质量航运上游产业的冲击。这一时期英国采取了部分保

---

① N. P. Ready. *Ship Registration*. London：Lloyd's of London Press，1991：Ⅷ.

② ［德］弗里德里希·李斯特：《政治经济学的国民体系》，陈万煦译、蔡受百校，商务印书馆 1983 年版，第 41 页。

③ ［德］弗里德里希·李斯特：《政治经济学的国民体系》，陈万煦译、蔡受百校，商务印书馆 1983 年版，第 50 页。

守部分开放的路径。减少能减少的，如税收。保留需保留的，如安全标准和法律适用规则。甚至采取了变通方式，如实施现有登记制度与原属地及海外领土离岸登记并行的改革模式。

从长远来看，对全球自由贸易而言，开放登记所引发的船舶登记改革浪潮是个好的现象，它打破了传统航运国家通过登记垄断运输的传统模式，使得发展中国家利用自身比较优势在航运产业中占据一席之地。但事物存在两面性，贸易自由化在极大地促进世界经济的同时也存在着恶性竞争、垄断以及贸易失衡等问题，船舶登记制度的过度服务化也带来了安全和环境方面的隐患。国际组织出台了众多措施来预防这样的危害，产生了积极效果，也引发了许多新问题。一方面新规则的出台必然需要一个与现有规则衔接和整合的过程，会出现冲突需要磨合。另一方面船舶登记法律规范毕竟属于一国内政，在无相关协议的情况下并不受他国管辖和干涉。而决定船舶登记法律属性的政策是自由开放理念占主流还是保护主义抬头，本质仍是不同价值和利益团体之间的博弈。单从积极的视角来看，未来理想的船舶登记模式，其功能定位应当兼顾和平衡服务与监管两大功能。

如果说航运政策是船舶登记法律制度完善和推进的背景和基础，法律属性则决定了船舶登记法律制度的结构、框架和实质内容。通常登记在赋予船舶国籍的同时，也赋予了船舶在其登记国的财产法律属性，即权利义务属性。由于现代船舶登记属于行政行为，所调整的法律关系既有私人之间的法律关系，又有公共主体与私人之间的法律关系。换言之，船舶登记行为涉及的当事人既包括公民、法人一类的私主体，又包括官员、登记机构在内的公权力执行者。

对于大陆法系国家而言，公法与私法的划分方式在法学理论和法律适用方面均具有历史和实践上的意义。早在古罗马时期便已经出现了公法与私法之分，罗马帝国时代的法学家乌尔比安认为规定国家之事、保护国家利益的法律为公法，规定和保护私人利益的法律为私法①。查士丁尼大帝在《法学阶梯》的开篇就明确表示，法律学习分为两部分，即公法与私法。公法涉及罗马帝国的政体，私法则涉及个人利益。这里所谈的是私法，包括三部分，由自然法、万民

① 刘兆兴：《公法与私法》，载《人大法学》1999 年第 5 期，第 30 页。

法和市民法的基本原则所构成。①在现代法学理论中，拉德布鲁赫认为“什么是公法，什么是私法？我们或可以用如下的判断予以阐明：如果一项义务产生于一个命令，而这一命令又以另一命令为基础，那么正常情况下，这项义务就属于公法，而私法义务正常情况下乃产生于义务人的自我服从”。②据此可以看到，公法约束的是涉及国家治理过程中上级与下级的法律关系，而私法约束的是平等主体间社会交往的法律关系。需指出的是，政府与公民间的关系并不仅仅表现为公法上的关系，当政府与公民平等交往时两者间的关系是私法上的关系。而历史上，英国的财产登记制度实际是为了防止房屋或土地的卖主一物多卖而由行政机构出面以登记作为官方保证的一种制度设计。对于财产的继受者而言，公开是承认其继受权事实的规则。③船舶登记恰好是一个处于公私权利交界地带的行政行为，它的实现既使得国家与个人之间建立起了公法关系，又使得个人的财产和利益等私权关系得以明确。

从国家与自然人关系来讲，登记行为具有公法属性。因为登记是船舶获得一国船籍的必经程序，涉及政府对公民行为的管理和控制。船舶登记的公法属性包括但不限于下列功能④：1.将船舶置于一个特定的国家主权之下，该国就安全规则、保全事项以及船员和船上纪律等事项对船舶进行单一管辖；2.授予船舶悬挂该国船旗的权利；3.船舶有权要求船旗国提供外交保护和领事协助；4.船舶有权要求船旗国提供海军保护；5.船舶有权在船旗国的领水范围内进行特定活动，如沿海渔业、沿海贸易，如果是游艇的话还可以在船旗国港口间游弋；6.战争情形下，决定船舶适用战争法还是中立法；7.在公共领域内管理和公示关于船舶的可搜索的、具有公信力的信息。公法属性在船舶、船舶所有人和船旗国之间建立起国际法和国内法上的法律关系。将船舶在国际法上的法律地位、船舶的管辖、船舶的营运范围、船舶管理等事项通过登记与相关法律、法规、国际公约联系在一起。

---

① ［罗马］查士丁尼：《法学总论——法学阶梯》，张企泰译，商务印书馆1989年版，第13页。

② ［德］拉德布鲁赫：《法学导论》，米健、朱林译，中国大百科全书出版社2003年版，第76页。

③ Jacques Dumas，9 Yale L.J. 341 October 1899－July 1900，p.343.

④ Richard Coles & Edward Watt. “Ship Registration：Law and Practice.” Informa Maritime & Transport，2009，pp.7－8.

而从个人与财产的视角来看，船舶登记也具有私法属性。船舶登记的私法属性，主要涉及冲突法的选择和船上法律关系的规范。船舶登记的私法属性可以概括为以下功能：1.保护登记船东的船舶所有权；2.保护和确定附属在船舶上的担保利益人（如抵押贷款权人）之权利和担保的优先顺序；3.明确船上应当适用的民事或商事法律规范；4.决定船舶登记的程序或实体利益应当适用的法律。

英美法系下公法与私法划分的法律意义并不像大陆法系那么重要，这也就使得英美法系在船舶登记的公私法律关系处理上并不如大陆法系那样界限鲜明。不过即使缺乏这样明确的法律界限和实践区分，英美法系也同意船舶登记具备公法和私法性质上的双重法律属性特征。英国1995年《商船法》中还专门设了“登记船舶的私法规定”一节。

公法将船舶视为一个主权国家的移动社会①，而私法则将船舶视为一个法律需要予以保护的动产。船舶在公海上的国际地位以及其本身的潜在财产属性使得船旗国需要向国际社会宣示主权，而船旗国主权说又能够在私法上给船舶运营过程中产生的商业和合同纠纷提供一个较为妥善的冲突法解决规则。

对于船舶及其所代表的财产利益，各个国家的规定往往是不尽相同的。比如在以登记为船舶物权生效要件的国家，未经登记船舶所有权的转移和抵押权的设立均不生效。如希腊《海事私法典》第6条规定，所有人在转移船舶所有权时，合同必须用书面形式并在船舶登记证书中注明。不按上述规定进行登记，船舶所有权不能转让。第197条规定抵押未经抵押登记机关登记不发生效力。②而有的国家登记却并不是船舶物权的生效要件。此外，各国对于确定船舶财产性质利益的登记规定也并不一致。事实上，登记的私法属性考虑的不仅仅是权利的确认，还有第三人利益的保护问题。所以，需要确定相互排斥的抵押权之间的优先顺位。此时，登记的顺序就决定了抵押权的顺位。英国1995年《商船

① 为大众所熟知的观点曾指出船舶是一个国家的移动领土，并且曾被广泛引用。但主张这种认知并不恰当的说法也同样存在。在Chung Chi Cheung v. The King［1939］A.C.160案中，法官就认为尽管存在域外主权学说，但当面临现实中的船上人员生命问题时，浮动岛屿理论会使得域外主权学说无法施行。

② 希腊《海事私法典》第6条。韩立新、王秀芬编译：《各国（地区）海商法汇编（中英文对照）》，大连海事大学出版社2003年版，第940—941页。

法》附表1[①]规定，同一船舶或船舶股权上设定两个以上抵押权的，抵押权的优先顺序由抵押权登记的顺序决定。中国《海商法》也有类似规定，即第19条规定同一船舶可以设定两个以上抵押权，其顺序以登记的先后为准。因而，登记在不同国家即意味着需要适用不同国家的财产法和船舶物权规则。

再者，在英美法中构筑在船上的权利被认为是对物权利。对物权利（right *in rem*[②]）是相对于对人权利（right *in personam*）而言的，拉丁谚语认为：所有的法律权利不是针对人就是针对物。区别于建立在人与人之间关系基础上的对人权利，对物权利是指对财产的专有属性。因此英国的法律规定，只有所有权和抵押贷款权需要登记。除此以外，还可以登记一种临时的抵押贷款意向通知，确保全部抵押登记办理完成之前30天以内抵押权的优先性[③]。而有的国家船舶上的权利还是属于物权人的权利，登记的财产性事项不仅仅包括所有权和抵押权，还需要登记船舶扣押情况等事项。

所以，一个国家的船舶登记法律制度在设立和构建过程中必须考虑到登记的公法属性和私法属性。在这背后，则是各国对于公共政策和私人利益的选择问题。关于登记背后需要考察的公共政策，Wood V-C在Liverpool Borough Bank v. Turner一案中所作的解释[④]被认为是最为经典的阐释，也是各国建设船舶登记制度时予以参照的论理：

There are two points of public policy which may be suggested in these acts relating to shipping: the one policy regarding the interests of the national at large, relating to the question who should be entitled to the privileges of the British flag ... the other policy being similar to that which gave rise to the acts of registration of titles of land—the object being to determine what should be a proper evidence of title in those who deal with the property in question.

［有关航运（登记）的法律有两点公共政策可能需要建议：一点是关于国家的整体利益，涉及谁应当享受悬挂英国旗的特权问题……而另一点则与土地权

---

① United Kingdom Merchant Shipping Act 1995, Schedule 1, p. 8 (1).

② *in rem* 是拉丁词，意指使用或拥有一项财产的权利或判决。

③ Merchant Shipping (Registration of Ships) Regulations 1993, reg.59.

④ *Liverpool Borough Bank v Turner* (1860) 29 L.J. Ch. 827, 830 - 831.

利登记的法律相类似——其制定目的在于在处理财产权问题时，作为确定正确的所有权凭证的依据。]

事实上，由于全球化和市场竞争的加剧，航运经营者中普遍存在通过船舶登记进行法律选择来规避不利立法从而节约成本的做法。如果说船舶登记立法侧重于谁悬挂本国国旗享受本国特权的航运利益的话，同样地，船舶登记立法也十分重视公私权利的结合。船舶所有人选择登记国时也要考虑到一国涉及财产的法律规范是否有利，这时船舶登记的私权利属性就成了一个重要的考察因素。因此，时代变化和环境改变可能会影响国家在特定时期的航运政策从而使得船舶登记法律制度的内容有所变化。但不变的是无论什么样的船舶登记法律都需要解决好以公权力和私权利相互关系为中心的利益分配与平衡问题。而就发展趋势和社会动态而言，船舶登记立法需要考虑的事项已经不单单是贸易资源的分配和固定，而是需要综合考虑财产权益的划分和全球贸易的整合与交流。从这个角度来讲，现代船舶登记制度对法律制定者提出了更高的要求。

第四节　船舶登记法律制度的外部表征

船舶登记法律制度的具体内容，表现为国家法律对船舶登记模式的塑造和构建。模式通常指称那些可以被复制和重复的原始对象或事物。而船舶登记模式则是为一类国家或地区所使用的具有共性和可复制性的船舶登记所涉事项。世界范围内，存在着不同的船舶登记模式，它们具有各自的特点和构建方式。通常国家建立何种船舶登记模式是一国政治、经济、文化、风俗等多种社会因素综合作用的结果，而法律则是固化和规范船舶登记模式的手段和方法。本节讨论国际上关于船舶登记的理论和实践分类，对实践中普遍认可和接受的几种船舶登记模式的特征、演变和发展趋势予以分析，探讨国家在选择特定船舶登记模式时考虑的因素以及将这种选择法定化的具体表现。

一、船舶登记制度的理论与实践

有学者将世界范围内的现代船舶登记制度作了以下划分①：船舶登记制度

① Toh, R. and Phang, S. Y. “Quasi-Flag of Convenience Shipping: The Wave of the Future”. *Transportation Journal*. *Vol.33*. *No.2* (1993), pp.31 - 39.

可以分为开放登记（open register）和封闭登记（close register）两个大类。而开放登记又可以分为国内登记（national register）和国际登记（international register）。国际登记制度分为通常所讲的方便旗制度（flag of convenience，FOC），以巴拿马、利比里亚和塞浦路斯为代表；和准方便旗（quasi-FOC）制度，以中国香港和新加坡为代表（图 2.2）。传统船舶登记制度则发展演变出了第二船籍登记制度（second register），如挪威、法国等，而封闭登记制度仍为许多国家所采用。

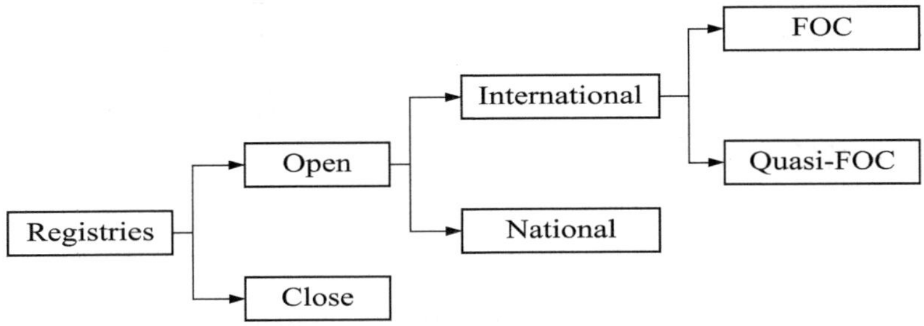

图 2.2　船舶登记制度学术分类示意图

根据登记国对国内外船舶的开放程度将船舶登记分为开放登记和封闭登记，前者允许国外船舶在本国登记而后者则不允许。按照船舶所有人和船员国籍的不同，开放登记可以分为国际登记和国内登记，前者允许船舶所有人是外国人、雇佣船员也可为外国人，后者则有所限制。根据国家对船舶的监管差异来区分，国际登记可分为方便旗登记和半方便旗登记，前者对船舶监管相对较弱且收费较低，后者相对有一定的安全和质量要求。

学术上将船舶登记模式划分得很细致，在实践中并没有这么泾渭分明的称谓，一些概念是相互并用且指称模糊的。正如法哲学学者在谈论到什么是法律时所指出的那样，学术上似乎很难给法律作出一个全面而完整的定义，但在现实中它事实上是为人们所普遍知晓的社会准则。如果按发展阶段来看，最早出现的现代登记模式应当是内国登记模式，它要求船舶必须为本国国民和企业所有，只是在不同的国家严格的标准有所不同。所以从这个角度上来讲，后来出现的封闭登记概念其实是内国登记的严格表现形式，但实践中两个概念常常被混用指代同一登记类型。方便旗登记则是 20 世纪以来在发展中国家兴起的一种与内国登记相区别的登记模式，这种模式向船舶提供登记服务，允许国外船东将船舶登记在方便旗国家且对船舶限制较少。方便旗登记概念的提出和使用早于开放登记概念并为人所知，相较而言开放登记则是联合国贸发会在其官方文件中采用的称谓，意在与封闭登记概念相对应，实质上指的是方便旗登记以及后来出现的其他放宽本国条件的登记模式。除前述几种登记模式外，实践中还存在另一种登记模式，叫作光租登记。它将船舶所有人与船舶国籍的联系暂时切断，是配合光船租赁的一种常见船舶运营和租用方式。此外，内国登记模式分化演变出的第二船籍登记制度渐渐在传统航运国家盛行起来，旨在吸引日益流失的船队资源。为了避免理论争议和用词绝对化，后续内容依照各类模式出现和发展的时间顺序，探讨内国登记、方便旗登记、光租登记以及第二船舶登记的具体内容和要求。

二、内国登记模式

1. 特征：对登记船舶的所有权有所限制

就内国登记模式来说，由于国情不同每一个国家的船舶登记特点都不尽相同，船舶登记要求也有所差异。但这些国家的船舶登记模式存在一个共通点即通常都对希望在该国登记的船舶在所有权、人员配备、管理和行政管制等方面设置严格的条件限制。内国登记制度的典型特征在于船旗国仅允许本国船舶进行登记，哪些船舶可以隶属于本国相关标准并不一致。一些内国登记制度只允许本国公民的船舶可以悬挂该国国旗。具体表现为法律规定船舶所有权必须归属于本国国民，或者符合本国法律资格的法人或绝大多数股权要属于本国人。外国人或船舶的部分所有人很少能够成为具备登记资格的人。在条件较为严格的国家，还要求船舶也需要在登记国建造。

不过关于谁可以成为国民，各国的规定差异较大。一些相对宽松的内国登记国家对于国民的界定较为宽泛，而严格的内国登记国则会对登记船舶的国民进行限制。管辖较为宽松的内国登记模式允许非本国公民但属于永久居住者或其他处于类似地位的人成为登记船舶的所有人。当企业作为船舶所有人时，通常要求该实体必须是符合船旗国法律规定的法人，并且其主营业地必须位于船旗国境内。而较为严格的内国登记制度中，法律规定则要求船长、管理人员、股东、公司的实际所有者在内的所有人都必须是船旗国的国民或公民，或者船旗国国民或公民拥有公司的大部分股份。此外，船旗国还有可能要求船舶必须在国内船厂建造，由国家主管部门颁发给所有管理人员级别、证书和执照，并且船舶须由国内船级社或经国家认可的船级社入级。①

美国是严格内国船舶登记制度的典型代表，船舶登记事项规定在该国 1980 年《船舶文书法》之中。该法规定满足登记条件的船舶需为 5 吨以上并且为下列个人或机构全资所有②：（1）美国公民；（2）成员都是美国公民且根据美国法律有权获得船舶所有权的协会、信托、合资企业或其他实体；（3）普通合伙人都是美国公民且合伙关系中的控制权属于美国公民的合伙企业；（4）根据美国法或州法注册成立、首席执行官和董事会主席均为美国公民、符合最低法定人数要求的董事均为美国公民的公司；（5）美国政府；（6）美国州政府。除此以外，美国登记船舶的船员配备要求也十分严格。排除一些法定情形，只有美国公民才能够担任船长、轮机长、无线电长官和加班值班及工程值班的长官。船上的外国船员需合法享有美国永久居留权，并且外籍船员占比不得超过全部船员总量的 25%。③甚至一度要求船舶也必须在美国进行建造才可登记在美国。

中国早期也是较为典型的内国登记国家，1994 年制定的《船舶登记条例》中明确规定，本国船舶的所有人必须为在中国有住所或主要营业地的公民，并且对中国船舶雇佣本国船员有一定比例要求。④近年来为了适应新的贸易形势和航运市场变化，中国的船舶登记法律规定正在逐步实施改革，对登记船舶的中资要求和船员国籍要求有所降低。

2. 选择内国登记模式的原因和该模式面临的问题

内国登记模式又被称为传统登记制度，与传统航运国家概念类似，是船舶登记制度的传统发展样态。采用内国登记模式的国家通常出于商业贸易特别是经济利益的考虑，除此以外下列因素也是影响各国选择的原因：（1）出于爱国

---

① Rhea Rogers. *Ship Registration*：*A Critical Analysis*. WMU，2010. Malmö，Sweden.

② See 46 U.S.C. § 12103.

③ See 46 U.S.C. § 8103（a）.

④ 本国船员须占全部船员比率的 50%以上，参见原《船舶登记条例》第 2、7 条，后经 2014 年 7 月 29 日国务院令第 155 号公布的《国务院关于修改部分行政法规的决定》修正，删去了本国船员雇佣比例要求。

思想、国家安全和国防安全的考虑；（2）税费不是登记的核心因素；（3）开放登记国家的登记盈利模式和人员雇佣因素不是主要的考虑；（4）最重要的是，船舶登记不像如今这样成为一种国际性的业务。早期国际的交流还不像今天这样频繁，船舶所有人选择在其他国家进行登记的需求以及本国船东雇佣外国船员的需求还没有产生。①另外的一些原因还在于全球化并不是从前海运贸易的主流趋势，而国内船员的工作也并没有像今天这样成为国家发展的一个问题。在特定历史时期，内国登记是各国船舶登记制度中较好的选择。②从经济角度来讲，早期还没有足够体量的国际航运贸易规模能够引起除内国登记以外的其他制度出现，更不用提国际贸易全球化态势下出现的船舶登记激烈竞争了。

尽管利益因素是促使登记国采用内国登记模式的原因，但遵守内国登记制度的成本体现在其引发国家船舶总量及登记总吨位的严重下降。③自 20 世纪 30 年代开始，国际贸易的变化促使一些国家的海商法律规范在登记条件部分发生了改变。受开放登记模式的冲击，传统内国登记国家渐渐无法维持本国船舶的贸易和成本优势大量“出逃”，规模和数量十分惊人，甚至已经影响到国家的国防安全、航运实力和国际影响力。20 世纪 50 年代发生的 IMCO④ 案件充分说明了这个问题。在 IMCO 组织成立之前，各国协商制定了《成立政府间海事协商组织公约》作为该国际组织成立的法律依据。根据该公约，IMCO 组织机构主要包括大会及海事安全委员会。公约第 28 条（a）项关于设立本组织的条款中规定，“委员会由大会从组织成员国中选出的 14 个成员国组成，这些成员应当是对海上安全有重要利益的国家，其中不少于 8 个应当是世界上最大的船舶拥有国”。大会召开之前，英国提议这八个国家应当按照大会秘书处所列清单中前八位顺序排列，美国则认为先成立一个临时委员会并且开放给所有想加入且技

---

① See Ready，Lloyd's Press 1998，*Op. Cit*.

② XHELILAJ ERMAL & KSENOFON KRISAFI，*International implications concerning the legal regime and policy of ship registration*，Constanta Maritime University Annals，2013，vol.19，issue 1，p.326.

③ Gunnar K. Sletmo and Susanne Holste，*Shipping at the Competitive advantage of Nations: The Role of International Ship Registers*，20 MAR. POL'Y MGMT. 243，245 - 47（1993）.

④ 全称为 The Inter-Governmental Maritime Consultative Organization（政府间海事协商组织），是国际海事组织 IMO 的前身。

术上合格的代表，利比里亚则认为应当按照世界上最大的八个船东国家这一标准来选举委员会成员。

1959 年 1 月 15 日召开的 IMCO 大会上，选举海事安全委员会成员过程中利比里亚和巴拿马并没有当选，当年这两个国家是世界上第三和第八大登记国①。利比里亚和巴拿马因此提出了反对意见，并指出这违背了《成立政府间海事协商组织公约》的相关规定，因此根据这次会议设立的 IMCO 不成立。由于争议无法调和，IMCO 最后接受利比里亚的动议，将案件提交给国际法院作咨询。国际法院在咨询意见中指出应当按照公约的性质及通常意义解释条款，因此政府间海事协商组织最终没能成功设立。②在案件的听证和咨询过程中，有意见曾经提出船队规模数量上的大小并不能真实反映该国的航运实力。但法院的意见表明，船队规模仍然是判断一国航运产业发展状况的重要指标。

3. 内国登记模式的变革

内国登记这种绝对封闭状态并没有持续很长时间。工业革命带动了航海大发现，而航海大发现又带来了奴隶贸易、殖民主义和国际贸易的发展，技术和科学的进步使得运输进入了现代化，发展中国家的崛起渐渐改变了世界的航运版图。而所有的这一切都促使航运走向开放、交流和融合。资本主义两大要素之一的资本已经由过去的国内运作演变为了全球流动态势。海上运输、航运管理方式、船舶登记和海事法律法规的依存度日益加深。特别是 20 世纪 80 年代，进入了一个降低登记条件限制的高潮——开放登记在许多国家盛行开来。这种登记模式的好处在于较好地满足了航运业应对不断飙升的营运成本、人力成本、利润和融资需求。③方便旗船的崛起是各国利用自身比较优势以及航运企业利益选择的结果。根据 1982 年制定《联合国船舶登记公约》的前期报告统计，当年有 28 个国家要求本国船舶必须雇用本国公民，还有其他 24 个国家要求关键职位的船员必须是本国人。④其中比较典型的国家有比利时、俄罗斯、波兰、印度、哥伦比亚、阿根廷、墨西哥等。内国登记制度对于本国商船队的严格要

① 八大登记国家分别是：美国、英国、利比里亚、挪威、日本、意大利、荷兰和巴拿马。
② See I.C.J. Reports 1960，p.150.
③ See Ademuni-Odeke. *Op. cit*. p.24.
④ TD/B/AC. 34/2，22/JAN/82.

求和管制增加了船舶所有人的财政负担，使得其开始寻找更为宽松的登记地。因此一些采用传统内国登记模式的国家不得不放宽其对船舶所有人和本国商船队的控制。

由于各国海商法律规定并不一致，一些国家能够通过与他国配合制定不同的规范和措施有效减少船舶营运压力并保障航行安全。例如在船舶所有权不为外国公民或企业所拥有的前提下，一些采取内国登记模式的国家也可以变通允许外资实际控制船舶。以英国为例，该国的内国登记模式并没有美国那么严格，甚至某种程度上已经成为混合登记制度了。因为英国一方面允许外资拥有或控制的船舶在英国进行登记，但另一方面其本身又是一个实行内国登记模式的国家。根据英国1993年《商船登记条例》的相关规定①，除英国公民及英国企业外，欧盟成员国公民、海外领土的公民，在欧共体设立的企业以及主要营业地在英国的企业均可以是英国籍船舶所有人。事实上，就英国的状况来看，虽然其船舶登记制度是封闭的，但公司的登记对外资却是开放的。船舶所属公司只需要在英国登记成立，并且主要营业地位于英国境内即可。

某些实行内国登记制度的国家要求船舶一定比例的股份必须为本国公民所有，有些国家则没有这样的要求。如希腊便要求船舶所有权的50%必须为其本国公民或法人所有。因此，该国船舶的实际所有人很可能是外国公民，通过本国公民或法人办理登记事宜。有观点指出这个现象在欧盟条约签署之前已经存在，现在则更加突出了。因为欧盟国家之间实施相互间的非歧视原则，因此今天许多采内国登记模式的国家均存在本国船舶为外国公民实际拥有的现象。②

内国登记模式下，航运公司同其他企业相比并无较大监管差异。尽管可能会存在某些定向激励或补贴，但总的来说公司一样受到该国金融、公司和就业等方面法律的约束。③而国际范围内各国对船舶国籍取得方式规定的差异使得内国登记在船员雇佣、运营成本和严格的监管要求方面不符合船舶所有人特别是小型船公司的经济利益，在国际航运市场上面临来自其他国家的竞争压力。

---

① 参见 The Merchant Shipping (Registration of Ships) Regulations 1993. p.7。

② See Rhea Rogers. *Op. cit*. p.28.

③ Martin Stopford, Maritime Economics (3rd Edition), London and New York, Routledge, 2009, p.694.

三、开放登记模式

1. 发展演变过程

据考证16世纪时，英国的商船为了能够规避西班牙的法律限制便悬挂其他国家的船旗以便能够从事西印度航线贸易。17世纪时，纽芬兰的渔民因为担心与英国的渔业竞争受到驱逐而悬挂了法国旗。19世纪时，英国的拖网渔船船东为了躲避对拖网渔船的限制而悬挂了挪威旗。这些行为被认为是方便旗的早期实践。①但它们仅仅是个别商船或航运企业的单独行为，尚不构成行业内的普遍行为模式。

尽管船舶可能由于各种原因登记或再登记，真正的现代方便旗登记则应当追溯至20世纪20年代一战结束后，包括巴拿马、利比里亚以及洪都拉斯在内的一些国家开始为船舶提供经济和便利的登记服务。最早的典型现代方便旗登记产生于美国的禁酒令时代。1919年8月，一艘名为Belen Quezad的加拿大货船，为了避免美国禁酒法的限制而悬挂了巴拿马旗。1922年，一家叫作美国班轮的美国航运公司，将两艘叫作Reliance和Resolution的船舶从美国转籍登记至巴拿马，因为当时美国总检察长裁决在美国籍船上不得出售酒精饮料。两年以后，由于工会压力大营运成本上升，又有15艘船将登记地转移至巴拿马。②此后，登记在巴拿马、利比里亚和洪都拉斯的船舶数量快速增长，以至于这三个国家有了一个新的称呼："Panlibhon"③。

许多因素综合导致了这种现象的产生。二战后航运业激烈的竞争导致这些登记国与传统航运国家相比对船舶所有人而言更具吸引力。海运全球化的进程同样加速了方便旗船的发展。洪都拉斯的登记船舶获得爆炸性增长的原因是联合果品公司（美国）将其旗下所有的商船转移到了该国登记。而自1939年美国中立法案颁布施行后，为避免美国船只卷入战争冲突之中该法禁止美国船舶在欧洲战区航行，许多美国船东为了运营便将船舶转移到了更加中立的巴拿马。

---

① Boleslaw Adam Boczek. *Flags of Convenience: An International Legal Study*. Harvard University Press, 1962, pp.6-7.

② See Boleslaw Adam Boczek. *Op. cit*. pp.9-10.

③ "Panlibhon"是这三个国家英文的合并缩写：Panamanian, Liberian and Honduras。

1949年利比里亚被劳氏船级社评为了世界第一大开放登记国。①到了1959年，开放登记国拥有的商船队总数达到了世界总吨位的13.6%。自此以后，方便旗登记迅速成为一个普遍现象在世界范围内蔓延开来。

目前，世界上有10多个主要的方便旗登记和开放登记国家或地区，如巴拿马、利比里亚、巴哈马、马绍尔群岛、马耳他、塞浦路斯、安提瓜岛和巴布达岛、百慕大、圣文森特和格林纳丁斯等。方便旗登记和开放登记国虽然接受所有国家的船舶，但实践中却形成了船舶登记的自然分区，有些国家或某类船舶更倾向于选择某些特定的登记地。如安提瓜岛和巴布达岛登记的船舶有一半以上是集装箱船，且大部分来自德国；干散货船则集中在百慕大、塞浦路斯、马耳他、巴拿马和圣文森特和格林纳丁斯登记，其中在巴拿马登记的干散货船占世界干散货船总载重吨的三分之一，船舶大部分来自日本；巴哈马、曼岛、利比里亚和马绍尔群岛登记的船舶以油轮为主。②

如果说内国登记模式是船舶登记演进过程的初始阶段的话，方便旗登记则代表了登记发展的第二阶段。③开放登记的出现表明一些国家对于本国主权与经济利益之间的关系进行了再审视。方便旗船登记对于国家的主权来讲并无益处，更多的实益在于经济收入。一些国家发现主权国家的国籍也可以作为一种商品予以买卖，于是船舶登记便形成了海上商业贸易的重要环节之一。方便旗的盛行使得这些国家为船舶提供了一个合法的避难地，船舶所有人可以据此回避本国较高的人力成本和较为严厉的法律规定。在采用开放登记模式的国家中，方便旗船籍似乎成为一种带有贬义的称谓，好像这些国家开放登记具有原罪，登记在这些国家的船舶所有人也就是一些逃避严格监管和责任的无良商人。

这样的看法将开放登记放在了完全对立的位置，但忽略了其存在的合理性以及给航运贸易带来的贡献。从这个视角观察，方便旗船得以存在并日益发展

---

① See Boleslaw Adam Boczek. *Op. cit*. pp.11－16.

② 於世成、郑丙贵：《我国船舶国籍登记制度改革探讨》，载《海大法律评论》2008年版，第187页。

③ Boleslaw Adam Boczek. *Flags of Convenience*：*An International Legal Study*. Harvard University Press，1962：2.

壮大的主要经济因素大概有以下几个有利条件①：

（1）有较为宽松的船舶登记条件与登记手续；

（2）有较为宽松的船舶管理条件；

（3）有较为宽松的船员管制条件；

（4）较为低廉的船舶运营成本。

2. 特征：不以船舶所有人国籍作为条件的便利登记

开放登记②是指一个国家允许本国及外国船东在本国登记，而且不以船东的国籍作为其获得登记资格或权利的决定因素的制度。方便旗③登记是指船旗国允许外国人拥有或控制的船舶，基于登记人的便利或其他的适当理由，依该船旗国的条件而加入该国国籍。两个概念有时被混用，但从词性色彩而言开放登记用语更加中立。联合国贸发会（UNCTAD）则认为，所谓方便旗船制度，是指部分国家与船舶所有权或船员配置之间不存在任何联系，而以较少的费用吸引外国船舶所有人悬挂本国国旗的制度。

关于方便旗船籍国最为国际社会所接受的描述，是英国商务部在 1970 年发表的 Rochdale Report（罗奇代尔报告）④。在这个报告中，归纳了方便旗船籍国的主要特征：

（1）方便旗船籍国允许非本国国民拥有及控制的船舶在本国登记；

（2）登记的入籍手续简单，只需要到方便旗船籍国设在国外的办事处办理即可，并且船东还可以任意申请变更船籍；

（3）方便旗船籍国不征收船舶经营所得税或者仅征收较少的税费，一般依

---

① 王穆衡、张世龙、陈一平：《船舶设籍制度之探讨》，（中国台湾地区）“交通部运输研究所”2008 年 4 月，第 13 页。

② 方便旗船登记与开放登记几乎成了可以相互替换的同义词。为大众所广为接受的是方便旗这一概念，而在国际文件中则使用了开放登记一词，不过方便旗也同样出现在一些文件之中。因此，本书出于正式性考虑，采用了开放登记用语，但在涉及前人论述或著作时，仍沿用其使用的方便旗概念。

③ 方便旗这一概念最早是用来描述国际法下船舶的国内地位，而不是像现在这样作为了一种法律概念来使用。在 20 世纪 50 年代中期，方便旗是指一国的海事行政机构授予实际所有者为外国公民的船舶以本国国籍的现象。随着航运的发展，方便旗受到了众多的批评，逐步变成了具有贬义性质的词汇。本书使用中立的“开放登记”用词。

④ *Committee of Enquiry into Shipping-Report*，Cmnd 4337，HMSO.

据船舶的吨位征收登记费和年费；

（4）方便旗船籍国通常都是一些小国，在可预见的情况下不需要征用登记船舶。然而其对大量船舶征收的小额费用，却对该国国民所得和国际收支平衡作出了相当大的贡献；

（5）方便旗船籍国允许船舶所有人自由雇佣任何国籍的船员；

（6）方便旗船籍国没有能力或没有行政措施对登记在本国的船舶执行国内或国际上的有效管辖，而且也无意控制拥有船舶的公司。

并不是所有方便旗国家都满足前述每一个特征，随着各国政治经济实力的改变，报告中的一些因素在国内法和国际法层面已经同方便旗国家的关联性较少了。但是，可以从报告中观察到的是绝大多数方便旗国家都是发展中国家，与发达国家在政治和经济层面上实力有所区别。①虽然方便旗很好辨识却很难对其予以界定。罗奇代尔报告对方便旗登记制度的解读可能并不适用于单个个体，是一种普遍意义上的特征概括。有的国家如塞浦路斯也对船舶的船龄予以限制，而方便旗制度发展至今，越来越多的传统方便旗登记国也日益重视对在本国登记的外国船舶加强安全方面的监管。

如果从船舶所有人的视角来看的话，开放登记可以为其提供以下几个方面②的便利：（1）避开本国的税收；（2）能够拥有较低的劳动力成本。因为开放登记制度使得船舶所有人能够在国际市场上不受限制地挑选船员，而不受到烦琐的国内工资水平限制；（3）较少的法律法规监管，例如公司法、金融法等等，不过这项因素的重要性正在逐步消减；（4）隐匿性。单船公司的资产能够隐藏在公开文件要求较少或允许不记名股票的国家。公司的董事和高级官员也可以匿名，从而不对外展现公司的运营状况或船舶的经营状况。在这样的环境中，想要找出船舶的实际所有人是一件困难的事情。

开放登记制度的产生和发展是自由竞争制度以及部分国家利用制度发展自身优势之间的矛盾产物。这种矛盾体现在，船舶所有人从本质上讲希望能够自由地经营企业，实现在产业经营中的垄断地位并在竞争中处于优势。而开放登记制度

① See H. Edwin Ⅲ Anderson，p.153.

② Richard Coles & Edward Watt. *Ship Registration*：*Law and Practice*. Informa Maritime & Transport，2009：5.

的好处在于能够为船舶所有人提供较低廉的经营及人力成本。跨国公司在全球范围内经营业务涉及的经济利益也使得其倾向于使用开放登记模式。以美国为例，如果一艘船悬挂美国旗，则该船需要雇佣美国公民并且按美国标准支付工资。而根据美国法律的规定，除非遇到紧急情况，登记在美国的船舶必须由美国本土建造，修理以及干坞也需在美国港口进行。这些限制就使得悬挂美国船旗在航运市场上成本太高，使得美国船与其他成本低的船舶在竞争中将处于劣势。这也正是为什么美国是方便旗登记模式的起源地以及方便旗制度盛行的原因。

3. 反对的声音

从诞生之日以来反对开放登记制度的声音便层出不穷。工会认为方便旗模式不公平地违反了劳资双方的集体协议，从而使得船上劳动者的利益受到损害。环境保护人士则认为，方便旗是导致世界绝大部分海洋污染的罪魁祸首。而那些没有采取开放登记制度的发展中国家则担心这项制度会掠夺本国劳动力的就业机会，危害国家的主权并且阻碍本国商船队的发展。①其中最主要的批评观点认为开放登记国与船舶之间缺乏真正和实质上的联系，更多的是经济上的利益交换，从而使得开放登记国的船舶在安全性和安保标准方面存在缺陷。②

国际运输工人联盟 ITF③ 是开放登记制度的强烈反对者之一。每一年该组织都会发布一份关于方便旗的文件，在这份文件中国际运输工人联盟都会出具一份其认为是方便旗船舶登记国的清单：

表 2.1　国际运输工人联盟方便旗登记国列表

方便旗船舶登记国名单		
安提瓜和巴布达	赤道几内亚	多　哥
巴哈马	法罗群岛	瓦鲁阿图
巴巴多斯	洪都拉斯	斯里兰卡
伯利兹	牙买加	圣文森

① Ademuni-Odeke. *Bareboat Charter (Ship) Registration*. Kluwer Law International, 1998: 25.

② XHELILAJ ERMAL & KSENOFON KRISAFI, *International implications concerning the legal regime and policy of ship registration*, Constanta Maritime University Annals, 2013, Vol.19, issue 1, p.328.

③ 全称为 International Transport Workers Federation。

续表

方便旗船舶登记国名单		
百慕大（英国）	黎巴嫩	法国国际船舶登记
玻利维亚	利比里亚	德国国际船舶登记
喀麦隆	马耳他	圣多美和普林西比
柬埔寨	马绍尔群岛（美国）	缅　甸
开曼群岛	毛里求斯	直布罗陀
科摩罗	摩尔多瓦	巴拿马
库克群岛	蒙　古	朝　鲜
塞浦路斯	库拉索	格鲁吉亚
帕　劳	巴拿马	塞拉利昂
圣基茨和尼维斯联邦	坦桑尼亚	汤　加

（资料来源：ITF FOC List 2022）

在国际运输工人联盟列出的名单中，法国的国际船舶登记和德国的国际船舶登记均榜上有名，它们是实施国际船舶登记模式（第二船籍登记）的国家。因为法、德两国的国际船舶登记模式允许本国船东同外国船员以船员所在国法律签订劳务合同而不受法德本国法的约束。在国际运输工人联盟的标准中方便旗国家不仅限于传统的方便旗国家以及内陆国，甚至还包括那些传统航运国家，只要其认为该国的船舶登记侵害了海员的权利。从这个角度上讲，方便旗登记概念被广义化了。船舶污染事故给环境带来的巨大灾难在许多著名案例中都得到了印证，而这些出事的船舶中，绝大部分为方便旗船舶。于是，呼吁整治开放登记造成环境和安全问题的呼声也延绵不断。相较于广大的批评之声，也有观点清晰地指出方便旗登记并不是造成船舶污染事故的主要原因，缺乏一个防止危害的统一规范才是主因。①

从某种角度来说，即便方便旗登记反对声音如此之大，这种登记模式仍然呈蓬勃发展的态势。经济全球化促使船舶所有人和企业寻求低成本地区进行登

① David F. Matlin：“Re-evaluating the Status of Flags of Convenience under International Law.” 23 Vand. J. Transnat’l L. 1017（1990－1991）：1017－1054.

记，这是不可逆的局面。或许承认这一点，才能够更加全面地看待方便旗登记模式。国际法院在ICMO案件中不明确和不肯定的态度显示出国家之间对于真正联系概念存在争议。开放登记国从船舶登记业务中获得了收入和国际影响力，船东和跨国公司则能够增加利润，这本身就是一个发展中国家和航运发达国家之间政治形态的外在表现。①尽管开放登记国在船舶登记中有所受益，但这并不代表航运发达国家没有收获。联合国贸发会1981年曾经直接指出，尽管发展中国家出口占世界总量的60%，但只拥有和控制世界商船总量的15%。②事实上，许多航运发达国家都与开放登记国之间存在某些或明或暗的登记合作，开放登记国的法律制度也受到发达航运国家的影响。

四、光租登记/临时国籍登记模式

1. 特征：船旗权利的中止

光租登记这个用语，更多的是一种商业概念而非法律概念。在特定情形下，船舶必须通过光租模式在租期内临时登记到他国。实践中比较典型的例子是，船东需要将船舶登记在本国船旗下，但登记国可能并不为融资银行所接受，因此抵押借贷的船舶需要登记到第二个管辖地名下③。另外光租登记的存在也可以帮助承租人或船舶所有人解决另一个现实问题：承租人希望将船舶登记在某一些对船舶所有人资格要求严格的国家，借此实现在该国从事航运贸易的目的。实践中，船舶所有人亦采用这种方式将所有权与经营权分离，首先将船舶登记在A国以保持其船籍，而后再使用第二次登记来绕开登记国法规在船员或港口准入等方面的限制。有观点认为，光租登记同第二船籍登记一样，代表了船舶登记进化和发展的最新阶段。对于光租人及其所属国家而言，它是一种无须大量花销即可获得船舶并扩展商船队的方法；对于船舶所有人和他们的国家而言，它是一种降低运营成本从而使得利润最大化的手段。④

---

① See H. Edwin Ⅲ Anderson, *Op. cit*. p.160.

② See UNCTAD, TD/B/C.4/L.152 (June 1981).

③ Martin Stopford, Maritime Economics (3rd Edition), London and New York, Routledge, 2009, p.673.

④ Ademuni-Odeke, *The national and international legal regime of bareboat charter registrations*, Ocean Development & International Law, 1997, 28 (4), pp.329-367.

与其他登记模式不同的是，光船登记不是对登记条件的调整，而是承租人或船舶管理公司将船舶租入并登记在其所属国境内的现象。此时，这类临时船舶使用人就能够在船舶上悬挂自己国家的国旗。在光租登记期间，船舶不能够悬挂其本国国旗，这种状况通常被称为船旗权利的中止。就商业视角而言，光船租赁本质上是一个船舶租赁合同，规定在租赁期间内承租人能够完全地占有和控制船舶，包括指定船长和船员。中国《海商法》给光船租赁下的定义是①："光船租赁合同，是指船舶出租人向承租人提供不配备船员的船舶，在约定的期限内由承租人占有、使用和营运，并向出租人支付租金的合同。"因此，光租登记模式通过法律确认承租人在租赁期间临时作为船舶的使用权人，并在光租登记期间允许承租人使用临时登记国的国旗。

现代光租登记起源于1951年德意志民主共和国《国旗法》。在这部法律中，引入了"光船租入"和"光船租出"两个概念。二战结束后，德意志民主共和国的商船队几乎被全部摧毁。重建一个国家的商船队需要投入巨大的资本，这对于当时的德意志民主共和国而言根本不可能。于是德意志民主共和国通过了1951年《国旗法》，鼓励将许多被联军没收的船舶通过光船租赁租回，使得船舶能够在一段时间内可供德意志民主共和国使用，并可以根据德意志民主共和国法雇佣德意志民主共和国公民在船工作。联军船舶所有人与德意志民主共和国政府签订书面协议，给这些租用的船舶签发一个特殊文件允许其在光租期间悬挂德意志民主共和国国旗，然后政府将这些船舶列出一个名单（可供公共查询），以区别于传统的德意志民主共和国船舶登记模式。②战后的德意志民主共和国主要集中于"租入"船舶以悬挂德意志民主共和国国旗，但1951年《国旗法》也同样包含了德意志民主共和国本土船舶可以"租出"并悬挂外国旗的规定。到了20世纪60年代末，德意志民主共和国经济开始恢复后船舶市场的情况发生了逆转。德意志民主共和国船舶开始"租出"到其他国家。其中大量船舶租出到巴拿马，并且巴拿马还在德意志民主共和国律师的帮助下修改了本国立法以适应德意志民主共和国船租出。虽然发展至今已经产生了变化，但德国

---

① 参见《中华人民共和国海商法》第144条。

② William Anthony Lovett. *United States Shipping Policies and the World Market*. Greenwood Publishing Group，1996：109.

模式所建立起来的光租临时登记、原船旗国义务中止等事项几乎包含了所有现代光租登记模式的基本要素。①而光租登记也已经为许多国家所接受和继承，并且在世界范围内得以推广发扬。

国际层面，尚未生效的联合国船舶登记条件公约（简称为UNCCRS②）第12条中对国内法应当如何规定船舶的双重登记事项提出了要求。规定国家可以制定法律规定是否允许光船租进船舶并悬挂本国船旗，租进期间船舶承租人被视为所有人，租进国应在租进期间对船舶行使管辖权并确保原来的登记已经注销。除前述事项外，光船租赁的其他条件和规定均由双方合同关系处理。

2. 对双重登记的质疑

光租登记临时登记的特点使得船舶的平行或双重登记在法律上受到了批评。批评者认为光租登记使得船舶出现更换船旗的现象，有双重登记的嫌疑。而双重登记是为国际法所禁止的，这种做法违反了1958年《公海公约》第6条和1982年《海洋法公约》第92条的规定。这两个条文要求船舶只能悬挂一个国家的国旗，悬挂两国或两国以上的旗帜航行并视方便而换用旗帜的船舶，对任何其他国家不得声称其属于其中任何一个国籍，并可视同无国籍的船舶。批评者还指出，船旗和登记是可以互换的概念，其法律含义是一致的。③不过光租登记过程中的所谓双重登记（第一次是租出国的登记，第二次是租入国的登记）是不是违背国际法的核心原则，关键在于如何看待租赁国登记的性质。

要回应这种批评首先要考虑的问题是，船籍是如何附于船舶之上的。1958年《公海公约》第5条和1982年《海洋法公约》第91条规定，船舶应具有授权其悬挂船旗的国家之国籍。每个国家均有义务给悬挂本国旗帜的船舶颁发相应国籍文件。④因此，授予船舶国籍的并非船舶登记制度本身而是建立船舶登记的国家，国际法上船舶国籍的证据并不是船舶登记国的登记本身，而是国家签发给船舶的有效登记文件，同样也是文件证明了船舶有权悬挂该国船旗。

正是因为业界对国际公约用语以及双重登记存在不同认识，1986年《船舶

---

① See William Anthony Lovett. *Op. cit*, p.110.

② 全称为United Nations Conference on Conditions for Registration of Ships。

③ See William Anthony Lovett. *Op. cit*.

④ 1986年《联合国船舶登记条件公约》也有类似规定，参见第4条第2款。

登记条件公约》对光租登记与国际公约如何衔接以及国际法基本原则如何统一的疑问予以了回应，规定光租登记可以悬挂租赁国船旗，但公约不规定租用船舶的任何所有权效力。中国《海商法》亦采用类似规定①。也就是说，公约对光租登记的解释认为船舶公法上的权利义务进行了暂时转移，而私法上的权利义务并不发生变化。尽管 1986 年《船舶登记条件公约》并没有生效，但其条文所使用的立法技术基本指明了这样一套解释方法：光租登记并不改变船舶的财产性权利，仅允许船舶悬挂租赁国的船旗，但由于船旗只不过是船舶国籍证明方式的一种，船旗国登记后颁发的国籍文件才是正式的国籍证明。并且，光租登记并不产生所有权上的变动效力。这样的解释方法带来的好处在于，其为光租登记实践扫除了法律上的障碍，使得这种现实中广泛存在的现象在国际法上合理化。简而言之，目前的普遍观点是，双重登记并不意味着双重国籍。在同一时空条件下，船舶只能够悬挂一个国家的船旗。光租登记不影响船舶的所有权效力。

3. 光租登记的复杂性

由于缺少双边或多边条约的确认，目前光租登记在法律上能够合理存在的前提仍有赖于船舶所有人有进行二次登记的意愿且其登记目的国也许可光租登记模式。由于租出国和租进国关于船舶租出和租进的法律规定可能存在差异，光租登记的合理性需通过租出国和租进国法律双边确认即双方均合法化光租登记，则该制度方可得以建立。此类国家间法律规定的不一致使得光租登记对于承租人而言是一项非强制的、可选择的义务。即使出租人已经对船舶进行了登记，承租人依然可以在进行光租登记时选择船舶的临时登记地，在这种制度安排下承租人选择临时登记地便可能是为了降低税费人力成本以增加利润额度。

实践亦表明光租登记同方便旗国家之间存在众多关联性。巴拿马利用双重登记打开了通过租出船舶到另一个国家而享受较低劳动力成本的大门，这也是一些船舶从其所有人所在国转移至开放登记国的重要原因。同样的例子还有菲律宾，实践中大量船舶租入到该国以致其被贴上了方便旗船国家的标签。除巴拿马和菲律宾外，利比里亚、塞浦路斯等光船租进国也是世界上主要的开放登

① 参见《中华人民共和国海商法》第 271 条。

记国。正是由于类似原因，光租登记和方便旗登记在某些情况下被批评者视为是一丘之貉。但从整体看光租登记的实践接受度较高，不像方便旗那样受到诸多限制。除众多开放登记国之外，英国和意大利这样的传统航运国家也加入了光租登记行列，修改了本国法引入光租登记制度。而在国际法层面，光租登记也为一些国际公约所认可。

虽然光租登记和开放登记的外在表现均体现为船旗的选择，但两者之间仍然存在本质上的不同。光租登记改变船旗的目的是能够使用船舶而非进行船舶登记。船舶登记的实质内容在改换船旗的过程中并没有发生改变。船舶的国籍以及财产权利仍然保留在原国家，光租登记主要为了使用便利暂时地允许船舶可以悬挂他国国旗。需要特别强调的是，国际法并没有禁止光租登记这一概念，禁止的是船舶拥有两套登记文件，即所谓的双重国籍问题。

可以说光租登记是一个十分复杂的国际运行机制。它涉及货方、货物利益、船舶所有人以及金融资本，还涉及众多的经济、法律和地理因素。它的出现是航运环境的产物，给船舶登记制度的发展和变革带来了重大影响。20 世纪 60 年代由于需求缺乏，光租登记曾经一度濒临灭绝。不过到了 20 世纪 70 年代以后，随着经济和科技环境的转变，海上运输和船舶融资出现了较大发展，光租登记再度复苏。因为人们认识到当发展中国家建立起大量合资公司和航运企业的时候，光租登记制度能够为船舶融资提供潜在的好处。特别是 70 年代末到 80 年代早期，光租登记制度已经获得了国际社会的广泛认可，甚至被写入了国际公约。1986 年联合国船舶登记条件公约是第一个明确肯定光租登记这一概念的国际公约。自此以后，不论是传统航运国家还是发展中国家，均意识到光租登记在船舶流通中的作用，为船舶提供更加灵活的融资形式的同时，还能够进行成本管理并发展本国商船队。

但是引进光租登记的国家在利用其优势的同时，也应当注意到其复杂性所带来的潜在欺诈以及抵押人利益受损问题。进行光租登记后，登记船舶私法上的权利可能会因为船舶原登记国与光租临时登记国之间的国籍转换而产生法律上的不确定性。这些问题会导致船舶融资商不敢进行融资，保险人也会对由此产生的不确定性望而却步。对于不知情的第三人而言，光租登记确实可能会掩盖真实的船舶所有人。另外，法律的不确定性也会成为一个潜在影响因素。因此，有学者曾指出要想一个国家的光租登记制度繁荣，国内法需要做到以下几个最低要求①：（1）能够提供一个广泛的融资渠道；（2）与不同的国家合作开设合资企业；（3）向世界劳动力市场输送船员或在世界劳动力市场雇佣船员；（4）重视船舶、船舶管理以及航运相关活动的技术创新；（5）发展光租登记周边产业；（6）资源向发展中国家进行转移。

五、第二船籍登记模式

1. 传统航运国家的变革

在国际航运实践中，方便旗船舶的广泛存在已经成为一个无法忽视的既存现象。事实上，传统航运国家的船舶所有人是方便旗登记的最大受益者，利用方便旗的经营模式降低成本，在竞争激烈的国际航运市场中获得有利的生存空间。面对本国船舶的流失，一些航运国家和地区为了加强本国航运公司的国际竞争力以及出于保障本国航运安全和国际航运地位、吸引本国及外国船舶而借鉴方便旗登记制度改良原有制度，创设了新的船舶登记制度，这便是第二船籍登记制度（Second Registry System）。

第二船籍登记模式实践中主要表现为离岸登记（off-shore registry system）和国际船舶登记（international ship registry system）两个分支。离岸登记制度目的在于仿效开放登记，主要是一些传统航运国家早期以本国的离岛属地或尚未形成政治自治力的地区作为一个放宽登记条件的船舶登记地。以英国的马恩岛、法国的克鲁格林岛和荷属安地列斯为代表。然而，由于离岸登记地通常都是人烟稀少通信不便的地区，对于航运企业和船舶所有人而言在一些离岸地设立登记并不是那么方便。而以挪威和丹麦为代表的国家则另辟蹊径，在国内设立了有别于本国原有登记模式的国际船舶登记制度。

欧洲国家是第二船籍登记制度的积极实施者。1988 年 8 月 23 日丹麦议会通过法案建立起丹麦国际船舶登记制度（DIS②）。这项制度吸引了一些丹麦船舶的回归，主要包括一些光租承租人和过去进行开放登记的船舶。德国则通过该

---

① Ademuni-Odeke. *Bareboat Charter*（*Ship*）*Registration*. Kluwer Law International，1998：30.

② 全称为 Demark Inernational Ship Register。

国 1989 年 4 月 5 日的法案建立起德国国际船舶登记制度（GIS[①]），德国建立这项制度的目的主要在于解决其本国航运企业面对的成本过高问题。GIS 改进了原有的吨位制度并且强调了德国船员的雇佣问题，允许船东根据船员所在国的合同条件向船员支付工资。法国于 1989 年 6 月 17 日通过法案建立离岸登记制度并于 1990 年对法案进行了修改，允许租船登记并且要求 35% 比例的法国公民在船上服务，还要求必须有法国人作为管理人员。为了平衡成本，船舶所有人雇佣法国船员的费用可以通过其向法国社保机构缴纳的社保费用予以部分返还。卢森堡也于 1990 年建立了相似的制度，允许 25 总吨以上并且不超过 15 年船龄的船舶进行登记。但要求船舶必须 50% 以上为本国公民或本国公司所有，此外在税收返还方面也给予了大量优惠。但最为成功的第二船籍登记制度恐怕还要数挪威的国际船舶登记（NIS[②]）。该国在吸引船舶回归和对抗开放登记和光租登记方面的实践是最有成效的。此外，葡萄牙也通过 1989 年第 96/89 号法令建立了国际船舶登记制度。其目的不仅仅在于吸引本国船舶，还希望能够吸引更多国家的船舶在葡萄牙登记。西班牙也在其本国的一个小岛上建立了离岸登记制度，与葡萄牙相比激励措施更加优惠。亚洲的日本 1996 年也加入了船舶登记制度变革的行列之中。

这些国家能够促成并施行第二船籍登记制度，实际上同下列因素的共同作用有一定关系[③]：首先，船舶悬挂外国船旗，国家逐年船队外流的现象，已经到了不得不重视的阶段。其次，在国防上，欧洲的许多国家都是北大西洋公约组织（NATO）成员国。由于安全保障的考量，北大西洋公约组织对商船队的船舶吨位相当重视，对船舶减少一事有所顾忌。在 1982 年英阿福克兰海战中，英国政府征用商船用于战场运输军事物资的情形给各国均留下了深刻印象。因而各国均认为本国商船船队具有重要的地位，发展和壮大商船队应该说是促成第二船籍登记制度最重要的因素。最后，近年来航运业不景气，方便旗船乘机发挥其优势竞争力，使得传统航运国家的经营蒙受相当大的压力。各航运大国

① 全称为 German International Shipping Register。

② 全称为 Norwegian International Ship Register。

③ 王穆衡、张世龙、陈一平：《船舶设籍制度之探讨》，（中国台湾地区）“交通部运输研究所”2008 年 4 月，第 15 页。

在反省检讨本国航运发展政策时，除了国防安全的因素外，受国际收支、航运相关产业的振兴以及航运公司本身的结构等问题的影响，各国都希望能够吸引出籍船舶尽快回归。

2. 第二船籍登记模式的具体举措

资本和劳动力是资本主义经济体系中的两大要素。一般而言，维持两大要素的平衡是国家和企业发展都必须关注的事项。而方便旗船登记模式借助经济全球化另辟蹊径，通过结合发达国家的资本优势，运用发展中国家的劳动力优势，实现企业运营的低成本和高效率。第二船籍登记模式借鉴了方便旗登记模式的特点，通过相关法规政策允许登记船舶雇用发展中国家低成本船员，目的在于吸引先进国家航运企业所拥有的船舶回归本国登记，其措施从性质上与方便旗登记模式相类似，都是对本国登记条件的放宽。因此，那些设立国际船舶登记制度的国家为了向其本国船舶企业提供一个类似开放登记的替代选择，尝试给航运公司提供大致上同开放登记国家所提供差不多的待遇，并且只按照吨位收取固定费用（吨位税）而不是按企业利润征税。在本国为船舶所有人营造一个同开放登记相类似的商业环境。①

目前实施第二船籍登记模式的国家或地区，其登记制度虽然各有差异，但仍可归纳出以下共同特点②：（1）通常选择有一定独立自治权的离岛或自治区域，或者在本国选择一个特定都市，使得制度拟定所面临的阻碍减少，能够争取时间；（2）允许进行第二登记的船舶悬挂本国国旗，但要求其在安全、船员劳务条件等方面均遵守相关的国际公约规定，行政管理体制上受本国政府的规范和管理；（3）船员国籍资格条件放宽，允许雇用外国船员，并且可以自由交涉雇佣合同的内容，船舶所有人可以在船员薪资成本上获得竞争优势；（4）船舶所有人需要在登记地或登记国境内设立公司或者分支机构履行管理船舶的义务；（5）登记国在外汇运用和资金流动方面减少对船舶的管制；（6）船上人员的数量配备可以具有弹性；（7）提供比方便旗登记国更具吸引力与竞争性的登

① Martin Stopford, *Maritime Economics*（*3rd Edition*）, London and New York, Routledge, 2009: 669.

② 王穆衡、张世龙、陈一平：《船舶设籍制度之探讨》，（中国台湾地区）“交通部运输研究所”2008年4月，第17页。

记税费等。

第二船籍登记模式强调与方便旗船登记模式有所区别，主要差异就在于第二船籍登记模式确保所宣称的船籍品质（Flag of Quality）。因为施行第二船籍登记制度的国家，其海事行政机构往往比方便旗船登记国家管理方面更为完善，服务也更好，并且能够要求入籍船舶严格遵守国际公约以及相关国家的准则和规定，加上船舶检验的质量和重视程度也较高，能够通过各类检查来保障并提升航行安全，不像一些方便旗登记国那样将船舶国籍作为一种商品而加以贩卖。另外，有一些第二船籍登记制度对于本国船员的雇佣和配置有一定的强制性要求，目的是促进本国船员的就业，这又比方便旗登记国的法律规定更加严格。①

然而历史可能是在重演。低税率或零税率、廉价劳动力、利润和经营自由促使船东将船舶国籍迁出，第二船籍登记或国际登记又旨在吸引这些船舶所有人回归。以至于让人感到似乎这项制度又回到了传统航运国家对抗开放登记和光租登记的老路上：提供补贴或者激励措施。②然而，每个时代都会有为适应实践发展而产生的制度，尽管出台的具体举措和制度的制定目的是如此相似，第二船籍登记的实施效果仍有待检验。但作为一种有别于传统登记和方便旗登记的新模式，第二船籍登记给航运企业及相关从业人员提供了一类新的选择：船舶不必远离其真实所有人及市场而又可以享受一定程度的优惠和便利。

六、船舶登记模式的选择与法定化

船舶登记的发展经历了一个漫长的过程，在这个过程之中船舶也从小小的木船发展成了现代的超级油轮、核动力船、大型集装箱船甚至是钻井平台。同样地，政治环境、经济环境、商业环境也在经历着变化。航运业因此必须改变自己的机能以适应环境的变化而存活下去。③船舶国籍登记法律及其相关政策从无到有，后又经历了严格限制船舶登记和市场准入条件的内国登记、完全开放

① 王穆衡、张世龙、陈一平：《船舶设籍制度之探讨》，（中国台湾地区）“交通部运输研究所”2008 年 4 月，第 18 页。

② See Ademuni-Odeke. *Op*. *cit*. p.29.

③ Ademuni-Odeke. *Bareboat Charter* （*Ship*） *Registration*. Kluwer Law International，1998：38.

本国登记的方便旗登记以及原有传统登记制度存在的基础上有条件开放的第二船籍登记。这种登记模式及制度的演进，是船舶所有人与国际及国内航运法律规范博弈的结果，也是社会演进的结果。

传统航运国家为对船舶进行有效管理而制定的法律政策，就税收征管、市场准入、船员配备等方面对登记予以限定，目的是维护本国航运市场的稳定，增加税金收入，以及确保本国劳动力就业。而在方便旗登记国家，制定宽松的船舶登记法律政策，是为了获取登记收入和扩充本国船队。引入光租登记和第二船舶登记的国家则希望创造有利的融资环境，扩大本国运力。

而航运从业者的想法则很明了，营运成本的控制在选择船舶登记国的过程中是核心因素。即便如此，其他社会因素①也同样会对船舶所有人的选择产生影响。选择内国登记的船舶所有人，希望得到的是船舶登记国对航运业的补贴和军事力量对船舶的保护。而选择开放登记的船舶所有人，则希望得到开放登记国的“三少优势”（税费少、人员开支少和法律监管少）。

于是，一国希望采用何种登记模式，要问政策实施的两个主体：政府和航运从业人员。政府希望达到的政策目的是什么，航运从业人员选择船舶登记地的原因是什么。按照船舶所有人的要求设计本国船舶登记法律制度，这是方便旗登记国的选择。而传统航运国家则显然考虑的更多。理论上来讲，既能够满足船舶所有人的要求，又能够传递本国航运政策的登记模式是最佳方案。然而实践中往往会由于各种不同原因需要去平衡政府和航运从业者的利益。

当选择实施某种船舶登记模式后，下一步必然需要将其法定化。就船舶登记法律制度而言，这个过程中需要涉及两个层面的法律规定。设置船舶登记条件的法律规定，即第一层次的法律。围绕船舶登记模式所设计的船舶登记配套措施法律规定，即第二层次的法律。

在第一层次的法律规定中，国家决定船舶所有人的类别、什么样的船舶可以登记以及船舶的尺寸、船龄和船级要求。这一层次是硬性的规定，相当于船舶的准入条件。在内国登记国家，对该层次的要求十分严格。目的在于确保本

① 除成本外，可能影响船舶所有人选择的因素还有船舶融资体系、政治环境、船舶修造能力，等等。

国船队的质量。而在方便旗登记以及第二船舶登记模式下，国家则将该层次的要求放宽，以吸引各国船舶进入本国登记。光租登记中，租入国通常是对该层次要求较宽的一方，而租出国则是严格的一方。但这种现象并不绝对，因为在光租登记中，租赁国的登记规定在航运从业者的选择因素中所占比重并不大，其他原因也对光租登记与否产生着影响。

而在第二层次的法律规定中，更多体现的是国家的商业法律环境。这一层次的法律规定是软性的规定，是间接影响船舶登记地选择的因素。其中包含了税费的规定、融资的规定、公司设置的规定、劳动力的规定，等等。这些因素同登记条件一起，构成了船舶登记法律制度。相较于第一层次而言，第二层次的法律规定是国家在构建商业环境过程中需关注的问题。不仅仅是海商法领域，在其他商法领域都是探讨和研究的核心问题之一。

因此问题归结到一点：法律制度固化政府对船舶登记的构建和设计。船舶登记法律制度一方面体现出国家对外国船舶进入本国市场的态度，另一方面也展现航运从业者选择登记地的考量因素。对于法律制定者而言，平衡好吸引船舶所有人和保持本国船队品质间的关系是一个重要的课题。

本章小结

本书的目的是为船舶登记法律制度提供一个发展和革新的理论方法及技术。虽然构建在理论方法上，但文章更加强调经过充分论证的、具有可行性的法律制度设立方法及技术。为了使法律制定者在制定和论证船舶登记法的形式和实质方面充分发挥作用，本章论述了影响船舶登记法律制度的政策因素，讨论了船舶登记行为产生的法律效果，指出了法律对一国船舶登记模式的作用和影响。政府在船舶登记法律制度的确定问题上，需要综合考量以下问题：政策如何有效贯彻；法律效果如何实现；具体登记模式如何塑造。

确立一国的船舶登记法律制度，无论是最初制定还是嗣后修订，均需综合考虑众多因素。从制定者角度出发，船舶登记法律制度的确立使得本国航运政策得以有效推行。不同时期的船舶登记法律制度体现并贯彻国家在某个特定时空的航运及贸易政策。同时，由于船舶登记本身的属性，使得政府在制定船舶登记法律制度时应当考虑到公私权利的平衡。

船舶登记行为经法律规则约束而产生了法律上的效果。透过登记，船舶取得登记国的国籍，可以悬挂登记国国旗。这使得船舶受到登记国国内法管辖并且享有公海航行权，登记国也因此对船舶负有国际法上的义务。而就登记条件而言，一国国内法决定船舶登记条件这一规则为国际法所承认。登记完成后所制作的登记文件成为船舶国籍的有力证明文书。因此，船舶登记条件的设定是国内法应当谨慎进行的工作。

法律固化船舶登记行为，使其规范化。不同船舶登记模式的产生、发展以及演变过程表明，法律制度塑造了一国的船舶登记模式。通常来讲，船舶登记法律制度包括船舶登记条件规定及其配套法律措施。政府与航运从业者在船舶登记的选择问题上总是站在不同的立场。因此，船舶登记法律制度的制定者需要平衡好政府立场以及商人立场。

下一章讨论船舶登记在国际层面产生的法律冲突，将提出冲突产生的原因以及冲突带来的问题，国际社会采取了何种方法试图解决这些问题。人们将发现，法律冲突带来了登记资源再分配。意识到这一点，一国政府能够更加全面地对本国的船舶登记法律制度予以定位。

第三章　登记地选择引发的船舶管辖冲突

选择登记地成为航运企业经营管理中的一个关键策略。资本投入、人力投入、管理投入等成本性事项都与登记地息息相关。除经济因素，登记地的选择还涉及政治、文化、语言、法律等方方面面问题，是一个综合、多方面的企业经营决策。而就法律方面来讲，登记地的选择还关系到船舶国籍确定以及船旗国法的适用。

因国情的差异以及政治经济目的的考虑，各国船舶登记法律规定并不一致。由于经贸往来和国际贸易需要，国家相互之间对他国船舶航行权的认可、国际社会对船旗国船舶管辖权的性质和范围的共同承认以及国内法对具有外国因素船舶的登记开放，给船舶登记地的选择提供了现实中的生存空间及法律上的可能性，也意味着航运从业者可以通过选择登记地来选择法律，世界范围内的船舶资源因登记而进行了再分配。登记地选择以及登记国管辖不力也引发了争议，一些国家的船舶登记相关法律被认为是海上事故产生的根源。为了解决这些问题，国际社会试图从船旗国、港口国以及船舶质量方面建立一套统一的船舶监管标准。

本章关注船舶登记领域的登记地选择现象，分析登记地选择的原因及登记国法律制度差异对登记地选择的影响，解释登记地选择产生的法律基础以及船旗国对船舶管辖不力所引发的船舶监管质疑和责难，并论述了国际社会为解决这些问题而进行的协调和努力。观察面对登记地选择，船舶企业和各国政府在船舶登记法律问题上的不同立场。

第一节　登记地选择：航运从业者的商业利益

登记地给航运业者带来的商业利益可能是完全不一样的，航运从业者能够通过登记地选择较为宽松的法律监管环境。影响航运从业者选择登记地的因素众多，不同船舶所有人决策的侧重点不一。其中登记国法律制度的差异对登记地选择的影响是一个重要因素。本节讨论航运从业者为什么要进行登记地选择，影响航运业者选择登记地的因素有哪些，分析法律制度与登记地选择之间的关系，并探讨在登记地选择这一既存事实下政府制定一国船舶登记法律制度的应有态度和目标。

一、登记地与商业利益

对于船舶经营者而言，船舶登记地的选择是一个重要的商业决策。不同的登记地给航运从业者带来的商业利益差异有可能是巨大的。对于其相对方登记国而言，登记在其名下的船舶在带来责任的同时也带来了收入。①因而，船舶所有人面临可选择众多登记国的状况，使得其必须权衡登记地的相对优势以及不同可替代国之间的劣势②。从这个角度而言，自船舶国籍可同其所有人相分离之日起，为船舶选择国籍便成为其所有人的第一决策事项。③

对于选择到其他国家登记的船公司而言，业界已经发展出了一套独特的公司结构用以保护实际所有人。这类公司结构中通常包含 4 个有效组成部分④：1.实际所有人；2.单船公司；3.控股公司；4.管理公司。通常，实际所有人是船舶真正的船东，单船公司则设立在开放登记国用以保护实际所有人的其他财产不会受到船舶官司的牵连。控股公司设立在税收优惠的国家，其资产是各个单船公司的股份，控股公司的股权为实际所有人持有。管理公司则负责船舶的日常业务，管理公司的设立地点往往会选择在业务较为便利的航运中心。如此一来，实际所有人便可以避开登记国主管机构在税收以及其他方面的监管。

---

① J Hoffmann，RJ Sanches & WK Talley，*Determinants of Vessel Flag*，Research in Transportation Economics，2004，12（1），pp.173 - 219.

② Martin Stopford，*Maritime Economics*（*3rd Edition*），London and New York，Routledge，2009，p.669.

③ Luo M，Fan L，Li K，*Flag choice behaviour in the world merchant fleet*，Transportmetrica A：Transport Science（2013）9（5），pp.429 - 430.

④ Martin Stopford，*Maritime Economics*（*3rd Edition*），London and New York，Routledge，2009，p.673.

因为航运贸易是一项国际范围内的流动性业务，因此船舶所有人可以选择将船舶及公司登记在特定国家，而这个国家的海商法通常能够提供一个较为有利的商业环境。①维持一艘船舶的成本通常而言包括船舶资本投入费用、船舶营运费用以及货物处理费用等主要事项。对于船舶所有人而言，将船舶登记在一个国家可能在法律管辖权方面带来下列影响：其一，税收、公司法和金融法。公司若将船舶登记在一个国家便会受到该国商法的约束，涉及公司税收、公司结构、账目审计、人员雇佣以及责任限制等会影响生意业务的事项。其二，海事安全公约的遵守。船舶受到所属国制定的建造及运营安全法规的约束。1974年《海上人命安全公约》（以下简称SOLAS公约）的缔约国与非缔约国，所遵守的安全义务可能是不一样的。其三，船员及就业方面。公司会受到所属国关于船员、雇佣以及工作条件相关法律的约束。其四，海军保护及政治容许度。这个因素今天越来越少为船公司所采用，但在战争地区转换船旗能够获得更强大海军的保护。②

对于航运从业者而言，法律冲突使得其可以对登记地予以选择，选择登记地便等于选择了登记地的法律管辖。因此，这更多涉及的是国家如何对待登记船舶而不是登记船舶怎样才可以悬挂某个国家的船旗。而对于登记国政府而言，其可以通过法律改变影响航运从业者选择的因素，以吸引船舶所有人选择本国作为登记地。例如，根据1995年《商船航运法》的规定，英国的船舶登记可以开放给满足条件的希腊、挪威、丹麦船东。这个过程中，法律制度对船舶登记的影响和引导便得以体现出来。事实上，大多数国家的船舶登记均开放给所有当事人而不论其国籍，只要满足申请要求即可。

除前述原因以外，船东甚至可以通过更加复杂的商业结构将自己从下列事务中隔离开来：商业风险、财务负担、所得税或营业税、工会合同、安全雇员及其他商业规则、货物优先方面的限制，等等。③

---

① Martin Stopford, *Maritime Economics*（*3rd Edition*），London and New York，Routledge，2009，p.85.

② Martin Stopford, *Maritime Economics*（*3rd Edition*），London and New York，Routledge，2009，pp.666－667.

③ Elliot Schrier, Ernest Nadel and Bertram E. Rifas，"Forces Shaping International Maritime Transport"，*World Economy*，vol.7（1），1984，p.90.

二、影响登记地选择的因素

选择登记地（又被称为“船旗选择”）是船舶运营中的重要决策之一，不同公司在选择船籍的过程中认为重要的因素不一样。本书将影响航运从业者选择登记地的因素总结为下列主要类别：成本因素、船舶因素、经济政治因素和其他因素。成本优势、船舶建造、航运历史、对外贸易以及融资发展状况均是最重要的影响因素，其次是航运政策和技术发展的整体水平，而沿海贸易的影响力则相对较低。①除此以外，船舶上的劳动力成本是影响船舶所有人考虑的最重要因素。劳动力的生产力，也就是熟练船员技能的获得。研究表明，英国的船舶运营企业中劳动力和雇佣人员因素占据其选择国外登记所有因素的39%。②在有的登记国，要求船舶雇佣的人员必须为本国公民，而有的国家则没有这个限制。除此以外，不同国家劳动力的雇佣条件也是不一样的。有的国家要求给予船员以一定条件的待遇，有的国家则没有如此严格的要求。有的国家工会的力量很大，劳工的地位较高，有的国家劳工影响力相对较小。

船舶自身的特点，比如船龄、船舶大小、从事贸易的类型、船型、建造国、船级社、营运范围以及船舶经营者所在国家等因素同样会影响到船舶所有人的选择。有研究表明，随着船舶船龄的增加所有人选择外国登记地的可能性会减少。这与开放登记船舶都是质量较低、船龄较老的印象并不相符，这一方面与登记国为吸引新船而给予其折扣和其他利益有关，另一方面也与老船无法满足国际标准进行国际贸易有关。③而大船选择出籍的可能性较小船要高，因为大船参与国际贸易更多，需要的国际便利性也就相对较高。此外，船舶所有人通常选择船舶建造地进行登记的比例也相对较少，这同船舶的人工成本息息相关，也有可能是为了避免造船国对其予以监管。从事远洋运输的船舶特别是集装箱船更多地选择登记在国外，而从事沿海运输和旅客运输的船舶选择内国的比率

① Hong-Oanh Nguyen，*Explaining variations in national fleet across shipping nations*，Maritime Policy & Management，38：6，2001，p.580.

② Angela Bergantino & Peter Marlow，*Factors influencing the choice of flag：empirical evidence*，Maritime Policy & Management，1998，25（2），pp.157－174.

③ See J Hoffmann，RJ Sanches & WK Talley，pp.183－184.

相对较高一些。

经济因素中，税费是一个重要的考量。航运如此便宜是因为运费并不是决定货物运输需求和市场的主要因素，这从另一个侧面说明了航运业一定时间内在控制成本方面是较为成功的。①举例来说，一些开放登记国只对在本国登记的船舶征收登记费和吨位税，而另一些低税收国家还与他国签订了税收协议。这对于税费较高国家的船舶所有人来说，是具有极大吸引力的措施。

资本市场的自由度也是衡量因素之一。航运企业都希望受到较少的外部干预并可以降低高昂的履约成本。有的国家允许外国资本自由进入本国市场，有的则出于保护本国经济安全的考量而对外国资本控制较为严格。对公司的监管问题同样需要考察。有的国家允许进行股份登记，有的则不允许。有的国家公司监管较为松散，有的国家则十分严格。金融机构的态度也会影响船舶所有人的决策。有时金融机构会指定登记地要求船舶所有人到特定地点登记，作为贷款或融资的条件。

社会经济变量对船舶登记地的选择同样会带来影响。发达国家的船舶经营者更倾向于人均 GDP 以及人类发展指标（如识字率、预期寿命）较高的国家作为登记地。②政治方面，船舶所有人也需要考察很多问题。如一个国家有没有贸易限制、有没有国籍歧视待遇、有没有法律冲突的选择自由、有没有海洋环境的保护问题，以及有没有沿航运输权的限制问题。当一艘船舶希望在某个国家进行登记时，理想的政治环境应当是政局稳定的环境、宜商的环境、限制较少的环境以及开放的环境。

法律要求方面，如果国家签署的 IMO 等安全、环保公约较多且船舶事故率较少、信誉良好，则在其他同等条件情况下同样会成为优先选项。以中南美洲为例，巴拿马和安提瓜的船舶不大容易被留置，而圣文森特和格林纳丁斯、洪都拉斯和玻利维亚的船只被检查、港口国管制和行政拘留的概率则较高。③

此外，其他的因素也会对船舶登记地的选择产生影响。传统地，船舶考虑出籍是因为采取开放登记的方便旗国家能够通过低登记费用、雇佣外国劳工、

---

① Martin Stopford，*Maritime Economics*（*3rd Edition*），London and New York，Routledge，2009，pp.73－74.

② See Angela Bergantino & Peter Marlow，p.174.

③ Angela Bergantino & Peter Marlow，*Op. cit*.

低税收来节约成本，同时可以在履行环境及安全法规方面低标准，也可以避免政治性的限制。现在一些其他的因素也会影响船东的出籍选择，比如效率（港口国检查影响）、认证，与金融及物流等支持集群的连接（提高物流绩效）以及网络安全，等等。①包括船旗国的历史，当船旗国历史较长时，意味着其国际声望较强，船旗国对于船舶的保护作用较强。船舶也可能会出于贸易航线原因而选择航行和停泊于比较方便的登记地。再比如文化环境，以新加坡和中国香港为例，这两个登记地近年来迅速崛起，原因就在于东亚船舶运力的快速成长。同为华人地区，又占据地缘优势和文化优势，使得这两个地区成为亚洲船舶的理想登记地。再比如国防和安全因素，如果一个国家政局动荡不安，船舶所有人也很难会选择到该国进行登记。

三、登记地选择与登记国法律制度的差异

船舶登记实际上是国家与船舶建立联系的行政手段，涉及船舶所有人进行登记的法律义务、国家对登记船舶的控制、登记条件的多样性以及外国登记船舶的认可等事项。②不同登记模式表明了船舶登记差异背后的原因。出于保护航运以及维护运力的目的，内国登记国仍然限定只有本国船只能够进行登记。方便旗登记国则希望获取登记收入和扩充本国船队。第二船籍登记国旨在对抗方便登记带来的冲击。而光租登记则是经济融资需求的产物。基于不同国情，各国政府所制定的船舶登记法律规范自然分化出了不同规定。

船舶登记条件差异具体表现为三个方面：一是对船舶登记所有权的要求。有的国家要求船舶登记所有人必须为本国公民或本国企业，有的国家则允许船舶登记所有人可以是外国人和企业。还有国家采比例制度，虽然允许船舶所有权中有外国因素，但要求一定比例的本国份额。二是对登记船舶的要求。有的国家登记船舶的范围较为宽泛，钻井平台以及气垫船均包含在内，有的国家登记船舶的范围则相对较窄。三是对船舶物理数据（尺寸、船龄和船级）的要求。有的国家根据尺寸对船舶采取不同的登记方式，大多数国家均要求登记船舶需

---

① 参见联合国贸发会（UNCTAD）：《2019年海运综述》（RMT），第38页。

② Eric Powell, *Taming the Beast: How the International Legal Regime Creates and Contains Flags of Convenience*, 19 Ann. Surv. Int'l & Comp. L. p.270 (2013).

维持在一定的船龄以下，也有放宽船龄限制的情形。有的国家要求船舶在登记前进行船检，有的国家则不强制船检。

除此以外，船舶登记配套法律规定也多有差异。国家对于船舶登记的税费征收方式是不一样的。举例来说，较多国家对本国登记船舶征收吨位税，也有国家征收所得税和营业税。有的国家除吨位税外不再征收其他税费，有的则还需缴纳其他税费。国家对于船舶登记的融资也有不一样的规定。有的国家法规较为严格，目的在于防止金融欺诈和维持本国金融安全。有的国家法规则较为宽松，鼓励商业借贷。国家的劳工政策规定也不一样。有的国家劳工标准较高，有的则相对较低。

登记国法律的众多差异便成为影响航运从业者选择的关键因素。在现代国家，政府的政策和措施要想获得实施，就必须将其转化为法律。规定登记船舶条件的船舶登记法律法规会对船舶的贸易限制问题、国籍待遇问题以及航行权等问题产生直接而深远的影响。而规定船舶登记配套措施的法律法规则会影响税费、劳动力、公司以及资本等方面问题。吸引大量外资船舶登记的国家，大多是船舶登记法律制度较为健全且监管较为宽松的国家。

如果船舶登记法律制度十分严苛，那么其不大可能会成为船舶所有人的选择。但如果法律制度太不健全，则船舶所有人亦会对该国的投资环境产生疑问。方便旗登记国早期监管松弛导致这些国家受到国际社会的指责。反对方便旗登记的观点认为正是因为这些国家的放纵，才造成了船舶事故。近年来许多方便旗登记国都在积极完善本国法律，有的甚至将船舶所有人所在国的法律移植到本国，以使本国的法律能够为船舶所有人接受。第二船籍登记国的路径则相反，这些国家的法律制度相对健全且完善，但与方便旗国家相比法律规定较为严苛。因此第二船籍登记国采取了宽松改革，对本国法律予以调整，吸引船舶到本国登记。

很显然，船舶登记法律制度之间缺乏统一性，这可能导致航运业的安全及法律问题。①正视国家间的差异是制定适宜的船舶登记法律制度的第一步。世界范围内，登记法律冲突是一个既存事实，由于发展阶段以及经济水平的不平衡，

① Xhelilaj Ermal & Ksenofon Krisafi, *International Implications Concerning the Legal Regime and Policy of Ship Registration*, Constanta Maritime University Annals, Year XIV, Vol.19, p.326.

总会有国家或地区能够提供更便利和低廉的登记服务。所以船舶登记法律制度的改革不应当仅仅是减少税费和打价格战，仅仅着眼于对外国船舶提供低价服务。政府应当使法律制度能够走得更远一些。

因而接下来需要讨论这样一个问题：如果一国政府希望改革本国船舶登记法律制度，那么什么样的方法是比较适宜的。当然，实践中一定会出现尽管法律制度不健全，船舶所有人仍然到该地区登记船舶的情形，只要法律冲突存在，这种情况就可能存在。认清这一点，政府才能更清晰地看待本国的船舶登记法律制度改革。健全的法律制度创造稳定的商业环境，船舶登记法律制度的改革应当朝向这个方向发展。同时，法律制度也要创造和维护一个宜商的环境。如果法律太过严苛，则不但外国船舶不会到本国登记，本国船舶也会流失。所以，政府如果希望本国的船舶登记法律制度适应航运环境的变化，一方面应当完善船舶登记相关法律法规，另一方面则应当创造更加宽松的法律环境。那么，在制定船舶登记法律政策时，政府的目标就不应当仅仅是吸引船舶到本国进行登记，而应当思考如何通过船舶登记法律制度促进本国航运产业的发展和变革。

第二节　登记地选择的法律基础

商人用脚投票，自由选择登记地能够实现的前提在于主权国家船舶登记法律之间的差异和冲突。国家约束同一个社会领域的法律总是会存在或多或少的差异。这种差异产生的原因是多方面的，地理位置、文化传统、人文环境、经济理念、政治制度，等等。在前述众多原因之中，其他原因的发生具有随机性、偶然性和独特性，政经目的往往是政府希望把控社会规则的重要因素。

本节讨论船舶在国际上实现航行自由的几个法律要素：对他国船舶航行权的承认、船舶管辖权原则的确定以及对外国船舶登记的开放程度。指出由于各国政经国情的不同，各国的船舶登记法律制度必然会存在差异。二者综合作用使得船舶登记领域法律冲突的产生成为必然。

一、对他国船舶航行权的承认

出于海上贸易及商业往来的需要，各国通常会允许外国船舶进入本国港口及沿海区域[①]，这就为船舶剥离所有权束缚并在域外进行登记创造了法律上的可能性，其根源在于各国在一定范围内承认了外国法的域外效力。在国际私法理论上，礼让说曾经是国家愿意承认他国法律效力的学说依据。现代学说则认为这是为了使得交易或事件的合法当事人的合理期望能够得到实现。下述例子便是个很好的说明，"从理论上讲，英格兰法院对除英格兰当事人以外的所有诉讼当事人紧闭大门，也许是可以的。但如果他们那样做，不但外国人会受到严重的不公正对待，英格兰人也会如此。一个在格拉斯哥与苏格兰人或在巴黎与法国人订立了合同的英格兰人，将不能在英格兰强制执行该合同；而如果其他国家的法院采取了同样的原则，那么该合同在世界上任何国家都不可能得到强制执行"。[②]

国际海洋习惯法以及此后通过的国际公约对各国船舶的航行权予以了承认。航行自由是国际社会公认的基本海事原则，而后 1958 年《公海公约》和 1982 年《海洋法公约》以立法形式明确了公海自由原则，其中包括但不限于[③]各国承认悬挂他国旗帜船舶的公海自由航行权，即船舶可以在公海不受干扰地航行至任何国家。国际公约将海洋分为了领海、大陆架、专属经济区以及公海等区域。在这些区域中各国承认船旗国对于本国船舶的专属管辖权，沿海国亦承认他国船舶在本国领海的无害通过权，但因主权也可以管辖船舶在其领海范围内的通行和活动。

在这样的法律体系下，国家通过船舶登记在船旗国法的指引下规范和管辖本国船舶。一方面船舶在公海上享有航行自由，沿海国为了贸易和航行便利允许外国商船在其管辖水域无害通过。另一方面，所有船舶均需进行登记，但登记的具体条件和程序则由各国国内法予以规范。[④]船舶因此可以在任何允许其登

① 大航海时代早期，一些国家出于保护本国商业利益考虑曾经只允许本国船舶经营本国海上贸易，但这么做的前提在于这些国家本身拥有广袤的殖民地及海外领地，典型代表如西班牙、英国等。不过无论从历史上来看还是随着殖民地的瓦解和海洋开发的兴起，这类现象在世界航海贸易中只是个案。

② ［英］莫里斯：《戴西和莫里斯冲突法》，李双元译，中国大百科全书出版社 1998 年版，第 6 页。

③ 根据《海洋法公约》第 87 条的规定，公海自由还包括飞越自由、安装海底电缆的自由、建设人工岛的自由、捕鱼自由以及其他权利。

④ 具体案例及公约规定参见第二章内容。

记的国家进行登记，并且船舶在世界范围内的航行权不受主权管辖及沿海国地域管辖以外的限制，这使得船舶所有人选择登记国成为可能。

而这正印证了国家承认外国法域外效力的原因。任何国家都需要通过航运来发展本国贸易，如果一国不承认他国船舶在海上的航行权，那么其本国船舶的航行权也无法得到别国的承认，这无疑会给商业贸易带来阻碍。因此国际条约协商一致，给予所有国家船舶在公海和领海上以航行权，并且承认船旗国的专属管辖权。各国国内法亦同意船舶进入本国管辖海域进行运输和商贸往来，从而使得船舶获得了登记在他国依然可以经营和活动的法律空间。

二、国际范围内船舶管辖权的平衡与协调

船舶特别是远洋船舶需要在世界各地往来，运输货物和进行贸易交流，在不同国家和地区的沿海和港口穿梭。因而需要明确哪一个国家可以对船舶实施管辖并实质上约束船舶。常见的一些选项有船舶所有人的国籍国、船员的国籍国、事故发生地所在国等，甚至还存在更加复杂的多重管辖可能性。①

历史上，船旗国似乎成了确定船舶相关法律问题的关键连接因素，是最古老和最普遍受到认可的海商法规则。早在19世纪，公认和通行的做法是适用船旗国法调整船长、船员、船舶与第三人的关系。Lloyd v. Guibert案中布莱克本法官在论述船长的权利应当由哪个国家的法律规定和约束时指出，“船长的权利是由船旗国法授予……不应依据船舶可能偶尔到达的港口国法律而发生改变”。②

出于维护本国海洋利益的考虑，沿海国对于海域管辖是较为积极的。领海是国家主权的组成部分，作为主权国家有义务在领海范围内行使主权。然而一个国家对沿海水域的管辖和规制并不是毫无限制的，一方面是因为不受限制的管辖权可能会导致管辖冲突破坏商业交流，美国最高法院大法官杰克逊在Lauritzen v. Larsen案中强调了这个见解，“海上商业活动的优点和功能在于其能够与众多国家具有频繁且重要的联系。如果每一个国家都为了眼前利益而拓展其权力的界限，则管辖的相互冲突和重叠带来的负担无疑会对国际海上运输

① Eric Powell，Taming the Beast：How the International Legal Regime Creates and Contains Flags of Convenience，19 Ann. Surv. Int'l & Comp. L. p.264（2013）.

② 33 L.J（N.S.）241（1864），p.248.

造成损害”。[①]另一方面则是域外管辖可能会导致国家主权问题。美国大法官马歇尔曾指出，“国家在其领土范围内的管辖权是排他的和绝对的”。[②]因此在陆地上，国家可以基于主权宣称外国势力在其领土边界内缺乏管辖权。主权国家同样会反对外国人将管辖权延伸到本国海域或属于其主权管辖的船舶之上。[③]在国家属地理论的影响下，延伸出的理论是将船舶作为国家领土的延伸以及支持“浮动领土”理念。

但船旗国法的适用也面临一些问题，如外国船舶与本国商人进行商业活动时，是否需要以外国船舶登记国法律作为民商事法律关系的准据法。另外，本国船员与外国船舶签订雇佣合同时，如果一味适用外国船旗法管辖此类案件，会对船员的利益带来损害。[④]船旗国法的适用在国际司法实践中也存在一些例外。1927 年常设国际法院在“莲花案”[⑤]中讨论到土耳其是否可以对在公海撞击土耳其船只并致船上人员死亡的法国船上管理人员行使管辖权时，在肯定船旗国公海上地位的同时，也指出本案是一个特殊的案件，由于法国船上管理人员对土耳其船舶造成了影响使得本案存在并行管辖权。[⑥]但本案的判决后来被 1958 年《公海公约》和 1982 年《海洋法公约》所改变了，公约仍然将公海上发生的船舶碰撞管辖权归于船旗国。

事实上，当船舶驶入其他国家领海范围内时很容易同沿海国主权发生冲突从而引发法律冲突问题。在这种情况下，沿海国和船旗国面临平行管辖的问题。因此现代国际法理论认为“浮动岛屿”的法律地位与沿海国家的主权地位都不是绝对的，两者也不能够同时存在。[⑦]“目前国际法普遍的关注点在于船旗国的管辖权应当被认定为是沿海国和港口国管辖权的补充而不是竞争关系。”[⑧] 1958

---

① 345 U.S. 571，581（1953）.

② The Schooner Exch. v. McFaddon，11 U.S. 116，136（1812）.

③ See Eric Powell，p.265（2013）.

④ Currie，David P. “Flags of Convenience，American Labor，and the Conflict of Laws.” *The Supreme Court Review*，vol.1963，1963，pp.34－100.

⑤ S.S. Lotus（Fr. v. Turk.）1927 P.C.I.J.（ser. A）No.10（Sept.7）.

⑥ *Id*. at 23.

⑦ ［加］威廉·泰特雷：《国际冲突法：普通法、大陆法及海事法》，刘兴莉译、黄进校，法律出版社 2003 年版，第 119 页。

⑧ ESCAP，Guidelines for Maritime Legislation，2Ed.，Bangkok，p.10.

年《公海公约》[1] 将船旗国管辖确立为船舶管辖的主要原则，并被后来的1982年《海洋法公约》所继承。此外，1982年《海洋法公约》[2] 将国际习惯中的无害通过权以立法形式确定下来，便是平衡两者之间关系的一个体现。

在各国主权管辖范围之外的公共海域，自威斯特伐利亚体系确立起来的主权国家理念给船舶登记国赋予了针对船舶的监管权、刑事以及民事管辖权。[3]就所有国家共同的海洋利益而言，选择船旗国管辖船舶在公海上的事务是最早为国际习惯所认可的。各国国内法[4]中，大多数规定了船旗国法的具体适用范围，涉及合同、侵权、物权、责任限制、船长的权利、船员雇佣合同、共损分摊、公海碰撞及海难救助等方方面面的问题。有的国家也认为即使在国外，只要是船舶内部事务也应当由船旗国法调整。如美国法确立的原则是船旗国法还适用于在另一个国家领水内发生的只涉及一艘船舶的海事侵权，只要所有侵权事实均发生在船舶内部并没有对沿海国或船舶以外的人造成任何影响。[5]许多国际公约也规定了船旗国法的管辖事项。其中绝大多数确认了这样一个原则：船旗国有权对船上的运营事务以及人员行为行使管辖权，同时船旗国也应当基于礼让原则对他国的合理利益予以保护和规范。经1958年《公海公约》和1982年《海洋法公约》规定，公海上的船舶，接受船旗国的专属管辖。在此基础上1982年《海洋法公约》进一步指出，船舶与船旗国必须存在真正联系，并且船舶受船旗国控制。[6]

三、船舶登记的限制与开放

作为国际法上的一项义务，船舶登记是由各国国内法予以规范的，国际法将决定船舶登记条件的权利赋予国家[7]，因而各国均应尊重他国的登记方式。

---

① 参见《公海公约》第5、6条，《联合国海洋法公约》第91、92条。

② 参见UNCLOS第三章具体规定。

③ Boleslaw Adam Boczek, Flags of Convenience: An International Legal Study, Harvard University Press 1962, p.158.

④ 具体法律规定可参照1894年英国《商船法》第265条、1982年希腊《海事私法法典》第9条、1982年加拿大《航运法》第275条等。

⑤ ［英］莫里斯：《戴西和莫里斯冲突法》，李双元译，中国大百科全书出版社1998年版，第191页。

⑥ 参见1958年《公海公约》第6条、1982年《联合国海洋法公约》第92条和94条。

⑦ 1982年《联合国海洋法公约》第91条，每个国家均应确定其授予船舶国籍的条件。

实践中船舶登记制度千差万别，一些国家允许外国船舶所有人将船舶登记在该国，另一些国家则提出本国船舶的所有人必须为本国公民，还有一些国家要求船上工作人员必须有本国公民，而另一些则规定船舶必须在本国进行建造。这就使得无论登记本身是否存在问题，唯一能够决定或质疑其有效性的只有对船舶享有排他管辖权的登记国①。而国家之间在诸如船舶国籍、船舶融资环境、人力成本、税收等影响船舶选择登记地的领域存在国家利益及客观立法上的差异。立法方式、立法技术以及执行法律的政策差异都可能会影响该国航运业的融资、竞争及争议解决等领域的发展。②

前述国际体制赋予各国设定登记规则的极大自由度，如果所有国家均不允许他国船舶在本国进行登记，那么或许船舶所有人直接将船舶登记至他国的做法也不会如此盛行。所以登记地选择还涉及另一个前提：一国国内法律给予外国船舶所有人以及外国船舶以何种地位和待遇。当一国给予外国船舶以本国船舶相同的待遇时，外国人愿意接受该国管辖的意愿便会大大上升。当所有国家都不给予外国船舶以地位时，法律冲突不会产生。当所有国家给予外国船舶同样待遇时，法律冲突也不会产生。正是由于国家给予外国船舶不同待遇才造成了当事人对于法律的选择。实质上，这是法律差异问题的延伸话题。

而这个问题反映的是船舶登记法律规范的调控作用之一：船舶的市场准入。采内国登记法律制度的国家，不允许外国船舶在本国进行登记，同时也不允许外国船舶所有人参与本国船舶经营的业务。早期航运国家限制外国船舶登记的实质用意便在于此。采方便登记制度的国家，不但允许外国船舶在本国进行登记，还为其提供各种便利。这些方便旗登记国开放了本国船舶的经营市场，目的在于吸引外资进入本国航运产业，从而带动本国经济的发展。

需要特别指出的是，即便政府通过船舶登记法律允许外国船舶进入本国市场，但进入本国市场的程度国家间也是有所差异的。前文提到，国际法规定公海上的运输权是开放的。而到了领海各国政策则有所差别，领海内允许船舶无

---

① Lauritzen v. Larsen, 345 U.S. 571, at 584 (1953).

② XHELILAJ ERMAL & KSENOFON KRISAFI, *International implications concerning the legal regime and policy of ship registration*, Constanta Maritime University Annals, 2013, vol.19, issue 1, p.327.

害通过，但当涉及运输权时，为了保护本国利益，许多国家都规定只有本国国籍船舶能够经营沿海运输。由于受自由贸易主义思潮的影响，诸如 WTO 等国际组织均呼吁航运保护政策应当减少，但在沿海贸易运输的问题上，大多数国家还是作了保留。

可以看到，一方面由于各国政治经济目的不一致，它们对待外国船舶的登记问题便会存在不同态度。而这种不同的态度导致各国的船舶登记立法因政策导向而具有差异。另一方面基于国际法，船舶在不同的国家进行登记不影响其经营和运输，航行权得到所有缔约国的确认。自然两者综合作用的结果是，各国法律在船舶登记领域产生了冲突。船舶所有人可以选择不同国家进行登记，接受登记国法律的管辖而不受本国法约束。这是造成登记地选择的法律基础。本书在接下来的一节，将重点探讨航运从业者选择登记地的商业考量以及登记国法律对于登记地选择的影响。

第三节　实施有效管辖的国际实践

船舶登记涉及船舶的主权管辖，而船旗国管辖原则已经为司法实践和国际条约所接受。然而在船舶自由发展的今天，要使船旗国有动力及有能力去有效管辖本国船舶是一件较为麻烦的事情。船舶登记的产业化使得国际社会发现法律对此又存在一定的监管真空。本节讨论船舶选择登记地的同时带来了船旗国监管不力的问题，探讨这些社会问题与船舶登记之间的关系，论述国际社会为解决船舶登记法律冲突所进行的尝试：从船旗国和港口国不同方向同时加强监管并制定相关国际公约和协定，约束和解决登记地选择带来的负面效应。

一、登记地选择引发的责难

船旗国为主，沿海国及港口国为辅的国际船舶管辖体系构筑在国家间的共同利益和相互信任基础之上，但提供“登记服务”的国家却被批评与船舶之间缺乏最低限度的联系。并且航运从业人员的国际性（船东、船舶经营人、船长、船员可能分别来自不同的国家）也使得船旗国的管理更加复杂。因此，当船旗国无力执行①对船舶的监管时，国际社会提出两个问题：其一，什么样的国家可能会不监管其本国登记船舶，这样做的后果是什么；其二，当登记国在船舶的监管问题上无所作为时，其他国家如何在法律上能够有效地保护本国的利益。

受到责难也是有原因的，20世纪最为著名的海事灾难中均有方便旗身影的出现：1967年的托利堪庸号事故、1978年的卡迪兹号事故、1989年的瓦尔迪兹号事故、1990年斯堪的纳维亚之星号事故、1996年的海皇号事故和1999年的埃里卡号事故、2002年的威望号事故中船舶均悬挂了方便旗，并且开放登记国船队的事故记录也远远高于传统海事国家。批评者通常认为，方便旗登记使得国家的监管力度减弱②，也造成了劳工权利的损害③，同时还引发了环境生态等后续问题。

1. 登记国安全监管不力

开放登记的发展以及在国际范围内雇佣船员的实践为各国的船舶所有人节省了成本的同时也为船员在世界范围内提供了新的就业机会。然而这一转变却使得商船队的品质和船员的控制成了问题。对于那些提供船舶登记服务的国家而言，登记收入对于该国经济十分重要。对于船舶企业而言，低廉的登记费用是对其运输成本的节省，并且对国际贸易而言也有好处。但这样的共赢局面却以众多的污染事故为代价。

有观点指出，船旗国直接执行或通过船级社这个中间机构间接执行其本国法律规定的制度下，许多国家似乎在削减船队行政管理支出，或者将登记作为一项增加本国收入的产业。这类国家以及一些小国并没有预算或者行政监管能力来确保本国商船队能够符合IMO的要求。船级社在确保这些国家登记的安全、适航以及船舶质量方面发挥着越来越重要的作用。但一个普遍的共识是船级社以及认证市场上的高度竞争使得一些船级社会为了留住客户而“偷工减料”。④

① 无力执行可能是由于船旗国本身的“不情愿”或客观监管条件限制，也可能是由于船舶根本就不停靠船旗国使得登记国家与船舶之间的联系微乎其微。

② William Tetley, The Law of the Flag, “Flag Shopping,” and Choice of Low, 17 TL. MAR. L. J. (1993), p.174.

③ Tina Shaughnessy & Ellen Tobin, Flags of Inconvenience: Freedom and Insecurity on the High Seas, 5 J. INT'L L. & POL'Y 15 (2006-07), pp.18 - 19.

④ See J Hoffmann, RJ Sanches & WK Talley, p.174.

UNCTAD秘书出于1981年发布的报告《针对开放登记问题采取行动》[1]中，对于为什么方便旗登记国比与船舶具有实际联系登记国的安全监管要低这一问题，给出了十个原因：

（1）真正的船舶所有人都不是能够立即识别的（部分是因为难以识别，部分是因为没有识别的动力），因此相比较那些采用通常登记制度处于本国海事行政机构监管之下的船舶所有人而言，风险自然要大得多；

（2）真正的船舶所有人能够通过皮包公司而转换其身份，从而避免了被认定为不合格的经营者或风险承担者；

（3）因为船长和其他船上主要管理人员不是船旗国本国国民，他们也就无需到船旗国去，从而能够避免针对其的法律行为；

（4）居住在船旗国之外的船舶所有人可以不接受船旗国的质询和拒绝作证，也可以避免受到指控；

（5）因为开放登记船的船舶所有人对与船旗国之间保持良好的关系没什么兴趣，因此他们用不着配合船旗国的检查人员；

（6）开放登记产业缺乏通常登记制度中对于适用安全和社会标准而言至关重要的工会结构：船籍国的国内工会能够代表海员的基本权益，这些船员在与船旗国有经济联系的船舶上工作；

（7）开放登记船舶所有人可以在承担风险方面给船长和管理人员施加更多的压力，因为后者没有一个真正恰当的政府可以去申诉；

（8）港口国控制效果不佳，因为港口国只能够将不符合规范的船舶和实践报告给船旗国而缺乏对船舶所有人的控制力；

（9）船舶所有人能够及时抑制船员间的冲突，因为其能够自由更换船员；

（10）执行国际标准从本质上同登记国经营登记并以谋利作为唯一目标是不一致的。

尽管如此，也有许多人认为批评开放登记是给船舶安全带来危害的根源并不那么公平。同所有国家的船旗一样，方便旗登记制度中同样包含吨位、船龄和船体结构的要求。一些船舶为大型跨国公司所经营，比如大的石油公司，有

① 参见TD/B/C.4/220。

的则由规模较小公司营运。而一旦溢油事故发生后，人们通常将污染同名声联系在一起而假设开放登记船舶的经营人是有罪的，这是一种未进行客观分析的偏见。一些最新型的船舶同样登记在开放登记国并且许多开放登记国家也在采取措施淘汰旧船。[①]诸如利比里亚、巴拿马和塞浦路斯这些典型开放登记国均对在本国登记注册的船舶规定了船龄限制，并且主要的国际登记国均是国际安全公约的参加国。

2. 劳工权益受到损害

船舶所有人倾向于将船舶登记在劳工法律制度宽松或不健全的地区，可以雇佣相对低廉的劳动力，还可以规避严格的劳工法案和避免同本国强大工会势力抗衡。这被认为给工人带来极大损害，本国船员可能因此而失去许多工作机会，而工会也认为这样做法使得工人的工资和待遇被迫降低损害了劳工的权益。因此，世界范围内出现了抵制方便旗船舶的运动。

工人联合起来反对方便旗始于20世纪20年代的美国，由于当时许多美国船舶都转挂了巴拿马旗和洪都拉斯旗。工人运动在二战后以及1948年发展至一个高峰。国际运输工人联盟（ITF，以下简称联盟）在当时通过了一个决议试图对悬挂巴拿马旗的船舶进行抵制。1958年7月联盟大会针对开放登记船舶展开了一个世界范围内的抵制行动。其目标是：其一建立一个国际政府间的协议，就船旗和船籍或者船舶所有人、管理人以及海员的住所之间建立起真正联系，并以此来限制整个方便旗制度；其二确保在方便旗船上工作的船员无论其国籍如何都能够得到保护以免受船舶所有人剥削。[②]

联盟通过联合码头工人和装卸工人组织拒绝给方便旗船进行装卸。据国际航运联合会调查，联盟发起的运动在澳大利亚和斯堪的纳维亚得到了最多响应。虽然这场运动名为直接针对方便旗船舶不符合劳工条件的行为，但其原始动机则是为了保护传统航运国家船员的工作机会，在这些国家工资成本太高而使船舶运营的经济性有所降低。

---

① Richard Coles & Edward Watt. *Ship Registration*：*Law and Practice*. Informa Maritime & Transport，2009：29.

② Richard Coles & Edward Watt. *Ship Registration*：*Law and Practice*. Informa Maritime & Transport，2009：33.

此外，国际运输工人联盟一直希望通过与方便旗船的船舶所有人签订联盟的集体协议来固定雇佣海员的条款和条件。如果签订集体协议，则联盟的秘书处会签发一份蓝皮证书，表明协议国接受联盟制定的船上工作条件和工资。

3. 环境保护

船舶安全问题带来的另一个连锁反应就是环境问题。因为一些重大石油泄漏事故中，出事的均是悬挂方便旗的船舶。许多人认为导致事故发生的两大主要因素：未执行安全规范和便宜的、未经训练的船员，都与方便旗有密切关系。以卡迪兹号的石油泄漏事故为例，美国上诉法院第七巡回庭认为悬挂利比里亚旗的卡迪兹号石油污染事故很大程度上是由于船员的不适当训练造成的。①方便旗制度的反对者认为船舶所有人悬挂方便旗可以使其很容易地从任何问题中摆脱出来，甚至是拒绝船旗国管辖并承担责任，从而使得海洋环境受到很大威胁。

但仍然有不同的观点认为环境问题并非方便旗制度的必然产物。首先，众多的海上石油污染事故并不仅仅是石油泄漏的产物。许多情况下错误的装卸也是导致事故发生的原因。事实上，许多石油泄漏导致的环境污染都是由于不当装卸造成的。尽管发生石油泄漏的船舶有的是在方便登记国登记，但船舶营运才是海上事故的最主要原因，当然船员培训不足也是其中的一个重要促因。再者，发生石油泄漏的船舶也有在传统封闭登记国登记的船舶。最有力的证据就是瓦尔迪兹号事故，该事故中的船舶是一艘登记在美国的船舶，1989 年在阿拉斯加的海岸线上搁浅造成了该区域严重的生物污染和经济损失。

除油污事故，悬挂方便旗的渔船在公海和他国海域内过度捕捞也受到环境保护者的批评，认为这是对海洋环境的破坏。事实上，索马里海盗盛行之时，为了给自己正名，当地海盗打出的旗帜就是驱赶在本国领海和专属经济区内悬挂方便旗捕捞的渔船，维护本国渔业权益。悬挂方便旗的非法捕鱼船绕开严格监管，并借助海上区域监管差异对现有渔业资源大肆捕捞的现象引起了 FAO②等国际组织和环保人士的关注，并呼吁国际社会重视物种灭绝和世界鱼类资源的枯竭。

① 954 F. 2d 1279，1992 AMC 913（7th Cit. 1992).

② Food and Agriculture Organization，即联合国粮食及农业组织。

4. 欺诈

在方便旗登记国，真正的船舶所有人无须像在本国那样受到登记国的监管，通过在登记国设立公司即可将自己隐藏起来，相较于封闭登记国更容易逃避法律责任。船上雇佣的工作人员很有可能既不是船东所在国本国人，也不是登记国人，而是从国际市场上雇用的第三国船员，此种情况下船上人员同样不受登记国法律管辖，从而逃脱了法律的监管。即使所有人以及其他关键职员被找到了，也很有可能不受船旗国属人管辖的约束。①所有的这些情形都会导向一个局面：找不到责任的承担者。

而找不到责任承担者往往会使航运贸易商遭遇欺诈。货主有可能找不到货损货差的责任人，保险人有可能遭遇到恶意骗保，船舶承租人和出租人有可能互相逃避责任，船上附着的抵押权可能会受到侵害，碰撞、泄漏等侵权行为的受害者有可能无法获得赔偿。

航运实践中的各类迹象表明，一些船旗国未能批准和执行重要的社会和环境文书，一些船旗国未能对悬挂其国旗的船只行使有效管辖。②方便旗登记或者开放登记导致的问题是，当船旗国“不愿意”履行其国际以及国内法上的管辖和规制义务时，登记国之外的其他国家应当如何合法地保护本国的利益。与方便旗有关的问题本质上是民族主义和发展中国家对工业化国家经济依赖的征兆。③由于开放登记国在登记制度上缺乏适当的法律保障船舶安全，又缺少适当的专业船舶检验机构，国际运输劳工联盟早在20世纪30年代就开始关注方便旗船籍的问题，1948年更以实际行动抵制登记于巴拿马和洪都拉斯的船舶。国际海事组织的态度则由一开始的反对开放登记制度，转变为后来的引导、规范和监督。目前，银行、保险与港口国控制（Port State Control；PSC）三管齐下，希望能够对船舶所有人选择船舶登记地带来一些影响。④

---

① UNCTAD，Action on the Question of Open Registries，TD/B/C.4/220（1981）.

② Matthew Gianni，Real and Present Danger：Flag State Failure and Maritime Security and Safety，ITF 2008.

③ H. Edwin III Anderson，The Nationality of Ships and Flags of Convenience：Economics，Politics，and Alternatives，21 Tul. Mar. L.J. 139，170（1996）.

④ 王穆衡、张世龙、陈一平：《船舶设籍制度之探讨》，（中国台湾地区）“交通部”运输研究所2008年4月，第14页。

二、船旗国监管①

联合国"海洋法公约"体系及其之前所沿袭的海洋法一般原则和习惯法②将每一个海洋国家的角色主要分为两类：船旗国和沿海国（港口国）。"船旗国"制定并执行管理其旗下登记船舶的法律，"沿海国"（港口国）作为港口所在国则对进入其领海之内的船舶实施管辖③。在国际公约体系下，船旗国扮演了一个非常重要的角色，需要确保本国船舶在海事安保和安全以及海洋环境保护等领域的行为规范遵守国际法规则。换而言之，一旦船舶进行了登记，法律上其便成为登记国的一部分，船舶和船东都需要遵守该国的法律。船旗国在安全规制、劳工法律、环境保护以及商业事项等方面对船舶负有首要责任。船旗国被要求需要在行政上、技术上和社会事务上对悬挂其船旗的船舶实施有效管辖。

国际社会普遍认为船旗国应当是遵守国际公约框架的主要责任主体，国家有义务确保本国的船舶符合国际标准。传统地，各国可以对其本国船舶和船员行使直接控制权。然而开放登记的出现使得外国的船舶所有人可以在本国登记船舶，这就使得船舶的直接船旗国同船舶本身的联系变得脆弱，船舶与船旗国船员之间的联系也减弱了。④为了回应和解决法律冲突给航运业带来的问题，国际法试图通过赋予船旗国特定义务来加强船旗国对本国登记船舶的监管力度，因此规定船旗国与船舶之间必须具有"真正联系"。

"真正联系"这一概念出现于1955年，用以表征国家与其国民之间事实上及法律上的联系。国际法院在 The Nottebohm Case⑤ 中确立了国家与国民之间

---

① 国内外的著作中，有使用"船旗国控制（flag state control）"和"港口国控制（port state control）"的用语，也有使用 flage state performance 的用语。本书使用船旗国监管和港口国监管，其表达意义与船旗国控制和港口国控制相同。

② 此处用"体系"一词指代联合国主导下制定并实施的、围绕海洋权益的国际公约、协议，包括但不限于1982年《联合国海洋法公约》《公海公约》《大陆架公约》及《渔业协定》，IMO和ILO制定的相关公约协定等。

③ Martin Stopford，*Maritime Economics*（*3rd Edition*），London and New York，Routledge，2009，pp.656－657.

④ See J Hoffmann，RJ Sanches & WK Talley，p.174.

⑤ The Nottebohm Case（Liech. v. Guat.），1955 I.C.J. 4（Apr.6）.

应当存在真正联系这一原则。本案中，在危地马拉工作和生活的德国人诺特鲍姆为了避免成为其敌国侨民，加入了列支敦士登国籍。但危地马拉还是将其认定为德国人，没收了他的财产。列支敦士登以外交保护为由向国际法院提起了诉讼。国际法院认为列支敦士登并没有提起诉讼的立场，因为列支敦士登和诺特鲍姆之间并不存在真正的联系。对于什么样的情况叫作国家与个人之间应当具有真正联系，法院作了这样的描述：这种联系应当是一种作为社会事实基础的法律关系，一种现实存在的、利益和情感上的，加上体现各自之间权利义务关系的真正连结。①

第一次将真正联系写入文本的是 1958 年《公海公约》②。该公约将这个概念引入了船舶领域，规定国家和船舶之间必须具有真正联系，特别是对悬挂其国旗的船舶有效地行使行政、技术和社会问题上的管辖和控制。1982 年《海洋法公约》承接了《公海公约》关于真正联系的规定③，认为船旗国和船舶之间必须具有真正联系。不过，两个公约并没有给予真正联系一个确切的定义，而是将定义真正联系的权力交给了船旗国，这就使得实践中船旗国可以根据其需要进行登记。于是“真正联系”④被引入国际公约，旨在调整船旗国和船舶之间的关系。如前文所述⑤，船旗国有权自由行使对船舶的管辖权，但同时其也负有应对本国船舶予以有效管辖的义务。国际法上对这项义务的具体要求便是“真正联系”。

国际上第一次试图对船舶与船旗国之间的真正联系予以解释的尝试出现在 1978 年。彼时联合国贸发会议的政府间特别工作组发布了一份名为“船舶和船

---

① See *id*.：23.

② 1958 年《公海公约》第 5 条第 1 款规定：每个国家应确定对船舶给予其国籍、船舶在其领土内登记以及船舶悬挂本国旗帜的权利的条件。船舶具有被授权悬挂其旗帜的国家的国籍。国家和船舶之间必须具有真正的联系，特别是，一国必须对悬挂其国旗的船舶有效地行使行政、技术和社会问题上的管辖和控制。

③ 1982 年《联合国海洋法公约》第 91 条第 1 款规定：每个国家应确定对船舶给予国籍。船舶在其领土内登记及船舶悬挂该国旗帜的权利的条件。船舶具有其有权悬挂的旗帜所属国家的国籍。国家和船舶之间必须有真正联系。

④ 有关于国际法对真正联系定义的详细内容，参见文章第四章第二节“真正联系”、UNCLOS 第 91 条、第 94 条。

⑤ 参见第二章第二节第三目：船旗。

旗间存在或缺乏真正联系的经济后果”①的报告。在这份报告中，对真正联系进行了总结。指出下列因素通常与确定船舶与其登记国之间是否存在真正联系相关：（1）商船队对该国国民经济具有贡献；（2）航运收入和支出，以及船舶买卖金额均作为该国国民收支平衡的一部分；（3）船上雇佣了该国国民就业；（4）船舶的实际所有权。报告指出，真正联系包括以下四种情形：（1）登记；（2）船旗国国民拥有船舶所有权的多数份额；（3）拥有船舶所有权的法人，其主要营业场所和经营管理地点位于船旗国；（4）拥有船舶所有权的法人的主要管理人员是船旗国国民。

这个解释并没有写入国际公约之中。《船舶登记条件公约》② 是试图定义真正联系的第一个国际公约。登记公约将真正联系界定为船舶与登记国之间的经济联系③。《船舶登记条件公约》第 8 条规定：船旗国应当在其法律或规章中，对该国或其国民参与作为悬挂本国国旗船舶的所有人，或船舶的所有权，以及参与的程度作出规定。《船舶登记条件公约》第 9 条规定，登记国在实施公约的时候应当遵循下列原则：悬挂登记国国旗的船舶所配备的高级船员和一般船员中，其本国国民，或在其境内设有住所，或合法永久居住该国的人应占有一个满意的比率。对于这两项规定，登记国可以选择其一适用，或可同时遵守两项④。不过，由于所规定的生效条件并没有得到满足⑤，公约目前仍未生效。

面对这个现实，无论是国际法还是国内法层面目前已暂时抛却所有船旗国均能够有效地监督和控制本国船舶的幻想。因而强调作为唯一能够对船舶行使排他管辖权的船旗国，船舶登记国必须履行其作为国际公约参加国的基本义务，切实履行国际公约以及国内法规义务，对本国船舶实施安全检查。一方面通过国际组织“白名单”、免检、快速进出港等举措激励船旗国积极监督本国船舶，

---

① UNCTAD. TD/B/C.4/177（1978）.

② The 1986 United Nations Convention on the Conditions for Registration of Ships（UNCCORS）.

③ N. P. Ready. *Ship Registration*. London：Lloyd's of London Press，1991：17.

④ 参见 1986 年《联合国船舶登记条件公约》第 7 条。

⑤ 《联合国船舶登记条件公约》第 19 条规定：本公约在合计吨位至少达世界总吨位百分之二十五的不少于 40 个国家根据第 18 条成为缔约国之日起 12 个月之后生效。至今这个条件尚未得到满足。

另一方面则辅以港口国监管以及其他非强制性监督措施督促船旗国改进和执行法律法规。如 IMO 推出的成员国自愿审计计划①每年会对成员国的履约状况基于下列标准进行评估：（1）是否向海事组织执行条约义务；（2）是否进行了伤亡调查；（3）是否严格地授权认可机构；（4）给予海员好的培训和恰当地发证；（5）船旗国和港口国之间的良好沟通；（6）加强船公司和船东的问责制；（7）是否有制定措施保护沿海和海洋资源。除此之外，利用税收、外贸、环保等贸易措施以及非政府组织的监督等举措限制悬挂方便旗的不合格船舶。再辅助外交措施促使相关船旗国签署国际协议、履行船旗国义务并对本国的船舶登记承担责任。

三、港口国监管

港口是海上运输体系的第三大要素，是海洋和陆地的连接点②。有观点认为，发达国家试图收紧开放登记的方法主要有三种：通过国际运输工人联盟施加政治和经济压力、通过联合国决议获取国际政治话语权、通过国际协议增加港口国监管。③港口国监管作为一种补充措施，通过实施区域性的港口国安全监督，辅助船旗国对船舶实施有效的安全监管。④

港口国监管来源于国际习惯法中的沿海国家对于其内水享有完全的主权原则。根据 1982 年联合国海洋法公约，沿海国对于进入本国内水的外国商船享有完全的民事和刑事管辖权⑤。此外，1982 年《海洋法公约》规定沿海国及港口国可以在其领海内立法限制船舶的行动。“港口国和沿海国对于驶入其港口或领海的船舶，有权行使管辖权。港口国对驶入其领海内的船舶行使有限制的

---

① 关于 IMO 的成员国自愿审计计划及其相关内容，可参见该组织官网 http://www.imo.org/en/OurWork/MSAS/Pages/AuditScheme.aspx，访问日期 2023 年 2 月 28 日。

② Martin Stopford，*Maritime Economics*（*3rd Edition*），London and New York，Routledge，2009，p.81.

③ H. Edwin III Anderson，The Nationality of Ships and Flags of Convenience：Economics，Politics，and Alternatives，21 Tul. Mar. L.J. 167（1996）.

④ 马雪梅、罗卫华：《论船级社检验、船旗国监督与港口国监督三者关系》，载《航海技术》2007 年第 1 期，第 74—75 页。

⑤ 需要指出的是根据 1982 年联合国海洋法公约，沿海国的民事和刑事管辖权受到一定的限制，具体内容可参见《联合国海洋法公约》第 27、28 条。

法律权力。”[①]普遍来讲，世界范围内污染事务、适航事务、卫生事务等都归属于沿海国的管辖范围之内。[②]这些事项共涉及八个方面[③]，分别是：航行安全及海上交通管理；保护助航设备和设施以及其他设施或设备；保护电缆和管道；养护海洋生物资源；防止违反沿海国的渔业法律和规章；保全沿海国的环境，并防止、减少和控制环境受污染；海洋科学研究和水文测量；防止违反沿海国的海关、财政、移民或卫生的法律和规章。但是这类法律规章有一个限制条件，即不应适用于外国船舶的设计、构造、人员配备或装备。这是公约对沿海国和港口国管辖权的确认。

1982年《海洋法公约》使港口国成为监管责任方后，包括SOLAS公约、《国际防止船舶污染海洋公约》（以下简称MARPOL公约）以及《海员培训、发证和值班标准国际公约》（以下简称STCW公约）在内的许多国际公约都规定了港口国对船舶的监管权力。从监管角度而言，如果一艘船舶进入一个港口，则不论其悬挂哪国船旗均需接受港口国的管辖。港口国监管部门基于国际法规定可以对该船舶进行安全、卫生、船员待遇以及预防环境污染等方面的检查。发现问题后，港口国可以将问题通知船旗国并将船舶扣留直至其符合要求。有观点直言，实质上港口国监管主要是为了保护海洋环境，特别是针对悬挂方便旗的船舶经过沿海地区可能造成的危害。而并非如有的观点认为的那样是为了船员考虑[④]。

港口国监管历史可追溯至1978年，当年一些欧洲国家在海牙签署了审核船上劳工条件是否符合公约规定的备忘录。卡迪兹号事故发生之后，备忘录的审核范围扩大至安全和污染事项。直至1982年《巴黎谅解备忘录》签订，港口国监管作为一个国际法上的明确规定被确定下来。事实上港口国监管是船旗国监管缺陷的产物，并且在海上监管体系中发挥着日益重要的作用。国际法上，确

---

① Martin Stopford, *Maritime Economics*（*3rd Edition*）, London and New York, Routledge, 2009, p.664.

② Ademuni-Odeke: “Port State Control and UK Law.” *28 J. Mar. L. & Com* Vol.28, No.4, (1997), p.660.

③ 详细规定参见《联合国海洋法公约》第21条的相关内容。

④ Ademuni-Odeke. *Bareboat Charter*（*Ship*）*Registration*. Kluwer Law International, 1998, pp.18－19.

保船舶符合国际公约安全、技术、防污染以及船员标准的首要责任方应当是船旗国。但一些船旗国并没有对本国船舶进行有效监管，而国际法对船旗国的约束也没能得到有效落实。

从商业角度而言，对船舶的安全进行监管是非常昂贵的。然而，在开放登记国登记的船舶需要驶往各个港口并且也需要向银行借贷。为了解决船旗国无能力或者不愿意进行监管而带来的种种问题，港口国监管措施作为航运监管中的一个重要环节受到关注。这种发展变化是因为对环境问题的关注以及感觉到开放登记国家不能或者不愿意去有效地执行其船旗国的监管责任①。于是近年来，越来越多的国际公约将港口国引入到国际监管体系之下。这就是被称为"Port Control"（此处译为港口国监管）的措施，促使港口国对船舶和船员是否符合船旗国和国际公约的规定予以检查，从而达到安全监督目的。

港口国监管的第一个区域实践者是巴黎备忘录组织。1982 年通过的《巴黎谅解备忘录》包括 27 个欧洲国家和加拿大，是一个区域性的港口国监管组织。巴黎备忘录组织取得成功后，世界范围内建立起了多个港口国监管组织。如 1992 年拉丁美洲协议组织，包括 10 个拉丁美洲国家；1993 年东京备忘录组织，包括 19 个亚太区域国家，中国是东京备忘录的参加国；1996 年加勒比备忘录组织，包括了加勒比地区的国家；1997 年地中海备忘录组织，包括了 11 个北非和地中海国家；2000 年黑海备忘录组织，包括黑海周边的 6 个国家；2006 年利雅得备忘录组织包括一些西亚国家。再加上阿布扎比备忘录组织和印度洋备忘录组织，至今为止世界上已经有 10 个备忘录组织，涵盖全球绝大多数港口国。

这些港口国监管区域组织通过对不符合标准的船舶、没有进行有效监管的船旗国以及没有良好履行职责的认证组织采取检查和监管措施来确保船舶本身及其运营符合标准。现以巴黎备忘录组织为例，说明港口国对船舶以及船旗国的监管手段和具体措施。巴黎备忘录组织的港口国监管要求对不符合公约标准的船舶予以留滞，使得船舶所有人或承租人遭受经济上的损失。对于海上运输

---

① Ademuni-Odeke. "Port State Control and UK Law." *28 J. Mar. L. & Com* Vol.28, No.4, (1997), p.659.

来说，船舶不能运行不仅意味着其不能创造收入，还意味着每天营运成本的巨大消耗。这对希望以船舶来盈利的船舶所有人和承租人来说是致命的损耗，其不得不配合港口国检查以符合国际公约标准。如《巴黎谅解备忘录》规定，签署国对船舶的年均检查数需达到进入该港外国船舶数量的25%。港口国需要登船检查船舶的物理状况，确保该船拥有完整的证书和文件。检查通常包括三个部分：船舶的外部检查、证书检查、设施检查（甲板以下的走动检查、装卸设备、导航和无线电设备、救生设备、消防安排、机械设备、污染防治设备以及工作和生活设施）。如果船舶不符合国际公约的标准，则其将被留滞在港口。巴黎备忘录的各个签署国之间应当相互合作、协商并交换信息以确保备忘录能够得到有效实施。

根据巴黎备忘录组织统计，自2003年截至2022年间，被检查的船舶数量呈整体上升趋势，被留滞的船舶数目则呈逐年下降趋势。成员国中对船舶的检查较为严格的多为欧洲传统航运强国，如比利时、法国、德国、希腊、意大利、荷兰、西班牙和英国。被检查船舶中执行程度较低的则多为方便旗国家和经济欠发达地区，如马耳他、塞浦路斯、拉脱维亚等。剩下的国家中大的经济体，如加拿大、俄罗斯、罗马尼亚是执行程度相对较高的。处于中间位置的则是北欧三国和其他欧洲国家。总的来讲，这同各成员国的航运实力成正相关关系。[①]

对于不是备忘录组织成员国的国家而言，其亦可根据本国法律自行规定港口国监管制度。美国不是任何备忘录组织的签署国，但是美国同样执行严格的港口国监管措施。其监管依据是《美国法典》（United States Code，U.S.C.）第33章及第46章的相关规定，根据规定在美国水域航行的悬挂外国船旗的船舶都需要接受检查。港口监管的执行机构是美国海岸警卫队（USCG）。

美国的港口国监管主要包括船舶安保和船舶安全以及船舶防污染两个部分。船舶安全和防污染目标矩阵包括六个评分标准：船舶管理、船旗国、认证机构、船舶历史以及船舶规范。通过评分，将船舶分为优质船舶、次优质船舶以及不优质船舶。如果一艘船舶被列入优质船舶和次优质船舶之中，则海岸警卫队需每6个月对其进行一次检查。如果检查不合格，则降级至不优质船舶并被予以

---

① 参见巴黎备忘录组织2021年年报。

定期检查。船舶安保目标矩阵包括五个评分标准：船舶管理、船旗国、认证安保机构、遵守安保规则的历史以及访问港口的历史。通过评分，将船舶分为三个等级实施不同的检查手段。一级船舶在进入美国港口之前就被要求检查，二级船舶则需在进港时予以检查，三级船舶除了定期检查无须特别检查。

美国的监管标准高于国际公约的要求，包括了所有进入美国港口的船舶，而无论其是否为公约缔约国。2011 年 8 月 1 日以来，为了适应国际海事组织（以下简称 IMO）①关于船舶空气污染的 MARPOL 附则六②，美国港口国监管适时加入了船舶排放控制的检查。除此以外，美国 1990 年《油污法》在防治油污损害方面也发挥着积极的作用。在油污损害赔偿限制方面以及推动双壳油轮的普及起了重要作用，并且美国从 2001 年开始实施了特殊的“21 世纪优质船”计划，对船旗国的船舶标准予以评级。对于高质量的船舶，给予奖励并且减少检查次数。而“零排放”项目则聚焦于表彰环保船舶以及国际环境公约的遵守。自 2021 年 USCG 还发起了“增强检查”计划（EEP），比照巴黎备忘录组织的 CICs 项目，希望生成船舶检查重点数据并强化海运新规合规性检查，减少 PSCO 不必要的工作量。

可以看到，港口国通常是通过对进港船舶所在船旗国进行评级来决定对该国登记船舶的检查频率和内容，根据船旗国的船舶遭到留滞的数量与所有船旗国的平均统计比率，将船旗国定期予以评比。通过这种方法间接地促使船旗国遵守国际标准，给船旗国施压以加强其对本国登记船舶的监管。例如，巴黎备忘录组织将船旗国分为三个等级，设定在不同的名单之上。白色名单中的国家属于检查的船舶中留滞率较低的、没有达到组织设定留滞比率的国家。中国处于这些国家之列。灰色名单中的国家主要集中于西亚北非地区、东南亚地区以及东欧地区。它们是留滞率没有超过 1%的国家。黑色名单中的国家分为两类，方便旗国家以及经济欠发达国家，它们的留滞率超过了 1%，最高到 3.38%。③

---

① 国际海事组织（International Maritime Organization）成立于 1958 年，前身是政府间海事协商组织，1982 年更名。IMO 共有 166 个成员国和 2 个准会员国，主要理事机构是海事组织大会，大会间隔期间由 32 个会员国组成的理事会负责相应事项。下设 5 个委员会：海事安全委员会、海洋环境保护委员会、技术合作委员会、法律委员会和便利运输委员会。

② 该附则将美国水域划入了公约的排放控制区域之北美以及美国加勒比海区域。

③ 参见巴黎备忘录组织 2021 年年报。

关于港口国监管的总体评价普遍赞扬多于批评，“有效的港口国监管能够减少不符合标准的航行、增加海上安全以及防止污染。与此同时，它也保护遵守国际标准的船舶，抵御成本低廉、不符合标准船舶的不公平竞争”①。不过也应当看到，港口国监管能够有效实施的前提是区域合作，如果只有少数一个或几个港口国执行监管，则船舶只需要绕过监管港便可逃避检查，这样一来港口国监管目的便无法实现②。所以，即便做了周密设计，马耳他籍埃里卡号船舶漏油事故③的发生还是揭露了港口国监管的问题。有观点就认为，该起事故是欧洲的港口国监管体系失败的象征。④因为在事故发生之前，埃里卡号曾接受了多次港口国检查，也通过了国际船级社协会会员的船检，并且所有的船上文书都已更新。所以，监管的标准和质量同样重要。因此，为了加强监管，国际公约制定了更为严格的船舶管理标准。

四、严格船舶监管标准

起初，传统航运强国的强烈游说帮助方便旗国家平安度过了工会和发展中航运国家的反对声浪。但在 20 世纪 80 年代，风向发生了转变，造成人员伤亡和环境损害的污染事故变得频繁了。自然地，人们将注意力更多地放置在了海上安全、船员的训练和工作条件以及海上环境保护上面⑤。给船舶监管制定更加严格的国际标准，确保船舶得到有效监管，国际海事组织 IMO 出台了一系列与船舶安全相关的公约。其中比较重要的有《海上人命安全公约》（SOLAS）、《海上避碰规则》（COLREG）、《国际载重线公约》（LL）、《海员培训、发证和值班标准国际公约》（STCW）、《国际防止船舶污染海洋公约》（MARPOL）、《国际防止船舶倾倒废物及其他物质公约》（LDC）、《国际油污损害民事责任公

---

① Ademuni-Odeke. “Port State Control and UK Law.” *28 J. Mar. L. & Com* Vol.28, No.4, (1997), p.665.

② 关于港口国监管存在的问题，参见第四章第二节对该问题的详细说明。

③ 1999 年邮轮埃里卡号（Erika）在比斯开湾遭遇海浪船身断为了两截，船上载运的 3 万多吨原油泄漏造成严重污染事故。

④ Richard Coles & Edward Watt. *Ship Registration: Law and Practice*. Informa Maritime & Transport, 2009, p.33.

⑤ Ademuni-Odeke. “Port State Control and UK Law.” *28 J. Mar. L. & Com* Vol.28, No.4, (1997), p.657.

约》及《基金公约》（CLC and Fund）、《抑制海上航行安全非法行为公约》（SUA）、《国际油污防备、反应和合作公约》（OPRC）、《有毒有害物质公约》（HNS）、《燃油公约》（BUNKER）、《污底公约》（ANTI-FOULING）、《残骸打捞公约》（NAIROBI WRC）、《香港拆船公约》（HONGKONG），等等。前述公约还包括其所附带的附件和修正案。另外在船员权利义务的保护方面，国际劳工组织 ILO 同样组织通过了一系列协议和公约，如 1987 年《船员福利和遣返公约》、1996 年《海员征聘和安置公约》、《海员工作时间和配员公约》、2006 年《海事劳工公约》等。

通过这些公约，国际组织试图在国际范围内建立一个统一的监管标准以约束所有船舶。这么做的好处在于，收紧了船旗国和港口国监管的自由度，赋予船旗国与港口国最低监管标准，试图使得船舶无论在何处登记其质量均有所保障。下面评述三个重要公约关于缔约国监管标准的规定：《国际防止船舶污染海洋公约》（MARPOL）①，是主要针对船舶的操作以及事故造成的海洋环境污染问题的国际公约。根据公约规定，船舶的主管机关（即船旗国主管部门）应当对违反公约的船舶污染事故予以处罚和追责，缔约国（即港口国和沿海国）应当在港口检查船舶是否按照规定持有证书并对违章事件进行侦查和合作，建立有害事故的报告制度以及资料的交流和沟通渠道等具体措施。

1978 年 STCW 公约是国际海事组织针对船员制定的国际标准，公约针对的监管对象主要是船旗国。STCW 是国际海事组织最成功的国际公约之一，缔约国已经达到了 100 个以上，占世界船队总吨位的 98%左右，具有较大影响力。1995 年修正案通过以后，公约更强调船旗国对于船员的培训和发证程序，要求其定期向国际海事组织报告执行公约的措施。公约还引入了优良者名单措施，对于没有有效执行公约的船旗国不予记录在案，则这些国家的船舶很容易遭受到港口国的检查和留滞。2010 年修正案则进一步强化了缔约国履约情况的评

---

① 国际海事组织于 1973 年通过了该公约但并未生效，1978 年通过了反映油污损害事故的议定书并吸收了原有未生效公约，合并后的文书于 1983 年生效。后又于 1997 年制定了新的议定书并增加了附件六，新议定书于 2005 年生效。MARPOL 公约有六个附件，分别规范油污（附件一）、散装有毒液体物质污染（附件二）、海运包装有害物质污染（附件三）、船舶生活污水污染（附件四）、船舶垃圾污染（附件五）、船舶造成空气污染（附件六）。中国加入了该公约及其议定书。

估。将认可证书的签发权限制在了船旗国政府手中，并规定主管机关应当通过官方评估来促使培训、发证和质量控制符合公约要求①。中国加入了该公约及其议定书。

1993 年 11 月，国际海事组织通过了《国际船舶安全营运和防止污染管理规则》（以下简称 ISM 规则），它是 1974 年 SOLAS 公约新增的第九章强制性规定，中国加入了 SOLAS 公约。这项规则要求负责船舶运营的公司需确保本公司船舶建立起一套安全的管理体系并通过签发证书予以保障。首先，船舶的所有人、营运人和管理人需要得到船旗国政府（或船旗国政府认证的机构或代船旗国行使职能的另一政府）签发的 ISM 规则符合证书。其次，船舶本身也需要携带安全营运证书，证明船舶的经营符合 ISM 规则的安全管理体系。ISM 规则通过签发证书来促使船舶保持安全运营，减少了由于船旗国法律监管不力而带来的危机。

2002 年 12 月，国际海事组织在伦敦召开了海上保安外交大会，会议通过了《国际船舶和港口设施保安规则》（以下简称 ISPS 规则）。该规则是针对 1974 年 SOLAS 公约的一项修正案，目的在于加强海上安保预防国际海上恐怖主义行为。中国已加入该公约。公约建立了缔约国政府、船舶公司、船舶以及港口四位一体的责任体系。对于缔约国政府而言需要制定本国船舶所适用的保安等级，并要求其适用的所有国际航行船舶必须配备船舶保安计划和国际船舶保安证书，这两个文件都需要船旗国批准和签发，属于船旗国的监管要求。而港口国则需要就船舶对公约的实施状况予以监管，不符合公约标准的，可以予以留滞、限制其操作、拒绝入港、驱逐出港以及要求船舶开往指定位置等强制措施。船舶需要根据本国政府规定的保安等级采取适当措施并制定实施《船舶保安计划》。船舶公司应当任命船舶保安员并确保本公司船上人员对船舶保安计划及政府安保规定的遵守和执行，安排船舶保安培训演练和实习。港口应当设立港口设施保安人员，制定《港口设施保安计划》并进行港口设施保安评估，安排港口保安培训演练和实习。

这些公约的共同点在于，通过使相关国家接受公约的约束，明确缔约国在

---

① 参见 STCW 公约 2010 年修正案规则第Ⅰ/2 条和第Ⅰ/10 条。

船舶安全和污染防治方面的一些强制性监管义务。观察不同年代所制定的公约可以看到，前期的公约主要集中于对国家义务的规范和约束，而后期公约在强调国家义务的同时也开始将义务落实至船公司、船舶和港口等具体责任人。透过这种方式，公约将监管义务不仅放置于登记国，也放置于港口国，为减少各国间的监管差异，用统一化的标准将国家的执行措施引入海上贸易。不过，公约的安全监管模式要满足两个前提，其一是加入公约，其二是缔约国对公约的严格遵守。其中涉及公约的国内化过程以及船舶运营过程中的执行问题。所以可以看到，公约得到有效执行的关键仍然是船舶所有人和国家监管机构的监管要符合公约的要求，也就是说公约的执行力仍然是通过间接的方式，寄付于各国的本国监管来实现。

五、国际层面的技术监管

为了确保海上航行安全、防治船舶污染以及预防航运欺诈，基于 SOLAS 公约的规定，IMO 还从技术层面制定了一系列安全措施预防和控制船舶污染，保障船舶安全。

其一，船舶识别号。IMO 船舶识别号由 7 位数字组成，其中包括 6 位顺序唯一数字以及最后 1 位的校验数字。1987 年 IMO 通过了 A.600（15）号决议，通过利用劳氏船级社原有的船舶编号系统给每一艘船舶配备一个永久的识别号。即使船舶转换国籍、改变名称或所有人更迭，该识别号均不会改变。1994 年 SOLAS 公约的规则Ⅸ/3 通过并于 1996 年施行，该规则进一步要求 300 总吨以上的货船和 100 总吨以上的客船均需登记识别号，将船舶识别号通过公约强制所有缔约国船舶实施。并且 SOLAS 公约规则Ⅰ/12 还要求船舶证书中需要注明船舶识别号，MSC/Circ.1142 和 MEPC/Circ.425 号决议要求船舶计划、手册及其他法律文件中均需注明船舶识别号。

其二，船公司及登记船舶所有人识别号。2004 年 IMO 第 MSC.160（78）号决议将识别号系统适用到船公司和船舶所有人身上，规定每一个旗下拥有超过 100 总吨船舶的公司或船舶登记所有人需要颁发永久识别号。2005 年，SOLAS 公约第Ⅺ-1/3-1 条规则通过，并于 2009 年生效。该规则同此后通过的 ISM 规则和 IPSP 规则一起明确了船舶所有人和船舶管理公司均需要拥有一个独特的识别号码，并且该号码要写入安全和保安相关的证书和文件之中。同船舶识别号一样，船公司及登记船东识别号也是7位数。

一经签发，船公司及登记船舶所有人识别号同样不得改变。如果船公司更改名称，或船只转移到另一个标志下，则登记号不变。倘若公司或者船舶所有人合并，合并后的大公司使用原登记号，小公司登记号则注销。如果公司或船舶所有人买卖处置其旗下船舶或不再经营船舶业务，则原号码保持不变但不再使用，直到公司或登记所有人重新开始经营船舶业务。

除此之外，IMO近年来还关注到非公约参加地区船舶的海上安全监管、船舶的追踪识别定位、海上移动通信、电子海图显示和信息系统等领域的技术开发和创新。

本章小结

世界范围内船舶登记领域存在法律冲突，法律冲突引起了法律选择。船舶所有人通过选择登记地选择了管辖国及适用法律。商业利益的差异是船舶所有人登记地选择的原动力。为了吸引船舶资源向本国流动，各国制定了不同的船舶登记法律制度以降低登记船舶在本国经营的商业成本。

登记地选择能够形成的法律基础在于，不同国家的船舶登记法律制度有差异，而国家间又相互承认他国船舶在海洋上的航行权，此时船旗国法律的域外管辖权经国际公约得到各国承认。在船舶登记领域，国家间法律制度冲突的实质是外国船舶的市场准入差异。出于不同的政经目的，各国对于外国船舶的市场准入持不同的态度从而导致了船舶登记的法律冲突。

因此，认识到法律冲突引发登记门槛降低这一趋势后，政府在制定本国船舶登记法律制度时不应当只追求低成本而忽略商业法律环境的构建。船舶登记法律政策的制定者需要综合考虑众多因素，制定符合本国发展目标的法律政策从而使得船舶登记法律制度走得更远。

国际法层面对船舶登记领域的法律冲突采取了相应措施但效果有限。法律冲突带来的法律选择给船舶的海上运营带来了危机。为了保障航行安全，国际社会逐步建立了船旗国监管、港口国监管以及提高船舶质量规范三管齐下的调整方法。然而，国际条约要求船旗国与本国船舶必须具备真正联系，但缺乏实施力。港口国监管需要各国协调一致，尽管制定了严格的监管措施，但实践中仍然会出现监管缺失。国际海事组织关于船舶质量的一系列公约给船舶、船旗国和港口国制定了统一的安全义务，但监管控制力度仍然由各管辖国决定。下一章讨论通过国际公约及统一实体规范解决船舶登记法律冲突面临的问题，说明为何走国际途径直接调整或消除法律冲突的愿景难以实现。

第四章　船舶登记地选择的国际法调整困境

国际条约尝试通过对船旗国与港口国的监管力度予以约束，制定统一的监管标准来消除法律冲突问题。这些国际条约针对船舶监管所作的努力对提升船舶质量起到了很大的作用。不过登记地选择行为并没有因此消除，反而还成为一种趋势。国际条约曾经积极尝试对登记地选择行为予以限制但无疾而终，后期国际条约则将视线转向了船舶的监管。

事实上，出籍的船舶并非都质量不佳，其所有人也并不都是不合规的企业。相反，近年来许多大型船舶的所有人都倾向于去往能够满足自身商业利益的国家进行登记。登记地选择也不仅是为了隐匿劣质船。1986 年《船舶登记条件公约》尝试切断选择路径的失败就是最好的例证。目前国际条约所作的努力，均是为了消除法律冲突带来的不利影响，但并没有解决法律冲突问题本身。所以，船舶登记领域法律冲突是一个既存事实，也很难通过国际条约予以协调。

本章探讨国际法层面无法消除船舶登记领域法律冲突的原因，评述 1986 年《船舶登记条件公约》制定过程和涉及内容，分析该公约尝试建立国际统一登记条件失败的缘由，并且指出国际法在调节船舶登记领域法律冲突过程中面临的几个阻碍，论述未能克服这些阻碍的症结，试图证明通过直接调节方法解决船舶登记领域的法律冲突是困难的。面对冲突，各国必须制定适应国际和本国发展趋势的船舶登记法律制度。

第一节　1986 年联合国船舶登记条件公约的失败

在 1986 年《船舶登记条件公约》制定之前，国际条约就希望能够加强船旗国对登记船舶的控制。因此 1958 年《公海公约》和 1982 年《海洋法公约》等国际条约均规定船旗国与登记船舶之间必须具有真正联系，但对于真正联系具体指什么却没有作一个明确的界定。为了从登记制度上解决船旗国监管责任的懈怠，联合国贸发会制定了1986年《船舶登记条件公约》，希望能够建立一个统一的船舶登记条件加强船旗国对登记船舶的监管。遗憾的是，这个公约出台至今仍没能获得生效。而1986年《船舶登记条件公约》的失败，也标志着国际法试图通过准入标准限制船舶所有人登记地选择的失败。

本节讨论1986年《船舶登记条件公约》的制定背景、条文的具体内容以及未能生效的原因，分析各国对于制定统一船舶登记标准的不同态度以及国际公约的妥协与平衡，探讨公约的具体内容、意涵及条文之间的相互关系，说明1986年《船舶登记条件公约》难以生效的原因。本节试图证明，1986年《船舶登记条件公约》的失败表明尝试通过国际条约建立统一的船舶登记准入标准在实践中难以实现。

一、公约制定过程中的争论

国际公约一直希望能够对船旗国与船舶之间的真正联系作出详细解释。自20世纪二三十年代以来，国际组织举行了多次会议讨论船旗国与船舶之间的关系，但都未能就该问题达成共识。1982年联合国贸发会政府间筹备小组召开了两次制定1986年《船舶登记条件公约》的准备会议。第一次会议前，贸发会秘书处编写了一份船舶登记报告。①这份报告对69个国家的船舶登记条件作了问卷调查，重点关注了船舶雇佣本国国民以及国民对船舶公司的参股情况。第二次会议前，秘书处出台了名为"与运营记录、使用不记名股份和光船租赁相关的实践"②的报告。将关注点放在了船舶公司的运营和股权状况上，同时分析了光船租赁的发展。这两份报告关注的是船舶与船舶所有人和本国国民之间的联系，试图分析船舶登记国与船舶之间是不是具有运营上的关联性让参会国参考。

美国、利比里亚和巴拿马没有出席这两次会议。美国拒绝就会议达成的共

① TD/B/AC.34/a of 22 January 1982.

② TD/B/AC.34/6 of 20 August 1982.

识进行多数决投票。这是因为同其他经合组织成员不同，美国是开放登记的拥护者，因为美国大量船舶进行了开放登记，放弃开放登记会损害美国的利益①，并且美国进行开放登记的船舶多为油轮和散货船，对经济的影响重大。而利比里亚和巴拿马正好是美国船舶当时最大的方便登记地，如果达成了真正联系的国际协议，也会使这两个国家的利益受损。

会议召开过程中，政府间工作小组②将讨论重心放在了真正联系的具体要求上。77国集团坚持登记国和船舶之间必须具备经济上的联系。但这种观点并不为B组国家（传统航运国家）所接受。这些国家认为国家基于主权应当独立地决定登记条件。B组国家希望起草的原则是，阐明船旗国有义务行使有效的管辖和控制。这两次会议并未取得任何实质性进展，政府间工作小组只好向贸发会秘书长提交了各方意见，准备为原本的船舶登记国际条约提出一个替代草案。③

1982年12月20日，联合国大会通过了第37/209号决议，呼吁召集一个筹备委员会。该委员会的目标便是设法调和两个备选草案④，然而对于其中最关键的登记条件问题，各国间的隔阂依然很大。此外决议还重申，有必要考虑到所有国家的意见。之后美国、利比里亚和巴拿马方面同意参加筹备会议。会议开始之前，贸发会秘书处编写了一份船舶登记条件基本原则文本⑤，是政府间工作小组会议的成果汇编。筹备会议希望基于此文本讨论制定一份国际协议⑥。不过，在主要问题上与会各方依然毫无进展，并且在文书的形式和性质是否应

---

① 除利益原因外，当时还处于冷战思维之中。美国和其他支持开放登记制度的发达国家，也希望借开放登记将商船队打入社会主义国家中。

② 会议文件报告参见，第一次会议 TD/B/904 - TD/B/AC.34/4，第二次会议 TD/B/935 - TD/B/AC.34/8.亦可参考 H. W. Wefers Bettink. “Open Registry, the Genuine Link and the 1986 Convention on Registration Conditions for Ships.” *Netherlands Yearbook of International Law*, Vol.18.（1987），pp.69 - 119。

③ H. W. Wefers Bettink. “Open Registry, the Genuine Link and the 1986 Convention on Registration Conditions for Ships.” *Netherlands Yearbook of International Law*. Vol.18.（1987），p.111.

④ 即反映77国集团意见和反映B组国家意见的草案。

⑤ 参见 TD/RS/CONF/PC/2 of 17 March 1983。

⑥ Preparation of a draft international agreement on the conditions for registration of ships. TS/RS/CONF/DC/L.3 of 17 November 1983.

当具有约束力和采用强制性规定还是推荐性规定的问题上产生了不同的意见。①尽管不同集团之间仍然存在较大分歧，但第三次会议还是如期召开了，会议考虑审议通过一个关于船舶登记条件的国际协议。

此后的1984年7月至8月，船舶登记条件大会正式举行了第一次会议。随后，1985年1月至2月、1985年7月又举行了两次会议，最终于1986年2月结束。会议中，文书的性质和形式成为一个主要讨论的问题。77国集团希望会议达成一项有约束力的协议并且相关规定具有强制性，而B组国家则希望通过一份推荐性文件。由于B组国家和开放登记国家反对建立一个有约束力的协议，77国集团只能在这个问题上作出一定妥协。最后的决定是公约可以具有约束力，但公约的执行应当由船旗国自己决定。因此，公约没有像许多技术性公约那样规定了港口国的监管措施，也不像这些公约规定了使公约的缔约国强制执行公约针对进入一国港口的外国船只（包括非缔约国的船只）所规定规则的无优待条款。不仅仅是B组国家反对条约的强制性，D组国家（经互会国家②）由于害怕港口国滥用权利也不同意扩展港口国的权利。这导致的最终结果是，公约的执行机制受到削弱，其对于非成员国的国家和船舶不产生执行力。③

公约条文内容的讨论过程也是困难重重。77国集团、中国和D组国家基本上同意贸发会研究文件中的建议。因此，关于人员配备、管理和股份方面的规定被设置为强制性规定，旨在确保登记国国民与船舶的关联度。除此以外，有关光船租赁、船舶公司不记名股票的使用、内陆国和劳动力供应国的权利、开放登记国经济混乱的预防和减轻等问题依然存在争议。美国在第一次会议召开时的开场白④便已经体现出公约面临的困难："我们坚信每一个国家都有权设定

---

① See H.W. Wefers Bettink. *Op. cit*, p.111.

② 经互会全称是"经济互助委员会"，是由苏联建立起来的一个由社会主义国家组成的政治和经济合作组织。于1949年成立，总部设在莫斯科。主要成员有：苏联、保加利亚、匈牙利、波兰、罗马尼亚、捷克斯洛伐克、阿尔巴尼亚（后退出）、民主德国、蒙古、古巴和越南。1991年6月28日，随着苏联的解体，该组织在布达佩斯宣布正式解散。

③ See H.W. Wefers Bettink. *Op. cit*, p.112.

④ United States, "Opening Statement". UN Conference on the Conditions for Registration of Ships. Geneva, July 16 - August 3, 1984.参见 Moira L McConnell. "Business as usual": An Evaluation of the 1986 United Nations Convention on Conditions for Registration of Ships. *18 J. Mar. L. & Com*. 435（1987）.

悬挂本国国旗的船舶登记经济条件，只要该国能够遵守其加入的国际公约和标准对船舶实施有效的控制和管理……我们不接受将经济联系作为一项船旗国和船舶登记之间的强制规定，不认为通过制造这样的控制对不符合标准的营运商予以限制是必要的。我们将不支持包含了这样规定的公约。”

尽管面临巨大的困难，大会还是达成了对真正联系予以界定的目的，即要求船旗国与登记船舶之间需具有经济联系。大会预计这个定义如果被接受，将对国际航运实践产生的影响是会使得开放登记船队逐步淘汰。根据贸发会特设船务委员会工作组的报告①：“逐步淘汰”（Phasing out）是指逐步消除实践中出现的与船舶之间缺乏真正联系但国家仍对船舶予以登记的做法。在这个意义上来讲存在或者缺乏真正联系意味着某种形式的经济联系……逐步消除并不意味着对现今提供船舶开放登记配套措施的开放登记国的消除，而是逐步收紧这些国家接受新进登记的条件……通过存在真正经济上的联系来收紧登记，给现在登记在开放登记国船舶的船东提供了四种选择……1.将投资撤回自己的母国；2.通过给予实际所有人股份和在相关国家雇用人员的方式与开放登记国建立起真正的联系；3.将投资（包括合资）转移到有充足和经济的劳动力市场的发达国家，并与其建立一个真正的联系；4.将投资（包含合资）转移到那些能够提供充足劳动力的其他发展中国家，并与其建立真正的联系。

实际上公约最终通过的文本接纳了77国集团和D组国家的意见，试图阻止方便旗现象的存在，然而欧美等主要航运国家均持不同观点，而方便登记国更不愿意消除方便旗登记现象。在世界范围内，主要运力集中在欧美发达国家手中，航运产业的主导权也是由这些国家的跨国航运企业所掌控。在这样的前提下，贸发会的亲发展中国家立场并不能在实践中得到贯彻，公约无法获得生效的命运在其制定之初便已经有所征兆。

二、公约主要条文评述

在序言部分，公约承接1958年《公海公约》和1982年《海洋法公约》的

① “The Repercussions of Phasing Out Open Registries”. UN Doc. No.TD/B/C.4/AC. 1/5：4（24 Sept. 1979）.参见 Moira L McConnell. “Business as usual”：An Evaluation of the 1986 United Nations Convention on Conditions for Registration of Ships. *18 J. Mar. L. & Com.* 435（1987）.

规定，强调“船舶与船旗国之间必须存在真正联系”，并且“船旗国有义务根据真正联系原则对悬挂其国旗的船舶有效行使管辖和控制”，重申“在不妨害本公约的情况下，每个国家应明确给予船舶国籍、船舶在其境内登记和悬挂其国旗的权利的条件”。这个部分阐明了公约的三个中心思想：每个国家都应当确定本国船舶登记的条件，船旗国与船舶之间需存在真正联系且船旗国需对船舶实施有效管辖。

1986 年《船舶登记条件公约》第 1 条表明了公约制定的宗旨①，其中两处用语值得关注。其一，使用了必须（shall）这一用语。事实上，直到最后一次会议，公约的这一用语方才达成一致。B 组国家赞成公约对船旗国的措辞采用“应该保证其本身”（should assure itself），但 77 国集团、D 组国家和中国则赞成使用清晰的强制性术语“必须”（shall）。最后 B 组国家同意使用“必须”。②其二，对比 1958 年《公海公约》③和 1982 年《海洋法公约》④，公约在管辖权的行使方面加入了“经济”这一用语，而前两个公约规定的是“行政、技术和社会问题上的管辖和控制”。也就是说，公约要求船旗国对船舶需进行经济上的管辖。

第 2 条是对公约中用语的界定。国际运输工人联盟对这个条文中的几个部分提出了意见。国际运输工人联盟认为公约对“船舶”⑤的定义采用了狭义方

---

① 1986 年《联合国船舶登记条件公约》第 1 条：为了确保，或在可能情况下加强一国与悬挂其国旗的船舶之间的真正关系，并为了在船舶所有人和经营人身份的识别和承担责任方面，以及在行政、技术、经济和社会事务方面对这些船舶有效地行使管辖和控制，船旗国须适用本公约所载的条款。

② Report of the United Nations Conference on Conditions for Registration of Ships on its Third Part, Annex I, Composite Text, UN Doc. TDIRS/CONF/19/add.1.亦可参见 Moira L McConnell. “Business as usual”: An Evaluation of the 1986 United Nations Convention on Conditions for Registration of Ships. *18 J. Mar. L. & Com.* 435 (1987).

③ 1958 年《公海公约》第 5 条：每个国家应确定对船舶给予其国籍、船舶在其领土内登记以及船舶悬挂本国旗帜的权利的条件。船舶具有被授权悬挂其旗帜的国家的国籍。国家和船舶之间必须具有真正的联系，特别是，一国必须对悬挂其国旗的船舶有效地行使行政、技术和社会问题上的管辖和控制。

④ 1982 年《联合国海洋法公约》第 94 条第 1 款：每个国家应对悬挂该国旗帜的船舶有效地行使行政、技术及社会事项上的管辖和控制。

⑤ 1986 年《联合国船舶登记条件公约》第 2 条：“船舶”指用于国际海上商务中运输货物、旅客或货物和旅客两者兼有的任何自航式海船，但总登记吨位在 500 吨以下的船舶不在此列。

式。这样的定义是不充分的，因为它排除了500总吨以下的船舶和海上移动装置。此外，国际运输联盟还认为公约关于“劳工供应国”的定义过于宽泛了。国际运输联盟认为定义应当仅限于“登记了的和合格的海员”，这样一来就会排除那些没有登记以及不合格的海员适用公约中关于培训和合同义务方面的规定。①很显然，国际运输联盟的用意在于保护发达国家以及正规船员的利益，但实践中这样的解释恐怕只会沦为一纸空文。

第3条是关于公约适用范围的规定，规定了公约的适用范围为“第2条所定义的所有船舶”。第4条总则是对国际法上关于船旗国和船舶登记的原则的汇总。重申了以往公约建立起来的公海自由、船旗悬挂、船旗变更和国籍登记等基本原则。

自第5条开始，进入了公约的实质性内容。第5、6条、第10条第3款、第11条体现了公约序言部分的主旨之一：每一登记国都应当对登记在该国的船舶行使有效的管辖和控制②。这些规定要求缔约国必须确保经营人的识别和问责制，以及船舶国际安全、污染和劳工方面标准的执行力。内容最初是由B组国家提出，反映了这些国家对不合格船舶和运营人的立场。将这些内容纳入公约，似乎暗示了发展中国家在提高标准方面、发达国家在公约的执行方面较过去有了一个更为积极的态度。③

第5条要求船旗国应当具备一个有法定资格和适当的国家海事主管机关，并且船旗国需执行所适用的国际规定和标准，例如船上人员安全和防治海洋环境污染。类似规定也出现在1982年《海洋法公约》④之中。在第一次会议第一委员会的报告中，B组国家和支持该意见的代表认为与船员的国籍相比，一个具备法定资格和适当的国家海事主管机关是建立真正联系的关键所在。⑤在第三次和第四次会议中，对第1款中的用语还进行了一些增删。没有使用“必须”（shall）而采用了“应该”（should）。原本在“船旗国应当具备一个有法定资格

① See Moira L McConnell. *Op. cit*, p.442.

② 这些规定承接了1982年《海洋法公约》第94条的基本精神和实质内容。

③ See H.W. Wefers Bettink. *Op. cit*, p.116.

④ 参见1982年《联合国海洋法公约》第94、211、217条。

⑤ Draft Report of the First Committee, UN Doc. No.TD/RS/CONF/C/1/L.2, August 1, 1984, p.4.

和适当的国家海事主管机关”的后面还有一句话“该主管机关需在船旗国的管辖和控制之下”，后来正式文本删去了。第 2 款和第 3 款中，使用了船旗国海事主管机关需执行“所适用的国际规则”（applicable international rules）这一用语。B 组国家曾建议使用“被普遍接受的国际规则和标准”（generally accepted international rules and standards）[①]，但公约最后使用了更加狭窄的用语。不过，这个用语被人指出是一种不明确的引用[②]，公约在这一点上缺乏更进一步的解释。第 3 款和第 4 款是对船旗国及其主管机关义务的详细规定。明确了海事主管机关和登记国在船舶登记过程中应当确保的管辖和控制事项。要求船旗国需对船舶遵守法律法规的情况、船舶的检验以及船上文件予以有效监管。

第 6 条规定了船东和经营人的身份识别和责任确定问题。要求登记国能够提供船舶所有人、经营人或对该船的管理和经营承担责任的其他任何人的身份信息。第 6 条作此规定的目的在于控制实践中出现的皮包公司问题，并且条文还规定了与第三方的信息共享。规定登记国应当向港口国提供关于船舶和所有人的相关确认信息。

关于船舶的责任承担能力问题规定在第 10 条第 3 款。该款规定登记国应当确保船舶所有人和经营人能够负担对第三方造成损害的责任担保，并且还应当能够提供偿付雇主拖欠所雇船员的工资和有关费用的政府担保，通过海事优先权、互助基金、工资保险、社会保障机制以及设立承担责任的适当机构等方式。

第 11 条名为“船舶登记簿”，规定船舶登记的设定和需要被记录的事项。其主要作用仍是作为识别船舶所有人和经营人的证明事项。国际运输工人联盟曾经建议将所有前手所有人的名称和登记事项都记录在案，但没有获得采纳。第 2 款只要求登记先前的名称和船籍即可。此外，本条规定中还对光船租赁的情形予以认可，允许光租承租人依照各国国内法以自己名义进行登记。

第 7、8、9、10 条是公约的核心内容，体现了公约的主旨：缔约国必须确保船舶登记符合相应的登记条件。77 国集团和其他支持者所强调的以经济联系作为真正联系的判断标准在此处被写入了公约的文本之中。所谓“经济联系”的

---

① Communication from the United Kingdom Submitting a Proposal on Behalf of Group B, UN Doc. No.TD/RS/CONF/5, July 5, 1984.

② See Moira L McConnell. *Op. cit*, p.443.

本质就是逐步地消除开放登记并将航运资源逐步地重新分配给那些寻求航运发展的国家。这类说法是不是正确，并且有没有必要设立经济联系一直以来都是公约无法达成一致的关键问题。经济联系事实上要求船舶与人员配备、船舶管理和股份等要求密切联系在一起。所以贸发会在发布公约的稿件中指出①：公约的核心，第 8、9、10 条要求船旗国的国民参与到船舶的所有权、人员配备和管理之中，从而在船舶和船旗国之间建立起经济性联系。

直到制定大会第 3 次会议，77 国集团及其支持者一直坚持三个因素都必须具备。国际运输工人联盟也表达了类似的观点，认为国民参与到船舶所有权和人员配备之中对于建立真正联系和船旗国行使有效管辖都是必需的。B 组国家则提出了相反的理由②：如果拟议的关于国籍的规定施行，会使得 B 组国家违反已经存在的国际义务，并且将会对许多国家的航运业造成不利影响。这会给所有国家，特别是内陆国家带来经济损失。……基本原则……仍然是关于国籍的具体要求是一个留给各国自己决定的事项，不应当包含在一个国际公约之中……船员配备、管理和股份并不是真正联系和有效控制的中心……作为一个原则性问题，股权参与不应当放在国际公约中进行讨论，它属于各国自行决定的事项。在第三次会议中，77 国集团进行了妥协，在保留管理作为必备因素外，允许在船员配备和所有权之间进行一个选择。③这便是第 7 条的由来④。

接下来的第 8、9、10 条分别涉及国民对船舶公司的股权参与、船舶对本国国民的雇佣和国民对船舶公司经营的参与问题。关于登记条件，1982 年《海洋法公约》对这个问题已经作了阐释⑤，“每个国家应确定对船舶给予国籍、船舶在其领土内登记及船舶悬挂该国旗帜的条件。船舶具有其有权悬挂的旗帜所属国家的国籍。国家和船舶之间必须有真正联系”。1986 年《船舶登记条件公约》

① UNCTAD Information Unit, UN Doc. No.TAD/INF/1770, 7 February 1986.

② Draft Report of the First Committee, UN Doc. No.TD/RS/CONF/C/1/L.2, August 1, 1984, pp.3 - 6.

③ See Moira L McConnell. *Op. cit*, p.445.

④ 1986 年《联合国船舶登记公约》第 7 条：关于第 8 条第 1 款和第 2 款以及第 9 条第 1 至第 3 款分别载明的船舶的所有权以及船舶的人员配备的规定，在不妨害本公约任何其他规定适用的情况下，登记国必须遵守第 8 条第 1 款和第 2 款的规定，或遵守第 9 条第 1 款至第 3 款的规定，并可同时遵守这两种规定。

⑤ 1982 年《联合国海洋法公约》第 91 条第 1 款。

试图赋予真正联系一个确切定义，给国家的船舶登记条件划定一个统一的最低标准。

第 8 条第 1 款要求船旗国在其法律和法规中，对悬挂其国旗的船舶的所有权作出规定。而后第 2 款进一步规定：船旗国的这种法律和规章须就该国或其国民参与作为悬挂其国旗的船舶的所有人，或此种船舶的所有权，以及此种参与的程度作出适当的规定。这些法律和规章应充分使船旗国能够对悬挂其国旗的船舶有效地行使管辖和控制。条文的规定中没有明确股权与所有权之间的关系。《船舶登记条件公约》在第 2 条中仅仅将所有人定义为在船舶登记簿上登记为船舶所有人的人。在本条中则考虑到了在登记国没有居所的所有人的情形，在该条引入较为灵活的用语是应希腊要求而加入的。①从内容上看一方面，公约规定了一国国民对于船舶所有权的参与事项。另一方面又将怎样参与的问题交给了各成员国，要求其作出“适当”的规定。有观点认为，这样子的设计太过笼统，它并不能构成对于一国自由设定登记条件的限制②。

第 9 条涉及船上的人员配备问题，是公约中最具争议的部分。相对于制定严格的要求而言，这一条的用语同第 8 条一样，显得较为原则性。这也反映出了公约在这部分所面临的困难。国际运输工人联盟对于这一条十分关注，对公约达成的最终结果显得十分失望。从整个条文来看，没有什么对实践会产生影响的内容。条文中使用的“原则”“考虑”“适当”等用语便能够反映公约的谨慎态度。条文中作了修订的部分是，将第 1 款中原来的用语“显著的百分比”（significant percentage）改为了“令人满意的部分”（satisfactory part）③。此外，这条还规定登记国为实现本国船员的参与而实施必要的措施时，需考虑以下因素：登记国境内合格海员的可供情况；其他双边或多边协议；船舶经济上的可行性。第一个因素考虑到了内陆国以及海事劳工供应较少的国家。第二个因素从表面上看其意图似乎完全明确，但有推测认为这么规定是为了与欧共体国家间的协议相适应。第三个因素则显得有点意外，从整个条文的立法目的来

---

① Report of the United Nations Conference on Conditions for Registration of Ships on its Third Part, Annex I, Composite Text, UN Doc. TD/RS/CONF/19/add.1.

② See H.W. Wefers Bettink. *Op. cit*, p.114.

③ See UN Doc. TD/RS/CONF/19/add.1.

看，这个规定有可能削减第 9 条的真正影响力。开放登记或方便旗得到发展的原因之一就是它使得船东能够更加经济地运营船舶，其中一个优势就是其能够使用较为便宜的劳动力。所以经济上的可行性通常是使用开放登记的一个因素。[①]第 4 款规定登记国有权允许他国船员依照公约规定向本国船舶提供服务，这个规定似乎是为船员供应国提供了保障。第 5 款和第 6 款则对船舶登记国在本国船员的培训和社会保障制度方面提出了基本要求。第 6 款中“所适用的国际规则”是为了与国际劳工组织的一系列公约相联系。

第 10 条是关于船旗国对船舶及其经营者的管理规定，这条规定看上去似乎是在限制船舶登记国确定登记条件的自由，但其实际实施可能会存在问题。在主要营业地的问题上，公约要求船旗国通过商业存在对船舶所属公司的管理进行控制。而第 2 款又考虑到了非国民所有的船舶所属公司在船舶登记国没有主营业地的情形，要求有一个本国国民或居住在本国的自然人能够担任公司的代表人或管理人。这个代表人或管理人必须能够参与法律诉讼，并依照登记国法律和规章承担船舶所有人的责任。第 3 款同样是考虑到船舶为非登记国本国国民所有的情形，设置了一些登记国应予管辖的事项，如安排担保、保险、福利或社会救济制度等。在第 3 款的开头，公约还规定了负责管理和经营船舶人员的财务责任。总的说来，第 10 条的规定不过是对现存商业结构和开放登记实践的合法化[②]。如果一个空壳公司在登记国登记成为一个合格的子公司，则该条并没有办法在实践中对船旗国监管予以限制。再加上公约并未对子公司予以界定，前述情形便更加容易产生。虽然公约定义了代表人和管理人，当未设立子公司时，公司需指定代表人或管理人，但管辖代表人或管理人的是船旗国境内的法律和规章。所以，公约将决定代表人或管理人是否合适的条件交给了缔约国来设置。

此外，第 12 条涉及光船租赁[③]问题。如果光船租赁人符合公约第 7 条至第 10 条中关于船舶所有人的规定，则第 12 条允许对承租人光船租进的船舶予以登记。这种情况在实践中较为普遍，某一特定国家的公司希望光船租进一艘登

---

① See Moira L McConnell. *Op. cit*, p.446.

② *Op. cit*, p.447.

③ 关于光船租赁登记问题将在第三章予以详细论述。

记在外国的船舶，而这需要以光船承租人所在国能够为该船提供登记为前提。公约的规定确认了这样一种模式，即船舶的原始登记还维持着，又再对船舶上的特定抵押权或其他相关权利进行登记，悬挂原登记国国旗的权利则被暂时中止。这么规定是为了符合 1958 年《公海公约》和 1982 年《海洋法公约》①禁止船舶拥有双重国籍的规定。不过，本条规定的强制性不明显。因为一国可以根据本国法律决定承租人是否可以在光船租赁期间进行登记和享有悬挂该国国旗的权利。现在看到的文本与第三次会议制定的最终文本②有很大不同。后者规定除所有权外的所有规定都应当强制实施，并且要求登记国应当对租赁予以监督以确保船舶不被开放登记国租入或租出。现在的条文虽然没有像起草的那样规定了所有权，但也涵盖了符合公约项下“所有人”规定的光船租赁经营人情形。③

第 13 条规定了“合资企业”的问题。公约规定各缔约国应当依据其本国政策和法律来促进合资企业，这么做的目的在于强调发展中国家航运业的发展问题。从内容上来看，这样的规定显得较为模糊，所谓的义务也是原则性的规定。

第 14 条和第 15 条旨在保护劳工供应国以及减少执行公约过程中的不利影响（逐步消除开放登记）。具体措施分别纳入了公约的附件决议 1 和决议 2 之中，附件则是以推荐形式建议实施相应措施。附件 1 名为“保护劳工供应国利益措施的第 1 号决议”，建议劳工供应国从合同条款方面监督外国船舶对本国国民的雇用。如果这些建议得以施行，它将消除开放登记船队的一个最大优势，避开船旗国所应符合的人员配备立法要求。决议还要求两个国际组织，贸发会和国际劳工组织，在立法及培训方面向劳工供应国提供相应的协助。附件 2 名为“减少不利经济影响措施的第 2 号决议”，旨在向依照公约实施具体措施后可能遭受损失的国家提供技术和资金援助。据推测，所遭受的损失是指提供就业机会的损失。两项决定内容所体现的是公约的最终目标，是通过对本国国民所拥有的外国船舶规范登记条件和劳工雇用措施使得各国的本国商船队获得发展。

---

① 1958 年《公海公约》第 6 条和 1982 年《联合国海洋法公约》第 92 条均规定：悬挂两国或两国以上旗帜航行并视方便而换用旗帜的船舶，对任何其他国家不得主张其中的任一国籍，并可视同无国籍的船舶。

② 参见 UN Doc. No.TD/RS/CONF/19/add.1：10。

③ See Moira L McConnell. *Op. cit*, p.448.

贸发会在其研究“逐步消除开放登记的不良影响”中指出①：逐步消除开放登记的主要目的是引导发展中国家航运投资的转移，从而提供一个具有经济效应的船员供应市场和令人满意的立法及其他条件。②作为一个展现了光明愿景的公约，鉴于当前的运输状况，1986 年《船舶登记条件公约》最终是不是能够如其所期望的那样造福于各国恐怕仍将是一个疑问。不过，公约至今仍未能生效已经反映了各国对这一愿望的观望和质疑。

三、搁置的文本

海商法的发展历史证明，这个领域的法律具有比其他领域更加国际统一化的特点，这是贸易及利益选择的结果。“19 世纪，英国法作为共同的基础，给各国海商法提供了框架结构。近年来，各海洋国家则采取更加正式的措施推动海商法的标准化。通过制定国际公约，各国明确了某一特定事项的立法目标，再根据其需要将公约中的具体措施引入其本国法即可。如此所有公约的签署国在该领域便在立法上实现了一致。”③

由于船舶与登记之间的联系是由船旗国自己定义的，究竟什么是第 8 条中所规定的“参与”或者第 9 条规定的“令人满意的比例”都是留待各国自己定义的事项，从而可能会产生不同标准。④因此，1986 年《船舶登记条件公约》并未能达到其预定目标。对具体条文进行分析后可以看到，公约并没有如其原来设想的那样对“真正联系”创设一个更加明确的界定和要求。其逐步消除开放登记的目标显得并不现实，并且公约中的一些规定又将实践中存在的一些做法予以了合法化。从内容上看，公约似乎处于一种进退踌躇的阶段。公约规定真正联系应当体现为某种程度的管辖和控制，但尽管文本中涉及登记国在船舶管理、人员配备以及船舶所有权方面的监管义务，仔细研究后便会发现，这些规定并不能产生实质性的影响。有评论就认为，这些规定不过是对实践现状的一

① See UN Doc. No.TD/B/C.4/AC.I/5 24 Sept. 1979，p.13.

② See Moira L McConnell. *Op. cit*，p.449.

③ Martin Stopford，*Maritime Economics*（*3rd Edition*），London and New York，Routledge，2009，p.675.

④ H. Edwin Anderson. “The Nationality of Ships and Flags of Convenience：Economics，Politics and Alternatives.” 21 Tul. Mar. L.J. 139（1996－1997），p.151.

些描述而并非立法规范。①

透过条文可以很明显地看到，船舶登记公约是一部很明显的妥协性公约。在涉及登记条件的问题上，公约体现了77国的愿望：未来国家必须确保船旗国和船舶之间具备一个经济上的联系。而B组国家的立场则很大程度地反映出各国落实执行经济联系义务方面其实拥有着相当大的自由度。发达国家一直强调为了确保对船舶的有效管辖和控制，船旗国应当维持一个适任的海事管理机构以及一份详尽的登记簿。而发展中国家则希望国家不要承担除公约以外的其他强制标准。用语的模糊性也同样使得公约的执行力大打折扣。如前文所述，“适当的规定”②“令人满意的部分”③以及“子公司”“代表人和管理人”④等用语在公约中缺少一个详细的界定，似乎公约不够关注文本制定过程中的清晰性和一致性。“船旗国”和“船舶登记国”在公约中常常互换着使用，但其实表达的是同一个意思：船舶的国籍国。⑤能够感觉到的是，公约已经将较大的精力放在了各国家各集团之间的妥协上，而导致其在尝试建立1958年《公海公约》未能明确的登记与国籍之间的联系时进退两难。

公约的另一个“致命伤”是在外国船舶和登记国之间缺乏有效的执行机制。这就使得公约很难如贸发会所期望的那样生效，也很难实现其逐步消除开放登记的目的，很难像77国集团期望的那样使得登记在开放登记国的散货船能够向未设置开放登记的发展中国家进行大量的转移。相反公约事实上允许了开放登记实践。⑥直至今天，开放登记也并没有在实践中消失，并且一些传统登记国开始改革本国登记制度，出现了一些向开放登记靠拢的立法措施。从这个角度来讲，公约既没有达到其预设目标，也没有取得任何实质上的立法进展。

综合前述原因，可以预料到公约并不会获得较多国家的批准和认可。即使有国家批准公约，要达到公约所要求的“合计吨位至少达世界总吨位百分之二十五的不少于40个国家根据第18条成为缔约国之日起12个月之后生效”的目

① See Moira L McConnell. *Op. cit*, p.449.
② 参见1986年《联合国船舶登记条件公约》第8条。
③ 参见1986年《联合国船舶登记条件公约》第9条。
④ 参见1986年《联合国船舶登记条件公约》第10条。
⑤ See H.W. Wefers Bettink. *Op. cit*, p.118.
⑥ See H.W. Wefers Bettink. *Op. cit*, p.119.

标也很难。如1950年代一样，真正联系似乎产生了相反的效果。[①]

此外，对于提出的“经济联系”这一概念，有观点认为将经济联系写入公约是发展中国家在争取世界航运资源公平分配方面一个重要的政治成就。这可能意味着公约终结了真正联系难以捉摸的含义，它也有可能促使贸发会将其干散货分配建议[②]继续推行下去。然而实践却证明，尽管经济联系被写入了公约之中，发展中国家争取到的文件却未能在国际航运实践中得以推行。

一旦公约成立，意味着其所建立的“真正联系”标准将会使得开放登记制度消失，但结果表明似乎实践选择了另一条道路。《船舶登记条件公约》与1980年《联合国国际货物多式联运公约》[③]遭遇了相同的命运。这说明，海上货物运输业务实践和海事司法实践，包括立法前瞻性的预期实践，是制定和修订海事立法的基础。脱离了这一基础，或无视、忽视这一基础，国际公约或者国内立法都会遇到挫折或失误。[④]公约之所以未生效，就在于其既没有反映海上运输的发展趋势，又没有面对海上运输业务的实践状况。如果公约没有平衡好占世界主要运力比例大头的航运国家及其船队的利益，仅仅希望提升发展中国家的航运地位，那么公约也很难获得国际社会的认可。

第二节　主 权 之 困

国际社会长久以来都努力地想要建立一个船舶监管方面的基本义务标准，试图通过这样的方式来消除在登记领域存在的法律冲突。然而，这种尝试经实践验证是不成功的。无论是船旗国监管、港口国监管还是尝试建立国际登记制度，均受制于各国的主权管辖。本节分析国际法无法成功的第一个原因，即各

---

① *Op. cit*, p.119.

② 贸发会第十二次会议通过的关于世界航运结构的报告中（TD/B/C.4/30/ of 25 August 1986），建议在发展中国家建立区域船舶经纪中心。作为第一步，报告建议在不同的发展中国家地区建立一个散货船队。参见H.W. Wefers Bettink. *Op. cit*, p. n.160，119。

③ 1980年《联合国国际货物多式联运公约》制定时，占多数的发展中国家反对海运界实施的网状责任制，坚持要求国际货物多式联运公约采用统一责任制。但是该公约制定三十多年来迄今未生效。

④ 朱增杰：《朱增杰文集》，法律出版社2008年版，第4页。

国在船舶登记立法领域主权的要求强烈。

本节通过分析真正联系难以实现的缘由、港口国监管的制度漏洞以及国际社会尝试建立统一登记法律制度失败的现象和深层次原因，试图证明船舶登记领域关涉到一国的国家主权和利益，因此各国均不愿意将该领域的立法权限轻易交由国际法规范。

一、"真正联系"难以建立

登记是国家授予船舶以国籍的行政措施。因此，一经登记，船舶便与船旗国之间建立起了权利义务关系。1958 年《公海公约》试图在船舶国籍和船舶所有权之间建立一个联系。但该公约并没有就什么是船舶与国籍之间的真正联系作出一个确切的定义①。由于航运船舶和企业的高度流动性，要想如 the Nottebohm 案那样对真正联系的具体构成进行明确界定是一件十分困难的事情。国际法一直尝试着去解决这个问题。工会和传统航运国家在国际法是否需要通过登记抵制方便旗问题上观点对立。20 世纪 50 年代到 80 年代，世界的经济和政治结构发生了很大的变化，这反映在国际决策层面上，体现的是反对开放登记制度的联盟和国家比例也随之发生了变化。

美国与方便旗登记国一直是真正联系原则的强烈反对者。1958 年第一次海洋法会议上《公海公约》将"真正联系"第一次写入国际条约时，美国和方便旗登记国就明确表示了反对。1982 年《海洋法公约》美国也并未批准。1986 年《船舶登记条件公约》准备会议上，美国先是拒绝参加，后来加入会议也明确表示不同意将原本是各国国内法范畴内的事项交由国际法规范。

欧洲航运国家的观点经历了一个从同意建立国际标准到后来反对将经济联系作为真正联系内涵的过程。在 1958 年海洋法会议上，荷兰同意将真正联系作为承认船舶国籍标准的基本原则。而意大利和法国则建议将"有效管辖"的规定补充于真实联系的条款的后面，英国则强烈要求对授籍国尤须加强有效管辖作出具体规定，但遭到了不少国家的反对。②因此，1958 年《公海公约》最终采

① 关于公约规定的模糊性带来的问题，详见第三章。

② 王世超：《中资国际航运方便旗船舶特别登记问题研究》，大连海事大学硕士学位论文 2008 年，第 20 页。

纳的文本是各国意见的综合整理。①1958 年《公海公约》制定时，主要航运国家的意见占据了主流，因此条文基本反映了航运国家的利益和要求。1982 年《海洋法公约》关于船舶登记国的监管规定基本承接了 1958 年《公海公约》的条文规定。而到了 1986 年《船舶登记条件公约》制定的时候，情况发生了变化。

1984 年 7 月 16 日在日内瓦召开的联合国代表大会上，在讨论到船舶登记国的监管问题和真正联系原则的解释问题时，77 国集团、中国和 D 组国家认为，真正联系应解释为船旗国能对船舶进行有效的经营管理，参与资本和配备船员，也就是所谓的经济上的联系。而发达国家则不同意这种观点，认为真正联系的具体体现的是船旗国对船舶的有效监管，包括设有健全的监督管理机构、与各港口国的密切合作、加强对船舶的监督与管理、保证对船舶的技术条件、适航性能、通讯联络、安全设备、船舶配备、劳工条件、防止碰撞、保护环境等各方面符合公认的国际标准，遵守普遍接受的国际公约。双方各持己见，最后会议主席根据双方的立场，在非正式文件中建议公约在经营管理、资本参与和配备船员三条中选择两条。②1986 年《船舶登记条件公约》的最终文本便采用了这种折中方案，这实质上仍然是把经济联系作为了判断真正联系的标准。很明显，欧洲航运国家并不赞成这一判定标准。由于公约最终并未生效，其关于真正联系的解释也就未获得国际社会认同。

至今为止，虽然国际公约要求船旗国和船舶之间必须具备真正联系，但在国际层面上还没有对真正联系的确切内涵达成一个一致意见，也没有对缺乏真正联系将会产生的国际法后果予以规定。“船旗国正以一个更加灵活的态度对待国际规则的适用问题，真正联系这一概念已被证实只是一个徒劳无益的理由。即使船舶的国籍同其所有人之间没有什么联系，对本国商船实施了有效监管的船旗国同样能够在第三国的检查中得到好的报告。”③应当说，要求船旗国与船舶之间具有经济联系的愿望美好，但实践却十分困难。目前国际法所采取的以

① 1958 年《公海公约》第 5 条第 1 款规定：国家与船舶之间必须有真正联系，国家尤其需要对悬挂其国旗的船舶在行政，技术和社会事务等方面进行有效的管辖和管制。

② 蔡壮标、唐一雄：《论船舶登记中的“真正联系”原则》，载《中国水运（学术版）》2006 年第 5 期，第 109 页。

③ Juan Ignacio alcaidea，Francisco Piniella，Emolio Rodriguez-Diaza. The “Mirror Flags”：Ship regiatration in globalized ship breaking industry. Transportation Research Part D 48（2016），p.392.

港口国监管控制船舶质量并促进船旗国管辖的做法正是发达航运国家在之前一直呼吁的“有效管辖”问题。从这个层面来讲，消灭方便旗登记的要求似乎已经为国际社会所忽略。因为随着航运国际化趋势的深入，人们越来越意识到方便旗登记并不仅仅带来问题，它也具有促进产业发展的优势。此外，船旗国也并不愿意将本国的船舶登记条件交由国际层面统一规范。这正好呼应到本文在第三章中提出的观点，船舶登记条件涉及一国航运市场的准入问题，关涉一国的经济主权。

二、港口国监管的制度漏洞

看上去似乎港口国监控能够较好地抑制方便旗登记所带来的船舶海上安全和环境污染问题。但是，港口国监管仍然存在着先天的不足。这种不足就是前文中提到的缺乏有效执行力的问题。

首先港口国监管的执行机制不是基于国际公约所达成的统一规范，而是由各国实施具体的管辖标准。各个备忘录组织间的约束力依靠的是组织成员国内部的协议，其诸多措施的执行规范最终还是要由成员国本身来具体操作。自然地，在执行层面上，成员国内部就会出现分化。对船舶检查执行较为严格的国家多是航运强国和发达经济体，对船舶检查执行较为松散的国家则多是方便旗国家和欠发达经济体。而这种分化显然是难以避免的，在成员国决定执行什么样的检查标准问题上大家能够达成统一，但在成员国以什么手段来执行的问题上，却要受到各国本国决策和执法过程的影响。

如美国那样按照自己本国国内法对进入本国内水的船舶予以管辖的国家情况又是如何呢？由于港口监管的依据来源于本国国内法，其监管措施便属于国内法授权下的本国行政措施。而港口国的行政措施是一国的国内措施，并不受到国际法的约束（美国并不是1982年《海洋法公约》的缔约国）。所以，要如何执行港口国监管仍然是一国主权范围之内的事情。监管力度的强弱以及以何种方式监管还是取决于各国自己的国内法。

因此需要考量和思索的问题是，港口国控制是否会走向两个极端。一极是制度设计流于形式，所谓控制只是增加一些机构和人员，但并未起到实质性作用，因为国家并无监管需求。另一极则是监管过度，造成船舶无谓损失，严重的还有可能对船旗国的主权造成侵害。许多案件表明①，在港口国监管实施机构涉及执法不当问题时，港口国法院仍然倾向于保护本国执法机构。在涉及本国公权力的行使问题上，要让一个国家的法院保持中立无疑是一件困难的事情。归根到底，港口国管辖的具体要求仍然是一国国内法自行规范的事项。

而国际法在这个问题上一直以来都存有争议。传统认为，允许外国船舶进入沿海国并不是一个普遍性的权利，沿海国可以对外国船舶进入本国港口设置条件。许多双边条约，如《友好通商条约》《航海条约》，以及关于国际海港制度的1923年《日内瓦公约》和规约中，缔约国均对进入成员国港口设置了互惠性的权利。起初，习惯法认为内水处于沿海国完全的主权控制之下，所以造访港口的商船必须遵守沿海国法律。但是，船舶离开后港口国赋予的义务是否仍然有效是存疑的。正因为如此，美国想要对进入美国港口的外国船舶实施其《反托拉斯法》和《劳工法》时，便遭到了船旗国的抗议。船旗国认为这属于船舶的内部经济事务并且符合国际法的一般原则。②此外，在Spector v. Norwegian Cruise Line Ltd.③一案中美国最高法院的绝大多数意见判决引发了港口国监管与传统船旗国管辖权相冲突的问题。本案中，被上诉人是一家外国船舶公司NCL，其往返美国港口经营游轮业务，上诉人是几位残疾人，从休斯敦购买了该游轮公司的往返船票，起诉NCL违反了1990年美国《残疾人法》第三章中禁止在公共场所歧视残疾人、在公共交通设施上做必要修改来适应残疾人以及移除结构上的建筑和沟通障碍等规定。最高法院法官在判决中认为尽管船上内部事务一般由船旗国法管辖，然而外国船舶仍然要受到美国《残疾人法》第三章“公共场所”“特定公共交通设施”规定的约束。所以，当港口国对船舶监管有过当嫌疑但符合其本国国内法时，国际法上并没有一个明确的答案。这个问题在法律上仍然处于一个模糊地带。

---

① 关于港口国监管过当的案例，可以参见金昱茜《方便旗背景下港口国监控制度的发展》（载《中国海商法年刊》2010年第3期）一文，以及Capri Marine Ltd. v. Chief State Prosecutor案、The “Van Gogh” 案、Majesty the Queen in the Right of Canada v. Budisukma Puncak Sendirian Berhad案。

② Ademuni-Odeke. “Port State Control and UK Law.” *28 J. Mar. L. & Com* Vol.28, No.4, (1997), p.661.

③ 545 U.S. 119, 129 (2005).

此外，还有观点质疑港口国监管并没有达到其声称的约束方便旗国家监管行为的效果。这种观点认为，实践中的船舶留滞案例，如果对港口国的决定有争议，大多是由船公司或船级社所属国从中介入，往往是这些国家与港口国进行交涉，真正依靠船公司或船级社进行申诉并获得最后成功的案例十分罕见。①那些挂靠方便旗的船舶，在遭遇留滞时并不需要真正通过方便旗国家来解决留滞问题。在这样的情况下，方便旗国家的监管职责还是没有得到监督。这种观点正好打破了将港口国监管作为促进船旗国监管手段的迷思。只能够说，港口国监管能够对船旗国监管的状况有所改进，但寄希望于外部作用的措施，效果一定是有限的。

当然，国际海事组织 IMO 还制定了一个“港口国监管监察导则”来规范成员国内部的港口国监管立法。不过，对成员国没有强制力的导则如何监督成员国的港口监管责任呢。为了能够挽回效果，IMO 后来又引入了一个组织外部的自愿审核机制。然而，这个机制的前提仍然是自愿，如果国家不愿意进行审核，那么对成员国港口国监管的检查也同样无法落实在行动上。正如 IMO 自己指出的那样，港口国措施应当作为船旗国措施的一种补充，IMO 决议如果没有船旗国的支持是无法行之有效的。②

目前，港口国监管同样遇到同船旗国监管一样的问题。当一些国家执行严格的监管立法而另一些国家执行松散的监管立法时，法律冲突就会在港口国监管立法中体现出来。当然，由于商业市场的考量，船舶所有人没有办法如同选择船旗国那样选择停靠的港口。但选择空间仍然是存在的，此时就正如前文所提及的那样，去往监管疏忽地区的船舶会使得港口国监管流于形式，而去往监管严格地区的船舶难免出现过度监管影响船舶运营效率的情形。但实践中值得警惕的情形是，港口国监管在一些案件中成了一些执法机构滥用职权的工具。国际社会并没有一个有力的监管机制对此予以规范。造成这些现象的原因归结到一点，仍是由于港口国监管涉及港口国本国行政执法，需要由港口国立法制定监管措施，是港口国主权管辖范围之内的事项。

---

① 金昱茜：《方便旗背景下港口国监控制度的发展》，载《中国海商法年刊》2010 年第 3 期，第 85—90 页。

② IMO Res. A.32（Ⅸ）.

三、共同船舶登记法律制度无疾而终

1989年为了解决欧洲船舶流失以及船员就业问题以保持欧洲的航运优势，当时的欧共体委员会曾经制定了一个欧共体法令，建议建立欧共体船舶登记制度（简称为欧共体登记），进行共同体登记的船舶可以悬挂共同体船旗。在共同体登记与国内登记之间的关系问题上，规定进行共同体登记的船舶也需要在其本国予以登记，共同体船旗也同其本国船旗一起悬挂。如果这一制度建立起来，欧共体登记就将建立起世界上第一个超越国家的登记制度。

这个建议注意到了船舶的雇用成本问题，认为要使得欧共体登记对船舶所有人而言更具吸引力就需要引入更加宽松的船员国籍条件，并且减少船舶所有人的雇用成本，并且建议还提出欧共体成员国之间应当就共同登记制度制定专门的财政协议和金融措施，向欧共体登记的船舶提供共同登记补贴。遗憾的是，尽管欧共体为这个建议作了许多讨论和修订，建立欧共体超国家登记制度的提议还是在1997年被放弃了。

在讨论到欧共体登记制度失败的原因时，分析者指出，“这个提议没有得到欧洲航运业的热情回应，确实除了能够从表面上确保船舶能够符合最高的安全标准以减少港口国监管的检查与留滞以外，这个提议也没有给予船东离开方便旗或第二国籍登记的更多实惠。”①建议中关于人力成本的要求是一个“太过野心的想法”“船东不会从欧共体登记制度中获得任何的经济实惠，工会也不相信欧共体登记制度会创造工作机会”。②英国政府则更加直接地表示了其对建立欧共体登记的怀疑态度，其认为欧共体对于航运产业的分析是有偏差的，虽然欧共体的船舶所有权似乎是减少了，但欧共体所拥有的船舶依然占当年世界航运船舶总量的25%，欧洲的船舶市场仍然在发展并且欧洲的船公司将精力放在了船舶的更新和新造船市场上。英国坚持其自由主义贸易主张，强调一个有效率的、企业主导的欧共体船队才是其所期望看到的，因此不同意补贴建议，同时

---

① Richard Coles & Edward Watt. *Ship Registration*：*Law and Practice*. Informa Maritime & Transport，2009，pp.38－39.

② Anna E. Bredimas “The Common Shipping Policy of the EEC”. *Common Market Law Review*，Vol.19，no.1，February 1981，p.74.

也认为建立欧共体船舶登记制度并不能给欧洲船队带来什么竞争力。①在 1992 年时，欧共体考虑对共同体船舶登记提议提出更加积极的措施，在投资、税收和社会安全方面予以改进，试图挽救这一提议。1996 年，欧共体又提出应当建立一个关于共同登记条件的法律文件，但最终还是因为没有提出实质性意见无疾而终。

从共同体登记制度的难产中，可以发现尽管建议极具创新精神，提出了许多开创性的建议，但在涉及制度构建的具体措施时却举步维艰。涉及本国的劳工、税收和金融政策时，一般国家内部立法都面临重重阻力，更不用说是在区域共同体中建立统一政策。想要尝试建立统一登记条件的 1986 年《船舶登记条件公约》已经遭遇了失败，欧共体在面临这个前车之鉴时应该预见到后果，因为即使在欧共体内部其成员国间的发展也是不平衡的。这再一次印证了船舶登记法律制度对于一国主权的重要意义，由于涉及国家利益，很难达成一个超国家的登记统一标准。

第三节　习 惯 之 困

调节海上运输的法律制度如同所有商法那样，“近乎商界自行设定的自治法律……它不是枯燥干瘪的法律无需从法律文字中理解，只需从法律交往中观察。与其他任何法律领域比较，商法更能表现出法律与利益之间的较量以及利益对法律的影响”②。船舶登记法律制度是关于船舶监管的法律，其调整的法律关系中不论公法关系还是私法关系，均涉及航运关系。因此法律制度必然反映航运实践状况。而航运习惯在航运法律关系中占据重要作用，从历史上看许多海上立法均开始于习惯的总结和整理。

基于这个前提，本节讨论国际法无法解决法律冲突的第二个原因：习惯反映了航运实践的现状和发展前景。本节通过分析习惯与法律之间的关系，讨论

---

① Department of Transport, *Briefing for UK members of the European Parliament: Commission Communication* COM (89) 266 Final, 1 November 1989, pp.8–10.

② ［德］拉德布鲁赫：《法学导论》，米健、朱林译，中国大百科全书出版社 2003 年版，第 94 页。

目前在船舶登记领域的实践做法，证明未反映航运实践的立法，无论是国内还是国际层面，往往都会缺乏生命力。

一、习惯与法律

与一般的社会规范一样，习惯意味着行为的一般性。即当某一情形出现时，群体中的大多数人都会重复这个行为，人们会如规则一般地遵循它（They do it as a rule）。但是，相较而言习惯也具有其特性：内在的强制性。当社会群体普遍接受规则并以社会批判和遵从的压力支持规则时，个人可能通常会感受到类似限制或强制的心理体验。①

法律的不同则在于其普遍接受性是由当权者通过议会等立法机构通过授权所建立的。并且在许多情形下，法律在作为普罗大众服从和遵循的习惯规则之前已经是法律了。也有许多世纪之前所制定和公布的法律在今天仍可被确认予以适用的情形出现②。所以一方面，法律有可能并未得到遵循和服从；而另一方面，法律又可能比制定者和遵循者具有更长的生命力。③

虽然习惯和法律之间具有不同的特点，然而同为社会规范，二者具有一定联系，并且在一定的条件下习惯能够转化为法律。关于这种关系，霍布斯有一个天才的论述，他指出：当老习惯取得了法律的权威时，这权威不是由于时间长而来的，乃是由于主权者的缄默不言说明了自己的意旨而来的，因为缄默有时就表示同意。当统治者在这方面不保持缄默时，它就不能成为法律了……除开合理的习惯以外，法律专家都不认为是法律，而不良的习惯则应当废除。但哪些是合理的、哪些应废除，则要由立法者——主权议会或君主加以判断。④

也就是说，立法者需要判断什么样的习惯能够上升为法律，这实际上是立法的法律价值取向问题。那么在船舶登记领域，什么样的习惯是有可能取得法

① ［英］H.L.A.哈特：《法律的概念》，许家馨、李冠宜译，法律出版社 2006 年版，第 56—58 页。

② 在 R. v. Duncan 一案中，英国一位妇人因违反 1735 年《巫术法》而被判刑。［1944］1 KB 713。

③ ［英］H.L.A.哈特：《法律的概念》，许家馨、李冠宜译，法律出版社 2006 年版，第 59 页。

④ ［英］霍布斯：《利维坦》，黎思复、黎廷弼译，杨昌裕校，商务印书馆 1986 年版，第 207 页。

律权威的呢？

简而言之，就是能够为航运实践所接受的习惯。这之中又包含了几个方面：其一，能够为航运实践所接受表明该习惯做法应当是一个具有生命力的习惯。也就是说，在航运领域能够为立法所接受的习惯都是经实践检验并获得接受的习惯。国际条约的立法过程亦表明，不反映实践现状的法律很难为航运业所接受。其二，能够为航运实践所接受表明该习惯是一个能够反映航运利益的习惯。举例来讲，尽管国际社会已经制定了许多新的条约，但 20 世纪 20 年代的《海牙公约》仍然在实践中被使用，原因就在于其反映了船舶运营的利益要求。虽然要求更加重视货主利益的呼声很大，但就世界航运运力分布来看如果法律制度不反映航运利益，其很难得到业界支持。其三，能够为航运实践所接受表明该习惯应当是一个能够促进产业发展的习惯。无论是船舶经营者还是政府，采纳一种习惯并将其上升到法律权威的动力均在于这种习惯能够创造产业发展动力。船舶经营者在实践这种习惯的过程中能够获得经营的动力，而政府在通过法律推行这种习惯的过程中能够促进产业的发展。

于是接下来，需要判断的问题就是船舶登记领域是否存在习惯？如果存在，目前存在于船舶登记领域的习惯是不是能够为国际法赋予法律权威的习惯？如果国际法反对或试图消灭这种习惯，将会产生什么样的效果？

二、船舶登记领域是否存在习惯及其合法性判断

开放登记是船舶登记领域的一种行业习惯。在航运领域中，大多数船舶经营者均会采用这个行为（到开放登记国进行登记）并且不去登记会使船舶经营者产生成本控制上的心理压力。通过下图可以看到，悬挂外国船旗的船舶在世界船队中所占份额呈不断上升趋势，目前已经超过 70% 的比例（图 4.1）。也就是说，世界上大部分船舶悬挂了船舶所有人国籍国以外的船旗。可以说，在航运业中，出籍已经“成为一种内化的社区共识，形成了习惯规则的内在基础”①。

① 王林敏：《论习惯的合法性检验标准》，载《山东大学学报（哲学社会科学版）》2009 年第 5 期，第 46—52 页。

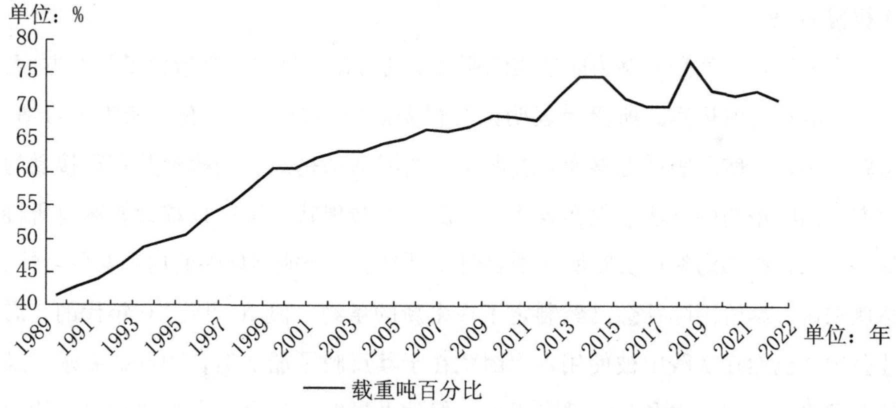

图 4.1　1989 年—2022 年悬挂外国船旗船队所占世界份额

（图表数据来源：UNCTAD Statistics）

此外，从世界商船队的所有权份额来看，拥有船舶总量排名前十位国家（地区）船舶的外籍登记比率也能够说明问题（表 4.1）。10 个国家（地区）的外籍船舶占有率均超过 50%，7 个超过 80%，而这十个国家（地区）加起来的船舶总量接近世界船舶总量的 70%。因而，法律变化可能仅仅是一个工具，一个时机。某种社会变化已在地下响动了，它的力量会找到这个或那个出口，究竟哪个并不重要。如果我们作相反的假定，我们就否定了社会法律理论的基本前提，并给予抽象的规则和概念本身巨大的分量。①

表 4.1　2022 年世界前十国家（地区）商船队本国及外籍船舶数据统计

国　家（地区）	本国船数量（艘）	外国船数量（艘）	总计（艘）（约数）	本国船吨位（总吨）	外国船吨位（总吨）	总　计（总吨）（约数）	外籍船比率（%）	占世界范围船舶比率（%）
希　腊	620	4 246	4 870	55 715 512	328 703 344	384 430 215	85.51	17.63
中　国	5 357	2 599	8 007	113 035 546	163 977 083	277 843 335	59.19	12.74
日　本	933	3 070	4 007	35 970 817	200 656 470	236 638 365	84.8	10.85
新加坡	1 371	1 400	2 799	67 869 137	68 312 248	136 243 709	50.16	6.25
中国香港	861	948	1 822	72 061 117	39 473 538	111 587 729	35.39	5.12

① ［美］劳伦斯·M.弗里德曼：《法律制度——从社会科学角度观察》，李琼英、林欣译，中国政法大学出版社 2004 年版，第 320 页。

续表

国　家（地区）	本国船数量（艘）	外国船数量（艘）	总计（艘）（约数）	本国船吨位（总吨）	外国船吨位（总吨）	总　计（总吨）（约数）	外籍船比率（%）	占世界范围船舶比率（%）
韩　国	804	867	1 680	14 767 539	77 501 218	92 302 014	84	4.23
德　国	185	2 036	2 221	6 976 526	72 616 389	79 592 915	91.23	3.65
百慕大	2	505	507	26 137	63 381 136	63 407 273	99.96	2.91
挪　威	982	1 002	1 987	18 980 244	40 945 002	59 931 039	68.33	2.75
英　国	363	1 014	1 380	9 376 891	49 222 876	58 746 865	84	2.69

（数据来源：UNCTAD 航运综述）

那么，开放登记是否可以被法律赋予权威并具有合理性和权利义务配置功能呢？按照前文提出的判断标准，答案是能。因为开放登记已经为实践所接受，自方便旗登记发展到现在的光租登记、离岸登记和第二船籍登记制度，证明开放登记是具有实践生命力的制度。此外，开放登记能够反映航运利益，它能够使得船舶经营者减少成本压力提升竞争力。同时开放登记能够促进产业发展，船舶到开放登记国登记，一方面使得船舶经营者获得商业利益，另一方面也促进了开放登记国航运业发展。需要特别提及的是，船舶经营者的国籍国或原本的船舶所在国看上去似乎因船队流失而产生了危机。但事实上，船队的流失反过来也带来了船舶海外收入的增加和船舶公司海外税收的增加。从这个角度上讲，它们也是受益者。

实践表明，开放登记是能够赋予法律权威的习惯。但是这种习惯能否上升为国际法规则呢？现实是，目前的国际法并未明确对开放登记予以表述。法律意义上，这种缄默便表示了认可。

1958 年第一次海洋法会议召开之后，类似利比里亚等国家是否可以将船舶登记开放给非本国公民所有船舶的做法曾经在 1959 年经历过考验①。在这一年，一个新成立的组织名为政府间海事协商组织（IMCO）②在伦敦举行会议，选举其海

① 第二章第三节曾从方便旗登记的政治影响力和船舶出籍的视角介绍过本案，此处主要从开放登记国的法律地位视角分析本案。

② 该组织为 IMO 的前身，1948 年联合国日内瓦国际会议上通过建立政府间海事协商组织 IMCO 的公约，1958 年政府间海事协商组织公约生效新组织成立。该组织旨在就全球海上安全及污染预防事项进行国际立法，并作为国际公约的监管机构。1982 年政府间海事协商组织正式更名为国际海事组织 IMO，随着名称的改变，IMO 的职能也不再仅限于立法工作，还可以就安全、污染、责任和赔偿等方面制定综合性的措施。

上安全委员会成员。委员会选举规则规定，委员会的 8 个成员国应当是世界上最大的船东国家（ship-owning nations）。最初选出的 8 个国家是美国、英国、挪威、日本、意大利、荷兰、法国和联邦德国。但是利比里亚和巴拿马提出了反对意见，它们认为自己的排名分列第三和第八，应当当选成员国，替换掉法国和联邦德国。

争议被提交到了国际法院，会议请求国际法院就海事安全委员会是否已经根据 1948 年《成立政府间海事协商组织公约》成立作出咨询意见。国际法院在其 1960 年 6 月 8 日的咨询意见①中作出了否定的回答。虽然英国和荷兰代表认为世界最大的船东国家并不等同于世界上登记吨位最大的国家，美国、印度则站在利比里亚和巴拿马一方认为“与航运安全有重要利益关联的”“最大的船东国家”就应当是公约所规定的委员会成员国。国际法院在综合考察了制定历史以及起草草案过程中的争论和各个版本的草案后指出，“最大的船东国家”并不是指最重要的船东国家，也不是实际上拥有商船队的国家。从公约条款的解释来看，以登记吨位作为判断船东国家大小的标准是最可行、最确定和最易于适用的方式。最终，国际法院以 9∶5 的投票认为委员会的选举不成功。这个案子从法律上确定了开放登记国在国际法上的合法地位。

如果国际法不认可开放登记，可能产生的效果在 1986 年《船舶登记条件公约》制定时已经作了明确的回答。公约制定的经济联系规则如果生效，就会使得方便旗登记在航运产业中逐渐消失，船舶资源固化，同时也会使得船舶运营成本上升，船舶产业的竞争力下降，导致航运产业失去生命力。1991 年 1 月的数据表明，参加公约的船舶总吨位仅为 321 万总吨，占世界总吨位的 0.837%。如此低的参与度表明方便旗登记这种自由主义方式拥有许多支持者，并且这些支持者并不打算放弃开放登记所提供的经济优势。②结果是，公约被束之高阁，成了纸上的法律。从这个角度来看，船舶登记领域的法律冲突同样很难消除，因为这种冲突带来了产业的发展。

欧共体登记的失败也是一个有力证明。建立统一登记制度意味着在欧洲内部消除登记法律冲突，则此时欧共体内部不会产生登记地选择问题。但在欧共

---

① Constitution of the Maritime Safety Cornmittee of the Inter-Governmental Maritime Consultative Organization，Advisoïy Opinion of 8 June 1960：I.C.J. Reeorts 1960，p.150.

② 联合国贸发会（UNCTAD）：《1991 年海运综述》（RMT），第 64 页。

体同其他国家的关系上，登记地选择同样会存在。除非欧共体提供的船舶登记条件能够低于包括方便旗登记国在内的其他开放登记国，否则欧共体船舶登记立法同样难以同其他开放登记法律制度相抗衡。

三、开放登记是否可以被消除

对于开放登记，并不是只存在批评之声，也有一些支持者认为能够提供廉价运输的良好运作市场以及数据，表明方便旗登记国家并没有竞相降低监管门槛，并且国际机制对船舶的约束也缓解了一些批评者的忧虑……船舶登记制度的多样性是市场迎合不同船舶所有人需求的结果……船旗国实际上不可能驱动（监管）标准，相反企业内部文化和机制是决定性的。①

此外有一些船舶需要登记在中立国以保持船舶的运营和航行是出于政治原因。市场数据分析表明，除少数情形外，采用开放登记的船舶其平均船龄较新，船舶状况也较好，聘请的船舶工作人员受过良好培训，选择的船级社也多为声誉优良的大型船级社。②

反对只看到开放登记危害一面，有观点指出与船舶达标状况相关联的问题，例如环境，大多数可以通过国际努力来保持船舶的安全和高效。任何替代现状的措施出台都要求国际一致性，而这又需要 IMO 能够具有强制力。③在这个层面上国际社会已经并且正在持续地采取措施减少开放登记带来的危害，诸如港口国监管、国际协议的制定、通过金融行政等方式加强管辖等措施④无疑是前述缓解办法的具体回应。

从成本角度而言，如果进行开放登记能够节约成本，则其会传导至运费。低运费对于对进出口和海运市场依赖度更高的发展中国家又是较为有利的。⑤从

---

① Eric Powell, Taming the Beast: How the International Legal Regime Creates and Contains Flags of Convenience, 19 Ann. Surv. Int'l & Comp. L. 263, 300 (2013), pp.279 - 280.

② Jan Hoffman, Ricardo J. Sanchez, and Wayne K. Talley, Determinants of Vessel Flag, in Shipping Economics p.185 (Kevin Cullinane ed., 2005).

③ H. Edwin III Anderson, The Nationality of Ships and Flags of Convenience: Economics, Politics, and Alternatives, 21 Tul. Mar. L.J. 169 (1996).

④ 参见第三章第三节相关论述。

⑤ Jan Hoffman, Ricardo J. Sanchez, and Wayne K. Talley, Determinants of Vessel Flag, in Shipping Economics, p.206 (Kevin Cullinane ed., 2005).

私主体经营视角而言，船旗的选择是船舶运营的第一步。国际航运市场的竞争态势使得船舶所有人（或经营人）需要在所有可能的层面减少成本，开放登记则是实现这个目标的一种简单易行的办法，与此同时开放登记还可能面临执行安全法律规范的潜在成本和港口国监督（PSC）十分频繁地检查。船公司又该如何保持成本、流动性以及潜在安全事故和可能带来的不便之间的平衡。①

而方便旗船舶虽然依赖发展中国家的低劳动力成本，但船舶的主要控制权仍然在传统海运国家的所有人手中。在一些情况下，方便旗船上的高级船员也是传统海运国家的公民，船舶的受益所有人（benefical ownership）是该船的实际控制人。因此在贸易全球化背景下，选择在哪个国家登记是船舶所有人的自由，消除开放登记既不符合经济成本也不符合商业效率。在目前的市场条件下，消除开放登记不可行，也不是特别可取。引入新的国际公约是一种理性的方式，但更加严格的规定和协议也有可能导致航运企业更多地利用第三世界国家可能带来的便利。②

第四节　船舶所有人识别之困

船舶所有人的识别在现代航运实践中常常变得十分困难。无法有效地识别船舶所有人是孕育国际诈骗的土壤。为了降低运营成本、逃避严厉的法律监管，船舶所有人实践中往往会通过注册单船公司外加方便旗登记再结合光船租赁的方式隐匿自己的真实身份。

透过方便旗登记和光租登记，船舶所有人近乎完美地实现了隐形。对于他们而言，这带来了经营上的极大便利，使得其遭受法律制裁的风险大大降低。然而对于其他人来说，这可能意味着所遭受的损失无法得到弥补。对于国家而言，则意味着对船舶所有人监管不力。一方面可能会导致本国利益受损，另一

---

① Luo M.，Fan L.，Li K.，*Flag choice behaviour in the world merchant fleet*，Transportmetrica A：Transport Science（2013）9（5），pp.429－430.

② Juan Ignacio alcaidea，Francisco Piniella，Emolio Rodriguez-Diaza. The “Mirror Flags”：Ship regiatration in globalized ship breaking industry. Transportation Research Part D 48（2016），pp.378－392.

方面可能会受到国际社会的谴责。实践中，船舶所有人通过选择登记地隐藏自己身份的做法普遍存在。而国际法在这个问题上并没有一个好的解决办法。

本节描述国际法无法解决法律冲突的第三个原因：很难规范船舶所有人的识别问题。本节分析船舶所有人无法识别带来的危害以及国际法没有就这个问题作出明确规定的原因，并指出依靠国内法来消除这种法律冲突的困难性。

一、船舶所有权安排的复杂性

船舶的所有权是一个非常复杂的问题，从个人、独立企业到其他国家公司下属子公司、来自几个国家的合资企业、国有企业都可能成为船舶的所有权人。越来越复杂的商业结构设计使得船舶所有人能够不受经营风险、资金义务、税收、工会合同、安全和保护船员等事项的法律规定以及货运限制等问题的干扰。

此外，船舶所有权安排的复杂性还体现在风险和收益在独立的各方当事人之间是分层的。一艘单船可能会涉及下列利益相关方：1.船舶的抵押贷款人；2.光船租赁情况下的实际受益人；3.承包租期并雇佣船员的光船承租人；4.供应航行燃料的航次承租人。这四个当事人可能来自四个不同的国家，船员也可能来自另一个国家，然后运送货物到其他国家。船舶的资本成本产生于造船国，货运收入则由各类具有财务或经营利益的国家获得。从复杂的财产交易中确定哪个国家实际受益于船舶所有权是一个难题。关于货载保留的民族主义航运政策同样可能面临船舶与其经营者的国籍问题。船舶所有权的实际受益者可能位于其他国家。①同时，挂靠经营、离岸经营、银行船东等众多经营模式的存在使得船舶所有权人和实际控制人的权责体系更加复杂。

倘若船舶所有人是企业法人，则船舶的所有权安排可以通过公司或法人的设立而变得容易。一些国家的公司法对于公司在本国的实体存在形式要求很低，法定登记要件方面注册资本、实缴资本、人员配备、资质审查以及形式要件方面均只规定较低门槛，有的方便旗登记国甚至并不要求公司实体在本国的存在，只需要当地有法定代表人即可。这样的状况下，隐名股东、资本转移、持股股

① Elliot Schrier, Ernest Nadel and Bertram E. Rifas, “Forces Shaping International Maritime Transport”, World Economy, vol.7 (1), 1984, p.96.

东、关联公司、皮包公司等相互嵌套的运作模式会使得船舶的真实所有人更加难以查找和追责。

二、选择登记地与法律适用上的负面效应

船旗国法的合理运用，有赖于严格的船舶登记和管理制度，但20世纪中叶以后，一些国家陆续采用开放登记制度，反对者认为这一制度致使船舶与船旗国之间失去了真正的联系，于是便产生了愈演愈烈的方便旗船问题①。他们认为实行方便旗登记制度的国家，大都是一些欠发达地区或发展中国家，为了谋求外汇收入，对前来登记的船舶，登记条件限制相对较小，有些近乎没有限制。由于一些国家对申请登记船舶具体规范的真伪核实不严，一些船东肆无忌惮地伪造船名，提供有关船舶规范的全套假材料。这些国家在行政、技术及社会事务上也几乎不对方便旗船进行管制，使得船东得以逃避国际条约的义务。但OECD发现实践中开放登记国并没有开放船舶所有人的匿名登记，反而是船舶企业通过各种机构和结构在国际自由流动。②

方便旗船海上事故发生率高也加剧了国际社会对其的负面印象。利比里亚籍油轮“托利·堪庸”号、“阿莫科·卡迪兹”号、巴哈马籍油轮“威望号”等船舶泄漏事故屡屡造成严重的海域污染，引发损失无法弥补的生态灾难。以“威望”号事故为例，2002年11月13日，挂巴哈马旗帜的“威望”号油轮载运77 000吨重油，在西班牙加利西亚附近的海面发生船体断裂，据估计至少有3万吨重油从“威望”号油轮破裂船舱漏出混流到英吉利海峡旅游观光区附近的海面，成为国际社会重大的海水污染事件之一。在调查事故情况、寻找法律责任人的过程中，调查人员面临着寻找真正的船舶所有人和船舶经营人的问题。“威望”号油轮悬挂的是巴哈马旗帜，经营人则是希腊航运管理公司，船舶是从瑞典船舶租赁合作经营公司承租的，而船舶的真正所有人是隐藏在背后的一个俄罗斯商团。这给西班牙当局追查事故责任人带来了很大的困难。只能以“玩忽职守”名义监押“威望”号油轮的船长，而代表保险公司、船东互保协会和

① 杜新丽：《论我国海事案件准据法确定的特点》，载《法律适用》2005年第8期，第1页。

② J. Hoffmann，R. J. Sanches & W. K. Talley，*Determinants of Vessel Flag*，Research in Transportation Economics，2004，12（1），p.173.

租船人的事故调查者也只能以相似的罪名追究已经在监狱待了一年的“威望”号船长的责任。这种现象在重大海难事故中时常出现。

因而有学者指出，船舶所有人选择登记地行为除经济考虑以外还是一种法律回避行为。船旗国法源自领土原则，船舶被视为国家领土的一部分。①但当船舶进入他国港口时，则有可能会受到他国管辖。美国早期发生的 Wildenhus's 案件②表明，尽管国际法确认船旗国法应当优先适用，船舶仍有可能故意驶入外国港口从而借助管辖问题寻求港口国庇护，特别是涉及港口国利益之时。如果方便旗船舶发生事故，为了避免扣船和其后的一系列法律纠纷，船舶所有人可能将该船更改船名，并将其重新注册于另一国家下，使该船隐匿于这种伪装之下得以逃避责任。这种现象屡见不鲜，但在追究责任主体的过程中却苦于找不到相关证据，即便是找到了证据，也很难再找到船舶的行踪，当事人很难获得相应的赔偿。造成这种现象也大多是因为船舶所有人抓住了方便旗登记国在船舶登记注册方面法律法规不健全的弱点，致使不良业者通过更改船舶登记逃避责任，造成今天的混乱局面。

三、国际法规范没有解决的问题

船舶所有人的识别问题牵涉到船舶所涉权利义务的归属问题。从现实角度来看，也涉及责任的最终确认和承担问题。在登记领域，到目前为止，除 1986 年《船舶登记条件公约》，没有任何公约对登记过程中船舶所有人的识别问题予以规范。实践中，船舶所有人的识别因牵涉到国际贸易和跨国公司而困难重重。

1986 年《船舶登记条件公约》明确了船舶所有人和经营人的概念范围，规定③，“所有人”或“船舶所有人”除另行指明外，系指任何在登记国船舶登记册上登记为船舶所有人的自然人或法人；“经营人”指所有人或光船承租人，或经正式转让承担所有人或光船承租人的责任的其他任何自然人或法人……从该条文可以看到，所有人必须是登记在船旗国船舶登记册上的自然人或法人。经

① 相关理论论述参见第二章第二节内容。

② Wildenhus's Case，120 U.S. 1，11（1887）.

③ 参见 1986 年《联合国船舶登记条件公约》第 2 条。

营人除了所有人以外，还包含光船承租人和所有人和光船承租人的合法转让人。

接下来公约规定了所有人和经营人的“识别身份和确定责任”①问题。将登记国作为义务主体方，规定了登记国在识别所有人和经营人以确定法律责任方面的义务，其实质在于登记国对船上文件的保存和记载。

此外，公约规定登记国应在其船舶登记簿中记入有关船舶及其所有人的资料。如经营人不是所有人，则应按照船舶登记国的法律和规章将有关经营人的资料列入船舶登记簿或经营人官方记录，存放在登记官员处，或使之易于供登记官员查阅。登记国须颁发证书，作为船舶登记的证明。登记国还需要采取必要的措施，确保悬挂其国旗的船舶的所有人、经营人或对该船舶的管理和经营承担责任的其他任何人的身份容易为具有合法权益获取此类资料的人所识别。登记国的船舶登记簿还应按照船旗国的法律和规章，供具有合法权益获取其中所载资料的人查阅，并且确保悬挂其国旗的船舶携带包括有关船舶所有人、经营人或对船舶经营承担责任的人的身份资料及证件，并向港口国当局提供此类资料。

船旗国法律应当规定船舶均应记录航海日志，并在最后记载之日后保留一段适当时间，供具有合法权益获取此类资料的人查阅和抄录。如果船舶被出售且更换登记国，在出售前这段时间的航海日志应予保留，并应按照原船旗国的法律让具有合法权益获取此类资料的人查阅和抄录。登记国还需要采取必要措施确保在其船舶登记簿上登记的船舶所有人或经营人的身份能充分识别，以便使其承担全部责任。

应当说在确定船舶所有人问题上，公约的条文具有很大的意义。但由于其与整个公约的其他部分一样争议巨大，这条同其他条文一样至今仍未能通过生效，这不能不说是个遗憾。不过，即使此处假设该公约获得通过，其可能的效果仍然是未知数。就船舶所有人的识别问题，公约约束了船舶登记国，规定了登记国法律应当规范的文件。然而公约在用语上仍多采用“确保”“采取必要措施”等用语。这些用语表明在船舶所有人的识别问题上，国际社会最终还是留给了各国国内法解决，由船旗国本国法进行约束。然而，由于各国国内法对于

① 参见1986年《联合国船舶登记条件公约》第6条。

船舶所有人的定义存在差异，关于船舶所有人识别问题的法律冲突依然是难以消除的。

本章小结

截至目前，国际法在消除船舶登记领域法律冲突问题上所作的努力没有获得实际效果。1986年《船舶登记条件公约》试图建立一个国际统一的登记条件，结果未获得生效。公约的制定过程和最终通过的文本内容表明，它没有反映航运实践的现状和发展趋势。

事实上，国际法面临了几个主要困境：

其一，主权困境。真正联系难以实现的根源、港口国监管的制度漏洞以及国际社会尝试建立统一登记法律制度失败的现象和深层次原因均表明船舶登记领域关涉到一国的国家主权和利益，因此各国均不愿意将该领域的立法权限轻易交由国际法规范。

其二，习惯困境。习惯与法律之间的关系表明，国际法默认了方便旗登记及开放登记实践。而经证明未反映航运实践的立法，往往都会缺乏生命力。

其三，船舶所有人识别困境。现存国际法没有很好地规范船舶所有人的识别问题，而是交给了各国国内法解决。船舶所有人无法识别问题具有一定的负面效应，但国际法并没有就这个问题作出明确规定。由于船舶所有人识别问题仍由各国国内法解决，这就使得消除这种法律冲突难以实现。

因此，希望通过国际法直接解决船舶登记领域的法律冲突是困难的。面对冲突，各国只能通过制定适应国际航运实践和本国发展趋势的船舶登记法律制度来应对登记地选择状况。

第五章　船舶登记法律制度的变革路径

船舶登记领域法律冲突的存在使得登记地选择成了一个无法回避的事实，由于国际法无法从实体层面平衡这种冲突，各国仍然得面对法律规定不一致带来的现实问题：船队资源在世界范围内流动。船队运力对海上实力、航运产业及国际贸易的发展具有重要意义，吸附作用带来的产值巨大，为了吸引船舶入籍，一些国家开始尝试通过制定或变革本国船舶登记法律制度促使商船到本国进行登记。

方便旗登记国是最早采取低成本控制措施吸引船舶资源的国家，其国内法律规定及配套制度详细反映了方便旗登记制度的特点和具体措施。为了与方便旗登记相抗衡，传统航运国家改革本国船舶登记制度相继推出了国际船舶登记和离岸船舶登记①，并将国内船舶登记法律规定作了修订，或另起新法明确新登记制度的地位。此后，新兴发展地区又出现了吸收方便旗登记和传统内国登记的混合型登记法律制度。这些改革表明：船舶登记法律制度的制定和变革能够促进一国航运业的发展。

本章分析一些典型国家船舶登记法律制度的特点和具体法律措施，讨论各国的船舶登记条件和配套措施规定以及这些立法的制定意图。透过对各国船舶登记法律制度的考察，本章试图证明这样一个问题：船舶登记法律制度能够对船舶资源的再分配过程产生影响。

第一节　船舶登记法律制度的演变与改革

大量船舶移籍海外，给采用传统封闭登记模式的国家在经济以及政治角力

① 两者有时又被合称为“第二船籍登记制度”。

方面均带来一定压力。为了维持本国商船队的规模和质量，同时也能够降低船舶营运成本，吸引船舶到本国登记。一些传统航运国家效仿方便旗登记，创造了第二船籍登记制度。与此同时，方便旗登记国也在不断完善本国船舶登记制度以吸引更多船舶到港进行登记。重大的法律变化是随着社会变化而发生的，并取决于社会变化。①世界范围内的登记制度改革带动了船舶登记法律制度的变革，从船舶登记条件到配套规定都作了对应调整。相应地，政府制定的法律法规会对航运成本、航运运价以及航运市场的自由竞争产生影响②。一些国家的船舶登记改革亦由法律制度推动和展开设计。

本节讨论世界商船队发展演变趋势，分析国与国、地区与地区间的登记比较优势，进而讨论各国结合自身特点所选取的船舶登记法律制度改革路径。

一、船舶登记及商船队规模的演变趋势

船舶所有人放弃传统的内国登记制度而选择出籍的状况日益明显。近年来，海运业经历着开放登记日渐壮大的局面。2022 年世界商船队出籍比率高至 70.08%，2017 年则是 70.01%，而 1970 年这一数字是 21.6%。③船舶登记制度已经借由船舶登记结构的变化发生了改变，自 1920 年开放登记冲击传统内国登记制度以来出现了两个明显的趋势。其一是第二船籍登记制度的崛起，其二是船旗市场上新登记制度的出现。这些事件可以看作是基于不同原因对航运产业整体改变的回应。④

尽管所谓“真正联系”已经成为一项国际法原则，但如何解释和适用这一原则国际社会并未达成统一意见。过去这些年世界范围内越来越高的船舶出籍率无疑昭示着船舶登记模式正在发生着深刻变化。“当全球的船舶登记市场被注入新的活力后，二元模式已经确立（方便登记国与传统海运国家并存），船舶从

---

① ［美］劳伦斯·M.弗里德曼：《法律制度——从社会科学角度观察》，李琼英、林欣译，中国政法大学出版社 2004 年版，第 176 页。

② Martin Stopford, *Maritime Economics* (3rd *Edition*), London and New York, Routledge, 2009, p.89.

③ UNCTAD：1970 年、2017 年、2022 年海运综述。

④ Tony Alderton & Nik Winchester (2002). Regulation, representation and the flag market, Journal for Maritime Research, 4: 1, pp.89 - 105.

传统海运国家流向开放登记国，以及传统海运国家试图阻止船舶流入开放登记国家的情形开始受到关注，并且开放登记国之间为了争夺其他开放登记国的船舶同样存在竞争。”①

航运业的性质和构成发生了根本性的重构。海上优势已经由传统航运国家（TMCs）转移到新兴航运国家（NMCs），特别是亚太地区的新兴航运国家。②观察 2022 年世界上主要登记国及其商船队规模可看到（表 5.1），世界排名前二十的主要船舶登记国（地区）中，新兴航运国家（地区）占据了绝大多数，其中亚太地区国家（地区）表现亮眼。丹麦和挪威是最早采用第二船籍登记的国家，二者的国际船舶登记也榜上有名。方便旗登记国（地区）、新兴航运国家（地区）和传统航运国家（地区）分庭抗礼。

表 5.1　2022 年登记船舶数量规模及主要登记国家（地区）排名

		船舶数量（艘）	数量比率	千载重吨	载重吨比率	载重吨增长率
1	巴拿马	8 025	7.8	350 401	15.9	1.7
2	利比里亚	4 311	4.2	335 114	15.2	11.9
3	马绍尔群岛	4 042	3.9	289 781	13.2	5.7
4	中国香港	2 661	2.6	207 816	9.5	1.4
5	新加坡	3 227	3.1	131 369	6.0	−3.6
6	中　国	7 309	7.1	114 952	5.2	6.0
7	马耳他	2 047	2.0	114 910	5.2	−0.9
8	巴哈马	1 307	1.3	72 998	3.3	−1.8
9	希　腊	1 234	1.2	61 817	2.8	−4.3
10	日　本	5 590	5.4	40 263	1.8	2.4
11	塞浦路斯	1 030	1.0	33 461	1.5	−1.7
12	印度尼西亚	11 015	10.7	29 332	1.3	1.1

① Tony Alderton & Nik Winchester（2002）. Regulation，representation and the flag market，Journal for Maritime Research，4，pp.1 − 90.

② SLETMOG. K.，*Shipping's fourth wave*：*ship management and Vernon's trade cycles*. Maritime Policy and Management，1989，16（4），pp.293 − 303.

续表

		船舶数量（艘）	数量比率	千载重吨	载重吨比率	载重吨增长率
13	丹麦国际登记	612	0.6	26 061	1.2	5.6
14	马德拉群岛	672	0.7	25 863	1.2	13.7
15	挪威国际登记	695	0.7	21 300	1.0	－3.1
16	马恩岛	291	0.3	20 661	0.9	－6.1
17	伊　朗	942	0.9	20 195	0.9	－2.6
18	印　度	1 810	1.8	16 934	0.8	－1.1
19	韩　国	2 063	2.0	15 635	0.7	－0.6
20	德　国	413	0.4	13 887	0.6	1.6

（来源：UNCTAD 海运综述）

"存在一种危险，这就是把法律总是作为社会经济变化的一种结果，而不是这种变化的一个组成部分和在这种意义上的原因。"①面对船舶登记和船旗市场的改变，在行使国家主权和履行国际公约义务之间，国家必须作出平衡。国家是国际公约的具体执行者，而船舶登记事宜则是国家主权范围内的权力。一方面履行国际义务的能力需要加强，另一方面船舶登记模式的演变也使得国家需要确保本国利益和商船队实力的发展。因而，船舶登记改革必然从国家层面展开，作为治理方式的法律变革也由此出现了变化和分野。

二、船舶登记比较优势的选择

两次世界大战期间，接受他国船舶登记至本国且降低登记限制条件的开放登记发展起来。首先是为了规避本国法律限制的美国商船转移至巴拿马，两国在 20 世纪 20 年代还签订了税收减免协议。而后欧洲船东开始将船迁往巴拿马。二战期间为了扭转经济萎缩的趋势，美国 1946 年《船舶买卖法》对开放登记是一个利好激励，允许商船卖往国外，为船舶所有人将船舶迁往开放登记国提供了法律基础。利比里亚在制定其 1948 年《海商法》后开始成为船舶登记市场上

① ［美］哈罗德·J.伯尔曼：《法律与革命》，贺卫方译，中国大百科全书出版社 1993 年版，第336 页。

的有力竞争者。20 世纪 40 年代末到 80 年代初，开放登记被冠以方便旗名称而广受质疑，加之 ITF 等组织机构对其采取抵制态度，是 1982 年《海洋法公约》和 1986 年《船舶登记条件公约》一再强调“真正联系”的原因。

除去公认的著名开放登记国巴拿马、洪都拉斯和利比里亚外，诸如塞浦路斯、伯利兹、玻利维亚等新兴开放登记国也在积极发展其本国的开放登记或国际登记制度。登记国吸引的船型存在差异，一些船型会聚集到特定的国家或地区。例如，安提瓜和巴布达拥有世界上最大的件杂货多用途船市场份额，而利比里亚则是世界上最重要的集装箱船登记国，马绍尔群岛是油轮登记国，巴拿马是干散货船登记国。登记专业化的原因之一是这些国家与船东国家之间的传统联系。日本拥有世界上最多的干散货船，这些船舶经常登记在巴拿马。德国则主要是集装箱船，其同利比里亚关系密切，两国签订有所得税条约和双重征税协定，在利比里亚登记船舶对德国船公司主管人员有利。①

开放登记国对船舶所有人有利的是税收和船员选择的自由度。20 世纪 80 年代，尽管开放登记的风评毁誉参半，但它的成功之处也不可小觑，迫使许多传统航运国家相继出台了国际船舶登记制度，旨在为船舶提供与开放登记国类似的条件以吸引本国船舶回归。②

为了吸引船舶在本国进行登记，各国提出了对船舶所有人具有吸引力的刺激措施，包括但不限于下列内容：1.登记主体的适格性。虽然允许外国船舶登记至本国，但即便是开放登记国也通常要求船舶在本国具备商业存在，或者是一个公司实体，或者是法律代表。事实上出籍的状况下这些限制都可以通过单船公司和签署文件带过，有的国家也不要求海运透明度，不用披露单船公司的受益所有人、允许不记名股票、法定代表人也不需要建立财务组织。③2.税收及登记费用的减免。表现为大幅度降低或减免船舶营运税收成本，营业税、利润税以及公共事务费用等，甚至仅收取登记初始费用及年度吨位税。3.开放劳务市场。对船舶所有人雇佣船员的国籍和薪酬水平减少干涉或不作干涉，对船员

① 联合国贸发会（UNCTAD）：《2016 年海运综述》（RMT），第 44 页。

② Martin Stopford，*Maritime Economics*（3rd *Edition*），London and New York，Routledge，2009，p.673.

③ See Tony Alderton & Nik Winchester（2002）. *idem*，p.95.

劳动市场作自由放任态度，使得传统内国登记在劳动力市场缺乏竞争力量。4.市场监管方式。为船舶所有人提供一个相对自由的监管环境，船旗国尽量不干涉船舶所有人的自主权。

应对新兴航运国家带来的挑战，传统海运国家选择了两条不同的道路。一条道路是承认本国航运能力在世界范围内的衰退，在许多海运子产业中依靠外国运输。选择这条道路的国家对未来的主要关切是确保国际航运市场在技术上保持开放和竞争。有的国家还寻求采取一些货载保留的保护主义措施。另一条道路则是采取新办法重构本国商船队，特别是引入国际船舶登记制度。在允许登记船舶悬挂本国船旗的同时又能够享受到全球资源特别是劳动力的好处。①尽管扩大和提升本国商船队就世界市场而言是一个高成本的举措，但许多政府仍然基于国家安全、海员工会的压力以及通过船舶带动贸易的考虑而采取促使本国船舶回归的制度，又称第二船籍登记制度。

各类举措中广为各国所接受和采用的是国际船舶登记制度，它既能够吸引本国商船也将本国航运市场的部分或全部向外国商船开放。理论上这个方案是方便旗登记同传统海运国家优势的结合。方便旗国家主要在税收、劳动力成本和人员配备方面具有优势，而传统海运国家则在资本、技术以及监管方面具有优势。国际船舶登记制度的设计理念便在于期望能够吸收二者特点，创设一个能够减少船舶出籍的选项。

另一类常见的选择是在本国属地或者离岸进行船舶登记，这些属地和离岸登记地在行政上受到母国管辖，但当地立法机构可以自行制定本国（地区）法律规范。代表性的国家和地区有英属百慕大群岛、开曼群岛和马恩岛，以及法属凯尔盖朗群岛。中国香港、新加坡等新兴海运国家（地区）则凭借成本上的优势，特别是劳动力、资本等因素，在政府的主导下实现了本国（地区）商船队的蓬勃发展。

三、船舶登记法律制度的改革路径

身处高度竞争的航运市场之中，船舶出籍已经成为所有人一个非常重要的

① Gunnar K. Sletmo & Susanne Hoste, *Shipping and the competitive advantage of nations: the role of international ship registers*, Maritime Policy & Management, 1993, 20: 3, pp.243–255.

运营策略。抽象的社会利益团体并不制造法律，他们必须通过提要求而对制度施加压力。换句话说，只有利益和势力并不会创造法律，创造法律的是表达要求的势力和利益……利益是多种多样的，有直接利益，主要是经济的，也有间接利益。除此以外的所有的利益可以称为改革利益，它们是对改革者个人没有重大关系的问题。在现代社会中，改革利益很普遍很重要……改革利益的吸引力比直接利益差，也比许多间接利益差。即使是改革者，也只能致力于一两个改革领域。①

尽管各国船舶登记法律制度的改革方向是由封闭走向开放，但具体路径却有所区别。对于那些致力于经营登记市场的国家或地区而言，港口国监管的压力使得上了港口国黑名单的船旗国遭受船舶所有人选择方面的压力。为了改善本国船舶被留滞的状况，开放登记国逐渐采取监管措施减少本国登记船舶被留滞率。例如，将被采取措施的船舶移除登记，增加登记要件中的船龄限制，对船舶检验机构的认证范围作出更加严格的规定。

除开放登记国，传统海运国家也采取了众多的激励和法律规制政策。不同于传统登记制度，第二船舶登记制度在功能上与开放登记更为相似，从这个角度而言传统海运国家和开放登记国的船舶登记海运政策呈现趋同趋势。为了保持竞争力，船舶所有人可能会基于费用的考虑而雇佣外国船员，这对本国海员较为不利。而为了雇佣外国船员，有的船东会选择将船舶登记至国外。为此，政策制定者通过税收或货运保留制度等手段促使该国的船舶登记更具吸引力。②因而，第二船舶登记立法往往从劳动力和税收层面降低船舶营运成本。国际船舶登记国也制定新法，从立法层面设立国际船舶登记制度，并对适用船舶、适用水域、登记条件、开放程度、劳工合同及其适用法律以及税收方面的特殊政策作规定。离岸船舶登记模式则需要将船东国家和离岸登记国家或地区的法律规定作联动设置，在船东国家立法中开放本国船舶的离岸登记，在离岸登记国家或地区的船舶登记立法中针对船舶到离岸进行登记设置一些常见的优惠政策或措施，如两国在船舶方面的税收、人力优惠协议，公司设置、融资条件、营

① ［美］劳伦斯·M.弗里德曼：《法律制度——从社会科学角度观察》，李琼英、林欣译，中国政法大学出版社2004年版，第176页。

② 联合国贸发会（UNCTAD）：《2016年海运综述》（RMT），第33页。

业条件等方面的便利，等等。

第二船籍登记制度在欧洲取得了实质性的效果，丹麦、挪威的国际船舶登记吸引住了外流船舶，使得本国的商船队规模有所回流并跻身世界前二十大商船队行列。离岸登记国与传统航运强国也在离岸登记设置中实现了优势互补合作协调。而新兴航运国家则基于后发优势吸收了方便旗登记国及第二船籍登记国的特点，在本国船舶登记立法中从本国或地区的特点出发兼采二者优势，一方面降低登记和营运成本，另一方面以服务化的态度完善登记船舶的管理和监督，成为船舶登记市场上的后起之秀。

第二节　船舶登记法律制度的商业化
——以巴拿马、利比里亚为例

船舶所有人在实践中通常将其所拥有的船舶转移到能够提供便利登记和可以免除税金的国家。巴拿马和利比里亚以其优惠的条件和方便旗登记的历史成为大多数船东的首选。巴拿马是世界上最早的开放登记国，其方便旗登记历史可追溯到 1920 年。利比里亚也是开放登记较早的国家之一，同巴拿马一样亦是国际上著名的方便登记国。截至 2022 年的数据显示，巴拿马和利比里亚分别占据世界船队登记总量的前两位①。

本节探讨以巴拿马、利比里亚为代表的开放登记模式，以及开放登记模式下船舶登记法律规范和配套法律规定的具体内容，阐释开放登记法律制度为这些国家构建的以船舶登记为中心的产业模式。

一、船舶登记立法概况

巴拿马坐落于南北美洲的交汇点，著名的巴拿马运河穿巴拿马城而过，连接大西洋和太平洋，是交通要道，也使得巴拿马成为重要的航运枢纽。1903 年以前，巴拿马是哥伦比亚的一个省。1903 年 11 月经美国策动，巴拿马独立成

① 2022 年巴拿马登记船舶数量为 8 025 艘，占世界总量的 7.8%，登记总吨位为 350 401 万吨；利比里亚登记船舶数量为 4 311 艘，占世界总量的 4.2%，登记总吨位为 335 114 万吨。（数据来源：UNCTAD Statistics）

为共和国。美巴签订了《巴拿马运河条约》，该条约赋予了美国巴拿马运河的实际经营权，1977年美国同巴拿马签订了关于巴拿马运河的新条约，规定美国于1999年将巴拿马运河的管理权交还给巴拿马。该国的法定货币是美元。同利比里亚具有相同的特征，巴拿马与美国之间的联系也十分紧密。因而讨论巴拿马船舶登记制度就必须考察到其同美国在政治和经济上的联系，美国船东也常常将所拥有的船舶放在巴拿马进行登记。

巴拿马1904年制定的第一部《宪法》给予了美国船舶所有人许多便利。1917年第63号法令是该国船舶登记制度的起源。当时立法目的只是保护本国商船的国内利益及同周边国家的贸易利益。此后巴拿马共和国1925年第8号法案创建了该国的商船队，而该法案构成了巴拿马开放登记制度的法律基础。“外商独资的巴拿马公司获准登记船舶并悬挂巴拿马国旗，巴拿马商船队开始建立起来，对船舶所有人的国籍和住所的限制被删除，并且巴拿马法律也认可英语为语言的合同。”①此后，1973年第11号法案引入了“双重登记”制度（即光租登记），该法案后来于1973年被第83号法案修订。关涉到船舶登记和船舶抵押有效性的法律规定后来在1980年第14号法案和1984年第43号法案中有所体现。而前述这些所有同商船相关的法律现在被并入了该国2008年第52号法案和第55号法案，隶属于巴拿马《商法典》第二卷。此外，巴拿马1980年第2号法令创设了商船总局，隶属于财政部（现更名为经济财政部），是处理巴拿马商船登记事宜的主管部门。

利比里亚位于西非海岸线上，其邻国为塞拉利昂和科特迪瓦。1821年它由美国殖民协会建立起来作为解放后黑奴的聚居地，1847年宣布独立，是非洲最早成立的共和国。利比里亚长久以来同美国保持着密切的联系，也是美国船舶所有人常常选择的船舶登记地②。从1948年开始，利比里亚就建立了船舶开放登记制度，目前该国是世界上第二大船舶登记国。可以说，利比里亚的船舶登记制度经营得十分成功。海商法是约束该国船舶登记的法律，规定在经修订的

---

① Francisco Piniella, Juan Ignacio Alcaide, Emilio Rodríguez-Díaz. The Panama Ship Registry: 1917－2017. Marine Policy 77 (2017) 13－22, p.14.

② 除巴拿马和利比里亚外，包括马绍尔群岛在内的一些开放登记国均与美国在政治上有庇护或者依赖关系。

1956 年《利比里亚法典》第 21 章，正式名称是“利比里亚海商规则（The Liberian maritime regulations）”。涉及船舶登记的法律规定分散在该规则的不同章节之中，采取了分散立法模式。2002 年立法修改以后，该法引入了船舶的抵押融资法律规定以及关于公司作为船舶所有人新类型的规定。

二、船舶登记条件立法宽松

这两个国家的船舶登记条件立法均较为宽松。

巴拿马对登记为巴拿马籍的船舶没有任何的尺寸、船龄以及船型要求。不过，对于超过 20 年船龄的船舶，需要在进行初次登记的时候由巴拿马海事机构对其予以安全检查。关于船舶所有人的国籍，巴拿马法律规定允许本国或者外国的自然人、法人以及其他法律实体进行登记。

根据《巴拿马劳工法案》第 266 条，巴拿马船舶配备人员的 10%必须是巴拿马国民，但在雇佣船员的港口如果不能达到该比例，可取消本规定。同时，高级船员也可不必是巴拿马人。这其实意味着巴拿马允许船舶雇佣任何国籍的船员，基本不加限制。

巴拿马 1973 年第 1 号法案建立、1973 年第 3 号法案修订的双重登记制度，允许外国船舶光船租出和租入巴拿马，也给船舶不在开放登记国的船东提供了一个便利的营运渠道。

利比里亚的船舶登记条件则规定相对较严，该国《海商法》第 51 条规定以下船舶可以予以登记：20 净吨以上排他经营利比里亚港口运输的船舶、500 净吨以上经营海外贸易的船舶以及 24 米以上的游船。还规定超过 20 年的海船或游艇利比里亚将不予登记，但又“松口”规定如果这些船舶能够证明符合其他适用法要求的话利比里亚行政机关可以自行决定是否予以登记。船舶所有权也要求必须为本国国民所有，但可以允许在利比里亚登记为航运企业的外国实体进行船舶登记。

利比里亚并没有船员国籍的限制，只要求船上人员必须具备适任证书和符合本国的船舶安全运营要求。拥有船舶登记证书只需要在最初进行一次安全检查即可。

登记程序方面，巴拿马一直在不断地改进其登记流程，力求自动化和简单化，并将二者合二为一，登记时间最多不超过4个小时。允许临时登记，登记有效期为6个月，还可以再次延长3个月。船舶所有人递交所有权证明材料后即可获得正式船舶登记证书。除20年以上船龄的船舶，不强制要求船舶进行登记预检。

三、配套措施便利

尽管巴拿马船舶登记规定允许外国船东拥有巴拿马籍船舶，但仍然需要对船舶所有人和债权人提供一个法律确信。通过1927年公司法32法令借鉴美国特拉华州的《公司法》，巴拿马尝试将公司营业地的配套规定适用于所有国家。税收方面，将所得税限制于其领土范围内的收入来源。因此巴拿马船旗的使用者和航运公司便可以只缴纳个人所得税而无须就巴拿马之外的收入来源缴税。①

巴拿马法律对于在巴拿马进行登记或者成立公司的外国船东提供便利的服务。在巴拿马成立公司能够在2至4日之内完成，也可以通过律所或公司登记机构进行离岸操作。但是，注册在巴拿马的公司需要在巴拿马经营业务，要在巴拿马具有一个办公地址。这可以通过聘请当地律师作为登记公司的代理来处理。公司还需要至少三个主管和三个工作人员，不过没有国籍要求。不要求进行审计以及开列账户。

利比里亚《公司法》则为了同潜在客户的需求相适应，直接以相应国家的法律为蓝本作了法律移植。该国的商事公司法同美国特拉华州的公司法基本一致。而2002年生效的《商事公司登记法》则移植了英国1929年《公司法》。对于在本国成立的公司，利比里亚法律不要求股东的数量和国籍，也不要求进行审计和在利比里亚开立账户。利比里亚虽然要求1 600吨以上的船舶所有权需为本国公民所有方能进行登记，但船舶所有人只要能够在该国任命一个当地代理并设立海事信托或设立一个当地公司便可以绕开该国法律的限制将船舶登记在该国。

全球咨询公司曾经对在利比里亚48小时之内设立公司提出了1 350美元的报价，其中999美元是利比里亚24小时的花销。设立法定代表人更加简单，费

---

① See Francisco Piniella, Juan Ignacio Alcaide, Emilio Rodríguez-Díaz. *idem*, p.14.

用基于不同的代表人种类在 200—400 美元之间。与登记成本一样，履行预登记的时间和金钱成本并不繁重。①此外，一方面是为了便利船舶所有人，另一方面是由于本国国内局势不稳定，利比里亚有专门的国际登记公司，总部设在纽约，其他地方有许多分部。

税费方面，非巴拿马本国国民设立的公司不需要支付任何的所得税或其他税费，只需要按照年度缴纳政府规定的公司税（350 美元）。登记费用只在首次登记的时候按照吨位收取。低于 15 000 总吨的都按照固定费用收取，高于 15 000 总吨的则在 3 000 美元基础上按照超过的总吨数加计收取，但是最高不超过 6 500 美元。总体上，巴拿马登记船舶需要缴纳的税费分为四类：年度税、单一年度税、检查税以及交通事故调查和参与国际活动等的费用。费率计算基于吨位和船型。

如果同一个船东（或者隶属于同一个金融集团的船东）有三艘以上的船舶在巴拿马进行一年登记的话，可以享受到船队的税收减免。其中对于 30 000 总吨以下的，登记费、吨位年税和签证年费（以下简称“三费”）均可减免 25%。大于 30 000 总吨但小于 100 000 总吨的，三费可减免 40%。100 000 总吨及其以上的，三费减免 60%。同时，如果船东拥有 15 艘以上的船舶，超过 500 000 总吨以上，则前述三费可以分期支付。此外，对于 15 艘以上的商船队到巴拿马登记还可以享受 20%的登记费率折扣，16—20 艘则可以享受 35%的折扣，要是商船队达到 50 艘则可享受 60%的折扣。

利比里亚也采吨位税制，只收取初始登记费用和按年度支付的吨位税。按照 14 000 总吨为标准划分两个不同的收费层级。14 000 总吨以下的船舶收取初始登记费、吨位税、海事安全检查费和海事调查及国际合作费用，不收取行政管理费。14 000 总吨以上的船舶需要收取行政管理费，海事安全检查费固定不变外，其他的费用都按照吨位来收取。此外，利比里亚同许多主要航运国家都有税收协议，其吨位税计算标准也同包括英国、德国、荷兰等欧洲国家所采取的新吨位税机制联动。

① See Tony Alderton & Nik Winchester (2002). *Idem*, p.90.

四、船舶登记运营的商业化

透过这两个国家的船舶登记法律制度，可以看到已经将船舶登记作为了一项商业业务来经营。作为典型的开放登记国，两国在费用和折扣方面提供了许多对航运企业有利的措施和机制设计。

如果说船舶登记既涉及公权力对船舶运营的监管又涵盖船舶所涉私权利的保护的话，以巴拿马、利比里亚为代表的开放登记法律制度，基本放弃了本国公权力对船舶登记的监管职能，以一种更加市场化的方式在经营本国的船舶登记事务。其中既有经济因素，也有政治影响力的考量。

为避免一战期间美国本土法律限制，巴拿马船舶登记成为美国船舶所有人的一项有用的营运工具，一个灵活的船旗。20 世纪三四十年代，美国两大重要的公司（联合水果公司和新泽西标准石油公司）将船舶转移登记至巴拿马，以希腊船王为代表的希腊船东也逐渐将船舶转移至巴拿马登记，这使得巴拿马商船队在战争期间得到了飞速的增长。①1948 年，美国前国务卿爱德华·斯德蒂纽斯帮助建立了利比里亚开放船舶登记制度，使得利比里亚成了一个新的开放登记国。20 世纪 50 年代，利比里亚登记开始崛起，特别是在大型油轮领域，成为世界第二大船舶开放登记国。随着时代的发展和航运领域的产业变化，如今美国在巴拿马登记的船舶仅占商船队总量的 1%，日本、中国及其他亚洲国家（地区）的船舶成为主要客户。

为了更加便利潜在登记客户，利比里亚特别将本国海事登记和公司登记事务的监管和运营授权给了利比里亚政府驻外国的商业机构。2000 年以来利比里亚指定由名为“利比里亚国际船舶和公司登记”（简称为 LISCR）的机构负责这项职能，并且其在弗吉尼亚、纽约、伦敦、汉堡、苏黎世、比雷埃夫斯、东京、中国香港等世界各国和地区都设有船舶登记办事机构，可以直接受理船舶登记申请。利比里亚还承诺在 LISCR 进行公司和船舶登记的企业可以在一天之内办理好相关业务。巴拿马船舶登记在全世界有超过 64 个海事注销领事馆，9 个 24

① Francisco Piniella, Juan Ignacio Alcaide, Emilio Rodríguez-Díaz. The Panama Ship Registry: 1917－2017. Marine Policy 77 (2017) 13－22, p.14.

小时营业的技术办公室，巴拿马同样也设置了海事安全部门的海外办公室，包含迪拜、伦敦、马尼拉、首尔、纽约、比雷埃夫斯、巴拿马城等地点，在全世界范围内有 400 多个检查点。

如果一个国家可以为船舶的登记提供如此多的便利并且只收取极具竞争力的登记费用，船舶所有人怎么可能不到这些国家进行登记。关键在于，船舶登记到其登记国以后，带动了这两个国家相关产业的发展。如公司设立与咨询、法律事务的处理、船舶检验、离岸融资，为了与船东所在地区的法律更加契合，有的地方甚至移植他国法律以适应船东需求。在当地形成了一个以登记为中心的产业链，“巴拿马的经济增长是三个特殊产业部门同巴拿马运河连结在一起的结果，它们是船舶登记、科隆自由贸易区和国际金融中心”。①

近年来，为了改变方便旗船在安全和环境污染方面的负面评价，两国均在国际公约的执行、港口国监管名册方面作出了改进。例如巴拿马 2008 年第 57 号法令建立了针对巴拿马籍船舶的优惠措施，授予在巴拿马新造、登记的船舶自龙骨铺设之日起 5 年的税收折扣，这项奖励措施也同样适用于 24 个月内都没有被 PSC 检查扣留的船舶。另外，两国也在认证机构方面加强了管理，特别是船级社方面，过去大量认证非 IASC 会员的情形有所减少。在海上劳工的就职环境方面，两国亦积极加入海事劳工公约和其他船员管理协议，改进对船员雇佣协议的监管事项，扭转了过去 ITF 对巴拿马籍和利比里亚籍船舶抵制的局面。

第三节　船舶登记法律制度的分流化

——以挪威、丹麦为例

挪威和丹麦都先后在本国建立了国际船舶登记制度，与巴拿马和利比里亚不同的是，这些国家都是传统的航运强国。基于什么因素它们要设立国际船舶登记制度呢？本节评述挪威、丹麦改革本国船舶登记法律制度的相关情况，探讨各国的改革动机和法律制定的特点，从实践层面探讨国际船舶登记法律制度

① Francisco Piniella，Juan Ignacio Alcaide，Emilio Rodríguez-Díaz. The Panama Ship Registry：1917－2017. Marine Policy 77（2017）13－22，p.15.

这种对本国登记船舶进行分流化管理的措施效果。

一、船舶登记立法概况

挪威拥有很长的航运历史，是欧洲的航运强国之一，也是世界范围内船东数量较多的国家之一，同时是欧洲的造船基地。“20 世纪 70 年代以后，由于方便旗船队竞争实力日益增强，挪威船东便将船舶大量移籍海外，以求降低成本，维持和增强船舶的竞争力。为此，挪威政府在 20 世纪 80 年代后期调整了航运政策，于 1987 年 6 月 12 日通过了挪威《国际船舶登记法案》（以下简称《NIS 法》），成为世界上第一个实施国际船舶登记制度的国家。”①挪威国际船舶登记制度（The Norwegian International Ship Register，以下简称 NIS）是该国的第二船舶登记，于 1987 年设立于 bergen 港。为了便于区分，挪威原本的登记制度则被称为挪威普通船舶登记制度（The Norwegian Ordinary Ship Register，以下简称 NOS）。

NIS 项下进行登记的船舶所依据的是《NIS 法》和经 2006 年修订的挪威 1994 年《海商法》。两部主要法律下辖五部规则：2002 年第 0754 号法规 2020 年修正（船名、呼号、标记以及母港等）、1992 年第 0592 号法规 2022 年修正（NIS 船舶登记）、1996 年第 10115 号法规（费用）、2009 年第 1738 号法规（关税）、2005 年第 0146 号法规（NIS 登记的移动离岸设施工作报酬和雇员遣返的保证）。它们具体处理 NIS 登记相关事务的贯彻和实施。

挪威建立国际船舶登记制度的初衷是为了改变本国船东为了规避国内法而纷纷悬挂外国旗的状况。根据挪威的法律规定，NIS 允许外国公司到挪威登记船舶且可以按照外国船员的当地薪资标准雇佣劳动力。

丹麦是世界上重要的航运国家，以航运业为其主要产业之一。丹麦于 1988 年设立了国际船舶登记制度（Danish International Ships Register，以下简称 DIS），其设立初衷是为了使得丹麦商船队能够具有更强的竞争力。与之相对应的是丹麦的皇家船舶登记制度（Royal Danish Register of Shipping，DAS），它是传统登记制度，要求登记船舶的船东必须为在丹麦有居所的本国公民。DIS

① 全贤淑：《挪威国际船舶登记制度》，载《中国水运》1999 年第 5 期，第 59 页。

的创设依据是1988年7月1日实施的国会第408号法案，其优先适用对象还是丹麦本国船东。丹麦的工业部将DIS作为其“蓝色丹麦”规划中的一部分，结合航运、造船及相关制造产业、服务公司在内组成一个海运综合体计划。

二、区别于传统登记的船舶登记条件

1. 船舶适格

根据挪威《NIS法》第1条的规定，能够在挪威进行国际登记的船舶是以机械为动力的客货船、气垫船以及移动钻井平台。挪威法律并没有对可以进行登记的船舶进行最大船龄的限制，但是NIS要求所有进行登记申请的船舶都必须持有由指定的船级社或者挪威的海事部门批准的适航证书。

此外，根据《NIS法》第4条，进行NIS登记的船舶也不能够在挪威港口间运送货物或旅客，这种禁止性规定还扩展至不允许在挪威大陆架设置开采石油或天然气的装置，并且外国港口与挪威港口之间的定期旅客运输NIS船舶也不得经营。

DIS要求20总吨以上的商船方可进行登记，但登记在DIS下的船舶不得经营丹麦港口间的旅客运输，除非是为了驶往或驶离离岸设施。

2. 所有权规定

关于登记船舶的所有权，NIS既允许本国自然人或法人，也允许外国自然人或法人进行登记。《NIS法》第1条规定，外国船舶所有人在挪威必须指定一名符合挪威海商法国籍要求的代表，该代表能够代理船舶所有人接收传票。外国船舶所有人还需要提供记载了其公司名称和种类、注册登记地、股权以及董事和股东名字的公司登记证书。NIS的特点在于其允许外国船东所有的船舶进行登记，这同DIS有区别。后者的第二登记只开放给本国船舶所有人。此外，需要专门指出的是，挪威《NIS法》不允许挪威籍船舶进行光租登记。

丹麦方面，DIS规定，超过20总吨的商船和客船可以在丹麦进行DIS登记，但必须满足以下条件之一：船舶所有人为丹麦公民，或者依据丹麦法律注册登记的合伙企业或公司；船舶所有人为欧盟公民，或者是欧盟的合伙企业或公司，但是这些法人必须在丹麦指定一名代理人，能够有效地控制、指挥和管理船舶。根据立法自2013年10月起，所有的非丹麦籍实体均可以在DIS进行登记。与NIS不同的是，DIS允许本国船舶光租登记。

3. 船员配备

关于人员配备方面，挪威海事部门1987年第175号规章规定了法定的人员配备要求。首先，所有的船员和船上管理人员都必须在挪威的海上雇佣登记册上进行登记。挪威海事部门根据1995年《STCW公约》的规定签发船员的适任证书。对于与挪威有双边协议的国家所签发的适任证书，挪威海事部门也需要进行背书。关于船员的国籍，NIS不要求必须雇用挪威籍船员，但船长必须是挪威公民。而适宜安全配备的船上管理人员具体人数则由挪威海事部门根据每艘船舶各自的情况予以直接规定。

挪威2005年第0146号（关于登记NIS名下的移动式离岸设施上的工作人员的工资和遣散费之保证金）法规适用于挪威社保机制未能覆盖到的人员，该法规规定船公司有义务提供一笔保证金，担保当其破产或清算时，雇员的工资和船员的遣散费能够得到清偿。但同时对保证金的数额作了限定，规定准备的金额大致相当于八周内应当支付的雇员工资和费用。保证金上限可以按每一海上设施50万克朗计算，也可以按船员数量计算。船员为5名以下时为25万克朗，6至10名时为35万克朗。船员遣散费按每名1.5万克朗计算。但总保证金加在一起不得少于1 000万克朗。

丹麦的DIS法律规定中允许雇佣外籍船员，只有船长需要是丹麦人。在人员配备方面，丹麦法律规定所有的丹麦籍船舶在进行国际航行时必须配备由丹麦海事部门签发的最低限度人员安全配备证书。DIS不要求船上人员必须配备丹麦政府签发的船员适任证书，但需要持有丹麦海事部门签发的认证证书（认证其符合STCW公约的规定）。DIS还要求船员的雇佣必须遵守丹麦法下关于休息制度、社会保护以及遣散费的相关规定。按照丹麦工会或外国工会缔结的集体协议中所规定的工资和工作条件处理船员的待遇问题。

4. 登记的程序性事项

根据挪威《海商法典》第14条和第16条的规定，船舶需要在登记相关文件账目中提交录入信息并等待审核，如果相关文件不符合则退回更改。倘若符合法律规定但缺乏一些支持性文件则录入信息可以在账目系统中保留数周以待完善。NIS船舶登记法规的新近修订中允许电子登记注册流程。这意味着NIS

可以全程在网上进行登记且与登记相关的所有船舶证照文件也可提交电子版。在强调优化登记程序的同时，NIS 也重视登记手续的完备性和整体性，在 NIS 船舶登记法规中多次修订完善程序性事项规定，对通知、证书发放、登记的转换、信息登录、文件格式、语言、签章、拒绝登记事项及当事人的申诉权、注销等问题作了流程梳理和完善。

丹麦船舶登记处是丹麦的船舶登记受理机构，高效便利，能够在 24 小时之内办理好船舶的登记和注销事宜。同时为了提高效率，丹麦海事部门采取了全电子办公改革，登记部门与船舶所有人及其银行能够直接通过电子化手段交流登记信息。DIS 于 2023 年全面推行船舶智能登记体系，所有登记证书（包括国籍证书）电子化，并可通过扫描 QR 码查询。此外，DIS 还推出了船舶登记的电子化自助查询和服务系统，帮助船东自助申请登记并通过登记机构官网随时了解登记前、登记中以及登记后的办理阶段和审核结果。

DIS 还要求对于申请登记的船舶进行安全检查，技术性的检查通常交给指定的船级社进行，丹麦海事部门则派员监督，技术性检查需要按天收费。此外，丹麦海事部门还可以进行指导性检查，不过此项检查需要收费，指导性检查专门针对悬挂丹麦旗的具体要求。

三、配套措施

1. 公司相关规定

尽管外国公司的登记取决于东道国的法律，但《NIS 法》要求在挪威之外登记注册的公司递交与挪威登记证书相当的相关文书，包括公司名称、类型、登记地、办公地址、董事会和管理层信息、在挪威的代表等信息。

根据丹麦《船舶登记施行法令》第 12 章规定，DIS 仍然要求船舶需与丹麦具有真正联系。尽管商船和旅客运输船允许外国自然人和公司登记为所有人，但要求其需要在丹麦有经营活动或与丹麦实体之间有光租或管理方面的协议或声明。如果是航运合伙企业，其管理船东需要是丹麦本国国籍。

2. 税收及费用

1996 年，挪威采取了新的吨税制。带动了挪威籍船舶的数量增长和造船厂订单的增加。此后自 2007 年开始，根据挪威法律，登记在 NIS 项下船舶的船东可以免征所得税。征税方式也由原来的依据所有权、租赁和船舶的运营征税而改为按照船舶的吨位征税。NIS并没有设置海外办公室，但是挪威在世界范围内指定了大约500个海外服务站，来受理船舶登记和船上人员的配备事宜。挪威NIS的登记费用需要在船舶申请登记之时预先予以支付，包括初始的登记费用、年费、所有权更替费、船舶抵押费、抵押权变更费以及注销费用，所有费用计费均固定。NIS的首次登记费为每艘船舶征收3 927挪威克朗，年税也按该标准收取。

在DIS登记，费用上也享受较大的优惠，登记方面，船舶的抵押和买卖登记收费，其他登记则不收取任何费用。此外，DIS要求船舶按照其吨位收取固定年费。船舶的国籍证书不收费，但是注销船舶登记需要收取少量工本费。税收方面，丹麦亦采取吨位税制，不过船舶公司也可以选择采用传统的所得税征收方式，船舶公司的所得税征收税率为25%。若采用吨位税，则按照100吨每天2.2—7.8丹麦克朗的费用征收。在DIS项下，船员享受税收优惠，免征船员的个人所得税。2018年以后，丹麦国会决定免除了丹麦船舶登记注册费用。

3. 投融资措施

NIS专门减免了登记在其名下的航运公司的氮氧化物税，无论该公司国籍所在地，并且这些公司还可以申请挪威减少氮氧化物措施的专门基金。NIS还承诺为各类船舶的买家量身定制长期融资体系，并为有挪威因素的船舶提供担保，无论其是在挪威国内还是国外建造。

丹麦商业环境中信贷能力较强，政府重视航运产业并积极为企业创造同银行合作的条件，私募基金也可提供证券化融资途径，此外作为航运强国还有境外投资基金的参与和支持。此外，丹麦的出口信贷署还为企业提供出口信贷担保，外交部DANIDA项目为针对发展中国家的出口产品提供无息贷款。丹麦政府还可以为企业提供各类担保及再保险服务。

4. 登记船舶的安全及品质保证

两国的国际船舶登记制度优势在于，作为公认的传统海运强国，其拥有非常好的声誉，对船舶和货物的监管十分尽责，登记在册的船舶通常能够维持一个良好的品质和质量。NIS和DIS对各类海事国际公约的执行和贯彻也十分到位，并可以为船舶提供海运技术、投融资管理等方面的支持和帮助。此外，在安全性、环保性、电子化程度以及产业集群的支持度方面，两国的优势也较为明显。

四、两种登记制度并存的尝试

挪威、丹麦为代表的传统海运国家借鉴开放登记措施，在本国实行了国际船舶登记制度。可以看到，采用国际船舶登记法律制度的国家有这样一个共同的特点，即立法将本国的船舶登记制度进行了分流。允许一部分船舶降低标准进行国际登记，另一部分则仍然采用本国原本的严格登记制度。规定两种登记方式的法律适用之间是有所区别的。比如挪威限制进行 NIS 登记的船舶在挪威港口间进行客货运输以及大陆架上的石油开采。国际船舶登记法律制度的突破在于其在不改变原有登记制度的基础上，对进行国际登记的船舶予以了政策上的优惠。

从两个欧洲国家的实施效果来看，挪威的改革成效更加显著，丹麦的商船队规模则一直很稳定。在 NIS 制度设立两年之后，1989 年挪威的 NIS 登记船舶数量为 533 艘，共计 133 365 793 总吨。到了 1996 年 NIS 登记船舶数量为 685 艘，共计 18 948 844 总吨，是 NOS 总吨位的 6.6 倍。①此外，NIS 在带动本国航运经济和就业机会方面也贡献了相当大的力量。NIS 实行后，相关经验受到许多国家的关注和借鉴，许多欧亚国家纷纷随之设立国际船舶登记制度。丹麦、德国、法国、葡萄牙、西班牙、荷兰、韩国、芬兰、土耳其、意大利等国家均步挪威后尘，在本国或其海外领土设立了第二船舶登记制度。

尽管如此，根据联合国贸易与发展委员会的统计，挪威在实行第二船舶登记制度后，悬挂方便旗的船舶由 1990 年的 720 万载重吨上升至 2017 年的 2 190 万载重吨，而悬挂国外船旗的船舶所占比例从 1997 年的 42.5%上升至 2017 年的 64.62%。外国船旗比例的上升就意味着悬挂本国旗船的比例在下降，在 1997 年至 2010 年这 13 年间，悬挂挪威旗的船舶 3 326 万载重吨降至 2 190 万载重吨，降幅明显。而从 2022 年的数据来看，船舶数量和吨位也都整体呈现下降趋势。丹麦的商船队总量从 1992 年的 790 万载重吨上升到 2017 年的 1 689 万载重吨，但挪威和丹麦两个国家外国船籍的船舶比例依然高达 68.33%和49.59%②（表 5.2）。

---

① K. X. Li；J. Wonham，New Developments in Ship Registration，14 Int'l J. Marine & Coastal L. p.151（1999）.

② 数据来源：UNCTAD Statistics。

表 5.2　挪威丹麦国际登记船舶数据

国　　家	排名	船舶数量（艘）	控制船舶总吨位（千总吨）	年增长率	世界份额比
挪威 NIS	15	695	21 300	－3.1%	0.7%
丹麦 DIS	13	612	26 061	5.6%	0.6%

（来源：UNCTAD 2022 海运综述）

对比船舶登记数据可以看到，从实施动机来看海运发达国家的政府无意通过国际船舶登记制度来提高国家的财政收入，这是同方便旗船国家本质上的不同。这些国家采国际船舶登记制度的主要目的还是为了吸引大量外移的本国船舶回归，减少商船队的流失。

但从实施的总体效果来看，挪威的国际船舶登记制度自由度较高且取得了成功效果。截至 2018 年 2 月挪威的官方数据，2017 年挪威的商船队规模共计 1 400艘，约 1 462 万总吨。与五年前相比，数量增长了 0.6%，吨位增长了 4.6%。一般登记和国际登记数据表明，无论是数量上还是吨位上一般登记都呈现负增长现象，而国际登记则表现出了明显的增长趋势（表 5.3）。

表 5.3　挪威 2021 年—2022 年商船队总量①

	百分比		
	2022 年	2021 年—2022 年	2017 年—2022 年增长率
总计			
船舶	1 592	－0.7	10.5
吨位（总吨位）	19 009 029	－1.3	13.2
NOR			
船舶	900	－2.3	1.7
吨位（总吨位）	2 040 314	－4.3	3.1
NIS			
船舶	692	1.5	24.5
吨位（总吨位）	16 968 715	－1.0	14.6

① 数据来源：Statistics Norway（2022）“The merchant fleet. Norwegian registered vessels. Number of vessels and gross tonnage by type of vessel.”［Accessed on 28th February 2023］。

表 5.4　丹麦 2021 年—2022 年商船队总量①

	2022 年	2021 年	2021 年—2022 年增长率
总计			
船舶	1 832	1 099	0.7
吨位	23 669 974	23 198 833	0.02
DAS			
船舶	1 079	1 099	− 0.02
吨位	287 216	310 177	− 0.07
DIS			
船舶	753	753	0
吨位	23 382 753	22 888 656	0.02

DIS 船舶数量和吨位都表现得较为稳定（表 5.4），登记在册的 753 艘船舶中，货轮 537 艘。其中包括 133 艘集装箱船、23 艘滚装船、16 艘杂货船、145 艘干散货船、22 艘油气轮、8 艘化学品船、190 艘其他油轮、52 艘邮轮和渡轮、2 艘渔船、64 艘供给船、47 艘拖轮、7 艘挖沙船、3 艘抓斗挖泥船、1 艘检查船、2 艘电缆船、3 艘引航船、25 艘护卫舰、2 艘潜水船、3 艘休闲船、5 艘其余类型船舶。与 DAS 相比，DIS 的船舶普遍吨位较大。

国际船舶登记确实给两国外流船舶提供了一个新的选择。从其诞生至今的实施效果来看整体维持了两国的商船队规模，但对船舶的吸引力无法达到方便旗登记国家所达到的效果。设立国际船舶登记法律制度的国家在实践中取得了显著效果这种说法似乎存疑。国际登记制度是否能够使得传统海运国家增强其长期竞争力和有效减缓其航运业的衰落是一个问题，这些登记法律规定只有在特殊情形下才能够成功，但并不能被视为解决问题的一般途径。②从这个角度来讲，采取什么样的措施并不是重点，关键还在于制定法律制度的国家所处的经济和航运地位决定的其船舶登记的监督力度。

① 数据来源：Statistics Denmark（2022）[Accessed on 28th February 2023]。

② Gunnar K. Sletmo & Susanne Hoste，*Shipping and the competitive advantage of nations：the role of international ship registers*，Maritime Policy & Management，1993，20：3，pp.243 - 255.

第四节　船舶登记法律制度的合作化

——以英国、法国为例

英国和法国先后在其殖民地（多为离岛）设立了离岸船舶登记制度，但法国后来用国际船舶登记制度部分取代了离岛登记制度。英国在其海外领土上设置的离岸船舶登记主要有两种类型，一种对船舶吨位和船型没有限制，典型例子是百慕大、英属维尔京群岛、开曼群岛、直布罗陀和马恩岛。另一种对船舶吨位和船型有限制，典型例子如安哥拉、马尔维纳斯群岛等。法国依据该国法律在其本国领土及海外属地设立了多种登记制度。这些登记制度包括：（1）法国本土以及海外省的登记；（2）法国国际登记；（3）法属波利尼西亚登记；（4）新克里多尼亚登记；（5）沃利斯及福利多图群岛登记；（6）法属南部及南极领地登记，又称凯尔盖朗群岛登记。后四类登记方式主要是本土化经营。

本节分析英法合作化船舶登记模式所涉的法律规定以及其实施效果，选取有代表性的马恩岛、凯尔盖朗群岛为例，对离岸登记的相关规定和措施予以评述。证明离岸登记合作地区配套法律规定的健全对离岸船舶登记法律制度具有重要影响。

一、立法概况

英国是传统航运强国，在船舶移籍问题上也面临着同其他发达航运国家一样的问题。1973 年经济下滑以后，为了节约成本英国船东纷纷将船舶登记到了马恩岛、直布罗陀、百慕大、开曼群岛等原来的英属殖民地。这些登记地允许船舶悬挂英国旗，但同时可以享受登记所在国船员国籍、税收、安全及运营方面的便利。

马恩岛在 1765 年成为英国的海外领土，是内部自治的属地，属于不列颠群岛的一部分，但并不隶属于英国。英国仅仅在某些国际关系和国防事务上对其负责。英国于 1978 年允许本国船舶在马恩岛进行有别于本土的船舶登记，并在英国 1995 年《商船运输法》和《船舶登记条例》第 18 条①中明确规定，马恩岛

① 原有 1993 年《商船登记条例》已经于 1996 年废除，相关规定并入 1995 年《商船航运法》中。

登记属于英国船舶登记的一个种类，在马恩岛登记的英国船舶没有吨位和船型限制。在马恩岛登记的英国船要受到马恩岛船舶登记机构的管辖。马恩岛船舶登记的法律渊源来自该国议会于 1991 年通过的《商船登记法》。

法国于 1987 年在其南极附近的海外领土凯尔盖朗群岛创设了法属南极领地登记。需要特别指出的是，2005 年法国根据第 2005-412 号法案，又新设了国际船舶登记制度（RIF）①。根据该法案规定，原来的凯尔盖朗群岛登记中总长超过 24 米的贸易船及商用娱乐船舶登记移转至国际船舶登记项下。而根据法国第 96-151 号和第 97-243 号法令，商用船舶以外的休闲船舶以及用于航运以及油运活动的船舶，只要符合 2010 年运输法规定的条件，依然可以在凯尔盖朗群岛进行登记。

此处选取凯尔盖朗群岛登记以及其后在商船部分替代它的国际登记为例，来说明法国离岸登记及其后续改革的具体措施和内容。对于国际船舶登记制度中同凯尔盖朗相同的内容，仍然按照凯尔盖朗登记叙述。但需注意，2005 年以后凯尔盖朗登记中的商船登记已经转移至国际船舶登记体系进行管辖。

二、船舶登记条件的法律规定

1. 船舶适格

马恩岛登记和凯尔盖朗群岛登记均具有船型上的限制。

马恩岛法律允许绝大部分船舶在该地区进行登记，但下列类型除外：（1）未经船级社认证的船舶和商业游艇；（2）少于 500 总吨的船舶，但在马恩岛及其周边经营的除外；（3）单壳油轮；（4）在爱尔兰海以外地区营运的高速船艇；（5）浮动船坞；（6）在马恩岛海域以外的港湾和河口经营的船艇；（7）朝圣船；（8）运输放射性核燃料的船舶。

根据法国法及凯尔盖朗法律规定，允许在凯尔盖朗群岛登记的船舶包括：（1）海洋作业船和石油开发船，法国大陆架及其他专属经济区作业的船舶除外；

---

① "International French Register"。法国的国际船舶登记制度是一种受控制的登记制度，仅在马赛港的海运行政机构单独窗口办理。作为欧盟登记制度，法国国际船舶登记船舶可以经营欧盟成员国之间的沿海运输贸易（欧洲国家内部贸易），前提是该船舶并不独家经营其本国的沿海运输（本国国内贸易）。

(2) 散货船，油轮、沿海运输船、定期船除外。2005 年法国实施国际船舶登记制度后，将下列船舶的登记转移到了 RIF 项下：(1) 从事深海贸易和国际沿海贸易的船舶；(2) 总长超过 24 米、配备专业人员的商业化运作休闲船。RIF 特别指出不接受下列船舶登记：(1) 专业渔船；(2) 在欧盟国家间以及欧盟和摩洛哥、阿尔及利亚、突尼斯之间经营的邮轮；(3) 仅在国家内部经营（沿航运输）的船舶；(4) 根据特定港口法律规则提供服务的船舶（引航船、拖带船、信号船、港口维护挖泥船）。

2. 所有权规定

根据马恩岛《商船登记法》第 45 条，下列主体是合格的船舶所有人：(1) 英国公民；(2) 英国独立领土公民；(3) 英国海外公民；(4) 英国 1981 年国籍法规定的英国主体；(5) 香港 1986 年英国国籍法令规定的英国海外国民；(6) 成立在马恩岛或其关联国家①的公司实体，或主要营业场所位于马恩岛或其关联国家；(7) 爱尔兰以及第 45 条规定的关联国家的公民；(8) 有限合伙企业的主要营业地位于马恩岛或其关联国家。

法国国际船舶登记制度下，根据海关法第 219 条，除特殊情况外（船舶租赁或特别批准），能够进行法国船籍登记的船舶所有权至少一半应当属于：(1) 欧共体成员国（以下简称 EC）的公民或欧洲区域经济协定（以下简称 EEA）国家的公民，如果其在法国居住不满 6 个月，则需要在法国有住所；(2) 登记办事处总部位于法国境内或 EC 及 EEA 成员国境内，后两种情况下公司必须在法国境内有常设机构管理和控制登记船舶；(3) 同时是 EC 成员国并且签署了 EEA 协定国家的个人（满足住所条件）或公司（满足常设机构条件）。

除此以外，根据法国 2008-776 号法案，船舶所有人可以是捐赠基金会。但基金会需要额外递交基金会成立登记声明，该声明需要有设立登记处的背书并公布在官方公报上。

---

① 马恩岛《商船登记法》第 45 条和 2007 年商船运输（适格船舶所有人）（关联国家）规定中所指的关联国家包括：英国、海峡岛国、英国独立领土、欧盟及欧洲经济区域协定的成员国、澳大利亚、巴哈马、加拿大、中国、印度、日本、利比里亚、马绍尔群岛、新西兰、巴基斯坦、巴拿马、俄罗斯、新加坡、南非、阿联酋、美国等。

3. 船员配备

根据 1978 年 STCW 公约及其 1995 年修正案[①]和该国 1996 年《商船运输（人员配备和培训）规则》，马恩岛登记船舶的船上人员必须持有合格的适任证书。一般而言，对于船上高级船员的国籍和职级马恩岛没有限制。但如果无法取得马恩岛船舶登记机构认可的证书以及满足一定标准的培训，则无法成为该国登记船舶的船员。

相较于法国本土的传统登记，凯尔盖朗群岛登记放宽了船员雇佣的限制。规定船舶须配备 25%的法国船员，允许配备 75%的外国船员，其中最少须有 4 个法国管理人员，成品油轮和海洋作业船需至少有 2 个法国船员。而外国船员的劳动条件依据船舶所有人同该船员的劳动合同而定，不受法国法和法国船员工会的约束。

RIF 登记是欧盟登记制度，同样要求 25%的船员比率，但国籍方面放宽至满足最低安全配员证书要求的 EC 或 EEA 公民。船长及大副需是具备法语及法国法律知识的 EC 或 EEA 公民。另外船员还需遵守国际海事公约的要求。而对于享受购置财政援助计划的船舶，援助计划期间船员配备的百分比为 35%。允许船舶所有人或经营人自主雇佣船员，并允许所有人或经营人通过人力中介处理外国船员事宜，但该中介必须持有其本国资质认证。其中，居住在法国的船员不论其具体国籍，均适用法国法（包括但不限于健康保险和养老金计划）。此外，居住在法国的船员还受船员特殊社会保障制度（ENIM）的覆盖。船员的招聘、工作、生活条件和社保均不能低于国际海员劳工协议和法国同他国签订的双边条约的规定。自 2005 年起，根据商船船员最低工资条例的规定居住在法国境外的合格船员最低工资按每月 208 个小时 620.05 美元计算。

4. 登记的程序性事项

马恩岛法律并不允许临时登记，倘若有船舶光租进马恩岛则其悬挂英国旗帜，光租期间受马恩法律管辖。对于一般性质的登记，马恩岛下设四个港口作为登记港，分别是：卡斯尔敦、道格拉斯、皮尔和拉姆齐。登记之前船舶需接受船舶登记机构检查人员的强制检验，倘若船龄 10 年以下则船舶登记机构可以

① 马恩岛是公约及修正案的加入国。

放弃预检要求。公司的船舶登记通常需要提交的材料包括：登记申请表；办理人员的委托书；公司证件；代表人授权书；新船建造证书；二手船的卖契；有限合伙公司的船舶要提交详细的合伙关系证明，等等。注销登记也需要提交书面申请，登记机构注销登记后需要签发注销文书作为证明。

另外，法国在取代凯尔盖朗群岛登记的国际登记制度中，在马赛港设立了一个针对国际登记的专门办事窗口，集中处理航运公司及其代理商关于船旗、船舶和船员管理方面的事宜。这个窗口的另一个特点是还将处理上述事宜的海关及海事行政部门整合集中办公。这样做的好处在于给船舶登记及船旗手续办理提供了一个针对登记申请者的个性化且简便的行政管理措施。此外，RIF 还同一些国际律所有联系可以协同办理登记事宜，与 160 多个国家有这方面的业务联系。

三、配套措施

1. 公司成立

马恩岛的公司分为两种类型：一是根据该国 2006 年公司法沿袭英国 1929 年公司法制度设立的传统公司；二是具有更加灵活公司结构的离岸公司。不论是哪一类公司，都能够在递交相关文件后 3 天内予以登记。公司需要在马恩岛有登记办事处，股东最少需 1 人，可以是个人或者公司，但对股东的国籍没有要求。

2016 年 6 月 22 日，法国一部新的法律生效，允许设立在法国的船舶管理人或光船承租人将其管理或租赁的船舶登记到 RIF，即使船舶所有人是在外国设立的公司。此时，船东不必在法国设立，也无须受到法国劳动福利待遇政策的约束。

2. 税收及费用

马恩岛是个低税收国家，没有资本利得税、财富税、遗产税等，并且一般免征公司营业税，但公司收益中来自马恩岛银行、土地或财产的部分需要征收 10%营业税。本土公司付给国外公司的股息或利息也没有预提税。由于历史与地理上的联系，该国与英国达成了关税同盟。另外还同众多国家签署了双重征税协议：英国、美国、荷兰、丹麦、法罗群岛、芬兰、格林兰、冰岛、挪威、瑞典、中国、日本等。

自2008年起，马恩商船航运（费用）规则出台了一项新税收制度合并了以往的登记费、验船费、检查费、海员证书及其他文件费用，不收取年费及吨位税。具体费用包括：（1）初次登记、新船登记或船舶再登记、登记移转，收取560英镑；（2）卖契或抵押登记，收取225英镑；（3）登记检查，收取23英镑；（4）登记文书，收取40英镑；（5）抵押意向通知书，收取40英镑；（6）网上名称预留（登记后从登记费用中扣除），收取10英镑。2022年以后，马恩岛还为使用绿色技术的船舶提供15%的年度登记费减免。

与法国本土登记相比，凯尔盖朗群岛登记也享有更多的税收和雇佣方面的自由。对于在凯尔盖朗登记且雇佣了法国船员的船舶，法国政府每年会为船员支付约4.5万法郎的社会保障费用，但吨税、法人税以及国外收益所得税等与法国本土登记的标准并无差异①。

而之后取代其的法国国际船舶登记制度，则在财政优惠上给予了船东好处。第一，登记为RIF的船舶不收取登记费、年费及其他费用。第二，在法国有住所的船员连续12个月内至少有183天在船工作的，工资可以免税。船员社保涵盖疾病、事故及退休风险。第三，采用吨位制征收商船税，吨位税的计收可以同前述的两类融资方式结合使用，还可以享受津贴。但吨位税仅限于营业额中有75%来自商船经营的船舶公司。第四，免除船舶运营过程中交付、修理、改造、维修、租赁及救助活动的增值税。

3. 投融资措施

马恩岛在欧洲属于首屈一指的离岸金融中心，在该地区企业可以免缴所得税并且个人所得税税率也可享受最高限额②，离岸银行业务发达。在马恩岛进行融资的船舶多为欧洲船东所有，并且马恩岛同伦敦的金融贸易往来密切，给船舶公司提供了一个很好的同伦敦金融中心连接的离岸融资方式。

法国国际船舶登记在融资政策上同样给船舶企业提供了一系列的配套便利。这体现在：其一，在折旧方面使用余额递减折旧法取代了20世纪60年代采用

① 赵爽：《第二船舶登记制度比较研究及对我国之启示》，载《海事研究》2006年第11期，第33页。

② 马恩岛所得税的最高税率为20%。

的旧有船舶设备加速折旧制度。根据法国《税法通则》第39条A款的规定，包括二手船在内的船舶均可以使用余额递减法折旧。其二，在融资方面除所有人抵押船舶贷款这类直接融资方式外，还可以通过金融机构持有的特设公司来为购买船舶提供间接融资。通过特设公司的高级债券和次级债券购买船舶可以享受一定程度的财政透明，再在合同结束时卖给作为光船租赁承租人的船东。不仅仅是本国船舶和欧盟船舶，倘若一个财政年度内外国船舶在欧洲经济区内停泊或行驶超过3/4时间，同样可以享受该政策。此外，法国也允许银团贷款和税基制度。

4. 登记船舶的安全及品质保证

马恩岛适用了英国参加的国际公约，对本国船舶的品质和要求也日益重视，积极配合港口国监督的要求及履行船旗国责任。马恩政府认可和批准的船级社名单有：美国船级社、法国船级社、德国船级社、挪威船级社、劳合社、日本船级社和意大利船级社。《中英海运协定》同样适用于马恩岛，其还在中国设置了常驻代表。马恩岛船舶登记机构提供24小时×7天全天候服务，近年来也在大力推行数字证书和远程定期检验，还推出了船员福利应用程序。

在法国进行国际登记的船舶可以自动地进入《巴黎谅解备忘录》[①] 的"白名单"，从而确保了法国船舶在遵守国际公约方面的品质。此外，专门办事窗口还有一个安全小组负责船舶的免费安全检查（如果要离开法国则差旅费除外）。在船级社的认证方面，法国海事局仅承认下列船级社的资质：法国国际检验局、挪威船级社、德国劳埃德船级社和英国劳合社。

四、实施效果

在英国船东所拥有的船舶中，89.2%为外国籍船舶。英国大量的船舶登记在了其海外的离岸登记地处。从马恩岛的例子来看，船舶离岸登记带动了本国法律、运输以及其他相关产业的发展。由于背靠英国，英国船舶带来了较为先进的船舶管理和运营理念，同时也促进了当地船舶保险、船舶融资等离岸金融

---

① 《巴黎谅解备忘录》是22个海事管理当局（涵盖了欧洲和北大西洋流域沿岸的水域，从北美洲到欧洲）联合签订的。其目的是通过港口国的控制和检查来消除不合标准的船只。

产业的发展。此外，船舶登记还带来了大量的就业机会，解决了当地的就业问题，促进了当地经济的发展。与此同时，英国本土及欧洲广大腹地的船舶所有人也借助离岸登记解决了船舶的成本和运营问题，应当说是达到了双赢的效果。根据马恩岛船舶登记处的年度报告显示，2010 年以来该地区的船舶登记数量仍然呈连年增长趋势，疫情期间受到经济因素影响登记增速有所下降，但所登记船舶的事故率有明显下降，是巴黎备忘录、东京备忘录国家的白名单常驻国。①

而法国的凯尔盖朗群岛登记则在举措上显得较为缩手缩脚，放宽了船员雇佣方面的限制，却没有在税费上给予船舶所有人以更多的优惠，配套措施也显得同法国本土没有什么不同。而自 2005 年开始实施国际船舶登记制度后，对比进行国际船舶登记的船舶数量而言，显然财政优惠对于船舶所有人的吸引力更大。所以，对于建立开放登记制度的政府而言，财政优惠是其值得花功夫考虑的实质性事项。

从这个方面来讲，合作化的船舶登记法律制度变革取得了成功，但这种合作必须以双方具有政经方面的紧密联系为前提并且法律方面的配合需要恰当。合作可以是在本国领土内的海外岛屿，也可以是本国领土以外的其他地区。从英法两国登记法律制度的实施效果来看，配套法律规定不健全的地区很难仅仅依靠对船舶登记条件的改革取得登记法律制度变革的成功。

第五节　船舶登记法律制度的服务化

——以中国香港、新加坡为例

作为新兴崛起的船舶登记地，中国香港和新加坡成为近年来船舶所有人青睐的首选地之一。本节分析中国香港、新加坡的船舶登记法律制度及其改革背景，指出由于处于后来者的有利地位，该地区吸收了前人的经验和教训，创造了具有服务意识的船舶登记法律制度，在增加本地船舶登记收入的同时又很好地确保了对船舶质量的监管。事实表明服务型船舶登记行政监管理念能够有效

---

① 具体内容和数据来源：Isle of Man Ship Registry Annual Report。

促进一国（或地区）船舶登记法律制度的发展。

一、立法概况

由图 5.1 可以看到，中国香港的船舶登记在其登记历史上出现了两次明显的下滑趋势，分别发生于 1990 年和 1998 年。这同当时的政治局势有很大的关系。1990 年中英关于中国香港问题的谈判尘埃落定，1998 年则面临着回归之后的社会不安情绪，船舶登记总吨位一度下降到了 5 000 000 总吨。

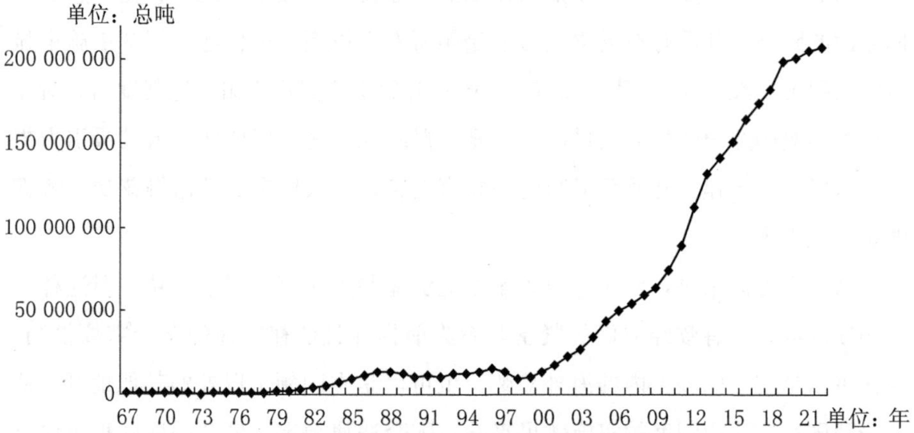

图 5.1　1967 年—2022 年中国香港船舶登记总吨
（数据来源：中国香港船舶注册处）

在 1990 年以前，中国香港的船舶登记仍然属于英国船舶登记的管辖范围。在中国香港登记的船舶隶属于英国。由于 20 世纪 70 年代以来，亚洲四小龙的崛起，中国香港的航运产业随着经济的腾飞而日益繁荣起来。中英于 1984 年签署了联合声明以后，对于中国香港前景的未知使得许多船舶所有人不再将船舶放置在中国香港登记。中国香港船舶总吨位第一次出现了下滑。

1990 年 4 月 4 日中国第七届全国人民代表大会正式通过了《中国香港基本法》。同年的 12 月，中国香港颁布了本地的商船登记条例（中国香港称《商船（注册）条例》），并成立了中国香港船舶登记处，承接船舶登记事务。为了稳定船舶所有人的情绪，中国香港海事处对中国香港船舶登记予以了大力推销。但是由于回归之前的政治氛围并不明朗，船舶所有人对于中国香港登记的信心不足。许多本地的船舶所有人均将自己所有的船舶悬挂了他国的船旗，从而导致了中国香港船舶登记 1997 年的低谷。

面临这样的困境，中国香港海事处出台了一系列大刀阔斧的改革活动，促使中国香港船舶登记走上了便利化、优质化的发展之路。自 2000 年以后，中国香港船舶登记走上了一个新的起点，在中国香港登记的船舶总吨位呈连年上升趋势。截至 2022 年，在中国香港名下登记的船舶总吨位达到 111 587 729 总吨，位列世界第五。

中国香港船舶登记的法律依据是其商船登记条例以及附属的商船登记吨位条例、商船登记税费条例和商船登记船名条例。下文中均统称为条例。

新加坡位于马来西亚和印度尼西亚之间，1819 年作为英国的一个自由港建立起来，是东南亚贸易的转口港，1965 年成为独立共和国。处于马六甲海峡的重要航道之间，是依靠外贸经济的国家。

20 世纪七十年代，为了发展本国商船队，新加坡曾经一度删除了老旧船舶的船龄限制，因实施方便旗措施而被视为方便旗国家。随着发达国家和发展中国家中的方便旗国家国际地位的上升，ITF 在挂靠港的频繁抵制行为导致新加坡船舶经常出现船期延误。到了 20 世纪 70 年代末期，失业不再成为一个问题，取而代之的是严重的劳动力短缺。由于方便旗登记的不良印象以及冷战时期可能成为间谍工具，自 1979 年开始新加坡放弃了原有的方便旗政策①，收紧了海事监管标准。

新加坡海事港务局负责船舶登记相关事务，管辖新加坡籍船舶的登记法律依据是该国经修正的 1996 年《商船法》。新加坡近年来船舶登记发展迅猛，其名下登记的船舶位列世界第四位。

中国香港和新加坡目前世界商船队总量排名分列第四位和第五位，外籍船舶占船舶总量比率是排名前十船旗国（地区）中最低的两个国家和地区，分别为 35.39%和 50.16%。除此以外，两个地区外籍船舶的数量比高于吨位比，说明在这两个国家和地区登记的外国船舶相对而言比国内船舶平均船型要小，此

① Sock-Yong Phang and Rex S. Toh, *Policies to Promote Shipping Registration in Singapore*, Journal of Transport Economics and Policy, Vol.28, No.2 (May, 1994), p.217.

外中国香港的自有船舶比新加坡多一些，其中一部分要归因于中国内地船舶的贡献（图 5.2）。

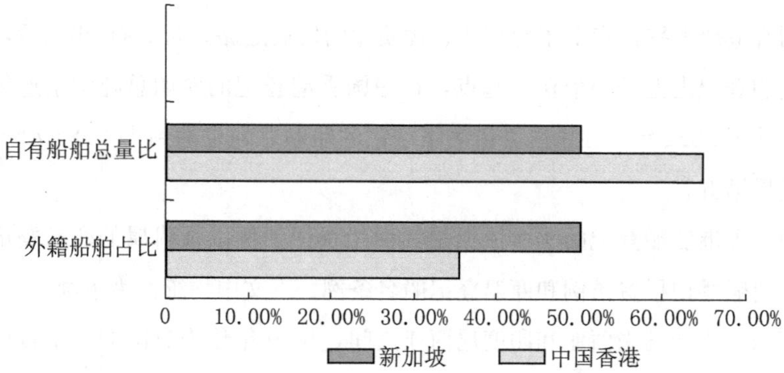

图 5.2　2022 年中国香港、新加坡自有船舶及外籍船舶比例
（数据来源：UNCTAD Statistics）

二、船舶登记条件立法

1. 船舶适格

中国香港船舶登记法律中对于登记船舶的要求较少，可以予以登记的船舶范围广泛。不对在中国香港进行登记的船舶予以船龄和吨位上的限制，允许船舶进行光租登记并且没有航行限制。

根据新加坡《商船法》的规定，任何航行于水面的船舶，不论其是机械推进还是自然力推进，均是该法项下的船舶。新加坡法律允许船舶进行光船租出，但对于光船租入则持谨慎态度。对于新加坡籍的船舶，新加坡法律没有航行限制。

2. 所有权规定

根据中国香港《商船注册条例》第 11 条规定，船舶如果符合以下条件并且有代表人，就可以登记：该船舶的过半数权益由一名或者超过一名符合资格的人拥有；或者该船舶由一个身为符合资格的人的法人团体在转管租约下经营（不论该船舶的过半数权益是否由一名或超过一名合资人的人拥有）。

在所有权方面，新加坡登记船舶的所有人必须是新加坡公民或者在新加坡有永久住所的自然人，公司则要求必须为一个在新加坡设立的法人。对于超过50%的股份为非新加坡公民所拥有的公司，是新加坡法上的外国公司。这些外国公司的船舶如果在新加坡登记必须满足 1 600 总吨的最低吨位要求。并且需要达到一个最低的注册资本数——50 000 新加坡币，还要求在新加坡登记的船舶船龄不能超过 17 年。

3. 船员配备

中国香港对于船上的人员配备没有限制。但必须符合公约的相关规定，如 SOLAS 公约中关于最低限度的人员安全配备证书需要经中国香港登记处认证，STCW 公约所规定的适任要求以及外国船员证书也需要中国香港登记处认证。

在人员配备方面，新加坡 1998 年《商船（培训、发证和人员配备）条例》要求超过 3 000 总吨的船舶必须配备至少三名管理人员（船长、大管轮和二管轮）具有新加坡海事港务局认证依据 STCW 公约签发的外国适任证书。对于船员的国籍，新加坡未作限制性规定，但要求新加坡籍船舶必须持有新加坡海事港务局签发的船员安全配备证书。

4. 登记的程序性事项

自 2021 年 5 月 1 日开始，香港船舶注册处推行了全年无休一站式电子化船舶登记服务，并力求简化登记程序，随时为船舶所有人提供技术支持和意见。船舶所有人可以使用一份电子申请表同时申请多项船舶注册证书，在网上完成付款、查询申请记录和申请状况、计算船舶注册费和吨位年费。提供注册所需文件清单、船旗国质量管理审核清单、国际标准清单以及签发证书的认可机构清单。

新加坡海事及港务管理局（MPA）承诺在申请人完整提交所有相关文件之后的两个小时之内办理完成登记注册手续，如果是需要在国外港口交船，申请人还可以进行预先登记注册。除发布登记指南指导船舶所有人登记事项外，还提供注册文本清单、格式、填写模板等服务，包括船舶登记注册费用计算器。

三、配套措施的精进

1. 公司成立

依据中国香港公司法令，在中国香港登记注册航运公司既可以以有限责任公司的形式设立一个子公司，也可以直接设立一个非中国香港性质但登记在中国香港的公司。2003年修订公司法后，中国香港法律要求一个有限公司只需要具备一名股东即可，并且对于股东的国籍没有限制。对于设置子公司的，中国香港法律规定较为严格，要求其必须在中国香港拥有两名董事和一名秘书，海外公司则无此要求，但是需要指定一名接收传票的代理人。在审计方面，海外公司不作要求但是子公司需要在公司登记地开立账户，并且指定一名审计员和证书持有人。

新加坡方面，依据该国2006年《公司法》，每一个新加坡公司都必须在新加坡设立一个办公地点，至少有一名股东。对于需要在新加坡海事港务局进行船舶登记的公司，其最低注册资本必须达到50 000新加坡币。对于那些希望登记低于1 600总吨船舶或者非机械动力船舶的公司，其多数股份需要由新加坡公民或者在新加坡永久居住者持有。法律还要求需要对公司的名称、营业地、每位股东的国籍以及股权的份额进行披露。此外，新加坡公司必须具有至少一名董事和一名公司秘书。但通常不要求在新加坡设立的公司指定审计人员。

2. 税收及费用

根据1992年颁布的税务条例，在中国香港登记经营国际航线的船舶免征所得税。在中国香港登记的船舶还能够在中国内地的港口享受29%的港口税收优惠。登记费用方面，中国香港按照吨位收取初次登记费用和年度吨位费用，收费规则简单，依据船舶吨位等级而分为不同等级的征收标准。此外，如果一艘船舶在香港连续登记两年以上全额缴纳了吨位年费且没有港口国滞留记录，则随后一年吨位年费可以减半。

税费方面，根据所得税法令ITA第13A条，在新加坡注册的航运公司登记远洋船舶可以享受广泛的①所得税免除。1991年引入的“经批准的国际海事企业方案”AIS税收政策作为对在新加坡运营的国际海运企业的激励，允许船公

① 免除事项包括：乘客、邮件、牲畜或货物的运输；拖带或打捞作业；船舶租赁用作海上石油或天然气活动的挖泥船、地震船；运营中附带的外汇及其风险管理活动；为符合资格的公司拥有或经营的新加坡船舶提供船舶管理服务（2010年2月22日或之后的收益）；运输、装卸、持有和附带的集装箱租赁费用（2015年2月24日或以后取得的收益）；勘探或开采近海能源（2016年5月25日或以后的收益）；勘探或开采海上矿物抽提物（2016年5月25日或以后的收益）；支持（h）和（i）离岸活动的辅助活动（2016年5月25日或以后的收益）。

司十年内免征营业税。①对于登记费用和年度吨税而言，新加坡的征收不按照吨位予以再划分，统一按每净吨固定费用收取，并划定了一个范围，超出者只征收最大法定额度，未达到者收取最小法定额度，较为便利和清晰。

表 5.5　新加坡、中国香港船舶登记费用

新加坡		中国香港	
初始登记费	每净吨 2.5 新币，最低 1 250 新币（500 净吨），最高 50 000 新币（20 000 净吨）	**船舶注册费**	500 总吨及以下，港币 3 500 元；超过 500 总吨，港币 15 000 元
年度吨税	每净吨 0.2 新币，最低 100 新币（500 净吨），最高 10 000 新币（50 000 净吨）	**年吨位费**	1 000 净吨及以下 1 500元；自 1 001 至 15 000 净吨，每吨港币 3.5 元；自第 15 001 净吨及以上每吨港币 3 元，最高收费限额为港币 77 500 元
船队集结方案：1 艘船舶集结至少 40 000 净吨；2 艘船舶集结至少 40 000 净吨；3 艘船舶集结至少 30 000 净吨；4 艘船舶集结至少 20 000 净吨；5 艘任意吨位船舶集结	每净吨 0.5 新币，最低 1 250 新币（2 500净吨），最高 20 000 新币（40 000 净吨）	**就注册记录册内任何有关船舶的资料有所更改时发给新注册证明书；最低安全人员编配证明书、豁免证明书；海事劳工符合声明—第一部分；抵押的移转、以卖据移转、传转、抵押或抵押的解除作出注册**	免费
重新登记（所有权变更）	每净吨 1.25 新币，最低 1 250 新币（1 000净吨），最高 6 000 新币（48 000 净吨）	**船舶临时注册**	永久注册费的 35%（每期须缴付吨位年费的 1/12，以每 1 个月临时注册为一期）

① Sock-Yong Phang and Rex S. Toh, *Policies to Promote Shipping Registration in Singapore*, Journal of Transport Economics and Policy, Vol.28, No.2 (May, 1994), p.215.

续表

新加坡		中国香港	
重新登记（变更）	2.5 新币 ×（变更后净吨 - 变更前净吨）或 50 000 新币 - 2.5 新币 × 变更前净吨，以低者为准，最低 1 250 新币	核证注册记录册内任何记项的副本或摘录（以每份计）；签发连续概要记录；补发注册注明书	港币 260 元
登记检验	每次 10 新币	临时注册转永久注册	永久注册费的 75%
登记证书	14 新币每复本	签发终止注册证明书核证副本	港币 220 元
注销登记	每艘 14 新币	发出关于燃油污染损害民事责任保险或其他财务担保的证书（燃油证书）	港币 535 元
船名变更批准	每艘 26 新币	注册记录册内任何记项的副本或摘录（以每份计）	港币 110 元
登记簿或登记证书中船舶资料修正	每艘 14 新币	查阅注册记录册内的记录	港币 110 元
登记证书的置换	每艘 30 新币		

（数据来源：新加坡海事港务局、中国香港海事处）

此外新加坡近年来推行的登记激励计划值得关注，根据该计划达到净吨位标准且在合理期间内登记完毕的下列船舶可以享受登记费折扣：2 艘船舶总吨位不低于 40 000 NT；3 艘船舶总吨位不低于 30 000 NT；4 艘船舶总吨位不低于 20 000 NT；5 艘船舶任何净总吨位。经批准的航运物流计划（ASL）给在新加坡提供货物和物流服务的航运企业所得增量收入以五年至少 10% 的税率优惠。

香港于 2006 年 2 月 1 日起开始实施年度吨位费用削减计划 ATCRS①，以鼓

① Annual Tonnage Charge（ATC）Reduction Scheme.

励船舶所有人在香港长期稳定登记船舶。该计划的具体实施方式是一般情况下如果船舶在香港船舶登记注册处连续登记注册两年，且该船在此期间内无任何港口国监管的滞留记录，则该船船东可以在接下来的一年享受六个月的 ATC 免除优惠（表 5.5）。中国香港船舶注册处还在上海、新加坡、伦敦设立了办事处，能够便利地处理船舶登记以及税费等相关事宜。

3. 投融资措施

中国香港《商船（注册）条例》中规定了登记船舶的抵押事项以及抵押文书，该文书可以在香港适用于包括银团贷款、循环信用工具、利率互换等所有形式的融资，且抵押无须在船舶文书上背书也不用向官方获得同意也无须修改协议，可以节省律师费和登记费。此外，凭借其国际金融中心地位，大型银行和金融机构可向船舶提供专业的融资服务。香港地区还是海事保赔中心，国际保赔协会以及国际海上保险联盟都在香港设有办事处。

新加坡推出了海事融资奖励（MFI）计划，给在新加坡进行船舶和集装箱融资的公司、基金会、商业信托或合伙组织对其租赁收入、管理收入可享有至少 10%的税率优惠，并且经营性租赁和融资性租赁都涵盖其中。新加坡海事及港务管理局（MPA）还设立了航运中心基金（MCF），公司和个人均可申请。新加坡贸易工业部下属的新加坡国际企业发展局（IE Singapore）负责的国际化融资（IF）计划与参与计划的金融机构（PFIs）共担违约风险，也可以为船公司提供新加坡业务的融资。

4. 登记船舶的安全及品质保证

中国香港一方面实施质量管理系统，包括对船舶进行质量评估、质量保证检查和对认可机构的督导等内容，另一方面，为了确保中国香港登记船舶的品质，海事处推出了船旗国品质监管制度①。引入该制度旨在控制中国香港登记船舶的品质和代表中国香港当局进行检查和发证的认证机构职权的履行。为了确保船旗国品质监管制度的运营，中国香港还建立了一个数据库，其中包括了认证机构的检查记录以及港口国监管组织的记录等。通过该制度，对于那些品

① 包含两个具体类型，全称为 The Flag State Quality Control System 和 The Pre-registration Quality Control System。

质下降的船舶，中国香港海事处会将其筛选出来提前进行检查和审查。而所花费的费用全部由中国香港登记部门承担。只有当船舶出现了严重缺陷被港口国监管机构留滞时，中国香港海事处才会对船舶的检查和审查征收费用。

新加坡安全方面的措施主要体现在船员资格、船舶检验以及《SOLAS 公约》所规定的适航方面。船舶登记时需提交船级社出具的、证明其适航的证书。①2021 年，MPA 还推出了新加坡船舶注册局（SRS）标识计划，将符合“智能”“网络”“福利”“绿色”标识要求的船舶予以公布并颁发相应证书，以推动船舶的可持续发展。此外，SRS 上榜了港口国监管体系的白名单，船旗国监管方面也对新加坡籍船予以了有效的监管以及执法。

四、实施效果

如果说以 NIS 为代表的国际登记法律制度的首要目的是吸引本国船舶回归的话，以中国香港和新加坡为代表的船舶登记法律制度改革则是为了吸引外国船舶所有人的到来。有学者将以中国香港和新加坡为代表的这一类国家或地区称为“半开放国（地区）”②，其特点在于既能够对船舶保持有效的安全管理，又可以享受开放登记所带来的好处。③在船旗和船舶之间建立真正联系的同时，也在海事监管方面保持着良好的信誉。

中国香港和新加坡登记模式在近年来取得了突飞猛进的效果。截至 2022 年 1 月，中国香港登记船舶的总吨位达到 111 587 729 总吨，位列世界第五。新加坡总吨位达到 136 243 709 总吨，位列世界第四。中国香港的船舶出籍率为 35.39%，是少数出籍比率少于 50% 的地区，新加坡的出籍率也只有 50.16%。两地在保有大规模商船队的同时也确保了本地区船舶的数量和质量。

总结两地的船舶登记法律制度，中国香港和新加坡模式的成功可以归结为以下几点：

---

① Sock-Yong Phang and Rex S. Toh，policies to Promote Shipping Registration in Singapore，Journal of Transport Economics and Policy，Vol.28，No.2（May 1994），p.217.

② Quasi-open countries.

③ Luo M，Fan L，Li K，*Flag choice behaviour in the world merchant fleet*，Transportmetrica A：Transport Science（2013）9（5），p.448.

一是开放的金融法律环境，中国香港本身就是世界范围内著名的自由港和国际金融中心，新加坡亦采开放金融政策，近年来的航运融资能力呈稳步上升趋势。对于航运业这个资本密集型的产业而言，开放的金融环境意味着较大的产业吸引力。加上两地的航运产业形成了集聚效应，能够支撑船舶在本地的运营与维持，也可以便利船舶办理从登记前期到后期的各类事项。

二是在船舶登记条件立法方面，中国香港最大限度放宽了对船舶登记的限制，新加坡也有一定幅度的放宽。值得注意的是，尽管放宽了登记条件的限制，中国香港和新加坡并没有减少船舶符合国际公约安全航行要求的义务，这使得两地的船舶登记实现了质和量的统一。

三是船舶行政管理的服务理念，中国香港和新加坡近年来均大力推广本地船舶登记制度，吸引外来船东在本地登记，从而带动本地相关产业的发展和促进本地就业。为此，两地的登记行政机构都在简化登记手续，提升登记服务质量，为船舶所有人提供便利。

四是在税费方面让利，中国香港和新加坡吸引船舶到本地区进行登记，并非如方便旗登记国那样是为了赚取登记收益。其目标都在建设和巩固本地的航运中心地位，促进本地航运产业的发展和航运优势的持续。从这个角度来看，中国香港、新加坡船舶登记的成功证明了船舶登记法律制度的变革能够为产业发展提供具有现实意义的推动力。

本章小结

如果说船舶的建造构成了船舶资源的初次分配，则登记地选择就是船舶资源的再分配过程。实践证明，利用法律制度变革船舶登记体系能够对船舶资源再分配产生影响，而这种影响因采取措施的不同而有所差异。

方便旗登记国通过法律制度促使本国船舶登记商业化，将登记成本最大限度地降低。这种措施能够在较短时间内促进和带动欠发达地区的经济发展，对法律和劳动力洼地较为有利，但需要同发达国家的航运企业产生一定链接，并不能适用于所有国家。而国际船舶登记国则通过法律制度将本国船舶登记分为两个相互独立的部分，从而实现其分流本国船舶资源的目的。这种做法对吸引本国船舶回归和保持本国商船队不流失能够起到一定功效，但实施方式和效果各有不同。离岸登记国试图通过合作整合本土同离岸登记地之间的法律规定以实现船舶资源的协同。这种措施介于国际登记和方便旗登记之间，具体施行效果要视离岸地船舶登记法律规定的宽严程度和配套措施的优惠程度而定。中国香港和新加坡作为新兴的船舶登记地，尝试变革本地区船舶登记法例配合实现其促进航运中心建设的目的，是船舶登记法律制度改革的良好实践者。

世界范围内不同国家在船舶登记方面的实践表明，适用何种船舶登记法律制度，不仅受到国家登记政策的影响，还需要结合本国优势及具体国情作综合判断。不同的登记政策决定了各地不同的登记法律措施，也决定了法律制度最终能够达到的实践效果。

第六章　船舶登记法律制度的发展

迄今为止，国际范围内船舶登记法律冲突引发的各国船舶登记法律制度变革实践给予了我们一个重要启示：航运产业的发展可以借助船舶登记法律制度予以推动。从本质上说，就是以登记为中心建立起一个辐射周边产业的航运资源聚集区。这就要求立法者制定的法律政策能够透过规则得以有效运行。而这些规则的制定必须是谨慎的，而且应当具有清晰的程序规范。为了使航运从业者能够有效遵守这些规则，监管者事实上必须使得规则具有可实践性。

谨慎的法律规则应当是指根据下边的程序所制定出来的规则：

其一，对本国船舶登记法律制度的构建和改革有清晰的定位和目标，排除不当的和片面的内容；

其二，能够促进本国船队的建设和发展，对本国和国际船队资源具有清晰的认识并在此基础上作出规划；

其三，规则实施的期望结果应当是促进本国航运业的发展，使本国航运经济获得前进的动力。

本章旨在为船舶登记法律制度的推进提供一些建议。强调船舶登记法律制度建设应当遵循法律规则制定的程序规范，重申航运政策对船舶登记法律制度建设的重要意义，提供一个建立船舶登记法律制度的首要目标（建设本国商船队）和最高目标（促进航运产业结构完善），探讨船舶登记法律制度制定的背后因素，如航运政策、船队建设、产业链的发展等，回答什么样的航运政策能够促进船舶登记法律制度的发展这一问题。

第一节　船舶登记法律制度的政策定位

目前，越来越多的发展中国家的船舶拥有量超过了发达国家，其中很大一部分都是方便旗登记国，并且，实践中也有大量新兴发展中国家的船舶所有人将自己的船舶登记到国外。一方面，我们应当看到随着世界经济重心的转移，船舶资源随着资本的流动而流动，这是一个必然的现象。另一方面，船舶资源流动也带走了附着在船舶周边的产业链及其附加值。面对船舶出籍的变化，对决策者而言，必须要思考应当如何平衡船舶外移所面临的问题。

从适应产业发展的角度上讲，船舶登记到国外是顺应经济转型的必然结果。然而，如何平衡由于移籍所带来的影响，减少对本国航运产业的冲击，又是一个重要的议题。本节讨论发达经济体之中的美国和德国的航运政策，探讨其实施目前船舶登记制度的考量和意欲达到的目标，思考航运政策与制度变革之间的关系，分析中国的船舶登记制度应当建立在什么样的航运政策基础之上。

一、制度变革与航运政策

制度通常体现为一些社会所共同认定的行为规范。如果制度受到社会转型的影响，就会自然而然地发生变化，这就是制度的变革。一项制度的变革有可能基于制度内部因素的变化而变化，也有可能基于外在社会因素的变化而变化。

学者总结归纳五千年航运发展史后认为，全世界的航运中心经历了一个向西迁移的过程。公元前3000年自美索不达米亚开始，再到东地中海的提尔，然后是罗德，接下来则是希腊和罗马。1 000年以后，威尼斯成了地中海的中心，与此同时西北欧的科隆、布鲁日、安特卫普和阿姆斯特丹开始崛起，汉萨城也同波罗的海和俄罗斯建立了贸易联系。17世纪之后两股经济势力统一于阿姆斯特丹，18世纪则是英国。19世纪伴随着蒸汽机船跨越了大西洋，北美开始成为航运贸易的领军人物。到了20世纪，跨越太平洋，指挥棒交到了日本、韩国、中国和印度手中。领导航运变革的城市依次为：巴比伦、提尔、柯林斯、罗德、雅典、罗马、威尼斯、安特卫普、阿姆斯特丹、伦敦、纽约、东京、香港、新加坡和上海。①

航运业的现代化则被分为了四个阶段，第一阶段是前工业化和海上探索时代，主要目标是发现和殖民化，海上运输主要集中于殖民地与母国之间。第二阶段是寻求海上力量的阶段，也是航运业开始成为主要产业的阶段，涉及海上运输重要部门的产业科技，如蒸汽机、钢铁和钣金加工，都集中在英国。随后德法在内的其他工业化国家也将商船队发展变成政治和经济权力的工具。第三阶段，萎靡不振的航运状况促使大量船舶出籍，二战结束后旧有帝国主义解体，发展中国家希望在世界产业中增加其份额。船舶的出籍加快了国际航运业与资本同发展中国家劳动力的结合，促使发展中国家进入了其以前无法进入的产品和市场领域。第四阶段是航运业的全球化阶段，船舶管理同船舶所有权分离开来。传统的海运活动从所有权人转移到了船舶管理人手中，制造活动从旧工业国家转移至新兴工业经济体。船舶管理公司将企业管理方面的专业知识同资本以及发展中国家的劳动力结合，这为一些发展中国家广泛参与世界航运奠定了基础。低成本要素的投入使得新兴海运国家快速发展，给传统的海上霸权带来了强有力的挑战。②

此外，世界各国政府正越来越直接地参与到航运之中，政治决策通过忽视或制衡市场力量，影响航运产业结构的变化。政府努力地将货物运输、船舶所有权、就业和其他利益重新分配给国家经济，以消减相对竞争优势的力量。国家与国家之间的航运政策冲突比市场力量更多地主导着国际航运服务结构的变化方向。③而另外，由于海运本身自带的国际性特点，船舶必须要在各地往来，企业为了商业利益又会希望国际航运实现某种程度的贸易自由从而能够减少各国保护主义和干预政策带来的负面影响。

一般而言，航运的经济投入主要有四项：资本、船舶、燃料以及船员。而这四项要素的全球化经营程度不一，资本可以在全球流动、燃料也在全球范

---

① Martin Stopford, *Maritime Economics* (3rd *Edition*), London and New York, Routledge, 2009, 5-6.

② SLETMOG. K., *Shipping's fourth wave: ship management and Vernon's trade cycles*. Maritime Policy and Management, 1989, 16 (4), pp.293-303.

③ Elliot Schrier, Ernest Nadel and Bertram E. Rifas, "*Forces Shaping International Maritime Transport*", *World Economy*, Vol.7 (1), 1984, p.87.

围内交易，船舶作为一种财产虽具有可交易性但要受到建造国和登记国产权规范的限制，船员虽可雇佣外国人员但多半要受到船舶所在国法律约束。因此，海上运输的船舶所有人在经营过程中需要依赖登记国及其法律制度的支持。

在全球化相互依存的背景下，国家政策必须考虑为处于国际竞争之中的企业提供具体的市场指挥棒。但这些策略应当是有限度的、基础的和泛型的。如果没有这样的策略，无论政府提供什么样的支持，企业或其所属行业都可能陷入中间地带而无法发挥出明显的竞争优势。①

英国运输部门在其2019年发布的“海事2050：驶向未来”规划之中，分析了英国在海事行业的七大竞争优势：财政、海事集群、思想领导力、合作能力、英国法律、安全以及英国船旗。但同时英国政府也意识到技术和创新在未来航运发展中的重要作用，主张要通过财税、政策及法律，保障和扶植运输技术、人才和研究的发展。②

目前，由于上一波航运空前繁荣带来的副作用。整个航运业存在着产能过剩问题。这就使得船公司必须在一个很长的时间继续承受成本压力。而疫情和俄乌战争带来的影响，使得一些船舶所有人面临运输订单下降、运输距离增加、时间拉长以及成本消耗等问题，也加剧了港口的拥堵和集装箱短缺。各类限制性措施使得航运从业者面临频繁的政策变动。2019—2021年的一波造船订单小高峰使得未来船舶市场的新船供应量增加，但受环境新政影响船舶所有人仍然稍显踟蹰。③

在这种情况下，船员的工资和社会保障以及对于船舶安全标准的严格执行给船舶所有人带来的营运压力会继续促使其选择到成本更加低廉的外国登记地进行船舶登记。

而国家的航运政策决定了其采取的应对措施。有的国家由于经济政治实力

① Gunnar K. Sletmo & Susanne Hoste, Shipping and the competitive advantage of nations: the role of international ship registers, Maritime Policy & Management, 20: 3, 251.

② Maritime 2050: navigating the future. UK department for transportation. Policy paper file 773178.

③ 联合国贸发会（UNCTAD）：《2022年海运综述》（RMT），第44页。

无需过多考虑利用船舶登记保护本国商船队，如美国。有的国家则让渡国家安全，如欠发达地区以及放弃发展航运产业的国家。从世界范围来看，大多数国家还是对本国商船队以及船舶登记市场采取了保护性的措施。因为船舶移籍带走的不仅是船舶，还包括一系列船舶周边业务。如果船舶大量移籍，则岸上业务有可能伴随着船舶的流失而萎缩，本国船员的就业机会也会受到外国低成本船员的挤压。

在成本上具有比较优势的国家在海上运输中占据有利地位，船舶和燃料成本国际范围内价格差异不大。资本则具有国际流动性，政策对其有影响力，同时利润亦对其具有吸引力。而对于各个国家而言，来自船员、高级船员和管理人员的竞争中，低工资国家占据了优势。当需要更高技术和管理技能的职位有需求时，技术供应国才会有市场。

政策制定者应当识别并投资其比较优势部门，宽泛地支持整个航运产业的发展已经不再是政策选择项。同时还应当仔细地评估其希望发展的航运部门的竞争环境，并考虑该部门产业附加值对本国经济的贡献，包括对航运及其他部门可能的协同及溢出效应。政策制定者还需要考虑从航运业增加收入以及就业机会，商人更在意的是其如何能获得快速、可靠以及高效的港口及航运服务，而并不在意谁是服务的提供者。①

从各国对船舶移籍所采取的具体措施来看，早期的吸引措施多为补贴性的扶植政策。但在全球经济一体化的前提下，补贴这种授人以鱼的传统方式已经逐渐被抛弃。由于世界经济形势的变化和方便旗船舶登记国的出现，促使各个国家必须对本国的船舶登记制度予以改革，这是外因。而一些国家船员成本的上升和船舶安全检查的严格导致其船舶所有人将自己所拥有的船舶外移，这是内因。内外因共同作用的结果就是，船舶的海外登记已经成了一种制度变革的社会现实因素。这就是制度变革对航运政策制定的影响力。

现代国家往往通过法律制定一定的优惠措施鼓励符合条件的企业，政府通过放松管制、优化环境以及出台税费优惠政策等让渡公权力的措施来吸引船舶企业到本国进行登记。因此，许多国家和地区纷纷以法律形式制定了新的船舶

① 联合国贸发会（UNCTAD）：《2016 年海运综述》（RMT），第 29 页。

登记制度来适应船舶登记领域的制度变革。这就必然产生一个法律对航运政策的选择、设计、适用和整合过程。

因此，政策制定者对航运领域的投资和关注目前应当十分谨慎，对于规划发展的产业，要综合考虑竞争环境、该产业对本国经济能够创造的附加值以及可能会给其他产业带来的协同溢出效应。①同时法律政策制定者在这个过程中的设计和规划十分重要。一方面，要实现船舶所有人利益的最大化，促进本国航运业的发展；另一方面，又要兼顾本国的航运安全和船队质量，包括周边产业的附加值提升。面对世界政治经济文化大环境以及航运产业小环境的变迁，如何在维护本国航运利益的同时创造一个友好的环境是摆在所有航运政策制定者面前的课题。

二、航运政策与航运产业的发展——以美国、德国为例

每一个国家的政府均或多或少地参与到海上运输实践之中，或通过基础设施建设，或通过船舶建造，或通过货物运输及其他服务，当然还包括给航运产业制定规则。政府之所以会干预海上运输，绝大多数是出于促进货物贸易、调整产业投资导向、促进经济发展以及保障充分就业和提供国防支持的考虑。②一些国家渐渐开始重视本国国内需求和产能发展。面对航运业的发展变化以及发展中国家在航运市场中给旧有秩序带来的挑战，传统海运强国选择了不同的政策路径。一类选择将航运市场大多数部门产业交由外国处理，如美国；另一类则希望能够重构本国商船队，充分利用世界资源振兴航运业，如德国。此处以美、德两个代表性国家为例，分析国家选择不同政策基调的原因以及航运政策如何落实到实践层面，包括法律在其中所发挥的作用。

美国是传统的货主大国，其航运政策多体现为两个特点：重商主义和保护主义。由于欧洲传统航运强国的牵制，美国多年来一直奉行较为强硬的保护主义航运政策。这样的政策在船舶登记立法中的具体表现是规定美国的商

---

① 联合国贸发会（UNCTAD）：海运综述（RMT）。

② Elliot Schrier, Ernest Nadel and Bertram E. Rifas, "*Forces Shaping International Maritime Transport*", *World Economy*, Vol.7 (1), 1984, p.98.

船必须由美国公民所有、必须由美国人建造、雇佣美国人驾驶、船上必须配备美国人。

而历史上，美国的航运政策经历了一个由被动保护到主动扩张的过程。建国之初，受到海外殖民贸易繁荣的影响，美国国会意识到航运在经济发展中的重要作用，通过了一系列法案①对美国船舶进行航运保护。制定这些法案的目的是同欧洲的航运强国相抗衡，发展美国经济和繁荣美国的对外贸易。

南北战争之后，美国国内市场实现了统一，美国的国内经济迅速发展，快速成长为一个商品生产大国和资源大国。但在海运领域无法与航运强国相抗衡并多次受到打压。“到第一次世界大战爆发时，美国不能运出的外贸货物总额高达 3 785 亿美元”②。此时，政府意识到了海上运输的重要性。与欧洲自由放任理念不同的是，美国并不将海事事务交由私人商业组织处理。自 1916 年航运法通过后，美国政府直接管理和干预了国家间的海上运输。这一阶段的海运政策是其国内经济调控政策的延伸，将美国国内的保护主义精神适用到国际海上运输的商业规则之中。对于美国而言，自由放任的前提是市场存在竞争，政府有责任确保竞争或规范非竞争市场。③

而两次世界大战的发生则赋予了美国一个发展航运产业的良机。由于欧洲各国忙于战事，战争所需要的资源以及商品的生产和运输落到了美国肩上，而美国也没有浪费这个机会。在这一时期制定了大量的法律，为美国航运产业提供补贴，鼓励美国航运企业对外扩张。

其中最具代表性的立法是 1920 年《航运法》、1936 年的《航运法》和《海上货物运输法》（简称为 COGSA），其根本目的是促进美国的对外贸易，打造强大的商船队。法律中规定了对美国船舶的造船补贴和营运补贴，资本准备金制度和融资担保制度，以及关税和航行权等方面的政策倾斜。造船补贴于 20 世纪 80 年代终止，营运补贴也已经过时，融资担保制度减少了船舶所有人

---

① 如 1789 年《关税法案》给予了美国船舶运输的进口货物的关税折扣，17 世纪的多个立法给予了航运企业以补贴和税收优惠。

② 徐仪佑：《美国海运政策演变及中国海运政策趋向建议》，载《世界海运》1999 年第 4 期，第 36—38 页。

③ See Elliot Schrier，Ernest Nadel and Bertram E. Rifas，*op. cit*. p.98.

的经济负担，至今仍在沿用，并且1993年以后融资担保的范围扩展到了外国船舶所有人。

二战以后，美国的经济实力全面超越了欧洲，成为世界海运强国。面对新形势，为了维护本国的航运强权地位，美国再一次举出了保护主义的旗帜。加大对本国航运产业的扶植力度，在1970年《商船法》中设立了基本建设基金制度并配套建立了基本建设基金税收补贴。

由于跨国公司的发展，美国大量的资本和产业向国外输出，为了确保对外扩张目标得以实现，美国现阶段通常利用本国的经济地位制定国内法而强制外国航运企业遵守美国法律，从而实现对航运资源的控制。因此，在这一阶段，美国已经不需要再对国际航运贸易实施严格管控，只需要掌握住国际航运规则的法律制定权和资本控制权。

为配合跨国企业自由出入市场，1984年《航运法》放松了政府对商船的直接管制，改为通过《反托拉斯规则》约束航运企业。此后1998年《航运改革法》制定以后，美国响应业界航运自由化的呼声，开始放松对于航运的严格管控，对海上货物运输的权利义务以及风险划分作了重新整合。但同时也通过对受控承运人的监管保护本国船东和货主，试图加重承运人责任来维护本国的贸易利益。2022年通过的《航运改革法》尽管出台于新冠大流行时期，其保护主义本质并未改变，仍然旨在维护本国贸易商利益，加强美国的航运话语权。

不过，为了巩固本国的军事地位和国防安全，自1904年《货载保留法》制定至今，美国一直实施着严格的货载保留政策。对属于美国能源部的战略石油储备、要求进口物资的50%，军需物资100%由美国船舶运输。此外，利用政府贷款对外出口和援助的粮食运输和进出口银行贷款项目的50%也由美国船舶运输。此外，美国也保留了本国的沿航运输权，规定由美国船舶运营。这项政策虽然对美国的港口利益有所保护，但需要付出极高的经济代价。

可以看到，出于保护本国政治、经济和军事利益的考量，美国执行着坚决的保护主义航运政策。在船舶登记领域，就表现为至今仍执行着严格的封闭登记制度。对于船舶移籍现象，美国国内已经通过保护相关产业、法律制定和资本控制进行了管控，无须再单独考虑境外登记对国家安全的负面影响。但需要指出的是，美国同众多开放登记国家在政治和经济上均有密切联系，这些国家或受其庇护或在经济上需要美国的支持。以至于有学者直言不讳，“大多数的开放登记国是由美国所管理的”①。

对开放登记，美国也经历了一个由反对到承认的过程。北美地区最早使用巴拿马船旗进行开放登记的船舶并不是美国船，而是 1919 年加拿大的“Belen Quezada”号。当时的美国航运委员会担心这类型的国际登记可能会使得航运企业通过将船舶登记到另一个国家来规避美国的海事劳工立法，而这会对美国商船队带来影响。后来由于国内航运企业的压力，迫使美国政府改变了对巴拿马船旗的政策。再加上禁酒令使得美国船舶无法买卖烈性酒，转移登记至巴拿马的例子渐渐出现，并且美国政府也想补偿其对巴拿马运河的使用，导致美国逐步促使船舶转移至巴拿马登记。②本质上，出籍政策的转变仍然是利益的选择。

而欧洲的经济强国德国则是实施航运激励措施较多的国家。受到两次世界大战的影响，德国的航运业和商船队都遭受重创。为了支持本国航运产业的复苏和发展，德国政府不断出台政策支持本国航运产业，逐步成为世界级的航运融资中心。德国的海运政策整体以自由放任为特点，但从源头上对造船的船舶企业提供 80%的贷款，同时给予新造船补贴，鼓励出口贸易。2011 年出台的海运发展计划旨在提升德国航运业的竞争力以及发掘更多的就业机会，给船舶所有人提供政府基金和金融方面的支持，并为学生提供更多的海事教育和培训机会。自 2017 年起，德国政府还推出了新的基金项目支持海船升级将液化天然气作为燃料。

此外，作为欧盟的核心国家之一。德国也深度参与了欧盟海运战略的制定及立法的规划。近年来欧盟主张推动绿色航运，制定统一的欧洲航运市场战略，在气候行动中加强竞争力并调和海上经济活动与环境保护之间的关系，并提出推动船舶岸电设施、船舶建造、贸易物流以及离岸风电等领域的发展。

①② Francisco Piniella, Juan Ignacio Alcaide, Emilio Rodríguez-Díaz. The Panama Ship Registry: 1917－2017. Marine Policy 77 (2017) 13－22, p.14.

2022 年德国船舶所有人的商船队数量达到了 2 221 艘，吨位达到 79 592 915 总吨。其中登记在国外的有 2 036 艘，吨位达到 72 616 319 总吨。德国的航运鼓励政策体现在船舶登记领域，表现为德国也于 1989 年实施了国际船舶登记制度（GIS）。德国联邦海事和水文局是负责该登记的主管机构。不同于德国的一般船舶登记，GIS 是自愿登记，同时也允许光船租入悬挂德国船旗，海员的国籍不受限制，登记在 GIS 下的船舶可以根据各自合同的条件雇佣外国船员。在税收方面，德国政府提供免税基金，允许船舶企业用亏损冲销利润，同时采用加速折旧法，并对船舶征收吨位税。

表 6.1　德国吨位税税率①

船舶大小	税率（每一百净吨/天）
1 000 净吨以下船舶	0.92 欧元
1 000—10 000 净吨船舶	0.69 欧元
10 000—25 000 净吨船舶	0.46 欧元
25 000 净吨以上船舶	0.23 欧元

与美国相比，德国的航运政策更为开放和自由。这是为了维护欧洲航运地位以及扩大本国经济实力。也正基于此，德国对于航运业的扶植和鼓励投入更为明显。表现为对船舶提供营运补贴，按照船员税收计算补贴费用，但没有放弃沿航运输的德国专营权以及协议货载保留制度。由于受到海员工会以及国际社会的质疑，1992 年德国取消了针对本国船舶的补贴，但后来通过融资方式予以了弥补。

富有德国特色的 KG 融资制度也为德国船舶的融资提供了渠道和路径。该制度通过 KG 融资公司向德国公民吸收资金，并对投资公民予以所得税上的优惠，旨在从行业外的私人投资者那里募集股权从而支持航运融资。“KG”代表两合公司，是德国公司的组织形式之一，由一个或多个有限合伙人（个人或公司）和至少一个普通合伙人组成。为了吸引不具备航运专业知识的普通民众投资船舶和航运，KG 模式将有限合伙人的内部责任限制在其 KG 注册资本中的

① 具体内容参见德国所得税法第 5a 条。

个人份额之内，对第三方的责任限定为其在公司登记处登记的金额（一些情况下此类责任只占到内部责任的 10%）。此外，为了避免普通合伙人承担过多的无限责任，KG 基金会选择由一家有限责任公司担任普通合伙人，从而将责任限定为其实缴资本份额。2008 年以来，德国法律还允许设立针对小型创业公司的小型有限公司作为普通合伙人，实缴资本的最低要求仅为 1 欧元。这些举措使得投资人可以使用很少的前期投资资金参与航运投资，同时也使得船舶所有人能够从社会上获得全额的融资资金。

从美、德不同时期的航运政策及其配套措施的差异可以看到，基于各自的实力和优势，国家促进本国航运产业发展时所采取的航运政策各不相同。所以，一国应当采取何种航运政策是一个基于客观事实之上的主观考量。

三、登记法律制度与航运政策

法律制度对行为的规制实际是一种社会性规制，缘起于利益，但利益又不同于法律制度的需求。法律制度来源于某事可以且需要做到以增强利益的一种信念或渴望。因此，创造新法或保留旧法的压力来自集体或个人基础之上建立需求的态度和感觉。①

就航运而言，诸如劳动、资本和管理等传统生产要素的获得不足以取得成功。与航运相关的许多无形因素，包括潜在的网络正在发挥作用。一个希望保持并发展其在世界航运业中位置的国家不仅需要以有竞争力的价格获得生产要素，而且需要优先支持航运环境的建设。航运需要建立一系列周边活动以获得生存，国际船舶登记本身并不创造这样的集群，但它是航运环境的要素之一。②

通常而言，大的经济体能够形成更多的贸易。GDP 高的国家进口水平高于 GDP 低的国家，因为大的经济体对需要经航运运输的原材料和工业制成品的需求大，另外成熟经济体为了保护本国资源需要寻求进口，并且 GDP 高的国家能

---

① Lawrence M. Friedman，*The Legal System：A Social Science Perspective*，Russel Sage 1977，p.4.

② See Gunnar K. Sletmo & Susanne Hoste，p.255.

够支持进出口买卖的规模也较大。①因而理论上成熟经济体的商船队规模和质量都应当是名列前茅的。

然而世界商船队中高比例的外国登记船舶与登记地选择行为不仅仅对国际及国内层面的公共航运政策具有显著影响，也影响私主体层面的商业策略。船舶选择出籍主要是为了贸易便利和较低的运营成本，如果一国的政策目标是发展本国航运产业以及随之而来的经济利益，则该国可能会希望放松船员的国籍限制或设立第二船籍登记制度，但维持本国商船队的良好安全记录是很必要的，因为这会吸引更多船舶悬挂该国船旗。②因为传统海运国家关注本国商船队规模降低、税收减少、海运部门就业降低及其对国家安全的负面影响。③

明确考虑航运对国民经济和外汇收入的净贡献占总收入的百分比，不论是国家、企业还是个人均对降低船舶的运营成本、增加航运收入、壮大商船队有需求和信念。为了增强这一信念，无论是开放登记国、第二船籍登记国还是新兴航运国均通过法律对登记行为予以了社会性规制，形成了具有自身特点的船舶登记法律制度。

建国后中国长期实施计划经济，整个航运政策以收缩为基调。改革开放以后，中国实施了外向型航运政策，逐步实现了稳健的市场开放。这集中体现在取消了货载保留制度，允许外国船舶停靠中国港口从事国际班轮运输，允许外商以合资方式经营国内水上运输和在华设立集装箱内陆中转站，经营装卸和仓储业务，建设专用码头、专用航道、专用港区。在运价上取消了政府对航运运费的指导价，允许企业根据市场经济自由定价等。

这些年来我国政府所奉行的自由主义开放政策对中国航运产业的发展起到了十分重要的作用，使中国的商船队迅速跻身于世界前列，航运产业近年来也发展迅猛。但硬币总是存在两面性，现行航运政策在促进我国航运业发展的同

---

① Martin Stopford, *Maritime Economics* (*3rd Edition*), London and New York, Routledge, 2009, pp.391－392.

② Luo M, Fan L, Li K, *Flag choice behaviour in the world merchant fleet*, Transportmetrica A: Transport Science (2013) 9 (5), p.448.

③ Luo M, Fan L, Li K, *Flag choice behaviour in the world merchant fleet*, Transportmetrica A: Transport Science (2013) 9 (5), pp.429－430.

时，随着国际国内环境的改变，一些问题开始显现出来。受历史遗留问题影响，中国的开放政策在一些领域的贯彻落实程度还不够，但在另一些领域又规定不尽完善，航运产业整体呈现一种大而不强的格局。远洋船队的规模质量配置仍然不尽合理，中国船公司的管理和运营水平与发达航运国家的企业相比差距仍然很大。航运市场的规范化程度还不高，航运产业整体呈现出低效率、高耗能的状况。

出现这些问题一方面是由于社会环境变化导致航运环境的改变，另一方面也是由于航运政策已经不适应航运实践而需要进行变革。我国《海商法》第 5 条规定："船舶经依法登记取得中华人民共和国国籍，有权悬挂中华人民共和国国旗航行。"《船舶登记条例》第 2 条第 1 款规定，下列船舶应当依照本条例进行登记：在中华人民共和国境内有住所或者主要营业所的中国公民的船舶；依照中华人民共和国法律设立的主要营业所在中华人民共和国境内的企业法人的船舶。但是该法人的注册资本中有外商投资的，中方投资人的出资额不得低于 50%；中华人民共和国政府公务船舶和事业法人的船舶；中华人民共和国港务监督机构认为应当登记的其他船舶。《船舶登记条例》第 7 条规定，中国籍船舶上应持适任证书的船员，必须持有相应的中华人民共和国船员适任证书。①

由此可以看出，我国目前实施的是封闭船舶登记制度。在这种制度下，船舶需要支付比较高的进出口税费，船员须持有中国的船员适任证书，船舶企业的外资比例也不能超过 50%。这对于我国的航运安全的保障和商船队的维持能够起到一定的作用。但同时，随着中国航运产业的不断发展壮大，这些严格政策却限制了中国商船队的发展，使得许多船东不得不将自身拥有的船舶向外移籍，以降低商业运营的成本，维持自身的竞争优势。似乎中国船舶登记法律制度到了变革选择的岔路口。

2016 年 12 月，交通部颁布《中华人民共和国船舶登记办法》（以下简称

① 《船舶登记条例》第 7 条原规定"中国籍船舶上的船员应由中国公民担任；确需雇佣外国国籍船员的，应当报国务院交通主管部门批准。"经 2014 年 7 月 29 日《国务院关于修改部分行政法规的决定》修订后，删除了船员的国籍要求。

《船舶登记办法》）在对原有封闭登记制度进行完善的同时①，首次在第八章以法律文件形式提出在自贸区内实施国际船舶登记制度的程序性和实体性要求。《船舶登记办法》第68条规定，依据中华人民共和国法律在自由贸易试验区设立的中资企业、中外合资企业、中外合作企业，以及依据国务院自由贸易试验区相关方案设立的外商独资企业和港澳台独资企业的船舶，可以依照本章有关规定申请办理国际船舶登记。登记办法的出台表明我国正式尝试变革原有的船舶登记法律制度，从法律层面明确了自贸区国际船舶登记制度改革。

第二节 商船队建设

建设船队是促进航运发展的前提，航运及其周边产业的存在以船舶的存在为基础。船舶登记政策的变革需要分析一国所希望打造的商船队及其在全球市场中的定位，并在此基础上达成社会共识，形成系统和完整的法律制度规划与建设步骤。

本节分析世界及中国目前的商船队特点以及船舶出籍状况，分析航运政策制定的话题，探讨船队发展环境的建设，指出船舶登记法律制度应当以构建高质量的船队为目标，变革法律时应当考虑发挥船舶登记法律制度的能动性，借此调整本国航运产业结构，促进其向良性方向发展。

一、商船队及相关产业现状分析

2022年世界商船队100总吨以上船舶数量达到了102 899艘，相当于21.99亿载重吨，较前一年增长了2.95%，属增长率较为温和的一年。从主要船型来看，干散货轮仍然占据最大份额，达到43.02%，接下来分别是油轮28.6%、集装箱船13.34%和其他船型11.45%。剩余船型则属于第二梯队，离岸设备3.83%、液化气船3.81%、化学品船2.26%、杂货船3.58%、其他1.17%、渡

① 如扩大了登记适用范围、增加了船籍港选择权、规范了程序性事项以及明确了办理流程等，具体内容参见登记办法相关规定。

轮和邮轮 0.38%（图 6.1）。

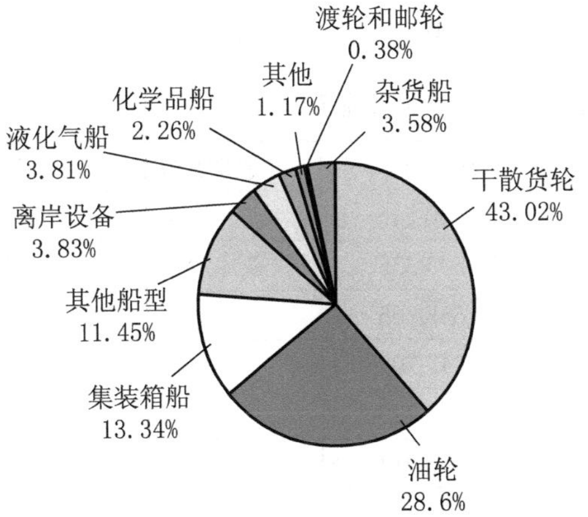

图 6.1　世界商船队船型分布①

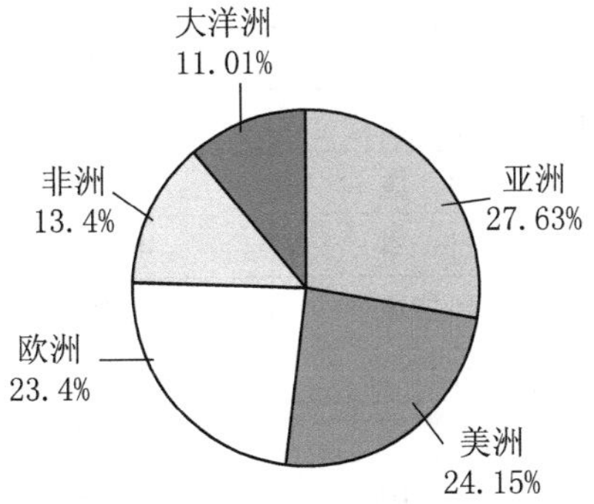

图 6.2　世界商船队地域分布 2022 年
（数据来源：海运综述）

世界商船队的规模和结构在过去三十年发生了巨大的变化，20 世纪 80 年代传统海运国家的远洋运输还仍然处于辉煌时期。全球化趋势使得西方国家普遍放松管制并加强企业的私有化，使得海运如同许多轻工制造业那样，不受约束地在世界范围内寻找最低生产成本②。船舶通过转移国籍或直接登记在国外获得利润和发展空间，同时也带动了发展中国家以及欠发达地区的航运业发展。最直观的证据就是商船队规模和分布的变化。如图 6.2 所示，2022 年发展中国家在世界商船队中所占份额总量已经达到 70.87%，而发达国家为 28.71%。从区位来看非洲占据 13.4%的份额，美洲为 24.15%，亚洲为 27.63%，欧洲为 23.4%，大洋洲是 11.01%。③

然而，即使传统航运国家的商船队规模在逐年下降，这些国家的船舶所有人依然通过方便旗控制着世界 2/3 的运力（表 6.2）。但是，传统航运国家在世界航运中所占份额已经毫无疑问地在下降（图 6.3、图 6.4）。过去认为虽然传统

① 数据来源：联合国贸发会（UNCTAD）：《2022 年海运综述》。

② Gunnar K. Sletmo & Susanne Hoste，*Shipping and the competitive advantage of nations：the role of international ship registers*，Maritime Policy & Management，1993，20：3，pp.243 - 255.

③ 数据来源：Clarksons Research。

海运国家在世界航运中所占份额遭受一定损失，但主要影响的是航运产业的低端部分，即二手船及低成本劳动力。事实上，视传统海运国家为高科技、资本密集型市场主导力量的竞争优势信念已经被认为是一种危险的幻觉了。①

表 6.2　2022 年世界十大船东国（地区）

国　家	船舶数量(艘)	载重吨	船舶出籍比率%
希　腊	4 870	384 430 215	85.51
中　国	8 007	277 843 335	59.19
日　本	4 007	236 638 365	84.8
新加坡	2 799	136 243 709	50.16
中国香港	1 822	111 587 729	35.39
韩　国	1 680	92 302 014	84
德　国	2 221	79 592 915	91.23
百慕大	507	63 407 273	99.96
挪　威	1 987	59 931 039	68.33
英　国	1 380	58 746 865	84

（数据来源：RMT）

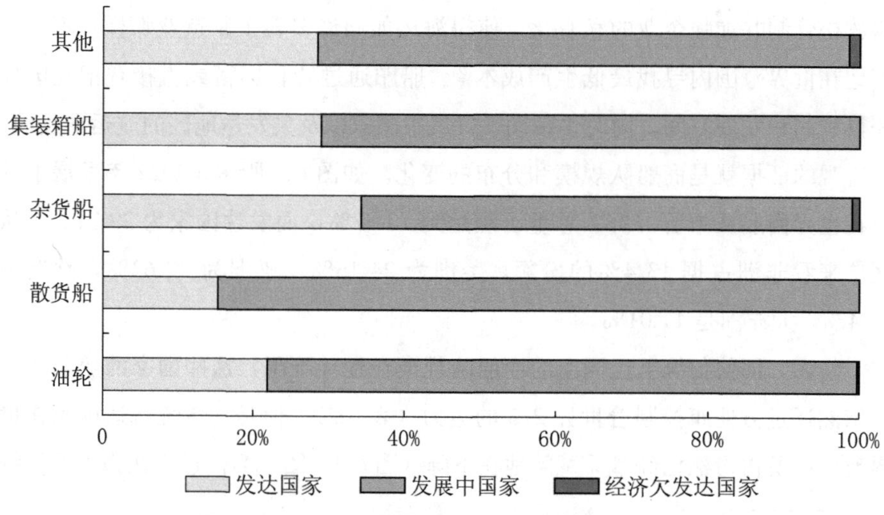

图 6.3　2021 年世界商船在分类经济体中的分布
（数据来源：海运综述）

① See Gunnar K. Sletmo & Susanne Hoste，Op. cit，p.245.

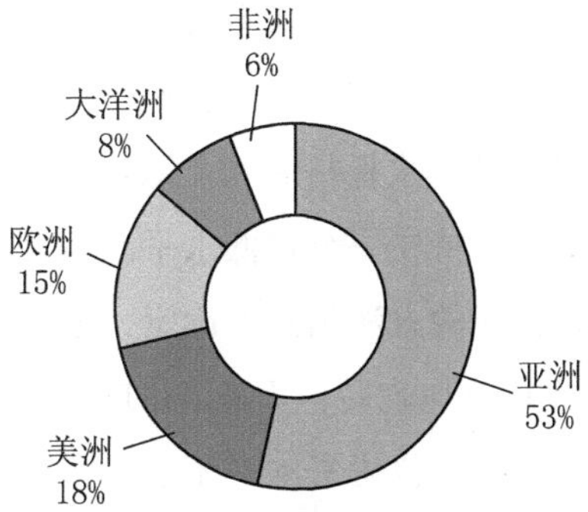

图 6.4　2021 年世界海运贸易地区占比
（数据来源：2021 年海运综述）

与此同时，仍应看到航运是一个高度集中的产业，世界运力集中在少数国家和企业之中。世界十大船东国（地区）中，传统海运国家（地区）占据 6 席，新兴海运国家（地区）占据 4 席且均为亚洲国家。如表 6.3 所示，全球排名前十的班轮公司占据世界运力份额的 73%。从构成来看，班轮公司主要可以分为三类：第一类是大型独立公司，如马士基、地中海；第二类是大型的集团公司，如商船三井、韩进；第三类是国有航运公司，如中远中海、印度航运和马航船公司①。

表 6.3　世界十大班轮公司 2022 年最新排名

排名	公　　司	TEU	全球运力份额
1	地中海有限公司	4 598 373	17.5%
2	APM-马士基	4 230 652	16.1%
3	达飞集团	3 393 190	12.9%
4	中远中海航运公司	2 871 859	10.9%
5	郝伯罗特	1 784 489	6.8%
6	长荣航运	1 661 865	6.3%
7	海洋网联船务 ONE	1 528 921	5.8%
8	现代商船	816 365	3.1%
9	阳明航运	707 354	2.7%
10	以　　星	533 823	2.7%

（数据来源：Alphaliner）

① Martin Stopford, *Maritime Economics*（*3rd Edition*）, London and New York, Routledge, 2009, p.84.

在世界十大班轮公司的排名统计中，中远中海集团列世界班轮公司第四位，集团的班轮总运力占全球运力份额的 10.9%，整体处于头部第一集团之中。

2023 年预计世界商船队仍然会保持温和上涨，尽管需求会复苏，但环保方面的新法规会使得造船速度保持在一个较低水平。因为船东对于替代燃料的成本消耗以及减少温室气体排放的方法仍然不确定。俄乌冲突则使得能源及运输的价格变得更加脆弱。①疫情叠加政局、贸易、供应链、成本、全球化等因素使得未来的不确定性大大增加，会使得资本对于进入行业存在疑虑，不利于商船队的扩张和发展。能源需求，特别是石油、油气的运力需求增加，也会促使此类船型的配置需求增长。大宗干散货轮由于市场需求仍然将维持一个较高的保有量，但贸易冲突和战争短期内可能会对此造成冲击。集装箱船运输则寄希望于东西方贸易的恢复、港口拥堵的解决以及供应链的畅通。

疫情之后市场需求的恢复以及供应链韧性的加强可能成为一个未来改变航运图景的世界性长期规划。同样，疫情也加速了电子化和环境可持续趋势的发展。后疫情时代航运产业的新商机中会包含更多的经济社会环境价值以及航运产业链的重塑。②在这一进程中，商船队作为航运的“基础设施”和重要资产，仍然对产业的发展和技术的创新起到至关重要的作用，各主要经济体在船队和运力方面的竞争依然激烈。

另外，改革开放以来，中国的船舶产业和商船队总数总体呈持续增长态势。依据联合国贸易与发展委员会（以下简称贸发会）的统计，如表 6.4 所示，近年来我国船舶艘数和载重吨变化虽有小幅浮动，发展动力仍较为强劲。

表 6.4　1999 年—2022 年中国登记在册商船队总数　单位：千载重吨

船型年度	商船队总数	油　轮	散货船	杂货船	集装箱船	其他船型
1999	24 015	3 279	11 418	6 573	1 639	1 105
2000	23 701	3 383	11 102	6 451	1 648	1 117
2001	23 808	3 658	11 061	6 342	1 760	987
2002	24 048	3 815	11 095	6 327	1 761	1 050

① 参见联合国贸发会（UNCTAD）：《2022 年海运综述》（RMT），第 46—47 页。
② 参见联合国贸发会（UNCTAD）：《2021 年海运综述》（RMT），第 XVI 页。

续表

船型年度	商船队总数	油　轮	散货船	杂货船	集装箱船	其他船型
2003	25 529	4 220	11 629	6 423	2 131	1 126
2004	26 825	4 890	12 106	6 347	2 621	860
2005	29 793	6 057	13 340	6 527	2 968	901
2006	32 774	7 234	14 353	6 536	3 718	932
2007	34 781	7 716	15 779	6 331	3 873	1 082
2008	37 124	8 063	17 469	6 315	4 105	1 171
2009	39 998	8 091	19 583	6 281	4 628	1 415
2010	45 157	9 264	23 031	6 043	5 268	1 552
2011	52 741	11 702	27 225	5 698	6 243	1 873
2012	58 195	12 787	32 041	4 962	6 323	2 083
2013	68 700	13 041	40 997	3 795	6 203	4 666
2014	78 313	13 246	49 685	3 892	6 396	5 094
2015	76 582	11 516	49 270	4 084	6 461	5 250
2016	75 850	12 271	46 940	4 195	6 501	5 943
2017	79 522	12 437	48 622	5 066	6 981	6 417
2018	90 609	14 367	54 553	5 839	8 784	7 086
2019	99 026	14 885	60 543	6 350	9 789	7 459
2020	103 321	15 320	62 931	6 892	10 443	7 735
2021	108 481	18 297	64 096	6 932	10 810	8 347
2022	115 154	19 427	68 875	7 307	10 608	8 937

（数据来源：UNCTAD World Shipping Statistics）

就 2021 年官方数据来看，我国船队粗放式扩张的增速已经明显放缓，数据显示市场受疫情影响需要对运力进行消化。内河运输船舶数量为 11.36 万艘，净载重量达到 14 676.92 万吨。沿航运输船舶 1 0891 万艘，净载重量达到 8 885.61 万吨。远洋运输船舶 1 402 艘，净载重量达到 4 870.09 万吨。另如图 6.5 所示，2021 年底，全国拥有水上运输船舶 12.59 万艘，比上年末减少 0.7%；净载重量 28 432.63

万吨，增长 5.1%；载客量 85.78 万客位，减少 0.3%；集装箱箱位 288.43 万 TEU，减少 1.6%。①排除疫情因素，中国商船队的数量呈现总体下降趋势，但吨位在逐年上升，这反映了船舶大型化的发展趋势。

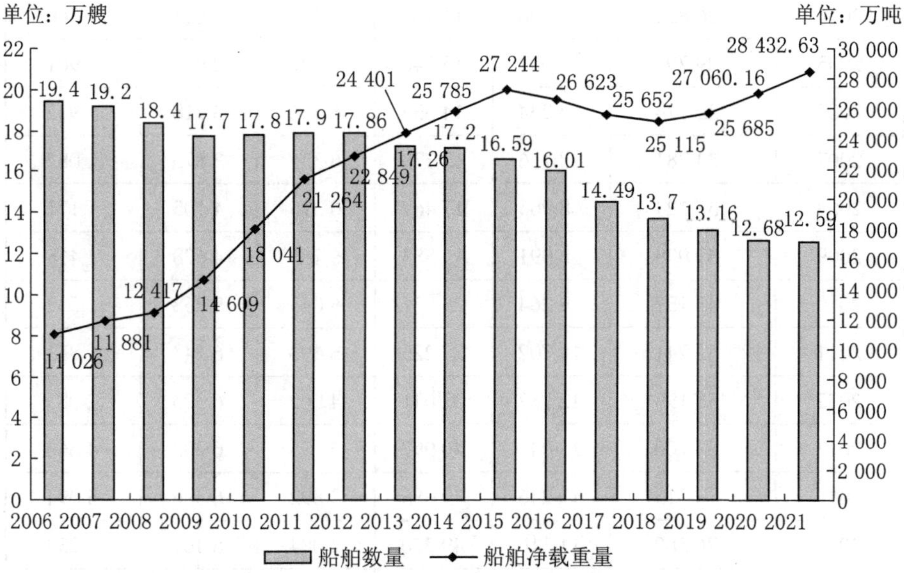

图 6.5　2006—2021 年全国水上运输船舶拥有量

（数据来源：交通部公路水路交通运输行业发展统计公报）

从联合国数据来看，2022 年悬挂中国船旗的船舶有 7 309 艘，114 952 千净载重吨，在世界商船队中占 7.1% 的份额。中国船舶所有人拥有的船舶总量是 8 007 艘，277 843 335 净吨，其中登记在国内的 5 357 艘，113 035 546 净吨，登记在国外的 2 599 艘，163 977 083 净吨。船舶出籍率在 59.19%，中国船东所拥有的船舶占全球份额的 12.74%，仅次于希腊船东。②中国商船队的平均船龄为 14.5 年，规模较上一年增加了 4.3%。③

二、船舶出籍状况分析

观察世界范围内船舶的移籍状况（图 6.6）可以看到，尽管个别年份存在波

① 数据来源：交通部 2021 年公路水路交通运输行业发展统计公报。

② 数据来源：联合国贸发会（UNCTAD）：《2022 年海运综述》。

③ 数据来源：Clarkson。

动，整体上船舶出籍率呈不断上升趋势。2022 年全世界船舶的出籍率为 71.08%。出籍已经成为船舶经营的一种战略和方法。

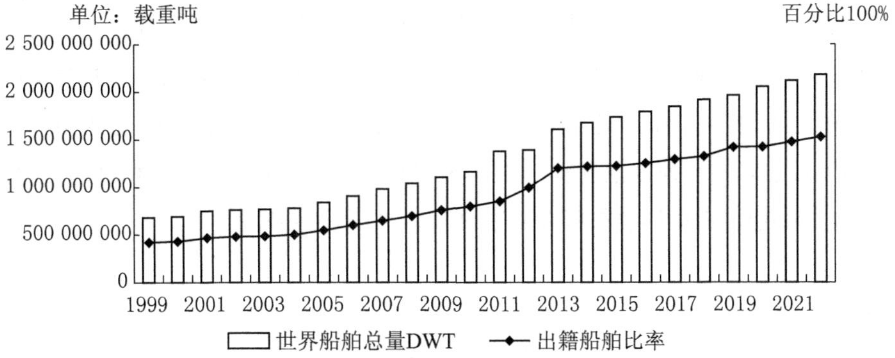

图 6.6　1999 年—2022 年世界商船队规模及出籍船舶登记数据和比率

（数据来源：RMT & Clarkson）

对于航运公司而言选择船旗过程中各类考虑因素的重要性不一，有的公司曾经将船舶登记在国外，而现在虽然愿意回归本国但悬挂本国船旗的高额成本还是使其望而却步……因此船公司可能会选择一部分船舶登记在国外而同时保留一部分船舶在国内。①而学者在选取开放登记国和封闭登记国船舶数据分析后指出，二元选择模型揭示出封闭登记国的高品质船舶倾向于出籍，而开放登记国的出籍船舶则品质相对较低。②

中国船舶悬挂方便旗最早出现在建国初期。由于当时的国内外政治环境，中国同许多国家都尚未建立外交关系。加上社会主义阵营与资本主义阵营的对立。朝鲜战争爆发后，以美国为首的国家对中国实施了封锁和禁运，使得中国的船舶只能通过悬挂外国船旗以及在外国进行登记的办法来开展远洋运输。中波轮船公司和中阿轮船公司成立以后，中国凭借合资公司的优势，对本公司拥有的船舶悬挂波兰旗和阿尔及利亚旗。这是出于当时环境所做的被

① Angela Bergantino & Peter Marlow, *Factors influencing the choice of flag: empirical evidence*, Maritime Policy & Management, 25: 2, 1998, p.165.

② Luo M, Fan L, Li K, *Flag choice behaviour in the world merchant fleet*, Transportmetrica A: Transport Science (2013) 9 (5), p.448.

迫选择。

改革开放以后，由于中国外交局面和世界大环境的改变，中国船舶悬挂外国船旗的状况不再是迫于情势压力，而转变成了船公司市场经营的主动选择。数据显示，早在1998年，我国在境外登记注册悬挂方便旗经营的船舶，就已占我国远洋船队总吨位55.74%。随后几年里，中国船舶在境外注册、悬挂外国旗经营的比例逐年上升。截至2022年，在我国27亿多载重吨商船队中，有59.19%的船舶在境外登记注册，悬挂外国旗（即方便旗）经营。这意味着悬挂五星红旗的船舶占中国船东所有船舶的40.81%①(图6.7)。

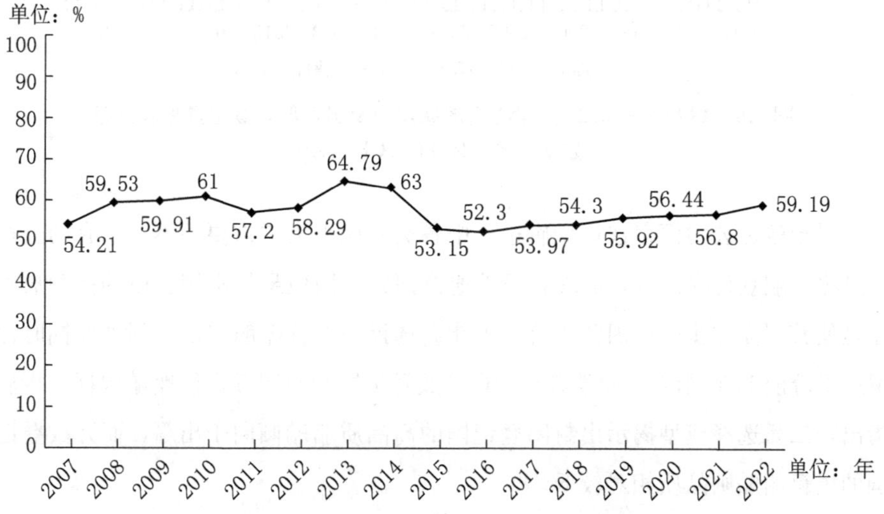

图6.7　外国船籍在中国船东拥有船舶中的占比2007年—2022年
（数据来源：UNCTAD Statistics）

中国的船东选择船舶登记地时，首选仍然是中国内地和中国香港地区，其次则是各类方便旗登记国，尤以利比里亚、马绍尔群岛、巴拿马为代表。再次则是新加坡、马耳他等新兴登记地，也有一些船舶登记到发达航运国家和地区，如挪威、英国、丹麦等（图6.8）。

而从登记在中国的船舶其实际所有人分布来看（图6.9），主要还是大中华区的船东，剩余有少量其他国家。

① 参见UNCTAD，Review of Maritime Transportation。

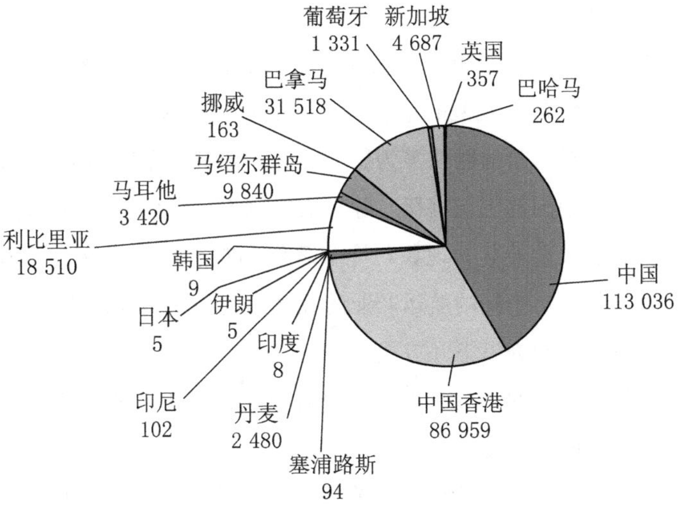

图 6.8　中国船东的船舶登记地分布

（数据来源：UNCTAD Statistics）

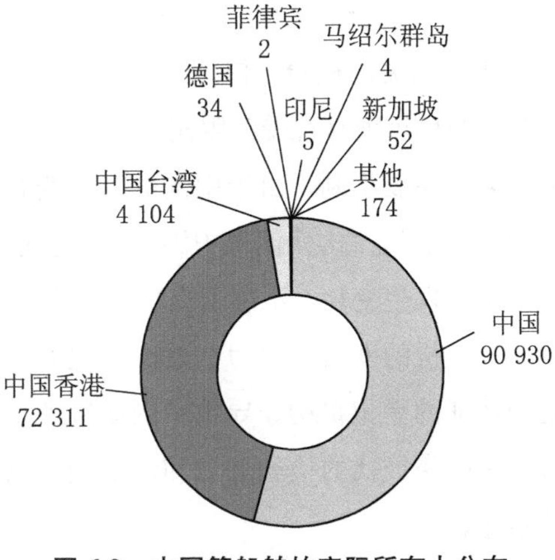

图 6.9　中国籍船舶的实际所有人分布

（数据来源：UNCTAD Statistics）

综合前述信息可以看到，尽管中国船舶的出籍率超过了 50%，但中国船舶选择登记地时，大多数还是选择到本国以及中国香港地区进行登记，五星红旗船舶以中国船东为主，剩余绝大多数也是大中华区的船东。因而中国船舶所有人拥有的船舶与本国的连接度还是比较高的，转移船籍的船舶其主要登记地还是中国香港地区和几大方便旗登记国。

目前我国选择移籍的船舶主要具有两大特点：其一，移籍船舶船型通常较大。这些船舶主要包含了大型的集装箱船、散货船以及油轮。其二，移籍船舶船龄较低。这些选择移籍的船舶多为新造船或者船龄低于我国平均船龄的船舶。这两大特点说明了中国的船舶移籍，除了成本因素，还包括了国内环境的限制。

对于中国船舶大量外移的现象，许多著作和观点均指出这会使得中国的商船队结构发生变化，对中国的航运产业的经济实力带来负面的影响。概括起来，这些负面效果主要表现为以下几方面①：

第一，也是最主要的，造成了中国政府税收的流失。船舶所有人通过选择登记地来规避本国的税费支出。

第二，影响了中国船员及航运相关从业者的就业。早期雇佣中国船员具有较大成本优势的状况随着中国经济的发展和船员工资福利待遇的提高而发生了改变。中国船舶移籍国外，可以雇佣费用较为低廉的外国船员，并且许多外国船员还能够用英语进行沟通，在船上工作更为便利。现实地，中国船员的就业机会因此受到影响。与船舶相关的检验、修理、维持、港口代理等工作机会也会相应流失，相关工作人员的就业环境受到限制。

第三，对中国商船队的建设不利。由于中国的新造船和大型船多倾向于外移，悬挂其他国家和地区的船旗。这就使得中国籍船舶的船龄偏高，船舶安全质量状况下降，商船队结构发生变化，不利于提高中国商船队的数量和质量。

第四，影响中国认证机构的发展。因为在外国登记的船舶会受到登记国政策的影响，加入登记国认证的登记机构，导致中国船级社在世界船级社中的地位无法获得较大提升。中国船级社的检验能力和认证能力以及声誉同中国航运产业在国际上的地位落差较大。

第五，对船舶所涉岸上业务的发展造成阻碍。由于船舶移籍国外，使得中国与船舶相关的业务发展受到制约。许多船舶为了登记便利，均采用国外保险、进行国外仲裁以及聘请国外运营人员。与船舶相关的建造、企业设立、船舶设

---

① 关于中国船舶外移的负面影响，可以参见蒋惠园、陈芳的《船舶登记制度对我国航运的影响》（载《世界海运》2004 年第 4 期）和黄芳的《控制船舶移籍的政策建议》（载《中国水运》2005 年第 10 期）。

备制造等其他相关产业均会受到影响。

第六，不利于政府对中国航运企业实施有效监管。由于中国籍船东常常将船舶移籍于方便旗登记国，这些国家的监管法制并不健全。船舶企业通过选择登记地逃避了中国法律对其的规制，中国法律的监管也存在完善和进步空间。这就很容易造成本国资本的外流，不利于本国经济的发展。

第七，不利于国家政治经济安全以及军事国防利益。大量高质量船舶的外移使得中国的船队质量下降，为了维持本国的商船队以确保国防上的安全，政府就必须为这个目的支付高额的维持成本。由于中国目前也是一个货主大国和贸易大国，商船队质量的下降也会危及中国的经济安全甚至政治安全。

不过也应当看到船舶移籍作为一种世界范围内航运实践中普遍存在的现象，是有其存在的必要性和合理性的。第一，从经济成本上来讲，船舶移籍国外给予了企业成本上的优惠和监管上的便利，促进了本国船舶企业的发展壮大和航运经济的发展。第二，船舶移籍也有利于本国航运产业的转型升级，且船舶移籍也促使本国政府就其航运政策进行检讨。第三，从航区管理而言，如果需要航行至进行管制的港口或者战区。势必需要悬挂特定国家或地区的船旗以降低风险。所以，船舶出籍并不是一个需要和能够绝对禁止的事项，而是应当在适当的比例和范围内对其进行正确调节。

三、制约中国船队发展的因素分析

航运业是我国的重要产业。今天我国能够成为世界主要的贸易国和外汇储备国，航运业的配合功不可没。遍及世界的航线为我国的进出口商提供了快速、安全和低成本的航运服务。中国的商船队自改革开放以来已经取得了巨大的成就，成为世界范围内一支重要的商船力量，中国船东所拥有的船舶总量在世界范围内排名第二。

从船型结构来看，中国是世界最大的散货船和集装箱船船东国，干散货船占据了中国船队 60% 的份额。剩余船型中，油轮占 17%，集装箱船占 9%（图 6.10）。受益于中国市场大宗散货的需求，自 1990 年至今中国的干散货船呈暴发式增长态势，油轮和液化气船上升趋势较为明显，其余船型均整体呈现上涨趋势（图 6.11）。

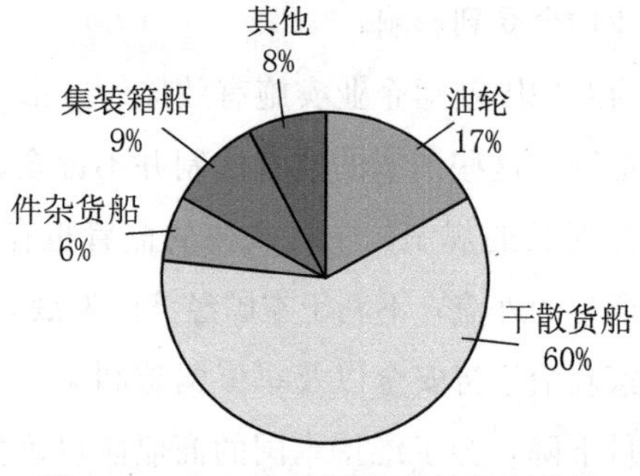

图 6.10　2022 年中国船队的船型结构

（数据来源：UNCTAD Statistics）

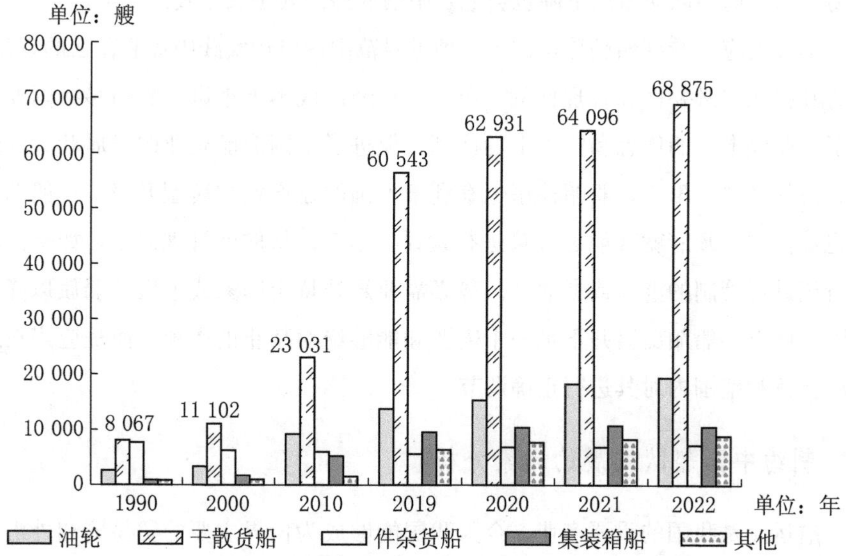

图 6.11　不同年份中国不同船型船舶数量对比图

（数据来源：UNCTAD Statistics）

从各年份船舶交付和拆解的对比可以看到，近几年来建造订单在增加，而拆解数量则在下降，这意味着整个市场上的运力保有量较为充足，商船队的规模也处于扩张态势（表 6.5）。

综合分析商船队的规模、分布以及结构可以看到，中国商船队在逐年壮大的同时，也存在高质量船舶外流的现象，在结构、风险、质量等方面有进步和完善空间。对于中国的国内航运环境进行检讨，可以看到以下因素对船舶移籍产生影响，制约了中国船队的发展和建设。

表 6.5　中国的新造船交付和拆解比率

年份	交　付		拆　解	
	总吨位	全球占比%	总吨位	全球占比%
2014	22 851 302	35.89	5 341 265	23.67
2015	25 275 424	37.24	4 492 355	19.13
2016	22 365 449	33.49	3 517 762	11.96
2017	23 682 160	36.04	3 776 811	16.32
2018	23 259 789	40.07	465 710	2.46
2019	23 074 209	35.01	343 112	2.85
2020	23 257 200	40.26	195 486	1.14
2021	26 863 204	44.20	140 112	0.91

（数据来源：UNCTAD Statistics）

1. 税收因素

第一，对于在国外建造的新造船或者在国外购买的二手船舶如果登记为中国籍船舶，依据《中华人民共和国增值税暂行条例》规定，需要征收进口关税和进口货物增值税，总计为 9% +（1 + 9%）* 17% = 27.53%。倘若船舶所有人将船舶登记在不需要缴纳此项费用的登记地，则可以为船舶营运节省下不小的费用。征收此项税费，可以为本国的造船产业提供帮助，但可能使得船舶资源外流。第二，对于开展业务的船舶营运企业，依据《中华人民共和国增值税暂行条例》规定，除征收基本的 5.5%营业税和 18%—33%的所得税，还需要征收 5.5%城市维护建设费以及教育费附加，以及印花税。第三，根据 2017 年《中华人民共和国船舶吨税法》，自中国境外港口进入境内港口的船舶，应当缴纳船舶吨税，按船舶净吨位分级适用。第四，根据《中华人民共和国车船税法》，在我国境内船舶的所有人或者管理人，都应当依照规定缴纳车船税，按照净吨位分级适用。第五，根据《中华人民共和国企业所得税法》，船舶企业还需要缴纳 6%—17%的营业税，船舶的折旧年限规定为 10 年。如果依据我国同外国签订的避免双重征税协定、航运协定以及其他相关协定，我国航运企业在对方国家缴纳所得税后，回国可以按照规定抵免所得税。

面临着税费负担的航运企业选择在境外进行登记就不难理解了。世界排名靠前的登记国均在税收政策上对航运企业予以了较大程度的支持。所以，税收因素是促使中国船舶移籍海外的一个重要因素。

2. 融资因素

航运业是一个资金密集型产业，涉及的融资金额巨大，船公司在船舶营运过程中的融资能力显得十分重要。从政府和国家角度来讲，如果能够为船舶公司提供充足的贷款支持和融资优惠，则必将吸引船舶所有人去往该国。

一个国家的船队发展，成本优势发挥了重要作用，但金融系统的发展规模同样重要。中国的航运融资市场处于建设和追赶阶段，虽然发展迅速，但市场尚不健全。中国籍的船舶企业需要造船，其在中国境内进行买造船融资与在外国获得健全融资的公司相比，并无特殊优势。为了减少国内融资体制对航运企业竞争地位的影响，我国的航运企业便只能够将船舶移籍到国外。而这会带来的连锁效应是由于融资借助于外国投资，签订的合同往往需要适用外国法律，船舶的建造地须在外国，相应的检验、设备、供应等业务也需要由外国企业或机构完成。

航运融资市场的不健全是航运金融产业发展滞后的表现之一。十年以前，全球船舶贷款、船舶租赁交易、航运运费衍生品市场、海上保险市场、航运股权及债券融资，这些业务几乎被全球公认的三大船舶融资业务中心伦敦、汉堡和纽约掌控。上海在相关领域涉足甚少，各类业务占全球市场份额不足1%。① 而根据 Petrofin Research 发布的数据，2021 年全球船舶融资规模达到约 5 000 亿美金，受全球经济波动的影响，疫情带来的不确定性使得 2020 年上半年融资和贷款减缓。而中国贸易的稳定所带来的暴发性复苏和后续增长又给船东和银行带来了信心，银行贷款以及租赁业务开始恢复。②中国对贸易和货物市场的影响力已大幅提升，多家国有大型银行的航运融资业务也跻身于世界前四十融资银行之列，但航运金融以及船舶买卖交易的多样性、参与度、丰富性方面，与传统航运强国之间仍然存在差距。

---

① 车太山：《中国实施“第二船籍”制度相关问题》，载《世界海运》2010 年第 7 期，第 57 页。

② 数据来源：Petrofin，Global Ship Finance in 2020，2021 and beyond。

目前中国的商船队正处于更新换代的时期。中国航运企业也处于不进则退的关键时期，希望更上一层楼的船舶企业资金需求是巨大的。而国内的融资环境如果无法完全满足企业的需求，则为了打造本企业高质量、新技术的船舶，船舶企业为了适应监管环境和市场竞争则很可能会在境外登记新造船。

3. 监管因素

航运产业的发展同样会受到航运政策的影响。经济整合以及不可逆转的全球化并不意味着国内航运政策的终结……研究结果表明当一国航运业已经在有利条件上不占据优势时，政策干预就显得十分必要了，例如英国的吨位税制曾十分成功地扭转了英国商船队的下滑趋势。①

受早期计划经济管理理念以及体制机制建设的影响，中国的行政机构在船舶运营市场的过程中，监管手段和监管措施相对复杂和严格。对本国船舶登记法律制度予以改革的国家和方便旗国家，在进行船舶登记管理的过程中均采用快速化、便捷化的措施。许多国家更在世界主要的航运国家设立办事机构，就近办理船舶登记事宜。这是我国登记管理可以改进的方向。

此外，中国的行政监管还存在审批过多、程序复杂的情况。无论是船舶公司的设立还是造买船，均需要通过众多部门的审批。其中许多审批事项等待时间较长，审批规定严格。

4. 法治因素

一方面，船舶建造和运营过程中难免需要借贷融资，此时会面临合同适用何种法律的问题，同外国投资者签订的合同需要面临修改或适用法律的情形。在中国，融资监管活动同样需要根据中国法进行，其间对于外国资本相对控管严格的中国法势必对船公司的经营造成一定阻碍。②

另一方面，船舶运营总会产生债务纠纷。遇到债务难以获得清偿的情形，债权人便会向法院申请扣押船舶。各国关于船舶扣押的法律规定各不相同。有的国家规定的扣押范围较广，有的国家则相对较窄。中国的船舶扣押范围规定

① Hong-Oanh Nguyen, *Explaining variations in national fleet across shipping nations*, Maritime Policy & Management, 38: 6, 2001, pp.579 - 580.

② Jihong Chen, Kevin X. Li, Xiang Liu, Haobo Li, *The development of ship registration policy in China: Response to flags of convenience*, Marine Policy, Volume 83, September 2017, p.25.

在《海事诉讼特别程序法》第23条①。由于悬挂方便旗在实践中大量存在，规避本国法律就成为了船舶所有人为降低运营风险而移籍的动因。

为了避免本公司名下的其他船舶遭到扣押，船舶所有人的惯用经营手法是隐匿真正所有人。这样做的好处在于船舶发生事故后，单船公司只以其所拥有的船舶为限承担法律责任，避免真正所有人的其他船舶资产遭受扣押。

因而国家对船舶的监管需要综合考虑公司经营、融资借贷、法律适用、诉讼扣船、责任承担等多方面问题，法治因素对船舶登记的影响在于监管的方式、程度和范围等，会促使船舶所有人考虑船舶的登记地和国籍。

5. 法律实施因素

在现阶段的船舶登记法律制度实施过程中，有观点指出仍然存在国内船舶登记实践与国际通行规则不接轨，如船舶交接规则与凭据有别于国际通行规程，船舶检验和船舶登记手续嵌套，船舶登记信息有限公开等问题，影响了船舶登记和船舶流动的营运效率。②

“法规制度的生命力在于执行……必须一手抓制定完善，一手抓贯彻执行。”③法律实施对于船舶登记国的重要性在于，登记法律规范的贯彻和执行需要行政主管机构与登记申请人在登记的实施过程中进行监管与被监管之间的互动与配合，登记法律制度的实施和落实效果也是船舶所有人选择登记地时会予以考虑的因素。

四、建设高质量船队与登记法律制度的变革

一国的商船队对国家发展所产生的效益，经济方面包括促进国民经济成长、

---

① 《海事诉讼特别程序法》第23条明确规定，有下列情形之一的，海事法院可以扣押当事船舶：1.船舶所有人对海事请求负有责任，并且在实施扣押时是该船的所有人；2.船舶的光船承租人对海事请求负有责任，并且在实施扣押时是该船的光船承租人或者所有人；3.具有船舶抵押权或者同样性质的权利的海事请求；4.有关船舶所有权或者占有的海事请求；5.具有船舶优先权的海事请求。海事法院可以扣押对海事请求负有责任的船舶所有人、光船承租人、定期租船人或者航次租船人在实施扣押时所有的其他船舶，但与船舶所有权或者占有有关的请求除外。

② 涂成祥：《〈海南自由贸易港国际船舶条例〉立法中的若干思考》，载《中国海事》2022年总205（08）期，第6—8页。

③ 习近平：“在中共中央政治局第二十四次集体学习上的讲话”，载中国青年网，http://news.youth.cn/jsxw/201506/t20150627_6797252.htm.访问时间：2023年3月1日。

促进贸易发展、取得外汇、改善国际收支、增加就业机会、增加本国籍船员就业、确保国轮竞争力；产业方面可以改善航运产业链，如船舶维修、船舶制造、船舶管理、船舶营运等，确保本国商船队不会因为国际影响而处于不公平的竞争劣势；国防方面则可以确保有可利用的民间商船队，支持国家安全需要进行国防配置，当国家动员时能够依据国防需要对商船予以征用①。

工业是大规模国内贸易和国外贸易的基础，也是大量商运船舶得以存在的基本条件。运输的职能之一是为工业提供燃料、建筑材料、原料与生活资料，所以沿海内河航运在纯农业国家是不会有很大发展的；同时海员、船长以及造船技术要通过航运事业才能获得锻炼……国际贸易的主要内容则是工业产品、原料与自然产品的交换……除了国内贸易与国际贸易，海上渔业也需要使用大宗船只……工业国家由于要顾到保持它们的海军力量，它们是惯于专门为了自己的海洋渔业而保护它们的国内市场的……经验一贯证明，干练的船员不能像陆军那样的速成培养，必须在沿海与国际航运以及海洋渔业的服务中经过锻炼。②

历史表明，船队规模的下滑会直接导致经济衰退、就业机会减少，还会产生航运周边效应并进一步威胁国防安全。受国际政治经济格局变动及航运技术变革的影响，1948 年到 1970 年，英国商船队占世界商船队比率从 22.4%下降到 8.3%。1982 年马岛战争使得英国商船队和船员规模衰退的问题暴露出来，凸显了商船数量、商船船员与海军力量和海上国防的密切联系。20 世纪 80 年代，英国的航运经济贡献缩减了 1/3，而到 1985 年甚至出现了亏损。与此同时，英国的造船订单锐减，1985 年劳埃德船级社入籍的船舶全部都从英国撤资，船舶设备制造业也受到波及，租船、融资、保险及航海教育等领域同样受到影响。大量“出租车”一般的外籍船舶成为英国的进口商的服务者，源于英国近乎免费的港口使费。尽管这在经济学理论上不存在问题，但是，汇率变化、制造业

---

① 王穆衡、张世龙、陈一平：《船舶设籍制度之探讨》，（中国台湾地区）“交通部运输研究所”2008 年 4 月，第 41 页。

② ［德］弗里德里希·李斯特：《政治经济学的国民体系》，陈万煦译、蔡受百校，商务印书馆 1983 年版，第 228—230 页。

工资水平、运费都将影响运输成本，这些外籍船舶无法成为英国运力的可靠保证。①从英国发布的海运政策来看，政府将英国船旗的声誉和质量作为该国七大海事优势之一，并规划进一步提高登记服务和提升英国登记的国际吸引力，其中就包括国内及国际立法建立监管体系提升英国船旗的吸引力。②

过去传统的激励措施通常包括货载保留、沿海运输权、港口附加费、海运补贴以及税收优惠等，但船舶出籍的趋势并未因为这些措施而有所减缓……在各类不同的措施之中，作为一个法律规则导向的方法，第二船籍登记制度旨在通过规范船舶所有人的经营环境来吸引船舶登记。③

1995 年为了解决 20 世纪 90 年代以来由于日元升值给日本航运业带来的冲击以及船舶大量外移的状况，日本运输省提出了国际船舶制度提案，改革日本海上运送法及其施行规则，于 1996 年通过了修订的《海上运送法》第 44 条，实施国际船舶改革制度。在船员配备方面，日本于 1999 年 5 月立法实施了日本船员 2 人制规定，船长、轮机长需由日本人担任。依据 1997 年振兴海运提案内容，日本船员还可以享受国税和地方税务的减免政策，在外国工作的日本船员可以享受所得税优惠。税收方面，1997 年实施了海运税制改革，实施国际船舶特别税制。降低了国际船舶的登记许可税和固定资产税，并允许其特别折旧，以减轻远洋船舶的税负。对国际船舶采取了一定的补贴政策。

从整体数字来看，根据航运综述的统计，截至 2022 年，日本船东控制着世界第三大船队，总吨数达 236 638 365 载重吨，外国船籍的比例高达 84.8%，这比 1997 年的 77%高出近 8 个百分点，可见国际船舶登记对其本国船舶海外登记的状况并没有实质性的改变。④值得一提的是，日本运输省 1995 年在制定国际船舶制度提案时，曾经提出了众多措施。其中除已经实施的特别税制和船员配备规定，还包括日本船员的特别税制优惠措施、规定雇佣船员成本差额由政府

---

① 单德赛：《英国航运与海员政策回顾》，载《世界海运》2017 年第 7 期，第 3—4 页。

② Maritime 2050：navigating the future. UK department for transportation. Policy paper file 773178.

③ Yang，J.，*Towards the Restructuring and Co-ordination Mechanisms for the Architecture of Chinese Transport Logistics*. Erasmus Research Institute of Management，Rotterdam School of Management，2009，Rotterdam.

④ 参见 UNCTAD：Review of Maritime Transportation。

负担的措施、美元结算、放宽船舶检查以及简化登记手续等优惠措施。但 1996 年 10 月 1 日最终实施的国际船舶制度却只是 1995 年提案的一小部分。实际情况是，日本的国际船舶登记制度在船员成本以及登记开放度上与开放登记国相比还是存在比较大的差距。

此后 2013 年修订的《海上运送法》中创设了“准日本船”概念，将经营对外航运业务企业的国外子公司所有船舶认定为准日本船。2017 年再次扩展内涵，将所有日本船舶所有人的海外子公司所有船舶认定为准日本船。2013 年和 2017 年，为了同《海上运送法》“准日本船”制度相配套，《船舶法》和《船舶吨位丈量法》作了相应修改，加快了国籍变更以及准日本籍船转化为日本籍船办理手续的效率。2013 年《海上运送法》修订后还创设了另一项新的规定①，被称为“先进船舶导入等计划的确认制度”。日本积极促进本国先进船舶的发展，通过法律制定了促进计划的基本方针，并对先进船舶的临时建造和船舶配员方面予以法律上的“松绑”，同时政府对从国外引进先进船舶予以资金支持、技术指导以及建议，并制定专门的先进船舶导入计划实施报告。

大多数发展中国家都无法建立具有高技术和管理技能的竞争性船队，但如果商船队能够受到竞争保护，则假以时日其能够在技术上变得有竞争力。由于发展中国家在技术和管理技能上的缺乏，常会出现国家是否应当将这些稀缺资源分配给海运业的疑问。因为在短期和长期内，其他企业或许会对发展国家经济创造更多生产力。②

作为新兴航运国家，新加坡的答案是肯定的。相关航运政策和海事立法旨在将新加坡打造为一个提供全方位海洋服务的主要国际航运中心，发展并吸引大量船东在新加坡开展业务。渴望吸引大量其他地区商船到新加坡的合理性在于能够在船舶管理、银行业、造船和修船业、食物和燃料供应业获得就业和商业机会，促进海上保险、船舶检验、仲裁服务的发展，使其同新加坡最繁忙港口的地位相称。③

---

① 参见日本《海上运送法》第六章。

② See Elliot Schrier，Ernest Nadel and Bertram E. Rifas，p.98.

③ Sock-Yong Phang and Rex S. Toh，*policies to Promote Shipping Registration in Singapore*，Journal of Transport Economics and Policy，Vol.28，No.2（May 1994），p.219.

今天的国际航运业，正面临着全球化带来的竞争加剧和垄断加剧的局面。国际贸易和经济形势的诡谲多变也使得航运面临比过去更复杂的现状。为了吸引船舶到本国登记，包括传统航运强国在内的发达国家均纷纷出台措施，希望保持本国商船队在世界范围内的竞争优势。

现阶段中国的航运产业同目前社会现状一样，进入了一个深水区，面临转型压力。目前正好是中国航运资源的变革和整合机遇期。船旗国应当瞄准特定市场以促进本国商船队的增长或防止船队外移，举例来说，它们可以基于可能会影响船舶外移的不同变量来修改本国的定价结构，下一步考虑哪些变量最有可能与不合格船舶挂钩，并适用分析结果来选择是否接受特定船舶入籍。①

区别于方便旗登记国家变革船舶登记法律制度旨在盈利的做法，中国的船舶登记法律制度，应当借鉴传统航运国家，以维护和保持本国船队规模为改革的目标。但是，改革登记法律制度的目的并不能仅仅要求船队数量上的绝对增长，还应当强调船队质量。目前我国船公司选择移籍的船舶多为新造和新买船，而这些移籍船舶正是我国航运产业转型所需要的技术含量高、建造质量精良的新一代船舶。如果这些船舶大量移籍，可能会对我国船队的发展带来威胁。更甚者，还可能危及国家的国防。

所以，中国的船舶登记法律制度在制定变革计划时，应当将关注点放在提升本国船队的质量上。围绕船舶提升我国的航运产业，以调整产业结构作为最高目标指引登记法律制度改革。

而“任何特定状态的法律是一种均衡，每个人的利益都按他的力量大小得到反映。如何可能改变呢？最简单的解释是外部情况变了……战争、不可抗力、新技术、经济发展或衰退改变了社会关系，法律变化就迅速顺从地发生了”。②

因而，从法律角度而言有执行力的船舶登记法律规范必须能够兼顾到贸易各方的航运利益，而法律在具体执行过程中亦需具备基本的正义观而为世人所接受。历史证明，航运业太过多样化以至于不太可能实行专制，因此监管需同

---

① Jan Hoffmann，Ricardo J. Sanchez and Wayne K. Talley，*Determination of Vessel Flag*，Research in Transportation Economics，February 2004，p.207.

② ［美］劳伦斯·M.弗里德曼：《法律制度——从社会科学角度观察》，李琼英、林欣译，中国政法大学出版社 2004 年版，第 359 页。

时针对航运从业者以及监管机构两个方面①。

第三节　发展中国船舶登记法律制度的整体设计和规划

当一个组织意识到航运产业发展使得指导船舶登记的法律制度到了需要变革的时刻，并且据此提出了具体的法律改革政策目标时，还需要看到其他的实践者和产业各部门所讨论和关注的微观事项。制度是有边界的，是能够被区别和定义的。②

本节站在船舶登记法律制度改革者的视角上，基于改革假设，提出应谨慎变革登记模式，关注船舶登记领域法律法规的整合，并提出考虑修订和完善船舶登记条例中的不适宜规定，最后回应近期在自贸区推行的国际船舶登记制度的设立和发展问题。

一、关于登记模式的设定

中华人民共和国最早关于船舶登记的专门立法是交通部1960年颁布的《船舶登记章程》（以下简称60章程）③，此后1988年《中华人民共和国海船登记规则》（以下简称86章程）及1987年的《中华人民共和国内河交通安全管理条例》构成了20世纪80年代规范船舶登记事项的具体规章，再后来1995年配套《海商法》制定实施的《中华人民共和国船舶登记条例》是现阶段适用的船舶登记规范。中国的船舶登记制度是严格的内国登记制度。

1960年交通部颁布的60章程规定较为简单，共5章28条，包含总则、所有权登记、变更和注销登记、登记证书的换发补发程序以及附则等内容。1986年交通部颁布的86章程共9章44条，关于船舶的国籍登记并没有作实质性的

① Martin Stopford, *Maritime Economics*（*3rd Edition*）, London and New York, Routledge, 2009, p.675.

② Lawrence M. Friedman, *The Legal System*: *A Social Science Perspective*, Russel Sage 1977, p.3.

③ 在此之前，新中国建立后1953年《海运管理总局海务港务监督工作章程》、1954年《内河港航监督组织工作暂行章程》、1954年《内河港航监督组织工作暂行章程》等规章中有部分章节曾涉及船舶登记相关问题，但尚无专门规定出台。

修改，增加了船舶抵押、租赁登记的相关规定，并且就登记费用的收取和处罚予以了规定。为了体现严格登记，还专门增加了有关中国籍船舶必须配备中国船员的规定。1994 年国务院颁布的《船舶登记条例》与 60 章程和 86 章程的最大不同之处在于将船舶所有权登记和国籍登记区别开来，并且为保护本国航运产业，规定船舶的外资出资比例不能超过 50%。值得一提的是，《船舶登记条例》还规定了管理机关的义务以及当事人的复议权和诉讼权。

按照现有法律规范的规定，中国目前的内国登记模式具体可以概括为以下内容：1.在中国登记的船舶必须为中国公民或法人所有，法人必须依中国法律设立且主要营业所在中国，对于中外合资企业中方投资总额不得低于 50%；2.可以在中国进行登记的船舶具有吨位、船龄及资质的要求①；3.船员配备方面，要求在中国船舶上工作的船员，必须持有中国认证的船员适任证书；4.具备法定检验机构签发的有效船舶证书；5.允许光船租赁，本国船舶可以租出至国外，外国船舶也可以租进至国内，租进办理临时国籍，租出暂时注销中国国籍。

当本国产业同外国产业相比较有较大差距时，内国登记对外国资本、劳动力、原材料以及造船市场的限制一定程度上保护了国内航运业、船员的就业机会以及造船工业的稳步发展，也对规范中国船舶管理工作起到了非常好的作用。随着内部和外部环境的发展变化，中国国内开始有学界及实务界人士提出改革船舶登记模式的建议，认为目前对船舶所有权的中方出资比率要求可能会给吸引外资和船舶所有人的成本控制等方面带来不利影响，登记船龄的规定可能会增加船东运力上的负担，船员聘用方面的限制也可能会增加劳动力成本，高税费政策不但不能增加税收反而将船舶排除在了中国船旗之外，严格的船舶登记准入制度及航运市场的回落使得船舶大量出籍且船舶所有人也不愿意再投资更新船舶，使得商船队未来会面临退化和结构老旧的问题。

此外方便旗国家及一些传统海运国家的船舶登记制度改革也促使中国开始审视目前的船舶登记模式，相关政府部门及立法机构开始逐步试点改革中国的船舶登记制度。在是否开放本国船舶登记市场的问题上，1999 年交通部便已经

① 详情可参照《海商法》《海上交通安全法》及《老旧船舶管理规定》相关条款内容。

提出了船舶特别登记制度，计划利用十年左右的时间进行论证和研究。交通部提出该项制度的目的是吸引移籍海外的中国船舶回归，在制度的论证过程中，还曾经提出在海南设立离岸登记制度。但该设想由于缺乏配套运营环境而未能得以实行。

2011 年 12 月 21 日，交通部海事局下发了《关于同意上海海事局在洋山保税港区开展船舶登记工作的批复》，通过该批复同意将“中国洋山港”作为中国境内的船籍港试点。对于注册在洋山港的船舶采取保税优惠措施。2013 年 5 月，《天津东疆保税港区国际船舶登记制度创新试点方案》获交通部批复同意，使得天津成为全国率先实施国际船舶登记制度的城市。2013 年 8 月，国务院正式批准设立上海自由贸易试验区，涵盖了洋山港。2014 年 1 月，《中国（上海）自由贸易试验区国际船舶登记制度试点方案》获得通过，上海自由贸易区正式开展国际船舶登记制度。2016 年 12 月，国务院通过的《船舶登记办法》明确了在自由贸易试验区内注册的企业名下仅航行国际航线及港澳台航线的船舶可以进行国际船舶登记。紧接着，2017 年 3 月，广州南沙和福建福州、厦门、平潭分别设立自由贸易（试验区）国际船舶登记船籍港，正式开展国际船舶登记业务。2020 年 6 月国务院批准《海南自由贸易港建设总体方案》在海南设立国际船舶登记制度，以“中国洋浦港”作为船籍港来注册登记。

前述政策法规表明中国正式在自贸区内实施第二船籍登记制度，并顺应航运市场和船舶登记市场的需求，在船舶登记领域进行改革。目前国内是两类登记模式并存，即在自贸区设立国际船舶登记制度的同时，在自贸区登记改革试点之外保留着原有的内国登记制度。此外对于原有内国登记制度，也在登记税费、船员雇佣、融资租赁以及程序审查等方面逐步有限度地对严格条件予以放开。

而前一波关于登记模式是否应当改变的讨论似乎也随着国际船舶登记制度在中央及地方立法层面的正式确认而告一段落，但随之而来的问题是目前的登记模式尚处于过渡时期，关于两类模式的完善和落实仍然有许多疑问和后续举措落实，之后的改革道路应当如何深化下去是今后较长一段时间内船舶登记法律规范需要协同其他改革措施共同解决的问题。要回答这个问题，就不得不考虑国家在船舶登记市场中的比较优势和现阶段所处的航运环境。

开放登记国在方便旗市场抓住的便是比较优势，传统海运国家面对开放登记国在船舶登记上取得的成果及国际航运产业转移和竞争加剧的态势，积极寻求突破，找到一种将传统登记模式同方便旗相结合的方式，然而仅仅引入这样的登记方式对于确保国家商船队的未来是不够的。假设条件改变船舶就会回归仅仅是一种理想的状态。除非一个国家根据其战略定位拥有竞争优势，否则无论是通过第二船籍还是其他任何形式的航运政策都无法获得任何好处。①

因此，在确立符合本国国情之战略定位②的同时，也需要明确自身的竞争优势，所谓“知己知彼”。目前而言，在劳动力方面中国存在优势，但在船员的培训和管理方面同其他国家相比情形又有不同。税收方面，与重税国家相比并不算高，但与另一些轻赋税国家相比又存在较大差距。商船队的建设方面，国家的航运实力正在提升，船队规模也日益壮大，但在船舶出籍和高附加值的航运部门方面与发达航运国家相比仍有较大差距。体量大而强健不足是现阶段中国航运业的情况，正是由于这个现状使得中国应当抓住“大”所带来的吸附效应，以规模带动聚落。政府已经意识到这个问题，提出“实现中国由海洋大国、航运大国向航运强国的转变”③。十八大、十九大及二十大报告中也指出应“加快建设海洋强国”。

面对国际经济环境，拥有低成本产出的国家能够具备一定的竞争优势。但比较优势毕竟是相对的，当同更低成本国家比较时，国家就必须“在不断提高生产和服务水平的基础上，争取更高的竞争优势。因此，一个国家的竞争优势取决于它的国家环境，或者说国家的顶尖优势。国家环境的关键维度包括四个组成部分：1.公司的战略、结构和竞争；2.需求条件；3.相关和支持的行业；4.因素条件”。④

航运企业自身会随着市场变化不断调整经营策略和营业结构以应对全球激烈的竞争态势。重组和联盟是应对航运全球化和船舶大型化的方式之一，企业在这一过程中调整运力、重组网络和拓展业务。自 20 世纪 90 年代以来，中国

---

① See Gunnar K. Sletmo & Susanne Hoste，Op. cit，p.252.

② 关于战略定位的问题，可参见本章第一节相关内容。

③ 2007 年 6 月 26 日交通部副部长翁孟勇在国务院新闻办新闻发布会上的讲话。

④ PORTER，M. E.，The Competitive Advantage of Nations，New York：The Free Press，1990，p.72.

航运企业也逐步加入战略联盟中参与全球布局①。航运联盟可以说已经构成了世界航运市场的主要经营主体，分析运力分配可以看到虽然世界运力主要集中于远东航线和欧洲—北美航线，但近年来日益加强东亚航线的运力配置。这说明世界航运的中心已经东移，中国是市场的重要聚集地。

而从需求来看，世界十大港口中绝大多数位于中国境内，华南、华东和环渤海是三个航运集中聚落。有研究从宏观角度认为这三个聚落中环渤海的大连、青岛、天津及基隆港属于以釜山为枢纽港的东北亚航运系统，而华东和华南的上海、宁波、厦门、深圳、香港和高雄则属于以新加坡为枢纽港的东南亚航运系统。②贸易方面，海运是我国进出口贸易的连接渠道，也是石油、煤炭、粮食、铁矿石等战略物资的运输通道。各专业进出口公司及中外贸易企业的国际贸易市场需求与海运紧密相连，货代企业、船代企业及装卸、理货公司等同航运在业务上有密切联系的相关机构，兼同保险、外汇、金融、包装、仓储等业务部门共同构成了国际海上运输系统。

就目前所处的国际环境，航运业者曾经作出论断：国际经贸、航运产业正在经历新一轮的波动，金融领域的风险和变化影响着世界经济走势和产业趋势，新兴经济体已成为引领国际经济发展的主要动力。贸易保护主义趋势日益加强，导致全球的需求格局被打破，国际贸易的增速将相对放缓，区域贸易将更具优势。因此，集装箱运量的高增长趋势随之将放缓，而发展中国家工业化和城市化的推进会使得能源与原材料的运输市场有较好的前景。此外，航运业同样受到世界绿色号召的影响会面临环境压力，新能源及新材料船舶和LNG等新型能源的运输会在未来有很好的前景。汽车在中国的大量普及也会带动该产品的运输。③

① 原中海集团是由中远分立而来，立意在加强国内航运市场的自由化，后于2016年合并为现中远中海集团。中外运长航集团也已经并入招商局集团。全球范围内也正在掀起一波新的联盟和整合高潮。目前，全球航运联盟包括G6联盟（赫伯罗特、日本邮船、东方海外、美国总统轮船、现代商船、商船三井）；CKYHE联盟（中远集运、川崎汽船、阳明海运、韩进海运和长荣海运）；2M联盟（马士基航运和地中海航运组成的，占有34%的市场份额）以及O3联盟（中海集运、阿拉伯联合航运和法国达飞轮船）。

② 王成全：《世界航运企业重组及其对航运网络结构的影响——兼论对中国港口体系的影响》，载《世界地理研究》2008年第1期，第94—101页。

③ 李绍德：《调整航运业结构，适应全球经贸新趋势》，载《中国水运》2010年第9期，第6—7页。

实践证明，尽管具体年份的情况不同，上述论断对未来的整体趋势走向判断是较为理性的。面对世界范围内船舶过剩的局面，市场消化这些过剩产能需要时间和动力。而从运价指数和吨位指数趋势来看，尽管疫情的出现打乱了发展进程，自2017年以来航运业呈现出一种弱复苏的迹象。结合国际环境和中国航运业的特点，优化船队结构和运力航线结构是中国适应贸易变化和竞争结构变化需要注意的重点之一。船队数量增长过快可能在运力过剩的市场中并不是一件好事，还需要在整合现有船队资源的同时调整内部结构和船型配比。

因此就船舶登记制度的变革而言，建立何种船舶登记模式并不是重点，重点是所采用船舶登记模式所提出的具体措施能不能够实现合理配置本国商船队船型、吨位及航线结构，并配合中国在航运、贸易及物流方面的国家战略。

两类登记模式并存体例是为了使用不同登记模式吸引不同登记对象，匹配不同登记需求。但应当理性看待船舶登记模式与商船队数量之间的相关度，并不将国际船舶登记制度作为传统内国登记制度的一种他选项，改变模式带来船队数量激增的想法和降低船舶登记要件提高与他国船舶登记间的竞争力期待。内国登记模式是商船队的内核，立法应当充分保障内部船舶的结构和质量。而国际船舶登记模式作为对接开放船舶市场的方式和手段，法律法规需要在强调自由度的同时促进航运市场上的横向合作和纵向整合，重视船舶产业链的延伸和附加值的建设，吸引高质量船舶到港进行登记，打造产业实力扩展市场机会，为航运企业提供更好的登记服务以及航运服务。

二、关于船舶登记法律法规体系的整合

观察多数传统海运国家的船舶登记法律体系，通常都呈现法律—法规—实施细则的立法模式。一些国家以海商法中的船舶章节或是船舶法作为上位法，法规则表现为专门的船舶登记条例①；另一些国家在法律层面的商船航运法中加入了商船登记的相关规定作为上位法，登记规则为下位法，一些具体的登记

① 典型代表国日本的立法层级是：《船舶法》《船舶登记规则》《船舶登记令》《船舶登记办理程序》以及针对小型船舶的、同小型船舶注册等相关的法律。

法令作为具体实施细则。而船舶登记的其他配套措施则散布于相关专门事项的法律之中（例如船舶安全、船舶税费等事项）。①

中国除去《海商法》和《船舶登记条例》以外，还存在多部其他法律和规章对船舶登记事项予以规定，这些法律和规章隶属不同层级，制定年代不同。目前，能够管辖船舶登记的法律规定包括但不限于：1.两部法律：《海上交通安全法》和《海商法》，在涉及船舶权利登记相关事项时，还包含了《民法典物权编》和《担保法》；2.一部条例：《船舶登记条例》；3.多部规章和规范性文件：2017 年施行的《船舶登记办法》、2019 年修正的《渔业船舶登记办法》、2015 年公布的《船舶登记工作规程》、2004 年《船舶登记条例实施若干问题说明》、2018 年修正的《船舶最低安全配员规则》、2021 年修正的《老旧运输船舶管理规定》、2019 年修订的《内河交通安全管理条例》和 2022 年《高速客船安全管理规定》等。

这种多层级分散式法律体系在适用上会带来一些问题。常为人所提及的典型例子是在财产登记中海商法同担保法之间关于船舶抵押登记是采登记生效原则还是登记对抗原则的冲突，以及民法典和船舶登记条例关于共有财产不同规定的冲突。国籍登记方面则存在与权利登记之间关系模糊、登记规定简单、登记制度衔接不畅以及与其他法律法规之间关系矛盾等争议。而登记程序和具体实施规定较为复杂、不清晰且与实体法混杂等问题也使得船舶登记具体操作让船舶企业感到操作上存在不便。这些问题表明现阶段中国船舶登记法律规定处于一个层级结构较为混乱的状况，需要进行体系化治理和完善。

因此有必要对中国的船舶登记法律进行体系化完善，整合中国目前的船舶登记法律规定，使其在体例及内容上均能够体现立法的科学性、连贯性和可操作性。整合的原则应当是，将船舶登记条件的立法尽量归纳进船舶登记条例之中，厘清不同法律法规在逻辑上和内容上的分界和协调关系，减少不同层级船舶登记立法带来的适用混乱，并且在涉及船舶登记的相应法律规范之间，应梳理好上位法与下位法、一般法与特别法的关系。

---

① 典型代表国英国的立法层级是：1995 年《商船航运法》（并入 1993 年《商船航运（登记）法》）；1993 年《商船航运（船舶登记）法规》（1994、1998、1999、2000、2017、2019 年修订）。

而在思考如何解决这个问题之前必须要讨论到另一个关涉法律整合的前提性问题，即体例上船舶登记法律规定究竟应采单一制还是复合制①。一般而言，世界范围内船舶登记法律规定可分为两种方式。一种叫做单一制，即船舶国籍登记同权利登记合二为一且所有船舶的登记机构也同一，典型代表是英国的1995年《商船法》及1993年《商船登记规则》确立的由海事与海岸警卫署（MCA）负责管辖所有船舶登记事务的模式②。另一种叫做复合制，复合制比较典型的表现是国籍登记和权利登记分别由不同法律管辖并由不同行政机构实行，典型代表是日本。

在日本，根据登记内容对船舶的公示采取的是登记和注册③的二元模式。船舶的登记是以公示与船舶相关的私法权利状况为目的，根据日本不动产登记法及船舶登记规则由法务省登记所负责。而船舶注册是以授予国籍等行政管理为目的，根据日本《商法典》686条、《船舶法（附则）》第34条等由国土交通省下属管海官厅负责管辖。涉及船舶登记的相关法律法规有：2005年《船舶登记令》、2005年《船舶登记规则》；涉及船舶注册的相关法律法规有：《船舶法》第5、20条，《船舶法施行细则》第3条，2022年修订的《小型船舶注册等相关法律》及2021年修订的《小型船舶登录令》。④

此外，有的国家在登记内容上不作区分统一规定，但就不同种类船舶设定了不同的行政执行机构。如美国的船舶登记在机构设置上采用复合模式，这与其复合制政体有直接关系。联邦层面，由海岸警卫队USCG负责商船以及联邦层面登记船舶⑤的登记事宜，各州⑥负责小型船舶、游艇、救生艇、政府部门船

---

① 也有称谓从立法视角采用“分立式”与“合并式”说法。

② 最直观的表现是所有权登记和国籍登记一并进行。

③ 有著作称为登记和登录，参见志田钾太郎文。

④ ［日］中村真澄、箱井崇史：《日本海商法》，张秀娟、李刚、朴鑫译，法律出版社2015年版，第54—56页。中国台湾地区亦采纳日本立法模式，船舶国籍登记与物权登记分别由《船舶法》与《船舶登记法》规范和管辖，但主管机关均为中国台湾地区“交通部航港局”。

⑤ 主要登记船舶为商船，排除5净吨以下，剩余的娱乐性船舶、小型船艇等则交由各州负责登记事宜。详情参见46 U.S.Code § 12102以及http://www.coastguardinfo.com/官网上的相关内容。

⑥ 美国各州负责船舶登记的机构根据各州政府部门设置的不同而有所区别，具体需根据各州规定判断。如亚拉巴马州是环保和自然资源部，加利福尼亚州是机动船部，得克萨斯州是公园和野生动物部。

艇等其他船舶的登记事宜。

中国的船舶登记法律模式目前处于一个比较特别的状态。从立法内容来看，船舶的国籍登记和权利登记是合二为一的。而从不同类型船舶及其具体实施机构视角而言又是复合的，具体表现为除军事船舶、渔业船舶和体育运动船艇之外的其他船舶①依据《船舶登记条例》及其相关配套法规规章登记，主管机关是海事局；渔业船舶根据《渔业船舶登记办法》②由渔业监督机关（即农业部及其下属渔政局）登记；军事船舶由军事委员会负责登记，体育船艇由体育委员会及其下属机构管理，但二者目前尚未有公开正式的规章规范出台。这使得目前中国的船舶登记法律规定呈现在立法内容上是单一制的，而在船舶种类及其执行机构层面又是复合制的特点。

厘清目前的立法体例存在三种思路。第一种是在立法内容、登记类型和主管机构上均采取单一制。第二种是在立法内容、登记类型和主管机构设置上均采取复合制。第三种是保持现有模式，再分别完善现有立法内容方面与登记类型和主管机构方面的不尽合理和实施不畅等问题。

单一制的优点在于对登记申请人而言方便和快捷，程序处理上也更加简洁和便利。同一个机构负责所有的船舶登记事宜在行政权限和管理方式上更加明晰，不易冲突。复合立法则可以使公法事项和私法事项在实体和程序上逻辑清晰、体系明确，避免了登记性质认识不清、责任混淆等问题。因此，有观点建议将船舶国籍登记与船舶物权登记分别立法更能体现公法秩序与物的价值，使得立法目的与具体制度得以平衡。③

事实上，每一个国家的立法技术和立法方式均受到该国的历史文化、人文

① 根据《船舶登记办法》第 3 条，主要包括下列船舶：（一）在中华人民共和国境内有住所或者主要营业所的中国公民所有或者光船租赁的船舶；（二）依据中华人民共和国法律设立的主要营业所在中华人民共和国境内的企业法人所有或者光船租赁的船舶。但是，在该法人的注册资本中有外商出资的，中方投资人的出资额不得低于百分之五十；（三）外商出资额超过百分之五十的中国企业法人仅供本企业内部生产使用，不从事水路运输经营的趸船、浮船坞；（四）中华人民共和国政府公务船舶和事业法人、社团法人和其他组织所有或者光船租赁的船舶；（五）在自由贸易试验区注册的企业法人所有或者光船租赁的船舶。

② 根据《立法法》相关规定，《渔业船舶登记办法》属于农业部办法的部门规章。

③ 王立志：《船舶物权登记论——实体法实现的程序进路》，中国政法大学出版社 2010 年版，第 136—157 页。

生活、政治经济背景等社会环境的综合影响。英国之所以会形成单一制模式，同其历史上帝国崛起希望壮大本国商船队垄断世界海上贸易往来有着直接的关系①，也同国家从商事组织中将船舶登记接管以后商人利益集团壮大后需要保障商人交易需求，以及为了加强集权，还同英国改革旧有僵化财产权制度及其法律有关联。日本的复合制则是由于借鉴德国立法模式以及大陆法系下物权法同英美财产法的差异，使得国籍登记和权利登记分属不同部门法管辖，而权利登记事项属于法院管辖范围，日本的海洋立国战略和日益发展的船东力量又使得国家重视商船队建设从而成立了专门部门管理。事实上，日本国内对于其复合立法和管辖的方式也是存在异议的。有观点就认为登记本质上的功能都是公示公信，只不过在形式上不一样，而双重手续比较复杂有时还会产生冲突。②

可以说目前我国船舶登记法律模式的形成也同国情、历史以及政治经济体制有着千丝万缕的联系。保持现有模式不变的同时完善其不合理之处，是现阶段法律改革成本最低且在可操作性上最适合的方式。具体可一方面继续维持现有的船舶国籍登记和权利登记合一立法模式，但需要明确两类登记合一的目的在于简化登记程序、便利航运交易，并处理好两类登记事项与不同部门法之间的关系；另一方面登记种类和实施机构则在维持目前法律分类以及管辖机构有所区分的同时统一立法认识，明确不同船舶的登记条件及管辖机构的权限，并注意减少由于管辖问题给登记申请主体带来过渡的麻烦。

基于这个前提，船舶登记法律法规的体系化整合需要聚焦于下列问题：

其一，不同层级法律范畴的确立。在狭义的法律层面，应当集中解决船籍、可登记船舶的种类、法定船旗、船舶的登记义务、船舶登记机构的权限以及涉及船舶权利登记的一般性规定③。在法规层面，《船舶登记条例》④ 应当解决的

---

① 将国籍同所有权结合起来登记能够确保英国商船队的资本、所有权以及劳动力的本国化，也是英国为壮大本国海运贸易而作出的一个有意图的强有力举措，对相关问题的详细阐述可参见第二章第一节内容。

② ［日］水上千之：《船舶国籍与方便旗船籍》，全贤淑译，大连海事大学出版社 2000 年版，第 76 页。

③ 这类规定包括但不限于：船舶登记的主管机构、船舶登记的原则性规定、船舶登记法律规范授权范围、登记船舶的丈量检验检疫要求、船舶证书、特殊船舶的登记事宜、权利登记规定及相应的权利义务、光租事宜、登记船舶征收征用等。

④ 关于《船舶登记条例》的具体修正和完善，下一节内容会作进一步详细阐述。

是登记实施的具体问题，如申请主体的资格、船舶所有权的要求、申请相关文书、登记证书、登记程序等方面的规定，完善《船舶登记条例》。在规章层面，《船舶登记办法》① 应当解决《船舶登记条例》中规定事项的落实问题，包括登记港的确定、登记管理事宜、登记流程、登记审核、登记证书的具体签发等事宜，从这个视角而言《〈船舶登记条例〉若干问题的说明》《〈船舶登记条例〉补充说明》相关内容应当并入。《船舶登记工作规程》属于交通部海事局办理船舶登记事宜的具体章程性规定，不属于我国广义法律的范畴，因此主要由海事局指导其下级机构协调和梳理。

其二，相同层级法律法规内容上的协调。在法律、规章以及海事局规范性文件层面，相同层级法律法规需要注重在内容上进行协调以平衡法律的适用和当事人的权利义务。法律层面，目前《海商法》《海上交通安全法》《民法典物权编》《担保法》中分别对船舶登记中的国籍登记和权利登记作出了相应规定。现阶段《海商法》《海上交通安全法》中国籍登记规定较为原则且都强调了船舶的登记义务，实则后者就船舶登记所涉船舶的安全审查义务作了详细规定，但尚未较好地与船舶登记事项连接在一起。另外《民法典物权编》《海商法》和《担保法》中的船舶权利登记事项，需要厘清一般性规定和特殊规定之间的适用范围和边界。规章层面，《船舶登记办法》与《渔业船舶登记办法》之间在内容和管理层级上不是一个级别，所以从层级视角而言，渔业船舶登记的一般性事项需要平衡好同《船舶登记条例》之间的关系，比较合理的办法是在《船舶登记条例》中将渔业船舶作为特定种类船舶并予以单章原则性规范，具体的登记办理事务性规定再由《渔业船舶登记办法》规范和细化。

其三，上下层级法律法规内容上的冲突。此处所讲的冲突不仅仅是指上下层级法律法规内容相悖，还指重复规范、越级规范和规范空白的情形。如《海商法》与《船舶登记条例》对于船舶权利登记问题的一些重复性规定，一些本应当由《海商法》规范的内容由于历史原因放入了《船舶登记条例》之中，两

① 目前的《船舶登记办法》中的一部分内容是作为查缺补漏及完善《船舶登记条例》的“补丁”式立法出现，从现阶段而言对于实践操作是必要的。而从长远来看，未来这一部分内容还是归入《船舶登记条例》较为适宜。

者对可适用船舶的范围界定也不一致①。《船舶登记办法》由于是对《船舶登记条例》的补充和完善，势必也存在类似问题②，但在内容上已经具有较为明显的立法技术进步。

其四，新旧法律法规在范围和适用上的平衡。这个问题与前一个问题并存于目前的船舶登记法律规范之中，新法出台之后往往会对旧法适用过程中出现的一些问题作补充规定或修正旧法陈旧过时的规定。倘若是同层级法律规范，适用上有一个新旧法过渡问题但不涉及其他。而倘若是不同层级法律规范，特别是下级法律规范修正上级法律规范，就必须注意一不能超越立法权限，二不能出现平行适用的问题。远期来看，立法得理清上下不同层级法律法规之间的权限，并通过新立法整合之前的混乱。而就眼前而言，可以借鉴英国做法发布特事法令③解决新旧法的适用与解释问题。

其五，特别法和一般法之间的衔接问题。更大限度上这是一个海商海事立法都面临的情形，通常在法律适用上中国遵循特殊法优于一般法原则，在特殊法没有规定时方适用一般法律规定。《船舶登记条例》颁布以来，新法出台众多，其中影响重大的《民法典物权编》《船舶登记办法》以及新近的自贸区法律规范必然会涉及与条例的适用衔接问题。

三、《船舶登记条例》的修订与实施

现阶段中国的船舶登记改革基本在现有法律法规的制度框架内进行，突破性举措仅仅局限在国籍登记环节的税收优惠以及国际船舶登记，政策优惠多过法定措施及其他配套因素。船舶登记法律规定的革新与改良有一定呼声，但尚未形成一个业界共识。一个因素是，法律对社会的引导和指示作用受到质疑，

① 《海商法》第9、10条同《船舶登记条例》第5条重复，《海商法》适用于20总吨以上的海船，《船舶登记条例》规定5米以上船舶需进行登记。详细论述可参见王立志：《船舶物权登记论——实体法实现的程序进路》，中国政法大学出版社2010年版，第73—75页。

② 如《船舶登记条例》和《船舶登记办法》都规定了申请登记应当递交的材料，但内容却不一致。

③ 英国在颁布1993年航运（登记）法（后并入1995年航运法）之后，为了解决新旧法的适用问题，曾颁布了一则船舶登记法令（ship registration order）解决新旧法不同内容在时间上和范围上的适用问题。

所谓徒法不足以自行。“一般来说，法律修改并不太注意影响，他们或多或少假定更好的法律对人们行为会有认证结果……法典是纯法典、纯制度、纯改革。许多模范和统一的法律以及许多法典对广大社会作用很小”。①法律的改革和修订因此常被嘲讽为一种法律工作者之间的狂欢。另一个因素则是，法律通常被视为是具有滞后性、保守性的社会调整方式，只有当外部社会的变化影响法律内部变迁才可能导致法律的革新，即所谓的法律滞后现象。

事实上，法律与社会总是相互作用共同演进的。倘若我们回顾历史，能够清楚地看到法律在社会变革中所起到的作用。②“法律的使命即在于协调各种社会关系……法律功能及于整个社会……改革，即变法，即通过法律推动社会发展……法律既是对历史的记录，又是对未来的规划……法律通过调和社会各种利益的冲突，进而保证社会利益得以实现”。③不可否认法律有时并不能够达到其预期，但法律并非造成结果的唯一原因。社会是一个综合的复杂体，法律通过执行规范来改变人们的行为方式，通过条件、指标和媒介来波及和重新解释事物含义，直接或间接地对社会变革产生影响。④

现实的状况是，世界范围内船舶登记领域的航运环境正在发生变化，航运市场和运力也处于变动之中。仍坚持传统登记模式的中国也在尝试突破，到目前为止出台了许多补充性规定以及下位法以更新法律适用中遇到的新问题，但船舶登记条例的修订仍然应当是一个题中之义，特别是顺应目前船舶登记领域的改革和自贸区实践普及的趋势。因为法律变革所涉及的两个主要要素已经发生变化：

第一，国际和国内的政经局势和航运环境同该条例制定之时相比已经发生了明显变化。《船舶登记条例》是 1995 年实施的，除 2014 年对第 7 条进行修订之外，已经适用了 20 多年。在这样一个过程中，无论是国际还是国内社会都发

① ［美］劳伦斯·M.弗里德曼：《法律制度——从社会科学角度观察》，李琼英、林欣译，中国政法大学出版社 2004 年版，第 315—316 页。

② 历史上社会变革标志法律文件比比皆是，中国古代的《齐律》《秦律》，国外英国的《权利法案》、法国的《路易十四法典》、美国的《1787 年宪法》，不胜枚举。

③ 付子堂、胡仁智：《论法律的社会功能》，载《法制与社会发展》1999 年第 4 期，第 8—10 页。

④ 季卫东：《社会变革与法的作用》，载《开放时代》2002 年第 1 期，第 37—39 页。

生了很大变化。

首先是社会正面临深刻的变迁，全球化趋势席卷世界的同时，地域民族主义和单边主义势头有所上升。原有的国别差异被国际统一立法趋势所取代，但个别国家常常希望通过单边主义在国际推行本国的立法价值和立法模板。然而由于多边主义趋势下国家与国家间相互依赖的程度加深，广大发展中国家也可以利用本身竞争优势对抗单边主义。

这一趋势在航运领域体现为传统海运强国的产业链和运营实力依然在全球范围内占据显著地位，而市场和运力则已经逐渐转向新兴地区和发展中国家。资本的国际流动导致航运经济的实体部分受到冲击，使得法律行为和法律责任很可能会分离和失控。国际航运实践中，可以自由选择登记国的船舶和不能够自由流动的所有人之间的权利义务受到不同国家的法律规范所左右。面对这样的现实，要么突破国家的限制，要么继续在主权国家的框架下维持实力上的差异，而降低本国船舶登记条件成为大多数国家的选择。

从国内视角来讲，随着经济实力的增强，中国航运的实力及其在世界航运产业中的位置和格局也已经产生了变化。中国在世界航运产业中的重要性日益增加，是世界最大的铁矿石和能源运输市场，影响到全球的能源、原材料、集装箱以及化工产品的运输，船员的劳动力市场也为中国航运的崛起提供了充足的动力。①全球产业化分工使得中国成为新兴航运国家的代表，在这个过程中一跃成为世界第二大船舶运力国。在这种情形下，原有航运产业结构、资金、技术和劳动力的流动方式都已经发生了本质上的变化。为适应和寻求产业转型的突破，修订已经制定了二十多年的《船舶登记条例》是时代发展的要求。

第二，《船舶登记条例》在实践过程中暴露出了一些立法遗留的规范问题以及运行之后产生的新问题。

内容上表现为《船舶登记条例》的补充性规定过多，与《渔业船舶登记管理办法》在内容上分立，内部结构也不尽合理，使得适用过程中法律关系和内在逻辑上存在问题。该条例中的一些规定如船舶种类与其他法律法规中的规定缺乏过渡和配合，造成了适用上的困境。此外，与船舶登记相关的一些规定尚

① 谢飞：《影响航运业的八大真相》，载《中国海事》2016年第5期，第35—36页。

不完善，另一些规定又同其他法律重复或重叠。加上新近法律规范出台以后，旧法同新法也存在适用和协调问题。

体例和结构上，目前的《船舶登记条例》共十章五十九条，包括总则、船舶所有权登记、船舶国籍、船舶抵押权登记、光船租赁登记、船舶标志和公司旗、变更登记和注销登记、船舶所有权登记证书船舶国籍证书的换发和补发、法律责任和附则。其中一些内容缺乏关联性和逻辑性，如船舶标志和公司旗夹杂于船舶物权登记与变更注销登记之间、国籍登记夹杂在船舶物权登记之间造成内容的不完善，并且关于船舶登记的证书和登记事项等内容的规定尚有所缺失，实务中的新问题处理起来缺乏法律依据①。此外，还存在一定范围的重复立法和重叠立法问题，一些关键性的登记程序规定有完善空间。

立法规范性和科学性方面，由于上位法中尚缺乏直接关涉船舶国籍和船舶登记的规定，使得目前《船舶登记条例》的立法定位存在不够清晰和明确之处。原则性规定和细节性规定并存，但关涉船舶登记的具体事项又存在缺失和不详尽之处。下位法和补充性规定又承担了部分应当由《船舶登记条例》规范的事项，使得立法呈现“打补丁”情况，新旧法律在适用和管辖方面的科学性和逻辑性有待完善。

第三，关于国际船舶登记制度是否需要经《船舶登记条例》确认其地位，需要考察具体国情和情境而定。目前世界范围内国际船舶登记主要存在两类立法方式，其一是保存现有法律模式，单列一部法律规范规定自贸区国际船舶登记制度。许多国家采取这种方式，如挪威的 1987 年《国际船舶登记法》。其二是修订原有船舶登记立法，引入国际船舶登记制度，如澳大利亚修订了该国 1981 年《航运登记法》的船舶登记规定②，从法律层面规范了国际船舶登记制度的地位和功能。采前一模式，则《船舶登记条例》不用就国际船舶登记进行专门规定，仅完善原有法律制度即可。采后一模式，需要通过修订来解决国际船舶登记制度的法律地位及其同一般登记间的关系问题。

2017 年《船舶登记办法》出台后，该办法第八章在法律规范层面特别就自

---

① 王立志：《船舶物权登记论——实体法实现的程序进路》，中国政法大学出版社 2010 年版，第 64—82 页。

② 具体内容可参见澳大利亚《航运登记法》shipping registration act 1981，subsection 3（1）。

由贸易区的国际船舶登记制度作了规定。由该办法的立法模式可以判断我国倾向于使用第二类方式。观察《船舶登记办法》关于国际船舶登记制度的内容，除放开自贸区国际船舶登记的股比限制外，主要是围绕着简政展开，具体制度的实施和适用仍然是由自贸区根据各自方案展开。由于目前国际船舶登记制度仍处于摸着石头过河的阶段，具体制度的落实举措尚未在法律中予以明确，此时修订《船舶登记条例》无疑是对该制度的贯彻和落实法律化的有利时机。

第四，法律实施的效果。法律的选择和制定是构建有效法治体系的基础，但也不应当忽视法律是实证的这一事实，如果仅关注法律的制定而忽视其实施效率，法律必然陷入名存实亡的境地。①船舶登记实践中法律规则是否得到很好地贯彻和执行，规定是否符合实践趋势，内容是否对船舶登记业务具有积极作用等事项均需在调研和考虑之后对规则的制定予以详细设计。

四、国际船舶登记制度的设立和实施

自2012年洋山保税港区成为全国第一个开展保税船舶登记试点区域以来，2013年《天津东疆保税港区国际船舶登记制度创新试点方案》、2014年《中国（上海）自由贸易试验区国际船舶登记制度试点方案》陆续获交通部批准，广东南沙、福建3个地区也陆续进行了国际船舶登记制度创新。《船舶登记办法》从法律文件层面确认了自贸区国际船舶登记制度的具体内容和实施方式。《海南自由贸易港法》亦从法律层面确认了海南国际船舶登记制度。②从制度论证到真正实施，历经5年国际船舶登记制度正式在中国落地生根。从政策文件到法律文件的不同措辞，我们可以看到国际船舶登记制度从试点到推行过程中的立法思路变化。

《船舶登记办法》关于国际船舶登记的规定③及《船舶登记条例》关于船员国籍限制性规定的删除，再加上目前在上海、天津、福建和广东的四个自贸试

---

① 陈永清，李卓：《法律与经济及金融发展相互关系理论述评》，载《国外社会科学》2007年第4期，第2—7页。

② 《船舶登记办法》于2016年12月8日通过，并自2017年2月10日起施行。《海南自由贸易港法》自2021年6月生效。

③ 参见《船舶登记办法》第八章“自由贸易区国际船舶登记的特别规定”相关内容。

验区，以及海南自贸港等共设立 9 个国际船舶登记船籍港，可以看到关于中国是否需要建立国际登记制度的争论已经由实践给出了答案。目前试点方案所采取的办法是综合借鉴以挪威日本为代表的国际登记制度和以英法为代表的离岸登记制度，官方解释具体措施表现为：一是放宽了登记主体股比限制，明确了自贸区国际登记船舶“只能从事国际及港澳台航行、停泊和作业”。二是基于便民需要，允许申请人网上申请预登记，领取证书时再进行现场材料确认。三是突出了服务理念，自贸区各相关发证机构简化办理条件、优化办理程序，缩短办结时间，并建立信息共享机制，提供海事“一站式”办理。四是船舶检验机构依申请出具船舶技术参数证明，可以作为船舶登记机关办理船舶登记的技术资料，避免各类证书办理互为前置条件，而导致办理程序不畅。五是放宽了国际船舶登记的船龄标准。六是基本放宽了外籍船员的雇佣限制。①

事实上，国际船舶登记制度的建立和实施并不容易，在论证和设计推行阶段就遭到了一定质疑与“不支持”。制度本身的构建也并没有一个放之四海皆准的范例，各国均是根据自己的状况来规划这项制度。中国如何实施这项制度，要看我们期待通过这项制度解决航运业的什么问题以及怎么去设计制度体系。如果仅仅只是让船舶回归而缺乏国际化的视野、理念和制度环境，就很难说到其效果了。②日本改革自身的国际船舶登记立法应当成为中国船舶国际船舶登记法律制度的前车之鉴。1995 年日本运输省提出的国际船舶制度提案在税收、船员配备、政府补贴、融资方式以及登记手续等领域提出了许多改革建议。但到了 1996 年修改《海上运送法》第 44 条的时候，仅仅实施了 1995 年提案中的一部分，主要集中于税收的减免。不彻底的优惠并不能给予船舶所有人以实质上的经济利益，制度的实施效果便可以预见了。因此，中国船舶登记法律制度改革设计思路需要把握的一个大原则是，自贸区的国际船舶登记制度在具体措施的制定和推行上，必须确保其同原有船舶登记制度相比在实施效果上能够实质性降低船舶所有人的运营成本。

---

① 《船舶登记办法》部令解读，参见交通运输部官网 http://www.mot.gov.cn/zxft2017/cbdj/，访问时间 2023-03-01。

② 陈继红：《中资船舶特案免税登记政策怎么啦?》，航运界航运专栏 2015 年 4 月 17 日。访问网址及时间 http://www.ship.sh/column_article.php?id=1713，2023 年 3 月 4 日。

对船舶登记制度改革与预期目标之间进行评估，应当很清楚地看到建立第二船舶登记制度在吸引船舶回归本国登记方面能够产生明显效果，只是这种效果因国家而异。①就目前所实行的国际船舶登记措施而言，放宽登记要求、船员要求表明了国际船舶登记制度的开放性，同中国船舶移籍的方便旗国家、临近的中国香港、中国澳门相比较并无较大出入，竞争优势并不明显。而便民、服务以及船检方面的举措则是对登记程序方面的改进，很有必要但同其他新兴航运国家和地区相比也并非优势十足。而船龄政策的实施效果则有待实践的进一步检验。

随着国际航运市场全球化和单边主义的拉锯，中国必须借鉴国际经验，探索更加凸显本国比较优势的国际船舶登记制度，而不是单纯地追求出籍船舶数量上的回归。对此有学者指出，特别是需要改善许多海事相关配套政策来支持这个新的登记制度。②也就是说，国际船舶登记制度和传统的内国登记制度应当是独立且不冲突的，在登记条件和登记范围方面有所区隔，但登记方式和登记流程都可以适用体系化通用规则。以挪威为例，NOS 和 NIS 在业务范围方面并无区别，只是在财税政策、船员雇佣以及其他登记条件要素方面存在差异。③也就是说，业务范围方面的事项属于两类船舶登记制度均应关注和改进的，而国际船舶登记制度的贯彻和实施区别于一般登记制度之处应当是其适用主体、适用条件以及配套措施方面的特殊性和匹配度。

在此基础上需要进一步思考制度负面效应的评估和接受度。自第二船籍登记制度在各国陆续建立之后对该制度的看法并非都是正面的，一直以来有批评者认为其降低登记条件的做法可能会使得劳工利益和海上安全受到影响。作为船旗国，船舶登记国需要履行对船舶的监管和控制义务，定期对船舶进行检查、对船上设备和船员出具合格证书、签发船舶安全及防污染文件。降低登记标准无疑会引发国际社会对登记国承担国家责任能力和态度的质疑。与绝大多数方

---

① Jingbo Yin, Lixian Fan, Kevin X. Li, Secondshipregistry in flagchoicemechanism: Theimplications for China in promoting a maritime cluster policy, Transportation Research Part A Policy and Practice, January 2018, p.164.

② Jihong Chen, Kevin X. Li, Xiang Liu, Haobo Li, The development of ship registration policy in China: Response to flags of convenience, Marine Policy, Volume 83, September 2017, p.26.

③ Ib idem.

便旗登记国不一样的是，中国目前在国际中的地位可能会使得其在国家责任和国际义务方面受到关注。因此，目前混合制模式是中国的国际船舶登记制度较为适合的道路。

落实到具体规定层面，则需要在登记范围、登记条件及配套措施等领域制定较为宽松的登记法律规范吸引特定船型以及经营特定种类货物运输的船舶至自由贸易区、自由贸易港进行登记。此外，在实施国际船舶登记的区域，通过专项立法加强航运配套服务的建设，特别是金融、航运保险服务业的开放，税费的减免以及航运企业的运营环境建设等领域的法律制度变革。同时，确保船舶登记过程中可能会涉及的法律法规得到高效、高质量地执行，在司法、执法层面打造船舶登记法律实施机制也是整个制度链条上的重要一环，包括在自贸区配合近年来大力倡导的建设国际海事司法中心、深化海事审判专业化建设措施的推广等。

另外，要采取切实有效的措施确保登记船舶的质量和安全，树立良好的船旗国形象，也有利于打造中国商船队的集群效应和竞争力。这方面值得参考的举措是香港于 1999 年推出的船舶质量控制系统，主要是为了确保船舶管理公司能够对其船舶切实履行国际公约和地区立法要求的检查和检测职责。该系统下设的两个子系统船旗国质量控制 FSQC 和预登记质量控制 PRQC，前者使用信息系统搜集分析船舶数据，判断船舶是否处于不合格状态；后者则要求海事部门在登记船舶之前需要预先对船舶的防污和安全标准予以检验。迄今为止，香港注册船舶仍保持着一个较低的滞留率。目前中国商船是世界几个主要港口监管组织名单下的优质船旗国，国际船舶登记制度放宽登记条件的同时也需要对登记在该模式名下的船舶质量进行法律法规要求的控制和管理，降低制度的负面效应。

最后，做到上述两个部分的同时凸显中国国际船舶登记之优势所在是这个制度能够进一步拓展和深化的“武功秘籍”。而这个优势便是背靠广阔的航运和贸易市场，以中国为代表的亚洲太平洋地区货主和船东业务、岸上业务以及造船市场发展迅速，商业信心和资源配置充分，政府主导的发展规划和政策支持以及产业本身自我成长意愿强烈。因此，中国国际船舶登记的推进必须根植于中国的比较优势，建立在法律规范下，以部分开放船舶登记市场和保障船舶安全为契合点构筑其机理。

本章小结

航运政策是推动制度变革的推手和助燃剂，一些国家航运业发展过程中政策的转变历程表明积极的航运政策能够有效推动产业发展和制度变革。而航运政策的贯彻和实施需要通过法律来推行，当利益相关方形成了强烈的统一改革信念时，法律制度就到了需要创设和修订的时候。船舶登记是航运政策的重点关注领域，符合发展规律和国情的航运政策指导下的船舶登记法律制度方才具有生命力和创造性。

世界商船队总体规模处于温和上涨之中，结构也发生了巨大变化。发展中国家和新兴航运国家的崛起改变了世界商船队格局。中国商船队的数量和质量也呈日益壮大趋势，目前已成为世界第二大船东国。船舶出籍尽管已经成为世界范围内航运公司的营运战略，由于其可能带来的潜在危害，使得我们应当合理看待出籍现象，在严格管制与宽松开放之间寻求一个合理的平衡。重视现阶段制约中国商船队发展的因素，在建设高质量商船队的目标指导下改革和完善船舶登记法律制度。

在设计和规划过程中，两类登记模式并存之下，应当明确不同登记模式的区别与联系，促进航运市场的整合和产业价值的延伸。中国目前船舶登记法律法规体系有待完善以配套法律措施的实施，船舶登记条例应适应现阶段的船舶登记实践，使中国船舶登记法律制度朝着调整本国航运产业结构的目标改革。自贸区内国际船舶登记制度的发展和创新是目前正在推进的船舶登记改革举措，其推行受到法律支持，实施亦需要由政策指导下的法律推进。

第七章　中国船舶登记法律制度的革新

中国的船舶登记法律制度是构筑在中国政治、经济、文化、社会之上的，需要从中国的实际出发、以中国国情为参考。世界的全球化进程使得航运领域的国际经贸实践和各国间的联系不断加强和凸显，船舶管辖的国际秩序以及企业的登记地选择同样给各国的国内立法带来了深刻影响。

而法律秩序必然随着时代的进步而变革，坚持在改革中发展法治、在探索中取得成果和经验，是法治发展的动力所在。①在社会复杂迅猛的转型时期，有必要不断充实和完善关于现行船舶登记法律制度构建的认识和实践，对中国特色的船舶登记法律制度作深入且全面的思考，并对相关规则作针对性的安排。

本章探讨中国船舶登记法律制度的革新问题，分析中国船舶登记法律体系的组成、结构以及运行模式。然而改善法律框架本身只解决了条文的问题，法律的实施还需要通过国家以及其他社会主体发挥作用促进内部规范以及外部配套措施的完善。据此，本章还探讨和分析了船舶登记的内部法律规范和外部配套措施应当包含的内容和制度规范。

第一节　船舶登记法律体系的建构

体系是指由若干事物构成的和谐的整体，表达了秩序和确定性的倾向。构建体系则是将事物分类组合为有机统一的整体。②法律制度不仅仅存在输入和产

---

① 李涛：《改革、法治与国家治理现代化》，参见人民网 http://theory.people.com.cn/n1/2019/1206/c40531-31493171.html，访问时间：2023 年 3 月 4 日。

② 张志铭：《转型中国的法律体系建构》，载《中国法学》2009 年第 2 期，第 140—158 页。

出两个面向，常被忽略的第三实体面也同样重要，即法律制度的产出给外部世界带来的影响。法律制度的产出表现为具体的法律和规范。而法律行为则是这些具体法律规范对人们行动施加的影响。①转型中国的船舶登记法律制度革新，需要梳理和明确船舶登记法律体系的构建，并有目的、有标准地从宏观层面建构该体系的框架内容并逐步生成法律的社会秩序。

本节回归到研究的落脚点，分析船舶登记法律体系的建构问题。从法律法规的层次与结构、船舶登记核心法律规范以及配套法律规范的内容包括《船舶登记条例》的完善视角出发探讨如何具体构建船舶登记法律制度体系。

一、目前船舶登记法律法规层次、结构的梳理

中国的法律改革呈现出渐进式的特点，与之相对的则是被称为震荡式的变革方式。相较于后者强调现状的突破和改革的彻底性，前者多呈现为从局部涉外领域开始，逐步扩展至全国性法律法规的内容。船舶登记领域的法律改革同样体现渐进式立法的特点。“采取渐进的辨证治疗的好处是能够减少社会阻力，降低社会变革的成本，并使每一具体步骤和措施的失败风险都可以得到有效控制……尽管如此，渐进主义存在着变革不彻底的问题，也可能导致制度内部出现自相矛盾的现象，还会增加今后进一步推动社会变革的复杂性和难度。”②

法律位阶理论通常要求具有上下位阶关系的规范性法律文件之间具有规范事项上的包容性，即下位法所规定的内容已为上位法所包容，下位法依照上位法确定的框架来进行具体细化的工作。下位阶的规范性法律文件所应当确定的内容，在上位阶的规范性法律文件中都可以找到明确的或者是原则性的规定，从而以其为依据制定相应的实施性法律文件。③受渐进式改革思路的影响，船舶登记领域的法律规范可能由于制定时间、制定主体、针对对象的

---

① Lawrence M. Friedman，*The Legal System：A Social Science Perspective*，Russel Sage 1977，p.3.

② 季卫东：《社会变革与法的作用》，载《开放时代》2002 年第 1 期，第 39—40 页。

③ 胡玉鸿：《试论法律位阶划分的标准——兼及行政法规与地方性法规之间的位阶问题》，载《中国法学》2004 年第 3 期，第 25—26 页。

阶段性不同而出现制度内部矛盾、不兼容的现象。而这个问题已经越来越受到重视，“对于不适应改革要求的现行法律法规，要及时修改或废止，不能让一些过时的法律条款成为改革的‘绊马索’”①。近年来开展的法律文件梳理和整理工作废止和宣布失效了一批制定权限、内容②，船舶登记领域一些陈旧的、制定权限存疑以及适用范围不一致的法律文件也得到了集中的清理。此外，许多法律法规也多次进行了修订和完善。这显示出中国法律改革的理念和决心。

截至目前，按制定主体标准划分，船舶登记领域涉及的法律及规范文件主要由下列法律法规构成（参见表 7.1）：

表 7.1　现行中央层面船舶登记所涉法律法规及行政文件汇总表③

层级	名　　称
法律	1993 年《海商法》、2021 年修正《海上交通安全法》④
法规	2019 年修订《船舶和海上设施检验条例》、2003 年《渔业船舶检验条例》、2014 年修订《船舶登记条例》、2019 年修订《内河交通安全管理条例》、2019 年修订《渔港水域交通安全管理条例》
规章	2009 年《游艇安全管理规定》、2019 年修订《渔业船舶登记办法》、2016 年《船舶登记办法》、2021 年修订《老旧运输船舶管理规定》

---

① 习近平：《在省部级主要领导干部学习贯彻党的十八届四中全会精神全面推进依法治国专题研讨会上的讲话》，2015 年 2 月 2 日。

② 详情可参见《国务院关于废止 2000 年底以前发布的部分行政法规的决定》《国务院关于宣布失效一批国务院文件的决定》《交通运输部关于废止一批政策性文件的决定》《交通部关于废止 33 件交通规章的决定》《交通部关于废止 219 件交通规章的决定》等一系列文件。

③ 所有法律文件全称中的“中华人民共和国”均不再列明，未写明国籍的法律规范在此处默认为中国法律规范。表格中所列法律规范有效性截至截稿期间 2023 年初。涉及船舶所有权、船舶抵押权登记事项时，法律层面还有可能会适用《民法典物权编》和《担保法》相关规定，由于内容相对固定，此处不表，属于船舶物权登记相关内容。

④ 1983 年《海上交通安全法》于 2021 年进行了修正，该法于第 10 条规定，船舶依照有关船舶登记的法律、行政法规的规定向海事管理机构申请船舶国籍登记、取得国籍证书后，方可悬挂中华人民共和国国旗航行、停泊、作业。中国籍船舶灭失或者报废的，船舶所有人应当在国务院交通运输主管部门规定的期限内申请办理注销国籍登记；船舶所有人逾期不申请注销国籍登记的，海事管理机构可以发布关于拟强制注销船舶国籍登记的公告。船舶所有人自公告发布之日起六十日内未提出异议的，海事管理机构可以注销该船舶的国籍登记。

续表

层级	名　　称
规范性文件	1995年《关于长江涉外旅游船舶登记管理的通知》、1999年《关于海上浮式处理装置有关登记问题的复函》、2001年《关于法院拍卖船舶登记有关问题的批复》、2001年《关于对海上浮式储油装置进行登记的函》、2002年《关于船舶所有权登记取消船舶价值项目的通知》、2003年《关于船舶登记有关问题的批复》、2004年《关于罚没船舶登记的批复》、2004年《〈中华人民共和国船舶登记条例〉实施若干问题的说明》、2018年《船舶最低安全配员规则》、2005年《关于中国海监船舶登记问题的复函》、2005年《关于船舶登记和检验有关问题的通知》、2005年《关于对水上飞机办理船舶登记问题的批复》、2005年《关于船舶登记有关问题处理意见的通知》、2006年《关于水产品运输船舶登记问题的批复》、2006年《关于船舶登记系统中船舶重音重名问题的处理意见》、2007年《关于中资国际航运船舶特案免税登记有关事项的通知》、2008年《关于持异地船检证书船舶办理船舶登记有关问题的批复》、2009年《船舶登记资料查询办法》、2011年《渔业船舶转为商业用途船舶登记和检验管理规定》、2014年《农业部渔业渔政管理局关于涉及未成年人渔业船舶登记有关问题的复函》、2015年《船舶登记工作规程》、2017年《关于启用新版船舶登记证书的通知》等

从现阶段处于有效状态的法律规范来看，船舶登记领域的法律层级和法律结构仍然可以进一步完善。要使得船舶登记法律规范在层级和结构上更加科学，可按照下述路径指导法律规范更新和整合：1.《海商法》《海上交通安全法》是指导船舶登记事项的法律规范，明确船舶登记的权力来源、实施机构、功能作用、法定条件等原则事项。2.《船舶登记条例》是具体实施和落实船舶登记的行政条例，规范船舶登记行为和登记关系。特定种类船舶则另行以单行条例的模式处理其登记关系。3.《船舶登记办法》是贯彻和落实《船舶登记条例》的部门规章，对《船舶登记条例》中的规定予以解释、适用及细化。4.规范性文件以《船舶登记工作规程》作为落实条例、规章的下级法律文件的中心，整理归纳其他“通知”“复函”“批复”等性质的规范性文件吸收进入相应法规、规章、规范性文件体例之中，以逐步消解零散性、分散式的法律规范方式。

具体而言，法律层面，《海商法》《海上交通安全法》①属于船舶登记上层法律规范，立法上具有原则性和概括性。目前两部法律所规定的内容主要包括船

① 参见《海商法》第5、9、13条。《海上交通安全法》第4条。

舶具有持有国籍证书、登记证书的义务；船舶国籍经登记取得，中国籍船舶有权悬挂中国国旗；船舶所有权、抵押权应当进行登记。由于目前中国尚无关涉船舶的专门立法，此类原则性规定从法律属性上来讲属于必要事项，从法律法规内容和范围来看这些规定若作进一步完善和扩充会更具周延性，更能够确保上位法同下位法之间的关联性和法律层面登记规定的完整性。如登记并持有证书的中国籍船舶所享受的法定权利和承担的法定义务之归纳总结（包括违反义务的法律后果），在法律中明确船舶登记的地位及船舶经由登记受到中国相关法律管辖的义务，船舶识别的法定标准及条件等内容。

法规层面，《船舶登记条例》是指导船舶登记实践（渔船除外）最重要的法规，属于海商法体系下调整船舶登记的专门法例。从体例和框架看，条例存在一些需要权衡的问题，最值得讨论的是《船舶登记条例》和《渔业船舶登记办法》之间应当如何处理和平衡。目前条例和《渔业船舶登记办法》的关系并不算是船舶登记特殊法规同一般法规的关系，两者相对独立并且在实施过程中也由不同主管机构负责。但除针对特定对象外，《渔业船舶登记办法》无论是立法权限、规范内容、立法事由以及具体登记事项等方面都同《船舶登记条例》处于一个范畴，只是由于登记主管机关不同导致法律位阶低于《船舶登记条例》，从法律体系和法律实施的角度来讲目前的分立模式不尽科学，这跟国情、制定时期相关立法环境以及主管机关职能分配有很大关系。

观察其他国家的船舶登记立法，对于一般船舶登记同渔船登记的处理通常体现为两类。一类是渔船登记和商船登记分别立法①，从英国的实践来看虽然分别立法，但商船登记立法和渔船登记立法在层级上是相同的，且商船登记立法中对于渔船登记的资格和登记原则性事项有所规定，渔船登记立法只涉及渔船登记事项本身，体现了一般规定与特殊规定之间的衔接和适用关系。另一类是不区分渔船和商船的综合式立法②，从新加坡的立法模式来看，由统一登记

① 可参照英国 The Merchant Shipping（Registration of Fishing Vessels）Regulations 1988 和 The Merchant Shipping（Registration of Ships）Regulations 1993 的模式和具体规定。此外，如澳大利亚等国一般情况下不要求渔船予以登记，除非该渔船需要进行远洋航行。

② 可参见新加坡 Merchant Shipping（Registration of Ships）Regulations 的立法模式和具体规定。

机构（MPA）处理所有船舶的登记事项，除游船作为一类特殊船舶单列一章予以规范外并未将其他种类船舶作特殊处理，结构简洁清晰。

由于中国目前在法律规定和登记主管机构问题上均采用二元制[①]办法，继续采用分别立法但从体例上处理好条例和《渔业船舶登记办法》之间的关系是比较合理的。具体而言，将《渔业船舶登记办法》从部门规章上升为行政法规[②]，并在条例中明确一般商业船舶登记和渔业船舶登记之间的关系，合并现有两部法律规范之间的同质规定特别是应当归入条例中进行统筹性规定的事项以避免立法权限上的冲突，且渔业船舶登记法律规范仅就渔业船舶登记所涉事项进行规定，处理好一般法律规范和特殊法律规范之间的关系，将渔业船舶登记法规作为区别于一般商船登记的特殊船舶登记立法规范。同理，军事船舶和体育运动船艇的登记立法也可依照同类规则处理。

规章层面，《船舶登记办法》是《船舶登记条例》的下位法，因此属于《船舶登记条例》的细则性法律规范。从内容来看，由于我国渐进式立法的特点加之《船舶登记办法》属于新法，使得条例和办法在适用对象、登记机构、登记程序、登记证书以及登记内容等方面均存在一些不一致的规定。另外，在结构和体例上办法承担了一些应当由《船舶登记条例》明确的工作，存在一定的规范重叠、规范冲突，盖因新法与旧法的衔接与融合导致。据此，平衡《船舶登记条例》和《船舶登记办法》之间的层级冲突和差异的方法之一是修订《船舶登记条例》后将《船舶登记条例》内部结构[③]予以梳理并吸纳实践后反映在办法中的新规定、新要求。方法之二是保留现有模式，在船舶登记具体实施过程中通过解释《船舶登记条例》及变通适用《船舶登记办法》的做法来解决规范内容的不一致和上位法与下位法的冲突问题。第二种方式方便、快捷且可操作性强，但第一种方式是更加合理、科学、符合程序的立法方式。

此外在规章层面，有一个关涉特殊船舶[④]的法律规范《游艇安全管理规

---

① 关于商业船舶和渔业船舶的分别登记体系设计及其层级管理问题可参见本章第三节第二目内容。

② 另一个支持该办法上升为行政法规的佐证是与《船舶登记条例》处于同一层级的《船舶和海上设施检验条例》，与之配套的特别针对渔船的《渔业船舶检验条例》同属法规层级。

③ 关于《船舶登记条例》框架和内容的完善设想可参见本节第三目详细论述。

④ 根据《船舶登记条例》第 2 条的规定，游艇并不属于需要另行制定法规的特殊种类船舶。

定》，要求在中国水域航行和停泊的游艇，无论大小，均须凭船舶检验证书和所有权证书向海事管理机构办理国籍登记。①关于游艇登记的具体实施和操作在部门规章层级上并未有具体规定出台，由于近年来私人游艇数量大量增加，为了便于管理，一些地方政府或登记主管部门各自出台或正在制定相应的暂行管理办法②并比照适用商船登记管理制度，但各地规定并不一致，如有的地区允许非本地居民或法人登记游艇，另一些则不允许；有的要求 5 米以下的船舶视情况而定是否登记，另一些则要求依照规定办理登记；有的允许游艇选择船籍港，另一些则不允许。游艇这一类型的船舶是否应当作为特殊种类予以单独登记，目前看来《船舶登记条例》和《船舶登记办法》均未将其作单独规定，反而是地方立法如雨后春笋。对于是否应当在中央层面对游艇登记予以单独规范，各国实践不一。美国联邦体制下，游艇登记是属于各州政府机构管辖事项，通常由各州出台法规或行政法令予以实施。而英国则对符合小型船舶类型要求的游艇按照小型船舶进行登记。有的国家则不要求游艇进行登记，如澳大利亚。新加坡虽然不要求游艇登记但对进出新加坡港口的游艇要求其办理游艇牌照。根据《游艇安全管理规定》的要求，在中国游艇需要进行登记。倘若中央层面保持现有模式游艇不作单独登记立法，则目前地方性相关立法的效力范围仅局限于该区域，没有地方性规范的地区仍然按照《船舶登记条例》和《船舶登记办法》的一般登记规定处理。

规范性文件层面，文件类型众多且规定事项繁杂，其中《船舶登记工作规程》属于这一层级法律规范中船舶登记的中心文件，是直属《船舶登记条例》和《船舶登记办法》的下级实施规范，主要就船舶登记的实施和执行进行明确和落实，属于操作性规范，指导登记主体、行政机构及其工作人员的具体行为，涉及识别号授予、名称审核、登记程序、登记材料、登记办理流程、登记管理等事项。因此，对这一层级法律规范的梳理，应当围绕《船舶登记工作规程》展开。

除此以外，根据是否可以被相应法律法规吸收，关涉船舶登记事项的其他

---

① 参见《游艇安全管理规定》第 6 条。

② 如《海南省游艇管理办法》《上海海事局游艇安全管理办法》《广东省游艇管理办法》《四川省游艇安全管理暂行办法》《天津市游艇管理暂行办法》等。

规范性文件可以分为三大类：

第一类是可以被上位法律规范吸收的文件，这些文件的特点是多体现为对《船舶登记条例》《船舶登记办法》中所涉概念、程序以及内容的解释和适用，而这大多可以通过更新或修订上位法以减少文件的冗余。如《关于长江涉外旅游船舶登记管理的通知》是为了明确不同区段长江涉外旅游船舶的登记机关，但相应机构已经改革更名，而目前文件中仍是原称谓，可通过《船舶登记办法》吸收长江段登记机关的《船舶登记条例》。《关于海上浮式处理装置有关登记问题的复函》《关于对海上浮式储油装置进行登记的函》解释了"海上浮式处理装置""海上浮式生产储油装置"属于《船舶登记条例》中规定的"船舶"，可纳入船舶登记管理，但同时强调《船舶登记条例》的解释权归属国务院。实际上，这属于《船舶登记条例》适用过程中对所谓登记"船舶"的解释问题，可通过更新《船舶登记条例》或国务院发布或授权部委发布命令进行解释。《关于法院拍卖船舶登记有关问题的批复》第2项明确的是通过法院拍卖形式交易后船舶所有权登记及注销手续问题，可通过更新《船舶登记条例》解决①。《关于船舶登记有关问题的批复》则涉及船舶登记过程中所有人破产、更名、吊销执照和非法人组织的注销登记、变更登记及船舶所有人确认问题，属于注销登记、变更登记的申请主体如何认定问题，可通过更新《船舶登记办法》第七节、第八节相应内容来解决。《关于罚没船舶登记的批复》规定行政执法机关罚没船舶注销登记手续问题参照《关于法院拍卖船舶登记有关问题的批复》执行，属于注销登记的具体实施问题，同样可通过办法吸收。《〈中华人民共和国船舶登记条例〉实施若干问题的说明》是对《船舶登记条例》实施过程中需要明确的定义、登记管辖、登记事项的确定、提交材料、变更注销登记、登记证书等问题的细化和完善，其中一些内容是对《船舶登记条例》相关规定的补充、实施细则及工作流程等，可分别被《船舶登记条例》、《船舶登记办法》和《船舶登记工作规程》吸收。

第二类是可以被同级《船舶登记工作规程》吸收的规范性文件，其特点是多涉及登记事务的细节性或操作性规定，符合《船舶登记工作规程》的制定权

① 《船舶登记办法》制定之后，该办法第35条吸收了《关于法院拍卖船舶登记有关问题的批复》第1条规定关于所有权登记项目变更的问题。

限和规范。如《关于船舶所有权登记取消船舶价值项目的通知》是关于船舶所有权登记和抵押权登记受理中船舶价值的录入问题，属于对法规的具体执行和操作问题。《关于中国海监船舶登记问题的复函》针对的是海洋局公务船舶的船名规范问题；《关于船舶登记和检验有关问题的通知》要求未更换主机的情形下船舶不得变更登记主机功率，属于特定情形的登记操作问题；《关于对水上飞机办理船舶登记问题的批复》允许江西海事局在交通部海事局尚未颁布水上飞机检验规范前，对水上飞机办理船舶登记；《关于船舶登记有关问题处理意见的通知》是关于船舶登记档案管理和数据规范方面的资料存档、勘察、录入等问题；《关于船舶登记系统中船舶重音重名问题的处理意见》是处理登记数据录入中的重音重名问题，属于登记的技术性事项；《关于水产品运输船舶登记问题的批复》明确了国际水产品运输船的登记费用收取及转移登记的档案材料存档问题，属特殊船舶的登记文档处理问题。前述这些事项均属于操作性规范，可以被《船舶登记工作规程》吸收。

第三类是不可被已有规则吸收的一些特殊规定，这类规定建议由不同层级的法律规范根据立法权限予以保留作为登记主管机关在实施特定登记行为时的依据。它们包括：《船舶最低安全配员规则》对中国籍船舶申请国籍登记时有最低安全配员审核要求，对外国籍船舶要求其持有船旗国签发的最低安全配员证书或等效文件。①《关于中资国际航运船舶特案免税登记有关事项的通知》是专门针对中资外籍船舶回归登记于特定船籍港的税收优惠，经两次延期后政策仍在继续，属于国籍登记的税收优惠，归入自贸区国际船舶登记方向的法律规定较为恰当。《关于持异地船检证书船舶办理船舶登记有关问题的批复》则回答了持本地检验证书方可办理国籍登记的材料规定，属于《船舶登记条例》及《船舶检验工作管理暂行办法》中的登记材料事项。《关于启用新版船舶登记证书的通知》则是登记证书更换纸张、内容、制证和核发方式的规定，属于登记操作规程中的一个特别事项。

二、船舶登记核心法律规范与配套法律规范的衔接和平衡

需要先明晰的概念是，“船舶登记核心法律规范”是指以《海商法》《船舶

① 参见《船舶最低安全配员规则》第 11、12 条。

登记条例》《船舶登记办法》和《船舶登记工作规程》为主轴的船舶登记领域专门立法，船舶登记“配套法律规范”指的是前述四部法律规范之外的船舶登记辅助法律规范。

法律之中，《海上交通安全法》强调了船舶的登记义务，是根据航行安全需要对船舶登记的监管规范，属对《海商法》船舶登记规定的确认，不涉及相互之间的解释和适用问题。此外，在涉及船舶所有权、船舶抵押权登记事项时，需要考虑到《民法典》《海商法》与《船舶登记条例》关于船舶所有权、船舶抵押权规定的平衡问题。

行政法规之中，与《船舶登记条例》处于同一层级，同其存在关联性的条例有三个，分别是《内河交通安全管理条例》《渔港水域交通安全管理条例》以及《船舶和海上设施检验条例》。前两者是《海上交通安全法》的附随规章，主要解决内河及渔港两类特定水域的交通安全问题。因此二者与《船舶登记条例》同《海上交通安全法》一脉相承，均要求船舶在特定水域航行之前必须进行登记，并且禁止伪造、变造、买卖、租借和冒用船舶登记证书①，还规定了渔业船舶登记的主管机关②。《内河交通安全管理条例》以及《渔港水域交通安全管理条例》规定的事项属于船舶登记原则性规定，涉及船舶登记证书的效力以及登记主管机关的规定，内容上归属于船舶登记具体事项，同两个条例规范的“安全”事项分属不同体系，在《船舶登记条例》中予以明确比较适宜。

另一个行政法规《船舶和海上设施检验条例》要求包括中国籍船舶在内的船舶和海上设施必须申请特定种类的船舶检验，使用设备材料需符合船舶安全和防污染要求，必须由船舶检验机构测定总吨位和净吨位、核定载重线和乘客定额，此外，特定中国籍船舶还需向中国船级社申请入级③。从内容上看，《船舶和海上设施检验条例》关于船舶检验的规定属于船舶登记的前置性事项，满足该条例规定的船舶方有可能实施登记获得国籍、所有权或抵押权证书，并且

---

① 参见《内河交通安全管理条例》第7、13条。

② 参见《渔港水域交通安全管理条例》第12条。

③ 参见《船舶和海上设施检验条例》第2、7、8、9、13条。另外需要特别指出的是，除从事国际航运的渔业辅助船舶遵守本条例外，其他中国籍的渔业船舶需遵守《渔业船舶检验条例》的规定。

船舶检验也关涉到船舶的安全和污染要求。从性质上看，《船舶和海上设施检验条例》同《船舶登记条例》一致，均构成《海商法》和《海上交通安全法》在行政规章层面的附属立法规范。《船舶和海上设施检验条例》关于何种船舶登记前应当进行检验的规定需要同《船舶登记条例》保持一致，一些用语和规则也应当协调。如《船舶和海上设施检验条例》第 32 条中使用的“公安船艇”和“按照船舶登记规定，不需要登记的船舶”用语显得不明确，有待更加明确的解释。

部门规章之中，与《船舶登记办法》处于同一层级、涉及船舶登记事项的法律规范有《老旧运输船舶管理规定》和《游艇安全管理规定》。《老旧运输船舶管理规定》要求中国籍运输船舶必须符合一定的船龄条件限制，并且符合船龄要求的光租租入船舶需在办理临时国籍证书后或申领船舶营运证或向交通部备案。[①]《游艇安全管理规定》则要求在中国水域航行、停泊的游艇办理船舶登记事宜。[②]据此，购置外国船舶或者光租租进外国船舶时，船龄是办理中国船舶登记的前置条件。同理，从外国租进、买入的游艇同样需要办理登记。

规范性文件之中，《船舶最低安全配员规则》关于船舶安全配员标准的规定属于船舶申请国籍登记的后置条件，获得国籍后需申请办理“最低安全配员证书”，或者国籍登记和最低安全配员证书同时办理。《船舶登记监督管理办法》则较为特殊，该办法已经失效[③]。它是关于船舶登记主管机构对下级机构或海事管理机构对其内部船舶登记行为及对中国籍船舶进行监督管理的规范性文件。由于《船舶登记条例》关于船舶登记主管机关的规定只涉及一条[④]，《船舶登记办法》中船舶登记主管机关及登记行为的法定要求也仅仅是一些原则性规定[⑤]，《船舶登记工作规程》中也几乎未涉及船舶登记主管机关的行为规范，使得《船

---

① 参见《老旧运输船舶管理规定》第 4、5、13、14、15、16 条相关规定。渔业船舶船龄方面的规定可参见《农业部关于加强老旧渔业船舶管理的通知》相关内容，其中涉及登记问题的规定是第 5 条，要求渔业船舶登记证书和渔业船舶国籍证书的换发不得超过渔业船舶检验证书记载的有效期限。

② 参见《游艇安全管理规定》第 6 条。

③ 参见（海事局公告 2009 年第 9 号）《关于废止 169 件海事规范性文件的公告》内容。

④ 参见《船舶登记条例》第 8 条。

⑤ 参见《船舶登记办法》第 4、5、6、7 条，主要明确了登记机关、办理登记的原则、登记港的确定和建立登记簿几项原则性要求。

舶登记监督管理办法》除了其本身所声明的监督职能之外，还承担了明确船舶登记机关职能、授权权限、登记港的确定、登记证书的签发等额外职能。而后者从法律规范范畴而言属于应当由其上层法律规范规定的事项，该办法失效后相关法律规范缺少了关于登记机构的详细规定，因此建议今后修订《船舶登记条例》之时考虑将前述内容设立“船舶登记机关”一节，规定登记机构的权力来源、职能和权限、登记授权权限、登记签章等关涉登记主管机构权力和权利的事项。

此外，需要特别讨论的一个法律文件是《〈中华人民共和国船舶登记条例〉实施若干问题的说明》，其制定机构是交通部海事局，即船舶登记主管机关，内容中包含了大量《船舶登记条例》相关条文和用语的解释和适用问题，如对各类船舶及“未进行抵押的证明文件”等定义的解释。除此之外，还涉及不同登记机关管辖权的确定问题、登记的前置条件问题、船舶证书的有效期问题等①。这就需要平衡与上位法诸如《船舶登记条例》《船舶登记办法》《老旧运输船舶管理规定》以及与同级别《船舶登记工作规程》之间的关系，适用时更应当明确该法律文件是作为船舶登记机关的办理依据还是在当事人和登记机关之间均具有约束力，一些在内容上属于上位法规范的事项在今后的修法工作中转移至上位法较为合理。

举例而言，《船舶登记条例》第 56 条对“公务船舶”有所界定，系指用于政府行政管理目的的船舶。而《〈中华人民共和国船舶登记条例〉实施若干问题的说明》对“公务船舶”的解释是，隶属于政府行政管理部门的，并用于行政管理目的的船舶。从字面上看，后者似乎对“公务船舶”作了限缩解释。倘若有民用船舶根据授权履行海事行政部门的相关义务，是否应当将其解释为公务船舶而单独办理登记，答案显然不是，所以《〈中华人民共和国船舶登记条例〉若干问题的说明》是在对《船舶登记条例》的相关规定进行完善，类似内容未来应当由条例的修订来解决。在条例修订时机尚未成熟时也应当由条例下一级的法律规范来解释和实施。

除层级问题外，新的法律规范设立之后，还会同旧有法律规范产生一个适

---

① 参见《〈中华人民共和国船舶登记条例〉实施若干问题的说明》第 3、11、22 条。

用上的过渡和需要明确各自适用边界及时效的问题。这个问题比较突出地表现在《船舶登记条例》第九章"法律责任"部分同其他后来制定的海事行政规定之间的适用关系上。关于第九章中的行政处罚部分同其他法律规定之间的关系，《〈中华人民共和国船舶登记条例〉若干问题的说明》提出过解决方案。在该说明第 34 条曾指出："关于处罚，凡《船舶登记条例》中已列明的，应遵照执行；未列明的，可以按照《中华人民共和国海上交通监督管理处罚规定（试行）》和《中华人民共和国内河交通安全管理处罚规定（试行）》的规定执行；相抵触的，应以《船舶登记条例》的规定为准。"随着前述一个说明两个规定的相继失效，《船舶登记条例》同其他行政处罚规定之间的关系目前尚无明确法律规范解决。与《船舶登记条例》的行政处罚部分规定可能会产生冲突的直接法律规范是 2021 年修订的《海上海事行政处罚规定》和 2022 年修订的《内河海事行政处罚规定》，在制定过程中二者已经注意到了与上位法的协调性和避免重复规定，但在船舶安全处罚问题上条例与两个规定之间仍会面临适用上的顺序和困惑，实践中根据两规定处理的模式可能会在法律层级和新旧法律规定过渡方面存在问题。

《海上海事行政处罚规定》第 11 条对未持有有效国籍证书的船舶规定可以依据《海上交通安全法》第 9、10、33 条采取责令改正、吊销或暂扣证书、罚款的措施。关于罚款该规定适用的是双罚制，即对船舶所有人或者船舶经营人处以 2 万元以上 20 万元以下的罚款，对船长处以 2 000 元以上 2 万元以下的罚款，情节严重的吊销船舶所有人、经营人、管理人的证书文书。暂扣船长、责任船员的船员适任证书 12—24 个月，直至吊销船员适任证书。而《船舶登记条例》第 50、51、52 条规定的是根据吨位处罚制，双重国籍、登记弄虚作假、重复登记、伪造涂改登记证书、不按照规定办理变更或者注销登记的，或者使用过期的船舶国籍证书或者临时船舶国籍证书的，由船籍港船舶登记机关责令其补办，情节严重的，可以根据船舶吨位处以《船舶登记条例》第 50 条①规定的罚款数

① 《船舶登记条例》第 50 条规定，隐瞒在境内或者境外的登记事实，造成双重国籍的，由船籍港船舶登记机关吊销其船舶国籍证书，并视情节处以下列罚款：（一）500 总吨以下的船舶，处 2 000 元以上、1 万元以下的罚款；（二）501 总吨以上、10 000 总吨以下的船舶，处以 1 万元以上、5 万元以下的罚款；（三）10 001 总吨以上的船舶，处以 5 万元以上、20 万元以下的罚款。

额的50%（前三种）、10%（最后一种），并可吊销船舶证书。对比二者的内容可以看到，在处罚措施和罚款内容上适用《船舶登记条例》还是适用《海上海事行政处罚规定》结果可能是完全不同的，而《船舶登记条例》的效力等级是高于后者的。尽管《海上海事行政处罚规定》第8条说明了如果同一个违法行为违反了多个法律规范，应按照罚款数额高的规定处理，但从层级上讲该规定的适用仍然存疑。

需要指出的是，根据《船舶登记条例》，军事船舶、渔业船舶和体育运动船艇目前并不适用条例的规定。渔业船舶有专门的法律规范约束，而体育运动船艇和军事船舶这两类特殊船舶目前尚未有专门立法规范。军事船舶不涉及民用，系统相对独立。随着社会的发展，越来越多的水上体育运动蓬勃发展起来，日益成为人们生活的一部分。尽管体育运动船艇由体育总局及其下属各地方体育局负责管理，但管辖层面尚缺乏明确法律规定规范体育运动船艇的登记监管事项，以至于实践中有希望购买帆船的买家到海事局询问登记事宜，在被告知海事局不负责管理这类船舶后出现不知道该找到哪个部门进行登记的现象。而随着无监管水上运动活动对水上交通安全和秩序造成影响的事件不断发生，各地方政府相关部门在处理体育运动船艇的登记监管事项时，也只能暂时采取一些治标的办法来加强这类船舶的管理①。因此建议或者从中央层面立法或者将制定权限下放给各地方，对体育运动船艇出台对应的登记监管法律制度，从源头确保船舶安全、维护航行秩序。

三、《船舶登记条例》结构、体例和内容的完善

承前所述，通常来讲《船舶登记条例》作为《立法法》确立的第二位阶法律规范，其立法权限应当包含关涉船舶登记事宜的实体和程序性事项。现行条例共十章，分别是“总则”“船舶所有权登记”“船舶国籍”“船舶抵押权登记”“光船租赁登记”“船舶标志和公司旗”“变更登记和注销登记”“船舶所有权登记证书、船舶国籍证书的换发和补发”“法律责任”“附则”。

① 相关措施和文件可参见无锡市体育局《关于加强体育运动船艇管理的会议纪要》、济南市2015年《市级政府部门责任清单》、2016年《昆明市实施〈云南省滇池保护条例〉细则》等。

就目前各章节标题及具体条文而言，第一章“总则”是船舶登记的通则，但有学者已经发现“从总则的内容来看，其本应当是规定船舶各项登记事项均适用的原则性和根本性问题的，但实际上却规定了许多专项登记的内容”①，在登记的基本内容和一般原则方向仍有完善空间。第二章“船舶所有权登记”中的两个条款分别就船舶所有权登记的申请材料和颁发所有权登记证书、授予船舶登记号以及船舶登记簿事项进行了规定，可按不同层次分别细分为多个规定。第三章“船舶国籍登记”、第四章“船舶抵押权”和第五章“光船租赁登记”总体规定较为简洁，但应对实践中纷繁复杂的状况则显得有些单薄，应就下位法、后续立法以及实践中出现的新情况予以补充完善。第六章“船舶标志和公司旗”是属于登记船舶的识别问题，第一章“总则”部分的第 9 条船籍港和第 10 条船舶名称都可归入这一个部分。第七章“变更登记和注销登记”实质上属于船舶登记规范的项目，将这两个项目单列为一章在体系性上而言有些特殊，出于维持立法框架不轻易更替的考虑，这一章予以保留的同时可以补充和完善变更登记和注销登记的法定情形。第八章“船舶所有权登记证书、船舶国籍证书的换发和补发”从性质上来讲这两个事项并不属于登记的一般性规定，更多属于登记证书颁发的相关问题，可设立登记证书颁发规定，或将相关规定放至附则之中。第九章“法律责任”则如前所述需要明确《船舶登记条例》的罚则同其他新近行政处罚立法之间的关系，该章与第十章“附则”还需要就一些具体情境和实践变化协调上下位法律规范，就相关内容作进一步完善。

体例上，由于登记实施机构不同，渔业船舶和体育运动船艇在立法上分离于《船舶登记条例》，导致目前法律适用过程中渔业船舶登记法律规范的位阶和层级有所降低，也使得对体育运动船艇的法律规制不明确。《船舶登记条例》第 2 条和第 56 条第 1 款，将军事船舶、渔业船舶和体育运动船舶的登记，以及长度小于 5 米的舰艇的登记排除在了《船舶登记条例》的适用范围之外。作出此规定从专属性上讲无可厚非，但是从法律的执行角度上来讲却会带来问题。目前的分别立法方式在实践中可能会产生船舶登记管理职权划分的复杂化和管理

① 王立志：《船舶物权登记论——实体法实现的程序进路》，中国政法大学出版社 2010 年版，第 68—69 页。

主体的多重化带来的法律适用差异和登记标准不一致等问题。

现阶段除军事船舶、渔业船舶以及体育运动船艇之外，其他船舶受到2014年《船舶登记条例》管辖，登记主管机关是中华人民共和国海事局，办理机关是海事局在各地的分支机构。渔船的登记受到2019年《中华人民共和国渔业船舶登记办法》调整，农业部是全国渔船登记的主管机关，渔政局则是渔船登记和监管工作的具体负责人。体育运动船艇的登记在中央层面尚无统一明确规定，一些地方立法机构或政府出台了在该地区适用的地方法律法规，体育总局是全国体育运动船艇的主管机关，各地体育局则是具体实施管理的行政机构。①无论是哪一类船舶，在海上或水上交通安全、防污染等方面仍然要受到交通部海事局的管辖。而由于这些事项往往同船舶登记管理具有高度相关性，这就在船舶登记领域形成了法律适用上的不统一及登记管理体制多头化现象，使得不同部委之间、中央与地方机关在船舶登记领域的职权划分变得复杂。

关于不同类型船舶登记的立法及管理权限，其他国家船舶登记立法实践通行做法有两种，一种是将渔船和小型船舶或娱乐性船艇的登记也规定在船舶登记法律之中，不再另设单行规定；另一种是将渔船和小型船舶或娱乐性船艇分别予以立法，登记管理方式不同。以英国1993年《商船登记条例》为例，条例将船舶登记划分为了四个部分，分别是一般船舶的登记、渔船的登记、小型船舶的登记以及光租登记，在条例中设置不同的登记规则，但由统一的登记主管机关负责具体登记事宜。而新加坡则是单独立法的代表，新加坡《商船登记法》规范一般商船和娱乐性船艇的登记事宜，而《渔船法》则规范渔船的注册事宜②。美国的立法也属于统一立法，除小于5净吨的船舶和驳船不用登记，包括渔船、娱乐性船艇、石油开采船舶、液化气体船舶和小型旅客船舶在内的其他船舶均需要进行登记。其中商用船舶、大型船艇和经营远洋运输的船舶由海岸警卫队下属登记主管机关负责船舶登记事宜，娱乐性船艇和小型船舶则由各

① 军事船舶由于立法权限和管理体制同民用船舶差别较大，其登记立法由专门机构制定专门规范，此处不再讨论。

② 在新加坡法律体系中船舶登记 registration 和船舶注册 license 是有所区别的，船舶注册需要相关船舶及其所有人获得相应的航行证照，而船舶登记需要在主管部门登记在册、获得相应证书并且公示公告给社会公众。

州政府下属海事管理机关或财产管理机关负责登记事宜。

从《船舶登记条例》的立法体例而言，未来修订《船舶登记条例》时，考虑到立法的整体性和完整性，建议整合中国境内的船舶登记法律规范，将渔业船舶和体育运动船艇统一归入《船舶登记条例》的管辖范围，以确保法律文件的体系性和协调性，将渔船和体育运动船艇的登记归入《船舶登记条例》。对渔船和体育运动船艇分别单设一节予以专门规定，在此基础上“以高度抽象的方式将公因式提取出来并确立一般规则”①，使得船舶登记法律规范能够实现法律效力上的统一，可以就不同登记主管机构的权限作明确规定，从而避免不同部门、不同层级法律管辖上的冲突。此后各主管机关可以再在本部门的立法权限内分别就渔船和体育运动船艇的登记事项制定规章和规范性文件具体指导渔船和体育运动船艇的登记及实施细项。

同时为了保持立法的连贯性和稳定性，对于原有规定的修订和完善也应当注意最大限度地维持立法传统和立法模式。因此，基于中国目前的船舶登记立法模式和监管体制，以最大限度地维护现有立法框架为原则，并兼顾上下位法律规范和新旧立法的融合，对《船舶登记条例》现有结构和内容提出如下革新建议：

章　节	原有内容	建议革新内容②
第一章 总则	第 1 条　立法目的与依据 第 2 条　登记资格 第 3 条　国籍与国旗 第 4 条　双重国籍 第 5 条　船舶所有权 第 6 条　船舶抵押权、光船租赁 第 7 条　船员 第 8 条　船舶登记主管机关 第 9 条　船籍港 第 10 条　船名 第 11 条　船舶登记簿 第 12 条　国有船舶	第 1 条　立法目的与依据 第 2 条　船舶 第 3 条　登记资格 第 4 条　登记证书 第 5 条　登记分类 第 6 条　临时登记 第 7 条　登记主管机关 第 8 条　船舶登记簿 第 9 条　船舶检验 第 10 条　船龄 第 11 条　船员 第 12 条　国有船舶

① 李永军：《民法典总则的立法技术及由此决定的“总则”内容》，载《比较法研究》2015 年第 3 期，第 1—13 页。

② 为了便于阅读，建议按照每章重新编码方式列举条款。

续表

章　节	原有内容	建议革新内容
第二章 船舶登记 机关	新增	第 1 条　登记机构的权力来源 第 2 条　职能和权限 第 3 条　登记授权权限 第 4 条　登记签章 第 5 条　登记主管机构权利
第三章 船舶登记 一般性 规定事项	新增（旨在同《船舶登记办法》相协调）	第 1 条　登记申请 第 2 条　船舶检验与丈量 第 3 条　船名 第 4 条　船籍港 第 5 条　船舶标志和公司旗帜 第 6 条　登记证书的签发 第 7 条　登记有效期 第 8 条　登记证书的更新 第 9 条　登记证书的补发、换发 第 10 条　船舶转让变更登记 第 11 条　注销登记
第四章 船舶所有权 登记	第 13 条　所有权登记提交材料 第 14 条　所有权登记证书、登记号码、船舶登记簿	第 1 条　所有权登记提交材料 第 2 条　所有权取得证明文件 第 3 条　不予登记所有权情形 第 4 条　所有权登记证书颁发 第 5 条　船舶所有权登记事项 第 6 条　船舶登记簿载明事项 第 7 条　所有权转移登记
第五章 船舶国籍	第 15 条　船舶国籍申请条件及提交材料 第 16 条　国籍证书的签发和有效期 第 17 条　临时船舶国籍登记 第 18 条　临时船舶国籍证书 第 19 条　国籍证书法律效力	第 1 条　船舶国籍申请条件及提交材料 第 2 条　境外购买船舶国籍登记申请 第 3 条　国籍证书的签发和有效期 第 4 条　临时船舶国籍登记申请 第 5 条　临时船舶国籍登记 第 6 条　临时船舶国籍证书 第 7 条　国籍证书的法律效力 第 8 条　船员适任

续表

章　节	原有内容	建议革新内容
第六章 船舶抵押权 登记	第 20 条　抵押权登记申请条件及提交材料 第 21 条　抵押权登记证书的签发 第 22 条　抵押权登记事项 第 23 条　抵押权转移登记 第 24 条　登记顺序	第 1 条　抵押权登记申请条件及提交材料 第 2 条　抵押权登记证书的签发 第 3 条　抵押权登记事项 第 4 条　抵押权转移登记 第 5 条　抵押权登记的注销 第 6 条　最高额抵押登记
第七章 光船租赁 登记	第 25 条　光船租赁登记资格及要求 第 26 条　境内出租船舶登记 第 27 条　出租境外船舶国籍中止 第 28 条　境外租进船舶登记的申请和证书颁发 第 29 条　光租登记的续期 第 30 条　光船转租登记	第 1 条　光船租赁登记资格及要求 第 2 条　境内出租船舶登记申请和证书颁发 第 3 条　境外租进船舶登记申请和证书颁发 第 4 条　光租登记期间 第 5 条　出租境外船舶国籍中止 第 6 条　光船转租登记
原第六章 船舶标志 和公司旗	第 31 条　船舶标志 第 32 条　烟囱标志公司旗登记 第 33 条　烟囱标志公司旗的审核及要求 第 34 条　烟囱标志公司旗的公告	建议并入新设第三章“船舶登记一般性规定”
第八章 变更登记和 注销登记	第 35 条　船舶登记项目变更 第 36 条　船籍港变更 第 37 条　船舶共有情况变更 第 38 条　船舶抵押合同变更 第 39 条　船舶所有权转移登记 第 40 条　失踪灭失船舶登记的注销 第 41 条　船舶抵押登记注销 第 42 条　光船租出登记注销 第 43 条　光船租赁合同期满登记注销 第 44 条　光船租进船舶登记注销	第 1 条　船舶登记事项的变更 第 2 条　船名的变更 第 3 条　船籍港的变更 第 4 条　船舶标识的变更 第 5 条　注销登记 第 6 条　罚没船舶注销登记 第 7 条　沉没船舶注销登记 第 8 条　登记证书公告作废 第 9 条　船舶所有权登记项目变更 第 10 条　船舶抵押权变更登记 第 11 条　船舶抵押权登记项目变更 第 12 条　光船租赁登记变更 第 13 条　光船租赁登记注销 第 14 条　抵押登记的注销 第 15 条　船舶规范变更登记

续表

章　节	原有内容	建议革新内容
原第八章 船舶所有权登记证书、船舶国籍证书的换发和补发	第 45 条　国籍证书期间届满换发 第 46 条　污损换发 第 47 条　遗失补发 第 48 条　境外遗失污损换发	建议相关规定放置至第十章“附则”之中
第九章 法律责任	第 49 条　假冒国籍 第 50 条　双重国籍 第 51 条　隐瞒真实情况和登记事实、伪造涂改船舶登记证书 第 52 条　不按规定办理变更或注销登记、使用过期船舶登记证书和临时登记证书 第 53 条　使用业经登记的船舶烟囱标志和公司旗 第 54 条　船舶登记机关工作人员的行为 第 55 条　复议和诉讼	第 1 条　行政处罚种类 第 2 条　实施行政处罚的具体登记行为① 第 3 条　未支付罚款拒签证书 第 4 条　船舶登记机关工作人员违法行为 第 5 条　处罚规则的法律适用 第 6 条　复议和诉讼
第十章 附则	第 56 条　关于船舶的解释 第 57 条　船舶登记费 第 58 条　证书制作机构	第 1 条　国籍证书期间届满换发 第 2 条　污损换发 第 3 条　遗失补发 第 4 条　境外遗失污损换发 第 5 条　登记证书的终止 第 6 条　登记费用 第 7 条　证书版本及制作机构
另一 渔船登记	新增	第 1 条　渔船登记义务及国籍规定 第 2 条　渔船的登记资格 第 3 条　渔船登记除外情形 第 4 条　渔船标志及名称 第 5 条　渔船登记主管机关 第 6 条　渔船登记证书 第 7 条　渔船登记种类 第 8 条　渔船登记档案 第 9 条　渔船变更登记 第 10 条　渔船登记注销

① 将原第 49 条至第 53 条的具体行为归纳至本条中对需要实施行政处罚的行为予以列明，并列举具体处罚规则，或将处罚交由海上及内河的海事行政处罚规定来处理，此处仅作准用性规则规定。

续表

章　节	原有内容	建议革新内容
另二 娱乐及运动船艇登记	新增	第 1 条　娱乐及运动船艇登记资格 第 2 条　娱乐及运动船艇登记申请 第 3 条　娱乐及运动船艇登记主管机关 第 4 条　娱乐及运动船艇登记除外情形 第 5 条　娱乐及运动船艇登记证书 第 6 条　娱乐及运动船艇登记期间 第 7 条　娱乐及运动船艇变更登记 第 8 条　娱乐及运动船艇登记注销
另三 国际船舶登记①	新增	第 1 条　国际船舶登记资格 第 2 条　国际船舶登记适用船舶种类 第 3 条　国际船舶登记船籍港 第 4 条　国际船舶登记船旗和标志 第 5 条　国际登记船舶的航行区域 第 6 条　国际船舶登记注销条件 第 7 条　国际船舶登记注销申请 第 8 条　国际船舶登记注销批准 第 9 条　国际船舶的光租登记 第 10 条　进行国际船舶登记的船舶的法律适用

第二节　船舶登记法律制度内部规范的完善

船舶登记法律制度通常是指国家的船舶登记法律规范根据一定原则和要求分类为不同的法律部门而形成的有机联系的统一整体。②法律制度的体系性决定了其内部存在分类和组合。船舶登记法律体系从内容和形式来看可以分为两个子系统，其一是内部规范，其二是外部配套规范。内部规范着眼于船舶登记行为所引发的各类法律关系，以登记的“有法可依和有效执法”为逻辑前提，属于国家理性建构思路。而外部规范则按法律制度的开放性建设思路来认识和完善法律制度安排，重视法律制度生长和扩散的特性，关注法律背景、社会政策、

① 关于国际船舶登记的法律规范建议，可参见本章第六节的深入论述。

② 乔晓阳：《关于中国特色社会主义法律体系的构成、特征和内容》，载于中国人大网 http://www.npc.gov.cn/zgrdw/npc/xinwen/2013-06/25/content_1798341.htm，访问时间 2023 年 3 月 10 日。

制度运行，以及实践需求层面在整体上会对船舶登记法律秩序的建构发生影响的其他法律规范。

本节讨论船舶登记法律体系中的内部规范，以建设高质量商船队的变革理念，探讨影响准入的船舶登记条件、登记程序的革新以及登记流程和权限的确立等要素。

一、船舶登记条件的调整

《船舶登记条例》及其他配套法律规范确立了中国一般船舶登记①典型的严格内国登记制度（或又被称为封闭登记制度）。这体现在：1.登记主体设定方面，在中国进行登记的船舶必须是中国公民、中国企业、中国政府和事业法人拥有的船舶以及港务机关允许进行登记的船舶，其中企业法人注册资本有外资的，中方出资额不得低于50%；2.船员雇佣，中国籍船舶船员必须持有中国船员适任证书②；3.船舶适格性方面，各类机动、非机动船舶以及其他水上移动式装置均应进行登记，但军事船舶、渔业船舶、体育运动船艇排除适用，船舶上装备的救生艇和长度小于5米的艇筏除外；4.船龄要求，船舶具有强制报废船龄，购置外国船舶或者以光船租赁条件租赁外国船舶的，必须符合《老旧船舶运输管理规定》附录中的船龄要求；5.法定检验，申请登记的船舶必须获得法定的船舶检验机构签发的船舶检验证书和其他有效船舶技术证书，此外根据《船舶和海上设施检验条例》第13条的规定，五类③中国籍船舶必须向中国船级社申请入级检验。

就船舶的出籍率而言，在世界排名前十位的船东国家（地区）里中国的自有船舶一直保持着一个比较高的百分比，但这一数字仍然呈逐年下降趋势。将选择出籍和选择登记在本国的船舶结构进行对比，目前比较大型的集装箱船、

① 相对于自贸区内设立的国际船舶登记制度而言，此处仅就一般船舶登记法律规定进行讨论，国际船舶登记条件可参见第六节的详细论述。

② 原《船舶登记条例》第7条规定中国籍船舶的船员需为本国人，经2014年7月29日国务院令第155号公布的《国务院关于修改部分行政法规的决定》修正已删去了本国船员雇佣比例要求。自贸区内设立的国际船舶登记制度可以突破该规定，后文对此再作详细说明。

③ 这五类中国籍船舶分别是：（一）从事国际航行的船舶；（二）在海上航行的乘客定额一百人以上的客船；（三）载重量一千吨以上的油船；（四）滚装船、液化气体运输船和散装化学品运输船；（五）船舶所有人或者经营人要求入级的其他船舶。

油轮、石油天然气及液化气船和干散货轮选择出籍比率较高，而这些船舶往往是支撑海上贸易的重要交通设备。虽然中国的法律并不算非常严格①，但在世界范围内登记法律限制普遍呈现宽松化的趋势下，相对严格的内国登记模式无疑会使得重要的船舶资源流失到其他登记法律法规相对宽松的国家，这对现阶段处于贸易和经济转型期的中国而言会产生潜在和长远的影响。所以，放宽船舶登记条件方面的限制有利于调整和完善商船队的数量和质量，围绕船舶打造和聚集航运产业。但相较于自贸区内的国际船舶登记，考虑到国家战略和海上安全，一般船舶登记法律规定中关于登记条件的调整应当是有限度和有侧重的。据此提出以下四方面调整策略：

其一，建议有限度地放宽登记主体外资比例的绝对限制。关于《船舶登记条例》"中方投资人出资额不得低于50%"的解释，需要注意以下几个方面："不得低于50%"包括50%在内，其中"企业法人的出资额"可以是中方法人或自然人的股份之和，不包括港澳台资本；境外中资企业在境内开办航运企业，出资额是否算中资需报海事局审核后确认；中国公民或法人与外国公民或法人共有的船舶，同样需遵守出资额标准；在主管机关对外商独资或投资比例超过50%的非运输船舶如何办理登记问题尚未明确之前，此类船舶暂不予登记；②外商出资额超过50%的中国企业法人的船舶仅供本企业内部生产使用，不从事水路运输经营的趸船、浮船坞③应进行登记。

从前述条文和对其进行解释的法律条款内容可以看到，对于中资比例50%的红线，立法部门一直持谨慎态度，这种谨慎同样反映在自贸区试点船舶登记改革前期，如天津在试点方案中提出不轻易突破"中方投资人的出资额不得低于50%"这项规定④。从监管视角而言，设置50%的比例红线一方面是由于内外资监管有别，另一方面也是出于战略安全考虑。但随着中国航运市场的进一步开放和立法机构对以《公司法》和《公司登记管理条例》为代表的公司登记

① 关于船舶登记模式的类型及特点可参见第二章第三节内容。

② 参见《〈中华人民共和国船舶登记条例〉若干问题说明》第1条第1款。

③ 《船舶登记办法》第3条。

④ 在交函海［2013］161号《交通运输部关于天津东疆保税港区国际船舶登记制度创新试点方案的复函》之中，交通部将第二（二）8（2）中的"中方投资人的出资额不得低于25%"仍然改为"中方投资人的出资额不得低于50%"。

条件的调整，再加上越来越多的中国企业到境外进行登记，以及修订后的《中外合资经营企业法》《中外合作经营企业法》和《外资企业法》都并未强调外资准入的出资限制，可以预期的是未来航运领域对外资的开放程度将超越以往，关于中国籍船舶的所有人中资比例严格要求50%的绝对值规定可能会不利于市场的开放，也有可能成为中国航运企业和船舶走出去的桎梏。

观察世界，有的国家同中国相似，对登记船舶的本国所有权控制得比较严格，仍然要求本国资本或本国所有人占据所有权或股份的绝大多数。如澳大利亚便规定只有澳大利亚人所有的船舶才能够进行登记，而所谓“澳大利亚人所有”是指澳大利亚国民所有，或者在共有情形下绝大多数船舶共有人是澳大利亚人，或者共有情形下一半以上的股份为澳大利亚人所有。①而从国家产业定位以及市场资源配置视角而言，与目前的绝对比例相比，采取一种较为缓和的相对监管方式对中国而言可能是一个可以考虑的选择项。相对控制的好处在于一方面能够灵活地对外资进行监管，确保船舶和其实际控制者产生管辖上的联系，另一方面又可以促进外流资本和技术的回归，给企业带来更多经营上的便利和投资可能性。

以法国为例，该国对登记船舶的所有权有国籍、居所及登记地限制，但规定相对灵活。对于自然人，法国规定船舶的单独所有人必须是欧洲经济区的公民，共有船舶中至少一半的共有人需为欧洲经济区公民，主要的船舶管理者居住地在法国或在可以选择居住地的情况下一年之中至少六个月居住在法国；对于法律实体，要求至少50%的公司业主其登记营业地或总部位于欧洲经济区境内，对船舶实施管理和控制的主体需是位于法国境内的登记营业地或总部，或者是船东公司常设法国的办事处。②

英国对于申请登记船舶所有人的要求则更加简单。自然人方面，英国公民、欧盟成员国公民、英国海外领土公民、英国海外公民、1981年国籍法管辖的个人均可以申请英国籍船舶登记，船舶主要利益归属英国人所有，或者主要利益所有人或代表人居住在英国亦可；法律实体方面，成立在欧洲经济区国家的实体或成立在英国的实体（包括主要营业地在英国），或者在英国登记过的欧洲经济利益团体均可申请英国籍船舶登记。③

---

① Section 8 of Australia Shipping Registration Act 1981.

② Article 219 of the French Customs Code.

③ Article 7 & 8 of The Merchant Shipping (Registration of Ships) Regulations 1993 of UK.

其二，建议对登记船舶的法定种类及适用法律予以明确，特殊船舶或出台相应法律规范予以明确，或在船舶登记条例中设专章就一般性事项进行规定。由于特殊船舶管理机关不同，《船舶登记条例》中规定“军事船舶、渔业船舶和体育运动船艇的登记依照有关法规的规定办理”。但除渔业船舶，军事船舶和体育运动船艇至今尚未有明确规定出台，且渔业船舶的法律规定也存在层级、内容方面的问题。①从立法的统一性和整体性考虑，除军事船舶另行制定规范，在《船舶登记条例》中建议就包括渔业船舶和体育运动船艇在内的特殊船舶进行专章规范，就这两类船舶的一般性、原则性事项设立专门规定，不同管理机关再依据其管辖权就特殊和具体实施问题制定相应规章、规范性文件。

此外，关于“船舶”的解释与适用也需要在条例中予以明确，将以往补充性解释、规范性文件中对《船舶登记条例》中“船舶”的解释内容整合到条例中来，对法律规范予以清理和调整。如《〈中华人民共和国船舶登记条例〉若干问题说明》中对“公务船舶”“军事船舶”和“体育运动船艇”的释义，《船舶登记办法》第 75 条对“长度小于 5 米的艇筏”和“游艇”登记的法律适用问题的规定，还有《关于海上浮式处理装置有关登记问题的复函》中对“海上浮式处理装置”是否属于《船舶登记条例》中“船舶”的解释，《关于对海上浮式储油装置进行登记的函》对“海上浮式生产储油装置”是否应依照条例规定进行登记等问题都有必要一并整理和完善。

其三，建议对特定船舶有限度地设定船舶人员配备方面的限制，剩余已放宽要求的继续给予船舶所有人一个较为宽松的雇用环境。世界上最大的船员供给国是中国、印度尼西亚和菲律宾。②中国船员一向以其高素质低酬劳在国际船舶市场上受到欢迎。但是随着中国经济的发展和航运市场的变化，中国船员的就业取向同样发生了转变。许多有经验的船员纷纷选择下船，不再在海上工作，而新培养的候任船员又缺乏技能，需要一个培养和成长期，这就产生了船员队伍的断层，并且国家社会保障机制的完善使得中国船员的雇佣成本增加。中国船员原有的薪金优势差距也已经日益缩小，甚至不及许多东南亚国家船员在劳

① 关于渔业船舶登记立法层级和结构方面的问题，可参见第一节第一目第二目的相关论述。
② 联合国贸发会（UNCTAD）:《海运综述》（RMT）。

动力市场上的优势。这种状况迫使中国的船舶所有人将船舶登记在了方便旗登记国以降低本国企业的人力成本，而外国船舶所有人或船舶经营人在选择船员时也会考虑更具劳动力优势的人员。

事实上在选择船舶登记地时，船员国籍在船舶出籍因素中占据重要地位，如果船旗国和开放登记国之间船员政策存在差异，则船舶多会选择出籍①，并且“对于选择出籍的传统海运国家航运企业而言，船员的薪水比制度绩效更具影响力”。②以许多国家推行的国际船舶登记立法来看，多会设专章就国际登记船舶的船员工资和工作条件作特别规定。一些国家对船员并无强制性要求，仅强调船员在ITF或《海事劳工公约》中的基本权益。如丹麦的国际船舶登记法中就船员集体协议的适用作了特别规定，要求只有丹麦工会签订的集体协议可以代表丹麦居民，外国工会签订的集体协议只包括该国公民或该工会成员。③另一些国家则存在一定限制，但同时明确国际船舶的船上人员须满足一定限度的权益保障。如法国便根据最低安全配员文件SMD④，要求进行国际登记的船舶至少25%的船员必须是欧盟或欧共体国家的公民，除此以外船长和大副也需要是欧盟或欧共体国家公民，允许国际登记船舶雇佣外国船员，但要求船员的福利待遇符合ILO公约的规定，且根据国际劳工组织海员协定条款与外国船员签订雇佣合同，外国船员的工资不得低于620.05美元，每月不得超过208个工作小时。⑤

中国原《船舶登记条例》第7条对本国籍船舶雇佣的船员规定有国籍要求，2014年国务院令第155号公布的《国务院关于修改部分行政法规的决定》删去了本国船员雇佣比例要求，仅保留中国籍船舶上的船员应当持有中国船员适任证书的规定。从过去必须100%雇佣中国船员的严格规定，到放开了船员国籍限制。而前文提及的法国则未开放到这一程度，法国允许船上75%的船员由外国船员担任，但需要保持至少4名管理人员为法国人。方便旗国家则基本没有

---

① Luo M, Fan L, Li K, *Flag choice behaviour in the world merchant fleet*, Transportmetrica A: Transport Science (2013) 9 (5), p.448.

② Kyriaki Mitroussi & Micheal G. Arghyrou, Insititutional Performance and Ship Registration, *Transport Research* Part E 85 (2016) 90－106, p.105.

③ Section 10 of act on the Danish International Register of Shipping.

④ The minimum safe manning document (SMD).

⑤ The December 30th 2005 regulation of Frence.

本国公民雇佣条件的限制。对船员国籍的开放无疑可以减少船舶所有人的运营成本，对部分出籍船舶而言也是一个利好。

全面开放中国籍船舶的船员雇佣市场无疑是一个改革的有力信号，一个对改革的思考是，是否可以对特定船型或船舶所有人的船员雇佣提出要求。这类船舶主要是指受到政府财政支持或政府政策导向建造的船舶。如法国国际船舶登记制度中规定，对于政府提供了财政支持的船舶，其本国船员比例则要求较高，须达到至少35%。此外，有的国家虽然对船员国籍没有限制，却通过一些财政措施激励本国海运企业雇佣船员时选择本国船员。如新加坡不限制船员国籍，但提出了新加坡国家培训计划雇佣和培训船员，诸如英国、加拿大、中国香港等国家或地区也提出了类似的船员培养计划，鼓励船东雇佣本国船员。这类计划的特点是通过一些海事相关院校培训船员，而政府为船东提供海员津贴和培训来加强本国船员的职业素养。每名新加坡籍或在新加坡拥有永久居留权的海员服务期间，船东每个月最高可从MPA获得每人600美元的津贴额度，此外政府还会承担50%的船员培训费用。

另外，我国要求中国籍船舶的船员必须持有中国船员适任证书。与中国签署了相互承认海员适任证书协议的国家（地区）①，该国家（地区）船员到中国船舶任职不需要再换发证书，中国船舶亦同。由于与中国签署互认协议的国家相对较少且多为海运经济较发达地区，因而可享受互认权利的外籍船员可能并不多。与其他海运发达国家②相比，中国同其他国家在适任证书领域的合作并不算多，特别是同方便旗国家之外的国家（地区）间的合作，因此未来在这个领域加强同其他国家（地区）的合作对船员和船东而言都是一个好的信号。至于可能会出现的资源和劳动力流向不均问题，协议之时采用对等原则可以对此

① 截至目前与中国签署了相互或单方承认海员适任证书协议的国家（地区）共计27个，分别是中国香港、新加坡、马来西亚、韩国、英国、丹麦、约旦、意大利、泰国、巴哈马、荷兰、挪威、塞浦路斯、瓦努阿图、巴拿马、马耳他、利比里亚、印尼、伯利兹、希腊、安提瓜和巴布达、多米尼加、圣文森特和格林纳丁、伊朗、牙买加、圣基茨和尼维斯联邦。除前8个国家（地区）为相互承认协议，剩余国家均是单方承认我国证书。卢森堡承认我国证书，英国认可我国签发的海船船员健康证明与英国签发的海员健康证书（ENG1）等效，中国香港可直接为内地持证船员签发香港证书。

② 如英国承认和认可证书的国家为48个以上。

进行预防和弥补。

其四，建议完善在建船舶登记法律制度设计。目前在法律法规层面，《船舶登记条例》第 14 条仅规定建造中船舶可以设立抵押权且办理抵押权登记时应当提交船舶建造合同。对于建造期间与建造完成后设立的抵押权及登记效力问题，1967 年《在建船舶权利登记公约》第 5 条确立了如下规则：在建船舶登记效力依据即将建造或正在建造船舶的国家法律确定，有关实施程序的各种事项应受实施地国家的法律的调整。建造中船舶上已登记的抵押权和质权为一方，此种船舶的留置权和滞留权为另一方，双方之间的排列顺序应依照适用于建造完毕后经登记的船舶的规则确定。

建议适当增加《船舶登记条例》中关于中国船舶登记认证的法定船舶检验机构范围。在航运产业中，船级社在船舶监管方面发挥着重要作用。大多数海洋国家都拥有自己的船级社，而船级社通常都是监管机构事实上的技术顾问。作为认证组织，船级社在技术、人员以及环境方面支持着监管机构的执法和监督。①因而，船级社虽不具有执法权，但却为航运业树立了技术和行业标准。实践中，许多国家的船级社经行政检验机构委托、指定或认可后，承担了船舶检验的主要工作。

关于法定检验机构的权力及职能，《船舶和海上设施检验条例》有明确规定。船检局是实施船舶检验工作的主管机构，船舶检验具体由船检局、交通主管部门、船检局委托指定认可的船检机构负责，中国船级社属于社会团体性质的船舶检验机构，承办入级检验、鉴证检验和公证检验业务，经船检局授权可代行法定检验。②其中第 13 条要求五类中国籍船舶必须向中国船级社申请入级，而这五类船舶包含了远洋航行的绝大多数船舶种类，中国籍国内航行船舶的入级检验机构同样是中国船级社承担。③因此可以说，现阶段中国籍船舶入级检验机构几乎是唯一的，船舶登记主管机关认证的船舶入级检验机构是中国船级社。

---

① Martin Stopford, *Maritime Economics* (*3rd Edition*), London and New York, Routledge, 2009, p.657.

② 《船舶和海上设施检验条例》第 3、4、6 条。

③ 《船舶检验管理规定》第 27、28 条。另外五类船舶是：从事国际航行的船舶；在海上航行的乘客定额一百人以上的客船；载重量一千吨以上的油船；滚装船、液化气体运输船和散装化学品运输船；船舶所有人或者经营人要求入级的其他船舶。

这能够一定程度保护中国船级社的法律地位和竞争优势，也有助于船旗国确保船舶的安全性能，但可适度开放一些市场给其他国际船级社，以促进检验技术和业务的交流和沟通。

实践中由于国内一些监管的限制，加上高额税费的影响，中国的船舶所有人可能选择在国外建造一些需要特殊技术或造价相对便宜的船舶。国外建造也会考虑到造船融资、保险以及货源等方面的便利。有时在建造阶段为了融资和造船便利，中国船舶所有人会选择船旗国海事部门认证的船舶检验机构，有的时候则是由于国外融资机构的指定，要求在指定船级社进行检验。倘若船舶在后来要登记至中国，面临的一个问题就是船舶检验、保险等机构的更换和船舶的重新检验，这不仅会涉及船舶所有人一方，还会涉及融资银行、借贷人、保险公司、租船人以及合同条款的条件更改问题。登记在中国的船舶如果后续运营国家或地区不承认中国船级社的检验资格，同样也会带来类似的麻烦。为避免此类麻烦，方便旗国家和航运发达国家的海事管理部门均会根据声誉和业务范围，委托授权多个船舶检验机构处理一些法定检验事宜，以满足不同船舶企业和船东的业务需求。

所以维持单一船舶检验机构有监管和业务上的好处，授权多个检验机构也有互利共赢的优势。将船舶登记机关能够予以认证的船舶检验机构范围适当有条件放宽，采取对等便利做法，在提升本国船舶所有人选择权的同时，也可促进船级社发展。近年来海事管理法律法规的改革表明，这方面的限制正在慢慢放宽。《船舶检验管理规定》可以视为对这个趋势的一种回应，该规章在第 6 条第 4 款中明确指出，外国验船公司“经交通运输部海事局认可，在逐步开放的范围内对自由贸易区登记的中国籍国际航行船舶实施入级检验”。未来随着改革的深入，船舶登记机关认证范围渐渐拓展至全国，且授权一些公认信誉良好的船级社承担检验工作，在整体上有利于产业发展，倘若在监管和安全层面有所疑虑，可对特定船型特定水域实施较为严格及具有专属性质的检验。

二、登记程序的革新

登记程序在船舶登记法律规定中的重要性不言而喻，它是船舶登记得以实施和运行的保障。正如学者在描述法律制度内部结构在社会生活中的具体表现时所言，“法律制度的投入部分表现为运作中的法律程序，它由文书及履行程序的行为组成……法律程序分配法律机构之间的管辖权力，规范程序中各方当事人的角色，决定是否有权使用法律从而使得社会权力结构不受破坏或仅在批准和合法的方式下更改权力。”①所以，登记程序在整个船舶登记法律制度中扮演着十分重要的角色，确保法律规定的运行和权力的分配。

关于船舶登记程序的具体流程，《船舶登记条例》中未有明确说明，只在相应实体条款中提及“申请”“审查”“颁发证书”“船舶登记簿”等事项。2017 年实行的《船舶登记办法》对流程予以了具体明确，第 8 条规定船舶登记按下列程序办理：申请、受理、审查、记载于船舶登记簿、发证。《船舶登记工作规程》则将登记机构的职能予以了进一步细化，根据规程第四章船舶登记程序可具体分解为：申请与受理、初审、复审、审批、办理与告知、归档、办理时限、公告程序等几个具体执行和实施阶段。实践中，海事局的船舶国籍证书办理流程如下图所示：

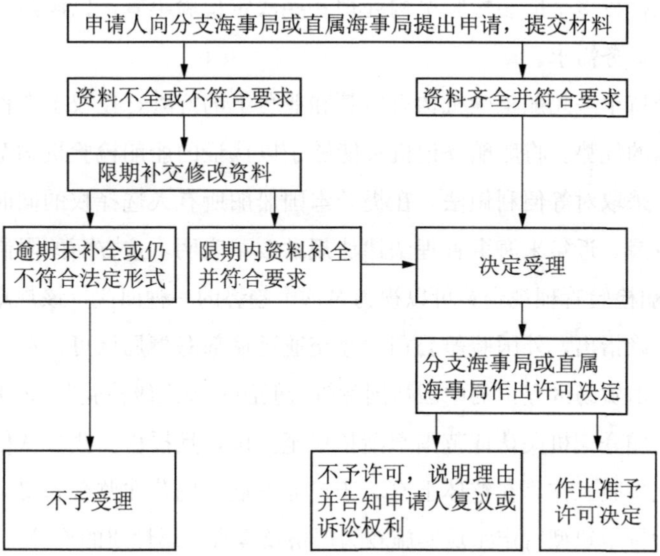

图 7.1　船舶国籍证书核发审批流程②

① Lawrence M. Friedman, *The Legal System: A Social Science Perspective*, Russel Sage 1977, p.12.

② 资料来源：中华人民共和国海事局办事指南，行政审批事项编码 15010.

登记程序还决定当事人的角色和权力分配。在船舶登记程序中，常受到关注的一个问题是登记的审查形式以及登记机构在审查过程中的职责，具体体现在形式审查与实质审查的争议之中。关于登记机构在登记时应当负担的义务，存在两种不同的看法，即应当对登记申请人所提供的材料进行实质审查还是形式审查。"实质审查义务，是指登记机关必须就申请人提供材料的真实性负担实质调查和验收的义务，登记机关对于实质审查后记载在登记簿上的内容负担严格的保证责任；而形式审查义务，则是指登记机关仅就当事人所提交的书面材料进行审查，如果材料本身没有瑕疵，不论材料事实上是否存在虚假问题，可依据材料上显示的内容进行登记。"①之所以会提出形式审查与实质审查不明确问题，主要还是审查期间和审查内容的复杂使得申请当事人和其他人员对审查方式产生质疑。

如果说早期有部分实质性审查事项，从目前《船舶登记条例》《船舶登记办法》和《船舶登记工作规程》为主线的登记法律规定来看，船舶登记审查越来越倾向于对申请材料进行形式审查。首先是目前船舶国籍证书核发期间为 7 个工作日，并且可以与船舶所有权登记证书同时申请②。其次是法律规定中强调登记申请人对登记材料真实性负责，且船舶登记机关的审查基本围绕申请材料的齐全性、合法性和一致性展开③。最后是登记机关审查后根据不同情况作出的决定事项中基本均属于材料和管辖权等程序性事项，没有出现船舶登记机关对实体性事项提出异议的情况④。形式审查能够提高登记效率，减少交易成本，降低登记机构的登记风险和社会压力，但相对地它也可能造成隐瞒虚假和登记公信力的下降，因此法律必须在制度上弥补形式审查可能带来的漏洞。

这就引出了需要讨论的第一个问题，即原《物权法》第 222 条所建立的登记赔偿制度，即恶意登记人的赔偿责任。尽管该规定是针对不动产登记的，目前船舶登记领域对于恶意登记及登记错误的法律责任问题尚未有所规定，仅

① 朱岩：《形式审查抑或实质审查——论不动产登记机关的审查义务》，载《法学杂志》2006 年第 6 期，第 107 页。

② 关于期间可参照《船舶登记工作规程》第 43 条规定。另外，取得船舶所有权证书是申请船舶国籍证书的前置条件，但海事局接受同时办理。

③ 参见《船舶登记办法》第 11、12 条，《船舶登记工作规程》第 31—36 条。

④ 参见《船舶登记办法》第 13 条，《船舶登记工作规程》第 29 条。

《船舶登记办法》第11条强调“申请人对申请材料的真实性、合法性、有效性负责”。能够适用《民法典》物权编的或许包含船舶的物权登记事项，但船舶登记的另一个重要组成部分，国籍登记应当怎么处理则尚无明确规定。从制度的完整性来讲，在船舶登记法律规范中加入并完善这一部分规定是必要的，也比建立船舶预告登记①、异议登记和变更登记制度的建议在立法、司法和执法过程中程序简单、实用和可操作性强。因此完善船舶登记法律中的恶意登记、错误登记制度对保障程序公正和实体公正都具有意义。

此外，还有一种改革思路是从外部引入法定公证制度，由专业第三方机构帮助行政机关进行一些审查工作。这么做的一个好处在于“我国行政机构的职能正处在转变和改革之中……（由公证机构来进行实质审查）不会导致政府职能扩张或膨胀……公证机构属于专业性社会中介机构……（引入公证）有利于提高登记机关的登记效率”。②《海商法》和《船舶登记条例》均没有对所谓实质审查事项进行规定，程序审查已成为一个趋势。采取这种方式可以适当减轻船舶登记机构的行政负担，在面临较大工作量和繁复事务时无疑是一种选择。美国的船舶登记机构便有类似尝试，在一些情况下美国的替代性履行项目允许船舶登记机构将其行政检查义务指定给第三方组织实施。③

另外递交申请材料的整理和归纳问题同样存在待改进之处。根据现阶段的法律规定和登记实践，目前中国船舶国籍登记/所有权登记（同一表格）需要提交的申请材料主要涉及十八个具体项目，它们是：1.船舶所有权证书及其复印件；2.船舶名称核定通知；3.船舶所有人或船舶经营人的合法身份证明文书及其复印件；4.申请人的合法身份证明文书及其复印件；5.委托证明及委托人和被委托人身份证明及其复印件（委托时）；6.船舶技术证书及其复印件；7.原船舶登

① 关于设立船舶预告登记制度的论著，可参见刘伟军、刘宝宇：《创设船舶预告登记制度之探讨》，载《中国海商法年刊》2002年第13期，第119—127页。朱宇：《浅议船舶物权预告登记制度》，载《中国远洋海运》2005年第10期，第44—46页。孙毅：《建立船舶预告登记制度的探讨》，载《中国海事》2008年第2期，第29—31页。沈华国：《船舶预告登记制度初探》，载《中国水运（下半月）》2010年第10期，第59—60页，等等。

② 汤维建：《公证立法与物权立法的交错》，载《中国公证》2005年第6期，第20—23页。

③ “U.S. Coast Guard Alternative Compliance Program”. United States Coast Guard. Retrieved 2023-03-01.

记机关出具的注销原国籍登记证明书或者将于重新登记时立即注销原国籍的证明书及其复印件（适用于原已登记过的船舶）；8.委托经营的有关协议（适用于委托经营船舶）；9.船舶所有权取得证明文件或建造合同及其复印件（新造船舶试航），或建造合同和交接文书及其复印件（异地建造船舶）；10.所有权共有情况证明文书及其复印件（适用于共有情况）；11.船舶所有权取得合法证明文书及其复印件（船舶买卖合同和交接文书或购船发票和交接文书等等），建造中的船舶需提供船舶建造合同及船舶所有权归属证明文书及其复印件；12.机电部门进口批文及海关完税单及其复印件（适用于购入外国籍船舶）；13.合资公司出资额的证明文书及其复印件（适用于中外合资公司所有的船舶）；14.原船舶登记机关出具的注销船舶所有权登记证明书（适用于原已登记过的船舶）；15.原船舶登记机关出具的未进行登记抵押的证明文书或抵押权人同意被抵押船舶转让他人的文书及复印件；16.船舶技术资料及其复印件；17. 4 寸船舶照片 5 张（正横 2 张、侧艏 1 张、正艉 1 张、烟囱 1 张）；18.对于进口船舶在渔监登记后转为运输船舶到海事管理机构登记的船舶，适用交通部《老旧运输船舶管理规定》中有关进口船舶船龄限制的规定，还应提交在渔监登记时的原始材料及其复印件（包括建成日期、进口日期、进口用途的证明文书等）。

这些证书种类繁多且类型多样，因此从材料归档视角对其进行整理能够使得登记当事人更加便利，也能够促进登记的效率。事实上，前述 18 项材料可以归纳整理为六类：其一是船舶所有权相关材料；其二是船舶标记材料；其三是船舶原登记注销或无登记材料；其四是船舶技术证书；其五是船舶航行证书；其六是船舶价值材料。同理船舶物权登记申请材料的梳理亦同，办理临时国籍的材料亦同。在过去的实践之中办理过程中材料递交的要求有时会给申请人造成麻烦，在申办证书时国内经常要求一开始就提供各种文件的原件，如果不对则退回再来，而有的地区则允许先提供扫描件，符合要求后再一次性审核原件……办理注销手续时国内需要提供诸多船舶买卖合同、买卖发票等一系列文件，且办理时间也相对较长①。因此，申请材料的归档和提交规则的改善对于

① 张丽英：《中资船舶注册香港船旗的相关法律问题》，载《国际经济合作》2011 年第 5 期，第 91 页。

登记申请人而言具有积极的意义。

另一个引起讨论的问题是登记办理时限和审核周期。有观点指出，“在中国内地，船舶抵押登记的办理周期是7个工作日，手续费是抵押额的0.5%；而在中国香港同样的登记只要2小时，收费只有港币44元。在内地办理融资租赁登记至少等20天，费用是全额租金的0.01%；而在登记宽松的国家同样的手续在交款项同日就可以办完，而且收费更低。此外，在巴拿马、中国香港等地办理国际航运船舶和船公司登记仅需几个工作日，而在国内需要几个月的时间。”① 登记的办理时间和办理费用成为一个受到业界批评的、可能会成为影响登记地选择的因素。登记费用的差异由于中国已经不再征收此处不再作讨论，登记办理时限和审核周期的差异能不能够有所改善和弥补？近邻新加坡和中国香港的登记流程简单清晰，均只需要几小时，而同样的业务在中国可能需要花费几天，尽管一直以来政府主管机构及相关业界人士一直提倡改革登记程序提高登记效率，但同那些登记程序简便的国家或地区相比，中国的船舶登记时间改革成效似乎并不如预期。办理船舶登记的时间和期限规定可能会受许多潜在因素的影响，如政策、文化、习惯等，能够除去这些因素直观上缩短登记时间的举措是登记程序的优化和完善。因此，登记时间的改革应当重视登记程序的设计和实施。

以变更登记和注销登记程序为例，中国涉及变更登记和注销登记的相关法律法规规定主要强调的是变更或注销登记的法定情形、所需登记材料等事项，但对船舶变更和注销的具体程序描述则较不明确，类似情形可能会使得船舶登记时间在实施和运行过程中被潜在地延长。所以一方面需要注意对登记程序中不明确或不清晰的部分予以完善，另一方面还应当对现有登记程序规定进行简化和改革，在确保登记安全性的同时提高登记效率，为登记申请人提供更为高效、便民的登记方式。此外，登记过程中的隐性耗时也是一个值得关注的问题。隐性耗时可能会出现在各个阶段、各种状况之中，如登记程序的环节与环节的衔接时间、任一登记阶段出现状况导致程序的重启、登记行政行为由于非当事

① 邬凡敏、郑智杨：《发展航运金融的制度障碍与法律对策》，载《宁波大学学报（社会科学版）》2011年5月第3期，第106—110页。

人原因导致的时间中止或中断、具体登记执行工作中登记行政人员的权限和权力引起的时间延误，等等。显性耗时可以较为直接地通过法律法规规范登记程序、规定登记时限影响，而隐性耗时则需要从登记工作人员业务能力的培养、登记制度的完善、登记理念的树立等影响法律规定的因素方面间接促进登记时限和审核周期的加速，从而进一步完善船舶登记法律规定中的程序性事项。

三、船舶登记业务和权限规定的完善

《船舶登记办法》第 4—7 条规定了船舶登记机关是海事局及其下属各级海事管理机构，其有权划定船籍港，管理登记事务并建立登记簿。除法律规定的“硬件”项目，“软件”项目也不容忽视。船舶登记法律规范的实施和执行过程中涉及的当事人双方（登记申请人和登记主管机关）的权利义务分配和组织也同样重要，特别是处于行政角色的登记主管机关及其工作人员的具体行政行为及其实施效果对船舶登记法律制度的推行起着非常重要的作用。为了更好地促进中国船舶登记法律规定的实施和完善，建议从以下几个方面持续推进船舶登记业务的建设：

其一，积极促进电子行政的建设与推广。电子商务、网络智能化、大数据、区块链等蓬勃发展的网络和计算机技术造福了人们的生活，也对商业、政治和文化产生了巨大的影响，航运产业之中电子办公、电子跟踪货物、电子单证、智能港口等新兴事物正如雨后春笋般涌现出来，也有越来越多的政府当局在积极推广航运领域的电子办公和电子行政。未来的船舶登记业务中，电子证书和电子办公的普及和推广无疑会成为一种趋势。由于电子化无论对相对人还是行政机构而言都具有便利、高效的优点，IMO 近年来一直在推广海事电子证书的应用，还推出了《电子证书使用导则》。世界范围内，许多国家的海事机构也已授权使用电子证书，中国的海事行政机构同样在建设和发展电子行政业务。自 2018 年 3 月起，交通部海事局授权中国船级社对中国籍国际航行船舶签发法定检验电子证书，并且规定中国籍国际航行船舶法定检验电子证书与纸质证书具有同等效力。①2018 年 4 月，上海海事局授权中国船级社签发了中国第一张电子

① 详细文件参见海事局 2018 年第 5 号公告《中华人民共和国海事局关于中国籍国际航行船舶签发船舶法定检验电子证书的公告》。

检验证书，船舶登记过程中电子证书的使用无疑会大大提高登记效率和便利当事人。

一些其他国家的实践对电子证书和电子行政的推广也具有重要意义。德国的 E-Certification 制度中，允许船舶油污责任和船舶安全事项可以签发电子证书。德国联邦政府下属的海事及水文局 agency 及船舶安全处 devision 负责具体的办理事宜。为了确保电子证书的安全性，所有的电子证书每一页都有追踪码（Tracking Identification Number，TIN）和 OR-code 以及签发机构的标识，并且所有电子证书都会公布在 IMO GISIS 的数据库中。此外，自 2017 年 9 月 11 日开始中国香港海事管理部门向悬挂中国香港船旗的船舶颁发船舶登记电子核对码，并且可以在官网上查询到船舶登记证书，确保证书的有效性和真实性。新加坡的 e-Payment Services 中，新加坡海事和港口局的各类费用均通过 Giro 这个系统以转账、电子支付和支票的形式进行。此外，挪威、丹麦和新加坡海事局还曾于 2017 年签署备忘录，三国共同在各方旗下登记的船舶上推广和使用电子证书，接受电子证书用于进港和港口国控制的检查，并将与电子证书的颁发、使用和接受有关的信息和经验进行共享。

除电子证书，前述各国海事登记主管机关在近几年内还纷纷推出了船舶登记线上办理业务。其中丹麦于 2023 年 1 月推出了世界上第一个数字船舶登记系统（Digital Ship Register，DSRG），旨在减少丹麦船舶登记人员工作量的同时确保登记工作流程更快更高效，并且为登记船舶提供更高层次的安保和监管服务。为配套电子化业务的推行，丹麦在 2006 年便修改了海商法，规定了登记电子化并于该系统推出后开始生效。两个新的配套行政法令也同步签发用以更新船舶登记操作电子流程。所有的登记通知、报告、进展、证书、文件、签名都可以通过该系统设置的 MitID 获取及查询到实时状况，并即时通过系统自助服务发送通知给申请人。①在此之前巴拿马于 2019 年便计划推出电子船舶登记系统（ESRS），希望将船舶登记的步骤都放到系统上操作，可以使用电子签名并使用多国语言，还能够支持所有付款方式以及用户自助计算所有操作成本，并

① 参见丹麦海事主管机构 DMA 官网 https://dma.dk/ship-survey-and-registration/ship-registration-and-fees/go-live-of-the-digital-ship-register#1，访问日期 2023 年 3 月 7 日。

通过电子发行认证和在线跟踪系统对登记过程的不同阶段向用户发送通知，以实现在单一平台中整合登记业务便利用户的目标。①

其二，船舶登记相关费用大幅度调整后登记工作的变化。中国近年在登记费用缩减方面的措施实施力度较大。2017 年之前，在中国进行船舶登记是以 200 元作为起算基点，按照每净吨 0.5 元收取登记费，临时登记费用则为每次 200 元。除登记费用，登记船舶在登记国还需缴纳一些其他类型的杂费，最大一项便是检验费用，包含建造检验费、初次检验费、定期检验费、船上设备检验费、船舶烟囱标志或公司旗注册费、船舶证书费、废钢船登记费等。

自 2014 年开始中国有步骤有计划地减免了这些费用。财税［2014］101 号《关于取消、停征和免征一批行政事业性收费的通知》规定自 2015 年 1 月 1 日起，对 100 总吨以下内河船和 500 总吨以下海船免收船舶登记费，对渔业船舶免收登记（含变更登记）费。财税［2015］92 号《关于取消有关水运涉企行政事业性收费项目的通知》规定自 2015 年 10 月 1 日起取消船舶港务费、特种船舶和水上水下工程护航费、船舶临时登记费、船舶烟囱标志或公司旗注册费、船舶更名或船籍港变更费、船舶国籍证书费、废钢船登记费等 7 项中央级设立的行政事业性收费。财税［2017］20 号《关于清理规范一批行政事业性收费有关政策的通知》规定发布后，自 2017 年 4 月 1 日起中国全面取消了船舶登记费以及船舶及船用产品设施检验费（中国籍非入级船舶法定检验费）。

这项政策引发的周边效应较为明显，紧跟中国步伐丹麦于 2018 年修改了《商船航运法》，取消了在丹麦登记船舶的费用，并允许非欧盟成员国的外国船舶到丹麦进行登记，但需要以在丹麦进行商业活动为前提。事实上其他船舶登记业务蓬勃发展的地区，虽然收取登记费用但也出台了许多政策支持措施为船东减少费用。如新加坡的登记激励计划②、丹麦的船舶保护信托基金③、中国香

---

①　参见船舶信息网 https://www.cnss.com.cn/html/sdbd/20190919/331160.html，访问日期 2023 年 3 月 7 日。

②　关于“登记激励计划”的具体内容可参照第五章第五节中关于该计划的具体介绍。

③　“船舶保护信托基金”是丹麦政府为保护和恢复丹麦典型船舶、建设丹麦海洋文化史的丰富性和多样性而设立的财政支持计划，旨在保护和保留丹麦的典型船舶，在特殊情形下该基金还支持直接购置船舶回丹麦。基金每年发放一次，由船舶所有人申请后批准，为面临金融困难的船东提供资金支持和延期付款的无息贷款。

港的年度吨位费用 ATC 削减计划[①]等都给予船舶登记费用上的优惠。所以登记费用的取消，不应仅仅关注到政策本身。全面取消登记相关费用后，对于船舶所有人和相关航运企业是一个利好。但同时也需要注意到，船舶登记费用减免的便利性效果同金额性效果一样重要。伴随着登记费用减免，应随之减少登记程序和登记工作中由于缴纳登记费用而带来的登记周期长、登记程序冗繁以及登记管理复杂等具有关联性的事项。

其三，登记指南、相关网址、登记规定、登记相关材料和登记证书等的制作及语言版本问题。毋庸置疑，中文作为联合国五种官方语言之一在世界范围内的影响力正随着国家实力的发展日渐增强。然而从交流和沟通视角，文字版本很容易影响其他国家或地区对中国船舶登记制度的认知和理解。在以中文为官方文字的基础上，对于一些涉及船舶登记具体事务工作的网址、文件、规定、材料、证书及程序等界面和载体，在一般意义上建议推出相应的英文版本或推广中英文双语版本（乃至多语种版本），特别是自贸区国际船舶登记制度。其作用一方面在于对外宣传和推广中国的船舶登记法律、制度和政策，另一方面也是加强国际间的船舶交流沟通，吸引优质船舶及船东的目光。从其他国家或地区的情况来看，除英语为母语的国家，绝大多数方便旗登记国使用其母语及英文双语，欧洲绝大多数国家可以提供至少三语版本的文字材料，亚洲方面中国香港相关材料及网址提供中英粤语版本文字，新加坡则可以提供中英日韩四语文字资料。而在船舶登记相关资讯和信息的宣传和公开方面，如美国、英国、新加坡、中国香港等地的船舶登记主管机构都会在官网中设置专栏详细地介绍船舶登记信息和资讯、登记指导手册、登记所需步骤流程、登记涉及的每一项具体业务所需表格业务要求相关规定，等等。

其四，减少登记过程中手续繁杂的问题，推行人性化和便利化的登记业务改革。《船舶登记办法》在第八章“自由贸易试验区国际船舶登记的特别规定”中，已经在推进行政机构登记业务办理的精简和高效化，事实上可看到登记服务不仅仅是自贸区革新事项，未来也应当同其他行政机构改革措施一样，成为船舶登记机构的革新方向。当事人为了材料证明反复跑腿、在不同地点不同机

① 关于中国香港 ATCRS 的具体内容可参见第五章第五节中关于该计划的介绍。

构之间往返跑材料、不同机构反复递交相同材料、要求当事人提供一些其难以证明的材料等现象无疑对船东和船舶公司而言是一个消耗和负担，因此在未来的船舶登记业务改革中大力倡导“联合办理”“合并办理”“电子信息共享”“电子政务网上办理”等方便化、快捷化且能够为申请者节约时间和成本的登记服务。

减少登记管理随意性及差别化问题的同时，在合理权限内弹性处理船舶登记事宜。过去中国的登记管理部门在办理船舶登记过程中，存在处理事务做法不统一的现象。“在卖二手船的过程中，有些买家可能在两天之内就可以把登记文件等全部办齐，但有些买家两个月才办妥证书……虽然国家海事局有相关的文件规定，但是各地方海事局的要求也并不一致，有些宽松些，有些严苛些，如有的只要求提供三四份文件就可以申办，而有的海事局则可能要求六七份文件甚至更多，还可能外加一些比较严苛的条件才可以申办。”①这类现象会使得船舶登记的便利性和权威性打折扣，也不利于建设性、服务性船舶管理方式的推广，促使船舶所有人去寻求更加方便和快捷的登记地。因此，在统一登记管理方式以及简化登记办理手续的同时，还应当重视赋予特定职位一定限度的事务处理权限，从而加速登记流程的运转。

第三节　优化船舶登记法律制度外部配套措施

内部登记规范及其构成要素塑造了船舶登记法律制度的结构和框架，外部配套措施则是维护船舶登记法律制度良好运行的规则和方法。内部登记规范决定了一国船舶登记制度的内容和特征，外部配套措施影响着该制度的有序运行。对于选择传统内国登记的船舶企业而言，制度特点仍然是一个重要的考察因素。②但制度特点并不是船舶所有人登记决策中的唯一决定因素，除船员薪水、登记资格、船舶资金要求等熟知因素，国家的税收制度、新设商业业务的便利

① 张丽英：《中资船舶注册香港船旗的相关法律问题》，载《国际经济合作》2011 年第 5 期，第 92—93 页。

② Kyriaki Mitroussi & Micheal G. Arghyrou, Insititutional Performance and Ship Registration, Transport Research Part E 85 (2016) 90－106, p.105.

性、法律环境的友好性、融资便利性等外部因素不仅会直接影响船舶的出籍率，还会通过各因素之间的相互渗透而间接影响其他因素。内部登记规范的革新对于建立船舶登记的法律框架和规则而言具有重要意义，外部配套措施的完善是船舶登记法律制度构建和改革的必备环节。

哈特将法律制度视为“基本规则（primary rules）”和“次级规则（secondary rules）”的结合。基本规则是行为规范，次级规则是确定基本规则作用范围或控制其运作的规则。①而套用此概念，本节讨论的就是船舶登记法律制度中的“次级规则”，分析登记船舶的税费法律规范改革应当如何实施，讨论商业实体设立方面的规则和要求，剖析支持商船队建设的船舶融资与船舶保险业务应当如何发展，思考进出口贸易波动的应对措施，以及法律实施与纠纷解决机制的完善方向。

一、船舶税费法律改革实施路径

进行船籍登记制度改革的国家和地区都不约而同地借鉴了开放登记国给登记在本国的船舶实施税费优惠的办法。除前文提及一些国家或地区②，1998 年设立了国际船舶登记制度（简称为 IIS③）的意大利也是一个典型的例子，IIS 配套的税费法律规定将公司的营业利润税率从原有的 53.2%降到了 7.5%。④再次印证船舶税费在船舶所有人选择特定登记地的考虑中具有重要地位。研究亦表明，当登记费用及吨位款项增加时，选择特定登记地的可能性会降低，而登记费用又比吨位费用表现得更明显。⑤

中国航运界关于船舶税费改革的呼声多年来未曾间断，业界人士多认为同其他国家相比中国的高税收已经成为中国航运产业发展的障碍，中国航运企业

---

① ［英］H.L.A.哈特著：《法律的概念》，许家馨、李冠宜译，法律出版社 2006 年版，第 76－80 页。

② 可参见第五章所提及典型船舶登记国家的税费规定部分。

③ 全称为 Italian International Ship Register。

④ K. X. Li；J. Wonham，New Developments in Ship Registration，14 Int'l J. Marine & Coastal L. 151（1999）.

⑤ Luo M，Fan L，Li K，Flag choice behaviour in the world merchant fleet，Transportmetrica A：Transport Science（2013）9（5），p.448.

需要缴纳的税种较多、承担的税负也相对较重。归纳起来，船舶企业在中国运营过程中可能涉及的税种大致有①：1.对经营国际海运业务企业征收分级船舶吨税；2.对在国外购置、建造的船舶回国登记征收 9% 的关税和 17% 的增值税（总计 27.53%）；3.对国际航运企业租金收入征收 5% 的营业税，外加城市建设费和教育附加费总计 5.55%；4.对船舶企业征收 25% 的企业所得税，船舶折旧年限为 10 年，必要情形下可以加速折旧；5.对于船舶按净吨征收每吨 3—5 元的车船税；6.对航运企业签发的合同收取运输费用万分之五和租赁金额千分之一的印花税。另外，尽管中国同外国签订有双边或多边的税收协定和海运协定，但大部分限于所得税范畴，其他税收仍然得不到减免。②

航运业的税收政策取向及其给法律规定带来的影响是业界人士认为阻碍航运业发展的关键原因。各海运国为吸引船舶往往会设置分门别类的税收减免政策，并通过立法予以规范和统一。为航运企业减少税费负担可以提高企业的活力、营造良好和稳定的赋税环境。若要给予航运企业切实的保护和扶植，则船旗国的税收不仅需要投资友好，还必须运行良好且高效，能够为船舶所有人提供一个有序且配套的税收环境③，有效建立健全船舶税费法律机制体制。因此，建议应当继续深化中国的船舶税费法律改革，总体思路是通过立法建立并完善中国的现代航运企业税费改革政策，建立以船舶吨税为中心的船舶税收法律规范，在此基础上对重点领域的重点项目实施特定税费政策并通过立法予以固定并在全境贯彻实施。

改革具体建议之一，即有重点有针对性地减免船舶进口关税和进口增值税。根据中国目前相关税费法律法规规定④，在国外建造或购买的船舶要进口至中国成为中国籍船舶需要缴纳 9% 的关税和 17% 的增值税。对于本国航运业人士而言进口船舶税收不如境外运营船舶来得方便。从世界范围看各国多倾向于免除船舶的进口关税和增值税，英国和日本⑤均免除了船舶的进口关税，德国、

① 亦可参见第六章第二节“制约中国商船队发展因素”部分的相关论述。

② 冯昱：《浅议国际海运大国的船舶吨税制》，载《涉外税务》2010 年第 1 期，第 54 页。

③ See Kyriaki Mitroussi & Micheal G. Arghyrou, idem. p.105.

④ 参见《中华人民共和国进出口关税条例》第二章、《中华人民共和国增值税暂行条例》第 2 条、《中华人民共和国增值税暂行条例实施细则》第 3 条等具体规定。

⑤ 日本要求进口 100 总吨以上的船舶方能够免除关税。

英国、韩国和希腊对船舶材料以及配件、设备的进口免除关税，挪威也同样对吃水深度超过 15 米的船舶免除进口增值税，进口赋税过重无疑会造成船舶运力的流失。

为了突破税收对船舶运营的桎梏，中资国际航行船舶特案免税登记政策（以下简称特案免税登记政策）试点免除了进口船舶关税和增值税。但《财政部关于中资“方便旗”船回国登记有关进口税收政策问题的通知》只规定了对境外制造船舶的进口关税和进口增值税予以免除，而对于船舶的材料和配件、设备则未予规定。对于那些希望进口船舶材料、配件或设备到中国的企业而言这项规定并没有实质利好。此外，手续繁琐、申请周期长等政策执行过程中产生的问题也使得这项政策并未取得预期效果。据统计，2005 年至 2008 年第一期政策执行期间，中国籍船队的年均增速仅达到 7.4%，远远低于登记在方便旗国家船队 18.2%的增速，中国籍船舶占全部控制运力比重由 56%下降至 40%，政策不仅无助于财政收入还削弱了中国航运企业的国际竞争力和可持续发展能力。①

尽管目前自贸区的国际船舶登记在税收方面可以享受增值税退税政策，但由于一般的船舶登记仍需缴纳全部税费，因此在现有财税政策基础上中国仍需要深化对船舶进口关税和增值税规定的改革。在适用主体范围方面，减免政策不应局限于在境外登记船舶，还应当尝试拓展至造船的材料、设备和配件等事项，鼓励和扶植造船工业。在适用主体年限方面，逐步放宽现有船龄限制规定，转而通过加速折旧制度间接推动船舶使用周期的流转。在适用主体种类方面，如全面减免时机尚不成熟则可以针对特定航区、特定船型以及特定吨位的船舶适用不同等级的减免措施。此外，在政策的贯彻和落实问题上，应当注意将减免措施的具体规定和实施程序以法律法规形式予以固化，一方面确保规范的透明性和公开性，另一方面避免由于政策的多变性和不稳定性带来的执行问题和船舶企业的无所适从②。

---

① 张志华：《中外航运企业税收制度比较与借鉴》，载《中国水运》2010 年第 2 期，第 13—14 页。

② 郭勇、吕靖、林汉新：《世界各主要国家航运税收政策评述》，载《世界海运》2000 年第 2 期，第 20—21 页。

改革具体建议之二，即继续推进建立以船舶吨位税为中心的船舶税收制度。需要指出的是，我国由条例上升成为法律的船舶吨税并非此处倡导建立的“吨位税（Tonnage tax）”改革项目。“我国的船舶吨税制度与国际通行做法略有不同，我国的船舶吨税属于财产税，企业在缴纳了船舶吨税后，仍应就其营运收入缴纳营业税、企业所得税以及其他各税。”①现阶段，航运企业既需要缴纳船舶吨税用于港口助航设施的建设与维护，还需要缴纳企业所得税。新的《船舶吨税法》实施以后，中国籍国际航行船舶的税收负担反而有可能比原来更重。“对比车船税与 1 年期限船舶吨税优惠税率可以发现，船舶吨税税率明显高于车船税，而且同期船舶吨税税率相当于车船税的 3 倍以上。”②而此处所倡导的吨位税制度改革，是将企业所得税的征缴形式与船舶吨位联系起来，以吨位税替代航运企业的所得税。传统的公司税将公司每年的商业利润作为征收基准，吨位税则以公司运营船舶的数量和尺寸作为征税基础。荷兰和希腊是两个实施吨位税制的典型国家，分别于 1957 年和 1996 年开始实行该税制，此税制的计税特点是采用登记船舶吨位乘以公布的每吨固定利润额作为应缴税额。不同国家在具体计算利润和吨位时会制定不同标准，但整体上计算规则差别不大。吨位税改变了企业的计税基准，使得航运企业实行这类税制后能够在实质上获得税收优惠。将吨位税率作为名义上的利润，则可以在保证税负最小化的同时，符合国际税务公约的相关义务。

随着我国海洋经济的发展和海运实力的壮大，船舶吨税的改革和完善显得日益重要。吨位税制度的好处在于征税方式简单且确定，易于理解和操作，计算方式也稳定便利。对于企业而言，吨税能够在减轻税负的同时以确定的金额缴纳税费，并且，对于国家而言按船舶吨位税计收具有较好的调节功能和引导功能，在带动运力、运输业务、航运周边产业、物流和就业等方面产生积极效应的同时也有利于企业发展、船员福利和征收管理。但吨位税也存在增加财政成本、避税以及降低市场调控力等缺点③，需要在设计及实施过程中予以避免。

① 魏志梅：《中国国际海运企业税收探析》，载《国际税收》2008 年第 4 期，第 32 页。

② 钟昌元：《船舶吨税制的变化及其对国际航运船舶的影响》，载《对外经贸实务》2012 年第 11 期，第 35—38 页。

③ 赵书博：《吨税研究述评》，载《税务研究》2014 年第 10 期，第 89—93 页。

而同一些执行吨位税制度多年的航运国家相比，我国目前的航运税收法律规定还面临着制度设计相对简单、与船舶其他税收征收关系不清晰、某些领域未能切实减轻船舶企业负担等问题。因此，可考虑开展以船舶吨位税为核心的船舶吨税法律制度设计，打造适合中国国情和实际的现代船舶吨位税制度。

此处以英国的立法和改革为例考察船舶吨税制定和改革问题。20 世纪七八十年代由于经济因素的影响，英国商船公司的大量船舶出籍，导致英国商船队的规模出现锐减①。出籍的商船队通常首选登记在第二船籍地区（如百慕大、直布罗陀、马恩岛等），其次选择登记在被贴上方便旗或开放登记标签的国家（如塞浦路斯、马耳他、圣文森等），出籍国家和地区的商船规模得以大幅增加。早在英国之前，欧洲一些国家如希腊、荷兰②等已采用吨位税制度并取得了一定的效果。为了扭转英国航运业衰退趋势、增加英国船员的就业，同时也是为了巩固本国商船队的发展，英国于 2000 年 8 月开始立法制定了《财政法》、《吨位税条例》、《吨位税（培训要求）条例》等规定并实施了名为“吨位税激励”的计划。

英国在航运税制改革问题上参照和借鉴了北欧的吨位税制度，以吨位为基础向在英国具有业务且在英国经营的航运公司提供一类额外的公司税选项③。与其他优惠措施相比，吨位税一个最大的好处在于其在实施有效监管的同时，还能够促进英国国内的航运投资从而振兴英国航运业。④在论证吨位税法律规定及制度设计的时候，英国曾详细讨论过吨位税可能带来的负面效应。⑤制定法律法规之时特别做了一系列设计以将吨位税的负面效应降至最低。

这些具体法律规定包括：第一，对可以征收吨位税的船舶吨位（100 总吨

---

① 相关数据和具体案例可参见 LORD ALEXANDER OF WEEDON QC，1999，Independent Enquiry into a Tonnage Tax（London：HM Treasury）。

② 这两个国家是吨位税的两类典型模式的代表，希腊模式的特点是吨税的收取与船龄有关，荷兰模式为大多数国家所接受，应税利润根据船舶吨位乘以每吨利润额计算。

③ 吨位税是非强制性的，公司可以选择使用吨位税，也可以按原来的征收办法计税。

④ Mark Brownrigg，Geoff Dawe，Mike Mann & Phillip Weston（2001），*Developments in UK shipping：the tonnage tax*，Maritime Policy & Management，28：3，p.219.

⑤ 吨位税制度也存在一些潜在的负面影响，如增加国库成本、鼓励避税、扭曲航运与其他运输方式以及其他产业之间的竞争关系。但通过尽心设计税制、监管及立法能够将负面影响减少到有限范围内。参见 Mark Brownrigg，Geoff Dawe，Mike Mann & Phillip Weston（2001），*idem*，p.219。

以上）和其从事的航运活动进行了限定，目的在于防止公司的其他次级活动借助船舶进行避税；第二，规定只有真实运营船舶的航运公司可以申请吨位税，这是为了限制吨位税的适用范围，也就是说只有经营运输过程中产生利润的部分才能征收吨位税；第三，吨位税还建立了一系列配套法律制度，包括公司资本化规则、反避税措施、航运公司内部航运和非航运业务的区分、长臂交易的课税等，防止公司将其外部利润转入；第四，允许外资公司分支机构适用吨位税制，此举在于吸引具有全球航运利益的公司，让公司更加重视英国的地位。①

从实施效果来看，截至 2003 年英国的船舶吨位总量出现了明显的增长，实现了年均增长 5%的突破，贡献最大的是集装箱船舶。受船舶吨税立法对大吨位船舶优惠的引导，船舶的数量呈现减少趋势。英国旨在进行税制改革以加强航运业的协同力量，打造英国航运集群优势。有意思的是，吨税法实施后吸引的老旧船舶多于新造船，对于船员就业方面的影响也未达预期。②这提醒我们应当客观评价吨税制度产生的效果，在设计和规划制度之时不可过度高估其溢出效应，刺激举措应当有的放矢。

尽管吨位税制度或多或少存在缺点，但从 20 世纪末开始，航运发达国家均陆续开始建立和实施船舶吨位税制度③。由于船舶具有流动性，为了在竞争中发展壮大商船队产业规模，结合目前《船舶吨位税法》的具体内容及其他相关国家的立法经验，建议考虑建设中国的船舶吨位税制度，并在以下问题上制定法律规定改革建立中国的船舶吨位税制度。

其一，规范吨位税适用对象和适用范围。限定允许缴纳吨位税的船舶的吨位和运营范围，并且要求征缴对象必须为参与实际经营运输的船舶。也可根据情况适当对适用吨位税的船舶的投资活动和船员雇佣活动进行规范。绝大多数采用吨位税的国家均会对适用对象赋予一定条件约束，这些约束条件体现为所

---

① LORD ALEXANDER OF WEEDON QC，1999，Independent Enquiry into a Tonnage Tax（London：HM Treasury）.

② Heather Leggate & James McConville（2005）*Tonnage tax：is it working*? Maritime Policy & Management，32：2，pp.177－179.

③ 实施吨位税的国家包括但不限于：挪威 1996 年、德国 1999 年、英国 2000 年、丹麦 2002 年、西班牙 2002 年、爱尔兰 2002 年、比利时 2002 年、法国 2002 年、美国 2004 年、立陶宛 2006 年、波兰 2009 年、斯洛文尼亚 2009 年、塞浦路斯 2010 年、芬兰 2011 年等。

有权方面、船旗方面、营运方面以及期限方面，目的在于激励本国商船队、航运产业以及就业等领域的发展。例如与许多欧洲国家一样，法国吨位税适用于总营业额的75%来源于船舶的公司，应纳税收入与适格船舶的运营直接相关。

其二，厘清和规范船舶吨位税同航运企业需要缴纳的其他税收之间的关系。目前制定的船舶吨税和车船税之间，有一个5年规则①，但是5年之后两者之间的关系如何处理尚无定论，倘若实施吨位税则其与吨税和车船税之间的关系同样需要厘清。此外吨位税和营业税等其他税种之间的关系也需要明确，从减轻航运企业税负的角度来看应当平衡吨位税同其他税收之间的关系，完善吨位税为核心的船舶税收制度。大多数采用吨位税制的国家都允许航运公司在缴纳吨位税和公司所得税之间择一选择并维持一定期间不变。

其三，建立健全反逃税避税机制。通过建立逃税防火墙，要求航运公司内部区分航运业务与非航运业务，注重树立反避税规则，明确长臂交易的税收征缴，规定征税方法固定年限等方法防止企业将其他业务转入吨位税缴纳。

其四，合理规范吨位税收缴和征收机制。设立便利的吨位税缴纳程序，简化手续并提高效率，涉及多部门业务时尝试联合办公，为企业节省时间和成本，贯彻落实行政机构改革“放管服”②的要求。

改革具体建议之三，即通过技术性或减免性措施对船舶营运企业的所得（营业）税予以优惠。第一，简化船舶营运收入等相关税费。对于按照企业利润缴纳税收的航运企业，中国目前的企业营业税和所得税无疑是相对较高的。德国法律规定航运企业从事国际运输所得的80%可以在正常税率的基础上减半征收，其余20%正常征收。新加坡的减免力度更大，规定对悬挂新加坡旗的船舶免征营业税，同时对拥有或者出售船舶公司股权所得的收益和船舶光租租金税收予以免除。中国香港的税收制度相对简单，航运企业只需要征收16.5%的所得税，除此之外没有任何其他费用。根据中国香港《税务条例》的规定，中国

① 《中华人民共和国车船税法》第25条：按照规定缴纳船舶吨税的机动船舶，自车船税法实施之日起5年内免征车船税。依法不需要在车船登记管理部门登记的机场、港口、铁路站场内部行驶或者作业的车船，自车船税法实施之日起5年内免征车船税。

② 2016年《政府工作报告》中提出的政府机构内部改革应当“持续推进简政放权、放管结合、优化服务，不断提高政府效能”的缩写。

香港免除航运企业船舶利得税之外的其他税费。此外，中国香港和新加坡对国际航运企业的境外所得免税。因此，航运企业与运输相关的营运税收应当考虑降低，或者条件不成熟情况下对符合一定条件的企业予以优惠和减免。

第二，加速船舶折旧。美国的船舶折旧年限仅为 5 年，英国则规定为 8 年，中国船舶的最低折旧年限为 10 年。船舶折旧速度越快，则企业通过延递税费所获得的优惠会越多。如法国国际船舶登记所采用的《余额递减折旧法》规定，原则上只要船舶的折旧期在 8 年以上，每一艘船舶的继受船东均可以采用余额递减折旧法折旧。但船舶交付后再融资操作超过 24 个月的，不得使用余额递减折旧法。此外，如果已经安放龙骨的船舶于前一个财政年度交付，并且早于截止日期，则船舶同样可以折旧。此折旧只能根据船舶交付当日发生和支付的费用计算。而费用则必须与实际完成的工作相符，但折旧的计算基数不得超过船舶成本价格的 50%。余额折旧法的起始点固定为龙骨安放月份的第一天。德国除在税收减免政策上对航运企业给予扶植，还对亏损企业给予后续 5 年以盈利延迟冲销的优惠。

第三，考虑引入资本津贴制度。美国曾专门设立一种建设基金（Capital Construction Funds），规定在经修订的 1936 年《商船法》①中，旨在帮助美国籍船舶的所有人和经营人积累资金，从而为美国商船队的现代化和扩建提供帮助。该计划允许建造、再建造或者征收船舶递延税款，税款则通过美国政府减少船舶折旧成本而获得弥补。它的好处在于可以降低公司更换或者增加新船的有效成本，加快资金积累速度并用于支付船舶现有债务。日本对航运企业设立了免税储备基金制度，将收益存入该基金的船东可以享受延缓征税，而从基金提款后用于在日本造船、修船的则可以享受免税。

改革具体建议之四，即双边或多边税收协议及信息交换协议的协商与签订。积极同他国协商关于关税同盟以及双重征税协议的落实，根据国家税务总局关于外国公司船舶运输收入的相关规定，我国同其他国家缔结有避免双重征税协定、互免海运企业国际运输收入协定、海运协定以及其他有关协议或者换文的，公司可以享受减税或者免税。尽管如此，许多协定均只针对所得税和营业税，

---

① 参见 46 U.S.C. 1177。

其他税收仍然需要在双方缴纳。因此在完善本国航运税收制度的同时，中国同其他国家在航运税收方面对对方航运公司的减免协商越多，则航运企业在国外可享受的税收优惠越多。

目前中国航运公司走向境外的情形越来越多，使得企业的境外投资所得及营业收入应当如何科学合理地避免双重征税问题显得日益重要。大量的中资外籍船舶出于税收、融资等因素选择国外作为船舶登记地，这些船舶在税收政策上面临着作为外籍船舶的较大负担。最近较好的例子是，马恩岛采合一型税制，无资本利得税、印花税、营业税等传统税目，甚至对大部分企业免收企业税，成为国际企业趋之若鹜的避税天堂。大量中国企业也在此注册，近年来中国与马恩岛在金融、税收等领域签订了双边协定和税收情报交换协议，在认可中资外籍企业经济利益的同时也有利于对中资企业的境外监管。

二、航运企业开办和设立的法定要求

船舶所有人是船舶登记地的决策者和选择者，也是航运市场的组织者和参与者。航运企业复杂的公司结构和跨国经营属性使得其在组织设立和业务开展问题上倾向于选择对其更为友好和便利的地区，进而影响船队运力的分配和经营。各国的船舶登记改革实践表明①公司设立及运营的便利性及开放度与船舶企业的登记地决策之间具有正相关性。

世界银行公布的营商环境标准中评价国家营商环境的指标之一是企业的开办和设立，具体评价标准包括开办企业的手续、时间和成本，以及最低实缴资本额。航运市场的高度竞争使得企业需要在效率和成本方面考虑设立需求，一个有活力和效率的市场作为设立地对企业而言无疑具有发展优势。如果国家法律和政府管制措施对企业设立制定了严格的标准，则有可能会导致过度规制或规制不足②，从而阻碍企业经营、增加企业的运营成本。因此，赋予企业以营运自由是现代公司法的发展趋势，也是公司自治和交易自由理念在现代公司法

---

① 典型国家或地区的船舶登记规定同企业设立和运营方面的完善和改革规定可参照第五章相关内容。

② 蒋大兴：《徒增的商事成本——法律及管制如何影响企业设立（行为）》，载《法学家》2016年第1期，第72—83页。

律制度之中的体现。然而历史经验表明法律倘若完全不对公司企业的设立予以干涉，又会使得市场上公司债券欺诈行为频发，交易安全难以获得保障。[①]所以，对关涉企业设立事项予以约束实质上还是对公司自由和交易安全的价值平衡问题，对航运企业亦如此。

各国规范公司的法律制度存在差异，导致在不同的国家或地区登记注册公司可能会产生截然不同的结果。航运实践中广泛存在的单船公司与真实的船舶所有人可能分别登记注册在不同国家，对于注册登记到方便旗国家的船舶而言，享受该国其他法律规范赋予的优惠也是公司登记的优势之一。

公司[②]设立的法定要求主要集中于住所（营业所在地）、注册资本、雇员、相关证照、经营范围、组织结构、名称等事项之中。中国公司企业设立的法定要求主要规定在以《中华人民共和国公司法》（以下简称《公司法》）为中心、以《中华人民共和国公司登记管理条例》（以下简称《公司登记管理条例》）为辅助的法律规定之中。根据前述法律法规的规定，在中国设立公司的实质要件主要有：1.法定人数，有限责任公司由 50 个以下股东出资设立，也可设立一人有限责任公司。股份有限公司应当有二人以上二百人以下为发起人，其中须有半数以上的发起人在中国境内有住所。[③]2.注册资本额度规定取消限制，采认缴制。公司在公司章程中自主约定注册资本总额和全体股东的首次出资比例、自主约定出资方式和出资比例，但法律、法规规定的特定行业除外。股份有限公司采取发起设立方式设立的，注册资本为在公司登记机关登记的全体发起人认购的股本总额。在发起人认购的股份缴足前，不得向他人募集股份。股份有限公司采取募集方式设立的，注册资本为在公司登记机关登记的实收股本总额。[④]3.公司名称应当向公司登记机关申请拟设立公司的名称预先核准。[⑤]程序方面，公司设立应依法向公司登记机关申请设立登记，法律法规规定设立公司必须报

---

① 李金泽、刘楠：《企业设立法制的法哲学思考——兼论我国企业设立法制》，载《南京大学法律评论》1999 年第 1 期，第 44—55 页。

② 企业除公司这类组织形式之外，还有合伙、独资等组织形式，由于公司是最具代表性和实践中最常见的企业组织形式，此处以公司为代表探讨企业的设立。

③ 参见《公司法》第 24、57、78 条。

④ 参见《公司法》第 27、28、80 条。

⑤ 参见《公司登记条例》第 14 条。

经批准的应在公司登记前依法办理批准手续①。登记机关审核后符合公司法规定条件的，进行登记并发放营业执照，营业执照签发之日即公司成立之日。4.经营场所方面，公司在住所以外的场所从事经营活动，应当向该场所所在地公司登记机关申请办理设立分公司登记。②5.外资参与企业经营、设立外资企业的，需要在外资比例、审批等事项上遵守特殊规定。

由于航运业属于涉及国家安全以及具有国际属性的产业，又多涉及特殊监管，因而在中国航运企业的设立多了一个实体和程序上的要求。根据《中华人民共和国国际海运条例》（以下简称《国际海运条例》）、《中华人民共和国国际海运条例实施细则》（以下简称《国际海运条例实施细则》）的规定，设立各类航运公司时需要满足的特殊要求有：1.经营国际船舶运输业务需要向国务院交通主管部门提出申请，交通主管部门在受理申请之日起30日内作出许可或者不予许可的通知。经营无船承运业务需向国务院交通主管部门办理提单登记，并缴纳80万元人民币保证金，每设立一个分支机构增加20万元人民币，交通主管部门自收到申请后15日之内审核完毕。经营国际船舶管理业务，应当向拟经营业务所在地的省、自治区、直辖市人民政府交通主管部门提出申请，并附送符合条例第九条规定条件的相关材料。省、自治区、直辖市人民政府交通主管部门应当自收到申请之日起15日内审核完毕。前述三类经营者依条例许可、登记后，方持许可、登记证明依法向企业登记机关办理企业登记手续。③2.经营国际班轮运输业务的，应当向国务院交通主管部门提出申请，交通主管部门自收到申请之日起30日内审核完毕。④3.关于外资的经营范围及经营方式，国际海运条例规定外资可以投资设立中外合资经营企业或者中外合作经营企业，经营国际船舶运输、代理、管理、海运货物装卸、海运货物仓储、海运集装箱站和堆场业务，并可以投资设立外资企业经营国际海运货物仓储业务。外资还可以投资经营国际海上运输及其辅助性业务、国际船舶运输、国际船舶代理、国际船舶管理、国际海运货物装卸、国际海运货物仓储、国际海运集装箱站和堆场等

---

① 参见《公司法》第6条规定。

② 参见《公司法》第10条和《公司登记条例》第39条。

③ 参见《国际海运条例》第7—10条。

④ 参见《国际海运条例》第15条。

日常业务服务，但外国国际船舶运输经营者以及外国国际海运辅助企业在中国境内设立的常驻代表机构，不得从事经营活动。①

经营沿海及内河水路运输业务的企业，需要向交通主管部门申请《水路运输许可证》②。此外，根据《外商投资准入特别管理措施（负面清单）（2021 年版）》的规定，国内水上运输公司须由中方控股。根据现行外商投资有关法律、法规的规定③，中外合资、中外合作外商投资企业的注册资本中外国投资者的出资比例一般不低于 25%。外国投资者的出资比例低于 25%的，除法律、行政法规另有规定，均应按照现行设立外商投资企业的审批登记程序进行审批和登记。通过审批的，颁发加注“外资比例低于 25%”字样的外商投资企业批准证书；取得登记的，颁发在“企业类型”后加注“外资比例低于 25%”字样的外商投资企业营业执照。

对比其他国家或地区的法律规定可以发现，目前中国航运公司的设立和运营无论是实体层面还是程序层面都存在可以进一步完善的空间。从实体规定来看，在企业设立形式方面，目前中国《公司法》允许的法定公司存在形式包括有限责任公司和股份有限公司，限制了企业的设立方式和选择空间。而在中国香港地区企业的设立和办理可以有多样选择。中国香港地区《公司法》允许企业在港成立有限公司，也可以指定香港居民作为企业代表，还可以在中国香港登记成为离岸公司。在企业的经营范围方面，中国内地的航运公司存在国际运输及水路运输范围的区分要求，经营国际运输业务、国际船舶管理和国际班轮业务需分别向交通主管部门申请许可，重叠情形下可以合并办理。授权资本灵活性方面，中国的公司法更加倾向于保障交易安全，例如要求股东应当足额按期缴纳认缴出资或发行新股募足款项④。日本《有限公司法》第 35 条规定，股份有限公司设立时发行的股份总数不少于其拟发行总数的 1/4 即可。除此之外有观点指出，尽管近年来公司法修订过程中大力改革公司注册资本制度，但实

① 参见《国际海运条例》第 25—27 条。

② 参见《水路运输管理条例》第 13 条。

③ 参见《中外合资经营企业法》第 4 条、《关于加强外商投资企业审批、登记、外汇及税收管理问题的通知》第 2 条。

④ 参见《公司法》第 27、28、29、127 条。

务中投资者还是觉得公司设立困难，使得公司设立成本增加的隐含因素是租赁企业住所的高额成本和劳动者权益加强后的高额人力成本。①而在外资设立公司及外资投资公司方面，中国对外国资本专门立法，《外商独资企业法》与公司法的众多规定存在差异，须适用该法律规则。

从程序规定来看，航运公司比一般公司登记还多了一层审批程序，这个过程中企业的工商登记前置审批程序较为复杂。有学者指出根据《国际海运条例》的规定新设以及增加经营业务的国际海运企业需要获得交通部颁发的《国际船舶运输经营许可证》，而后再办理企业工商登记。而交通主管部门是否给予发证的判断标准则并不统一，使得船舶公司的登记和船舶的登记运作麻烦且存在不确定性。②此外，根据《行政许可法》的规定③，对于一些关系到国家及公共利益产业的市场准入审批，需要对申请材料的实质内容进行核实的，进行实质审查。因而交通主管部门在其认为必要时，可以对航运企业的设立许可申请材料进行实质审查。而后，取得交通主管部门许可证照的航运企业需要再到工商部门获得营业许可证，最后携带各类证照资格材料方可到企业登记部门办理登记注册业务。各类国家及地方主管机构的审批前置程序及其具体实施方式是基于交易安全的考虑，但这个过程之中必然损失企业设立的经济效率，并且还可能使得行政部门的行政利益影响企业的经济效率和价值取向。

从促进航运企业发展和吸引船舶聚集的角度来看，降低航运企业设立的法律门槛是完善船舶登记法律制度的关键环节之一。企业设立便利度是商业法律制度健全的一个重要指标，完善该指标需要从公司设立的一般规定和航运企业设定的特殊要件两方面出发降低航运企业的设立成本。这要求在宏观层面，要使得法律制度更加重视公司设立的效率性和企业自治性，赋予企业在设立事项方面更大的自主权和更多的活动空间。不同历史阶段法律对设立公司存在不同

---

① 蒋大兴：《徒增的商事成本——法律及管制如何影响企业设立（行为）》，载《法学家》2016年第1期，第72—83页。

② 陈继红、刘巽良、万征、何新华：《中国实施国际船舶登记制度的制约因素及未来的对策》，载《未来发展》2014年第1期，第31—35页。

③ 参见《行政许可法》第12、56条。

要求，早期企业需要政府特许而现代企业则更加强调自由，我国公司法仍停留在核准主义，这与公司法的自由化发展趋势不符。①企业的严格事前许可规定、企业设立条件以及设立程序的复杂性均使得航运企业在开设和办理公司业务时面临设立难、成本高、耗时长等现实困境，这实质上是公司立法背景中自由化精神贯彻不足的体现，在立法中强调公司设立的自由主义模式是解决此类现实困境的前提和基础。

目前航运公司设立要件中除需要取得政府相关部门批准，还需要遵守法定人数、认缴资本、企业名称、经营范围、经营场所以及外资准入等方面的要求。审批事项过于繁琐、企业设立形式单一、经营范围严格、授权资本和认缴股份管控严厉以及外资监管方式不够灵活等方面的问题需要逐步且有重点地解决，否则难以切实改善企业设立难的问题。外资参与企业的投资或设立时，有重点地予以监管的同时应当放宽限制，鼓励资金流向市场，激发市场活力并借由竞争带动企业生产效率提高。

另外，程序性事项决定企业设立过程中所需消耗的时间及成本开销。20 世纪 80 年代南美洲 4 位大学毕业生对比了在其本国注册一个 4 万元公司和在美国纽约注册的时间，前者耗时 4 个月而后者仅耗时 4 天。②程序性规定对企业设立产生的影响可见一斑。目前中国航运企业登记业务办理的制度性约束使得其设立过程中可能面临耗损。从审批周期来讲，航运企业首先得面临 15—20 天左右的审核结果等待期，而后向工商管理部门申请办理企业登记事宜③，这个过程也需要一定时间。类似业务在英国如果支付一笔额外费用可以 24 小时之内快速办理。

从登记所需材料来讲，航运企业在申请经营许可证和办理公司登记的过程中需要提交种类繁多的文件资料或有待审批的证明文书。从设立所需要获得的证照来讲，证照种类和记载事项的设置不尽科学，登记机构与审批机构在某些

---

① 施天涛：《公司法的自由主义及其法律政策——兼论我国〈公司法〉的修改》，载《环球法律评论》2005 年第 1 期，第 81—88 页。

② 李金泽、刘楠：《企业设立法制的法哲学思考——兼论我国企业设立法制》，载《南京大学法律评论》1999 年第 1 期，第 45—46 页。

③ 实践中为了便于管理，有航运企业采取“先照后证”的办理流程，即先登记注册一个普通公司，再按照运输监管要求办理许可证，而后使用许可证到工商管理部门办理公司经营范围变更。这类做法可以节省公司早期筹备的准备成本和时间。

范围内存在边界模糊和职能不清之处。航运企业设立的程序性改革需要针对前述审批登记时间、登记材料以及登记证照等事项采取切实有效的措施，完善航运企业的登记审查机制、审批机制、监管机制，打破监管机构的部门利益限制，落实责任和职权范围，协调多头审批和监管问题，提高企业设立效率以及设立监管的市场活力。

具体举措方面应当处理好企业合规和行政监管权力之间的关系，降低公司设立过程中的显性和隐性成本。例如，将事前准入过程中的一些事项转变为事后监管和企业自治事项，负责企业商业登记的政府相关部门及负责市场准入的审核监管部门在审查登记及许可内容时采取一般形式审查特殊实质审查办法，证照颁发过程中避免申请材料重复及大量提交、证照审核过程中打破各主管部门之间由于利益格局而造成的越权或不作为等行政僵化格局，将执行权集中且要求监管机构相互配合大力推行电子行政、采用联合办公联网办公转变监管方式，建立健全企业设立的事后监管机制加强对虚假注册、无照经营、提供虚假信息以及越权经营等行为的处罚，加强社会信用体系的建设，通过公众力量及行政处罚相结合的方式引导企业自律。除此以外，还应当注意到企业设立过程中由于执行法律法规或行政机构具体监管中所产生的一些隐性成本，如公司住所固定化带来的成本以及公司行政人员和辅助人员聘用方面的人力成本①、监管过程中由于权力寻租以及公共资源过度集中而导致企业设立审查批准过程中的项目繁多、程序复杂、不作为、行政效率低等现象，从实践出发切实解决航运企业设立难、运营难等问题。

三、船舶融资与船舶保险

船舶所有人考虑将船舶登记到何处，融资与保险业务关系甚多。无论是新造船还是二手船买卖，船舶所有人都需要接近资本市场，因为相关国家的银行一般不会考虑贷款给一些出现债务信用问题的国家和企业，也关心船舶所在国有关贷款或抵押方面的法律是否可以保障银行的利益②。在现代航运市场之中，

---

① 蒋大兴：《徒增的商事成本——法律及管制如何影响企业设立（行为）》，载《法学家》2016 年第 1 期，第 73—76 页。

② 杨良宜：《船舶融资与抵押》，大连海事大学出版社 2014 年版，第 61—62 页。

船舶想要开展海上运输业务同样离不开船舶保险的支持。“从经济观点视之，海上保险可以促进买卖的安全和航运的繁荣，从法律观点视之，海上保险可以分散海运风险和减少诉讼纠纷，海上保险与海商活动平行发展，可谓为海上商事之支柱”。①没有投保的船舶很难投入运营，而保险公司在接受被保险人投保之前会对投保标的予以评估并提出相应条件以减少自身风险，船舶的登记国是一个很重要的评估指标。倘若被保险人将船舶登记在一个汇率波动较大、与保险公司所在国的法律存在很大差异且对船舶安全监管较弱的国家，势必会给保险人的利益带来潜在的危害。因此，保险人和融资人的考虑会对船舶所有人选择登记国产生实质性的影响。可以说，国家的保险制度以及融资条件的便利性和完善性对船舶所有人选择登记地有重大影响。

1. 船舶融资法律法规的配套实施

从世界主要船舶融资中心欧洲、美国和远东市场变化（图 7.2）可以看到尽管近年来融资规模有所下降，欧洲依然是船舶融资领域的霸主，2021 年占据全球

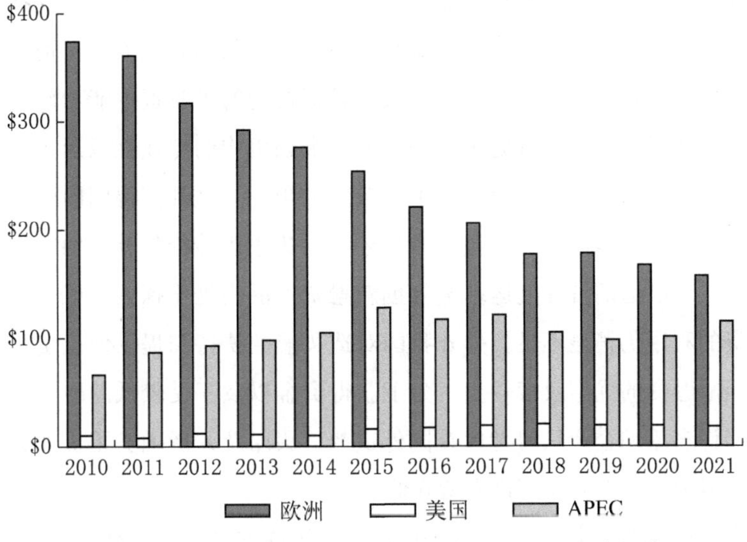

图 7.2　地理区域划分全球船舶融资业务量，美元 $ bn②

① 柯泽东：《海商法》，台湾元照出版社 2006 年版，第 301 页。

② 数据来源：Petrofin Bank Research。

市场份额的54.19%，但呈现出逐年下降趋势。美国的融资总量在该年减少了0.74%，全球份额为6.26%，自2010年以来首次呈现负增长。APEC国家则共同占据39.55%的市场份额，以强劲经济增长为基础的中国航运业发展使得船舶融资租赁增长势头迅速，但航运市场的低迷、监管压力以及疫情冲击则导致世界范围内融资缓慢，2021年全球融资额仅为2 901亿美金，是十年来的第三低，次于2020年和2019年。2022年则叠加了俄乌冲突、制裁以及港口拥堵等因素，市场依然在低谷徘徊。

全球前四十大船舶融资机构中国占据4席，虽然占据着资金成本优势和市场优势，但从整体上来讲我国的船舶融资无论是从贷款规模、交易规模、海上保险规模还是航运金融衍生品市场规模来看，仍然有较长的路要走。航运金融与商船队的发展紧密相关，从融资规模和发展程度而言欧洲依然在这个领域拥有优势。而中国的船舶借贷需求仍然较低，航运市场则进一步期望中国需求端的程式和能力能够再一次给予全球贸易以必要的刺激。①

船舶融资环境是制约航运产业发展的因素之一，也是中国船舶选择移籍的主要原因之一。国内的船舶融资方式较为单一，多采用贷款方式，资金和融资方案相对较少，企业的可选择余地不大，融资机构的吸收资本能力对支撑起一个强大的造船工业而言还有完善空间。本地金融机构的专业性以及抗风险能力仍有待加强，且由于国情对境外资本有较大的限制，这都使得国内融资的成本高昂。此外现阶段国内的航运金融产品还主要集中于传统贷款、融资租赁和股票债券形式，航运期货和航运基金等创新融资产品尚处于探索实践阶段，非借贷式融资的利用仍稍显不足。另外我国对造买船的扶持和提供低息贷款的政策以及对船舶融资的优惠政策较少。为了获得资金以及享受较低的融资成本和优惠政策，许多船舶企业只得考虑在国外造船、买船及开展融资租赁业务，从而使得航运运力和产业聚集度都有所降低。

首先，从法律规定视角来看，中国目前需要立法支持船舶融资业务的发展，为船舶市场创造一个良好的融资环境。具体来讲，应当逐步有条件地放宽外资在船舶融资领域的限制，给资金松绑。对于外资从事和参与国内企业经营及融

① 参见Petrofin Bank Research-End 2021。

资，中国一直持谨慎态度，外资进入国内水路运输市场是比较困难的。《中华人民共和国水路运输管理条例》（以下简称《水运管理条例》）及其实施细则规定，未经中华人民共和国交通部批准，在中国注册登记的“三资企业”或船舶，不得经营中国沿海、江河、湖泊以及其他通航水域中的旅客运输和货物运输。《中华人民共和国国际海运条例》（以下简称《海运条例》）第22条规定，“外国国际船舶运输经营者不得经营中国港口之间的船舶运输业务，也不得利用租用的中国籍船舶或者舱位，或者以互换舱位等方式变相经营中国港口之间的船舶运输业务。”

国内水运市场谨慎对待外资的好处是维护国家安全和保护民族产业，弊端是可能会使得国内水运市场的中小船企融资难，国内水运运力和船舶技术提升慢。自贸区目前已经放开登记船舶外资限制，但在自贸区登记的船舶只能够经营国际海运业务。在控制投资比例的前提下，建议引入外资进入船舶融资市场推动国内船舶运力的发展，并对急需或有待发展的特种船舶给予融资便利。此外，尝试将外资融资绝对比例限制模式转变为通过相对比例、设立地、业务规模、业务范围等相对限制模式，建立东道国同外资的友好合作关系，为中国资本参与国外船舶融资业务、同当地政府建立最惠国待遇创造条件。

其次，简化外籍船舶进口手续。目前来讲，外籍船舶倘若需要进口到国内，则至少需履行下列手续和行政程序：（1）根据《水运管理条例》《船舶登记条例》《老旧船舶管理规定》的要求，购买外籍船舶进口至国内经营国内水路运输的需向交通部申请办理《国内水路运输经营许可证》，并向海事局申请旧船进口检验和评估，嗣后还需办理《船舶营业运输证》。（2）如果是外资控股或参股的国内公司进口外籍船舶，则还需要遵守商务部《关于外商投资企业境内投资的暂行规定》和《外商投资产业指导目录》相关规定。（3）此外，进口二手船舶还需要取得商务部批准的《机电产品进口许可证》①。（4）取得许可后则进入海关报关流程并缴纳相应增值税和关税。（5）办理船舶登记手续。

---

① 法律依据：商务部、海关总署、国家质量监督检验检疫总局《重点旧机电产品进口管理办法》，商务部、海关总署《机电产品进口自动许可实施办法》，商务部《机电产品进口管理办法》，对外贸易经济合作部（现商务部）《关于船舶进口有关事项的规定》及《重点旧机电产品进口目录》等的规定。

对于那些想通过境外融资获得船舶营运权后再将船舶回购的实际船东而言，在这一系列的进口流程中，需要至少同三四个行政机构打交道，反复递交文件和申请多类文书。从国家金融安全和市场秩序而言这些程序证书是必要的，但当事人的行政履行成本却十分麻烦。如果技术层面采用行政审批方法如“同步申报、同岗审批”“网上申报”“单一窗口受理”“一站式办理”“办结立等可取”等举措简化进口手续，则可实质性地降低船舶所有人和承租人为融资所支付的行政履行成本。

最后，融资法律法规应鼓励船舶融资手段的多样化。目前船舶企业融资的主要手段仍然是银行贷款，银行也一直是航运业主要的贷款机构。然而由于航运市场的不景气和船企违约情况的增加，使得银行投向航运业的贷款减少，风险控制也较为严格。国内银行融资贷款条件苛刻，能够获得贷款的多为大型航运公司，这些企业通常都是银行的大客户，中小航运企业则没那么容易获得贷款。然而中小航运企业在航运业发展过程中同样发挥着重要作用，受到规模、资金、技术、劳动力质量等因素的影响，其抵御市场风险能力和运输组织能力相对较弱，但却是具有活力和市场潜力的运输组成部分，中小航运企业所拥有的船舶或单船公司同样是国家船舶运力的生力军。与大型企业相比，中小航运企业发展的瓶颈之一便是融资难的问题，具体表现为融资渠道和方式单一、融资成本较高以及融资数额有限等。大型航运企业体量大规模大，往往是国内外银行的目标客户。而广大中小航运企业则很难从银行获得贷款，政府倘若鼓励多种类型的融资方式及民间资本的参与，则可以在为民间资本提供投资渠道的同时，造福中小航运企业。

除银行贷款之外，航运企业还可以通过融资租赁、股票、债券、基金、信托、私募股权以及政策性融资等方式进行融资。交通运输部在2015年发布的《关于加快现代航运服务业发展的意见》中提出“积极发展多种航运融资方式，拓宽社会资本投资航运业渠道，支持船舶融资租赁业务发展，鼓励航运金融产品创新，拓展航运金融服务功能”。人民银行也于当年联合八部委就出台《金融业支持船舶工业转型升级的指导意见》，要求银行业加大对优质船舶企业的金融支持力度，拓宽船舶企业的融资渠道及社会资本投资船舶工业渠道。这些政府官方文件表明国家已经意识到多种融资渠道和多元化的综合船舶融资体系是航运产业和运力发展的支持力量。但现阶段这些文件仅属于宏观上的"意见"，尚无法具体落实到产业之中成为实质性具有法律效力的措施。据此提出几个未来法律法规可能的改革思路和方向以供思考。

首先，实现融资方式的多元化，金融法律法规引导资本向航运业流动。除造船、抵押借贷等国家组织的政策性融资之外，还应当吸收民间资本和社会资金到航运业中去，为融资困难的船厂和船舶所有人创造发展平台的同时为私人投资提供新的渠道。事实上在一些地区，民间资金早已"用脚投票"悄悄进入了造船业。在如浙江省台州市等一些造船业集中的地区，市场好的时候民间资本迅速集中至造船厂，"彼时台州市民投资造船业一如股民炒股，有些人甚至借巨资入市"。[①]这种模式由于并非正规渠道，属于民间性质融资，市场不好的时候，这些游散资金很容易由于违约而导致企业资金链断裂，投资者和船厂船东之间责任不清，最终迫使资金退市。在无法获得融资的情形下，为了生存和升级转型，一些航运企业只能够通过国企兼并混改或境外上市的方式获得融资。对于航运产业的健康发展而言这并不是一个好的结果，因此航运及融资方面的法律法规应当制定有效措施鼓励和引导针对航运的专项政策性贷款、资金、技术和信息向中小企业流动，为中小企业提供转型和产能消化支持。通过金融法规和公司法的制度安排，合法化民间和社会资本对航运业的投资，重视为金融机构和企业之间搭建平台，降低市场准入门槛，便利企业融资和降低成本。

其次，还可以借鉴德国、日本、韩国等国在造船融资方面的税收优惠措施。资本市场紧缩使得国内造船厂、船舶企业有时不得不到境外寻求融资，然而进口关税和增值税阻碍了境外优惠使得船舶企业选择将船舶登记至国外，船舶融资租赁跨过了这项障碍却又面临一定的法律和政策限制，承租人同样需要缴纳25%的营业税。对于投资国外船舶及运输的融资机构而言，投资准入东道国基于互惠基础的利益下降可能会促使其在税收方面调整从而使得投资环境恶化。倘若能够将税收法律法规同融资法律法规配合统筹，合理设计船企在融资过程中的税负则可以很好地带动融资发展和促进运力增长。

---

① 粟灵：《江浙几大船厂的现状》，载《中国企业家》，网址 http://www.imarine.cn/thread-624417-1-1.html，访问时间 2023 年 3 月 10 日。

以德国为例，德国KG模式之所以能够有效促进德国航运业的发展，是该国《航运金融法》、《公司法》同《税法》联动和相互配合的结果。在20世纪下半叶以前，船舶投资主要由融资银行提供资金，德国船东由于缺乏银行融资而无法扩大自有船舶规模。公司法的修改使得KG模式打破了合伙的无限责任制度，推动了私人投资人参与航运股权投资。德国法对于金融机构的创新也持鼓励态度。航运市场上储蓄基金、船队基金、次级基金和机会基金均参与到KG模式中来，有时投资者还可以通过专业银行为KG份额提供融资。自20世纪60年代起，德国制定了众多的税后减免计划鼓励投资人将钱拿出来参与船舶投资以获得减税待遇，配合KG的有限公司优势将投资者从无限责任抽离出来的同时，还可以享受不同于一般公司投资的税后优惠。1999年德国在航运领域引入吨位税法之后，投资者可以享受到仅以于航运资产物理大小征税的投资收益好处。在吨位税实施后的20年内，德国商船队几乎增加了10倍。投资者成群结队地进行投资，使德国成为世界上最大的集装箱船队拥有国。①

法国的税收和公司法律规定对船舶融资同样发挥了重要作用，通过金融机构持有的特色公司进行间接融资。这种方案的好处在于使得再融资成本降低，即金融机构通过减少租赁金额或者购买金额使得船东能够在加速折旧的过程中节省税收。但是，法律对公司拥有的有形财产的折旧扣减有限制。船舶作为有形财产其折旧会从法人的营业税中扣除。对于扣减年限也有一定限制。某些融资模式也允许船东作为承租人购买作为出租人的其他船东的股份。根据法国法律规定，持有超过两年的股份买卖收益免征部分额度的企业所得税，仅征收增益量的10%（隐含税率约3.44%）。

最后，通过法律法规建立船舶登记与融资的互相促进机制。在航运实践中，光租登记②这类特殊的登记制度被创造出来的目的是为了便利船舶融资。融资人作为资金提供者，为了保障自身利益通常会作为买家购买或建造新船，而后再将船舶光船出租给实际使用船舶的承租人。由于出租人在租期内并不管理船舶，当外国承租人租赁船舶之后为了使用该船需要临时将船舶登记至承租人所

① ［德］奥勒提斯·席纳斯、卡斯滕·格劳、马克斯·约翰斯：《航运金融手册》，金海译，中信出版社2017年4月版，第81—97页。

② 关于光租登记模式的介绍可参见第二章第三节第四目相关内容。

在国，承租双方需要按照光租登记模式对船舶予以登记。因此光租登记的发展和完善对船舶融资租赁的繁荣亦具有重要意义。《船舶登记条例》《船舶登记办法》《〈船舶登记条例〉实施若干问题说明》以及海事局具体办理登记业务的《船舶登记规程》中均对光租船舶原国籍登记注销与临时国籍登记、抵押权的登记与注销、租购情形下原所有权的注销与新的所有权登记、光租登记有效期等事项进行了详细规定。

目前的船舶登记法律规定在促进船舶融资租赁业务和光船租赁方面有长足的进步，但仍存在一些风险和争议。突出的一个问题是由于双重登记带来的船舶所有权和抵押权重复登记问题。由于船舶的流动性以及各国法律法规的不一致使得船舶的原始所有权、抵押权登记和临时国籍登记期间的抵押权登记产生效力以及实现方面的问题，也会使得贷款银行对双重登记存在疑虑。《海商法》对此在第 19 条明确规定，抵押债权的受偿顺序按登记时间先后确定，但对于境内外重复登记可能带来的风险应当如何处理，法律并未给出明确规定。司法实践中处理这类案件时需要给予权利登记的有效性和法律适用规则一个解决方案，并在此基础上形成共识后再在法律中予以明确。

2. 船舶保险法律法规在航运保险市场上对登记船舶的支持

影响船舶登记地选择的另一个重要因素是保险。据国际海上保险联盟 IUMI 数据统计①，中国市场是全球第一大船舶保险市场和货物保险市场。但从保险份额来看，全球 60%以上的市场由英美日德保险公司占有，保赔协会市场份额则绝大部分由英国主导。与现阶段高速发展的海上保险需求不相匹配的是，中国保险公司虽在快速发展但规模和实力同传统海运强国相比仍存在较大差距。国际上有名的船舶保险公司资产规模动辄上百亿美元，而中国保险公司的资本规模和赔偿能力相对较弱。此外，在承保范围、投保方式、管理和人才储备等方面，国内航运保险企业在市场面前仍相对滞后。

由于外国保险公司和保赔协会在市场上深耕多年，历史悠久且居于主导地位，大多数船舶所有人出于营运考虑多选择外国保险公司。而外国保险公司出于对风险和融资的考虑，通常会对船舶登记国有所要求，作为其承保和理赔的

① 数据来源：IUMI 官网及 Clarkson 数据统计。

依据，所以很多时候中国企业的注册地并不会成为船舶登记地的首选。在造船之初，出于融资及成本等事项考虑，船舶所有人可能会将船舶登记到国外，造好之后为了便利则不会再更换登记船籍。另外，对于那些从国外买进或者在国内需要卖出的船舶而言，买卖之后由于船舶国籍的转换在变更登记国的同时可能还需要变更投保的保险公司，原有保险公司可能不认可船舶的新登记地，或者新船舶所有人对于原有保险机构的承保有不同看法。为了避免交易成本，即使买家是中国企业或个人，新的船舶所有人也可能会放弃选择其国籍国作为登记国。一些货物的国外买方为了便利交易以及出于对本国保险公司的信任，往往使用 FOB 或 CIF 贸易术语配合合同在本国进行投保。所以船舶保险市场的规模、便利性以及法制规范性也是完善中国船舶登记法律制度和吸引船舶到中国登记应当予以重视的一个方面。

虽然航运保险市场东移趋势较为明显，但目前中国市场上的航运险种仍然较为单一，开展业务较少且市场相对固定，航运保险中介组织的规模和体量较小。中小型船企在选择保险公司的时候同样面临困境，国内大型保险公司愿意同大型航运船企合作，选择外国保险公司投保后又可能面临法律和业务问题导致的拒赔，使得船舶无法继续经营下去。选择外国保险公司承保也有风险，汇率的波动会影响保赔额，船舶登记国与船舶所有人本国保险法律规定的差异则可能会导致索赔困难，方便旗国家的监管不力可能会使得保险人拒赔①。

对于航运产业的聚集，航运保险公司以及理赔机构起着十分重要的作用。2001 年加入世界贸易组织之后，中国的保险市场逐步打开了对外开放的大门。2004 年 12 月，中国保监会发布公告宣布根据中国入世承诺，取消对设立外资保险机构的地域限制，后法律规定设立合资经纪公司的外资股比可至 50%②。但对于外资保险公司，中国法律法规在企业适格性、出资金额及比率、业务范围、经营区域等方面均规定了一定条件限制③。现阶段较为严格的保护性法律

① 黄雅卓、赵霞：《船舶登记制度和保险理赔》，载《水运管理》2014 年第 1 期，第 9—11 页。

② 《中华人民共和国外资保险公司管理条例实施细则》第 3 条规定，外国保险公司与中国的公司、企业合资在中国境内设立经营人身保险业务的合资保险公司，其中外资比例不得超过公司总股本的 50%。

③ 参见《中华人民共和国外资保险公司管理条例》第 5、7、8 条。

法规使得外国保险公司丰富的海外投资经验不能得到充分发挥，一定程度上影响了企业的盈利和整体绩效，造成了垄断等负面效应，降低了保险业的效率。①对外资航运保险公司的限制使得航运业的发展总是受到掣肘，由于在市场上难以获得国内保险公司支持，许多船舶企业转向海外寻求投保，从而间接造成了船舶运力的流失。

中国涉及航运保险的法律规定主要可以分为两大类，一类是保险公司监管层面的法律规定，另一类是保险市场规制层面的法律规定。

现阶段涉及保险公司监管的法律法规主要有2016年修订的《中华人民共和国外资保险公司管理条例》（以下简称《外资保险公司管理条例》）、2018年修订的《外资保险公司管理条例实施细则》、2004年保监会颁布的1号令《外国保险机构驻华代表机构管理办法》、2018年《保险公司股权管理办法》等。在前述法律法规中就保险机构的组织形式、设立条件、注册资本、业务范围等事项进行了规范。新近修订的监管法律法规与修订之前的内容相比较，变更了部分准入要求之外，进一步严格了保险公司的股东准入门槛。其一是原规定中关于合资和独资保险公司及其分公司注册资本的条件②有所改变，删除了增加注册资本的要求，但要求2亿元资本必须为实缴资本。其二是对保险公司的股东和股权的监督管理规定的改变，将单一股东的持股上限由51%降至1/3，并规定保险公司的“一致行动人”同样属于关联方而受到监管③。

严格保护理论上有利于国家经济安全和限制外资均衡合资企业控制权，但具体实践之中由于中外资本在经营理念和企业战略规划上存在分歧，常常使得合资伙伴关系难以发挥出其应有的作用。另一方面虽然法律允许外资保险公司在中国设立分支机构，但在分支机构的许可、股本、经营年限、资产等方面均有所限制④。

---

① 龚雪蓉：《中外资保险公司面临的法律制度差异》，载《中国保险报》2014年1月7日，电子版网址 http://fl.sinoins.com/2014-01/07/content_85188.htm，访问时间2023年3月10日。

② 原规定要求的资本条件有：合资、独资保险公司以最低注册资本2亿元设立的，在其住所地以外的每一省、自治区、直辖市首次申请设立分公司，应当增加不少于2 000万元的注册资本。外资保险公司申请设立分支机构，应当具备上一年度偿付能力充足、提交申请前连续两个季度偿付能力均为充足等。

③ 参见《保险公司股权管理办法》第4、73条。

④ 参见《中华人民共和国外资保险公司管理条例》第7条、《保险资产管理公司管理暂行规定》第8条和第9条。

据统计，2022 年全国财产保险公司保险收入总额计 14 867 亿元，其中外资保险公司年保费收入 4 107.56 亿元，外资公司仅占市场份额 8.33%①，船舶保险承保亏损。2022 年全球航运保险市场规模达到了 330 亿美金②，中国在其中所占比重虽然呈逐年上升趋势，但由于海上保险起步晚、起点低，在国际海上保险市场之中难以获得定价权、话语权。

国内航运保险市场承保能力不足是另一个问题，业界人士指出，现阶段航运保险仍然集中于货运保险和船舶保险等传统险种，国内保险企业主要涉足的仍然是运输保险，经营船舶保险业务的保险公司相对数量较少，对技术性要求较高的物流责任险、码头操作责任险、承运人责任险等则参与较少。国内保险公司主要负责境内保险业务尽管可以降低国际市场的影响，但从长远来看却不利于航运保险企业与国际市场的交流与合作。③随着市场的转变，资金和技术的发展使得航运业面临着与以往不同的风险，需要能够满足其需求的产品和风险评估方案。

因此在保险公司监管法律层面还是应当朝着降低保险自由化门槛、鼓励航运保险业务范围扩展，推动保险市场的国际化发展，营造良好的营商环境方向发展。若不走上自由化道路，从长远来看不仅限制了外资保险公司在中国境内的发展使得船舶企业出走寻求境外投保，还可能使中国保险公司参与境外保险业务保障中国企业境外投资的脚步受到束缚④。2021 年修订《外资保险公司管理条例实施细则》，在加速保险业开放方面有所突破，删除了外国保险公司持股合资寿险公司、在中国境内设置合资保险公司的股比限制；降低合资及独资保险公司分支机构设立门槛并简化申请手续；规范外资保险公司股权变更行为。

此外，也应打破保险和再保险领域的固有格局，进一步完善再保险市场结构⑤。目前中国初步形成了以《保险法》为依据、以《再保险业务管理规定》为基本框架的再保险法律监管规定。2002 年保监会出台的《再保险公司设立规

① 资料来源：中国保监会数据。

② 数据来源：IUMI。

③ 石岩：《中国航运保险：态势、问题与建议》，载《中国保险》2016 年第 8 期，第 20—22 页。

④ 陈峰：《关于中国航运保险市场发展的几点思考》，载《世界海运》2015 年 1 月，第 41—47 页。

⑤ 目前试点实施的自贸区规划和政策中，正尝试推行离岸保险、再保险优惠业务。关于自贸区的保险配套法律规定，参见第四节的具体内容。

定》对再保险市场准入作出了一定的条件限制：首先资金方面，人寿和非人寿再保险公司的实收货币资本金应不低于 2 亿元人民币或等值的可自由兑换货币，综合再保险公司的实收货币资本金应不低于 3 亿元人民币或等值的可自由兑换货币；其次经营业务范围方面，允许再保险公司部分或全部的中国境内再保险业务、转分保业务、国际再保险业务；最后投资股权方面，股东应符合保监会《向保险公司投资入股暂行规定》，投资中外合资、外资独资再保险公司的外国保险公司，应符合中国入世的有关承诺。

根据 2022 年数据①，再保险公司资产总额达到 6 719 亿元，其中涉及中资再保险公司 14 家，外资再保险公司 8 家。近年来中国的再保险市场不断开放，竞争日趋激烈。随着世界经济中心自西向东转移，中国市场正在成为外资再保险公司保险业务增长的主要引擎。未来保险市场的国际化是一个必然之路，竞争可以激发国内企业实力，也促使国与国之间再保险市场的开放和共赢。现阶段国内的保险公司在国际市场上仍然处于弱势、国际竞争力也相对较弱，因此学习外资再保险公司的经验和业务，长远而言有利于保险市场的健康发展。

一方面，针对外资保险公司监管法律体系的改革，应当进一步促进市场的竞争和活力，鼓励保险代理行业和保险经纪行业的发展（特别是海运保险经纪公司）。除特定涉及金融安全领域事项，放开对外资保险公司经营范围和经营业务的限制，允许其从事除传统保险业务之外的其他业务，带动保险新兴业务和周边产业的发展。外资进入保险、再保险、保险代理、保险经纪、保险公估等领域的组织形式可以更加灵活，增加海运保险业者经营的灵活性和自由度。

但另一方面为了避免外资保险公司凭借资金和技术优势，通过再保险业务和资本渗透进入本国市场造成金融动荡，中国保险企业到境外投资由于信息不对等和市场不熟悉导致损失，仍然需要对航运保险实施一定程度的限制性监管。例如，严格控制中资保险公司可承保的责任范围，分支机构和中介机构仍需制定设立准入标准等，确保严格的准入条件和市场竞争能够有一个好的平衡。在监管手段上，由事前监管转向事后监管、由市场行为监管转向偿付能力监管②。

---

① 数据来源：保监会官网。

② 曾静：《完善我国保险偿付能力监管的思考》，载《中国保险管理干部学院学报》2004 年第 4 期，第 39—40 页。

在保险运行市场法律规制层面，目前涉及航运保险的专门立法是《中华人民共和国保险法》（以下简称《保险法》）、《海商法》，以及于2006年出台的《最高人民法院关于审理海上保险纠纷案件若干问题的规定》，程序性事项则规定在《海事诉讼特别程序法》之中。此类法律规定基本属于原则性规范，由于同国际保险法律实践存在差异，国内实践中依据国内法律规范解释保单中的保险条款过程中可能会存在不符合海事国际惯例、条款审批低下、保险理赔缺乏系统化、程序化①以及司法适用等方面的问题，为避免前述问题的出现以及出于法律确信方面的考虑，保单中的管辖权条款直接将争议解决地和适用法律指向外国，使得中国法律的适用和解释缺乏充足的案源和实践纠错机制，造成航运市场上中国保险法律及诉讼机制的国际性和知名度不够。

因此，从完善保险法律制度层面建议相关法律法规应当注重与国际市场和国际海上保险法律发展趋势接轨，使得登记在中国的船舶能够在保险层面获得法律支持和保障。宏观上来讲，保险市场规制法律需集中解决好两方面问题，一是保险当事人双方利益在海上保险法律之中的平衡②，二是海上保险合同条款在中国司法适用和解释过程中的法律理念融合。其中具体涉及保险保证规定的权利义务平衡、最大诚信原则的落实和适用、保险人行使代位求偿请求权的司法实践、海上保险合同除外责任等国际通用条款在中国法下的解释等方面的问题，由于涉及另一领域的法律问题此处不再赘述。

四、进出口贸易波动的预防与应对

世界经济发展引擎——进出口贸易量的绝大多数是经由海运完成的，进出口贸易的规模和总量与航运业的发展互为因果，航运产业支持着运输服务贸易

---

① 杨天姿、周东生：《我国航运保险发展瓶颈与对策研究》，载《中国水运》2016年第3期，第53—58页。

② 关于平衡海上保险当事人利益方面的论述，学界相关讨论可参见：牛元：《英国保险保证新立法及对中国海上保险保证制度完善建议》，载《中国海商法研究》2017年第4期，第93—102页。郑睿：《英国海上保险保证制度改革评析》，载《中国海商法研究》2016年第2期，第67—75页。王淑梅、侯伟：《关于〈海商法〉修改的几点意见》，载《中国海商法研究》2017年第3期，第3—10页。朱作贤：《对海上保险法最大诚信原则的误读及匡正——兼析英国〈2015年保险法〉之最新发展》，载《世界海运》2015年第6期，第42—46页。傅廷中：《海上保险保证制度的过去、现在与未来》，载《中国海商法研究》2013年第4期，第29—33页，等等。

的发展，而进出口贸易市场的繁荣也能够带动和促进航运产业的发展。同其他领域的市场一样，航运市场也同样会受到世界政治经济局势、贸易需求变化的影响并进而产生周期性波动，不景气的时候运价和原料供应可能长时间在低谷徘徊。而全球的政治、疫情、金融和贸易危机则可能会使得航运贸易持续低迷并导致船舶运力过剩，进而加剧航运领域的竞争和压力，产业风险则随之增加。因此，进出口贸易的发展状况会直接影响船舶以及其他航运周边产业的维持和发展。

事实上，以中国为代表的东亚地区是世界上铁矿石、集装箱、原油以及粮食等货物的进口大国，也是制造业、零售业、快消业等商品的出口大国。航运对国计民生的保障和维护具有举足轻重的地位，但由于整个社会对其认知仍不充分，航运业对进出口贸易的支持和影响除业界人士外较少为社会大众所熟知。尽管贸易摩擦、区域危机、疫情使得进出口贸易受到影响，全球经济形势仍然是影响航运贸易的主要因素。进出口贸易需求会带动航运运输需求，统计数据显示国际海运贸易量在 2020 年下降了 3.8%，2021 年反弹增长 3.2%，面临充满风险和不确定性的环境。疫情、战争、通货膨胀、经济走弱、自然灾害、港口拥堵等问题的叠加使得航运贸易和商船队都面临低增长困境。

除前述因素，影响进出口贸易的因素众多，宏观经济环境、外商投资、产业结构、外贸体制、贸易政策、税收政策、宏观调控等事项均有可能对贸易和航运造成冲击。在经济周期的扩张阶段，较快的经济增长率无疑为进出口需求提供了充足的资源和市场。而国与国之间的贸易争端及经济增长趋势的放缓势必会对货物贸易造成压力，货物的需求量直接影响船舶的供应量，运力和运价之间的平衡就成为航运产业需要应对的难题。由于全球经济前景不明、贸易摩擦呈现出愈演愈烈的趋势，加上进出口贸易自 2008 年以来的低迷和运力过剩，以及 2019 年以后疫情的冲击，全球航运业仍需时间方可回暖。而中国航运贸易呈现逆差则从侧面反映了船舶出籍的数量和吨位增长趋势。海运企业和监管机构应当警惕和预防经济不景气和贸易摩擦带来的负面效应，以及进出口贸易可能会导致的出口和原材料危机对航运业的影响，造成船舶市场价格下滑进而带来严重的产业冲击。根据情势调整贸易策略平衡出口市场和内需市场的结构以及航线和船队结构配比，并注意船队结构的优化和船舶产品的维护与升级，保持中国商船队的规模、运力及产能的多元化和优势化发展。

为了使中国籍船队运力和结构更加稳定和安全，航运监管法律法规（包括具体监管机构的规章和规定）在规范市场的同时还应当从宏观视角重视外贸风险控制，促进航运生产资料的合理配置，配合发展航运企业跨境贸易人民币结算业务，并推动中国与其他国家航运贸易的深度合作，给入籍中国的船舶创造一个良好的贸易环境。另外，对于贸易摩擦及经济危机等外部风险应联合政府部门及商业组织同企业一道提升航运业的竞争力，提升航运贸易的抗风险能力，注重航运服务质量的提升，建设船舶及航运周边产业的科技研发力量，借助最新技术和管理模式减少交易成本，并加强本国商船队的品牌建设。

将这些设计路线具体落实到细项之中，则需要围绕航运贸易的结构化调整这一中心展开。从世界贸易的体量来看，世界贸易总量整体呈现递增趋势，但经济波动使得航运市场随之产生周期性变化。近年来世界经济放缓使得航运服务贸易和商品进出口贸易总量随之放缓甚至出现负增长，调整产业结构以寻找新的货物和服务产业链带动进出口数量和价值的增长是国内产业监管法律及政策应当重视的问题。

一方面，国内市场对大宗商品的需求会带动进口贸易的发展，但贸易争端和市场变化提醒贸易和航运监管法律制定者应当注意引导进出口贸易区域平衡及商品类型配比合理化，谨防出现“所有鸡蛋放在一个篮子里”的困局。而另一方面，货物贸易结构这些年来正在发生变化……中国的贸易和海运服务之中能源资源型产品是进口大宗，设备、技术产品的进口增长很快，粮食进口总量也呈上升趋势。但经济增长放缓以及贸易战争日趋激烈使得进出口面临持续压力，大宗商品和原材料的进口需求可能会发生结构和方向上的改变。①因此，航运贸易法律法规及其政策需要对可能出现的贸易发展负面效应有所准备，优化船队海运服务结构和规模，在提升核心运输竞争力的同时，重视不同船型、不同运输种类以及不同市场运力资源的合理配置问题，预防由于船舶种类、分布航线及数量单一而受到贸易风险冲击，进而引发船队质量安全问题和船舶避险性出籍状况。

---

① Clarkson：Shipping Review and Outlook 2022.

此外，船舶监管法律法规也需要重视对航运产业和商船队结构的未来“投资”。尽管贸易总有风险，然而从全球发展趋势来看海运贸易重心在日益向新兴经济体转移是一个无可争辩的事实，亚洲的海运贸易地位日益上升，中东、南美、非洲的贸易也在快速增长。电子商务促使中小企业跨境贸易潜力巨大。以海运为起点的多式联运和物流供应链建设同人工智能结合起来，使得运输模式和运输系统呈现出新的发展方向。打造中国籍商船队的未来竞争力可以使船舶登记配套法律规范更好地发挥作用。透过中国籍船舶中高技术、新智能、环保方向的支持和优惠措施，对电子化工作的推广，以及混合型、多样化运输贸易网络的构建，乃至对新兴市场和航线上船舶的吸引和建设，都是树立中国籍船舶品质，应对航运风险和贸易周期的有力举措。

再者，从交易成本视角，减少并完善进出口贸易运输成本的环节和措施也是增加中国籍船舶登记吸引力的有效方式。习近平总书记在中央财经领导小组第 16 次会议上指示“要改善贸易自由化便利化条件，切实解决进口环节制度性成本高、检验检疫和通关流程繁琐、企业投诉无门等突出问题”，进出口条件便利度是影响贸易和航运的一个关键因素。世界银行每年发布的各国《营商环境报告》之中，进出口贸易的单证合规、边界合规以及国内运输的时间和成本是影响进出口货物物流成本和时间的因素。研究表明，中国在进口环节和边界合规费用方面所消耗的时间和成本是短板和痛点。[①]据此，清理进出口贸易程序中的不合理收费和降低航运运输的合规成本，需要从法律规定方面优化通关和检验检疫规程手续，缩减通关时间。2023 年《政府工作报告》中指出“进、出口通关时间分别压减 67% 和 92%，进出口环节合规成本明显下降”。

在执法方面制定规范，减少不必要的监管环节，简化执法流程和办理手续，注意执法边界，加强对执法人员违法违规收费的惩罚力度。树立行政服务意识，公开行政事项、收费项目以及服务标准，惩治滥用行政职权和优势地位强制办理业务、捆绑收费、为难办理人员和重复手续等增加企业合规成本的违规执法

① 吕大良：《营商环境视角下，我国跨境贸易便利化政策思考》，载《国际贸易》2018 年第 7 期，第 22—25 页。

行为。另外，对于许可和审批事项，尝试合并办理和推广无纸化操作，便利各类单证的办理事项，打开封闭分散权责不明的行政监管格局。

五、法律实施与纠纷解决机制

商业法规的制定和实施过程需要重视法治环境建设以及司法监管与企业营运之间的互动关系，船舶登记法律制度作为企业参与航运市场经营活动的准入性规范，也必然会受到司法体制及诉讼环境的影响。从企业运营视角而言，涉企事项的合同执行难和诉讼难问题会使得交易当事人的合法权益在诉诸公权力和司法救济时难以获得有效保护，打击企业经营者的交易积极性。企业签订合同、交易买卖及开展经营活动过程中如果司法救济及纠纷解决方式不充分、不及时，则会使得企业在考虑商业存在及船舶运营的全球配置方面倾向于选择法律实施机制更加便利、纠纷解决机制更加高效的国家或地区。

因此，完善并发展法律法规所需的纠纷解决机制以及登记国法律和司法的商业友好性是影响登记地选择的一个需要重点关注的外部配套措施。登记国法律规范的商业友好性体现在立法、司法及执法整个动态实施过程之中。改善登记国与登记相关的法治化营商环境，需要从法律法规层面、司法层面以及执法层面多角度、多层次地建立一个稳定、高效、公正、权威和专业的航运海事法律实施机制。

首先，法律制度需要建立在确定的法律规则之上，法律规则的确定性是确保社会经济稳定及有效运行的基础。相较于政府的轮替和领导人的更换，使用法律规则保障商业交易显得相对稳定和可靠。国家通过法律确保海事产业部门商业活动的安全性、政治体制的健全和社会的和谐，因而需要制定且出台在实施过程中具有稳定性、连续性和权威性的法律。船舶登记法律规范需要避免政策变化引起的法律规定实施过程中稳定性不足问题。规范性文件和政策对于调整船舶关系而言具有直接性和快捷性，但可能会存在缺乏稳定性和朝令夕改的问题，不利于企业对法律法规的理解和适用。

航运企业在中国的运营和船舶的贸易往来须受到航运及其他领域法律法规的约束，而法律规定的不连贯和不稳定状况可能使得司法机构、行政机构对法律规定的理解和适用出现摇摆和偏差，损害到法律的权威性及航运企业的权益。

现阶段在法规和规范性文件①层面，船舶登记法律规定仍然存在大量重叠立法、冲突立法现象，突出表现为新法出台后旧有冲突性法律规范文件仍然有效，新法和旧法在适用范围上有重叠使得法律法规指向不明确，上层法律规范同下层法律规范规定事项不一致不统一等方面的问题。健全和完善船舶登记法律制度，需要对不适应实践发展变化的法律法规进行修改废止，对上下位阶、新旧法律规定予以协调和改变，确保这些法律法规在贯彻执行过程中不因为法律规范本身的不稳定不连续而影响船舶企业对国家法律的信心和支持。

其次，司法效率同样是一个影响航运企业经营成本的重要因素②。从法律的经济效益分析，法律交易成本理论认为根据交易成本恰当配置法律的实施程序并提高法律运行效率是法律运行过程中的经济本质。③司法效率解决的是司法资源的有效利用问题，法律和制度的运行需要建立在适应市场和经济的前提之下，有效配给公民企业的社会资源。④提高司法效率是降低法律运作成本的有效措施，欧洲理事会司法效率委员会也将司法审判效率和法院判决执行力作为衡量成员国司法效率的法制标准。

目前海事司法领域的改革主要面临两方面障碍，一是当事人的诉讼负担会使得企业或个人不轻易选择到法院打官司。二是与一般法院相比海事法院案件较为专业，法院的审判体制又使得其司法功能和司法权威未能得到充分发挥。将提高司法效率作为解决这两个障碍的突破口，能够有效降低当事人诉讼负担，解决法院体制管理问题、诉讼问题和审判问题。因此，一方面《中华人民共和国人民法院组织法》（以下简称《法院组织法》）、《中华人民共和国海事诉讼特别程序法》（以下简称《海事诉讼法》）以及涉诉司法解释要从当事人视角出发

---

① 关于登记法律规定在立法范围方面存在的问题可参照本章第一节第一目“目前船舶登记法律法规层次、结构的梳理”中涉及的相关内容。

② 有的著作或论述使用了“司法的时间成本”，描述或指称的事物同本书所使用的司法效率一词在资源投入方面有所重叠，因此司法效率在成本上的体现可以被称为司法的时间成本，但司法效率不仅仅体现为成本，还可以体现为社会价值等因素。关于司法时间成本的论述具体可以参照：袁伟：《上诉移送周期：不容忽视的时间成本——关于知识产权上诉案件移送周期的调查报告》，载《法律适用》2009 年第 7 期，第 61—64 页；于兵：《法官时间观对民事诉讼程序的影响》，载《法律适用》2004 年第 12 期，第 8—10 页。

③ 冯玉军：《法律的交易成本分析》，载《法制与社会发展》2001 年第 6 期，第 10—16 页。

④ 刘练军：《司法效率的性质》，载《浙江社会科学》2011 年第 11 期，第 48—56 页。

进行完善，切实降低诉讼当事人在金钱、时间等方面的诉讼成本。另一方面，改革司法效率的具体举措可从技术变革和非技术变革两个层面予以推进。技术方面的法律改革措施包括：法院信息化建设在法院组织法律规定和诉讼法律规定中予以明确和落实，通过技术手段提高司法效率（如上海海事法院推行的1+2+X以及在线智能海事诉讼系统等）；海事海商纠纷常常具有事故发生地同审判地、当事人所在地远距离、证据搜集固定难等特点，认可电子和人工智能等新兴技术的合法性将减少当事人奔波成本和证据的搜集成本。非技术方面的法律（诉讼）改革措施包括：梳理海事法院的管理体系①，确立财事权的统一管理方式、改变庭审方式中法官同当事人对立的状态、完善海事证据的举证责任制度强化当事人的举证责任和庭审中的民主、缩短案件审理期限限制批准案件延长审理的申请等。

除效率因素外，司法的专业性、权威性和公正性对航运产业的发展同样具有重要的推动作用。国内司法环境中有法不依、执法不严以及法不责众等问题在经济领域普遍存在，使得法律的实施效果与立法预期严重偏离。②公正是司法的本质要求，司法的目的是解决纠纷，追求效率须在不影响公正的前提下实现，司法的社会、经济和政治效果是一个综合的评价体系。③海事法律服务作为航运产业中的重要一环，司法声誉和信誉带来的社会影响和聚集效应差异明显。尽管中国力量正在崛起，但在航运司法层面中国的话语权和国际影响力仍然有限。因此，如何通过制度设计建立和强化中国海事司法的公正性和权威性，是建设国际海事司法中心需要考察的问题。

再次，打造专业化、多面向的海事司法体系。目前海事司法已经由过去的传统办案业务拓展至了涉海事务的方方面面，根据《最高人民法院关于海事诉讼管辖问题的规定》和《最高人民法院关于海事法院受理案件范围的规定》，海

① 关于如何改善中国海事审判制度有学者提出了具体建议。可参见张文广：《改革中国海事审判制度》，载“中国法学网”http://www.iolaw.org.cn/showArticle.aspx?id=4892，访问日期2023年3月10日。

② 玉军：《法律的成本效益分析导论》，载《甘肃社会科学》1999年第5期，第67—72页。

③ 陈贵民：《论司法效率》，载《法律科学（西北政法大学学报）》1999年第1期，第16—21页。

事法院专属管辖范围和受理案件范围正在不断扩大①，海事法院专门化的改革取得了很大进展。但现有管辖和诉讼体制不能够适应海事法院司法职能扩大的地方仍需要通过改革弥补和实现司法的社会功能。例如，在《法院组织法》《海事诉讼法》，以及关涉海事法院职权和管辖事项的相关司法解释中完善海事海商案件管辖权的确定问题，明确涉海案件海事法院的职权范围以及海事法院管辖的专属性，规范一般法院同海事法院之间管辖权争议的解决和法律适用方式。

构建专业的海事司法审判机制。改革现有海事法院的管理体制，减少法官审判工作的职权干扰。受行政职级约束，海事法院的审判工作往往会受到来自法院内部机构设置、人事财权、法官培养制度以及法治文化等方面影响，使得判决结果同国际海事法律实践存在出入，当事人对中国法院审判的信任感降低，多在合同中选择到境外打官司且适用外国法律。因此，审判和裁判执行应当树立"契约必须遵守"的法治意识和裁判原则，在《法院组织法》及相关司法解释中明确海事法院及其法官的职权范畴，将法官的工作重心放置于审判本身。另在《中华人民共和国公务员法》（以下简称《公务员法》）《法官法》《民事诉讼法》《海事诉讼法》以及其他相关法律法规中在审判权限、职业待遇等方面淡化法官的行政色彩，强调法官办案的司法属性。

此外，法院判决的可强制执行性是确保法律确定、维护航运法治化营商环境的另一个面向。世界银行提出的评判国家营商环境指标最后一项是合同执行要素②，该要素旨在研究特定国家合同争议的解决时限和诉讼成本，揭示企业在特定国家的经营难易度和商业法规对财产权的保护力度。因此，合同执行效率被视为是衡量国家法治水平的一个重要指标。③航运产业的国际性和船舶的流动性特征决定了海事诉讼的涉外属性，对船舶所有人的境外资产或船舶进行扣押、查封、冻结都面临着同国内诉讼不一样的困难。再加上执法过程中的执行

① 这两个司法解释颁布后，新的海事案件类型由原2001年规定的63项增加至108项，海事法院对于海事行政案件也开始行使管辖权，更进一步地强调了海事法院的专门管辖制度。具体规定可参考两个司法解释的具体内容。

② 关于世界银行的营商环境评估指标及具体评判标准可以参照 http://www.doingbusiness.org/en/data 网站中的相关数据。

③ 刘艺：《论我国法治政府评估指标体系的建构》，载《现代法学》2016年第4期，第14—23页。

力度不够、抗拒执法、干扰执法等行为使得执行难问题影响到法院判决的执行效率。

为突破合同执行障碍，树立法院司法权威，借“基本解决执行难工作”的契机①，以《民事诉讼法》《海事诉讼特别程序法》及其相关司法解释为代表的法律为基础构建一个有效执行机制是树立法院判决执行力的根本。在目前各海事法院解决执行难的实践之上整合海事执行体制，在面临涉外执行时，根据国际敦促履约程序形成国内海事敦促履约规范，与出入境管理部门、交通主管部门及其他相关主管机构达成联合执行协议对船舶、被执行人（或其法定代表人）的扣押形成协作联动规范，指导法院的涉外执行协调机制。此外，法院执行过程中还可创新工作机制，建设执行案件信息查控网络管理系统，跨地区、跨部门协调和调动执行资源，节省人力物力。司法解释及具体执行规范应进一步明确和减轻执行法官的责任和职能，避免消极执行、选择性执行、乱执行的行为，对于执行财产的监管和控制应当及时且到位。

最后，构建多元化纠纷解决机制，充分尊重当事人意志，节约司法资源缓解法院压力。对比以下两组数据：其一，中国2022年一审审理的海事案件为15 426件②，而2022年1月—2022年12月美国联邦法院一审审理的海事案件数量是1 594件③。其二，根据香港国际仲裁中心（HKIAC）的统计信息④显示，2022年HKIAC受理的案件总量为515件，其中12.5%为海事案件（计约65件）。根据《中国海事仲裁年度报告》的统计，2022年中国海事仲裁委员会受理案件量为111件。综合评估可以看到，海事领域中国法院所承担的司法负担较大，而仲裁等其他纠纷解决方式对社会矛盾的化解和解决能力还没有得到更大限度地释放和发挥。通过构建多元化的海事纠纷解决机制，可以节约司法资源、降低司法压力，引入社会力量化解日益尖锐的纠纷和矛盾。

当前发展多元化纠纷解决机制的契机非常好，从政府部门到商业机构都对

---

① 2023年3月17日最高人民法院院长周强在十四届全国人大一次会议提出“配合推进民事强制执行立法，向着切实解决执行难目标迈进。”

② 数据来源：《法院年度工作报告》，其中武汉海事法院全年数据仅根据其公布的上半年数据估算，因而只能够估算无法确定年度具体真实数据。

③ 数据来源：US Federal Judiciary Report。

④ 数据来源：香港国际仲裁中心官网。

非诉纠纷解决方式在中国的推广持乐观态度，学界研究也已经形成了一种理论热点，但要基于中国的社会环境、需求和条件探索适合中国自己的海事纠纷解决机制，而非把个别国家的经验上升为放之四海皆准的普遍规律。①这是因为法律制度的实际运行是一个由其结构、实际内容以及文化相互作用的复杂有机体。对法律行为的理解不能够排除文化背景。②中国传统文化中历来重视协商及寻找中间人和解，但现阶段中国行政性的调解协商是民众寻求纠纷解决的最主要方式，自治式纠纷解决机制和诉讼机制则处于相对弱势，公众参与精神尚未普及。③当事人在解决纠纷之时又有滥用诉权的倾向，中国的非诉解决方式功能作用显得相对弱化。

据此，需要通过制度保障多元化纠纷解决机制在海事和航运领域的发展和完善。《民事诉讼法》《仲裁法》及相关司法解释，包括涉外法律规定中应当树立非诉争端解决方式的正式性，改革仲裁法律制度，以更为灵活和高效的机制容纳商业纠纷的可提交仲裁性、地方法院对仲裁裁决的执行力以及调解的激励措施和法律规制问题。同时在移植法律的过程中注意社会经济发展状况和所移植规则的适应性，遵循在吸收的基础上借鉴的原则④。强调海事仲裁的自治性和专业性，并确保司法对仲裁的保障力度避免司法过度涉入仲裁事项之中。规范海事仲裁组织、调解组织的建设和发展，去行政化并强调组织的服务功能。

与此同时，社区和民众的参与度是法律和制度得以生存的发展的基础，多元化的争端解决方式需要通过实践在民众心中建立权威，要从具体案件中一个一个的树立起形象和旗帜，让广大的航运企业和相关从业人员感受到非诉解决机制中航运习惯、航运专业知识、争端解决办法所体现出的专业性，较诉讼更加便利、高效的同时也能够确保当事人之间争议解决的公正、平等，发挥其本

---

① 范愉：《以多元化纠纷解决机制保证社会的可持续发展》，载《法律适用》2005 年第 2 期，第 2—8 页。

② Lawrence M. Friedman，*The Legal System*：*A Social Science Perspective*，Russel Sage 1977，p.16.

③ 梁平：《多元化纠纷解决机制的制度构建——基于公众选择偏好的实证考察》，载《当代法学》2011 年第 3 期，第 118—127 页。

④ 陈永清、李卓：《法律与经济及金融发展相互关系理论述评》，载《国外社会科学》2007 年第 4 期，第 2—7 页。

身的优势及诉讼制度无法赋予的特点，逐渐使中国的海事仲裁、海事调解深入社会、得到认同成为品牌。这不是可以一蹴而就的事情，民间多元化海事纠纷解决机制发展并得到认可的过程中，法律法规和海事实践要强化多元化纠纷解决机制的功能和模式并改革法院对非诉争端解决方式的保障和监管。

本章小结

建立一个符合实践要求的船舶登记法律制度是推进改革的本质追求，这需要政策通过法律规则运行。制定谨慎的规则是确保法律制度有效运行的基础。

谨慎的规则要求对本国船舶登记法律制度的构建和改革有清晰的定位和目标，排除不当的和片面的内容；能够促进本国船队的建设和发展，基于对本国和国际船队资源的清晰认识作出规划；规则制定的预测结果应当是促进本国航运产业的发展，能够使得本国航运产业获得优势性的创新。

在法律制度的构建问题上，应当从层次和结构两个维度梳理现有船舶登记法律、法规、规章以及规范性文件，厘清船舶登记核心法律规范与配套法律规范的关系，完善船舶登记条例的结构、体例和内容。除此以外，还需要讨论和关注微观事项，站在船舶登记法律制度改革者的视角上，应当谨慎对待登记模式的转变，关注规范船舶登记领域法律法规的整合，考虑修订和完善船舶登记条例中的不适宜之处。

改革船舶登记法律制度的内部规范，调整船舶登记条件、梳理登记程序、完善登记业务和登记权限。优化船舶登记外部配套规定，促进船舶税费改革、简化企业开办和设立的规定、培育船舶融资与船舶保险市场、做好贸易波动的预防和应对、完善法律实施与纠纷解决机制。

第八章　国际船舶登记法律制度的推进

认为船舶登记改革只有开放登记一个选项的想法已经不合时宜了，比起只寻求吸引本国船舶的回归，开放登记国也已进入到吸引外国航运投资的新时期。船舶所有人正在寻找一些高效且对投资者友好的船舶登记制度，同时亦能够兼顾船舶的安全和监管事宜。这意味着希望吸引海外投资的传统海运国家应当不仅关注其海运政策的调整，还应当注意广义的制度绩效。①国际船舶登记制度的提出和建立给中国的船舶登记模式提供了一个新的可能，而现阶段的实践发展则表明其仍具有深化和完善的空间。

制度的法律化以及法律的制度化从实践视角而言是一个硬币的两个方面。一方面，法律对权利加以确认，保证其合法性，对其进行限制和制约并形成了相关制度，而制度需要法律构建、确认和调整。法律其实是对现实状况的认定和表达，其保障了制度的稳定性、规范了制度的决策过程，并提供了一种纠纷解决方式。另一方面，有法并不一定就会有法律制度，法律能够以规范性官方文本的形式出现并动态地建立起政治、经济和文化等一整套社会管理秩序，才能够被称之为法律制度。

基于国际船舶登记制度在中国的推广和完善，本章从法律层面探讨国际船舶登记制度的政策和绩效的设计、革新和实施问题。分析现阶段国际船舶登记制度及其法制化现状，提出在中国建设国际船舶登记法律制度的理念和具体路径，并从内外部规范措施的构建维度思考国际船舶登记法律制度的深化办法。

① Kyriaki Mitroussi & Micheal G. Arghyrou, Insititutional Performance and Ship Registration, Transport Research Part E 85 (2016) 90－106, p.105.

第一节 现阶段国际船舶登记制度试点方案及其法治化评述

目前中国在几个试点地区逐步推行国际船舶登记制度，自2013年天津东疆作为起点到福建的福州、厦门、平潭，现阶段四个沿海自贸区内共有八个国际船舶登记船籍港，加上海南的洋浦港，各自贸区分别出台了相应措施助力制度的实行和推广。由于制度尚处于“摸着石头过河”的实行探索阶段，许多法律文件制定和论证时尚处于白纸作画阶段，因而多为阶段性、过渡性规范，致使现有法律文件呈现出原则性规范较多、举措变化较多的特点。这表明国际船舶登记制度从方案、政策上升为较为完整的法律规范尚需充分的论证、研究和实践调研佐证。

本节探讨现有国际船舶登记方案及其相应法规的实施方式和具体效果，梳理现阶段已推出的国际船舶登记制度政策法规文件，归纳国际船舶登记制度在内部规范和外部措施方面的改进措施，并分析推进国际船舶登记法律制度建设可能遇到的重点和难点问题。

一、目前涉及国际船舶登记制度的政策法规实践汇总

目前中央及地方涉及国际船舶登记制度内容及其实施路径的政策和法律法规主要是两类，其一是国务院、各部委以及各自贸区所在地方政府出台的方案、通知、批复、意见、公告等政策性文件，其二是《船舶登记办法》及各级地方性立法（参见表8.1）。从性质上看，各类“决定”“通知”“方案”属于国务院政策性文件；《船舶登记办法》属于中央政府部门颁布的行政规章，自贸区条例属于地方人大制定的法规，自贸区管理办法则属于地方政府颁布的地方性规章。从规范类型来看，政策性文件针对性较强，提出的举措、方案和办法较为明确和具体，可操作性和实践性较强；行政规章及地方性立法则多为原则性规定，提出应当大力发展和完善国际船舶登记制度，而关于国际船舶登记制度的适用对象、适用范围、具体措施、程序、管辖、与一般船舶登记制度之间的关系等问题则并未在法律规范中有所反映。

表 8.1　涉及国际船舶登记制度的现行政策法规①

适用地区	改革试点政策	法律法规规章
全　国	2017 年《国务院关于在自由贸易试验区暂时调整有关行政法规、国务院文件和经国务院批准的部门规章规定的决定》	2017 年《船舶登记办法》
天　津	2013 年《交通运输部关于天津东疆保税港区国际船舶登记制度创新试点方案的复函》、2018 年《进一步深化中国（天津）自由贸易试验区改革开放方案》	2015 年《中国（天津）自由贸易试验区管理办法》、2016 年实施的《中国（天津）自由贸易试验区条例》
上　海	2013 年《中国（上海）自由贸易试验区国际船舶登记制度试点方案》、《中国（上海）自由贸易试验区总体方案》、2015 年《进一步深化中国（上海）自由贸易试验区改革开放方案》、2019 年《中国（上海）自由贸易试验区临港新片区总体方案》、2021 年《中国（上海）自由贸易试验区临港新片区国际船舶登记管理规定》	2013 年《中国（上海）自由贸易区管理办法》、2014 年《中国（上海）自由贸易试验区条例》
广　州	2015 年《国务院关于印发中国（广东）自由贸易试验区总体方案的通知》、2018 年《进一步深化中国（广东）自由贸易试验区改革开放方案》	2015 年《中国（广东）自由贸易试验区管理试行办法》、2016 年《中国（广东）自由贸易试验区条例》
福　建	2015 年《国务院关于印发中国（福建）自由贸易试验区总体方案的通知》、2018 年《进一步深化中国（福建）自由贸易试验区改革开放方案》	2015 年《中国（福建）自由贸易试验区管理办法》、2016 年《中国（福建）自由贸易试验区条例》
浙　江	2017 年《中国（浙江）自由贸易试验区建设实施方案》	2017《中国（浙江）自由贸易试验区条例》
海　南	2020 年《海南自由贸易港建设总体方案》、2020 年《财政部　交通运输部　税务总局关于海南自由贸易港国际运输船舶有关增值税政策的通知》、2018 年《交通运输部贯彻落实〈中共中央国务院关于支持海南全面深化改革开放的指导意见〉实施方案》、2020 年《海南自由贸易港国际船舶登记程序规定》	2021 年《海南自由贸易港国际船舶条例》

① 表格中所摘录的政策和法律法规主要以同国际船舶登记制度直接相关的国务院所发布的政策和地方人大立法制定的法律规范，其余各部委、各地方局级相关机构出台的文件规范等由于规定大多属间接调整事项，此处未予收录。后文中涉及专门问题时再作说明。

从地区差异来看，天津自由贸易区和上海自由贸易区出台了专门的国际船舶登记制度试点方案，另外两个自由贸易区则统一规定于总体方案之中。从内容来看，政策性规定之中国务院决定调整了两个法规①在自贸区的适用以配合国际船舶登记制度创新，较早出台的天津和上海两个自由贸易区的国际船舶登记制度试点方案对国际船舶登记制度提出了具体的设计方案和办法，后制定的两个自由贸易区总体方案中则未有针对国际船舶登记方案更为明确的规定。法律规范之中除船舶登记办法设专章（共七条）对国际船舶登记制度予以规定，各自由贸易区的条例和管理办法中均仅作原则性规定，强调国际船舶登记制度在税收和登记流程方面需同一般船舶登记制度有所区别并且需要创新国际船舶登记制度。

观察现阶段国际船舶登记相关政策及法律的内容和特点，目前国际船舶登记制度处于改革试水阶段，距离稳定立法和大范围全面推行尚有待时日。涉及国际船舶登记的政策较早出台，彼时国内尚无针对该事项的立法，政策先行调整新的社会关系面对新情况。国际船舶登记政策更多体现为立法的先导，经过实践、积累经验后再上升成为法律，这不失为一种应急选择。

此外，从实施与推进进程来看，除早期两个国际船舶登记制度试点方案，剩余文件和法律规范内容均呈现原则性和概括性的特点。这些文件和法律规范均着重强调国际船舶登记制度需要推进和持续创新，但对于应当如何推进缺乏进一步说明也暂无更为具体的规定出台，从内容上看似乎现阶段国际船舶登记法律制度的完善进入了一个瓶颈期，亟须建立更为明确的立法规划和实施运行保障机制。

二、国际船舶登记制度内部规范创新举措

1. 政策及其相关规定

2013年《交通运输部关于天津东疆保税港区国际船舶登记制度创新试点方案的复函》②（以下简称天津方案）就东疆国际船舶登记的准入条件作出如下规

① 《中华人民共和国船舶登记条例》和《中华人民共和国船舶和海上设施检验条例》。

② 交函海〔2013〕161号。因该文件已经就天津的国际船舶登记制度进行了详细规范，2015年出台的《中国（天津）自由贸易试验区总体方案》并未再就此问题作出规定，因而此处后者不再详谈。

定：（1）实施地区：天津东疆保税港区，主管机关天津海事局，船籍港为天津东疆；（2）登记船舶航行区域限制：国际航行和作业，特殊情况特殊船舶报交通部批准后可在国内水域施工作业；（3）登记条件及登记主体适格性，1 600 总吨以上机动推进的货船、不定期客船、钻井平台及其他移动式装置，排除国际航行的定期客船，或者设立在东疆保税港企业的船舶，有境外资本的中方出资额不低于 50%，境内外商企业在保税港投资再设立的企业亦可，但需办结海关完税、退税或保税手续；（4）船龄限制①，与《老旧运输船舶管理规定》相比船龄条件放宽两年；（5）船员限制：高级船员由中国人担任，外国人担任高级船员需报交通部审批，外籍船员比率放宽至不超过 30%；（6）登记种类之中增加了船舶融资租赁登记②；（7）国际船舶登记与现行船舶登记在中国同时实行。

同样于 2013 年获批的《中国（上海）自由贸易试验区国际船舶登记制度试点方案》（以下简称上海方案）中国际船舶登记的设计同天津有一定的相似性，但放宽了登记船舶所属法人注册资本中的外资比例限制，同天津一样船龄可在现行规定基础上放宽 2 年，此外上海试点方案中基本放开了对外籍船员的限制并设置了两个船籍港（保税状态登记为中国洋山港和完税登记为中国上海）且规定两者均可享受国际船舶登记制度的各项政策便利，同样增加了船舶融资租赁登记业务。特殊的是此方案授权上海海事局优化、完善登记程序和相关配套程序，提高国际船舶登记效率。

2015 年《国务院关于印发中国（广东）自由贸易试验区总体方案的通知》（以下简称广东方案）将国际船舶登记试点的重点放在了登记船舶的外资比例问题上，指出“在落实国际船舶登记制度相关配套政策基础上，自贸试验区海关特殊监管区域内中方投资人持有船公司的股权比例可低于 50%。充分利用现有

---

① 《天津东疆保税港区国际船舶登记制度创新试点方案》第 9 条规定，船龄范围应符合如下标准：（1）船龄在 12 年以下的高速客船、客滚船、客货船、客渡船、客货渡船（包括旅客列车轮渡）、旅游船、客船；（2）船龄在 14 年以下的油船（包括沥青船）、散装化学品船、液化气船；（3）船龄在 20 年以下的散货船、矿砂船；（4）船龄在 22 年以下的货滚船、散装水泥船、冷藏船、杂货船、多用途船、集装箱船、木材船、拖轮、推轮、驳船等；（5）船龄在 22 年以下的钻井平台、其他水上移动装置。上述船龄是指船舶自建造完工之日起，至申请船舶登记之日的年限。

② 《天津东疆保税港区国际船舶登记制度创新试点方案》第 17 条明确规定，设立的船舶融资租赁是指出租人对承租人所选定的船舶，进行以为承租人融资为目的的引进，并以收取租金为条件，将该船舶中长期地出租给该承租人使用的行为。

中资‘方便旗’船税收优惠政策，促进符合条件的船舶在自贸试验区落户登记。”此外，广东自贸区的国际船舶登记目标主体定位于两岸四地和国内运输的邮轮，“允许在自贸试验区内注册的内地资本邮轮企业所属‘方便旗’邮轮，经批准从事两岸四地邮轮运输和其他国内运输”。广东方案中还关注了登记配套规定的完善，“简化国际船舶运输经营许可程序，优化船舶营运、检验与登记业务流程，形成高效率的船舶登记制度”。设立“中国前海”“广东南沙”“广东衡琴”国际船舶登记船籍港，“推动中转集拼业务发展，允许中资公司拥有或控制拥有的非五星旗船试点开展外贸集装箱在国内沿海港口和自贸区内港口间的沿海捎带业务”。

2015年《中国（福建）自由贸易区总体方案》（以下简称福建方案）中规定“加快国际船舶登记制度创新，充分利用现有中资‘方便旗’船税收优惠政策，促进符合条件的船舶在自贸试验区落户登记”。具体地，提出在福建自由贸易区进行国际登记的船舶可以经营下列业务类型，“对下列几类允许自贸试验区试点海运快件国际和台港澳中转集拼业务。”“允许在自贸试验区内注册的大陆资本邮轮企业所属的‘方便旗’邮轮，经批准从事两岸四地邮轮运输。”“允许中资公司拥有或控股拥有的非五星旗船，试点开展外贸集装箱在国内沿海港口和自贸试验区内港口之间的沿海捎带业务。”针对在平潭进行登记的船舶，专门提出“简化船舶进出港口手续，对国内航行船舶进出港实行报告制度。支持简化入区申报手续，探索试行相关电子数据自动填报。探索在自贸试验区内对台试行监管互认。对平潭片区与台湾之间进出口商品原则上不实施检验（废物原料、危险化学品及其包装、大宗散装货物以及国家另有特别规定的除外），检验检疫部门加强事后监管”。

后续发布的深化方案中，2015年《进一步深化中国（上海）自由贸易试验区改革开放方案》（以下简称上海深化方案）要求“加快国际船舶登记制度创新，充分利用现有中资‘方便旗’船税收优惠政策，促进符合条件的船舶在上海落户登记”。2018年《进一步深化中国（天津）自由贸易试验区改革开放方案》（以下简称天津深化方案）中提到要“深化国际船舶登记制度创新，推动国际船舶登记配套制度改革，并逐步开放中国籍国际航行船舶入级检验”。2018年《进一步深化中国（广东）自由贸易试验区改革开放方案》（以下简称广东深化方案）指出“深化国际船舶登记制度创新，推动国际船舶登记配套制度改革。”2018 年《进一步深化中国（福建）自由贸易试验区改革开放方案》（以下简称福建深化方案）中提出“试点实施海事、交通、船检三部门联合办理船舶证书机制”“利用现有方便旗船税收政策，促进符合条件的船舶在自贸试验区登记落户”。2019 年《中国（上海）自由贸易试验区临港新片区总体方案》提出“在沿海捎带、国际船舶登记、国际航权开放等方面加强探索，提高对国际航线、货物资源的集聚和配置能力”。

《海南自由贸易港建设总体方案》则明确，以“中国洋浦港”为船籍港，简化检验流程，逐步放开船舶法定检验，建立海南自由贸易港国际船舶登记中心，创新设立便捷、高效的船舶登记程序。取消船舶登记主体外资股比限制。对境内制造的国际登记船舶给予出口退税优惠。

中央层面 2017 年《国务院决定在自由贸易试验区暂时调整有关行政法规、国务院文件和经国务院批准的部门规章规定目录》①中决定在自贸区暂时停止实施《船舶登记条例》第 2 条第 1 款关于登记船舶适格性要求的规定、《船舶和海上设施检验条例》第 13 条关于必须向中国船级社申请入级检验的规定，旨在“加快国际船舶登记制度创新”并“基于对等原则逐步放开船级准入”。

归纳分析迄今为止所发布的国际船舶登记政策，具体包含下列主要举措：其一，船籍港和航区限制。进行国际登记的船舶需要在特定几个船籍港进行登记，且航区一般为国际航行，特殊情形需要报备。其二，逐步放宽了船舶外资和船员比例限制。2013 年天津方案中仍然强调船舶外资占比不得超过 50%，外籍船员比率不超过 30%（原《船舶登记条例》中要求需全部雇佣中国籍船员），后来的其他方案中则不再对外资和船员比例作硬性限制。其三，一定程度放宽船龄限制。允许国际登记船舶较《老旧船舶管理规定》中的一般规定放宽两年。其四，增加船舶融资租赁登记模式。其五，注重提高国际船舶登记效率。强调应当简化登记程序、优化登记业务流程，后期福建、海南方案中特别提到简化船舶进出港、检验检疫方面的程序等问题。其六，给予进行国际登记的船舶以税收优惠。其七，给予国际登记船舶业务范围方面的便利。允许在自由贸易区

① 国发〔2017〕57 号文件。

进行国际登记的船舶开展沿海捎带业务，广东方案和福建方案中还允许在两个自由贸易区登记的邮轮开展两岸四地及其他国内运输。其八，天津深化方案、福建和海南方案中提出逐步开放中国籍国际航行船舶入级检验。

2. 法律以及具体规范

2013 年《中国（上海）自由贸易试验区管理办法》（下文简称上海自贸区办法）第 16 条指出应当实行具有竞争力和高效率的国际船舶登记制度，自贸区内企业可以“中国洋山港”作为船籍港，登记的船舶可从事国际航运业务。此后，2014 年实施的《中国（上海）自由贸易试验区条例》①（下文简称上海自贸区条例）第 23 条明确在上海自贸区实施“中国洋山港”为船籍港的国际船舶登记制度，同样强调船舶登记流程的效率。

2015 年《中国（天津）自由贸易试验区管理办法》（下文简称天津自贸区办法）第 26 条重申船舶股权比例中资可低于 50%，并且在落实配套政策的基础上充分利用现有中资“方便旗”船税收优惠政策促进自贸区船舶登记。2016 年实施的《中国（天津）自由贸易试验区条例》（下文简称天津自贸区条例）第 29 条通过地方性立法强调在天津自贸区实施“天津东疆”为船籍港的国际船舶登记制度，指出在登记流程和税收方面国际船舶登记制度同一般船舶登记有所区别。

2015 年《中国（广东）自由贸易试验区管理试行办法》（下文简称广东自贸区办法）第 21 条以地方政府规章、2016 年《中国（广东）自由贸易试验区条例》（下文简称广东自贸区条例）第 34 条以地方立法强调应优化登记流程，建立高效率的船舶登记制度。设立“广州南沙”“中国前海”两个国际登记船籍港。

2015 年《中国（福建）自由贸易区管理办法》（以下简称福建自贸区办法）第 17 条规定“自贸试验区发展国际船舶运输、国际船舶管理、国际船舶代理等产业，创新国际船舶登记制度。允许自贸试验区试点海运快件国际和台港澳中转集拼业务。允许在自贸试验区内注册的内地资本的邮轮企业所属‘方便旗’邮轮，经批准从事两岸四地邮轮运输。”设立“福建福州”“福建厦门”“福建平

① 因该文件已专门就上海国际船舶登记制度进行了详细规范，2013 年出台的《中国（上海）自由贸易试验区总体方案》同样强调了国际船舶登记政策和简化登记流程方面的问题，相关规定较为简单此处不再赘述。

潭”三个国际船籍港。2016 年《中国（福建）自由贸易试验区条例》（以下简称福建自贸区条例）第 26 条则概括性提出“推进国际船舶登记制度创新”。

2017 年《中国（浙江）自由贸易试验区条例》（以下简称浙江自贸区条例）第 32 条明确了自贸试验区实行以“浙江舟山”为船籍港的国际船舶登记制度，简化国际船舶营运许可、检验业务流程，推行国际船舶登记电子政务；对以“中国宁波舟山港”为船籍港回国登记的方便旗船舶，执行中资方便旗船舶税收优惠政策。

2021 年《海南自由贸易港国际船舶条例》对登记于海南自贸港的国际航行船舶的登记管理权限、登记条件、检验要求、登记材料、登记程序、登记证书、注销及变更登记、船员、进出境手续、税费、融资等事项。放开了国际船舶入级检验市场、融资和保险市场、外资股比限制、船员限制、船龄限制，优化了登记流程和出入境手续，减免了税费，但同时建立了船舶质量、防污染以及安全方面的评价指标。

随着地方立法的推进，中央立法层面 2014 年国务院令删除了《船舶登记条例》中关于船员国籍的限制性规定①之后，2017 年《船舶登记办法》放宽了《船舶登记条例》中船舶企业注册资本中方出资额不得低于 50%的限制，允许在自由贸易试验区注册的企业法人所有或者光船租赁的船舶进行登记而不论外资占比多少②。设专章就自由贸易试验区国际船舶登记相关的船舶企业、登记程序、登记证书、申请流程、登记材料等问题进行了规定③。2021 年《海南自由贸易港法》第 43 条确认了在“中国洋浦港”实行特殊的船舶登记制度。

迄今为止发布的各类法律规范总体呈现地方立法先行中央立法跟进的特点。而在地方立法之中，则一致地采用了“一条例一规章”④的地方立法模式。在这些地方性质的法律规定中，主要强调了船籍港、税收以及登记流程等问题。而中央立法层面，主要体现了对外资和船员限制的开放，《船舶登记办法》则首次明确了自贸区国际船舶登记的法律地位，内容方面仍围绕着登记流程的完善问

① 中华人民共和国国务院令第 653 号《国务院关于修改部分行政法规的决定》。
② 参见《船舶登记办法》第 2 条相关规定。
③ 参见《船舶登记办法》第八章第 67—73 条相关规定。
④ 海南较为特殊，有一个中央层面的《海南自由贸易港法》。

题展开。与登记政策相比，登记法律法规的规定则显得较为保守，涉及国际船舶登记的具体措施也限定在一定的范围之内。究其原因，固然存在政策与法律规则之间的性质差异问题，中央与地方之间、不同主管部门之间的事权、财权及管辖权等方面的问题也使得法律规范落后于政策制定。

3. 政策与法律的落实文件和办法

各自贸区及相关行政监管机构在落实和执行政策和法律规定时，分别出台了一些相关行政文件、举措和办法，这类地方性质的实施方案或许并不能构成具有法律效力的文书或政策，但在具体主管机构及自贸区管辖范围内却是推进国际船舶登记政策和法律规定的实行措施，是未来立法及实践的重要参考来源，因此有必要对这些举措一并作整理和介绍。

2017 年《交通部海事局关于公布开展中资“方便旗”回国登记和自由贸易试验区国际登记的船舶登记机关和船籍港的通知》① 中进一步明确了开展中资“方便旗”船登记和自由贸易试验区国际登记的船舶登记机关和船籍港。自由贸易试验区内的国际船舶登记机关和船籍港并未发生变化，仍然是五地九港。而中资“方便旗”船回国登记机关和船籍港则推广适用于沿海地区十七个港口②。从外部特征来看，国际船舶登记和中资“方便旗”船回国登记似乎适用的是两类完全不同的登记模式。然而从内容和实质部分而言中资“方便旗”船回国登记及国际船舶登记均属于船舶登记创新试点模式，中资“方便旗”船回国登记更加强调中资份额，旨在吸引本国船舶回归，而国际船舶登记则面向所有经营国际运输的、在自由贸易区进行登记的船舶。在税收、业务范围等方面的改革举措有同质性。因而中资“方便旗”船回国登记范围的拓展及举措的调整在一定程度上可以反映中国船舶登记制度改革的趋势和方向。

2017 年以来广东南沙国际船舶登记机构在登记流程简化方面，提出了“一站式受理”“并联办理”“绿色通道”“网上预审”等方式③。《广州南沙新区

① 交通部海事局文件：海船舶〔2017〕135 号。

② 它们分别是：上海、天津、大连、秦皇岛、青岛、烟台、宁波舟山、福州、广州、汕头、湛江、北部湾、三沙、深圳、连云港、武汉、南京。

③ 信息来源：国际船舶网，http://www.eworldship.com/html/2019/OperatingShip _ 0111/146129.html，访问时间 2023 年 3 月 10 日。

（自贸片区）促进航运物流业发展扶植办法》出台了针对国际船舶登记的激励措施，规定登记在“广东南沙”和“中国广州”船籍港的非老旧国际船舶可一次性给予60元/总吨的补贴，在前述两港进行抵押权登记的，给予债权数额2%的补贴，单船抵押登记补贴不超过150万元。此外天津东疆海事局则采取了登记权限下放、登记业务并行办理的措施，即东疆海事局独立完成受理、审核到发证的全部业务，同时受理和审查船舶名称、船舶所有权登记、船籍登记、租赁登记业务，以达到简化流程节约时间的目的①。

2018年《中华人民共和国福建海事局、福建省交通运输厅关于在福建自贸试验区厦门、平潭片区试点海事、交通、船检三部门联合办理船舶证书便利性措施的公告》出台规定，对于在厦门、平潭登记的国内船舶可以申请向海事部门、水路运输管理部门以及船检机构提出两个以上相互关联的船舶证书联合办理申请②，相关机构可以实施同时受理、同步预审查的政务办理机制。

2020年海南海事局印发了《海南自由贸易港国际船舶登记程序规定》③ 对登记程序进行了改革，2021年上海海事局印发了《中国（上海）自由贸易试验区临港新片区国际船舶登记管理规定》④ 对登记机关的具体登记管理行为进行了详细规定，在材料减免、网上申请、预审服务、多证联办、办结时限等方面作了优化规定。2021年作为《海南自由贸易港国际船舶条例》的另一配套实施文件，海南海事局印发了《海南自由贸易港国际船舶登记规程》将海南自贸港国际船舶登记相关规定全部整合纳入了规程，实施了登记二级审批程序，登记事项办结时间缩减为1—2个工作日，推行登记材料减免措施。细化了登记材

① 信息来源：国际船舶网，http://www.eworldship.com/html/2018/local_maritime_1208/145295.html，访问时间2023年3月10日。

② 该文件指出，原船舶相关证书办理过程中存在部分前置事项，相关单位需要按照顺序受理和审批申请。船舶一般的办理流程是海事部门办理船舶所有权证书后，到船检机构办理船舶检验证书，再到海事部门办理船舶国籍证书、船舶最低配员证书以及燃油污染损害民事责任保险和其他财务保证，此后有需要的在海事部门办理船舶临时管理安全证书，最后到水路运输管理部门办理船舶营业运输证，新造船舶则船舶检验证书提前至第一项办理。出台该政策后，申请人只需要将相关材料提交至起始部门，后续由起始部门同其他部门协调办理相关业务。此举可大大节约船舶各类证书的办理时间和成本损耗。

③ 琼海船舶〔2020〕17号文件。

④ 沪海船舶〔2021〕82号文件。

料、临时登记和主动注销等相关规定，并贯彻落实了零关税相关政策。

三、国际船舶登记制度外部配套方案改革

国家现行法律在制定、组合、分类以及运行的过程中势必会形成一个有机而相互联系的整体，船舶登记制度相关法律法规也不例外。此处仅讨论那些同国际船舶登记内部法律规范产生最直接、最明显效果和影响的外部配套方案，其他更加间接、更加宏观的法律规范以及自贸区法律运行过程中会产生牵连效应的其他立法由于与本选题相关度的原因不作展开讨论。

1. 特案免税登记政策

2007 年 6 月，交通部会同国防科工委、财政部、商务部、海关总署、税务总局和国务院法制办商讨，确立了特案免税登记政策。该政策自 2007 年开始实施，交通运输部《关于实施中资国际航运船舶特案免税登记政策的公告》（2007 年第 18 号文件）是该政策的正式官方文件，根据此公告中国在 2007 年 7 月 1 日至 2009 年 6 月 30 日期间对满足条件的船舶免征关税和进口环节增值税。而后交通运输部《关于延长中资国际航运船舶特案免税登记政策的公告》《关于在“十二五”期内继续实施中资方便旗船舶特案免税登记政策的公告》（2009 年第 19 号、2011 年第 99 号）将该政策的截止日期从 2009 年 6 月 30 日延长至 2011 年 6 月 30 日之后，再次延长至 2015 年 12 月 31 日。

根据前述政策文件的规定，可以享受特案免税政策的船舶应当满足下列条件：（1）中资国际航运船舶（中方出资比例不低于 50%）；（2）满足船龄要求；（3）符合《中华人民共和国船舶和海上设施检验条例》的规定、取得法定检验证书、向中国船级社办理入级、符合安全航行的条件。正常状况下，“按照国家规定，在国外购置、建造船舶回国内登记注册，须缴纳高达 27.53% 的进口关税和增值税”①，而特案免税登记政策的主要措施是允许有效期内在境外登记的、符合船龄要求的中资船舶申请免除关税和进口环节增值税。该制度的立意是好的，根据 2015 年第二期实施终结时的执行效果来看似乎并没有实现其预期目

---

① 魏志梅：《中国国际海运企业税收问题探析》，载《涉外税务》2008 年第 4 期，第 32—35 页。

标。据交通部统计，“在该政策实施的 8 年间，财政部会同交通运输部等部门共审核了 10 批享受优惠政策的中资‘方便旗’船，共计 75 艘，235.6 万载重吨，占符合政策条件可以回国登记船舶载重吨的 18.8%；实际回国登记享受政策的船舶共有 30 艘，约 80 万载重吨，涉及免税额约 4.55 亿元”。[①]对于整个出籍船舶群体而言，政策产生了一定效果但整体上不明显。并且许多登记为特案免税的船舶 2015 年到期后选择重新登记至国外，中国的船舶出籍现象在政策实施期间也并没有因此得到明显的改善。

从政策本身来看，首先在适用范围上，排除了新造船和境外资本船舶，在仅由国内资本控股的情况下，回归船舶仅适用于国际航行船舶且不能够享受同普通中国籍船舶一样的待遇，而海关要对回归船舶的转让予以一定年限（8 年）的监管控制，其间船舶不能够租赁、拆解和买卖。其次在政策优惠上，特案免税针对的仅仅是进口增值税和关税，并没有涉及其他税制改革。最后，对于回归船舶的船龄该政策有严格限制。而之所以限制船龄，主要是因为第一次实施的稳妥考虑、改善船龄结构减少安全事故防止污染以及考虑尽量让中资船舶回国登记，但同时又兼顾国内产业和国内航运市场利益的原则，最终按照 80%的覆盖率测算而来。

除此之外，办理特案免税登记审批复杂，要经过众多部门涉及众多事项，花费时间很长。一般流程是，航运企业向交通部提出申请，交通部初审汇总后报财政部，由财政部会同有关部门进行审定后，再将特案免税船舶清单印发交通部、海关总署执行。而后企业再根据清单向当地海事局、海关办理船舶的登记、进口手续。有学者指出这一政策并没有触及核心问题，航运公司船舶移籍的积极性不高，政策实施效果极不理想。“为适应中国关于国际航行船舶的管理规定，根据政策新登记的船舶需要再次就继续运营国际航行业务向政府部门提交申请材料来履行相应程序，这个过程需要持续一个月左右，浪费了航运公司的时间和金钱。”[②]

① 交通运输部：《中资“方便旗”船回国登记流程优化》，载中国政府官网 http://www.gov.cn/xinwen/2016-09/22/content_5110837.htm，访问时间 2023 年 3 月 12 日。

② 陈继红：《中资船舶特案免税登记政策怎么啦?》，载航运界网 http://www.ship.sh/column_article.php?id=1713，访问时间 2023 年 3 月 12 日。

在政策导向上，特案免税登记本质上仍然是中国传统内国登记制度的延伸，只是在关税和增值税方面修改了一些细节，整体船舶登记制度不会因为这一项特殊政策发生改变。在这一基础之上建立起来的整个船舶登记体系对船舶所有人带来的影响并不会因为这些细节发生实质性改变。出籍的船舶本身已经绕过了这些税收，而回归反而会使得它们在营运方面受到本国法律规定的限制。同时船舶回归登记后经营范围和转让（海关监管期内不得转让）都受到限制，回归船舶行政管理上会被视为从国外买进的二手船舶，登记之前还需要经过备案、检验等繁琐行政手续。登记回归之后还会面临市场环境以及监管环境等方面的限制。

总结上一轮特案免税政策的经验，政府随后推出了新的回归登记税收政策。2016年《财政部、海关总署、国家税务总局关于中资“方便旗”船回国登记进口税收政策问题的通知》和《交通运输部关于实施有关中资“方便旗”船回国登记进口税收政策的公告》①提出进一步延长中资“方便旗”船税收优惠政策，规定2016年9月1日至2019年9月1日期间对于2012年底之前已经登记在境外的“方便旗”船报关进口的，免征关税和进口增值税，并可在国内任一船籍港进行登记。将回归船舶的船龄要求去除，也不再对船舶的范围作出限制。与原有政策相比，新政不再对可以回归登记的船舶作硬性要求（原来要求需为国际航行船舶），交通部还简化流程，对船舶检验和发证实施一站式办理，并且，将可以申请特案免税登记的船舶范围从原有“2005年12月31日以前在境外登记的船舶”变更为“2012年12月31日以前在境外登记的船舶”。截至2018年12月31日新政实施，共有三批46艘中资回归船舶享受特案免税。此后，《交通运输部关于修订发布实施有关中资“方便旗”船回国登记进口税收政策的公告》《交通运输部办公厅关于享受中资“方便旗”船回国登记进口税收政策船舶转挂五星红旗后从事国内水路运输有关问题的通知》②继续贯彻落实该政策，有效期5年。

2. 国际船舶税费改革

天津深化方案曾提到要改革税费，增值税、消费税附征的城市维护建设税、

① 交通运输部公告2016年第45号。

② 交通运输部公告2016年第45号、交通运输部公告2018年第60号、交办水〔2019〕8号。

教育费附加免于零申报。但 2019 年后才正式开始推行和实施国际船舶税费改革。

《海南自由贸易港国际船舶条例》第 36、37 条规定，国际船舶、船用备件和在船自用燃料可以按照规定免税或退税，注册在海南自由贸易港并实质性运营的国际船舶及其辅助性业务经营者、船员服务机构和船舶检验机构，按照规定享受企业所得税优惠；其高级管理人员、船员等按照规定享受个人所得税优惠。其中，境内建造船舶的购进运输企业可以享受购进船舶时支付的增值税额退税政策。①进口交通工具和游艇可以享受“零关税”政策。②注册在海南自由贸易港并实质性运营的鼓励类产业企业，减按 15%的税率征收企业所得税。③自 2020 年 1 月 1 日起至 2025 年前，对在海南自贸港工作的高端人才和紧缺人才（包括航运人才），不分境内境外，其个人所得税实际税负超过 15%的部分，予以免征。④

上海自贸区新片区国际运输船舶亦可享受增值税退税政策，国家税务总局还根据海南和上海新片区的政策进一步明确了前述自贸区国际船舶退税的主管机关、退税申报和退税备案事项、退税申报期限、虚假申报退税的处理等事项。⑤根据海南方案和《海南自由贸易港法》，海南自由贸易港在建设的不同阶段，分步骤实施零关税、低税率和简税制安排，最终形成具有国际竞争力的税收制度。境内建造的船舶在“洋浦港”进行国际登记并从事国际运输的，视同出口并给予出口退税。对以洋浦港作为中转港从事内外贸同船运输的境内船舶，

---

①　财政部　交通运输部　税务总局 2020 年《海南自由贸易港国际运输船舶有关增值税政策》。

②　《海南省人民政府关于印发海南自由贸易港“零关税”进口交通工具及游艇管理办法（试行）的通知》（琼府〔2020〕60 号），《财政部　海关总署　税务总局关于海南自由贸易港交通工具及游艇“零关税”政策的通知》（财关税〔2020〕54 号），《海南自由贸易港“零关税”营运车辆管理实施细则（试行）》。

③　《财政部　税务总局关于海南自由贸易港企业所得税优惠政策的通知》（财税〔2020〕31 号），财政部税务总局关于印发《海南自由贸易港旅游业、现代服务业、高新技术产业企业所得税优惠目录》的通知（财税〔2021〕14 号）。

④　《财政部　税务总局关于海南自由贸易港高端紧缺人才个人所得税政策的通知》（财税〔2020〕32 号），《海南省人民政府关于印发海南自由贸易港享受个人所得税优惠政策高端紧缺人才清单管理暂行办法的通知》（琼府〔2022〕31 号），《海南省财政厅　国家税务总局海南省税务局　海南省市场监督管理局　中共海南省委人才发展局关于落实海南自由贸易港高端紧缺人才个人所得税优惠政策有关问题的通知》（琼财税〔2020〕1019 号）。

⑤　《财政部　交通运输部　税务总局关于中国（上海）自由贸易试验区临港新片区国际运输船舶有关增值税政策的通知》（财税〔2020〕52 号），《国际运输船舶增值税退税管理办法》（国家税务总局公告 2020 年第 18 号）。

对其加注本航次所需的本地生产燃料油，实行出口退税政策。对符合条件并经洋浦港中转离境的集装箱货物，试行启运港退税政策。

此外，为进一步降低物流成本、优化口岸营商环境，国务院相关部委将货物港务费、港口设施保安费、引航（移泊）费、航行国内航线船舶拖轮费的收费标准分别降低15%、20%、10%和5%。规范港口、引航收费，严格执行政府定价，落实港口经营服务性收费目录清单和公示制度，及时调整对外公示的收费项目名称和收费标准。①

3. 航运企业设立和运营规定的改革

航运企业设立和运营的自由贸易试验区改革政策和相关法律规定，主要涉及两大方面。其一是航运市场的开放，其二是企业开办和设立方面的便利性规定。此处按照实施范围的不同，将相关政策和法律分为针对特定自贸区和针对所有自贸区的规定，作分别讨论。

各大自贸（港）区方案及相关法律规定中涉及扩大航运开放和外资监管方面的举措包括：（1）放宽三资企业的外资股比限制；（2）开放远洋货物运输、国际船舶代理、国际船舶管理、中资非五星船沿海捎带业务。与航运市场开放相对应的企业监管方式亦有所变化，集中表现为：（1）负面清单及备案制；（2）简化经营许可流程及下放许可权限；（3）企业设立过程中的登记、注册资本认缴制、投资范围、审批流程、先照后证及人力资源便利化管理等方面的规定（参见表8.2）。

随着各自贸区航运市场开放试点举措的深入和发展，2015年《交通运输部关于在国家自由贸易试验区试点若干海运政策的公告》②将航运开放政策向全国自贸区推广，并确立了具体的开放范围和开放办法。业务上，经批准外商可在自贸区设立中外合资、合作企业经营国际船舶运输业务（上海自贸区可设立外商独资企业、广东自贸区可设立港澳独资企业）、公共国际船舶代理业务。外商独资企业可以经营国际海运货物装卸、国际海运集装箱站和堆场业务、国际船舶管理业务。许可权限方面，运输、代理、装卸、集装箱站和堆场业务由交通部行使审

① 《交通运输部　发展改革委关于修订印发〈港口收费计费办法〉的通知》（交水规〔2019〕2号）。

② 交通运输部公告2015年第24号。

批权，船舶管理业务由自贸区所在地交通局行使审批权。股比限制方面，国际船舶运输业务放开限制，公共国际船舶代理业务外资放宽至51%。法律依据方面，《国际海运条例》及其实施细则是指导审批程序和要求的具体规定，涉及三资企业问题的公告无规定情形下可适用三部三资企业法相关规定。特殊地，中资航运公司所拥有或控股的非五星红旗国际航行船舶可经营以自贸区港口为国际中转港的国内沿海集装箱捎带业务，开展此业务的船舶不得转租。

表8.2　自贸（港）区航运市场开放政策及法律规范汇总

<table>
<tr><th rowspan="2"></th><th colspan="2">开放措施</th><th colspan="2">监管方式转变</th></tr>
<tr><th>方　　案</th><th>法律规范</th><th>方　案</th><th>法律规范</th></tr>
<tr><td rowspan="2">上海</td><td>远洋货物运输
（1）放宽中外合资、中外合作国际船舶运输企业的外资股比限制，由国务院交通运输主管部门制定相关管理试行办法。（2）允许中资公司拥有或控股拥有的非五星旗船，先行先试外贸进出口集装箱在国内沿海港口和上海港之间的沿海捎带业务。</td><td rowspan="2">《上海自贸区办法》第十条，《上海自贸区条例》第12条关于“服务业扩大开放”的规定。</td><td rowspan="2">（1）实施负面清单制度，外商投资项目核准制改为备案制。（2）简化国际船舶运输经营许可流程。</td><td rowspan="2">《上海自贸区办法》第11条至第14条、《上海自贸区条例》第13—17条关于负面清单、备案制、注册资本认缴登记制、营业执照与营业许可、境外投资方面的规定。</td></tr>
<tr><td>国际船舶管理
（1）可设立外商独资国际船舶管理企业。（2）便利国际船舶管理企业从事海员外派服务（深化方案）。</td></tr>
<tr><td>天津</td><td>（1）允许设立外商独资国际船舶管理企业。放宽在自贸试验区设立的中外合资、中外合作国际船舶企业的外资股比限制。（2）允许外商以合资、合作形式从事公共国际船舶代理业务，外方持股比例放宽至51%。（3）允许中资公司拥有或控股拥有的非五星旗船，试点开展外贸集装箱在国内沿海港口和天津港之间的沿海捎带业务。</td><td>《天津自贸区办法》第19条，《天津自贸区条例》第16条对外开放、减少准入限制的规定。《天津自贸区办法》第26条外资国际船舶企业、国际船舶代理业务开放规定。</td><td>（1）降低准入门槛，实施负面清单制度，外商投资项目实行备案制。（2）将外资经营国际船舶管理业务的许可权限下放给天津市。</td><td>《天津自贸区办法》第20—25条、《天津自贸区条例》第17—22条关于负面清单、企业名称登记、外国企业和人员业务、境外投资、创新方面的规定。</td></tr>
</table>

续表

	开放措施		监管方式转变	
	方　案	法律规范	方　案	法律规范
广东	国际船舶运输 (1) 允许港澳服务提供者在自贸试验区设立独资国际船舶运输企业，经营国际海上船舶运输服务。(2) 允许设立外商独资国际船舶管理企业。放宽在自贸试验区设立的中外合资、中外合作国际船舶企业的外资股比限制。(3) 允许外商以合资、合作形式从事公共国际船舶代理业务，外方持股比例放宽至51%，将外资经营国际船舶管理业务的许可权限下放给广东省。(4) 推动中转集拼业务发展，允许中资公司拥有或控股拥有的非五星旗船，试点开展外贸集装箱在国内沿海港口和自贸试验区内港口之间的沿海捎带业务。(5) 开展外籍邮轮维修业务（深入方案）。	《广东自贸区办法》第21条，《广东自贸区条例》关于在国际船舶管理、国际远洋和国际航空运输服务、航运金融等领域对境外投资者扩大开放和发展航运现代服务业的规定。《广东自贸区条例》第20条减少准入限制方面的规定。	(1) 外商投资负面清单制度和备案制。(2) 对港澳交通航运服务开放。(3) 简化国际船舶运输经营许可程序，优化船舶营运、检验与登记业务流程，形成高效率的船舶登记制度。	《广东自贸区办法》第8条至第12条。《广东自贸区条例》第21、22条负面清单、境外投资、备案制、并联审批、注册资本认缴制、先照后证方面的规定。第34条简化国际船舶进出自贸区港口手续，优化国际船舶营运许可、检验与登记业务流程。
福建	(1) 允许设立外商独资国际船舶管理企业。放宽在自贸试验区设立的中外合资、中外合作国际船舶企业的外资股比限制。(2) 允许外商以合资、合作形式从事公共国际船舶代理业务，外方持股比例放宽至51%。(3) 允许自贸试验区试点海运快件国际和台港澳中转集拼业务。允许在自贸试验区内注册的大陆资本邮轮企业所属的“方便旗”邮轮，经批准从事两岸四地邮轮运输。(4) 允许中资公司拥有或控股拥有的非五星旗船，试点开展外贸集装箱在国内沿海港口和自贸试验区内港口之间的沿海捎带业务。(5) 允许台湾服务提供者在自贸试验区内直接申请设立独资海员外派机构并仅向台湾船东所属的商船提供船员派遣服务，无须事先成立船舶管理公司。	《福建自贸区管理办法》第17条，《福建自贸区条例》第26条关于航运市场开放、放宽外资股权比例限制、简化船舶进出港手续、自动填报电子数据等方面的规定。	(1) 外资经营国际船舶管理业务许可权限下放给福建省，简化国际船舶运输经营许可流程。(2) 发展转口贸易，放宽海运货物直接运输判定标准。(3) 优化沿海捎带业务监管模式，提高中资方便旗船沿海捎带业务通关效率（深化方案）。(4) 平潭：简化船舶进出港口手续，对国内航行船舶进出港海事实行报告制度。	《福建自贸区管理办法》第10条，《福建自贸区条例》第17、18、20条关于负面清单、市场准入、备案制等方面的规定。

续表

	开放措施		监管方式转变	
	方　　案	法律规范	方　案	法律规范
海南	建立更加自由开放的航运制度。建设"中国洋浦港"船籍港。支持海南自由贸易港开展船舶登记。研究建立海南自由贸易港航运经营管理体制及海员管理制度。	《海南自由贸易港法》第24条海南自由贸易港的各类市场主体，在准入许可、经营运营、要素获取、标准制定、优惠政策等方面依法享受平等待遇。	提升运输便利化和服务保障水平。推进船舶联合登临检查。构建高效、便捷、优质的船旗国特殊监管政策。	《海南自由贸易港法》第43条规定海南自由贸易港实施高度自由便利开放的运输政策，建立更加开放的航运制度和船舶管理制度。

在此基础之上，2017年《国务院关于在自由贸易试验区暂时调整有关行政法规、国务院文件和经国务院批准的部门规章规定的决定》第10项对《海运条例》第28条、《外商投资产业目录》中关于外商投资产业及股比限制等相关法律规定在自贸区内暂停实施，允许外商独资设立下列企业：国际船舶运输、国际船舶管理、国际海运货物装卸、国际海运集装箱站和堆场，并且外商还可以合资、合作形式从事国际船舶代理业务，外方持股比例可达到51%。到2018年《自由贸易试验区外商投资准入特别管理措施（负面清单）》则进一步明确，国内水上运输公司①和国内船舶代理公司须由中方控股。自此以后，除国内水路运输外，航运市场基本实现开放。也就是说截至2023年，航运开放度方面，除上述两类企业之外，外资参与或外商独资企业已经可以在自贸区经营其他所有航运相关业务。

企业开办及设立便利度方面，各自贸（港）区的政策和法律规定沿两条主线在逐步改革和落实。其一，简化船舶企业监管流程。集中表现为外商投资项目由核准制转变为备案制、简化船舶运输经营许可流程、下放部分船舶业务许可权限、优化船舶进出口手续等具体改革举措。其二，降低企业设立门槛。体现在提出并联设立审批业务、采注册资本认缴制、实施先照后证制度、允许境外投资等规定和要求之中（具体参见表8.2"监管方式"一栏）。

① 对于国内水上运输公司，该清单还强调了两方面事项。其一是不得以经营或租用中国籍船舶或舱位等方式变相经营国内水路运输业务和辅助业务；其二是除经政府批准限定期限、航次及港口的特殊情况外，水路运输经营者不得使用外国籍船舶经营国内水路运输业务。

除前述规定和措施之外，部分自贸区针对企业的人力成本方面有额外规定。如上海方案中规定，“注册在试验区内的企业或个人股东，因非货币性资产对外投资等资产重组行为而产生的资产评估增值部分，可在不超过5年期限内，分期缴纳所得税。对试验区内企业以股份或出资比例等股权形式给予企业高端人才和紧缺人才的奖励，实行已在中关村等地区试点的股权激励个人所得税分期纳税政策。”广东深化方案中则提出，“加强最低工资、工时、职业安全与卫生及工作条件方面的政策研究与执法。完善工资支付保障制度，完善劳动关系矛盾风险预警防范体系”。此外，广东自贸区和福建自贸区出台了针对港澳台服务贸易开放的特别要求，在企业设立、股比限制及经营范围、交通航运等方面扩大对港澳台的开放度。上海自贸区则“支持试验区内企业发展离岸业务”。

迄今为止自贸区在航运企业设立及运营的政策及法律规定，可以显示出中国在自贸区实施航运市场对外开放及企业监管改革方面的决心。①从现有措施来看，自贸区正在逐步大幅减少对投资和企业设立的准入限制，并相应地提高管理和监管的透明度及效率。外资可以独资参与除了两项国内水运之外的业务，以合资及合作形式经营公司的，股比限制也已经放开。此外，监管措施方面也在逐步放松，减少行政对市场的过多管制，并作出了一系列增强监管效率的改革。从局部自贸区作为试点逐步推广至整个自贸区，形成了航运市场开放和发展的新格局。

现有规定主要是对航运市场中的直接限制、直接干预及事前监管等做法进行清理，对监管方式的改革也多集中于一些监管技术和监管手段的转变。随着改革走向深化，改革由容易着手、争议较少的部分向更加困难部分推进也是题中之义。如何更加科学、全面地处理监管与航运市场开放度之间的平衡问题是处理好航运企业作为商业存在怎样发挥更加良好的社会效能的关键问题，较为宏观和抽象的政策如何具体地落实到制度和措施上也是未来需要解决的事情，在这个过程中法律制度作为行之有效的社会管理手段，需要发挥其促进和完善自贸区政策的功能和作用。

4. 船舶在自贸区可享受的融资和保险机制

基于升级和发展航运产业和现代服务业的考虑，各自贸（港）区均较重视

① 《外商投资法》草案保持并延续了自贸区外资监管“准入前国民待遇加负面清单”管理制度亦是自贸区深入改革开放举措向全国推广的例证及全国对外开放改革的法律支持。

航运融资及保险市场的改革和发展，法律、实施方案、条例及办法在金融开放层面着重强调了融资的多元化和多样性，也放宽了融资租赁公司的资本限制和业务限制，并且还赋予在自贸区设立的融资租赁企业以税收和政策优惠。在培育和发展保险市场方面则提出对再保险市场巨灾保险以及航运保险等领域进行开放和开发。各自贸（港）区还强调了航运金融和航运保险对于发展现代航运服务业的重要性，部分自贸（港）区提出了区域航运融资中心和航运保险中心的概念，鼓励推进航运金融创新、发展航运中介组织以及社会组织等举措（参见表 8.3）。

表 8.3　自贸（港）区航运融资及保险方面的政策和法律规定①

	融　资	保　险
上海	（1）融资租赁公司在试验区内设立的单机、单船子公司不设最低注册资本限制。（2）允许融资租赁公司兼营与主营业务有关的商业保理业务。（3）将试验区内注册的融资租赁企业或金融租赁公司在试验区内设立的项目子公司纳入融资租赁出口退税试点范围。（4）（新片区）支持内外资企业和机构开展航运融资、航运保险、航运结算、航材租赁、船舶交易和航运仲裁等服务，探索发展航运指数衍生品业务，提升高端航运服务功能。 《上海自贸区条例》第 23 条、《上海自贸区新片区管理办法》第 16 条，在自贸区发展航运金融等产业，发展航运运价指数衍生品交易业务，集聚航运服务功能性机构。《上海自贸区新片区管理办法》第 18 条在新片区内先行先试金融业对外开放，落实放宽金融机构外资持股比例、拓宽外资金融机构业务经营范围等措施，支持符合条件的境外投资者依法设立各类金融机构，保障中外资金融机构依法平等经营。第 19 条支持新片区内企业参照国际通行规则依法合规开展跨境金融活动，支持金融机构在依法合规、风险可控、商业可持续的前提下，为新片区内企业和非居民提供跨境发债、跨境投资并购和跨境资金集中运营等跨境金融服务。支持新片区内企业开展真实、合法的离岸转手买卖业务。金融机构可以按照国际惯例，为新片区内企业开展离岸转手买卖业务提供高效便利的跨境金融服务。	（1）开展航运保险、培育相关营运机构和经纪人、发展上海航运保险协会。②（2）允许上海保险协会开发航运保险协会条款，取消在沪航运保险营运中心、再保险公司在自贸区内设立分支机构的事前审批，取消自贸区内保险支公司高管人员任职资格的事前审批，由上海保监局备案管理。③（3）（新片区）鼓励发展环境污染责任保险等绿色金融业务。（4）新片区支持符合条件的金融机构开展跨境证券投资、跨境保险资产管理等业务。（《上海自贸区新片区管理办法》第 19 条）

① 未特别指明出处的内容均来自各自贸区的“方案”及“深化方案”。

② 参见《中国保监会对上海保监会提出有关事项的批复》相关内容。

③ 参见《中国保监会办公厅关于进一步简化行政审批　支持中国（上海）自由贸易试验区发展的通知》（以下简称“保监会通知”）。

续表

	融 资	保 险
天津	(1) 支持设立中国金融租赁登记流转平台，允许注册在自贸试验区内由天津市商务主管部门准入的内资融资租赁企业享受与现行内资融资租赁试点企业同等待遇。(2) 支持符合条件的金融租赁公司和融资租赁公司设立专业子公司，设立项目公司经营大型设备、成套设备等融资租赁业务，并开展境内外租赁业务。(3) 允许融资租赁企业开展主营业务相关的保理业务和福费廷业务。(4) 支持租赁业境外融资，鼓励各类租赁公司扩大跨境人民币资金使用范围。(5) 对注册在自贸试验区海关特殊监管区域内的融资租赁企业进出口飞机、船舶和海洋工程结构物等大型设备涉及跨关区的，实行海关异地委托监管。(6) 发展航运金融机构并开展业务。(7) 加快设立全国性金融租赁行业社会组织。推动租赁公司接入金融信用信息基础数据库。在强化监管前提下，研究融资租赁企业税前扣除政策。探索两家及以上金融租赁公司共同设立项目公司开展租赁业务。率先开展租赁产业配套外汇制度创新试点。加快国际租赁业务创新发展，推动装备、技术、资本和管理“走出去”。(深化方案)	(1) 开展人民币跨境再保险业务，培育发展再保险市场。(2) 支持在自贸试验区内设立专业机构，开展巨灾保险试点工作。(3) 大力发展离岸贸易和转口贸易，放宽海运货物直接运输判定标准。支持设立地方法人性质航运保险机构。(4) 支持社会资本在自贸试验区设立境外股权投资基金，支持保险资金等长期资金在符合规定的前提下委托保险资产管理、证券等经营机构开展跨境投资。(深化方案)
	《天津自贸区办法》第 26 条：“自贸试验区大力发展航运金融、航运保险业，建设中国北方国际航运融资中心，鼓励境内外航运保险公司和保险经纪公司等航运服务中介机构在区内设立营业机构并开展业务。”第 38 条关于租赁创新的规定、《天津自贸区条例》第 29 条鼓励发展航运金融产业、第 36 条促进租赁业发展的五项规定。	《天津自贸区办法》第 37 条自贸试验区开展人民币跨境再保险业务和巨灾保险试点，建立航运保险、巨灾保险等区域性再保险中心。
广东	(1) 鼓励融资租赁业创新发展，对注册在自贸试验区海关特殊监管区域内的融资租赁企业进出口飞机、船舶和海洋工程结构物等大型设备涉及跨关区的，在确保有效监管和执行现行相关税收政策的前提下，按物流实际需要，实行海关异地委托监管。(2) 促进航运金融发展，建设航运交易信息平台，发展航运电子商务、支付结算等业务，推进组建专业化地方法人航运保险机构，允许境内外保险公司和保险经纪公司等服务中介设立营业机构并开展航运保险业务，探索航运运价指数场外衍生品开发与交易业务。(深化方案)	(1) 建设航运交易信息平台，发展航运电商、支付结算业务，推进组建专业化地方法人航运保险机构，允许境内外保险公司和保险经纪公司等服务中介设立营业机构并开展航运保险业务，探索航运运价指数场外衍生品开发与交易业务。(2) 推动成立航运保险领域社会组织。深化与港澳及国际再保险市场合作，完善再保险产业链，建设区域性再保险中心。(深化方案)
	《广东自贸区办法》第 21 条规定在航运金融领域对境外投资者扩大开放，探索航运运价指数场外衍生品开发与交易业务。	《广东自贸区条例》第 34 条规定“发展国际航运保险等现代航运服务业”。

续表

	融　资	保　险
福建	（1）拓展自贸试验区内融资租赁业务经营范围、融资渠道，简化涉外业务办理流程。（2）统一内外资融资租赁企业准入标准、设立审批和事中事后监管，允许注册在自贸试验区内由福建省有关主管部门准入的内资融资租赁企业享受与现行内资试点企业同等待遇。（3）支持境内外企业开展航运保险、航运仲裁、海损理算、航运交易、船舶融资租赁等高端航运服务，打造国际航运服务平台。（深化方案） 《福建自贸区条例》第 32 条："自贸试验区统一内外资融资租赁企业准入标准、设立审批和事中事后监管，支持企业拓展融资租赁经营范围、融资渠道，推进融资租赁证券化，发展工程建设、飞机、船舶等大型设备保税融资租赁，建设区域性融资租赁集聚区。"	经相关部门许可，拓展自贸试验区内融资租赁业务经营范围、融资渠道，简化涉外业务办理流程。统一内外资融资租赁企业准入标准、设立审批和事中事后监管，允许注册在自贸试验区内由福建省有关主管部门准入的内资融资租赁企业享受与现行内资试点企业同等待遇。支持自贸试验区内设立多币种的产业投资基金。
海南	扩大金融业对内对外开放。支持建设国际能源、航运、产权、股权等交易场所。为船舶和飞机融资提供更加优质高效的金融服务，取消船舶和飞机境外融资限制，探索以保险方式取代保证金。规范、稳妥开发航运物流金融产品和供应链融资产品。 《海南自贸区国际船舶条例》第 38 条规定，"在海南自由贸易港内设立的企业因开展国际船舶融资借用外债涉及跨境担保的，可以自行办理担保合同签约，无需事前审批，合同签约后，按照有关规定办理登记。符合条件的国际船舶融资，外债资金可以意愿结汇"。第 39 条规定："在海南自由贸易港注册的国际船舶企业可通过保单融资、仓单质押贷款、应收账款质押贷款、知识产权质押贷款等方式开展融资业务。"第 40 条规定："在海南自由贸易港内注册的企业申请银行提供境外船舶融资担保的，可以以购买保险的方式取代保证金。"第 41 条规定："在海南自由贸易港设立的融资租赁企业开展境内融资租赁业务，可以按照有关规定收取外币租金。"	《海南自贸区国际船舶条例》第 43 条规定："支持境内外企业和机构在海南自由贸易港开展航运保险、船舶融资租赁、海损理算、船舶交易和航运仲裁等服务。鼓励在海运业开展跨境人民币结算再保险业务。"第 44 条规定："鼓励在海南自由贸易港设立的海运企业依照有关规定成立相互保险组织和自保公司。"

自贸区航运金融、保险政策及法律规定仍处于发展和完善阶段，过程基本遵循"制定—试行—推广—进一步革新"的流程，且通常由地方部分自贸区先践行，而后由中央推广至其他区域，时机成熟时再出台全国性规范文件。

从地区特点来看，不同自贸区的定位和侧重点决定其航运金融、保险政策和法律规定的差异。以天津自贸区为例，其定位为"北方国际航运融资中心"，因而天津自贸区大力推广和发展融资租赁业务，促进地方性航运保险机构和保险、再保险业务的发展。为此，2015 年《中国（天津）自由贸易试验区天津东疆片区关于加快海事金融产业发展（暂行）鼓励办法》从投资、监管、融资、税收、产业链、产业支持平台六个方面提出了扶植海事金融产业、营造政策环境的具体措施，在通关模式、融资机构和产业、退税、企业形态、服务环境、法律专业机构、司法保障和产业支持基金层面支持航运金融的发展。同年中央层面出台的《中国人民银行关于金融支持中国（天津）自由贸易试验区建设的指导意见》支持自贸区完善航运要素交易平台、发展金融租赁公司总部经济和结算经济、试验区内租赁公司利用国家外汇储备开展飞机、船舶、海洋工程结构物和大型成套进口设备等租赁业务、金融租赁可以人民币或外币结算。法律规定方面，2016 年《天津自由易区条例》第 39 条写入了“促进租赁业发展的五项改革举措”，赋予自贸区内设立的租赁公司在外汇、结算、跨境交易、外资待遇等方面法律待遇①。

而广东和福建自贸区则立足于地域特点和优势，强调与港澳台在资金、保险产业等方面的合作和互联互通机制。此外，由于广东和福建自贸区多点地域规划的差异，针对定位不同的区域两省出台了相应的建设政策。如 2015 年广东省政府出台《关于支持广州南沙新区加快开发建设的若干意见》中，提到支持南沙新区航运金融和航运保险业务的创新。福建省出台的地方政策《福建省人民政府关于促进航运业发展的若干意见》中也明确支持航运金融和航运保险业的发展以及要素的聚集。上海及海南自贸（港）区亦有类似规定。

从市场开放度来看，融资租赁企业不再设最低资本限制。自贸区内设立的融资租赁企业享受内资企业同等待遇且在通关、资金结算方面享有优惠，分公司及营业机构也放开限制，业务方面鼓励设立中介机构并进行国际业务操作。2018 年《自由贸易试验区外商投资准入特别管理措施（负面清单）》并没有对

① 五项举措的具体表述是：（一）支持自贸试验区内租赁公司利用国家外汇储备，开展飞机、新型船舶、海洋工程结构物和大型成套进口设备等租赁业务。（二）允许自贸试验区内符合条件的融资租赁收取外币租金。（三）支持租赁公司依托自贸试验区要素交易平台开展以人民币计价结算的跨境租赁资产交易。（四）允许自贸试验区内租赁公司在境外开立人民币账户用于跨境人民币租赁业务，允许租赁公司在一定限额内同名账户的人民币资金自由划转。（五）统一内外资融资租赁企业准入标准、审批流程和事中事后监管，推动自贸试验区内的内资融资租赁企业享受与现行内资融资租赁试点企业同等待遇。

寿险之外的其他保险业务设置外资股比限制。此前各自贸区放开了保险、再保险市场，建立航运保险信息平台，鼓励设立地方法人航运保险企业，内外资航运保险公司均可以在自贸区设立中介机构和经纪组织。

5. 进出口条件便利化

作为贸易门户，进出口监管口岸的改革是各大自贸（港）区关注的重点之一。现有自贸区政策和法律规定主要围绕进出口监管制度和进出口服务便利化两大方向进行改革。一方面，集中推行“一线放开”“二线安全高效管住”的通关监管模式。在监管方式、监管协作、税收监管等方面创新监管制度，完善货物、产品在海关、检验检疫、港口、质量认证机构等口岸的作业监管机制。另一方面，创新监管服务办法，实施“单一窗口”改革、完善检验检疫制度、发展电子化无纸通关系统、实现区际监管联动、推行认证认可标准计量方面的第三方服务、提高货物监管查验放行效率。

表 8.4　四大自贸区关于进出口监管制度及监管服务便利化方面的规定

	方　案	法律规范
上海	推行“一线放开”，简化进出境备案清单、进出境手续，简化国际中转、集拼和分拨等业务，实行“进境检疫，适当放宽进出口检验”模式。“二线安全高效管住”，实行进出口清单比对、账册管理、卡口实货核注、风险分析措施，推行“方便进出，严密防范质量安全风险”的检验检疫监管模式。	《上海自贸区条例》第四章第18—24条、《上海自贸区办法》第四章第15—18条关于监管、检验检疫和“单一窗口”、税收及免税平台等措施的创新。
天津	在自贸试验区海关特殊监管区域实施“一线放开”“二线安全高效管住”的通关监管服务模式；“单一窗口”改革，检验检疫监管创新，大限度实现覆盖船舶抵离、港口作业、货物通关等口岸作业各环节的全程无纸化，推进贸易领域证书证明电子化管理。（深化方案）	《天津自贸区条例》第23—28条、《天津自贸区办法》第四章第29—33条关于便利自贸区贸易发展的监管改革措施。
广东	创新通关服务模式，比照上海自贸区实行“一线放开”“二线安全高效管住”的通关监管模式；加强监管协作，提高维护经济社会安全的服务保障能力；创新粤港澳口岸通关模式，推进建设统一高效、与港澳联动的口岸监管机制，加快推进粤港、粤澳之间信息互换、监管互认、执法互助。加快建设“单一窗口”，推进进出口产品质量溯源体系建设，扩大第三方检验结果采信商品和机构范围，拓展货物暂准进口单证册制度适用范围，压缩进出口商品和跨境邮件、快件放行时间，深入实施货物状态分类监管。（深化方案）	《广东自贸区办法》第13—18条、《广东自贸区条例》第23—28条关于单一窗口、“一线放开”“二线安全高效管住”的通关监管模式、先入网区再通关、检验检疫监管、货物查验、税收激励及退税等方面的规定。

续表

	方　案	法律规范
福建	建设“单一窗口”，全程无纸化通关，推进通关一体化。简化海关特殊监管区域产品内销手续，放宽海运货物直接运输判定标准，建立货物分类监管模式，改善通关征管作业，选择性征收关税政策与海上丝绸之路沿线国家和地区开展海关、检验检疫、认证认可、标准计量、供应链等方面的合作与交流。	《福建自贸区条例》第22—25条关于单一窗口、“一线放开”“二线安全高效管住”的监管模式、保税、电子商务，第26、27条资源配置平台、结算中心及通关认证准备计量的规定。
海南	在洋浦保税港区等具备条件的海关特殊监管区域率先实行“一线放开”“二线安全高效管住”的进出口管理制度。根据海南自由贸易港建设需要，增设海关特殊监管区域。	《海南自由贸易港法》第16条规定：“海南自由贸易港实行通关便利化政策，简化货物流转流程和手续。除依法需要检验检疫或者实行许可证件管理的货物外，货物进入海南自由贸易港，海关按照有关规定径予放行，为市场主体提供通关便利服务。”

除前述宏观政策和法律规定之外，各省（直辖市）政府机构、自贸区内部还出台了一系列相应措施落实监管模式创新。如2014年以来，上海海关推出20多项监管创新制度，并由海关总署于此后在全国范围内复制推广14项制度。①2015年以来天津海关、天津检验检疫局分别出台三批29项、四批48项通关通检便利化措施，提高监管服务效率。制定《天津自贸试验区服务京津冀协同发展方案》，实施海关区域通关一体化改革。②广州海关在不同片区推出的“互联网+易通关”“互联网+保税”、全流程智能化通检、粤港澳“自由行”无疫通行模式、国际航行船舶进出口岸网上查验和联网核放、港口建设费远程申报和电子支付、船舶“事中事后”安全监管机制、简化境外船舶再修造船厂停泊期间的边检管理措施、国际航行船舶卫生检疫5S智能监管体系、船舶“无疫通

① 该14项制度分别为：先进区后报关制度、区内自行运输制度、加工贸易工单式核销制度、保税展示交易制度、境内外维修制度、期货保税交割制度、融资租赁制度、批次进出集中申报制度、简化无纸通关随附单证制度、简化统一进出境备案清单制度、内销选择性征税制度、集中汇总纳税制度、仓储企业联网监管制度、智能化卡口验放管理制度。

② 参见天津市人民政府官网，http://www.tj.gov.cn/tj/tjgk/kfkf/zmq/201712/t20171201_3617690.html，访问时间2023年3月1日。

行”卫生检疫模式、码头全天候 24 小时改船作业等监管方式改革。[①]福建省出台了《福建省人民政府关于进一步推进中国（福建）自由贸易试验区改革创新三十五条措施的通知》，提出加快建设单一窗口 3.0 版，口岸通关方面进一步提效降速，并完善口岸快速验放机制。推进海关、边检、海事一次性联合检查，“双随机、一公开”作业模式拓展到常规稽查等全部执法领域。[②]海南也推出了高质量高标准实现 2025 年分阶段发展自由化便利化措施，并得到中央各部委支持。[③]包括优化口岸作业模式；优化商品检验监管模式，实施“先放后检”“风险评估 + 周期抽样 + 合格保证”等监管模式；保障优质农食产品快速通关，支持海关特殊监管区域内企业加工食品快速出区内销；开展保税油供应监管模式集成创新；提升口岸智能化水平，提升外贸综合服务水平等措施。

就目前的立法及相关规定来看，自贸区进出口监管便利化的改革目标是继续深入贯彻“单一窗口”制度，并进一步提高监管效率和服务便利化程度。而从实践效果给予的反馈来看，“上海自贸区通关效果显著提高，保税区进出境时间较全关水平缩短 78.5%和 31.7%，物流成本平均降低 10%……企业申报数据项在船舶申报环节缩减 65%，在货物申报环节缩减 24%，累计为企业节省成本超过 20 亿元”[④]，“天津海港口岸进出口货物通关时间缩短 3 天、通关成本减少 30%……通关时间平均每批货物节省 0.5 天，每标准箱节约物流成本 120 元，口岸快速放行率 88%”[⑤]，“货物申报上线率达 99%，国际航行船舶和海运舱单申报上线率达 100%……一般货物进出口平均通关时间减少 42.6%”[⑥]，“通关效

① 参见《广东省人民政府关于复制推广中国（广东）自由贸易试验区第首批改革创新经验的通知》《广东省人民政府关于复制推广中国（广东）自由贸易试验区第二批改革创新经验的通知》《广东省人民政府关于复制推广中国（广东）自由贸易试验区第三批改革创新经验的通知》《广东省人民政府关于复制推广中国（广东）自由贸易试验区第四批改革创新经验的通知》具体规定。

② 闽政〔2018〕27 号文件。

③ 《商务部等 20 部门关于推进海南自由贸易港贸易自由化便利化若干措施的通知》（商自贸发〔2021〕58 号）。

④ 《“自贸区速度”为企业降本增效》，载《文汇报》2018 年 9 月 26 日版。访问网址 https://baijiahao.baidu.com/s?id = 1612644437507752421&wfr = spider&for = pc，访问时间 2023 年 3 月 1 日。

⑤ 数据来源：天津市人民政府官网，访问网址天津市人民政府官网 http://www.tj.gov.cn/tj/tjgk/kfkf/zmq/201712/t20171201 _ 3617690.html，访问时间 2023 年 3 月 1 日。

⑥ 《广东自贸试验区 3 年形成 385 项制度创新成果，加快建设开放型经济新体制示范区》，载《南方日报网络版》2018 年 11 月 19 日版，参见 http://www.gd.gov.cn/gdywdt/gdyw/content/post _ 161956.html，访问时间 2023 年 3 月 1 日。

率平均提高约 40%”①。贸易方面的进出口监管改革取得的成效有据可现。

另外，应当注意到的是各自贸区现有的改革举措落实到具体政务事宜中均属于办理流程、办事方法方面的创新，上层设计层面的政策和法律规定显得较为抽象。事实上，进出口条件的便利化不仅是监管流程和方式的便利化，货物或服务的贸易往来也需要除通关效率之外的其他因素来推动，而后者所发挥的作用是各个市场的真正优势所在。因此从这个角度而言，进出口条件能够使得企业和个人进一步享受实质性的利益是深化改革、吸引货物或服务聚集的下一步创新方向。制度化的改革需要法制的推动，目前局部试验各自为政的改革举措也需要经过法定程序规范、透明地约束监管方式和监管权力，简化政府进出口监管的沉痾，重视法律对实践的引导和规范作用。

6. 自贸区航运法治环境

针对自贸区内的整体法律环境问题，在各自贸区出台的实施方案、条例及实施办法中，都有专门性规定强调对区域内法治环境的建设和完善。相关规定中涉及的具体措施，主要包含自贸区内法律适用、律师业务的开放、纠纷解决机制的建立、对市场主体地位及劳动知识产权等产业的法制保障、区内行政复议权和诉讼权的行使、法律法规等信息公开、司法机构的设立等方面事项。

表 8.5 各大自贸（港）区法治环境建设措施②

	法律适用	律师业务	纠纷解决机制	立法保障	行政复议和诉讼	法律保护	信息公开	司法机构
上海	√	√	√	√	√	√	√	√
天津	√	√	√			√		
广东	√	√	√	√	√	√	√	√
福建	√	√	√	√	√	√	√	√
海南	√	√	√	√		√		√

法律适用方面，2014 年《全国人大常委会关于授权国务院在中国（广东）、

① 唐文弘：《自贸试验区建设成效显著，试验田作用有效发挥》，载《国际商报》2018 年 1 月 2 日。访问网址 http://www.china-fjftz.gov.cn/article/index/aid/7871.html，访问时间 2023 年 3 月 2 日。

② 信息来源：各大自贸（港）区“实施方案”、“深化方案”及法律法规相关规定。

中国（天津）、中国（福建）自由贸易试验区以及中国（上海）自由贸易试验区扩展区域暂时调整有关法律规定的行政审批的决定》[①]（以下简称“全国人大常委会关于自贸区行政审批的决定”），对自贸区内对四部法律中规定的、实施准入特别管理措施之外的其他审批事项暂时调整适用备案管理制规定。2018年国务院印发《关于在自由贸易试验区暂时调整有关行政法规、国务院文件和经国务院批准的部门规章规定的决定》（以下简称“国务院关于自贸区行政法规等的决定”）[②]对《船舶登记条例》等11部行政法规、2件国务院文件以及2件部门规章在自贸区的适用作了暂时调整。为配合此类涉及法律适用方面的决定之实施，上海、天津、广东和福建自贸区方案中均强调对于全国人大常委会的授权及国务院的行政规定，自贸区须依据规定程序办理，并通过地方立法建立与试点要求相适应的自贸试验区管理制度。各自贸区所出台的条例和管理办法也均就此问题进行了专门规定[③]。除法律适用之外，也有自贸区注意到其他层面立法改革问题，如广东自贸区深化方案强调要进一步推动在民商事等重点领域和关键环节改革配套立法。天津自贸区深化方案则强调要加强商事法律综合服务。对于海南自贸港，国务院出台了《国务院关于在中国（海南）自由贸易试验区暂时调整实施有关行政法规规定的通知》[④]，规定至2024年12月31日之前在海南自贸港调整适用行政法律法规。

律师业务方面，各自贸区均在负面清单[⑤]基础上探索律师服务领域的开放

① 此前2013年曾出台《全国人民代表大会常务委员会关于授权国务院在中国（上海）自由贸易试验区暂时调整有关法律规定的行政审批的决定》在上海自贸区以三年为期调整“三资”法中相关行政审批规定的适用问题，2014年的决定是在此规定基础上地理范围以及内容上的延展适用，除原有三资法的十一项规定调整之外还加入了对《中华人民共和国台湾同胞投资保护法》第八条审批规定的调整事项。

② 国发〔2017〕57号文件。

③ 详情可参见《上海自贸区条例》第36条、《福建自贸区条例》第59条等具体规定。也有地方人大出台相应规定调整地方立法在自贸区的适用问题，如《上海市人大常委会关于在中国（上海）自由贸易试验区调整实施本市有关地方性法规规定的决定（2016年修正）》。

④ 国函〔2020〕88号。

⑤ 自由贸易试验区外商投资准入特别管理措施（负面清单）（2018年版）在法律服务领域禁止外资投资中国法律事务且不得成为中国律师事务所合伙人。但允许外过律师事务所以代表机构的方式进入中国，不得聘用中国执业律师，聘用的辅助人员也不得为当事人提供法律服务，但代表机构和派驻代表的设立需经中国司法行政部门许可。

和合作措施。如2013年上海自贸区方案指出上海自贸区应尝试在律师服务领域进行开放，探索密切我国律师事务所与外国律师事务所业务合作的方式和机制，发展外国法律查明中心。《天津自贸区条例》第55条鼓励律师事务所在自贸区开展业务。广东自贸区深化方案提出要扩大合伙联营律师事务所业务范围，并结合地区优势允许自贸试验区内港澳与内地合伙联营律师事务所以本所名义聘用港澳律师。还提出允许自贸试验区内港澳与内地合伙联营律师事务所的内地律师受理、承办内地法律适用的行政诉讼法律事务。《广东自贸区条例》第78条、《广东自贸区管理办法》第39条鼓励专业化、国际化的律师等法律服务机构和境内外高端法律服务人才在自贸区开展法律业务，并结合地域优势推进粤港澳律师事务所联营、合作，促进法律服务提供方式多元化，提供优质、高效的国际化法律服务。

海南省委出台了《法治海南建设规划（2021—2025年）》①、海南司法厅出台了《香港特别行政区和澳门特别行政区律师事务所与海南律师事务所实行合伙联营的试行办法》，并采取了相应措施降低律师事务所设立门槛和放宽特殊普通合伙律师事务所合伙人准入条件。②减少审批层级，缩短审批时间。律师执业和律师事务所设立由原来的两级审批变为一级审批，统一由省司法厅负责；同时，将律师和律师事务所执业审批审核时限由原来的30日分别缩短为2个工作日和3个工作日。并且允许外国律师事务所驻海南代表机构依照有关规定从事部分涉海南的商事非诉讼法律事务。

纠纷解决机制建设方面，各自贸区均较为重视建立公正高效且具有公信力的自贸区纠纷解决机制，强调多种类多方式协同合作，如《上海自贸区管理办法》第37条提出支持商事仲裁和商事调解专业化水平和国际化程度。《天津自贸区条例》第54条、《天津自贸区管理办法》第50条支持中国仲裁机构（包括中国海事仲裁委员会）在自贸区开展仲裁业务，鼓励社会组织开展专业调解，建立调解与仲裁、诉讼的对接机制。广东深化方案提出了建立公正高效便捷的

① 琼发〔2021〕19号。

② 对普通合伙律师事务所的设立资产数额由30万元降到10万元、特殊普通合伙律师事务所的设立资产数额由1 000万元降低到100万元，特殊普通合伙律师事务所的设立人数由20名以上降低到10名以上。

经贸纠纷解决机制，推进“诉调对接”“调仲对接”，推行廉政风险防控全覆盖。《广东自贸区条例》第 79—80 条则明确在自贸区设立的仲裁机构应当创新治理机制完善仲裁规则提升公信力，自贸试验区应当完善民商事纠纷多元化解决机制，加强行业性、专业性调解组织的建设，探索建立与境外商事调解机构的合作机制，协同解决跨境纠纷，鼓励当事人意思自治协议解决商事纠纷。《广东自贸区管理办法》第 41 条、《福建自贸区条例》第 64 条及《福建自贸区管理办法》第 57 条规定均设定了诸如仲裁地国际化、司法的公正性、调解机制的完善等各类纠纷解决机制的具体要求。此外，天津深化方案中还特别强调需健全知识产权领域的多元纠纷解决机制。《海南自由贸易港法》第 54 条亦有类似规定。

市场主体地位及相关产业法律保障方面，各自贸区均主张通过对内对外的司法和执法建设，确保各类市场主体的公平竞争。需完善商事案件、知识产权案件、劳动争议、环保等领域的执法、司法和维权机制。例如《天津自贸区管理办法》第 47、51、52 条规定应当完善知识产权、反垄断、外商投资安全审查方面的调查、管理和执法体制。《福建自贸区条例》第 60、61 条分别规定了市场主体的平等地位、劳动者权益受到法律保护，第 62 条明确指出知识产权受到行政和司法保护。《福建自贸区管理办法》第 55 条还规定了环境保护问题，第 56 条主张建立知识产权纠纷调解和维权援助机制以及专利纠纷的行政调解和处理。《海南自贸港法》第 18—24 条强调了自由化和全港全面开放市场准入原则，并且提到对中小投资者、知识产权、市场竞争等领域的保护。第五章专章强调了生态和环保问题。

行政执法监督层面，各自贸区纷纷就行政行为的可诉性和可复议性进行了相应规定。如《上海自贸区管理办法》第 36 条规定，当事人如果对管委会或其他部门具体行政行为不服可依法提起行政诉讼或行政复议。《广东自贸区条例》第 82 条、《广东自贸区管理办法》第 40 条规定行政争议可通过投诉、行政调解、行政复议或者行政诉讼等多种方式解决。而《福建自贸区条例》第 63 条则提出了集中行政复议权制度，给当事人减轻负担。

信息公开方面，自贸区较为重视对区内资讯、数据、法律、政策等信息的公众知悉度，并将其视为执法改革的一项重要举措。如《广东自贸区条例》第

76条和《广东自贸区管理办法》第37条规定将权责清单、权力运行流程图、统计数据、业务讯息的发布、法律法规规章政策办事程序等信息向社会公开。《福建自贸区管理办法》第53条则要求建立自贸区信息发布机制及时发布自贸区相关信息。

司法机构层面，对自贸区司法机构的组织、职能等问题各地自贸区提出了不同程度的要求。如《广东自贸区条例》第83条，自贸区司法机构应构建公正、透明、高效、多元的司法服务保障体系，在法治框架内理顺自贸试验区先行先试政策与现行法律的关系。《福建自贸区条例》第64条、《福建自贸区管理办法》第57条，在自贸区依法设立的司法机构应当支持仲裁及调解机构，公正高效地保障当事人的合法权益。《海南自贸港法》第54条强调国家支持探索与海南自由贸易港相适应的司法体制改革。

除前述方案、条例及管理办法中各类普适性措施之外，中央层面及地方层面的各级司法机构还出台了一系列涉及自贸区法治建设的司法指导文件。此类型的文件之中有针对性地提及了自贸区的航运法治建设问题。如《最高人民法院关于为自由贸易试验区建设提供司法保障的意见》①对人民法院涉自贸区案件的审判工作提出了刑事、民事及海事特定领域案件的审判注意事项以及融资租赁、电商、纠纷解决机制、仲裁的司法审查、审判程序、外国法查明等问题的审判意见。其中特别提到了自贸区内海事审判事项，要求人民法院关注与船舶登记制度改革等其他涉及航运的新型案件，重视新型海事法律关系的法律适用和专门管辖问题。

《上海法院服务保障中国（上海）自由贸易试验区建设的意见》指出要通过海事专业审判保障和提升国际航运能级，重视航运金融、国际船舶运输、国际船舶管理、国际航运经纪、航运运价指数衍生品交易、船舶登记及国际航空运输等业务创新过程中的法律适用问题。

《天津法院服务保障中国（天津）自由贸易试验区建设的意见》②则提出应维护海上货物运输合同、多式联运合同、货运代理合同、船舶建造、修理、改

---

① 法发〔2016〕34号文件。

② 津高法发〔2015〕2号文件。

建、海域污染等纠纷中当事人的合法权益。并为北方国际航运融资中心助力，依法审理船舶融资租赁合同、船舶抵押合同、海上保险合同等纠纷。

《广东省高级人民法院关于充分发挥审判职能　为中国（广东）自由贸易试验区建设提供司法保障的意见》①以及广东省司法厅、广东省自贸办关于印发《积极发展法律服务业　推进中国（广东）自贸试验区建设的若干意见》的通知②均将海事海商、航运物流纠纷作为自贸区法院司法裁判过程中需要重视的典型案例，前者强调应利用地域优势推动粤港澳司法互助和法治融合，提升自贸区的司法保障水平。后者则更加关注自贸区内专业化、国际化和规模化的律师业务开展、律师队伍建设。

《福建法院服务保障中国（福建）自由贸易试验区建设的意见》③探索涉自贸区纠纷案件解决过程中法院在司法理念、司法职能、审判机制、审判组织等方面的改革和创新。提及航运市场和海洋环境生态建设的司法保障问题时，该意见指出，船舶融资租赁等航运金融类案件，国际船舶管理、船舶登记等纠纷案件对航运金融产业和船舶在自贸区登记落户的意义，以及应当从司法层面支持厦门东南国际航运中心建设。海上油污损害等海洋生态环境民事赔偿纠纷案件的审理对建设海洋生态环境也具有重要作用。

《最高人民法院关于人民法院为海南自由贸易港建设提供司法服务和保障的意见》④从完善审判组织体系、调整案件管辖范围、推动海事审判“三合一”改革、推动行政案件异地管辖改革和机制创新、推动涉外民商事审判机制创新、推动海南建设国际商事纠纷解决中心、支持海南法院积极推进司法体制改革、参与海南自由贸易港法立法工作等三十个方面着力，推动构建与海南自由贸易港建设相适应的法治体系。

具体到实践之中，各地纷纷出台了一些针对海事法律环境和海事司法建设的举措和办法来落实和完善各项政策、法律法规。如各自贸区内设立的专门法院或法庭（深圳前海法院、上海海事法院自贸区法庭等专门处理海事海商纠纷

---

① 粤高法〔2015〕173号文件。
② 粤司〔2016〕30号文件。
③ 闽高法发〔2015〕8号文件。
④ 法发〔2021〕1号文件。

的司法机构），上海海事法院出台了涉自贸区海事审判白皮书、广州市南沙区人民法院针对该区内的司法建设出台的《关于服务保障中国（广东）自由贸易试验区广州南沙新区片区建设的意见（试行）》①、广州南沙自贸区设立了广州国际航运仲裁院、深圳前海设立的华南海事物流仲裁中心、福建法院还专门开通了海事诉讼服务平台为诉讼主体提供便利。《最高人民法院关于为自由贸易试验区建设提供司法保障的意见》②提出依法保障自贸试验区建设的制度创新，其中特别提到要加强海事审判。规范航运市场建设，支持自贸试验区航运服务业开放、提升国际航运服务能级和增强国际航运服务功能。关注与船舶登记制度改革及其他与航运有关的新类型案件，研究新型海事法律关系的法律适用和专门管辖问题。及时通过典型案件的审理确认有关规则，引导行业行为，促进行业发展。

四、国际船舶登记法律制度构建过程中的难点、障碍和需要突破的问题

国际船舶登记制度作为一项与现有船舶登记制度有所区别且在自由贸易试验区范围内实施的制度，其合理、科学地法治化的整个过程是一个复杂和充满变量的过程，会面临各方面、各层级的困难和障碍。这些困难和障碍不仅来自制度本身，也来自制度的构造机制、运行机制以及制度所处的外部环境。研究和探讨可能遭遇的困难，充分认识和把握国际船舶登记法律制度构建过程中所面临的障碍，指出未来完善制度所需要重视和突破的关键问题，是合理建立和完善国际船舶登记法律制度的前提。

1. 建设国际船舶登记法律制度面临的困难

从内部构造及外部环境的有机构成视角考虑，理论上国际船舶登记法律制度的设立和推进需要解决好两个方面的关系。一方面是该法律制度与整个船舶登记法律体系之间的关系，另一方面是该法律制度与其周边情境之间的关系。这需要国际船舶登记法律规定能够具备自洽性，并在此基础上进一步解决制度

① 穗南法发〔2015〕47号文件。

② 法发〔2016〕34号文件。

内部架构和外部运行机制之间的有效协作问题。就法律层面而言，目前国际船舶登记法律制度所面临的难点包括：

第一，如何平衡一般船舶登记和国际船舶登记法律规范之间的关系。其实质是对船舶登记法律层级及内部关系的处理。

从立法渊源来看，自设想被提出到该制度在自贸区正式实行，再到《船舶登记办法》设专章规定国际船舶登记制度，经历了一个论证—规划—实施—规范的过程。关于是否应当设立第二船籍制度曾产生过热烈的讨论，主要存在着两种观点。积极倡导者认为第二船籍制度的设立有利于有效遏制中国商船队的减少趋势，并且能够保护船舶周边产业及船员利益，也有利于国防和边海安全，这类观点呼声较高。少量观点认为第二船籍制度并不能够给中国商船队的规模和航运产业带来显著利益，且实施效果有限，海运及其周边产业是一个系统工程而船舶登记制度只是其中的一个环节，寄希望于登记制度给航运市场带来极大推动效应相对理想化，因此应当谨慎推进和规划该制度。

尽管存在讨论，自 2013 年实施再到 2017 年正式写入规章，国际船舶登记制度的实施进程整体上而言较为顺畅。但从立法视角来看，由于采取的是自下而上、先实践后总结的制度设计模式，使得该制度本身的法治建设尚不全面，且与船舶登记相关的其他各类法律法规在实施过程中面临需要调整和解释的问题。原有法律规范尚无法适应新的情况，而新法的颁布和实施在内容和时机上又显得尚不成熟。

现阶段对于此类问题全国人大是以“决定”方式授权国务院在四大自贸区内暂时调整相关法律规定，国务院则出台《国务院关于在自由贸易试验区暂时调整有关行政法规、国务院文件和经国务院批准的部门规章规定的决定》①在自贸区内暂停实施了《船舶登记条例》第 2 条第 1 款、《船舶和海上设施检验条例》第 13 条以及《国际海运条例》第 28 条②等法规的具体规定。尽管 2015 年修订后的《立法法》第 13 条赋予了“决定”以合法性，由于此类做法在目前的

① 国发〔2017〕57 号文件。国函〔2020〕88 号专门针对海南自贸港的法律适用发布了文件，内容上和自贸区一致。

② 暂停实施的三部法规主要涉及船舶的登记条件、须向中国船级社登记的中国籍船舶要求、外商独资或“三资”性质船舶的外资股比限制。

中国大陆地区尚属首次，对“决定”式的文件和法律法规之间的关系法律界和学界存在不同看法。有的观点认为暂停实施性质的“决定”性文件并不能归类于法律制定和修改权限范畴之内，其属于独立的立法权行使方式①，还有的认为这属于一种特殊的法律修改方式②。也存在一些声音指出，全国人大常委会授权国务院暂时调整法律规定的做法某种程度上有违全国人大常委会和国务院的职权③，是对现行立法权限和法律层级的不当变更④，不应当被视为一种法律修改模式⑤。与此同时，一些赞同“决定”文件具有立法权属性的意见也承认暂时调整有关法律法规的试验违背了《立法法》所确立的授权立法限制规则，在合宪性和法律用语方面也存在可以改进之处⑥。

因而，“决定”这类特殊法律文件使得部分法律规定在自贸区内暂时调整适用，但调整期限届满后应当如何处理目前尚无答案。这就导致整个“决定”文件体系带有明显的试错性特征。然而在自贸区范围内暂时调整适用部分法律法规的做法也并非没有经过慎重考虑。目前在自贸区推行的改革属于一种“试验”，后续立法的必要性尚需论证，或许考虑到经实践检验后的立法或修法会更为谨慎和全面，从而选择了一个具有明确时间界限和地域界限的实施方案，合法性要件的部分欠缺则成为其副产品。“决定”性文件的法治化和自贸区内的法治建设进程具有长期性，摸着石头过河的同时要解决好法律适用过程中的合法性问题并不容易，制度变革与既定法律框架的融合和统一无疑是一个困难的系统工程。

另外，目前处于部门规章层级的《船舶登记办法》规定了国际船舶登记制

---

① 曹舒：《人大授权暂停法律实施的合宪性检讨与控制》，载《苏州大学学报（法学版）》2018年第1期，第64—74页。

② 周宇骏：《自贸区“暂停实施”决定授权性质研究》，载《黑龙江省政法管理干部学院学报》2014年第5期，第4—7页。

③ 刘沛佩：《对自贸区法治创新的立法反思——以在自贸区内“暂时调整法律规定”为视角》，载《浙江工商大学学报》2015年第2期，第60—65页。

④ 李猛：《中国自贸区授权立法问题研究》，载《甘肃政法学院学报》2017年第2期，第88—101页。

⑤ 刘志刚：《暂时停止法律实施决定的正当性分析》，载《苏州大学学报（法学版）》2015年第4期，第54—66页。

⑥ 徐亚文、刘洪彬：《中国（上海）自由贸易试验区与立法和行政法治——以全国人大常委会“调整法律实施”为切入点》，载《江西社会科学》2014年第1期，第134—140页。

度，其他层级的船舶登记法律规范并未对此进行规定①。而《船舶登记办法》中关于国际船舶登记的特别规定章节中，主要就国际船舶登记的适用范围、登记主体、航行权、船舶检验、程序优化与信息共享、一站式办理以及验船证明等问题予以规范。但对船舶登记涉及的其他事项，如进行国际船舶登记的条件、注销的条件、船舶条件、程序性事项以及处罚事项等问题并没有予以明确规定②，这些一般船舶登记的事项在现阶段的国际船舶登记立法中没有相对应的规范。

再者，国际船舶登记制度在整个登记法律体系中的定位尚不明确。新出台的《船舶登记办法》虽然设专章规定国际船舶登记制度，但并没有在立法层面明确国际船舶登记制度在目前船舶登记法律体系中的位置和功能。目前关于国际船舶登记的适用范围、主体、航区、登记条件等事项的规定均集中体现于各自贸区出台的国际船舶登记方案之中，作为部门规章《船舶登记办法》第八章仅就适用地域及适用主体进行了部分规范，剩余则仅对国际船舶登记办理方式、具体程序、提交材料等具体工作事项的规定。然而《船舶登记办法》如此谨慎却是符合规章制定规则的，根据《中华人民共和国立法法》（以下简称“《立法法》”）第 80 条之规定，从制定权限而言如果没有法律、法规、决定、命令作为依据，部门规章不得设定减损公民、法人和其他社会组织权利义务的规范，也不得增加部门权力或减少部门职责。也就是说，现阶段法律（广义）对于国际船舶登记的设权规范尚未进行规定，而是由实施国际船舶登记制度的各自贸区自行出台方案，各自贸区的地方性立法（包括《海南自由贸易港法》）中也仅仅写入了国际船舶登记制度但对于前述问题也并未涉及。

第二，如何平衡自贸区国际船舶登记法律规范同地区法律法规以及全国法律规范之间的适用关系。其本质是国际船舶登记法律与现有法律规定之间关系的处理问题。

---

① 《海南自由贸易港法》属于中央层级立法，其中谈到了海南设立国际船舶登记制度，但由于其属于针对海南自贸港的专门立法，也是对该制度在海南设立的合法性的确认，涉及具体规范措施极少。所以此处并未将其列入讨论。

② 部分事项在各自贸区出台的国际船舶登记方案中有所涉及，具体可参见本章第一节相关内容。

目前各大自贸（港）区实施国际船舶登记制度的改革措施已经写入各自贸区的实施方案及深化方案之中，并已经通过自贸区“条例”和“管理办法”分别以地方性法规和地方性规章的形式确立下来。相较于各地出台的国际船舶登记试点方案或自贸区总体方案、深化方案，地方性立法的规定则显得较为原则。譬如《上海自贸区条例》第23条、《上海自贸区管理办法》第16条、《广东自贸区条例》第34条、《广东自贸区管理办法》第23条的规定和用语是“实行具有竞争力的国际船舶登记政策，建立高效率的船籍登记制度”。《福建自贸区条例》第26条和《福建自贸区管理办法》第17条则提出要“创新国际船舶登记制度”。天津自贸区属于立法较为具体的一方，《天津自贸区条例》第29条不仅说明“建立高效率的船舶登记流程”，还规定要“落实现有中资‘方便旗’船舶税收优惠政策。”《天津自贸区管理办法》第26条则走得更远一些，将试点方案中的部分实质性规定落实到了地方性规章之中，明确“落实国际船舶登记制度相关配套政策”，“中方投资人持有船公司的股权比例可以低于50%并充分利用现有中资‘方便旗’船税收优惠政策”。

即便如此，地方性立法目前也并未就国际船舶登记制度一些较为关键的实质性权利义务内容进行规定。而中央层面或全国层面的立法，也仅有《船舶登记办法》对一些国际登记过程中具体的实施问题作了规定。因此，可以说目前无论是全国性立法还是地方性立法，仅对国际船舶登记制度予以了确认，但制度规范、实施和落实所涉及的具体问题则仍然是以各自治区的试点政策作为标准，自贸区管委会、海事主管部门在具体实践中提出具体实施方案并加以落实。这就造成了国际船舶登记法律制度实体法律规定事实上的不完整及中央、地方立法的笼统性。

中央层面的现有法律规范受立法权限限制目前并未能走得更远，那么地方性立法可否先做突破？理论上是可行的。根据《立法法》第73条规定，除属于全国人大及其常委会专属立法权的事项，国家尚未制定法律或者行政法规的，地方可以根据实际情况先制定地方性法规，待法律或者行政法规生效后地方性法规同法律或者行政法规相抵触的规定无效。又根据该法第82条，应当制定地方性法规但条件尚不成熟的，因行政管理的需要可以先制定地方政府规章，实施满两年后需要继续实施规章所规定的行政措施的，应当提请本级人民代表大会或其常务委员会制定地方性法规。看似较为全面的地方性立法权限划分，到了实践中却并不十分清晰。地方人大常委会和同级政府感到在立法工作中哪些事项应当制定法规，哪些事项应当制定规章难以把握和区分。①制定国际船舶登记制度方面的法律规定属于创新性立法，而自贸区又分布于全国各地，设想和规划过程又是中央批准和推进的，全国范围内尚未对国际船舶登记条件作明确规定，地方立法先行的做法又可能会带来潜在的中央与地方事权争议，维持现状是一个现阶段比较稳妥的做法，但国际船舶登记法律制度与中央和地方立法关系的平衡却依然是没有解决的问题。

而海南自贸港在地方立法上首先作出了突破，由于中央层面制定了《海南自贸港法》，地方层面没有制定“条例”。海南人大专门就国际船舶制定了《海南自由贸易港国际船舶条例》，属于对国际船舶权利义务关系的地方立法确认，但由于其属于地方立法因而适用方面存在地域限定，许多规范仍有待后期落实。

再者，全国性法律规范中还涉及许多与船舶登记具有关联性的其他法律、法规、规章乃至规范性文件。当部分法律规定在自贸区暂停实施后，国际船舶登记涉及关联性事项时，能否适用那些关联性法律规范，还是说需要再设计出一套与之相对应的、专门性的国际船舶登记关联法律制度，也是需要考虑和处理的问题。

第三，如何进一步推进和深化国际船舶登记法律制度，其本质是对国际船舶登记制度中实质性权利义务的体系化完善和构建。

虽然国际船舶登记制度已经由政策上升为法律规定，并在地方立法和中央立法层面有所体现，但观察目前各自贸（港）区出台的相关方案仍属于根据各地特点围绕在登记条件、船舶适格性、船员、融资及登记便利性等几方面予以概括规定，关键性的实质条件显得较为谨慎，程序性和流程性事项改革成为了主要突破口，国际船舶登记法律制度的核心构成部分改革不够彻底。并且，相关政策和法律规定内容仍然较为零散、概括，关于国际船舶登记法律规范的构建理念、设计路径、制度框架、具体内容及实施方式尚缺乏统一、科学、系统

① 刘松山：《地方性法规与政府规章的权限界分》，载《中国法律评论》2015 年第 4 期，第 74—89 页。

的立法和实施路径规划。

类似问题导致目前自贸区内国际船舶登记制度的推进进展相对缓慢，制度的法治化进程也显得后继无力。除前期上海、天津两个自贸区推出了含有实质性开放改革举措的“国际船舶登记试点方案”①外，各自贸区的实施方案、条例及管理办法均只对国际船舶登记进行了原则性规定，随着实践的发展，也强调需要“深化国际船舶登记制度创新，推动国际船舶登记配套制度改革”。尽管主管当局和各级部门相当重视，学界及实务界呼声也很高，但在现有方案、法律法规规定的基础上如何进一步推进，以及以何种方式推进国际船舶登记制度改革创新却是一个没有答案的问题。2021 年《海南自由贸易港国际船舶条例》是一次有益的尝试，对市场、船龄、船员、税费、监管等关键性事项以法律形式予以明确。可以看到海南自贸港的改革决心，后续效果仍有待观察。究其原因乃在于国际船舶登记制度看似简单地涉及一些细节上的法律问题，但就好似血管末端向上连接着大血管甚至心脏，该制度的背后体现着市场、政府、个人以及企业之间动态且复杂的社会关系。

2. 推进国际船舶登记法律制度发展需要克服的障碍

迄今为止国际船舶登记制度的改革与实践表明，无论是中央还是地方均抱持着进一步深化制度改革和创新的愿望，然而立法均有所保留，规定要么概括和原则，要么着重于登记程序和流程的更新和精简。有一些因素直接或间接地影响了国际船舶登记法律制度构建及完善地步伐，它们主要包括：

其一，改革的推动力尚不足以促使社会产生法律变革的强烈意愿。尽管目前中国已经开始在自贸区实行第二船籍登记制度，但制度设立之前的讨论和具体实施过程中均存在一些持反对或观望态度的声音。②关于该制度是否应当推广至全国、实行全面的国际船舶登记并构建完整的法律制度，可以对照其他国家的改革措施并理性评估国际船舶登记的实施效果后再下决定。因为从实施第二船籍登记制度的各航运国家反馈的信息来看，除一些典型的方便旗国家、少量发达国家和中国香港及新加坡以外，第二船籍登记制度并没有如预期那样解决

① 交函海［2013］161 号文件。

② 笔者在六年前学界和实务界讨论是否应当设立国际船舶登记制度的时候也曾持谨慎观点，认为当时并不具备设立国际船舶登记制度的条件和社会环境。

船舶的方便旗登记问题。此外，登记船舶的税收优惠政策实施至今，也没有达到预期中的效果。国际船舶登记制度是否会由于对企业不具备吸引力而流于形式仍存在疑问。

现阶段的国际船舶登记试点涉及的船舶范围及数量均有所发展，但在产业内部乃至整个社会产生的反响和回馈仍有待观察。这一方面使得该领域内的社会治理经验无法给改革者深化改革的需求提供充足的指导和帮助，另一方面也无法形成“推动法律变革的拉力或动力，使得人们、团体或集体坚信只有通过法律实际改革才能得到利益”①。法律的变革是社会变迁的要求和结果，社会变迁能够为法律的变革和发展提供动力，法律的变革与发展同社会变迁紧密联系在一起。②因而，实践的发展和完善能够促使社会形成和集聚法律变革的力量，但国际船舶登记制度确立至今，其社会变化和实践效果尚未达到从外部刺激法律变化和革新的程度。法律的生命在于经验而不是逻辑③，社会实践是法律研究和规制的对象，因而国际船舶登记制度作为一项业界呼声较高且已经制定并实际执行的政策举措，需要通过法律对其进行规范和界定。然而，目前的实践发展进程似乎又没有达到可以有力推动法律改革和深化的阶段和程度。这无疑形成一个实践、改革和法律关系的堵点。

其二，目前国际船舶登记方案利益分配的成熟度尚不足以形成建立法律制度的共识。

从利益与法律的关系而言，法律是利益分化的产物，利益又决定了法律的内容。④多元化的利益总是通过各类方式影响法律的制定过程和具体内容。而法律天然的定分止争功能使得其可以控制和协调利益冲突，整合和协调各类利益以达到维护社会利益的目的⑤。利益法学派则表述得更加直接，“法律规定主要

---

① 袁晓东：《论法律变革的内在动力》，载《政治与法律》2005 年第 5 期，第 79 页。

② 唐宏强：《社会变迁：法律变革与发展之源》，载《江苏社会科学》2002 年第 5 期，第 103—104 页。

③ Holmes，The Common Law，Boston：Little Brown and Company，1923，p.1.

④ 毕可志：《法律、利益与权利》，载《烟台大学学报（哲学社会科学版）》2005 年第 2 期，第 155 页。

⑤ 曾祥华：《利益、法律与权利》，载《长春市委党校学报》2009 年第 1 期，第 85—89 页。

涉及为保护特定社会利益”①。

那么国际船舶登记制度可能会影响的当事人及其利益有哪些？首先，国际船舶登记制度涉及并影响个体利益。航运产业中的相关当事人均会直接或间接地受到船舶登记制度的影响，这些利益相关个体包括但不限于船舶所有人、租船人、造船厂、融资人、保险人、船员、港口经营人、货主等。其次，国际船舶登记制度也受到国家利益、社会整体利益的影响。这突出表现为政府管辖、社会管理利益与私人利益之间的平衡、效率与公平的选择。多元化和复杂化的船舶登记制度下潜藏着不同的利益冲突。

作为具有巨大价值的商业资产，船舶的资金和技术投资巨大，这使得所有人不得不在成本控制方面考虑周全。因而能够有效降低船舶成本的登记地是吸引船舶前往的原因。与方便旗国家以及中国香港地区、新加坡等新兴登记地相比，现阶段国际船舶登记制度能够带给船舶的优惠和好处仍然不足以吸引大批船舶回归。而从目前的船舶出籍形势来看，需要使用第二船籍制度来号召船舶悬挂中国旗的紧迫性也有限。产业环境方面，一方面国内登记船舶在融资、保险、建造及租赁等衍生产业方面存在不便，回国登记会使得原有船籍优势丧失。另一方面随着整体经济的发展，船员劳务市场发生了一些变化，船员就业和工作机会开始面临一些过去没有遇到的问题，本国船员上船意愿也有下降趋势。

国家层面，船舶登记是一种行政监管方式，涉及政府行政机构同私人和企业之间的公权力和私权利关系。政府与外部存在利益博弈，政府内部权力之间同样存在利益平衡的问题。由于认知差异或利益考虑，负责或管理事务的各部门对同一问题的看法有时并不一致，这就使得一些有争议的难点和分歧内容出于改革推行时间的需要而被搁置。②然而根据法社会学理论，法治的代价体现在法律不能如同社会那样总是变化，但法治的代价又是以其收益为基础的，没有收益或者代价大于收益的法治就没有存在的正当性。③

---

① ［德］卡尔·拉伦茨：《法学方法论》，陈爱娥译，商务印书馆2004年版，第1页。

② 徐忠：《在中国经济50人论坛2019年年会上的演讲》，载财新网2023年3月11日。访问网址 http://opinion.caixin.com/2019-02-17/101380607.html，最后访问时间2023年3月11日。

③ 柯华庆：《法律变革的逻辑——社科法学与教义法学的较量》，载《桂海论丛》2014年第4期，第22页。

而国际船舶登记制度的推出，一方面可能会促进外国资本的流入、航运产业的升级、市场自由度的提升，并且可以大幅度降低企业成本和监管；另一方面亦很有可能会对我国造船业、船舶检验、资本、内资企业和船员劳务市场等带来冲击，也有可能会打破原有船舶监管方式和监管格局。法律上，利益选择是从社会生活的需要出发，以一定的价值观为指导，对多元客观利益进行判断、评价、权衡和比较，选择有利于共同需求和目的的利益并予以法律调整。这个过程实际上是利益的规范化和权威化的过程，也是一个受到限制、有比较和有代价的过程，因而需要尽可能地保障合理利益并调动社会主体的积极性，从而最大限度地实现社会利益。①而目前出台的国际船舶登记举措中实质性改革措施主要集中于政策层面，法律层面则多表现为一些程序性、管理性措施。这从侧面反映出现阶段国际船舶登记在利益的选择和分配方面尚不成熟，因而难以在实质层面对国际船舶登记确立法律上的权利义务关系。

其三，政策与法律的关系问题是一个较为复杂和难解的社会问题。

从国际船舶登记制度的推行过程来看，其同自贸（港）区其他制度一样面临政策多过立法的现状。目前出台的自贸区政策和法律法规中，涉及国际船舶登记制度实质性条件的措施出现在各自贸（港）区方案和国际船舶登记试点方案之中，法律规范则多作原则性解释。这类自贸（港）区改革模式可以解释为一方面法律具有滞后性和非全面性，因而制定较为严谨，需要谨慎试错；另一方面政策推动改革成本相对较低。

然而国内素有重政策轻法律的文化，并且影响到社会生活的方方面面。在过去 40 年，中国的经济体制改革过程中，政策成为资源配置的手段和方式，使相关产业具有很强的制度演变路径依赖。②社会管理惯性及政策自身所具备的优点使社会普遍存在政策思维惯性的情形。前文中提及的《国务院决定在自由贸易试验区暂时调整有关行政法规、国务院文件和经国务院批准的部门规章规定目录》及其后续所引发的合宪性、合法性讨论，根本上还是在于将政策作为一种习惯性治理方式的思维惯性。从社会治理视角而言，政策存在种种好处和便

---

① 孙国华、黄金华：《论法律上的利益选择》，载《法律科学》1995 年第 4 期，第 3—10 页。

② 席涛：《产业政策、市场机制与法律执行》，载《政法论坛（中国政法大学学报）》2018 年第 1 期，第 47 页。

利，“立法不能以临时的命令进行统治，必须以颁布过的经常有效的法律进行统治，同时立法机关也不能把制定法律的权力转让给他人”①，可是虽然同一个主体既可以制定法律，又可以发布政策，但以政策替代法律或者作为法源会损害制度的稳定性和普适性。政府机构、商业存在以及社会大众在执行和实施相关政策的过程中难免会产生不确定和观望之感。

从理论上讲，法律规则在法律系统之中应当发挥主要作用，政策则是弥补法律僵化或不足的要素，两者互相促进、功能互补。在确保法律规则主导地位的同时，合乎法制原则的政策对其予以支持配合。②但在目前，法律与政策的关系有时会出现错位和对立，使得法律间或面临要么被忽视要么成为纸上文件的局面。有的学者甚至指出，人们对于政府的期望以及社会经济生活的日益复杂，使得政策增长日益盛行。有的法律比较宏观，仅仅规定一些法律框架且充斥着大量授权性条文，不制定政策的话很多法律条文根本无法执行。③以这个标准来看，国际船舶登记法律规范目前呈现出典型的“宣示性立法”特点，更像是某种导向或目标。

形成这类局面也是有原因的。由于各类利害关系导致社会治理局面复杂，加之自贸区的建设及国际船舶登记制度的设立在国内属于尚无前例之事项，虽有旁证（其他国家或地区的实践）作参考，可在本国范围内并无实例可供借鉴，使得国际船舶登记制度的基本格局和社会基础尚不稳定，立法、司法和执法的难度较大，各机构的权责也存在不确定性。为了及时推进改革措施的同时兼顾实践与试错，因政策可以充分发挥其具有针对性、灵活性和权威性的特点，成为推进自贸（港）区改革举措的主力和排头兵，国际船舶登记制度作为自贸（港）区改革举措的一部分选择政策先行的做法也自有其依据。

然而需要看到的是，无论是法律缺陷还是政策优势，在现实生活中均存在其被不适当夸大的现象。政策与法律虽是两类不同的社会治理方式，但又存在一定程度上的联系和融合，法律是国家政策的潜在载体④。德沃金则更加直接

---

① ［英］约翰·洛克：《政府论》下篇，叶启芳、瞿菊农译，商务印书馆1964年版，第85页。

② 郭润生、刘东生：《论行政执法中法律与政策的关系》，载《法商研究》1999年第2期，第60—61页。

③ 刑会强：《政策增长与法律空洞化——以经济法为例的观察》，载《法制与社会发展》2012年第3期，第117页。

④ 张红：《论国家政策作为民法法源》，载《中国社会科学》2015年第12期，第133—155页。

地指出，权利和义务来自过去的政治决定……立法来自社会当时政治道德的隐蔽体系所呈现的义务。①法律制定和实施过程中不可避免地会受到政策的影响，国际船舶登记法律条文的背后必然存在相关国家的登记政策和权利义务规划背景，然而法律是政策稳定的基础和表现，政策的制度约束力最终仍需要通过法律予以实施和推行。如何在强调法治建设的同时纠正重政策的传统是个复杂的问题，而如何在法治背景下运用好政策对法律的正面影响并促进政策的科学化和合法化建设同样也是一个难题，背后涉及法治理念和权力格局的问题，解决好这个问题才能给国际船舶登记法律制度提供一个合法和合理的社会治理环境。

其四，自贸区与地方和中央立法、行政事权关系的处理。

国际船舶登记法律制度的推行还受到中央和地方的立法权限、司法权限和执法权限等制度障碍的限制，其中包含国际船舶登记制度同自贸区之间的关系、地方和中央之间事权关系的处理。

首先，从立法权限而言，现阶段对国际船舶登记事项进行规范的法律法规主要是中央层面的部门规章《船舶登记办法》和地方层面各自贸区所在省、直辖市人大常委会制定的自贸区“条例”（地方性法规）和自贸区所在省、直辖市人民政府制定的自贸区“管理办法”（地方性政府规章）。涉及自贸区的法律规定存在一个共通点，即有关自贸区的法律规定层级较低，多表现为部委的规范性文件和地方性规范性文件，各部委的规范性文件中多以表达对自贸区改革的支持为特点，但部门规章中的相应规定并无大的修改。这反映出自贸区在法律上的改革是试验和探索性的。②但试验性和探索性也意味着许多问题的不明确和不稳定。比如，中央和地方在国际船舶登记问题上的立法权限划分、不同层级法律规定的立法权配置问题等。又比如，地方人民政府制定地方性法规的实施办法必须具备地方性法规的明确授权。政府部门只执行实施办法会使地方性法规的权威受到伤害。

而对于中央与地方的立法权限划分问题，目前立法机构已经意识到中央及

---

① 德沃金：《法律帝国》，李常青译，中国大百科全书出版社1996年版，第225、308页。

② 马光：《中韩自贸区法制比较研究》，载《华东理工大学学报（社会科学版）》2015年第3期，第89—98页。

地方层面针对自贸区的专门立法与一般法律规定之间的关系需要进行厘清，因而中央层面全国人大常委会在自贸区“方案”出台之前授权暂时调整实施法律规定、国务院授权暂时调整法规规定，地方层面各自治区所在地方人大常委会也制定了暂时调整地方性法规规定的决定。但由于自贸区许多举措采取的是先行先试的动态推进方式，国家层面可能需要暂停实施的法律法规也是变化和不可预见的，有可能会在今后作进一步调整，这无疑增加了地方立法的难度。①此外，自贸区先行先试的性质也使得地方立法需要对一些涉及国家事权的改革举措作出规定，既要以法律规范固化各项改革举措，又需要为今后的制度创新保留空间，同时还要兼顾国内体系制度和国际通行惯例②，对立法技术和立法程序的要求不可谓不复杂。立法者高超的技术和手段是标，立法权限和范围的科学化、合法化才是本。

因而，中央与地方的权力配置是国际船舶登记立法原则性和宣示性的原因之一。历史上中央与地方权力配置的平衡和整合从来就是一个难题。中央集权有利于统一及增强内聚力，地方的分权则可以调动人民积极性及保障基层群众利益。如果没有法律规定中央与地方的职权划分且贯彻必要的集中与适当的分散原则，则很难避免“一放就乱，一收就死”局面的出现。③尽管《宪法》《行政法》及《立法法》已经就中央及地方方面的立法权限作出相应界定，但面对自由贸易区制度创新，地方性法规就国际船舶登记事项予以规范时不得不考虑到立法自主权和立法权限的制约。可是如果过多地依赖自上而下的立法模式又可能对自贸区的创新带来负面影响。④自然而然地，在地方性法规和政府规章中便难以明确设立确权条款及义务条款。

立法职权范围不清一方面使得具备立法权限的立法机构对不属于本机构职权范围内的事项持谨慎态度，另一方面又造成立法的不规范和内容重叠问题。

---

① 丁伟：《自贸区“基本法”的难点与看点》，载《中国证券报》2014年5月15日。访问网址 http://news.10jqka.com.cn/20140516/c565457312.shtml，访问时间2023年3月30日。

② 阎锐、林圻：《上海：立法保障自贸试验区先行先试》，载《中国人大》2015年第9期，第30页。

③ 黄子毅：《中央地方权力配置与地方立法》，载《中国法学》1994年第4期，第17—20页。

④ 李敏：《上海自贸区法律体系的现状反思与完善路向》，载《南都学坛：南阳师范学院人文社会科学学报》2016年第1期，第76—81页。

中央层面的国际船舶登记法律规范仅在《船舶登记办法》这个部门规章之中有所规定，具体内容也仅限于对国际船舶登记的适用范围、申请主体以及登记流程等交通运输部职权范围内事项的规定，一些超越其权限的登记关键问题则并未在《船舶登记办法》中有所体现。在地方层面，自贸区“条例”和“管理办法”在国际船舶登记制度的规范问题上存在重复立法现象。这不仅使得地方法规和地方政府规章之间缺少明确分工，也产生了立法形式主义和越权立法的问题。①中央层面立法的局限性和地方层面立法的泛化使得国际船舶登记立法在体系性和职权范围问题上存在先天不足。

其次，从执法权限来讲，自贸（港）区改革提出的具体举措中许多事项都具有执法上的牵连性且需要相关行政机构配合。这既包括同一类型行政执法组织从中央到地方自上而下的协调，也包括不同类型行政机构对同一对象实施法律过程中的配合。从自贸区船舶登记事权管理视角来看，实施国际船舶登记制度可能会涉及的行政机构包括国家有关部门、省（直辖市）自贸区工作领导小组及其办公室、自贸区管理机构、省人民政府及自贸区所在市人民政府及其有关部门、中央驻省（直辖市）单位②等，这些机构之间的权能配置和执法权限势必会影响到国际船舶登记法律制度的实施和运行。

对于这个问题，相关自贸（港）区在“条例”和“实施办法”中均就自贸（港）区内行政机构之间的权力分配和管理体制作了详细规定。各省、直辖市政府是自贸（港）区改革的组织者和实施者，省市一级的政府相关部门是支持工作者③，自贸（港）区管理机构是自贸（港）区负责落实自贸（港）区改革措施的实施机构。各自贸（港）区的主管机构被称为管委会，（港）区内管委会是地方政府的派出机构，各政府相关部门在自贸（港）区内设立驻（港）区机构。④国

① 程庆栋：《新〈立法法〉视野下我国地方立法权的横向配置》，载《河南财经政法大学学报》2018 年第 1 期，第 53—54 页。

② 包括海关、检验检疫、海事、海警、边防、港务、金融监管等机构。

③ 一般而言，省或直辖市政府设立自贸区工作领导小组及其办公室、自贸区建设协调机制负责自贸区执法的组织、统筹和规划工作；省、直辖市人民政府和自贸区所在市人民政府相关部门根据职责支持自贸区工作领导小组和自贸区管理机构的工作。详细规定可参见《上海自贸区条例》第 7、9 条，《天津自贸区条例》第 7、15 条，《广东自贸区条例》第 7、9 条，《福建自贸区条例》第 8 条等。

④ 详细地方立法规定可参见《上海自贸区条例》《天津自贸区条例》《广东自贸区条例》及《福建自贸区条例》第二章“管理体制”相关内容的具体规定。

际船舶登记区内具体主管海事机构属于自贸（港）区内驻区机构范畴，根据“条例”“管理办法”规定依法履行其行政职能，推进自贸（港）区创新工作。实践中的操作模式是：有的海事局在自贸（港）区设立政务中心或窗口，有的海事局设立自贸（港）区海事处，具体执法过程中采取合作协调和联动执法工作机制。并且为了便利自贸（港）区管理机构的行政创新和执法工作，各自贸（港）区所在省、直辖市政府又将部分省级、市级行政权力下放至自贸（港）区或委托其具体实施，力图减少行政职级造成的执法阻力，使自贸（港）区管理机构拥有更大程度的自主权和执法权限。

此外由于自贸（港）区改革是由国务院具体发布实施的政策，且国际船舶登记制度本身还涉及国家对航运市场的管理问题，国务院和交通运输部作为中央层面的政府和主管机构对国际船舶登记制度的推行起着至关重要的作用，是国际船舶登记法规、规章、政策和实践的制定者和指挥者。它们同自贸（港）区管委会、地方行政机构、地方立法机构以及海事局下属直属机构的职权和管辖范围的处理也存在不明确和实践先于规范、变通处理的问题。

为了减少由于层级及体制带来的改革阻力，各自贸（港）区均出台了相应的政府机构改革措施。上海自贸区管委会同浦东新区政府实现合署办公，深圳前海设立市场化运作的管理局实施扁平化管理，天津实行简政放权的“多合一”改革提高行政效率①，福建平潭实行投资体制改革综合行政模式减少部门权力壁垒，厦门片区实行“多规合一”并联执法便民改革等，但这些措施的权力来源也多半立足于自贸（港）区所处市（直辖市是所属区）层级的地方法规或政府规章。此外，尽管地方性立法对自贸（港）区行政监管机制和执法权作了相应规定，各级政府机构也在权力的配置和运作方式上作了相应安排和调整，力图促进最大限度地下放管理权限。但由于受到旧有利益格局固化和一些立法规定较为笼统或对特定事项未有明确规定的影响，再加上自贸（港）区成立后大力推行简政放权和先行先试政策，不可避免地使得自贸区执法模式同传统执法模式之间存在一定的磨合和冲突，也暴露了一些执法漏洞和空白。

---

① 艾德洲：《中国自贸区行政管理体制改革探索》，载《中国行政管理》2017 年第 10 期，第 36—37 页。

有学者指出，目前各自贸（港）区内的行政架构多存在条块分割、职能交叉、边界不清的问题。跨部门协调作为打破行政机构各自为政的一种新型政府运作机制，在突破自贸（港）区管理地域性、跨界性难度的同时，也会遭遇到在纵向层面、横向层面以及内外层面的协调困境，单一部门创新无法实现协同效应。①这类问题很明显地反映在了国际船舶登记法律规定的制定和落实过程之中。国际船舶登记法律制度的建立离不开税务、人力、金融、企业监管以及司法等配套措施的精进，亦需要从中央到地方层面部门协调机制的有效运行。

然而协调机制改革深化不易。中央层面 2015 年国务院印发的《国务院自由贸易试验区工作部际联席会议制度》，建立起了 30 个部门和单位的协调方式。地方层面各自贸（港）区所在省（直辖市）市（辖区）通过建立领导小组来协调各部门之间的工作和规划。自贸（港）区管理机构则下设有综合协调局，并通过办公一体化、“单一窗口”、共同办事大厅等具体模式减少部门与部门之间的行政成本。但由于管理体制及行政利益，自贸（港）区内推行的许多制度在中央及地方层面突破部门之间、层级之间的原有综合行政模式却并不容易实现。这也是目前国际船舶登记制度在法律和实践层面推进面临的困局之一。

3. 需要突破的关键领域

其一，明晰国际船舶登记制度构建背景下中央及地方立法、执法机构的权力配置和法律法规的协调统一问题。

在建设自贸（港）区内国际船舶登记制度的过程中，要充分发挥法律在社会管理中的作用，提高立法的针对性、及时性、系统性，处理好改革决策和立法决策的关系。②无论中央层面还是地方层面均需重视法律的现代化，明确地方性法规和政府规章之间的权限，避免两者出现职能错位。同时警惕立法部门化的问题。法律法规的出台总是需要各个行政部门之间进行沟通协调，避免各部门意见不统一导致法律规定需要由行政部门出台细则来落实，出现高标准立法、普遍性违法和选择性执法现象。③并处理好政策和法律在改革推行过程中的作用

---

①　王菲易：《上海自贸区跨部门协调机制研究：一个分析框架》，载《国际商务研究》2016 年第 1 期，第 76—85 页。

②　吴汉民：《努力提高立法与上海改革大局的耦合度》，载《中国人大》2014 年 10 月 16 日刊，第 20 页。

③　徐忠：《在中国经济 50 人论坛 2019 年年会上的演讲》，载财新网，http://opinion.caixin.com/2019-02-17/101380607.html，访问时间 2023 年 3 月 31 日。

和功能，解决“宣示性立法”的现象，合理立法、科学立法，使相关立法规定能够完整、充分，减少法律需要层层文件解释、落实的文山会海现象。

目前的行政体制仍然呈现出纵向关系和横向关系两个层面的管理和监督模式，但自贸（港）区建设及改革举措中的争议却“早已趋于多元化、网络化，条块型关系逐渐式微”。①面对部门整合及行政一体化潮流，自贸（港）区行政管理体制可尝试在层级和部门之间打破利益壁垒，构建多元化的综合行政模式。过去的实践表明，自贸（港）区在管理和协调机制方面的弱化具体体现为纵向协调成本高效率低，横向协调周期长反应慢，企业“能进不能干”等现象。②为解决这类问题，中央层面建立了联席会议制度协调中央各部委之间的关系，并指导地方政府进行减少层级行政阻碍的改革。如各自贸（港）区“深化方案”中提及“试点赋予自贸试验区省级经济管理权限”，地方则出台具体措施落实相关规划政策，如《广东省人民政府关于印发支持自由贸易试验区深化改革创新若干措施分工方案的通知》③ 中明确要求要落实权限下放问题，力争在2019年底前下放到位。除此之外，地方层面也采取了多种多样的措施加强部门与部门之间的协调和沟通。如广东省自贸区管理机制建立了企业化运作模式，各自贸区内部均设立了综合协调部。

但由于自贸（港）区属于特殊的地方职能区域，具有一般地方政府及相关机构所不具备的政策优待，这会使得省市区、中央部委派驻地方的直属机构等原有行政组织之间的关系在自贸（港）区的改革之中需要被重新厘清。对于国际船舶登记制度而言，就是需要协调自贸（港）区内机构同海事局派驻自贸区机构之间的关系、垂直层面中央及地方海事局之间的关系以及海事局同其他部门之间的协作关系。因而，通过法律构建自贸（港）区内的跨部门、跨层级的多元协调机制是落实和贯彻国际船舶登记制度的执法基础。它要求相关自贸（港）区使用法律规则规范协调机制的组织架构和行为准则，在中央和地方层面

---

① 蔡英辉、胡晓芳：《法政时代的中国“斜向府际关系”探究——建构中央部委与地方政府之多元行政主体间关系》，载《理论导刊》2008 年第 3 期，第 25 页。

② 尹晨：《扩区之后，上海自贸区的组织协调架构该如何调整》，载澎湃新闻网，http://news.163.com/15/0115/07/AG00B91Q00014SEH.html，访问时间 2023 年 3 月 30 日。

③ 粤府函〔2019〕36 号。

实现对接，并在已有协调机构的基础上完善专业领域的跨部门行政协调机制。超越金字塔式的层级模式，实现多元行政主体之间的良性互动。①在各行政主体之间实现内外关系的平等，建立起综合行政的制度理念，并通过公正程序和公正司法减少争议发生，改变目前部门与部门之间职责不清、权责不对称的现象。

其二，进一步落实国际船舶登记制度实质性改革举措的合法化。

现阶段国际船舶登记相关立法表现出的一个现象是，中央层面立法部门化，地方层面立法宣示性。关涉到制度实质内核的相关规定均出自各自贸（港）区上报国务院批准的各类国际船舶登记"政策"之中。良好的战略目标需要匹配以妥当的手段，合法性是实现法治国家背景下改革目标的制度保障。②倘若正式认可国际船舶登记制度，则需要将制度的实质性规范通过立法上升为一项合法规范。

深化和完善自贸（港）区船舶市场的经济体制改革，扩大海运领域的市场开放是制定国际船舶登记制度的背景和基础，并为国家的自贸（港）区政策所确认，在社会范围内基本已形成共识。将国际船舶登记政策法律化从而"调和法律稳定性和社会复杂性之间的矛盾，并落实权力机关对于个人利益和社会利益的协调"③，是完善自贸（港）区改革并为其提供法治保障的前提和基础。加之法律的目标和主要规定是提供明线规则，而不是宽泛的法律原则或标准。④立法的实时性原则要求社会管理者应当将实践证明了的措施及时上升为法律，这也是改革稳定和深入的需要。⑤

尽管在政策的推动下，国际船舶登记制度在自贸（港）区内的实践已经展开，但在目前实施国际船舶登记制度的各大自贸（港）区相关立法中，"条例"与"实施办法"通常表述为实行和推动"有竞争力的国际船舶登记政策、高效

---

① 蔡英辉、胡晓芳：《法政时代的中国"斜向府际关系"探究——建构中央部委与地方政府之多元行政主体间关系》，载《理论导刊》2008 年第 3 期，第 26 页。

② 傅蔚冈、蒋红珍：《上海自贸区设立与变法模式思考——以"暂停法律实施的授权合法性为焦点"》，载《东方法学》2014 年第 1 期，第 98—104 页。

③ 张红：《论国家政策作为民法法源》，载《中国社会科学》，2015 年第 12 期，第 155 页。

④ 刑会强：《政策增长与法律空洞化——以经济法为例的观察》，载《法制与社会发展》2012 年第 3 期，第 130 页。

⑤ 吴雨珊、黄晓辉：《"法治引领改革"视野下的法律与改革关系——以自由贸易试验区建设为例》，载《长春工程学院学报（社会科学版）》2017 年第 4 期，第 22—26 页。

率的船舶登记制度。”除此以外，法律规范对该制度的具体内容并未再作规定。中央层面交通运输部出台的部门规章《船舶登记办法》中设专章对该制度予以规范，但在船舶登记实质性改革内容方面则表现得较为谨慎。国际船舶登记制度重要的红利，如税收、劳动力等配套措施均未涉及，关于准入限制的规定也属于半准用性规定，从立法概念到内容层面仍有待进一步进行完善和解释①。这同立法权的配置、具体的权限范围、政策与法律之间的关系等现阶段自贸（港）区相关立法面临的问题紧密关联，从而加剧了问题本身的复杂性，但这些纷乱的状况也提示我们权限更高的立法以及更全面和详细的实质性法律规定是打破目前国际船舶登记制度的法律规范体系尚不完整以及改革深化困难局面的可能及有效途径。

因此，通过法律规定合法化国际船舶登记制度及其实质性内容是切实推动和突破改革难点的一种社会治理方式及发展趋势，也是协调和平衡行政部门利益、社会整体利益和当事人个人利益的有效途径及手段。突破目前改革瓶颈并推动国际船舶登记制度向前发展，需要在法律规范中厘清中央部委、地方政府、自贸（港）区以及船舶登记主管机构之间的治域，寻找并确定部门利益与整体利益、地方利益与中央利益的协调点，明晰制度的体系设置、核心内容、实施机制和管辖办法。避免和减少政策和法律之间的不均衡状况，以及以文件落实文件，各级相关行政机构需要一级一级地通过具体措施来探测上级法律或政策原则性规定的执行细节问题。

其三，通过国际船舶登记法律制度辅助建立具有市场活力的航运产业环境。

制度的实际运转是由无数次交易形成的，买卖的交易、管理的交易和限额的交易覆盖了人与人之间的经济活动，并形成了不同的经济制度。②船舶在进行各类交易的过程中，形成了以其为中心的各类经济活动，同时也引起了不同船舶在市场、资源、交易方式等领域的竞争。船舶登记法律规范作为国家船舶监管的主要工具，同时也是确定本国船舶权利和市场准入边界的重要手段。科斯认为法律制度对经济制度和市场运行的影响体现在，合法权利的初始界定会对

① 根据《船舶登记办法》第68条规定，依照中国法律在自贸区成立的“三资企业”和依据国务院自贸区方案设立的外资及港澳台独资企业的船舶方可申请国际船舶登记。

② ［美］约翰·康芒斯：《制度经济学》（上），商务印书馆1981年版，第74—86页。

经济制度运行的效率产生影响，法律制度确认的权利安排会比其他方式产生更多的产值、消耗更低的成本。[①]再者，从企业视角而言，就企业外部环境来看完善的标准、市场准入的条件、完备的法律制度能够保障企业的交易安全和相关当事人的利益，促进企业的发展和社会的创新。[②]

因而通过法律对市场进行监管是各国政府保障经济稳定和社会平衡的制度架构模式。政府进行船舶登记监管的目的主要是为了防止国内市场受到干扰，建立所有权和国籍之间的关联性可以避免这种情况。人们获得船舶所有权事实上并不是通过建造、买卖及交易等经济活动决定的，而是由所有权相关法律所决定的，船舶取得国籍所必须之所有权要求同样由法律决定。因而船舶登记法律体系的目标之一就是建立明确的登记船舶权利界限，使得登记为本国籍的船舶所能够享有的权利可以在市场上流动和组合。[③]

船舶有了其他国籍选择且在国际运输市场处于竞争态势之时，一些国家将本国船舶国籍同所有权之间的联系松了绑，促使另一些国家也对本国籍船舶的严格条件予以放宽。国际船舶登记制度亦是这一趋势的产物，其本质是在市场内放宽对船舶国籍本国要素的管制。可以看到中国“人口红利”的优势正在减少，劳动力成本上升，外资企业转至东南亚或非洲等劳动力成本更低的地方投资。从航运市场的整体环境来看，船舶营运成本日益高企，航运市场大环境低迷，税费、行政管理、监管等因素综合作用，使得船舶所有人倾向于选择低成本登记国来降低成本维护自身利益。这既是企业或个人决策和选择的结果，也是对政府市场干预的反映。

因此，国际船舶登记法律制度作为配置航运市场船舶资源的政府监管措施之一（同时也是船舶同其船旗国之间管辖与保护的权利固定方式），需要区别于传统内国登记制度，放宽船舶国籍登记之中的限制因素，充分发挥市场在资源配置中的作用，使得企业能够通过降低成本和升级技术来增强竞争力。从经济

---

① ［美］罗纳德·哈里·科斯：《企业、市场与法律》，盛洪、陈郁译，上海三联书店 1990 年版，第 92 页。

② 席涛：《产业政策、市场机制与法律执行》，载《政法论坛（中国政法大学学报）》，2018 年第 1 期，第 54 页。

③ ［美］罗纳德·哈里·科斯：《企业、市场与法律》，盛洪、陈郁译，上海三联书店 1990 年版，第 49 页。

学角度看，法律和政府的主要职能是创造和维护市场经济发展的必要条件，经济的具体运作则主要通过市场主体之间的平等协商建立契约进行运转。①所以，国际船舶登记法律制度需要具备市场化思维，树立活跃航运市场环境的理念。如此方可突破目前存在的政策与法律关系、改革遇到瓶颈、政府主导改革与经济活动主体积极性之间的平衡等问题，改善船舶及其周边产业经营环境。

其四，构建一个体系化、层次鲜明、稳定高效的国际船舶登记法律制度。

目前国际船舶登记制度尚处于较为青涩和混乱的早期阶段，距离体系化和系统化的成熟法治阶段尚有距离。而历史表明，倘若法律制度能够较为早熟，则可以使得相关法律能够日益完善并融入社会生活之中。②所以，科学地制定国际船舶登记涉及的具体权利义务规定，以市场化为导向，建立起体系化的国际船舶登记法律框架并确保制度的稳定性是未来国际船舶登记制度能够深化和完善的关键途径。

首先，重视法律制度内部的框架结构设计及实质性内容填充，同时也应关注并维护法律制度外部运行的流畅性和平稳性。

需要在法律和法规层面对国际船舶登记予以确认和实施，处理好法律规定零散化和粗线条化的问题。提高立法质量果断立法，抛开“立法宜粗不宜细”“先以政策累积经验，后以法律推广”的立法旧思想，清除“灰色领域”。③避免法律模糊引起剩余立法和产生权力寻租空间问题。④除此以外，还应当避免立法缺位，进行精细化立法。需要在内容上明确在自贸区设立的企业投资船舶的标准和要求以及进行国际登记船舶的对外贸易权利义务。降低登记船舶的税收水平，取消对船舶企业的许可限制，赋予船舶及其企业以外贸经营、融资、保险、运营等方面的权利，为船舶及航运产业的发展提供法治保障。

其次，解决好中央层面及地方层面各级国际船舶登记相关法律文件的立法

---

① 郑成良：《法律、契约与市场》，载《吉林大学社会科学学报》1994 年第 4 期，第 28 页。

② 程汉大：《12—13 世纪英国法律制度的革命性变化》，载《世界历史》2000 年第 5 期，第 94—95 页。

③ 郭润生、刘东生：《论行政执法中法律与政策的关系》，载《法商研究》1999 年第 2 期，第 65 页。

④ 刑会强：《政策增长与法律空洞化——以经济法为例的观察》，载《法制与社会发展》2012 年第 3 期，第 128 页。

权限、规范制定方式、监管方式及沟通协调方式等问题，使得国际船舶登记法律制度在运行过程中能够减少由于层级冲突、越权立法、消极监管等事项引发的负面效果。要解决好各级立法、执法机构的权力分配和职能配置，确保国际船舶登记法律制度运行顺畅。从中央、地方以及自贸区三者之间的关系而言，需要理顺国际船舶登记法律规定的立法层级，明确登记主体适用具体法律文件的位阶，以及各级执法部门的监管权限范围。在规范自贸区国际船舶登记制度的过程中要注意区分地方人大的法律保留事项和地方政府规章的界限和各自功能。

自贸（港）区层面，“方案”专门针对自贸区的规范定位是“建立与试点要求相适应的试验区管理制度”。较为复杂的是，自贸区是一场自上而下的改革，其设计理念和推动主体是国务院为代表的中央政府机构，但具体执行和落实自贸区实践的又是地方主管当局。这就造成许多中央的方向性、整体性规划在具体执行过程中需要受到既有法律体系以及各类行政监管规定的约束，使得各地实际操作过程中的协调和监管成本变得高昂。

有观点指出，制度创新的推进还需背后助力，自贸区需要单独立法授权监管，并由地方对自贸区改革法规制定实施细则，促进制度设计创新落地。①但无论是暂时调整法律法规适用的“决定”②，还是国务院自贸区方案中关于法治建设方面的规定，均使得自贸区法治建设体现出暂时性、试点性的特点，表明自贸区尚不具备独立法治的条件和基础。③因而在中央及地方法律规范共同约束和管辖自贸区内改革和运作的框架下，国际船舶登记法律制度有必要厘清国务院、交通部、其他相关部委、各地海事局、各级政府、自贸区管委会之间的权力分界和沟通协调机制，明确国际船舶登记主要业务和辅助业务的负责机构，通过对登记机构权利义务的设定及改革，构建一个依法行政的现代执法体系。

---

① 张军：《下一步，上海自贸区需从立法层面突破》，载《上观新闻》，访问网址：https://www.shobserver.com/news/detail?id=31353，访问时间：2023 年 4 月 30 日。

② 相关内容具体参见《全国人大常委会关于授权国务院在中国（上海）自由贸易试验区暂时调整有关法律规定的行政审批的决定》《全国人大常委会关于授权国务院在中国（广东）、中国（天津）、中国（福建）自由贸易试验区以及中国（上海）自由贸易试验区扩展区域暂时调整有关法律规定的行政审批的决定》《国务院关于在自由贸易试验区暂时调整有关行政法规、国务院文件和经国务院批准的部门规章规定的决定》。

③ 刘松山：《自贸区不具有独立的法治意义及几个相关法律问题》，载《政治与法律》2014 年第 2 期，第 2—10 页。

最后，还需要调和及平衡各类社会利益，且具备简单易行的执行程序和良好的监管机制。法律的稳定性和变化性共存于立法工作和所有法律研究之中。将二者从理论到实践结合起来，就是要解决法律固化与新变化发展的协调，在体制中建立协调关系即立法、司法和执法之间的统一。①

要进一步增强国际船舶登记法律规范的透明性，促进法律规则公开化以确保公正市场秩序的建立。同时也要贯彻法律的统一化原则，在不同地区、不同市场主体、不同位阶就相同的国际船舶登记行为遵守同样的法律规范。此外，法律的制定和执行也是一个多方利益博弈的结果，即使法律制定完成，在既定法律政策的执行过程中也常常会由于利益集团的影响、合法化程度、执行信息不完备以及执行过程中的寻租行为而发生改变。②要理顺利益关系、消除法律执行障碍、建立监督机制和良好的程序运行机制并对法律运行过程中的反馈予以收集和整理以作完善之用。如此方可使得该法律制度在利益博弈之中得以实现制度的完善和社会的推动价值。

第二节　国际船舶登记法律制度的建设思维及构建路径

法治最重要的前提之一便是需要具备完整的法律制度，透过法律制度来赋予公民和行政组织以权利和权力，并对权力予以控制和约束，为社会个体创造一个公正的平台和框架，这是法治的要义。因而，所谓国际船舶登记法律制度就是通过法律规范建立起来的、有别于传统模式的新型船舶登记监管秩序。

本节探讨国际船舶登记法律制度的建设理念并分析法律政策对法律制度建设的影响，在此基础上提出国际船舶登记法律制度的模式选择，并进一步分析法律制度建设过程中的体系、框架和结构安排的设计及思考。同时亦强调需要关注国际船舶登记法律制度之中各类具体法律规范和文本之间的整体性，使得该法律制度能够有效、动态地实施和运作。

---

① 刘茂林：《论法律的稳定性和变化性原则》，载《西南师范大学学报（哲学社会科学版）》1992年第3期，第33—37页。

② 张劲松、骆勇：《政策过程的制度公正与博弈均衡》，载《理论探讨》2007年第4期，第155—158页。

一、宏观制度理念

设立国际船舶登记制度的提议及动因最初源于吸引中国外籍船舶“回归”增加中国商船队规模，一些意见认为大量船舶悬挂方便旗经营会使得船旗国无法给船舶所有人提供及时的帮助和有效的监管，也会使得中国商船队船舶数量大量流失，亟须采取措施扭转局面。①也有政协委员提案建议探索及实行国际船舶登记制度改革②，减少中资船舶船籍外移并提升中国的国际航运话语权。良好的愿景是成功的一半，从国际船舶登记制度本身的特点以及国内外国际船舶登记实践的推行状况来看，吸引本国船舶回归是“表”，建设及壮大本国的航运产业是“里”。将降低登记相关成本吸引本国船舶回归这个“表皮之下”填充进船舶运营及维持的产业及交易环境的“骨肉”，方是国际船舶登记法律制度的生命力之所在。

自贸区作为一种经济合作机制，构建过程中涉及市场准入及贸易规则的调整，影响到设立国及其周边国家和地区的经济利益。③而从各国实践来看设立国际船舶登记制度的本质是放开本国船舶登记条件及相关配套措施的限制，扩大船舶企业和船舶所有人在商业方面的共同利益。因而应当在自贸区范围内开放本国船舶及周边航运市场，打造一个利益共享的自由市场，建设国际船舶及相关海事产业的聚集地。

“只有航运要素高度聚集，国际航运中心地位才能最大程度的被世界认可……通过金融体系开放，简单、低廉、稳定的财税政策，简化航运相关企业及机构的行政审批手续，注册、保险等方面提供优惠等，营造一个高效、公平、透明的发展环境，增强其对国内、国际航运相关元素的吸引力。”④通过自由选

① 蔡涵、王文生：《我国实施国际船舶登记制度利大于弊》，载《中国水运》2006 年第 4 期，第 22—23 页。杨海涛：《国际船舶登记制度对发展国轮的正效应论析——基于法经济学的研究视角》，载《北方经贸》2015 年第 7 期，第 91—93 页。

② 如全国政协委员王路、陈雯等均就国际船舶登记制度的建设和发展提出提案和建议，详细内容可参见 http://www.sohu.com/a/299483556_99897235，http://www.sohu.com/a/300755618_487438，访问时间 2023 年 3 月 10 日。

③ 孔繁颖、李巍：《美国的自由贸易区战略与区域制度霸权》，载《当代亚太》2015 年第 2 期，第 82—110 页。

④ 殷明、高鸿丽、王学锋：《国际航运中心与国际物流中心特点比较》，载《水运管理》2008 年第 5 期，第 4—7 页。

择和竞争，市场主体、市场自由、市场竞争和资源配置之间会形成一个良性互动，亦有助于提升监管部门的间接调控能力，在增强微观主体活力的同时提升产业链水平。在具体法律制度的构建过程中，转变立法思维、调整法律结构、充实规则内容、提升政府监管能力，为市场运营提供一个良好的外部环境，激发市场活力。

国际船舶登记制度在构建自贸区国际海事船舶产业集群这一理念指导之下，应当通过登记这一行政行为调节当事人的法定权利义务，进而影响和带动权利背后的利益格局和资源配置，充分利用自贸区内优势，提高航运贸易效率。在此基础上，吸引航运高附加值项目，为航运加工、装配、船舶建造、货物流通、仓储、转口贸易、税收提供配套便利。

除此之外，还需重视中央基础法律规范同各地区特别法律规范之间的协调和配合。中央层面的《船舶登记办法》中已设有专章规范国际船舶登记制度。在地方自贸区相关法律文本中，亦有国际船舶登记方面的专门立法和规定。从立法层级而言，中央同地方法律规范在权限和内容方面势必需要有所区分，加之各地的航运政策侧重点和区域优势各不相同，这就得从宏观制度设计上处理好中央和地方立法之间的平衡问题，特别是各地方立法在国际船舶登记问题上的权限及规范问题。

二、微观法律政策

在构筑产业集群这一宏观理念的指引下，建设和完善国际船舶登记法律制度需要有具体的法律政策予以指导和规划。传统航运国家意识到应当提供有竞争力的海事产业环境以促进本国经济的发展是其推出第二船籍登记制度的原因……国家的经济状况以及船旗的质量也会明显地影响船舶所有人的选择。①国际船舶登记法律制度的设计目的及出发点也应是有限度地在特定领域内实施较为开放的船舶运营资质及市场准入政策。

目前的国际船舶登记改革主要集中在航行区域、登记条件和登记程序领域。

① Jingbo Yin, Lixian Fan, Kevin X. Li. *Second ship registry in flag choice mechanism: The implications for China in promoting a maritime cluster policy*, Transportation Research Part A Policy and Practice, January 2018, p.164.

航行区域方面已形成统一标准，即采用国际登记模式的船舶仅可航行国际航线及港澳台航线。登记条件方面进行了较大程度的改革，主要表现为对船舶所有人资本限制、船员雇佣限制的开放，部分船龄的放宽，以及对国际登记船舶入级检验国籍限制的放开①。登记程序方面事项属于目前改革措施中最为活跃以及出台举措最多的领域，各地方自贸区及登记主管机构提出和推广了改进登记管理流程及登记程序的措施，包括但不限于线上登记电子化、信息共享、简化流程、优化程序等。此外，为鼓励中资船舶回归，自 2007 年起还推出了专门针对中资航运船舶的特案免税登记政策②。从法律制度的完整度和结构完成度而言，国际船舶登记的设计、管理和运行模式尚未得到有效建立，距离较为完善的国际船舶登记法律制度仍存在差距。

通常运行良好的法律制度，其法律规定、执行和实施机构以及实施程序等各个方面均能够具备权威性和高效性。对标前述要件可以看到国际船舶登记制度在法律体系的建设方面显然仍处于起步阶段，中央层面《船舶登记办法》出于谨慎考虑对一些实质性事项并未进行明确规定，整体上国际船舶登记制度也缺乏更高层级法律的确认，从而一方面使得国际船舶登记制度的法律地位尚不明确，另一方面国家层面的牵连性法律应当如何协调适用这一问题仍存在模糊和争议。地方层面的法律规范同样显得谨慎，且中央与地方、地方性法律法规之间的权限和平衡问题也未有明确规定。

因而，国际船舶登记法律规范在立法方面的定位应当是实施开放和低成本的自贸（港）区国际船舶登记制度。在此基础上从法律规定中权利义务的设定、执行或实施机构的权力配置和运行方式以及实施程序的制度化等层面延伸建设制度框架和具体实施措施。因此，建立第二船籍登记制度及指导该制度的中心思想应当是全面放宽船舶登记实质性法律要求以及配套性规定的限制，开放标准至少应当比照临近的中国香港和新加坡等船舶登记集中区域。

具体而言，就是通过船舶登记立法一方面扩大船舶市场的开放，另一方面促使市场监管与市场结构优化升级。通过法治规范化运行，通过法律政策带动

① 详情参见海事局 2019 年 6 月 5 日发布的《关于放开自由贸易试验区国际登记船舶入级检验有关事项的公告》。

② 关于特案免税登记政策的具体分析可参见本章第四节第一目的相关内容。

经济成本调整，并辅以制度设计使得船舶及其关联市场对民营资本、海外经济开放，在此基础上建设高附加值航运价值链和人才基地，形成一个自由竞争和开放的市场环境。

为实现这一目标，国际船舶登记立法应当从登记条件出发，给予船舶及其所有人更加自由的国籍选择权利，与此同时授予附加利益和优势，减少政府对船舶国籍登记的控制，从而实现市场的平衡和经营的效率。从可持续发展的视角来看，国际船舶登记法律规定还应当进一步使用好间接的宏观调控手段，引导产业调整与发展，促进经济持续稳定增长。①即通过法律规范船舶登记制度，转变监管方式辅之以调整产业结构之思路。

此外，在现有自贸区政策和改革进程下，国际船舶登记立法还应当兼顾地方优势和中央协调之间的平衡。实施国际船舶登记制度的各大自贸港区之中，在航运改革的区域定位和具体规划层面的规定并不一致，存在差异性（参见表8.6）。

表8.6　五大自贸区航运改革规划措施对比②

	定　位	理　念	措　施
上海	国际航运中心	提升国际航运服务能级、创新跨境服务贸易管理模式	发展航运金融、国际船舶运输、国际船舶管理、国际航运经济、航运运价指数衍生品交易业务，推动中转集拼业务发展，实施中资船舶沿海捎带业务。利用中资“方便旗”船税收优惠政策促进船舶在上海登记实行国际船舶登记政策。
天津	北方国际航运融资中心	增强国际航运和口岸服务功能	开放船舶业务、发展航运金融保险、落实国际船舶登记制度相关配套政策，中方投资人持有船公司的股权比例可低于50%。充分利用现有中资“方便旗”船税收优惠政策，促进符合条件的船舶在自贸试验区落户登记。

① 王家福：《WTO与中国社会主义市场法律制度建设问题》，载《中国法学》2001年第1期，第9—10页。

② 资料来源：各自贸区实施方案、深化方案、自贸区条例及自贸区管理办法中的相关规定。

续表

	定　位	理　念	措　　施
广东	国际中转中心、华南国际航行船舶保税油供应基地	建设国际航运枢纽	港口航线合作对接、物流通关便利化、国际中转业务、国际船舶登记制度创新、第三方船舶管理市场、国际航行保税油、游轮出行便利化、海洋产业基金、航运保险社会组织。
福建	东南国际航运中心，厦门建设东南亚海事服务基地	推进互联互通	放宽外资股比限制、游轮出行便利化、国际航运服务平台、自贸区船舶登记、沿海捎带业务、多式联运业务。
海南	西部陆海新通道，现代综合交通运输体系	建立更加自由开放的航运制度	建设“中国洋浦港”船籍港。支持海南自由贸易港开展船舶登记。研究建立海南自由贸易港航运经营管理体制及海员管理制度。

各地均有建设及发展国际船舶登记制度的需求，其间势必会出现合作与竞争，为避免同质化各自贸（港）区也在寻求优势路径走差异化道路。基于求同存异及平衡中央与地方利益关系的考虑，如果将国际船舶登记法律制度中的部分立法权限配置给地方，允许其在统一的国际船舶登记法律体系之下有限度地在登记效率、监管方式、配套措施甚至是部分登记条件方面享有自主设定权，对国际船舶登记法律制度及自贸区法治建设而言未尝不是一种新的尝试。

三、立法模式

“立法模式是指一个国家制定、修改、废止法律的惯常套路、基本思维定式和具体行动序列以及由诸因素决定的法律确认的立法制度、立法规则。”①世界范围内第二船籍登记立法主要有两种模式：单行立法与统一立法模式。所谓单行法是指就国际船舶登记（或第二船籍登记）予以单独和专门立法，典型代表国家是挪威和丹麦，而统一立法模式则是在现有船舶登记法律规定之中修订加入国际船舶登记专门章节，典型代表国家是澳大利亚、德国和法国。

---

① 关保英、张淑芳：《市场经济与立法模式的转换研究》，载《法商研究》1997 年第 4 期，第 20 页。

而从法律规范的存在形式和国际船舶登记实践的发展状况来看，进行中央层级立法，并且在现有船舶登记法律规范基础上进行修订是最优解，次级选择是制定一部单独的国际船舶登记条例。一方面，中央方面较高层级的立法可以确立法律的权威和地位，降低甚至最终取代需要依靠行政政策及行政命令才具有执法积极性的情况。另一方面，就权利义务设置及立法权限而言对于涉及国际船舶登记制度框架的实质性内容，应当在较高层级进行立法。所谓较高层级，此处指以《海商法》《船舶登记条例》为代表的海商海事类专门法律、法规。

至于单行法和“国际船舶登记制度”专章规定的选择各国实践不一，但从中国的法律规范及登记实践来看，在《船舶登记条例》中设专章就国际船舶登记制度的实质性内容进行规定是比较合适的办法。一方面从各层级法律法规的立法权限而言，需要由《船舶登记条例》明确国际船舶登记制度的定位、功能以及登记相关的主要权利义务模式。另一方面我国在《船舶登记条例》中设专章规范国际船舶登记制度更加符合国情及立法实践需求。但制定单行法则具有直接、高效（不涉及法规修订的繁复流程以及法规的体系变动等问题）等优点，在亟需出台专门立法之时未尝不是一种补充思路。

此外，由于中国是单一制国家，尽管在地方立法权限和范围边界理论界及司法实践中仍然存在争议，但通常认为地方立法可以根据宪法、法律、行政法规等仅就执行性、地方性、先行性和授权性事务予以规范①，船舶登记事务属于中央层级的立法范畴。而由于国际船舶登记制度在自贸区内实施，使其显现出与一般船舶登记的不同之处。

地方性自贸（港）区立法中对国际船舶登记是有明文规定的，并且国际船舶登记属于自贸（港）区制度创新中的一项重要举措。目前各自贸（港）区地方性法律法规囿于自身立法权限的谨慎，对国际船舶登记仅进行了宣示性规定，在今后继续保留地方对于国际船舶登记事项在特定范畴内的立法权限也未尝不是一种央地分权的良好尝试。至少现阶段《船舶登记办法》的规定②亦认可了在自贸（港）区设立企业的船舶方可实施国际船舶登记这一事实。因而倘若

① 参见《地方各级人民代表大会和地方各级人民政府组织法》第60条，《立法法》第63、64、65条相关规定。

② 参见《船舶登记办法》第67、68条。

允许地方自贸（港）区在其立法权限范围内对国际船舶登记法律规范的具体执行和落实事项进行规范也许是调动地方自贸（港）区建设积极性和激发国际船舶登记制度发展动力的一个尝试。

在这个过程中，需要明确地方国际船舶登记专属立法权的范围及可规范事项。各自贸区“实施方案”也指出，“要通过地方立法，建立与试点要求相适应的试验区管理制度”。因而地方可尝试在立法权限范围内对本地自由贸易（港）区内国际船舶登记制度的实施和登记的具体执行方式等问题予以规范。自贸区“条例”可就国际船舶登记实施事项进行具体规定，而自贸区“管理办法”则可就自贸（港）区内国际船舶登记制度的具体执行、管理以及协调等事项作进一步专门性规定。

2021 年 6 月 1 日，《海南自由贸易港国际船舶条例》由海南省人大常委会审议通过，并自该年 9 月 1 日正式实施。该条例正是一次地方国际船舶立法尝试，内容涉及航区、登记条件、检验、登记文件、注销变更、船员、营运监管、税费等实质性条件。给自贸（港）区国际船舶登记立法树立了一个实例。

四、法律体系、结构和内容安排

法律规范之间必然会形成一定的法律体系，而法律体系的各个部分之间的积极关联性使得其需要具备连贯性。这就意味着法律体系的内部规范之间需要相互支持且发生冲突时能够形成有序关系。[①]由于新旧法律规范交叠以及上下层级立法尚不明确等问题，目前构建一个理想的国际船舶登记法律制度所需要的法律体系、具体结构以及内容的安排等方面的机理和“血肉”并不明确，因而在制定法律规则或修订法律的过程中需理顺国际船舶登记法律体系的内部关系，在各个法律规范之间实现一致性和连续性。

法律体系从构成而言主要涉及两个方面的问题：一是法律规范的范围，二是法律规范的分类。[②]前者需要明确法律规范的主要种类及构成，后者需要组织并建立起各类法律规范之间的联系。因此，国际船舶登记法律体系的构建需要

---

① 雷磊：《融贯性与法律体系的建构》，载《法学家》2012 年第 2 期，第 1—16 页。

② 张志铭：《转型中国的法律体系建构》，载《中国法学》2009 年第 2 期，第 140—149 页。

明确《船舶登记条例》《船舶登记办法》《船舶登记工作规程》三大主要法律规范及其他附属文件中的规范权限、规范内容以及制度安排的问题。并且，国际船舶登记法律制度的构建也需要遵循立法规划的基本原则，突出重点、制定法律与修改法律并重，建立开放型船舶登记法律体系。从法律实效言之，国际船舶登记法律制度还需要与航运社会现实相互呼应，反映并解决目前航运企业、监管部门以及整个行业的突出问题。

理顺国际船舶登记法律体系还需审视形成改变当下法律体系合理性欠缺、管理体制不完善以及行政法规科学性有待提高的局面，解决目前航运行政管理过程中面临的诸多有待完善之处。例如，部门规章设定行政许可问题实践中多有争议，《立法法》和《行政许可法》并未授予部门规章行政许可设定权。《船舶登记办法》现有第八章内容由于尚未有法规授权而显得有超越规定之嫌，根据《立法法》第 80 条第 2 款之规定在其上位法律规范无具体依据时规章不得设定减损公民权利、增加公民义务，亦不得增加部门权利或减少部门义务。关于规章权限范畴，有观点指出立法法规定的规章权限决定了部门规章仅具有执行法律法规决定命令的功能，不具有行政许可设定权①，《船舶登记办法》中关于国际船舶登记实体性、程序性权利以及登记机关权力的相关条文则处于上位法无对应规定的设定灰色地带。

地方自贸（港）区国际船舶登记法律规范立法还需要明确地方法律规范的制定内容和权限。应当遵循的原则之一是属于《立法法》第 8 条规定的法律保留事项时，地方性法律法规不应当予以规范。但自贸（港）区立法条件不成熟时可以由地方先行规范，中央制定统一立法后地方规定即当废止。原则之二是随着立法技术和实践发展的成熟，地方立法应当限制在本地特殊性之中，属于“法律、行政法规以及有关授权明确应当制定地方性法规的事项，性质关联事项和主体关联事项，重要事项和意定事项。”②

---

① 沈福俊：《部门规章为什么没有行政许可设定权——部门规章功能分析》，载《政治与法律》2005 年第 6 期，第 74—77 页。

② 程庆栋：《新〈立法法〉视野下我国地方立法权的横向配置》，载《河南财经政法大学学报》2018 年第 1 期，第 58—60 页。

从地方立法实践来看，《海南自由贸易港船舶登记条例》采取了地方立法模式来解决国际船舶登记实质性规定落地的问题，从条例的内容来看属于是针对海南国际登记船舶的专门立法，但由于立法权限的限制，可以看到在制度设计和规则构建上显得较为克制。对于该条例处理前述相关问题的方案及效果还有待后续实践的进一步观察。

五、法律规范的衔接和平衡

除内部的体系、框架、结构和内容需要理顺和厘清之外，船舶登记法律规范同其他法律规范的外部关系同样需要协调和平衡。法律的系统性不仅体现在法律、制度和效力等级的协调，更包含法律与政策、原则以及制度之间的协调①。因而有必要讨论一下国际船舶登记法律规范同其他有交集的法律规范在适用过程中的衔接和调整问题。

首先，国际船舶登记法律规范同一般船舶登记法律规范之间的关系。对于在自贸（港）区内实施的国际船舶登记由中央的法律、法规、规章、规范性文件中的专门规定进行规范，地方法律规范在其区域内有特别规定的在法定权限范围内可适用地方规范。但这并不意味着一般船舶登记法律规范在自贸（港）区内不具有效力，除国际船舶登记章节中的特别规定之外船舶登记涉及的其他剩余事项仍然需要遵守一般船舶登记法律规定，后者具有普适性。

其次，国际船舶登记法律规范需要同两类其他法律规范发生联系。其一是航运领域与船舶登记紧密关联的法律规范。如船舶检验、船舶安全管理、竞争监管、船龄、海上及内河交通运输等方面的法律、法规、规章及规范性文件等。其二是与船舶登记具有牵连性质的其他民商事、行政领域法律规范。如船舶企业设立及运营、贸易、金融、保险、税收、海关、环保、纠纷解决、法律适用等领域涉及的法律规范。

在制定国际船舶登记法律规范的过程中，各层级具体规定不仅需要同本领域内的上位法保持一致，也需要注意不同其他相关联的上位法律法规冲突，使

① 孙莉：《从法的内外部体系论矿产资源法律体系的完善》，载《华北电力大学学报（社会科学版）》2010 年第 4 期，第 11—14 页。

得法律条文与条文之间不要出现矛盾，从体系上处理好各个法律相应条文之间的关系。特别是要注意下位法在制定以及实施过程中需严格限制，不对上位法中的规定作扩张性解释。

最后，与同层级外部牵连性法律规定作好对接。国际船舶登记属于自贸（港）区改革创新的重要举措之一，作为适用于特定行政区划的法律制度离不开同外部环境及其他法律规定的协调。法律制度的协调既包括立法的协调，也包括执法以及司法的协调，而立法的协调作为起点和保障是建立国际船舶法律制度和法律法规体系的基础。由于自贸（港）区法治建设过程中，中央层面和地方层面的法律法规均在该区划内发生作用，自贸（港）区法律及其实施主体均由众多数量构成，因而国际船舶登记同其他法律制度的统一需要依靠协调机制的建立来实现。

总体而言，衔接和平衡国际船舶登记法律规范同其他同属性或具有牵连属性的法律规范之间的关系，能够从外部层面促进国际船舶登记法律制度的健全和完善并向以下方向迈进：在立法目标方面，尝试建立制度化、规范化、法定化的开放型船舶登记法律规范。在国际船舶登记的构成方面，配合自贸（港）区及航运法律政策合理设置登记资格、登记方式、登记内容、登记程序以及登记机构等具体法律要素，并在此基础上构建起有效的权利义务体系。通过立法、执法乃至司法的配合和建设，使得国际船舶登记法律制度能够为更加高效、开放的船舶登记模式提供法律助力，并进一步促进及带动航运业的发展。

第三节　国际船舶登记法律制度内部规范的完善

运作中的法律制度是一个结构、实体和文化相互作用的复杂有机体①，这个有机体的组成部分形成法律要素并影响人们的行为。透过法律制度，资源、资料和关系在社会中得以分配。因而，特定模式的法律制度事实上仍然是一种

① 劳伦斯·M.弗里德曼：《法律制度：从社会科学角度观察》，中国政法大学出版社 1994 年版，第 18 页。

社会关系的分配方式，其具体的制度构成均是达成此类分配的决定和方式。国际船舶登记法律制度的构成同样如此，本质上是法律对围绕船舶所形成的社会关系的选择和固定。这些具体的组成部分（或称之为法律要素）影响着船舶登记利益相关者的行为和资源的分配。

本节讨论国际船舶登记法律制度的内部法律规范（法律要素），包括国际船舶登记需要遵守的实体规定、程序流程以及登记机构的职权职能等指导登记申请人、登记机构及其他相关当事人行为的权利义务设置规则。分析中国的国际船舶登记法律制度涉及的运行及实施问题，包括：第一，国际船舶登记条件的设定，其中涉及市场和企业设立的开放度问题；第二，实现船员劳务市场的自由化与国际登记船舶的劳动法律规制问题；第三，进行国际登记船舶的运营限制和航区问题；第四，自贸区国际船舶登记同一般登记模式相比在程序上的区别和创新问题；第五，登记机构进行国际船舶登记的职权和权力设置问题。

一、国际船舶登记法律规范中实体权利义务条件的设定

现阶段中央明确出台关涉国际船舶登记制度的法律规范是《船舶登记办法》（以下简称“办法”），办法第八章“自由贸易试验区国际船舶登记的特别规定”以部门规章的形式在法律层面确认了国际船舶登记制度，但或许是囿于权限该规章并未就国际船舶登记条件作明确要求，仅指向在自贸区设立的企业所有的船舶。各自贸（港）区提出和报批的各类试点方案①是指导各地实施国际船舶登记制度的具体行政政策性文件。从现有自贸（港）区国际船舶登记方案及涉及国际船舶登记的相应法律规范来看，目前中国在自贸区国际船舶登记实体权利义务方面主要作了如下规定（参见表8.7）：

① 可参见交通运输部《关于天津东疆保税港区国际船舶登记制度创新试点方案的复函》《中国（上海）自由贸易试验区国际船舶登记制度试点方案》《深圳前海深港现代服务业合作区船舶注册制度创新研究及试点方案》《中国（福建）自由贸易试验区管理办法》等。海南较为特殊，由于中央层面直接制定了《海南自由贸易港法》，所以地方层面制定了《海南自由贸易港国际船舶条例》来规定登记法律规范中的实体权利义务关系。

表 8.7　现阶段自贸区国际船舶登记涉及实体规范主要内容

	具 体 要 求
登记条件	1 600 总吨以上机动推进的货船、不定期客船、钻井平台及其他移动式装置，排除国际航行的定期客船，或设立在自贸区内企业的船舶（放宽外资比例限制）。
	船龄：比《老旧运输船舶管理规定》放宽两年；海南条例规定超出国家规定的进口船舶船龄限制的国际船舶，经国务院交通运输主管部门同意，并经授权的船舶检验机构检验合格后，可以申请办理国际船舶登记。
船员劳务	无国籍限制。
运营限制	实施区域：自贸区。
	航行区域：国际航行和作业，特殊情况特殊船舶报交通部批准后可在国内水域施工作业。
其　　他	允许中资公司拥有或控股拥有的非五星旗船，试点开展外贸集装箱在国内沿海港口和自贸试验区内港口之间的沿海捎带业务；广东方案和福建方案还允许在两个自由贸易区登记的邮轮开展两岸四地及其他国内运输。

就前述要求和规定可知，国际船舶登记制度的设置目的在于改变一般船舶登记中的登记条件和船舶悬挂中国船旗的严格限制，是对中国船舶和航运市场的一种开放性尝试。尽管建立动机是为了吸引本国资本控制的船舶回归悬挂中国旗，但客观上也促进了航运市场的开放、放松了对外资的监管。因而，将之定义为自贸（港）区内宽松开放的船舶国籍登记模式并不为过。自 2013 年实施该项改革举措至今，正面和负面的意见均存在①。而从各类改革举措来看，各自贸（港）区对推进国际船舶登记制度抱持着一定热情，但改革似乎进入了一个平台期，已经作了充分开放，但如何深化和推进则并不明确。应当说截至目前国际船舶登记制度突破了登记条件的严格限制，船员劳务限制在全国范围内全方位打开，航区限制也属于多数采用国际船舶登记国家的选择②。船舶登记准入方面的改革和开放力度已然较为充分，船舶管理安全性方面需要考虑到国家安全和义务问题，因而改革的下半程并没有那么简单。

① 关于国际船舶登记制度实施效果的讨论可参见本章第一节相关内容。

② 远洋运输涉及船舶吨位大、数量多，本国沿海航运保护也属国家安全考虑的题中之义，且大多数出籍船舶均为远洋船舶，因而限制航区并不是影响实施效果的原因。

需要强调的几个数据是：其一，世界十大船东国家（或地区）之中，中国排名第二且悬挂本国籍船旗的船舶比率较高①，尽管近年来出籍船舶有增加趋势但总登记吨在逐年增长。其二，根据 2022 年数据，中国同本国船舶的联系度系数排名世界第一。其三，世界前十大船舶登记地区中国排名第六，前五名分别是巴拿马、利比里亚、马绍尔群岛、中国香港、新加坡，后四名是马耳他、巴哈马、希腊和日本。其四，前十大船东国家中发达国家（或地区）占绝大多数，前十大船舶登记地中发展中国家较多。②数据至少反映了以下一些信息：随着发达国家船队规模和船舶吨位的增长，船舶出籍率呈增高趋势；发达国家的出籍船舶具有大吨位、远距离运输的特点，出籍国家则往往是特定地域、与发达国家具有特定联系的发展中国家（或地区）；中国的船舶出籍率与同等水平运力的其他国家相比并不算高，相对而言中国商船队的运力总吨位占比也处于较靠前位置；发达船东国希腊、日本等的出籍率达到 80%以上，但其登记总吨位仍能够进入到登记地名单之中的第九位和第十位。

因而，建设自贸（港）区国际船舶登记法律制度及其具体权利义务规范首先需要看到两个层面的问题。一方面，世界范围内航运实力较强国家的船舶选择出籍已经成为一种“潮流”和趋势，可以预见的是，随着航运贸易和海运实力的发展中国也会有越来越多的船舶选择出籍登记。另一方面，世界范围内实际控制船舶的船东同船舶登记地的国籍并不一致的状况越来越普遍，作为一种经营策略中国的船舶企业和所有人选择出籍经营船舶也会成为一种常态。基于前述认识，可以认为尽管船舶出籍可能会给国家的商船队经营和航运业的发展带来一些负面影响，但它的存在对国家或船舶企业而言同样也具有正面意义。

应当接受一部分中国资本船舶从市场竞争和全球运营的角度考虑会选择出籍。在此基础之上，自贸（港）区国际船舶登记制度则提供的是一种区别于中国境内一般船舶登记制度的额外选择。它吸引的“客户”是希望选择登记为中国籍但又感到一般登记成本较高，以及期望通过国际船舶登记进入中国远洋运输市场的船舶。因而，提升自贸（港）区国际船舶登记区别于普通中国籍船舶

① 根据 2022 年 UNCTAD 统计数据，中国（排除中国香港地区）自有船舶比率达到 40.81%。

② 具体数据统计和排名可参照 UNCTAD2022 Statistics。

和方便旗船舶的独特优势应当是该制度后续改革和完善的重点。

国际船舶登记区别于普通中国籍船舶和方便旗船舶的优势在于其既不像前者一样具有严格的条件限制又不是方便旗船舶，虽不设限但缺乏对船舶的监管，还可以享受一定的船籍便利。

劳动力市场方面经修订的《船舶登记条例》已经全面放宽了中国籍船舶雇佣外籍船员的限制。这使得登记成为中国籍船舶可以按照船员国籍国的薪资标准雇佣外国船员的条件，开放船员雇佣市场的同时也侧面反映出自贸（港）区国际船舶船员市场供需关系的变化。消除劳动力市场壁垒并不意味着对国际船舶的劳动市场规制改革已经完善，船员雇佣的许多细节性问题仍然需要在后续立法中予以完善并进一步明确若干规定。例如国际登记船舶的劳动法律适用，自贸（港）区内登记的船舶如果雇佣外国籍船员，是适用登记地的劳动规制法还是船员国籍国的劳动规制法，船员同船舶所有人之间的劳动合同是不是可以协商适用较低标准的劳动规制法律规范，一些涉及薪资待遇、劳动时间、船舶安全、工作条件等有悖于中国法或国际公约相关强制性规定的事项应当如何解决法律适用问题等。

此外，现阶段的规章、海南地方立法及政策①将进行国际登记的船舶航行区域限制在国际航线及港澳台航线，也就是说此类船舶是不可以经营国内航线的。观察其他实施国际船舶登记制度的国家或地区立法，或许出于沿海经营权及安全的考虑大多数均作出了航区限制规定，因而类似规定属于各国就管辖权作出的惯常规制并无不妥。

显然国际船舶登记制度旨在降低登记带来的显性和隐性成本，更重要的是需要保证中国籍登记船舶的优质属性，从而实现优化中国商船队结构的目标。为了降低运营成本，许多远洋船舶选择到方便旗国家或登记成本低的国家（或地区）进行登记，其中不乏许多新造船、大吨位船、特种船。法律规定在设定国际船舶登记制度时可以针对特定船型、特定船龄以及特定船队规模的船舶出台不同的优惠或支持举措，在此基础上设定中国籍船员船上工作的支持计划，以吸引期望进入中国市场接受中国船旗品质的优质远洋船舶（无论外资或内资）

① 参见《船舶登记办法》第67条、天津及上海自贸区国际船舶登记实施方案相关内容。

登记至自贸（港）区之下。在限制国际登记船舶运营区域的同时，还需要结合劳动力和商船市场的共同作用，以扩大国际船舶登记制度的影响力和实施效果。

对 2018① 年中国商船队市场配比分析后可发现，一方面，中国商船队登记数量达到 9 309 艘，占世界份额的 7.1%，而总吨位达到 114 952 000 吨，占世界市场份额的 5.2%，排名第六，与上一年相比上升了 6%。另一方面，从船型来看中国各类船型船价排名依次为干散货 34%、海工船 18%、油轮 12%、客轮 11.5%、杂货船 6.45%、集装箱船 6.35%、其他类型 5.7%、化学品船 3.85%，以及液化气船 2.15%。其他各国由于各自市场份额以及优势船型的不同而有所差异，如英国的集装箱船 22%、海工船 28% 和客船 26% 占比较大，美国则是海工船 43%、客轮 19% 和油轮 15%，希腊前三位的是油轮 46%、液化气船 23% 和干散货船 21%，日本则是干散货船 24%、客轮 19% 和油轮 16%。整体上世界的平均数据为干散货 22%、海工船 20%、油轮 15%、客轮 11%、杂货船 5%、集装箱船 11%、其他类型 3%、化学品船 4%，以及液化气船 9%。②从这些数据来看，中国商船队在海工船、油轮、集装箱船、化学品船的配比方面仍有可优化的空间。

再选取两组数据进行观察，这两组数据分别来自挪威的一般船舶登记 NOR 与挪威国际船舶登记 NIR、英国船舶登记 UK 与马恩岛船舶登记 MAN，各自代表了变革登记的两种模式（国际船舶登记和本土离岸合作登记）。对比相关数据（参见表 8.8）可以看到，传统登记制度（NOR 和 UK）中排名靠前的是海工船、客轮和集装箱船（英国），NIR 和 MAN 排名靠前的则是海工船、液化气船、干散货船和油轮。尽管在各个国家或地区可能因具体国情和市场的不同而使得船型的配比会存在差异，如丹麦国际船舶登记船型中排名靠前的是集装箱船、油轮和液化气船，但整体而言两组传统登记船舶与进行第二船籍登记的船舶结构呈现出一个自然分流的状态。海工船在不同登记模式下均占比较大，说明该船型的市场需求，承担货物运输的船舶大多分流到第二船籍名下，液化气船在第

---

① 疫情后几年的细分数据 UNCTAD 未再公布，尽管疫情期间船舶数量和比例尺会有变化，但整体的结构和分布趋势差别不大，因而此处以疫情之前 2018 年数据为依据分析各国的商船队规模和分布。

② 数据来源：UNCTAD world fleet statistics。

二船籍登记较多，同时也显示了该船型的市场潜力和储备需求，而客轮和集装箱船则在一般船舶登记模式下占据了较大份额。因而，中国国际船舶登记法律规范可以考虑将海工船、油轮、集装箱船，以及液化气和化学品船、清洁能源船等具有战略意义及新兴发展前景的船舶，作为中国的国际船舶登记制度重点吸引和扶持的船型，也是辅助调整中国商船队结构和配比的关键。

表 8.8　2018 年登记船舶价值类型占比分布①

	干散货	海工船	油轮	客轮	杂货船	集装箱	其他类型	化学品船	液化气船
NOR	1%	73%	3%	18%	2%	—	0.02%	2%	0.98%
NIR	15%	26%	13%	5%	2%	—	10%	8%	21%
UK	4%	28%	3%	26%	7%	22%	3%	4%	3%
MAN	22%	27.7%	21.9%	0.2%	2.2%	2.2%	0.1%	2.7%	21%

另外，船队结构中的另一个重要要素船龄的细节规划对于国际船舶登记法律制度实效的发挥同样重要。放宽船龄的基础上再根据不同船型针对船龄设置不同激励机制，也是调整船队结构的一个可尝试方法。以 2022 年世界不同船型商船队的船龄分布来看，油轮的平均船龄约为 19.7 年，干散货轮约 11.1 年，杂货船约为 27.1 年，集装箱船约为 13.7 年，所有船舶加在一起的平均船龄为 21.9 年。②运力供应与疫情的影响使得商船船龄较上年更加老旧，2023 年仍在延续这一趋势。放宽船龄可以利于船公司通过购买二手船来扩张运力，但商船队的船龄仍需要维持在一个比较合理的区段内。据此，为推进船队结构优化。可在国际船舶登记法律中设置船龄及税费、激励等配套机制对需要发展的特定船型且船龄较新的船舶规定一定额度的登记实质性优惠性举措。例如针对较新船龄的干散货船可以在税费及入籍船舶数量上给予更多激励。

船级准入的开放问题。2017 年《国务院关于在自由贸易试验区暂时调整有关行政法规、国务院文件和经国务院批准的部门规章规定的决定》暂停实施了《船舶和海上设施检验条例》第 13 条中必须由中国船级社实施入级检验的规定，

① 数据来源：联合国贸发会（UNCTAD）《海运综述》（RMT）。

② 数据来源：UNCTAD world fleet statistics。

同时给船级准入市场开放定了一个基调“基于对等原则逐步开放”“由国务院交通运输主管部门制定相关管理办法”。海南自贸港条例中则规定“由省人民政府制定，经国务院交通运输主管部门同意后实施。”①天津自贸区深化方案则“逐步开放中国籍国际航行船舶入级检验”。在这个指导思想下，通过法律规定以官方认证一系列 IACS②成员船级社的形式在保证船舶安全和质量的同时实施船级准入开放，也是提升国际船舶登记便利度的手段之一。对于已经入级的船舶登记至自贸（港）区国际登记名下不用再次更换船级，新造船和二手船均可以在自由贸易区进行登记，而船舶的质量通过船级社检验监测即可。

此外，实体性权利义务规范中还涉及一个法律适用的问题，即国际船舶登记与一般登记在法律适用上的差异。一般法律规范能否适用于进行国际登记的船舶，哪些法律法规排除适用，尽管全国人大和国务院出台了多个暂停实施文件③，自贸（港）区内适用的特别法律规范等问题目前立法层面尚未有明确答案，同样是一个未来需要明确的问题。

二、登记程序和登记管理流程的建设与维护

一直以来，法学界都在呼吁重视法律制度的程序建设问题。中国的变革模式向来以国家主导自上而下推行，因而程序合理性和程序正义是限制行政裁量权、维持法的稳定性以及制度化的重要基石。公正的程序能够在相当程度上强化法律的社会化效果。④一些社会治理过程中较为复杂的难题或重大变革事项均可以通过程序去化解或实现。并且，相较于政策而言立法更加顾及程序，需要协调公权力部门之间、官民之间的互动和沟通，耗用时间更长但公开性民主性程度较高。⑤

---

① 《海南自由贸易港国际船舶条例》第 7 条。

② The International Association of Classification Societies 国际船级社协会。

③ 《全国人民代表大会常务委员会关于授权国务院在中国（广东）自由贸易试验区、中国（天津）自由贸易试验区、中国（福建）自由贸易试验区以及中国（上海）自由贸易试验区扩展区域暂时调整有关法律规定的行政审批的决定》《国务院关于在自由贸易试验区暂时调整有关行政法规、国务院文件和经国务院批准的部门规章规定的决定》（国发〔2017〕57 号）《国务院关于在中国（海南）自由贸易试验区暂时调整实施有关行政法规规定的通知》（国函〔2020〕88 号）。

④ 季卫东：《法律程序的意义——对中国法制建设的另一种思考》，载《中国社会科学》1993 年第 1 期，第 84—88 页。

⑤ 许章润：《从政策博弈到立法博弈——关于当代中国立法民主化进程的省察》，载《政治与法律》2008 年第 3 期，第 4 页。

船舶登记程序性事项对登记的顺畅运行以及登记主体的入籍选择同样会产生重要影响。繁杂、缓慢的登记程序和办理流程会损害船舶登记法律制度的实施效果，重复、多次的材料递交和登记审查也会使得登记申请人疲于应对、损耗时间。航运界和行政监管机构也意识到程序冗杂对行政管理和当事人利益带来的双重不利，呼吁对船舶登记程序进行改革。①2007年出台的中资国际航运船舶特案免税登记政策在执行的过程中便出现审批部门众多、流程复杂、手续烦琐、时间冗长、费用杂多等问题，使得审批事项没有明确的办结时限，导致船舶停航时间长。并且该政策对特案免税船舶采用二手进口船舶检验程序，使得船检程序复杂、时间长、费用贵，暴露了部门间信息沟通不畅、检验项目设置不科学等方面的问题。②这些问题凸显了船舶登记程序不畅给实体权利带来的阻碍，也给国际船舶登记法律制度的程序建设提供了借鉴经验。

现阶段在自贸（港）区国际船舶登记制度建设过程中，船舶登记程序以及登记管理流程是目前各地试点方案以及中央和地方的具体立法之中着墨较多且集中推进的一个改革着力点。各自贸（港）区均授权海事局优化、完善船舶登记程序及配套流程，提高船舶登记效率。《船舶登记办法》也提出了诸如分支机构就近选择登记地、船舶登记申请电子化、简化办理条件、优化办理程序、缩短办理时间、建立信息共享机制、统一办证、精简文书材料等具体改革办法。实践中，上海、天津、广东、福建、海南也采取了设立自贸区专门登记机构、单一窗口、先照后证、简化审批材料、证书并联办理、预先审查等举措积极开展了一系列的程序性改革。

自贸（港）区从法律规定到实践的改革无疑会大大提升船舶登记效率、简化船舶登记流程，但要从根本上完善国际船舶登记程序，后续还应当进一步整合登记流程、提高登记效率，并通过法律规范固定、优化登记程序改革。其中需重点关注登记管理流程的建设问题，船舶登记程序改革的实质是对登记这种行政行为的程序规则进行改变，因而改革的核心关注点是船舶登记程序的流畅

① 黄丽俊：《船舶过户登记的改革建议》，载《中国航海协会2006年度学术交流会优秀论文集专刊》，第96—98页。吕宏均：《自贸区条件下船舶登记工作浅析》，载《武汉交通职业学院学报》2014年第4期，第6—8页。邢丹：《中国船舶登记制度之变》，载《中国船检》2013年第11期，第19—22页。

② 徐敏霞：《“特案免税登记”政策优化建议》，载《水运管理》2010年第9期，第13—17页。

性、登记申请人以及登记主管部门角色和职能的分配和改制等问题。与此同时，程序性改革不仅仅需要聚焦于船舶登记本身，还应当关注那些同船舶登记具有牵连性的船舶管理事项，如船舶检验、船舶进出口、税收征缴、海关监管，这些前置或后置条件与船舶登记一道构成了整个登记流程链条。一个环节的运行不畅会对后续环节造成影响。

因而，建设和完善国际船舶登记程序规范是一个综合性、系统性的工程，既要关注船舶登记程序规则的优化也要关注登记链条上下端系统的顺利运行，通过合理的程序使得登记的可预测性增强。据此，一方面在《船舶登记条例》《船舶登记办法》《船舶登记规程》等法律规范中涉及国际船舶登记制度的部分简化各流程内部以及流程之间的登记监管模式，提高工作效率，减少船舶停运和船东损失。另一方面，对于登记到自贸区名下的船舶提高其在报关、缴税、检验检疫等环节的申办效率，科学设置监管项目。具体而言，充分利用自贸区改革的优势，借联合办公、“单一窗口”“一站式受理”“预先审查”等举措之便制定精简的登记审核规则和实施规范，优化国际船舶登记流程。

第一，在整个登记体系中继续大力推进和执行电子化行政，实现部门和部门之间、区域和区域之间的联网合并办公和信息共享，提高登记效率，给登记工作人员减负，并减少登记申请人多次办理、重复申请和路途往返消耗等情形。在条件允许的情况下，逐步推行电子申请和审核制度，建设电子登记平台或在海事电子大平台中接入登记业务，可借鉴电子签证模式对符合特定条件（如中国所有人、权属清晰、实施船厂信贷、小型船舶、光租船舶等）的船舶实行电子核验登记，对一些需要重点安全审核的船舶实施现场确认模式。

第二，在申请阶段精简材料文书的项目、内容、递交次数和递交方式，实现一次递交、并联办理和联网查询，可先接收电子材料或电子化材料（如 PDF、照片等）预审再于证书制作颁发当日核实原件，保留必要审查时间的基础上缩短制作程序和流程，给申请人提供便利。2022 年海南自贸港推出船舶证书“九证合一”制度创新，精简办证流程和材料以及网络和数据运用的尝试优化了业务流程，提高了登记效率。

第三，完善登记机关的审核流程。根据《船舶登记工作规程》第 31—32 条及第 35—41 条相关规定，除（临时）船舶国籍、船舶登记证书换发和补发，登记审查一般需要经过初审、复审和审批三个阶段。其中初审人员就材料、申请书的合法性和信息录入是否符合进行审查，复审人员对申请书、审批单的一致性以及初审合法性进行审查，审批人员审查初审意见、复审意见及相关材料后填写处理意见退回初审人员。从便利性和效率性考虑，建议可以将审核分为两类，对于初审及复审均同意的除特殊情况需报批外可两个阶段结束，对于初审与复审意见不一致的除初审有行政执法不合法的行为外可再报审批，压缩审核时间提高登记效率。

第四，提升登记效率。根据《船舶登记条例》规定，一般船舶登记需在7天之内办理完结，但这个时限同一些方便旗国家甚至临近的新加坡、中国香港地区当天办结相比较仍然相对用时较长。因而自贸区国际船舶登记制度要在执行程序方向有所突破，最终指标性数据仍然是登记时长。因而最大限度地提升登记时长是突破点之一。各地对于此项时间的改革推进效果也较为显著，上海自贸区临港新片区规定登记机关自受理之日起2个工作日内办结登记手续、海南自贸港国际船舶登记时限由7天缩短至1天。

第五，对于中国登记机构办理的船舶登记需要办理国籍或船籍港变更登记的，可由原登记机构和现登记机构通过联网和内部沟通模式确认，特别是涉及国籍登记和所有权登记、抵押权登记需要换船籍港、买卖或抵押等事项时，减少申请人到两个船籍港办理业务带来的奔波。

第六，充分贯彻登记上下游业务一站式受理模式，与船舶登记相关的许可、检验、检疫、海关、税务等事务的主管机构联合办理，实现单一窗口递交材料后行政监管机构内部建立起良好的沟通协调机制和系统化办公制度，减少环节与环节之间的衔接不畅。关于“一站式”服务，值得借鉴他国做法，如法国的国际船舶登记机构已经为航运公司及其代理商提供关于船舶国籍、船舶管理以及船员方面的任何交易或问题的“一站式”接触地，将涉及前述问题的海关和海事行政部门汇集在一个单一的办公室，便于航运公司管理其船舶登记手续以及国籍手续。此外，通过电子系统使申请当事人可以实时查询和知悉办理流程和处理阶段，及时获悉相关通知的同时也能够为申请人节省时间。出台具体规定落实船舶相关证书的“统一接收、统筹办理和统一发证”①制度。在行政执法

① 《船舶登记办法》第71条。

实际工作中，落实《海事政务服务指南》《海事政务办理服务规范》的相关规定，提高行政服务意识，贯彻“只进一扇门”“最多跑一次”的政务办理要求，将高效、便捷作为行政执法的标准和理念。

三、登记机构

目前国际船舶登记的实施和监管机构多是各地海事局在自贸（港）区内的派出机构或分局，且多地设立了自贸（港）区国际船舶登记中心。对于海事局分管国际船舶登记事务的机构或部门，有必要通过法律规范明确其职权范围。由于自贸（港）区管理体制的特殊性，使得船舶登记主管机关在执行船舶监管的过程中既需要根据直属机构的安排规范执行登记工作，又需要同其他直属机构以及自贸（港）区所在政府及其下属机构配合，因而对于联合办公中国际船舶登记机构的法定职权予以明确有利于其工作的开展和职责的展开。

另外完善行政机构法定职权也是依法执政的内在要求。监管机构通常主动执行其权力，但如果法律制度中的相关规则具体，法律行为主体、客体和内涵确定，使得监管机构只能在法律范围内执行具体职能，这就是对监管机构自由裁量权的限制。①现阶段自贸（港）区内船舶登记机构的职权范围，与其上级主管部门、地方相关政府机构以及自贸（港）区管委会之间的关系，是否可以处理一般船舶登记事宜，自贸（港）区政务大厅其他机构联合办公的合作机制等等事项有必要在后续法律制度完善过程中逐步规范和固定下来。另外，以法律明确执法机构的权责范围及其行为规范和程序性事项，也可以避免地方执法机关需要依靠中央或领导批示才能够主动执法。并且还应当加强船舶登记主管机关行政管理服务化理念并在实践中得到切实贯彻落实。实际上《船舶登记办法》出台后，对自贸（港）区船舶登记提出了一些原则要求，主张登记机构进行国际船舶登记时应当：其一，便民。提供网上申请预登记，申请人可在网上申请领取证书时再到登记机关现场确认材料。其二，服务。对船舶登记采取海事“一站式”办理以及内部材料免予提交的规定。其三，简化。办证机构简化业务办理条件、优化办理程序、

---

① 席涛：《产业政策、市场机制与法律执行》，载《政法论坛（中国政法大学学报）》2018 年第 1 期，第 61 页。

缩短办理时间，建立信息共享机制，免于申请人提交信息共享可以获得的材料。[①]这些原则的落实一方面有赖于监管观念转变，另一方面也需要监管体制的保障。

特别是登记机构行使职权的独立性应当受到程序的保护（程序既要保障当事人的权利也要保障主管机构的权利）。登记监管法律规则需要对行政机关的自由裁量权进行控制，行政权本身所具备的特点使其存在被滥用的可能。但行政裁量权的存在也是有其合理性的，社会问题的纷繁复杂和法律的时限性使得法律必须为行政权力设置自由裁量空间，以弥补法律的僵化性和高效地处理社会监管事务[②]。因而尽管行政裁量应当受到约束，但在具体个案之中行政机构的裁量也需要留有余地，不能过于僵化和死板。可是问题在于，裁量权必须由法律授予行政机关行使，且必须由其独立行使，不受外界因素干扰、诱导或胁迫。而实践中某些行政机关采取的责任追究制又使得基层或下级行政机关需要通过请示、汇报等方式减少工作失误，一些批报程序改革甚至合法化了这种风气[③]。所以在立法、司法和执法进程中，应当注意到对行政裁量权的过度约束可能会对登记负责机构产生负面效应从而影响到登记的实施效果。在面临具体而复杂的现实情境时，一方面需要通过法定规则约束登记机构的登记权限，另一方面也要赋予登记机构一定程度的自主裁量权。如此方有利于真正释放登记人员的积极性，并自内而外地树立便民高效的行政原则。

此外，还应当重视行政机关内部的法律机制建设以及运行规则的建立，结合登记行为范围和标准的设定，在裁量标准上进行细化并注意内部职权设置上的科学配置，结合程序公正以及权力运行公开监督等办法[④]使权力受到控制的同时也使登记执行机构保有一定程度的自主裁量权。

第四节　国际船舶登记法律制度外部配套措施的推进

经济学理论认为，制度变迁的最终走向（无论是制度再制还是制度解体）

① 具体规定参见《中华人民共和国船舶登记办法》第69—72条。

② 廖秋子：《行政自由裁量权的存在悖论与规范理路》，载《东南学术》2010年第2期，第132—139页。

③ 余凌云：《论对行政裁量不适当拘束的司法反应》，载《法学家》2003年第2期，第28页。

④ 陈文清：《论行政自由裁量权的内部控制》，载《政治学研究》2011年第5期，第121—128页。

都是外生因素的冲击所引发的，更是内生行为作用的产物。①从整体性来看内部机制的完善固然十分关键，外生因素对国际船舶登记运行机制的激励或约束同样重要。随着改革的深入，也已经有观点看到国际船舶登记需要大量配套制度对国内的相关制约因素进行系统改革。②本节分析对国际船舶登记运行可能会产生影响的外部法律规范，讨论与船舶登记行为产生联系的横向及纵向系统因素。它们看似是不同领域的法律规范，但却相互作用、相互影响、相互依赖，同内部法律规范一道构成了一个立体而复杂的法律制度体系。

税收是影响船舶入籍选择的关键要素之一，国际船舶登记改革的重点之一便在于税制的改革。税收法律规范无疑应当是国际船舶登记法律制度中的重要组成部分。此外，登记主体的适格性是船舶登记内部实体权利义务的核心环节，而航运法人是否能够在中国成立则受到一国公司法律规定的限制，后者构成船舶登记主体适格的前提条件。登记地的产业环境及市场监管方式同样会对登记地选择带来影响，这些问题则受制于登记地的贸易及产业法律规范。而健全、完善及与国际接轨的登记法治环境则是保障船舶及其所有人有序经营的基石，也是法律制度所追求的目标。更多领域、更高层次、更大力度地更新外部配套措施是完善船舶登记法律制度的必由之路。

一、国际船舶登记机制下有竞争力的税费举措及其法治化

税费上的竞争力对于国际船舶登记的重要性不言而喻，世界上采取国际船舶登记制度的国家中绝大多数实施了对应的税费优惠政策，或直接规定在国际船舶登记法令之中，又或者在税法中就该问题予以专门规定。可以说，降低自贸（港）区国际船舶所需缴纳的税费是吸引船舶登记的关键因素。

事实上中国船舶税费改革实践已经启动，2016 年财政部、海关总署、国家税务总局联合印发《关于中资“方便旗”船回国登记进口税收政策问题的通知》（财关税〔2016〕42 号）文件所实施的中资“方便旗”船税收优惠政策（以下

① ［美］凯瑟琳·西伦：《制度是如何演化的：德国、英国、美国和日本的技能政治经济学》，王星译，上海人民出版社 2010 年版，第 26 页。

② 陈继红：《中资船舶特案免税登记政策怎么啦?》，航运界航运专栏，http://www.ship.sh/column_article.php?id=1713，访问时间：2023 年 3 月 10 日。

简称“特案免税”）主要集中于关税和进口环节增值税的减免，后经多次延期得以适用至今。从实施效果来看，该政策比较明显地反映出一些改革进程中面临的问题，如海关监管期内的限制、税收优惠仅限于进口关税和增值税、出于政策和融资考虑国外投资者不愿意船舶入籍中国、办理流程复杂耗时长且费用贵等因素①使得船舶所有人对该政策给予的回应和热情并不高。

实施国际船舶登记制度的根本目的是要吸引那些原本不在中国登记的船舶到国际船籍港进行登记。而为什么船舶要到特定船籍港进行国际船舶登记，是因为船舶所有人经过权衡后认为作出这个选择能够使其利益相对最大化。所谓利益的重要组成部分，即有竞争力的税费是支持国际船舶登记制度有效运行的前提和基础。尽管特案免税政策减免了 27.5%的关税和增值税，但其他税费并没有任何改变，船舶回归后的运营成本竞争力仍然有限。

因而国际船舶登记配套税费要如何规范，相关规定如何法治化是该政策未来完善并建立规范法律措施所必须要突破的问题，也是国际船舶登记制度设计中能够产生实效的关键环节。税收因素的重要性以及税制改革对船舶登记可能带来的积极影响②自不待言，其间国际船舶登记税费法律规范的设计尤为关键，需要比照离岸税收模式来具体操作和执行。整体上可对船舶实施全国性统一吨位税，减少船企种类和名目繁多的税收项目。倘若国家实行统一吨位税时机尚不成熟，则可以仅在自贸区国际船舶登记模式下进行船舶税收统一制度改革。

一来吨位税③计税方式简单清晰不复杂，征缴方式比较稳定企业的盈亏不会使得税收的征缴产生变化；二来税率比较固定且能够给船舶企业提供区别于一般登记模式的税收优惠，并且还可以根据不同吨位层级构建优惠比例，企业和国家均可通过该税制在不同层面获益，可以说是改革的较好选择。可在“特案免税登记”政策基础上规划出台船舶吨位税行政法规，允许船舶所有人对登记在自贸区国际船舶登记制度下的船舶缴纳吨位税，并免除营业税、关税、所得税及其他税费，提高国际船舶登记制度的吸引力和竞争力。由于税制的改革

① 徐敏霞：《“特案免税登记”政策优化建议》，载《水运管理》2010 年第 32 期，第 15 页。

② 详情参阅第七章第三节相关内容。

③ 区别于《船舶吨税法》中的“吨税”，吨位税是一种根据船舶特定吨位缴纳船舶营运税的税制。

涉及比较复杂的制度设计和流程转换，在适用惯性及转换成本的考虑下一个折中方案是除现在特案免税中已经去掉的进口关税和增值税之外，进一步去除航运企业需要缴纳的其他税收（尽量减少船员个人所得税），保留企业所得税即可。如果政策能够更进一步，从吸引船公司和建立航运产业链的角度应当再对船舶企业所得税设置不同等级不同额度的征税方式。

从船型来看大量享受特案免税登记的船舶是散货船和杂货船。在制定相关税收规定时，可以考虑对特定吨位、特定船型、特定数量船队的税收在采取累退的同时再实施特定加速折旧方案。甚至在设定具体企业所得税（或吨位税固定税率）时可以考虑根据船龄船队规模或专门针对自贸区内设立的航运企业实施降低的企业所得税税率，从而进一步有针对性地调节和鼓励各类航运公司到自贸区设立，并在此基础上带动不同种类船型的船舶登记到自贸区。

再者，征收程序方面的建设与完善也是一个不容忽略的问题。以特案免税政策为例，满足申请条件的船舶进口单位在固定时间点之前先向交通部进行申报，汇总报财政部后再经财政部会同海关总署、税务总局等有关部门审定，最后符合条件的船舶由进口单位向海关办理相关的减免手续。相关流程涉及众多部门，难免使得征收过程耗时耗力。国际船舶登记税费征收法律规范确立过程中，需要重视从立法到执法整个流程税收征管程序的精简和优化问题。法律规范对税收征管程序制定明确、高效的规则，通过互联网办公、设立行政部门快速沟通协商机制等办法①，制定详细的审定流程和流转期限，切实改变申请人需要往返各部门多次、反复递交材料、耗时数月办理税务事项的局面，节约申请当事人的时间、运营和业务办理成本。具体行政监管部门在执行程序性规则的时候利用自贸区行政监管一体化等特殊政策，以便民、高效的执法理念来办理国际船舶登记税费征收管理事项，缩短税收征缴环节的时间和金钱损耗。

另外近年来实施的其他税费改革举措中，2017 年 3 月财政部和发改委联合下发的《关于清理规范一批行政事业性收费有关政策的通知》取消或停征了船

① 自贸区改革已经出台了一些具体改革规定，如税控发票领用网上申请、改进税制流程的举措，如自然人“一人式”税收档案、网上办理跨区域涉税事项、优化非正常户解除及增值税专用发票最高开票限额审批等事项办理程序缩短办理时间、生产型出口企业出口退税服务前置等措施，但改革步伐还应当继续并进一步深化下去。

舶登记费和船舶及船用产品设施检验费，对降低航运企业营运成本而言确实是一个利好。2019 年 8 月发布的国务院《关于印发中国（上海）自由贸易试验区临港新片区总体方案的通知》（以下简称“临港新片区方案”）中的第二部分之（七）和上海市政府出台的《中国（上海）自由贸易试验区临港新片区管理办法》（以下简称“临港新片区管理办法”）第 24 条规定，“在确保有效监管、风险可控前提下，对境内制造船舶在‘中国洋山港’登记从事国际运输的，视同出口，给予出口退税”。《海南自贸港国际船舶条例》中也有退税规定。也就是说，临港新片区和海南自贸港对在自贸区进行国际登记的境内制造船舶可以实施出口退税政策，减免其增值税，也不用再缴纳进口关税。朝着税收优惠迈出了一大步，实施效果如何有待实践检验。但整个国际船舶登记配套实施的后续税收减免改革步伐仍应深入推行下去。

此类船舶在临港新片区实施出口退税的具体执行办法还没有一个准确和统一的对外发布标准，单从出口退税政策来看，一方面用进口原材料或半成品加工制成品出口时可以退还已缴纳的进口税，另一方面出口商品报关时可退还生产商品已缴纳的增值税。也就是说，现阶段如果船舶在国内制造并登记到自贸（港）区国际登记船籍港，则该船舶可以减免增值税。假设零部件或外国材料进口至中国国内制造船舶，登记至国际登记船籍港是否可以减免增值税这一问题尚无明确答案，但整体上从出口退税适用对象而言应当是有可适用空间的，从长远来看也有利于国际船舶登记港、国内造船企业以及船舶所有人三方共赢共利。

二、自由贸易试验区内航运企业设立及运营的法律机制改革

航运企业的设立和运营主要受到两个层次法律规范的影响。第一层次是企业设立之一般法律规范，包括但不限于公司法、外资法、破产法等内外资企业在设立过程中都需要遵守的法律法规；第二层次是专门对航运企业制定的特别法律规范，在我国集中表现为以《海运条例》及其实施细则、《船舶登记条例》《船舶和海上设施检验条例》《国际航行船舶进出中华人民共和国口岸检查办法》《关于外商参与打捞中国沿海水域沉船沉物管理办法》等对经营特定业务航运企业有特殊审批、许可或资质要求的法律规定。因而自贸区内航运企业设立及运营法律机制改革的总体目标应当是开放、便利、高效，主要围绕公司设立及运

营法律法规与航运企业设立过程中的特殊监管规范的松绑和放宽限制而展开。

现阶段开展国际船舶登记举措的各大自贸区在航运企业设立以及运营环境建设方面已经采取的举措有：（1）全方位、多角度对外资投资航运业进行了开放。透过负面清单和暂停实施部分法律规定等举措，开放了国际船舶运输领域。《自贸试验区外资准入负面清单》仅要求国内水上运输公司须由中方控股。《国务院关于在自由贸易试验区暂时调整有关行政法规、国务院文件和经国务院批准的部门规章规定的决定》暂停实施了《国际海运条例》和《外商投资产业指导目录（2017）》①外资进入航运业的限制，并且允许设立外商独资国际船舶运输、管理、装卸、集装箱场站、代理等企业，且外商合资、合作企业的中方持股份额可以低于 51%。外资也可以设立独资企业从事豪华邮轮、游艇和船舶舱室机械的设计。（2）境外投资备案管理制度。负面清单以外的外商投资企业设立及变更审批改革为备案制，将外资审批的多部门、多流程变更为了备案管理制度。（3）国际贸易便利化方面出台了许多具体措施提高便利化程度。如国际贸易“单一窗口”，海关监管“一线放开、二线监管”，共有国际航行船舶进出境通关全流程“一单多报”、保税燃料油跨港区供应模式、海关业务预约平台、海运危险货物查验信息化，“船舶载运危险货物及污染危害性货物合并申报”“国际航行船舶进出境通关全流程‘一单多报’”、船舶安全检查智能选船系统，“保税燃料油跨港区供应模式”“海关业务预约平台”“生产型出口企业出口退税服务前置”、海运进境集装箱空箱检验检疫便利化、“国际航行船舶供水‘开放式申报 + 验证式监管’”“外锚地保税燃料油受油船舶‘申报无疫放行’制度”等等。（4）企业名称自主申报，取消预先核准。（5）“证照分离”，先照后证，多证合一改革，等等。（6）“一表申请、一口受理”，可在线填写表格并在规定期限内递交材料至试验区综合服务大厅投资管理窗口一口办理并在办结后领证。（7）注册资本认缴登记制。

可以说无论从前述自贸（港）区内推行的具体改革举措，还是 2019 年国务院颁布的《优化营商环境条例》，都对企业在自贸（港）区设立及运营环境的建设提出了许多措施和办法，国际航运业务相关市场予以全面开放，对外资的审

① 具体参见《海运条例》第 28 条和《外商投资产业指导目录（2017）》第 17 和 23 项。

批监管方式也作了相应转变，针对海运贸易的便利化提出了许多监管流程、监管方式上的政策改革，在企业设立方面也进行了一系列的制度设计，希望促进和提高航运市场企业运营和发展的活力。

另外，交通主管部门对航运企业营运业务的监管模式和具体规定也在根据大环境的改变而作出转变①。2014 年《国务院关于取消和调整一批行政审批项目等事项的决定》②将港口经营许可、国际海上运输业务及海运辅助业务经营、国际船舶管理业务、国内水路运输、水路运输业务经营、港口理货业务、内地与台湾及港澳间海上运输业务、引航及验船机构、海洋船舶船员服务审批调整为后置审批，实行先证后照。2015 年《交通运输部关于在国家自由贸易试验区试点若干海运政策的公告》③中除对外资开放航运业务经营范围和股比限制事项之外，还规定了自贸区经营航运业务的批准事项。其中，外商独资或合资、合作的国际船舶运输企业、国际海运货物装卸、国际海运集装箱站和堆场业、公共船舶代理企业需要经国务院交通主管部门批准，外资经营国际船舶管理业务需经自贸区所在地省级交通主管部门批准。随后 2018 年《国务院关于在全国推开"证照分离"改革的通知》④取消了国际船舶管理业务经营审批（外资），加强事中事后监管。国际海上运输业务及海运辅助业务经营审批（国际船舶运输业务）优化准入服务，放宽国际船舶运输经营业务审批对自有船舶的准入条件，对已取得国际船舶运输经营资格的航运企业，允许将其自有船舶出售给依法取得国家有关部门批准的融资租赁公司后，再以融资租赁方式回租的该船舶认定为自有船舶。随着改革的推进，2018 年《国务院关于取消一批行政许可等事项的决定》⑤取消了设立分公司的备案，外资合伙企业设立、变更、注销分支机构的备案以及营业执照作废声明。2019 年《国务院关于取消一批行政许可事

---

① 由于国际船舶登记范围限于进行国际航行的船舶，因而此处仅列举涉及国际船舶运输相关事项，对于涉及内河及沿海运输的相关改革此处不作讨论，相关内容可查看具体法律及行政文件的规定。

② 国发〔2014〕27 号。

③ 交通运输部公告 2015 年第 24 号。

④ 国发〔2018〕35 号。

⑤ 国发〔2018〕28 号。

项的决定》①取消了国际集装箱船、普通货船运输业务审批、无船承运业务审批、国际船舶保安证书核发、船员服务簿签发，企业设立方面取消了企业名称预先核准行政许可事项。并且内地与港澳间客船和散货液体危险品船运输许可、港口设备安保证书核发权由交通运输部下放至省级交通运输（港口）部门。

因而现阶段除国际集装箱船、普通货船运输业务、国际船舶管理业务取消审批，剩余的国际海上运输业务和海运辅助业务仍然需要向交通主管部门申请审核。但相关规定也同时强调需要优化审核方式和流程，先照后证，减少由于审核而给企业增加的额外运营成本。除前述政策文件所列举的措施之外，作为先行先试的平台，各大自贸（港）区也对各自所在地提出了一些内部改革举措，如天津深化方案提出逐步开放国际登记船舶的入级检验。海南自贸港提出海事、交通、船检三部门跨部门联合执法和船舶证书信息共享等措施。

可以说在航运市场开放及企业设立运营方面，自贸（港）区的相关措施已经呈现出不断完善、不断深入的一个过程，未来也定然会有更多、更全面的改革举措出台。而从整体性和系统性来看，现阶段的改革呈现出一种渐进式、密集变动的特点。政策和规定的频繁和密集可能会使得市场出现不耐症现象，一个秩序和结构建立不久即面临要打破重构。所以尽管试改结合可以减少改革和政策的试错成本，但从中长期来看可能对改革的实践效果以及社会对改革的接受度造成一定程度的损伤。因而一个较为稳定的航运企业经营法律环境是自贸（港）区航运法治建设包括国际船舶登记法律制度建设的充分及必要条件。建立健全航运企业设立运营法律机制是营造此类环境的基础。

稳定的法律机制需要解决好两个层面的问题：一方面，制定目标是指导法律机制建立的指挥棒和方向盘。明确的目标能够给予各类法律政策明确的改革方向，而从现阶段的改革举措来看目标的明确性仍然有待加强。目前呼吁的改善“营商环境”针对的是整个大环境，而入驻自贸区的航运企业可以享受到的待遇是什么才是决定其是否会到自贸区营运及进行船舶登记的直接原因。而自贸（港）区能够给航运企业提供的和其所需要监管的事项是实现这个目标所需

① 国发〔2019〕6号。

要考虑的问题。

一般而言，投资东道国是否能够在土地或工厂的租赁及出售方面、税费方面、资金方面、市场的开放度方面、监管方面、人才政策方面综合给予投资人性价比较高的便利或优惠，是投资人是否选择到本国或他国进行投资的关键因素。具体到航运领域，就是航运企业及其旗下船舶选择到某一特定地区经营的考虑因素。对航运企业的设立和运营而言，便利度是一个关键。而对便利度的探讨又可分为两个层面，其一是整个市场机制的便利度，其二是监管的便利度。要树立自贸区内航运市场的业界吸引力，就需要构筑自贸区区别于中国国内及世界其他知名离岸中心的独特优势。

具体途径是需要通过法律制定相应规则，建设一个相对宽松的航运经济环境，允许国际及国内航运投资人在自贸区建立国际航运业务，成为中国境内比较特殊的一个类离岸管辖区，使投资人在自贸（港）区内依据自贸（港）区公司及航运法律规范成立公司，在税收、公司、银行、金融等领域享受一定程度的便利和优惠。使得自贸（港）区在坚持中国法律体系和司法制度的基础上建立一个比较开放的投资法域。除前文提及的航运公司税收优惠以及后文将要提及的融资问题之外，自贸（港）区应当在确保经济安全的前提下在法律规定中允许投资者通过特殊目的公司等形式进行资本运作，成为离岸公司进入中国内地市场或国际市场的一个通道。

未来需要进一步完善的另一个方面的问题是目前自贸（港）区主要采取国务院文件、部委文件、地方立法以及暂停实施部分法律法规的方式来推行相关改革，对于航运企业自贸区内设立和运营的事项缺乏明确的法律规范。虽然运用政府及产业政策推进改革能够弥补市场机制的不足，同时也可以形成聚集效应推进国家战略保障经济和政治安全，政策实施效果毋庸置疑，但却可能使得改革成本变高。因而下一步自贸区需要在确立明确政策目标的前提下，通过法律确定包括原有改革政策中制定的资本开放、取消审批和企业名称与审核、先照后证等航运公司设立方面的规定，并尝试制定公司注册代理人制度、离岸公司制度（包括股东、董事、出资额等）、跨国业务合法制度、公司保密制度、减少营业范围限制、允许海外投资和反向投资等利于航运公司资本运作的自贸（港）区公司法律规定。

在公司的注册登记及注销程序规定方面，继续朝着快速、简单、便捷方向改革。首先从时间上来讲，企业设立到备案整个部门之间的配合以及流程的精简和时间的压缩是一个重要的标志。有必要将公司注册时间尽量压缩，理想时间对标 1—2 天或对需要审核的特殊产业适当放宽个别天数。文书材料方面，不论是针对内资还是外资公司均应当再进一步精简注册所需要递交的材料和递交次数。监管方面，将管理权限下放、职能转变、备案制度、“单一窗口”、通关流程改革等具体政策落实到法律规定之中，再进一步强调自贸（港）区宽松监管的优势。保障公司的资金安全和部分保密性，减少对公司的直接干预，促使企业在运营过程中实现自主经营和灵活管理。行政监管方式转变为间接监管，减少中间环节，各级行政监管尽量不干预企业内部经营活动。

除此之外，法律的生命力在于实践。一项措施建议从提出、立法、施行到具体落实需要一个过程。以监管权限的下放为例，如广东深化方案中提出将下放至地级及以上城市的省级管理权限，再进一步下放至自贸试验区。涉及行政机构监管权限的转变，需要通过法律来确立自贸试验区管理委员会的地位、权力边界、执法模式以及监管范畴等事项。在法律划定的范畴内具体管理职能由哪些部门运作、操作流程如何进行、下放权限在辖区内如何执行等事项则需要一层一层、一件一件地落实。比如，各自贸（港）区方案中提及的行政体制改革、政府职能转变方面，强调需要深化“放管服”“大力推进简政放权、放管结合、优化服务，市场主体创新创造的活力被激发释放”、改革“通关检查”等指导思想在具体行政行为中需要组织政府管理机构协调部门和地区之间的关系，减少企业的行政负担，切实转变工作作风实现单层管理。再比如，对一些航运业务由审批改为备案制度后，要注意解放企业活力，转变政府监管职能，通过建设市场环境和法治环境来约束和监督公司。提倡行业自律，倡导企业间的协作和连接，进行技术性、专业性服务或委托职能改革，减少企业进入市场的障碍。有的地区借鉴国外经验，如广东设立了航运产业基金（深化方案）、海南设立了海南自贸港基金，扶持航运产业、航运公司以及航运人才的培养，也属于政府部门较为主动的行政行为。而后续基金如何运作、具体执行方式、执行效果等问题均有待于自贸（港）区实践的落实和完善。

还有的观点提出关于船舶注册地和经营地的改革建议，即我国要求注册地与经营地统一不利于离岸公司的操作①。对于这个问题自贸（港）区是否可以取消此要求则要看政府对安全性的考虑。改革成本较低、较为稳妥的做法是仍然适用统一要求，但可以允许分支机构或代理人代为沟通联系。

三、自由贸易试验区内航运产业促进法律规范的打造

区域经济学理论认为区域经济的增长与人口及人均收入、贸易、投资等生产要素、中央政府的收支和规划等事项具有关联性。一个地区选择什么样的发展目标同该地区及其所属政府所持立场有关系。②从中央层面来看，党的十七大将建设自由贸易区上升为国家战略，十八大提出加快实施自由贸易区战略，十八届三中、五中全会提出形成面向全球的高标准自由贸易区网络。十九大提出赋予自由贸易试验区更大改革自主权，探索建设自由贸易港。二十大要求加快建设海南自由贸易港，实施自由贸易试验区提升战略，扩大面向全球的高标准自由贸易区网络。

地方层面，设立国际船舶登记制度的四个自贸区一个自贸港之中，上海自贸区的定位是“国际高标准自贸园区……率先形成法治化、国际化、便利化的营商环境和公平、统一、高效的市场环境”。临港新片区则志在“建成具有较强国际市场影响力和竞争力的特殊经济功能区……成为我国深度融入经济全球化的重要载体”。广东自贸区则定位于“依托港澳、服务内地、面向世界，将自贸试验区建设成为粤港澳深度合作示范区、21 世纪海上丝绸之路重要枢纽和全国新一轮改革开放先行地”。天津自贸区提出，“以制度创新为核心任务，以可复制可推广为基本要求，努力成为京津冀协同发展高水平对外开放平台、全国改革开放先行区和制度创新试验田、面向世界的高水平自由贸易园区”。福建自贸区是“围绕立足两岸、服务全国、面向世界的战略要求……把自贸试验区建设成为改革创新试验田……把自贸试验区建设成为深化两岸经济合作的示范区……建设 21 世纪海上丝绸之路核心区，打造面向 21 世纪海上丝绸之路沿线国家和地区开放合作新高地”。海南自贸港则希望“对标国际高水平经贸规则，

---

① 陈景斌、张婕姝：《中国、中国香港、新加坡船舶登记注册环境比较》，载《水运管理》2013 年第 8 期，第 13—16 页。

② ［美］埃德加 · M.胡佛：《区域经济学导论》，王翼龙译，商务印书馆 1990 年版，第 235—425 页。

解放思想、大胆创新，聚焦贸易投资自由化便利化，建立与高水平自由贸易港相适应的政策制度体系，建设具有国际竞争力和影响力的海关监管特殊区域，将海南自由贸易港打造成为引领我国新时代对外开放的鲜明旗帜和重要开放门户”。①

从建设目标和定位来看，中央到地方的定位中均强调“地区开放”“自由贸易”“改革创新”等事项。因而自贸（港）区内的国际船舶登记法律制度也应遵循自贸区内部规范的一致性，以开放的船舶登记制度为定位，以推进航运领域自由贸易为目标，改革并创新船舶登记行为规范。而除船舶登记本体所涉及事项之外，影响船舶登记的外部因素，如对船舶的需求以及企业经营活动需要投入的供给也具有重要的影响力。因而一个地区对航运资源供给的投入和对船舶需求的把握势必影响该地区的船舶登记数量和规模，而后者又是衡量该地区航运产业和航运经济的一个重要指标。那么，打造一个发达、有活力的航运产业环境是对国际船舶登记建设具有积极意义的规划和管控行动。

市场这个“看不见的手”有时依赖于管制市场交换的法律这一“看得见的手”。市场交换的规则一般来源于已经形成的习惯和标准的实践以及普通法，而政府对市场的管制提供了一些附加的补充性法规，从而对交易的范围或约束或激励。法律规则对建立市场秩序具有一定作用，通过法律这类管制方式构建市场运作的制度框架可以为市场交易提供一个更低成本的基础，带来有效的资源配置。②市场的配置通常由规范私人民事法律关系的民法、合同法等一般法律予以规范，但政府也可以依据公共利益去管理资源，由此便需要有监管机构来执行政策和法律规定，而政府的监管也必须在一套合法的行政程序范围内进行。

需要指出的是，产业促进法会干预市场的资源配置，影响自由经济的发展，因而作为一种次优选择，除非市场配置不充分和不完善，否则产业促进法律不应当过多干预市场。并且也应当注意此类政策背景法律可能会具有信息不对称、一刀切以及复杂的行政程序③等问题。航运产业促进法的功能和作用是从罚金及激励等行政和民事混合层面引导航运领域从业的个人或企业的投资方向和投

---

① 具体详细规定可参见各自贸区“方案”“深化方案”以及2019年新发布的《中国（上海）自由贸易试验区临港新片区总体方案》。

② ［美］埃德加·M.胡佛：《区域经济学导论》，王翼龙译，商务印书馆1990年版，第31页。

③ ［美］埃德加·M.胡佛：《区域经济学导论》，王翼龙译，商务印书馆1990年版，第78页。

资效率。因此航运产业促进法律规范的打造需注重基础设施、公平定价、产品及服务质量以及市场准入等补充市场调控事项。具体来讲应从两个方面入手，其一是建立健全自贸（港）区航运产业网络（产业链），其二是支持和援助自贸区内与航运有关联的综合经济体的发展和完善。

第一，从产业网络的构建问题来看，航运产业网络的建设，本质上是建立航运聚集经济效应，即航运产业集群。空间与经济的关系理论指出，聚集因素使得空间中会产生数量更少、规模更大的集中，经济演化的过程是市场和区位共同作用的结果，贸易自由化背景下跨国网络使得特定产业能够向若干地区聚集，而当一个产业由于贸易方式变化而转变组织生产模式时，对外开放和专业化也能够带来社会福利的增加。①贸易自由度、区域和距离、运输成本、原材料等价格差异以及潜在市场等因素与聚集效应存在一定程度的关联性。

第二，从与航运有关的综合经济体系建设来看，在以市场机制为基础的前提下，产业扶植政策对于调整产业结构、鼓励技术创新扶植弱小和衰退产业能够产生积极意义。以立法方式来直接或间接规范企业行为、政策执行机构的监管程序从而达到实现政策目标和措施的目的是法律规制政府调控的方法和手段。从20世纪60年代开始，世界范围内兴起了国家对市场的管制浪潮，但政府作为市场缺陷的纠正者也引起人们对于依赖政府官员和立法者理想化的怀疑。为了使得政府管制有效，则在存在信息非对称性的情况下的管制行为需要对被管制企业的行为给予激励，降低企业成本并提高企业自由度和管制的透明度。②

关于什么是航运产业链（产业集群）以及哪些是同航运相关的经济部门，实践和理论界的意见并不完全一致③，在整理相关学说和业务体系之后，此处

① 藤田昌久、保罗·克鲁格曼、安东尼·J.维纳布尔斯：《空间经济学——城市、区域与国际贸易》，梁琦译，中国人民大学出版社2007年版，第72—415页。

② 臧旭恒、徐向艺、杨蕙馨主编：《产业经济学》，经济科学出版社2007年版，第398—410页。

③ 许多学者和实务界人士均探讨过航运产业链（产业集群）的要素和内容，可参见：金嘉晨、真虹：《航运产业链的内涵和基本构成》，载《中国航海》2013年第3期，第129—132页。周翔：《发展现代航运服务体系，打造上海国际航运中心》，载《世界海运》2010年第3期，第28—31页。高伟凯：《国际航运中心发展趋势与实证研究——以天津北方国际航运中心建设为例》，载《现代经济探讨》2012年第7期，第21—25页。陆军荣：《现代航运服务体系构建的国际经验及启示》，载《经济纵横》2014年第10期，第96—100页。葛春凤、黄小彪：《国际航运中心的现代航运服务业发展经验及启示》，载《港口经济》2010年第6期，第18—20页等。

列举实践中常见的航运产业或集群如下（包括但不限于）：货物贸易、造修船、船舶买卖、船舶经纪、运输代理、运输、船舶管理、船舶租赁、船舶检验、船舶保险、拆船、船员、码头经营。航运的上下游及周边产业包括但不限于：制造业、法律、教育培训、金融、咨询、评估、信息、港口、化工、钢铁、煤炭、谷物、石化、消费品、能源等。现阶段自贸区航运发展实践、实施国际船舶登记的自身定位以及各自的优缺点使得在自贸（港）区内实施航运促进法律规范具备一定的可能性。

一方面，各自贸（港）区的属性和特点决定了在该行政区划内促进航运产业及其周边产业的发展具有其他地区所没有的优势。从自然条件（区位优势）来看，实施国际船舶登记的几个自贸（港）区均处于东部沿海一带的港口城市，处于中国乃至世界几个重要港口所在地，具有典型的区域性和稀缺性特点。区位优势能够催化航运业的发展。此外，各地均有比较宽广的经济纵深腹地，能够影响区域劳动力和产业结构（包括市场、交通运输、间接影响原材料工业和其他加工业）。而自贸（港）区设立的目标便是更大程度的开放和改革，可以视作几个特殊区域实施的扩大贸易自由政策。

但另一方面，目前自贸（港）区航运产业的发展也存在一定的劣势，这些因素会间接影响国际船舶登记制度的贯彻和落实。例如，自贸（港）区所在地域虽然临近港口和交通站点，但推行国际船舶登记制度的几个片区并非市中心商业和人流聚集区，从市场距离和运输成本而言并不是一个经济的选择。另外，自贸区的人口规模和人口增长率均无法和成熟的市区和街道相比，在劳动力、就业和薪资等方面竞争力相对不足。再者，资本供应渠道和流动性均显得薄弱，而资本的流动性会受到预期报酬率、惰性、机会、社会距离、国家财政体系结构、资本利率等复杂因素的影响。而一种类型的产业之间会存在互补联系和纵向联系。互补联系的表现形式是聚集经济对性质相似的企业和产业产生吸引，使得吸引而来的企业和产业数量增加从而使得聚集经济进一步地扩大。纵向联系则是一个不断投入的累积性过程。初始变化导致后期进一步变化，从而影响更多门类的产业变化。①从这个视角而言，规模经济和聚集经济对劳动和资本的

① ［美］埃德加·M.胡佛：《区域经济学导论》，王翼龙译，商务印书馆1990年版，第247页。

流动都有影响，并且诸多生产要素是互补的。因而航运产业促进法的任务就是在市场自主发展的基础上透过法律规则扩大自贸区的航运聚集要素并间接引导其规避或减少劣势因素。

据此，自贸（港）区航运产业促进法律规范应当从两个方面着手：其一，改善资本的供应渠道和流动性，促进自贸（港）区航运从业人员的就业和居留。对外资开放自贸（港）区航运市场为自贸（港）区引入外资发展航运产业提供了一个好的契机，但要使得自贸（港）区及航运产业成为无论内资还是外资的留驻之处，则还应当通过金融及税收法律规定给航运企业或经营航运产业的自然人以企业或船舶扩建方面的利率优惠和税收激励措施（如采取税收延付、资产加速折旧、削减税前收入账面价值、船员个税减免①等方式），从而鼓励资本进入航运领域。近年来，世界整体经济以及航运产业环境均对资金特别是金融机构进入航运业产生了一些负面影响。在这种局面下，投资人的利益和市场的自我调节能力在给自贸区航运产业的发展带来机遇的同时也提出了挑战。因而，通过法律对政府投资航运公共设施及为航运企业提供办公、运营及人力方面的配套支持和激励措施是一个可以考虑的选项。

其二，在运输服务和航运资源的利用方面做文章。一方面，降低从自贸（港）区港口到市场及经济腹地的运输成本，提升运输服务质量。信贷支持港口建设及交通改革，尝试对自贸（港）区进出货物运输进行税费改革，如长三角、珠三角、京津冀等腹地过路费的统一征收及减免，推出指导运输收费制度改善不合理收费，采取税收延付、税前收入账面价值削减等办法给集装箱物流运输减税。区内区外制定统一的货物运输安全及技术标准规范，保持运输安全监管的一致性和连续性。精简运入及运出自贸（港）区路途中的行政检查，减少异地检查标准审核差异，推行证照改革，精简集卡、铁路行政审批和行政许可。另一方面，资助或援助运输技术及运输管理技术的发展，加快货物运输的流转速度和效率，倡导行业建设货物运输信息追踪和共享机制，加强区域内研究机

① 2019年11月20日国务院常务会议公布的个税优惠政策中提出，自1月1日起到2023年底，对一年在船航行超过183天的远洋船员，其工资薪金收入减按50%计入个税应纳税所得额。该举措表明国家已经注意到船员税收的减免问题，而对于自贸区国际船舶登记制度而言，如果能够提出有利的船员税收减免政策无疑是吸引船舶企业进行国际登记的一个有力举措。

构、大学及私人基金等技术资源的利用，并规范自贸（港）区航运综合发展计划的制定规范和流程。

另外，要特别重视疏导航运专业从业人口向自贸（港）区流动，人口的规模和增长率会带动地区和行业需求。贯彻落实《就业促进法》的相关精神，在自贸（港）区内制定符合地区实际需要的航运人才培养和吸收计划。通过减少就业限制、资助就业培训、配套人才需求和地区发展规划增加人口规模从而影响需求和供给。所以，航运促进法律法规需要注重提高航运从业人员的收入、福利标准。

在前述思路之下，建议由国务院或交通运输部主导制定一部全国性的自贸（港）区航运促进法规或规章或全国性的自贸（港）区法律规范之中的航运促进章节①，指导全国范围内政府促进航运业发展的政策或措施实施规范，给予航运企业激励的同时也规范或调控其市场行为，同时协调各个自贸（港）区航运行政监管的整体性和平衡性。各自贸（港）区则可在全国性的法律规范指导下出台相应的地方实施办法推进自贸（港）区航运促进机制的落实和完善。具体的法律规定可围绕以下几大部分展开。

在执行机构方面，各部委（交通部）帮助地方政府创办和完善航运公共设施及自贸（港）区航运资源的开发和规划，从而增强这些地区对潜在航运投资者的吸引力。事实上，运输服务质量的提升和运价优惠可以为出口商品提供更多便利。航运业是一个有输入也有输出的产业，输出产业的增长会带动或影响区域其他产业。而区内航运供给侧的投入（引导、压力、补贴）也可以为进口原料提供更好的入境运输服务，吸引有力的产业连结，从而形成产业供给乘数效应。中央同地区政府部门的角色分工为，中央旨在制定全国总体规划，提供自贸（港）区建设及航运发展的相关信息并维持全国范围内航运需求的平衡，激发自贸（港）区航运发展的积极性。地方则侧重于落实促进航运发展计划并制定自贸（港）区内产业协调方案，增加区内经济的内聚力和航运相关产业的依存性，加强区域间的共同利益意识，建立财政和技术实力。②

---

① 由于全国性自贸区法律规范涉及范围和内容包括行政监管机构均较多，出台难度可能会高于专门性单行法律规范，故在条件不成熟的情况下可考虑以单行法推行专门领域立法。

② ［美］埃德加·M.胡佛：《区域经济学导论》，王翼龙译，商务印书馆1990年版，第323—345页。

在监管方式方面，国家对市场和产业的常见的规制方式有：进入限制、资格限制、检查检验限制、认证技术限制、作业场所健康和安全的限制、环境限制、税收收费、补贴、信息公开等。①现代政府可以综合运用多种规制方式来促进经济的发展和产业结构的调整。但需注意的是，在具体的监管过程中需以统筹的思维来规划航运发展，既包括区域经济增长，又包括航运业内部的结构优化。从技术、产业及制度的整体框架下来思考如何通过政府的调节机制来整合航运领域涉及的自然条件、人力资源、资本、技术及制度等要素。自贸（港）区航运监管还需要强调科学性，减少不必要的干预，避免过度规制，以最少的规制实现最大的效应。

总体来讲，对区域的短期发展来讲起初投资是一个外生的或基础的因素，但从长期来看投入产出就需要作为衡量区域增长的一个指标，而资源、资本和劳动力是影响行业发展的重要因素。②促进自贸（港）区航运发展也需要从下述几个方面做文章。

第一，就资源而言要充分利用各自贸（港）区的地理和环境优势发展航运及其周边产业。通过税费、技术、信息、补贴等激励性法律规定带动自贸（港）区航运产业聚集，形成一个围绕船舶展开的完整上下游产业链。在此基础上，以自贸（港）区所在地背靠的广大腹地为依托，带动从原材料到制成品、从制作到销售和流转、从货物到服务的整个自贸（港）区航运市场有效运转。积极利用和完善自贸（港）区金融和贸易自由相关政策制定对市场的最低限制和自主调解规范，出台鼓励投资向自贸（港）区流动的导向性规则，调动境内及境外航运资本和投资人的积极性。提高自贸（港）区的国际航运中转能力和航运服务水平。③降低自贸（港）区航运公共资源的使用成本、税费支出，等等。为在自贸（港）区内登记的国际船舶开拓远洋市场提高竞争力提供全方位实质性帮助，并规定必要时政府指导产业及资源布局和规划的权限。

第二，从资本的吸收和引进来看过高的融资成本对于船舶的建造和购买而

---

① 杨公朴主编：《产业经济学》，复旦大学出版社 2005 年版，第 301—305 页。

② ［美］埃德加·M.胡佛：《区域经济学导论》，王翼龙译，商务印书馆 1990 年版，第 49 页。

③ 李建媛：《上海自贸区国际航运服务的发展现状及升级途径》，载《对外经贸实务》2016 年第 3 期，第 81—84 页。

言都是一个较大的束缚，而投资又是带动行业发展的重要因素，因而许多航运界及学术界人士一直在呼吁重视航运金融和航运保险的发展。在航运实践中，融资机构为保障资金安全通常会在签订融资合同时对船籍有所要求，这类情形下中国由于较为严格的管制措施及融资市场的活跃度问题往往不会成为国外投资人的首选。自贸区要建设和发展国际船舶登记模式，就需要提升船舶融资机构对自贸（港）区船舶登记的信心，一方面吸引融资机构支持船舶登记至自贸（港）区，另一方面也鼓励投资人更多地参与航运业务融资。

许多金融界、航运业界及学界人士多年来一直呼吁建立离岸金融和离岸保险机制。对如何发展中国的航运融资业务也提出了许多建设性意见，如借鉴KG和K/S模式激活民间资金投资航运业、完善建造中船舶的融资抵押制度设计、开放国内保险市场、优化船舶入保服务、丰富险种、降低保费以外的附加费用、大力培育船舶保险中介机构，等等①。而从目前出台的自贸区政策内容来看，从中央到地方均采取了积极的措施推进离岸金融业务和船舶融资业务的发展。比如，《国务院关于支持自由贸易试验区深化改革创新若干措施的通知》②第36条提出进一步简化保险分支机构行政审批，建立完善自贸试验区企业保险需求信息共享平台。第37条允许自贸试验区内银行业金融机构为境外机构办理人民币衍生产品等业务。第38、39条允许自贸区开展人民币与外汇衍生产品业务，或申请与具备资格的银行业金融机构合作开展远期结售汇业务，或开展人民币跨境业务。

船舶融资方面，天津和上海方案在船舶登记种类之中增加了船舶融资租赁登记。广东深化方案则提出推动成立航运保险社会组织，支持设立地方法人性

① 详细内容可参见：韩瑞栋、薄凡：《自由贸易试验区对资本流动的影响效应研究——基于准自然实验的视角》，载《国际金融研究》2019年第7期，第36—45页。杨帆：《天津离岸金融市场发展若干问题的研究——基于天津自由贸易试验区框架下的分析》，载《价格理论与实践》2015年第7期，第79—81页。沈国兵：《上海自由贸易试验区建立对中国经贸发展的影响》，载《社会科学家》2013年第12期，第61—68页。刘晋、孔磊、陈彦昱：《信息化助推自贸区航运服务水平提升》，载《上海经济》2013年第11期，第37—39页。刘巽良：《广东自贸区航运服务的创新之路》，载《珠江水运》2015年第10期，第18—20页。李宁，孙丹丹：《融资租赁发展机遇与挑战——以天津东疆为案例》，载《银行家》2015年第7期，第115—117页。郑雷：《自贸区中国船舶融资租赁的法制建构》，载《中国海商法研究》2015年第1期，第66—72页。

② 国发〔2018〕38号。

质航运保险机构。福建深化方案支持境内外企业开展航运保险、航运仲裁、海损理算、航运交易、船舶融资租赁等高端航运服务。此外，上海方案中还“将试验区内注册的融资租赁企业或金融租赁公司在试验区内设立的项目子公司纳入融资租赁出口退税试点范围……融资租赁公司在试验区内设立的单机、单船子公司不设最低注册资本限制……允许设立外商独资国际船舶管理企业”。2023年6月上海自贸区临港新片区启动了国际再保险功能区建设。海南自贸港要求规范、稳妥开发航运物流金融产品和供应链融资产品。

航运产业本身是一个资金密集型产业，促进航运业离不开资本的支持。在现有改革基础之上，深化自贸（港）区金融体制改革引导资本自发向航运领域投入是完善法律规范需要继续进行的工作。目前中国大陆市场仍处于外汇管制和资本不能自由兑换的整体市场之下，自贸（港）区出台的金融改革举措仍处于探索阶段，从整体而言未来应当在保障本国金融安全的同时使自贸（港）区逐步对接国外融资体系，以减少企业融资成本并扩展离岸金融业务。改革过程中也应当重视学者提出的避免把自贸（港）区变成“政策洼地”，要注意区内与区外的政策对接，以实现资本的自由流动并获得离岸人民币的定价权，将自贸（港）区向离岸金融市场模式改革，使其成为中资企业走出去和外资走进来的跳板。①

对于航运来讲重要的是要吸引金融投资到航运及其周边产业的实体经济之中。政策优惠是手段，而机制创新是目的。通过法律制定航运融资导向性规则来建立市场为主政府为辅的配置关系，靠开放、自由来推动离岸金融市场的发展，放开对航运企业的管制使其便于在自贸（港）区进行资金结算和账户管理。在此基础上推出激励措施，引导资本进入航运实体经济之中，如允许离岸人民币在一定条件下投资于在岸航运市场，并导向资金用于实体经济，但同时也要注意资金安全，规定政府通过税收、利率等方式监管离岸资金进入国内市场的数量和流向。

自航运融资顶层设计逐步改变目前存在的注册公司多但空置率高，有效经营和运作状况堪忧的问题②。转变金融监管体系，在自贸（港）区放开金融机

① 丁剑平、赵晓菊：《自贸区金融开放与改革的理论构思——基于要素流动速度不对称视角》，载《学术月刊》2014年第1期，第31—39页。

② 史婧力：《航运融资租赁患上“空壳病”》，载《中国船检》2016年第4期，第29—31页。

构运作和经营的严格监管，审慎地赋予自贸（港）区主管机构对涉及公共利益的反垄断、城市规划、环境保护、劳动者权益、技术等问题进行监管的权力，建立风险防御体系。让投资人能够在自贸（港）区节约成本并获得经济利益。从现有规定来看，在税收、离岸业务以及资本自由流动方面的改革仍有进一步深化的空间和必要性。

另外，船舶运营必不可缺的保险也是一个值得重视的问题。为了安全，船舶在投入运营之前无论是新造船还是二手船均需要投保，投资人有时会要求船舶投保特定保险公司的特定险种，有时船舶为了便利会投保指定保险机构的保险。根据《保险法》第 6 条的规定①，对于境内企业办理境内保险有保险公司需是中资的要求，而自贸（港）区相关政策规定放开了财产保险的外资经营比例限制，但对于自贸（港）区登记船舶是否可以使用外国保险，还是需要由本国保险公司承保这个问题却并没有明确答案。所以，自贸（港）区内保险开放步伐应当更大一些，相关法律规范可以考虑允许在自贸（港）区登记的船舶已经向国外保险机构投保的不必再转换投保机构。外资保险机构进入自贸（港）区航运市场可以有力带动航运保险产品的规范化和技术性，提升国内船舶保险企业的竞争力，给中小型船舶企业提供更多融资和保险渠道。通过税收等激励机制对在自贸（港）区订立船舶保险的公司予以离岸保险及再保险方面的税收优惠，培育和完善航运保险市场和组织在自贸（港）区内聚集。

自贸（港）区还应当重视放开对保险经营主体和中介机构设立及运营的限制，优化航运保险孵化环境。与一些航运保险发达的国家相比，中国在市场份额、保险深度、险种、可保资源、软环境等方面仍存在一些差距。②从促进航运发展的视角而言，涉及航运保险业务、保险机构、税收方面的法律需要进一步降低市场门槛、吸引市场主体参与航运保险业务、放开保险机构限制、鼓励在自贸区设立的航运企业将航运保险要素带入区内，培育航运保险的创新环境和氛围。

---

① 《保险法》第 6 条：在中华人民共和国境内的法人和其他组织需要办理境内保险的，应当向中华人民共和国境内的保险公司投保。

② 宋芳秀：《我国航运保险业发展态势与政策建议》，载《经济纵横》2016 年第 2 期，第 47—53 页。

第三，人力资源、技术创新和制度安排要及时跟上。航运技术及产品的专业化有利于提高地区竞争力和创造力，而技术的发展则有赖于人才的支持，有力的制度保障是促进前两者发展的土壤。因而，航运促进法律规范应当与国际经贸通行规则相互衔接①，在对外和对内的良性互动之中加强对航运人才培养和航运技术创新的支持。在信息提供方面，整体加强航运信息的权威性建设②，在此基础上打造自贸（港）区综合航运信息平台，为业界提供信息服务和资源共享。在公共服务方面，需要改善管理和提高政务效率，改善（港）区内居住条件以及投入供给条件，并强调这些因素与航运业之间的联系，吸引和利用科研院所和大学机构为航运发展提供需要的服务、人力资源以及思想建设。在此基础上加强就业资助和孵化机制的建设，宣传就业机会并提供优越生活环境引导专业人才的居住。

四、自由贸易（港）区船舶登记法治环境的构建

法治对经济的运行有利且对收入的影响很大，而开放对法治能够产生积极影响，高收入则能带来更大的开放性和更好的制度。③在这个互动循环之中，法治对经济社会的发展起着十分重要的作用。总体而言，有利于国际船舶登记制度发展的法治环境既包含自贸（港）区的整体法治环境，也包括船舶登记事项可能涉及的法律规制环境。

整体上自贸（港）区的法治建设要对接国际知名自由贸易区及自由贸易港的标准，创造树立法律权威性的环境和文化。营造公平开放的法治环境，在贸易、金融、航运、服务等领域提供更宽松的经营监管体系，使得资本的流动更加自由，市场调节机制更加顺畅。④落实到具体问题上，就是需要对市场实施有

① 沈国兵：《上海自由贸易试验区建立对中国经贸发展的影响》，载《社会科学家》2013年第12期，第61—68页。

② 李剑、姜宝、部峪佼：《基于自贸区的上海国际航运中心功能优化研究》，载《国际商务研究》2017年第1期，第41—53页。

③ Roberto Rigobon，Dani Rodrik. *Rule of law，democracy，openness，and income*. Economics of Transition 13（3）2005，pp.533－564.

④ 杨力：《中国改革深水区的法律试验新难题和基本思路——以中国（上海）自由贸易试验区的制度体系构建为主线》，载《政法论丛》2014年第1期，第3—14页。

力的法律监管。而法律监管的一个焦点是行政程序及对监管行为的司法控制。行政程序会受到立法、执法及司法的控制。而法律权威的树立是以公众的尊重和合作为基础的，影响公众行为的关键因素是法律授权机构与公众打交道时使用程序的公平性。①因而行政监管机构的行为必须遵守授予其权力的成文法及行政程序法。

另外，行政机构还应当自觉提高运用法治思维和法治方式深化改革、推动发展、化解矛盾、维护稳定的能力。②监管机构还必须遵循其自身已有的程序并受预算的约束。因为监管可能会限制或促进市场交易的范围，甚至直接干预市场配置机制，且各类政策性的行为都会引起行政成本。③特别要重视合同法和民法的适用，得合理有效地降低交易成本，弥补交易当事人的不确定性和意外事件风险。从人身和财产权益保障方面加强对行政监管机构的检查和控制。同时，合同法是现代交易的一个基础机制，将政府监管和民法责任结合起来使用④，产权安全和缔约自由是促进经济发展的重要因素。

从涉及船舶登记事项的法治问题来看，由于航运具有国际性、关联性和流动性，使得争端解决方式更倾向于快速、便捷和高效的专业路径。仲裁在航运领域的广泛使用就是一个例证，因为通过司法程序作出决定基本是一件高成本、低效率的事情。产业能够推动法制的进程和发展，围绕船舶建设航运物流及海事商事纠纷来建立专业的审判、仲裁、律师及其他相关法律服务及纠纷解决机制是自贸区航运法制建设的一个重要改革方向。从各地的实践来看，自贸（港）区派出法庭、仲裁庭的建立和相关仲裁规则的发展成为构建自贸（港）区法治环境的重要举措，但在这个过程中需要注意防止司法和纠纷解决资源的过度开发，各地的发展需要有所侧重。自贸（港）区法庭和自贸（港）区商事或航运仲裁庭一方面应积极地改革诉讼程序和案件审理方法，提高纠纷解决效率，降低司法（或准司法）成本，另一方面需要解决好现时存在的企业“区内注册、

---

① Tyler，Tom R. *Procedural Justice，Legitimacy，and the Effective Rule of Law*. Crime and Justice，2003，30，pp.283－357.

② 《中共中央关于全面推进依法治国若干重大问题的决定》。

③ ［美］埃德加·M.胡佛：《区域经济学导论》，王翼龙译，商务印书馆 1990 年版，第 36 页。

④ 张守文：《政府与市场关系的法律调整》，载《中国法学》2014 年第 5 期，第 72 页。

区外经营”所引发的一系列送达、管辖权、外国法查明、仲裁与司法的平衡以及法律适用等方面的问题。自贸区第四批改革试点中的企业送达信息共享机制的建立就是一个很好的例子。通过航运企业落地吸引案源并在此基础之上发展和树立司法及法律产品的口碑和影响力，渐进地推动自贸区航运法治建设。

另外，由于中国传统上有倾向于使用非正式纠纷解决机制而非法院，且遵循儒家文化价值的特点，因此在强调法治的同时还需要结合非正式制度相互补充，增加民众在文化层面对法治的认同感。①

反过来，好的法治环境能够有力促进产业发展。要将自贸（港）区航运法治环境的建设同国际标准相统一，实现法律确定性与灵活性的平衡。树立司法效率、公开、透明的口碑。海事司法和仲裁国际化，法律规范的解释和适用要更加重视商业思维和国际通行规则在案件审理和解决过程中的作用。②相应地，自贸（港）区负面清单中明确规定律师法律服务并不向外资开放，则国内法律产品和法律服务包括公证及公估、船级等业务要注意向自贸（港）区业务输出，为自贸（港）区航运服务提供有力的法治保障。

此外，在航运执法、市场规制和行政程序的适用方面要注重海事执法的灵活性和公正性。注重登记执法机构与企业或个人之间的互动，自贸（港）区内适用的直接行政登记规则需要简单、明确、公开、高效。而法律间接实施的过程也需要落实到具体细则和实施办法之中去，此时则需要对行政规则的制定权限以及行政机构的准司法权有一个明确规定和边界，使商事主体能够对行政监管行为有预见性、信赖度。

本章小结

国际船舶登记法律制度的建设既需要对登记内部规范予以完善，又需要对登记外部配套规范实施革新，如此方可在现有登记政策和法规基础上克服目前面临的障碍和困难，进一步完善和推进中国的国际船舶登记法律制度。

---

① 周林彬、黄健梅：《法律与经济增长：中国经验及实证研究》，载《2007年全国法经济学论坛论文集》，第16—25页。

② 张守文：《政府与市场关系的法律调整》，载《中国法学》2014年第5期，第74页。

构建路径层面，首先需从整体上对法律政策有所规划和把握，明确规则制定方向和目的。宏观上应以建立自贸（港）区内国际运输船舶产业集群为理念，微观上则需要更加开放的船舶运营资质标准和市场准入政策，辅之以产业结构调整功能。立法模式选择中央集中立法是最佳的，而地方在贯彻和执行具体法律规定时可以制定符合立法权限和立法范围的、适用于本地区的法律。过程中应重视国际船舶登记法律规定的体系性、结构性和充分性，在内容的安排上突出制度特性、反映改革趋势。并且登记规定应当同其他法律规定之间建立体系上的平衡和统一，避免出现矛盾立法、重复立法、适用冲突等问题。

对于内部规范而言，实体性的权利义务设定规则、程序性的船舶登记管理及运行机制，以及登记机构的职权和权力是完善国际船舶登记法律制度需要解决和处理好的问题。实体权利义务规则方面，登记条件、船员劳务和运营限制需要作有技巧的开放创新。登记程序方面，需进一步简化、优化登记文书、流程。明确登记机构的法定职权和行为规范则是对登记机构工作规范化和体系化的要求。而在外部配套措施的建设问题上，税费改革是最关键的因素之一。除此之外，航运企业经营的法律基础、自贸（港）区内航运产业的激励和促进规范以及融资、贸易、进出口、保险、环保等法治氛围和环境的营造都是未来推动国际船舶登记法律制度建设和发展的应有之义。

参考文献

一、著作及译著类

1.［美］马汉：《海权对历史的影响（1660—1783）》，安常荣等译，中国人民解放军出版社2006年版。

2.［德］恩吉斯：《法律思维导论》，郑永流译，法律出版社2004年版。

3. 王泽鉴：《法释义学、比较法与案例研究》，《华东政法大学演讲文稿》。

4. 黄仁宇：《明代的漕运》，张升译，九州出版社2007年版。

5.［英］亚当·斯密：《国民财富的性质和原因的研究》（下卷），郭大力、王亚南译，商务印书馆1994年版。

6. 王妍：《商事登记中公权定位与私权保护问题研究》，法律出版社2011年版。

7.［古罗马］查士丁尼：《法学总论——法学阶梯》，张企泰译，商务印书馆1989年版。

8. 王穆衡、张世龙、陈一平：《船舶设籍制度之探讨》，（中国台湾地区）交通部运输研究所2008年4月。

9. 朱增杰：《朱增杰文集》，法律出版社2008年版。

10. 李海：《船舶物权之研究》，法律出版社2002年版。

11. 孙光祈：《国际航运政策》，大连海事大学出版社1998年版。

12.［德］马克斯·韦伯：《论经济与社会中的法律》，张乃根译，中国大百科全书出版社1998年版。

13.［美］安·赛德曼、罗伯特·鲍迪·赛德曼、那林·阿比斯卡：《立法学——理论与实践》，刘国福、曹培等译，中国经济出版社2008年版。

14.［德］拉德布鲁赫：《法学导论》，米健、朱林译，中国大百科全书出版社 2003 年版。

15.［美］劳伦斯·M.弗里德曼：《法律制度——从社会科学角度观察》，李琼英、林欣译，中国政法大学出版社 2004 年版。

16.［德］弗里德里希·李斯特：《政治经济学的国民体系》，陈万煦译、蔡受百校，商务印书馆 1983 年版。

17.［美］哈罗德·J.伯尔曼：《法律与革命》，贺卫方译，中国大百科全书出版社 1993 年版。

18.［日］中村真澄、箱井崇史：《日本海商法》，张秀娟、李刚、朴鑫译，法律出版社 2015 年版。

19. 郭瑜：《海商法的精神——中国的实践和理论》，北京大学出版社 2005 年版。

20. 王立志：《船舶物权登记论——实体法实现的程序进路》，中国政法大学出版社 2010 年版。

21.［日］水上千之：《船舶国籍与方便旗船籍》，全贤淑译，大连海事大学出版社 2000 年版。

22.［英］H.L.A.哈特：《法律的概念》，许家馨、李冠宜译，法律出版社 2006 年版。

23.［美］凯瑟琳·西伦：《制度是如何演化的：德国、英国、美国和日本的技能政治经济学》，王星译，上海人民出版社 2010 年版。

二、编著类

1. 韩立新、王秀芬编译：《各国（地区）海商法汇编（中英文对照）》，大连海事大学出版社 2003 年版。

2. 王延义：《海事案例精析》，青岛海洋大学出版社 2000 年版。

3. 国际航运管理人员培训教材编写委员会：《国际航运政策与法规》，人民交通出版社 2001 年版。

4.［日］志田钾太郎口述：《商法：有价证券　船舶》，熊元楷、熊元襄、熊仕昌编，张登凯点校，上海人民出版社 2013 年版。

5. 联合国亚太经社理事会编：《海运立法指南》，TACD/MP/4/01.17。

三、文集类

章太春：《试论“方便旗船”制度的利弊及应对之策》，载《中国律师 2009 年海商法国际研讨会论文和演讲稿汇编》。

四、学术论文类

1. 王令浚：《商事登记法律制度研究》，对外经贸大学博士论文，2007 年。

2. 许源、李南：《我国船舶海外移籍的特点与船籍政策取向》，载《生产力研究》2003 年第 6 期。

3. 杨荣波：《船舶登记制度的国际统一性问题研究》，载《中国海商法研究》2007 年第 2 期。

4. 周才伟：《对我国船舶登记制度的认识》，载《中国水运》2008 年第 6 期。

5. 常富治、王婕丽、俞勤伟：《中国洋山港：船舶登记制度的创新》，载《中国海事》2012 年第 5 期。

6. 许源、李南：《我国船舶海外移籍的特点与船籍政策取向》，载《生产力研究》2003 年第 6 期。

7. 蒋惠园、陈芳：《船舶登记制度对我国航运的影响》，载《世界航运》2004 年第 4 期。

8. 王淑敏、杨欣、李瑞康：《上海自由贸易区实施“国际船舶登记制度”的法律问题研究》，载《中国海商法研究》2015 年第 2 期。

9. 郭兴亮：《上海自贸区下国际船舶登记新政初探》，载《世界航运》2014 年第 7 期。

10. 郑志华：《探索自贸区航运法治建设的突破口》，载《中国海商法年刊》2015 年第 1 期。

11. 孙叶平：《21 世纪方便旗船制度的新反思》，载《中国海商法年刊》2010 年第 2 期。

12. 李志文、申莹莹、崔淑燕：《2008 年我国海事法学研究综述》，载《中国海商法研究》2008 年第 1 期。

13. 侯婉舒、靳匡宇：《方便旗船舶管理探析》，载《中国水运》2009 年 11 期。

14. 黄芳：《控制船舶移籍的政策建议》，载《中国水运》2005 年第 10 期。

15. 危敬添：《〈联合国船舶登记条件公约〉与方便旗船舶》，载《中国海事》2010 年第 1 期。

16. 金昱茜：《方便旗背景下港口国监控制度的发展》，载《中国海商法年刊》2010 年第 3 期。

17. 张丽英、李永博：《析 ITF 对方便旗船的抵制问题》，载《世界航运》2012 年第 5 期。

18. 成如兴：《善用国际方便旗船舶注册》，载《中国远洋航务》2012 年第 7 期。

19. 贺伟跃、陈虎：《上海自贸区离岸金融业务税收政策初探》，载《税务研究》2014 年第 9 期。

20. 雷海：《中国实施第二船籍登记制方法与步骤的建议》，载《中国远洋航务》2007 年第 9 期。

21. 张文广：《上海第二船籍港试点的改革模式设想——从上海与新加坡两种登记制度比较谈起》，载《交通与运输》2008 年第 1 期。

22. 陈继红、真虹、宗蓓华：《我国第二船籍港政策及其相关问题研究》，载《港口经济》2009 年第 1 期。

23. 田征：《解决我国船舶移籍海外问题的对策研究》，载《海大法律评论》2010 年版。

24. 邹昱：《目前我国第二船籍登记制度缺席的原因探讨》，载《港口经济》2009 年第 6 期。

25. 岑敏华：《我国试行国际船舶登记制度研究》，载《物流与采购研究》2009 年第 10 期。

26. 卢思元：《上海自贸区发展离岸业务前景初探》，载《中国外贸》2014 年第 4 期。

27. 谭学文：《自贸区建设中航运法律的调整适用——以立法法第十三条为

中心的思考》，载《人民之声》2015 年第 10 期。

28. 车太山：《中国实施“第二船籍”制度相关问题》，载《世界航运》2010 年第 7 期。

29. 马得懿：《中国（上海）自贸区实施沿海捎带业务政策之法律解读》，载《上海经济研究》2014 年第 10 期。

30. 韩根生：《船舶旗国法在海事国际私法中的地位》，载《水运管理》1995 年。

31. 田园：《论海事冲突法中的船旗国法原则》，载《法商研究》2001 年第 6 期。

32. 郑田卫：《船舶融资租赁的法律研究》，载《中国律师 2004 年海商法研讨会论文集》。

33. 张锡桓：《中国香港船舶注册登记制度及成功经验》，载《科学发展》2009 年第 6 期。

34. 俞勤伟、张炜：《推进船舶特案免税建议》，载《水运管理》2010 年第 2 期。

35. 徐敏霞：《“特案免税登记”政策优化建议》，载《水运管理》2010 年第 9 期。

36. 张文颖：《上海自贸区建设对上海航运业的影响分析》，载《对外经贸》2014 年第 4 期。

37. 王秀芬、朱玉柱：《船舶登记行为的法律性质及双方主体的法律责任》，载《世界航运》2005 年第 3 期。

38. 王立志：《船舶登记法律制度的经济分析》，载《甘肃政法学院学报》2006 年第 1 期。

39. 蔡存强、刘笑天：《与船舶融资相关的海事登记问题探讨》，载《中国海事》2011 年第 10 期。

40. 刘兆兴：《公法与私法》，载《人大法学》1999 年第 5 期。

41. 焦健：《开放登记制度对英国商船队的影响》，载《世界航运》2000 年第 2 期。

42. 赵玉军：《议船舶经营人在船舶登记中的确认》，载《珠江水运》2003

年第 2 期。

43. 朱作贤：《光船租赁权与物权公示原则——兼论对我国〈船舶登记条例〉第 6 条的理解》，载《中国海商法年刊》2001 年版。

44. 张鸿午：《〈信托法〉对船舶法律制度的影响》，载《海商法研究》2001 年第 3 期。

45. 刘晓雯、杨建斌：《船舶登记所有人和船舶实际所有人的法律地位》，载《山东对外经贸》2000 年第 1 期。

46. 杨荣波：《船舶融资租赁登记制度研究》，载《航海技术》2002 年第 4 期。

47. 史红雨：《我国船舶出口融资中的若干法律问题研究》，载《海商法研究》2002 年第 1 期。

48. 张哲、张宏扬：《当代中国法律、行政法规中的习惯——基于“为生活立法”的思考》，载《清华法学》2012 年第 2 期。

49. 戴涛：《行政登记侵权之诉研究》，载《行政法学研究》2001 年第 4 期。

50. 罗孝炳：《船舶登记对抗主义在案外人执行异议之诉中的运用》，载《人民司法（应用）》2017 年第 16 期。

51. 於世成、郑丙贵：《我国船舶国籍登记制度改革探讨》，载《海大法律评论》2009 年版。

52. 许源、李南：《制度变迁与西欧国家船籍制度演进》，载《生产力研究》2004 年第 1 期。

53. 朱春辉：《完善我国船舶登记立法的建议》，载《航海技术》2009 年第 2 期。

54. 廖一凡、廖超然：《我国船舶所有权移转登记制度新发展——〈船舶登记条例〉与〈海船登记规则〉之比较》，载《海商法年刊》1996 年第 17 卷。

55. 苏力：《当代中国法律中的习惯》，载《法学评论》2001 年第 3 期。

56. 蔡涛：《日本航运政策演进分析及其借鉴》，载《水运管理》2003 年第 9 期。

57. 杜新丽：《论我国海事案件准据法确定的特点》，载《法律适用》2005 年第 8 期。

58. 朱汝敬：《德国航运业：政府有效支持》，载《中国船检》2004 年第 2 期。

59. 董皞：《法律冲突概念与范畴的地位思考》，载《法学》2012 年第 3 期。

60. 杨遂全：《民商事登记改革与法定公证》，载《法学研究》2006 年第 2 期。

61. 翟国强：《中国宪法实施的双轨制》，载《法学研究》2014 年第 3 期。

62. 郭道晖：《权力的多元化与社会化》，载《法学研究》2001 年第 1 期。

63. 冯昱：《浅议国际海运大国的船舶吨税制》，载《涉外税务》2010 年第 1 期。

64. 王成金：《世界航运企业重组及其对航运网络结构的影响——兼论对中国港口体系的影响》，载《世界地理研究》2008 年第 1 期。

65. 付子堂、胡仁智：《论法律的社会功能》，载《法制与社会发展》1999 年第 4 期。

66. 季卫东：《社会变革与法的作用》，载《开放时代》2002 年第 1 期。

67. 胡玉鸿：《试论法律位阶划分的标准——兼及行政法规与地方性法规之间的位阶问题》，载《中国法学》2004 年第 3 期。

68. 刘秀智、崔小辉：《〈船舶登记工作规程〉实施将面临的法律风险》，载《中国海事》2015 年第 9 期。

69. 李永军：《民法典总则的立法技术及由此决定的〈总则〉内容》，载《比较法研究》2015 年第 3 期。

70. 李天生、李佼阳：《第二船籍登记制度对比研究及对中国的启示》，载《大连海事大学学报（社会科学版）》2017 年第 3 期。

71. 李剑、姜宝、部峪佼：《基于自贸区的上海国际航运中心功能优化研究》，载《国际商务研究》2017 年第 1 期。

72. 刘新亚：《中印南船舶国籍登记制度比较研究》，西南政法大学硕士论文，2018 年。

73. 刘翠玉、邱杭州：《关于船舶登记工作的几点思考》，载《世界海运》2019 年第 12 期。

74. 邵晨：《我国船舶登记行政审批研究》，大连海事大学硕士论文，

2020 年。

75. 金梦婷：《中国自贸试验区国际船舶登记制度研究》，西南政法大学硕士论文，2021 年。

76. 涂成祥：《〈海南自由贸易港国际船舶条例〉立法中的若干思考》，载《中国海事》2022 年第 8 期。

77. 原光、王艺：《自贸区（港）国际船舶登记制度的问题展开与理论创新——基于 NVivo 的质性分析》，载《西华大学学报（哲学社会科学版）》2022 年第 3 期。

78. 郑琳：《船舶登记行为的性质辨析、司法检视与法治完善》，载《大连海事大学学报（社会科学版）》2021 年第 3 期。

五、报纸类

1. 孙小静、何欣荣：《上海试点保税船舶登记——吸引挂外国国旗、穿外国“马甲”的中资“方便旗船”回归》，载《人民日报》2012 年 3 月 7 日第 17 版。

2. 唐玮婕：《吸引中资国际航运船舶回归登记，创新制度在洋山保税港区落地——平均每艘船省 25%税收成本》，载《文汇报》2012 年 3 月 7 日第 8 版。

3. 长英：《试点保税船舶登记引导中资船舶“回家”》，载《中国船舶报》2012 年 3 月 23 日第 5 版。

4. 向海而兴｜徐国毅：《中国“中资外籍”船超七成警惕税收外流》，载《澎湃新闻》网络版 2020 年 7 月 28 日全球智库板块。

5. 张孔娟：《加快国际船舶登记制度建设》，载《中国经济时报》2023 年 2 月 21 日第 3 版。

六、外文案例类

1. Liverpool Borough Bank v. Turner（1860）29 L.J. Ch. 827，830 - 831.

2. United States v. Marino-Garcia. 679 F.2d 1373，1985 AMC 1815（11th Cir. 1982）.

3. Chartered Mercantile Bank of India v. Netherlands Steam Navigation Co. Ltd.（1883）10 Q.B.D. 521.

4. The Case of The S.S. Lotus (France v. Turkey). Permanent Court of International Justice. 1927 P.C.I.J. (ser. A) No.9.

5. The Chiquita. Hartwig v. United States. 19 F.2d 417, 1927 A.M.C. 1534.

6. Lauritzen v. Larence, 345U.S. 573, 1953 AMC 1211.

7. The Muscat Dhows Case, [1916] Hague Ct. Rep.93.

8. Steadman v. Scofield. [1992] 2 Lloyd's Rep.: 163.

9. Regina v. Goodwin. [2005] EWCA Crim 3184. [2006] 1 W.L.R. 546.

10. The Merritt. (1873) 84U.S. 582: 586.

11. The Angel Bell (1979) 2 Lloyd's Rep. 491.

12. The Nottebohm Case (Liech. v. Guat.), 1955 I.C.J. 4 (Apr.6).

七、外文论著类

1. N. P. Ready. *Ship Registration*. London: Lloyd's of London Press, 1991.

2. Richard Coles & Edward Watt, *Ship Registration: Law and Practice*, Informa Maritime & Transport, 2009.

3. Ademuni-Odeke, *Bareboat Charter (Ship) Registration*, Kluwer Law International, 1998.

4. Boleslaw Adam Boczek, *Flags of Convenience: An International Legal Study*, Harvard University Press, 1962.

5. John N.K. Mansell, *Flag State Responsibility: Historical Development and Contemporary Issues*, Springer, 2009.

6. Rhea Rogers, *Ship Registration: A Critical Analysis*, Malmö, Sweden, WMU 2010.

7. William Anthony Lovett, *United States Shipping Policies and the World Market*, Greenwood Publishing Group, 1996.

8. Martin Stopford, *Maritime Economics (3rd Edition)*, London and New York, Routledge, 2009.

9. JNK Mansell. *Flag State Responsibility*. Springer/Berlin/Heidelberg, 2009.

10. George C. Kasoulides. *Port State Control and Jurisdiction: Evolution of*

the Port State Regime. Martinus Nijhoff Publicans, Dordrecht/Boston/London, 1993.

11. Lawrence M. Friedman, *The Legal System*: *A Social Science Perspective*, Russel Sage, 1977.

12. Holmes, *The Common Law*, Boston: Little Brown and Company, 1923.

八、外文编著类

1. UNCTAD: Conditions for the Registration of Ship, TD/B/AC. 34/2, 22 January 1982.

2. UNCTAD: Action on the Question of Open Registries, TD/B/C.4/220.

3. UNCTAD: Maritime Transport Review. (1990 - 2022)

4. UK department for transportation. Maritime 2050: navigating the future. Policy paper file 773178.

5. Dong-Wook Song, Jens-Uwe Schröder-Hinrichs. WMU Studies in Maritime Affairs, 2013 Vol.1. Springer, Berlin, Heidelberg.

九、外文论文类

1. H. W. Wefers Bettink. Open Registry, the Genuine Link and the 1986 Convention on Registration Conditions for Ships. *Netherlands Yearbook of International Law*, 18 (1987).

2. Richard J. Payne. Flags of Convenience and Oil Pollution: A Threat to National Security? *3 Hous. J. Int'l L. 67* (1980 - 1981).

3. H. Edwin Anderson. The Nationality of Ships and Flags of Convenience: Economics, Politics, and Alternatives. *21 Tul. Mar. L.J. 139* (1996 - 1997).

4. David F. Matlin: Re-evaluating the Status of Flags of Convenience under International Law. *23 Vand. J. Transnat'l L. 1017* (1990 - 1991).

5. John H. Coghlin. Common Maritime Transport Policy for the EEC: The Commission Does Battle with Flags of Convenience. *13 B. C. Int'l & Comp. L. Rev. 447* (1990).

6. Maria J. Wing. Rethinking the Easy Way Out：Flags of Convenience in the Post-September 11th Era. *28 Tul. Mar. L.J. 173* (2003–2004).

7. Shayna Frawley. The Great Compromise：Labour Unions，Flags of Convenience and the Rights of Seafarers. *19 Windsor Rev. Legal & Soc. Issues 85* (2005).

8. Julie A. Perkins. Ship Registers：An International Update. *22 Tul. Mar. L.J. 197* (1997–1998).

9. Stephen Knudtzon，Henning Naas，Sigrid Veflen Surlien & Ame Falkanger Thorsen. Proposal for the Establishment of an Aland International Ship Register and Tonnage Tax Regime. *1999 Scandinavian Inst. Mar. L. Y.B. 35* (1999).

10. William Tetley. The Law of the Flags，"Flag Shopping，" and Choice of Law. *17 Tul. Mar. L.J. 139* (1992–1993).

11. David P. Currie. Flags of Convenience，American Labor，and the Conflict of Laws. *The Supreme Court Review*，Vol.1963 (1963).

12. Cynthia Blum. U.S. Taxation of Shipping：Anchored to a Flawed Policy. *33 J. Mar. L. & Com. 461* (2002).

13. C. Wilfred Jenks，EsQ. Nationality the Flag and Registration as Criteria for Demarcating the Scope of Maritime Conventions. *19 J. Comp. Legis. & Int'l L. 3d ser. 245* (1937).

14. G. N. Yannopoulos. The Economics of "Flagging Out". *Journal of Transport Economics and Policy*，Vol.22，No.2 (May 1988).

15. Ademuni-Odeke. Port State Control and UK Law. *28 J. Mar. L. & Com. 657* (1997).

16. David Matlin，Note，Re-evaluating the Status of Flags of Convenience under International Law，*23 VAND. J. TRANSNAT'L L.* (1991).

17. Simon W. Tache. The Nationality of Ships：The Definitional Controversy and Enforcement of Genuine Link. *16 INT'L Law. 301* (1982).

18. Ahmed. Dubai：Oil Rig not a Vessel. [*1993*] *LMCLQ 482*.

19. Watt. From Noah's Ark to mobile drilling units. [2000] *LMCLQ* 299.

20. H.W. Wefers Bettink. Open Registry，the Genuine Link and the 1986 Convention on Registration Conditions for Ships. *Netherlands Yearbook of International Law*. Vol.18（1987）.

21. Moira L. McConnell. "Business as usual"：An Evaluation of the 1986 United Nations Convention on Conditions for Registration of Ships. *18 J. Mar. L. & Com*. 435（1987）.

22. Toh，R. and Phang，S. Y. Quasi-Flag of Convenience Shipping：The Wave of the Future. *Transportation Journal*. Vol.33. No.2（1993）.

23. Ademuni-Odeke. Port State Control and UK Law. *28 J. Mar. L. & Com* Vol.28，No.4，(1997).

24. Jihong Cheng，Kevin X. Li，Xiang Liuc，Haobo Li，The development of ship registration policy in China：Response to flags of convenience，*Marine Policy*，Volume 83，September 2017.

25. Mark Brownrigg，Geoff Dawe，Mike Mann & Phillip Weston（2001），Developments in UK shipping：the tonnage tax，*Maritime Policy & Management*，28：3.

26. Kyriaki Mitroussi & Micheal G. Arghyrou，Insititutional Performance and Ship Registration，*Transport Research Part E 85*（2016），pp.90－106.

27. Juan Ignacio alcaidea，Francisco Piniella，Emolio Rodriguez-Diaza. The "Mirror Flags"：Ship registration in globalized ship breaking industry. *Transportation Research Part D* 48（2016），pp.378－392.

28. Tony Alderton & Nik Winchester（2002）. Regulation，representation and the flag market，Journal for Maritime Research，4：1，pp.89－105.

29. Gunnar K. Sletmo & Susanne Hoste，Shipping and the competitive advantage of nations：the role of international ship registers，*Maritime Policy & Management*，1993，20：3，pp.225－243.

30. Denzau A. Litigation Expenditures as Private Determinants of Judicial Decisions：A Comment [J]. *The Journal of Legal Studies*，1979，8（2），p.8.

31. Fauvrelle T. A，Alessio T. C. A. Determinants of Judicial Efficiency Change：Evidence from Brazil. *Review of Law & Economics*，2018，p.14.

32. Annus T，Tavits M. Judicial Behavior after a Change of Regime：The Effects of Judge and Defendant Characteristics. *Law & Society Review*，2010，38（4），pp.711－736.

33. Kyriaki Mitroussi，Michael G. Arghyrou，Institutional performance and ship registration. *Transportation Research Part E：Logistics and Transportation Review*，Volume 85，2016，pp.90－106.

34. Jingbo Yin，Lixian Fan，Kevin X. Li：Second ship registry in flag choice mechanism：The implications for China in promoting a maritime cluster policy. *Transportation Research Part A：Policy and Practice*，*Volume 107*，2018，pp.152－165.

35. Sunghwa Park，Taeil Kim，Heeyoung Ryu，Hanna Kim，Janghan Kwon：The Economic Effect and Policy Performance of Ship Registration—A Case of Korea. *Marine Policy*，vol.144，2022，pp.105－234.

图书在版编目(CIP)数据

船舶登记法律制度:建构、冲突与变革/叶洋恋著
.—上海:上海人民出版社,2023
ISBN 978-7-208-18311-7

Ⅰ.①船… Ⅱ.①叶… Ⅲ.①船舶管理-物权法-研究-中国 Ⅳ.①D923.24

中国国家版本馆CIP数据核字(2023)第090084号

责任编辑 冯 静 宋子莹
封面设计 一本好书

船舶登记法律制度:建构、冲突与变革
叶洋恋 著

出　　版 上海人民出版社
(201101 上海市闵行区号景路159弄C座)
发　　行 上海人民出版社发行中心
印　　刷 上海新华印刷有限公司
开　　本 720×1000 1/16
印　　张 32
插　　页 2
字　　数 492,000
版　　次 2023年8月第1版
印　　次 2023年8月第1次印刷
ISBN 978-7-208-18311-7/D·4138
定　　价 158.00元